고등학교
사회(도덕 포함)
전 과목 세특
주제 3,080개

사회
교과
세특
정복

한승배 강서희 김지수 누정희 배수연 이미선 하회

씨마스21

탐구 활동 보고서

사회(역사/도덕 포함) 교과군 전체 21개 교과에서 각각 하나의 주제를 선정하여 작성한 탐구 활동 보고서 예시입니다. 보고서를 계획하고 작성하는 데 참고할 수 있습니다.

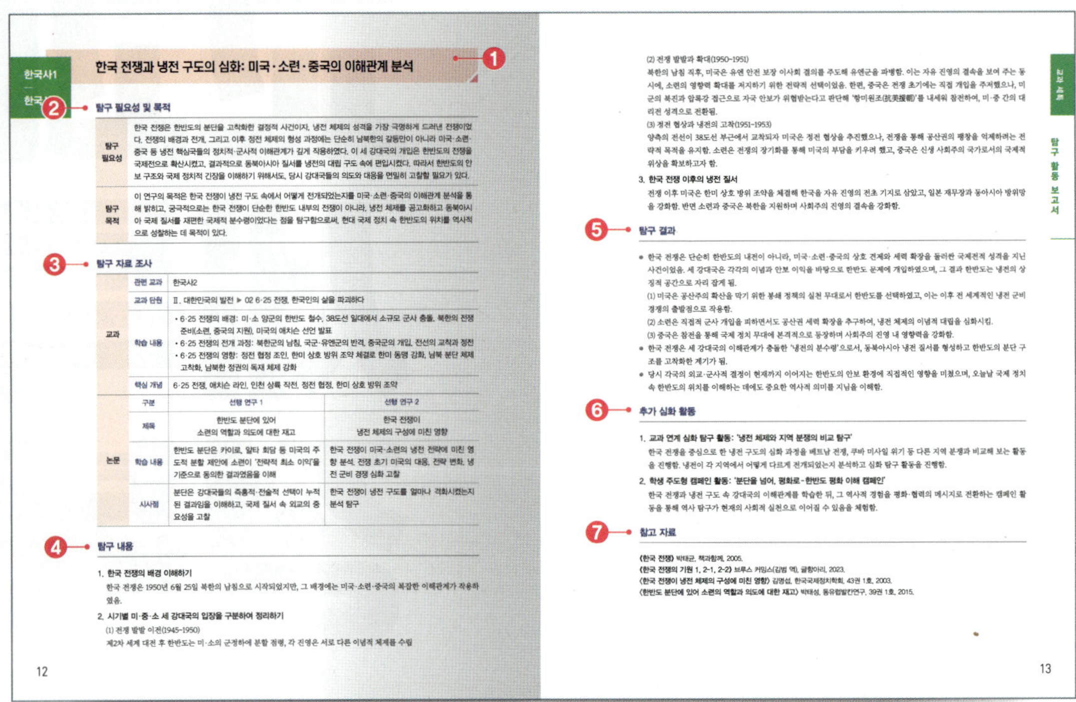

TIP 탐구 보고서 작성 요령

❶ 탐구 제목

탐구 활동의 핵심 주제를 요약하여 명확한 표현으로 제시합니다.

❷ 탐구 필요성 및 목적

탐구 동기와 목적을 분명히 하여 전달합니다. 이때 개인적인 관심이나 진로와의 연계성을 밝혀도 좋습니다.

❸ 탐구 자료 조사

탐구 주제와 관련 있는 교과목과 단원, 개념 등을 명시하고 교과 외에 찾아본 도서나 논문을 구체적으로 밝혀 줍니다.

❹ 탐구 내용

탐구 내용, 수행 방식, 수집한 자료의 분석 등 탐구 활동의 전반적인 과정과 내용을 기술합니다.

❺ 탐구 결과

탐구 활동에서 얻게 된 결과들을 논리적으로 정리합니다. 이때 탐구 과정에서 느낀 점을 기록해도 좋습니다.

❻ 추가 심화 활동

탐구 결과를 바탕으로 진행한 프로젝트, 캠페인, 봉사 활동 등을 서술합니다. 이 부분은 생략할 수 있습니다.

❼ 참고 자료

탐구 내용이나 결과와 관련된 모든 문헌들을 꼼꼼히 정리합니다.

Chapter 2

사회 교과 세특 탐구 주제

21개 교과 전체 308개의 성취기준을 분석하여 선정한 탐구 주제입니다. 각 교과의 핵심 내용을 바탕으로 학생들이 탐구하면 좋을 주제들을 선정하고 심화 연계로 독서, 논문, 토론 활동의 주제까지 제시하였습니다. 이 탐구 주제들은, 탐구 수업과 활동의 중요성이 날로 커지는 가운데 학생들이 창의적이고 비판적인 사고력을 키우는 데 도움이 될 것입니다.

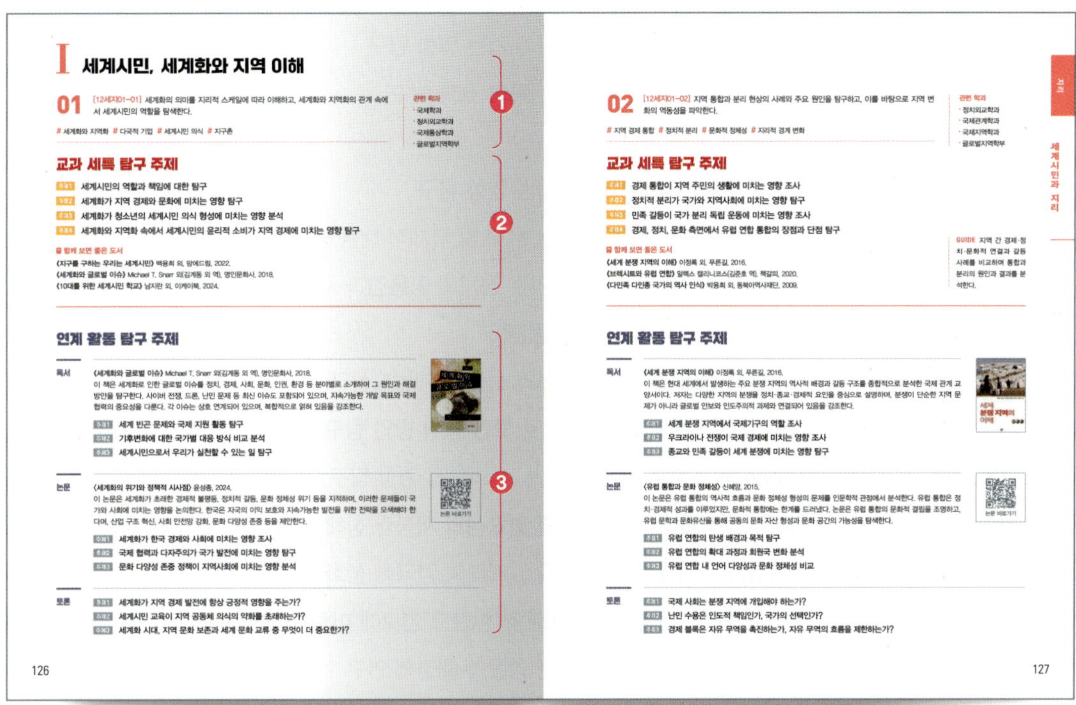

GUIDE 구성 요소 해설

❶ 대단원 제목과 성취기준, 키워드

- 2022 개정 〈사회과(역사/도덕 포함)〉 교육과정에 따라 대단원을 설정하고 그에 속한 성취기준을 제시하여 찾아보기 쉽게 구성하였습니다.
- '# 키워드'는 생성형 AI의 검색어로도 활용할 수 있습니다.

❷ 교과 세특 탐구 주제

- 교과 성취기준을 분석하여 탐구 활동에 적합한 주제를 선별하여 제시하였습니다.
- '📕 함께 보면 좋은 도서'는 단원 내용을 심화 학습하는 데 도움이 될 것입니다.

❸ 연계 활동 탐구 주제

- 성취기준에 따른 핵심 탐구를 바탕으로, 도서와 논문을 통해 심화하여 탐구할 수 있는 주제를 3개씩 제시하였습니다.
- 토론을 통한 활동이 강조되는 것을 반영하여 단원의 내용과 관련된 토론 활동 주제도 선별하여 수록하였습니다.
- 세특을 위해 좀 더 깊이 있고 특별한 활동을 원하는 학생들에게 도움이 될 것입니다.

탐구 활동 보고서

보고서 양식
다운로드 ▶ 

Chapter **2**

사회 교과 세특 탐구 주제

공통 교과

역사 영역

윤리 영역

한국사1, 한국사2
통합사회1, 통합사회2
공통 과목
세계시민과 지리
한국지리 탐구
도시의 미래 탐구
여행지리
사회와 문화
기후변화와 지속가능한 세계
지리 영역
정치
법과 사회
경제
국제 관계의 이해
사회문제 탐구
금융과 경제생활
일반사회 영역

세계사

동아시아
역사 기행

역사로 탐구하는
현대 세계

Chapter **1**

탐구 활동
보고서

현대사회와 윤리

윤리 영역

윤리와 사상

인문학과 윤리

윤리문제 탐구

한국 전쟁과 냉전 구도의 심화: 미국·소련·중국의 이해관계 분석

탐구 필요성 및 목적

탐구 필요성	한국 전쟁은 한반도의 분단을 고착화한 결정적 사건이자, 냉전 체제의 성격을 가장 극명하게 드러낸 전쟁이었다. 전쟁의 배경과 전개, 그리고 이후 정전 체제의 형성 과정에는 단순히 남북한의 갈등만이 아니라 미국·소련·중국 등 냉전 핵심국들의 정치적·군사적 이해관계가 깊게 작용하였다. 이 세 강대국의 개입은 한반도의 전쟁을 국제전으로 확산시켰고, 결과적으로 동북아시아 질서를 냉전의 대립 구도 속에 편입시켰다. 따라서 한반도의 안보 구조와 국제 정치적 긴장을 이해하기 위해서도, 당시 강대국들의 의도와 대응을 면밀히 고찰할 필요가 있다.
탐구 목적	이 연구의 목적은 한국 전쟁이 냉전 구도 속에서 어떻게 전개되었는지를 미국·소련·중국의 이해관계 분석을 통해 밝히고, 궁극적으로는 한국 전쟁이 단순한 한반도 내부의 전쟁이 아니라, 냉전 체제를 공고화하고 동북아시아 국제 질서를 재편한 국제적 분수령이었다는 점을 탐구함으로써, 현대 국제 정치 속 한반도의 위치를 역사적으로 성찰하는 데 목적이 있다.

탐구 자료 조사

교과	관련 교과	한국사2	
	교과 단원	Ⅱ. 대한민국의 발전 ▶ 02 6·25 전쟁, 한국인의 삶을 파괴하다	
	학습 내용	• 6·25 전쟁의 배경: 미·소 양군의 한반도 철수, 38도선 일대에서 소규모 군사 충돌, 북한의 전쟁 준비(소련, 중국의 지원), 미국의 애치슨 선언 발표 • 6·25 전쟁의 전개 과정: 북한군의 남침, 국군·유엔군의 반격, 중국군의 개입, 전선의 교착과 정전 • 6·25 전쟁의 영향: 정전 협정 조인, 한미 상호 방위 조약 체결로 한미 동맹 강화, 남북 분단 체제 고착화, 남북한 정권의 독재 체제 강화	
	핵심 개념	6·25 전쟁, 애치슨 라인, 인천 상륙 작전, 정전 협정, 한미 상호 방위 조약	
논문	구분	선행 연구 1	선행 연구 2
	제목	한반도 분단에 있어 소련의 역할과 의도에 대한 재고	한국 전쟁이 냉전 체제의 구성에 미친 영향
	학습 내용	한반도 분단은 카이로, 얄타 회담 등 미국의 주도적 분할 제안에 소련이 '전략적 최소 이익'을 기준으로 동의한 결과였음을 이해	한국 전쟁이 미국·소련의 냉전 전략에 미친 영향 분석. 전쟁 초기 미국의 대응, 전략 변화, 냉전 군비 경쟁 심화 고찰
	시사점	분단은 강대국들의 즉흥적·전술적 선택이 누적된 결과임을 이해하고, 국제 질서 속 외교의 중요성을 고찰	한국 전쟁이 냉전 구도를 얼마나 격화시켰는지 분석 탐구

탐구 내용

1. 한국 전쟁의 배경 이해하기

한국 전쟁은 1950년 6월 25일 북한의 남침으로 시작되었지만, 그 배경에는 미국·소련·중국의 복잡한 이해관계가 작용하였음.

2. 시기별 미·중·소 세 강대국의 입장을 구분하여 정리하기

(1) 전쟁 발발 이전(1945~1950)

제2차 세계 대전 후 한반도는 미·소의 군정하에 분할 점령, 각 진영은 서로 다른 이념적 체제를 수립

(2) 전쟁 발발과 확대(1950~1951)

북한의 남침 직후, 미국은 유엔 안전 보장 이사회 결의를 주도해 유엔군을 파병함. 이는 자유 진영의 결속을 보여 주는 동시에, 소련의 영향력 확대를 저지하기 위한 전략적 선택이었음. 한편, 중국은 전쟁 초기에는 직접 개입을 주저했으나, 미군의 북진과 압록강 접근으로 자국 안보가 위협받는다고 판단해 '항미원조(抗美援朝)'를 내세워 참전하여, 미·중 간의 대리전 성격으로 전환됨.

(3) 정전 협상과 냉전의 고착(1951~1953)

양측의 전선이 38도선 부근에서 교착되자 미국은 정전 협상을 추진했으나, 전쟁을 통해 공산권의 팽창을 억제하려는 전략적 목적을 유지함. 소련은 전쟁의 장기화를 통해 미국의 부담을 키우려 했고, 중국은 신생 사회주의 국가로서의 국제적 위상을 확보하고자 함.

3. 한국 전쟁 이후의 냉전 질서

전쟁 이후 미국은 한미 상호 방위 조약을 체결해 한국을 자유 진영의 전초 기지로 삼았고, 일본 재무장과 동아시아 방위망을 강화함. 반면 소련과 중국은 북한을 지원하며 사회주의 진영의 결속을 강화함.

탐구 결과

- 한국 전쟁은 단순히 한반도의 내전이 아니라, 미국·소련·중국의 상호 견제와 세력 확장을 둘러싼 국제전적 성격을 지닌 사건이었음. 세 강대국은 각각의 이념과 안보 이익을 바탕으로 한반도 문제에 개입하였으며, 그 결과 한반도는 냉전의 상징적 공간으로 자리 잡게 됨.
  (1) 미국은 공산주의 확산을 막기 위한 봉쇄 정책의 실천 무대로서 한반도를 선택하였고, 이는 이후 전 세계적인 냉전 군비 경쟁의 출발점으로 작용함.
  (2) 소련은 직접적 군사 개입을 피하면서도 공산권 세력 확장을 추구하여, 냉전 체제의 이념적 대립을 심화시킴.
  (3) 중국은 참전을 통해 국제 정치 무대에 본격적으로 등장하며 사회주의 진영 내 영향력을 강화함.
- 한국 전쟁은 세 강대국의 이해관계가 충돌한 '냉전의 분수령'으로서, 동북아시아 냉전 질서를 형성하고 한반도의 분단 구조를 고착화한 계기가 됨.
- 당시 각국의 외교·군사적 결정이 현재까지 이어지는 한반도의 안보 환경에 직접적인 영향을 미쳤으며, 오늘날 국제 정치 속 한반도의 위치를 이해하는 데에도 중요한 역사적 의미를 지님을 이해함.

추가 심화 활동

1. 교과 연계 심화 탐구 활동: '냉전 체제와 지역 분쟁의 비교 탐구'

한국 전쟁을 중심으로 한 냉전 구도의 심화 과정을 베트남 전쟁, 쿠바 미사일 위기 등 다른 지역 분쟁과 비교해 보는 활동을 진행함. 냉전이 각 지역에서 어떻게 다르게 전개되었는지 분석하고 심화 남구 활동을 진행함.

2. 학생 주도형 캠페인 활동: '분단을 넘어, 평화로 – 한반도 평화 이해 캠페인'

한국 전쟁과 냉전 구도 속 강대국의 이해관계를 학습한 뒤, 그 역사적 경험을 평화·협력의 메시지로 전환하는 캠페인 활동을 통해 역사 탐구가 현재의 사회적 실천으로 이어질 수 있음을 체험함.

참고 자료

《한국 전쟁》 박태균, 책과함께, 2005.
《한국 전쟁의 기원 1, 2-1, 2-2》 브루스 커밍스(김범 역), 글항아리, 2023.
〈한국 전쟁이 냉전 체제의 구성에 미친 영향〉 김명섭, 한국국제정치학회, 43권 1호, 2003.
〈한반도 분단에 있어 소련의 역할과 의도에 대한 재고〉 박태성, 동유럽발칸연구, 39권 1호, 2015.

학교 내 문화적 차별 사례와 해결 방안 탐구

탐구 필요성 및 목적

탐구 필요성	오늘날 우리 사회는 다양한 문화와 배경을 지닌 사람들이 함께 생활하는 다문화 사회로 변화하고 있다. 그러나 학교 현장에서는 언어, 외모, 종교, 출신 국가 등의 이유로 문화적 차별이 여전히 발생하고 있다. 특히 다문화 가정 학생들이 겪는 언어 장벽, 정체성 혼란, 또래 관계의 소외 등은 학업 성취와 자아 존중감에 부정적인 영향을 미친다. 학교는 사회의 축소판이자 문화 형성의 출발점이므로, 학교 내에서의 문화적 차별 문제를 이해하고 해결하는 것은 포용적 사회를 실현하기 위한 중요한 과제이다.
탐구 목적	본 탐구는 학교 내에서 나타나는 다양한 문화적 차별 사례를 조사하고, 그 원인과 구조를 사회 문화적 관점에서 분석하는 데 목적이 있다. 또한 통합사회 교과에서 다루는 '문화 상대주의'와 '다문화 사회' 등의 개념을 바탕으로, 타 문화를 존중하고 차이를 긍정적으로 수용하기 위한 실질적인 방안을 모색하고자 한다. 이를 통해 학생 개개인이 문화 다양성의 가치를 인식하고 상호 존중의 문화를 형성하는 데 기여하고자 한다.

탐구 자료 조사

	관련 교과	통합사회1	
교과	교과 단원	Ⅳ. 문화와 다양성 ▶ 04 다문화 사회와 문화적 다양성 존중	
	학습 내용	• 다문화 사회: 문화적 배경이 다른 다양한 집단이 함께 살아가면서 여러 문화가 공존하는 사회 • 다문화 사회를 바라보는 관점: 동화주의와 다문화주의	
	핵심 개념	문화 상대주의, 사회적 불평등, 다문화 사회, 동화주의, 다문화주의, 사회 통합	
	구분	선행 연구 1	선행 연구 2
논문	제목	학교 공간의 혐오·차별 현상 연구	중학교 사회과 교사의 문화 다양성 인식과 문화 다양성 교육 실태 분석
	학습 내용	학교 공간에서 확인된 혐오 및 차별 유형은 성차별, 여성 혐오, 외모 차별, 장애 차별, 다문화 차별, 학력 차별, 계층 차별 등으로 분류되며 청소년 문화에서 유행하는 비하 표현과 SNS 기반의 사이버 혐오가 현실적 차별로 이어짐.	전국 중학교 사회과 교사 214명을 대상으로 문화 다양성에 대한 인식과 교육 실태를 분석한 결과 교사들은 문화 다양성을 가치 있게 인식하고 있었으나, 교육 자료와 연수 부족으로 인해 주로 강의식 수업에 의존하고 있음을 확인함.
	시사점	학생뿐 아니라 교사와 학부모 대상의 포괄적 인권 교육과 성평등 교육의 의무화가 필요함.	문화 다양성 교육의 체험·토론 중심의 교수법 전환을 위해 지속적인 지원 체계를 구축해야 함.

탐구 내용

1. **기사 검색을 통해 다문화 가정 학생의 학교생활 실태 분석**　"학교에서 만연한 이주민 차별…이주민 2세만 따로 떼어 반 만들자 하더라"(한겨레21, 2025. 5. 6.) / 한국어 장벽에 부딪쳐 '학업 절벽' 마주한다(매일신문, 2025. 3. 20.) / 다문화 선진국, 교육에서 답 찾았다(연합뉴스, 2021. 10. 12.)

2. **설문 조사를 통한 학교 내 다문화 학생 차별 유형 및 사례 조사**　유형: 외모·언어·음식·종교·가정 배경 등 / 사례: 전통 문화에 대한 이질감 표현, 한국어 능력 부족을 이유로 한 학급 참여 제한, 다문화 학생 부모의 출신 국가에 대한 부정적 고정 관념과 편견 표현 등

3. **관련 논문 등 문헌 연구를 통해 문화적 차별의 원인 분석**　사회적 요인: 다문화 인식 부족, 미디어 속 왜곡된 타 문화 이미지, 제도적 지원 미비 / 심리적 요인: 익숙하지 않은 문화에 대한 불안, 편견에 기초한 집단 우월감, 동조 압력 / 교육적 요인: '다문화 주간 행사' 중심의 형식적 접근, 교사의 문화 감수성 교육 부족

4. **문화 상대주의를 적용한 해결 방안 모색**   문화 상대주의를 학교 현장에 적용하면, 타 문화의 관습과 생활양식을 존중하며 서로의 차이를 긍정적으로 받아들이는 교육적 토대가 마련됨.

5. **해외 다문화 교육 사례 조사**   캐나다: 교육과정 내 다양성, 반차별, 포용성 등에 대한 교육 포함. '다문화 이해 주간' 등을 통해 학생이 자국 문화를 소개하고 타 문화를 체험하는 교류형 프로그램 운영 / 영국: 학교 내 '다문화 동아리' 운영을 통해 인종·언어·종교 간 이해를 촉진 / 핀란드: 모국어와 문화 지원을 포함하는 다문화 통합 교육 방식 채택, 교사 대상 문화 감수성 연수 프로그램 의무화, 학급 내 '문화 협력 수업' 진행 / 독일: 민주시민 교육 강화, 외국인 통합 정책의 일환으로 민주시민 교육을 포함한 다문화 교육 확대, 다문화 교육 정책의 효과를 높이기 위해 지역사회와 긴밀한 협력

6. **차별 관련 해외 법안 사례**   미국: 인종, 피부색, 종교, 성별, 출신 국가, 연령, 장애 등을 이유로 한 차별을 금지하는 차별금지법 시행 / 영국: 차별 의도를 기준으로 직접 차별과 간접 차별을 구분하며, 성별, 장애, 성적 지향 등 여러 차별 사유가 결합된 경우를 '복합 차별'로 규정하여 보호하는 평등법 시행

7. **차별 관련 해외 법안의 효과와 부작용**   사회적 차별 감소 및 평등 증진, 법적 구제 수단 제공, 사회적 인식 개선 효과가 있으나, 표현의 자유 및 종교의 자유 침해 문제, '역차별' 논란 등 갈등 발생, 법의 적용 범위와 실효성 논쟁 지속

8. **국내 적용 방안에 대한 고찰**   학교 차원의 문화 다양성 존중 선언문 제정 및 정기적 캠페인 운영 / 교사 연수 과정에 다문화 감수성 교육 필수화 / 교과서 및 수업 자료 내 문화적 편향 요소 점검 및 개선 / 학생 자치회를 통한 다문화 공감 프로젝트 추진 / 교내 차별 금지에 대한 제도적 방안 마련

탐구 결과

- 학교 내 다문화 학생 차별의 현실 인식: 다문화 가정 학생들이 학교 내에서 지속적인 차별과 배제를 경험하고 있음을 확인함. 특히 한국어 능력 부족, 문화적 차이와 생활양식에서 오는 이질성으로 인해 교우 관계와 학업 적응에 어려움을 겪음.
- 문화적 차별의 원인 분석: 사회 전반의 다문화 인식 부족과 미디어 속 편향된 타 문화 재현이 학생들의 인식 형성에 영향을 미침을 확인함. 또한 교사의 문화 감수성 부족과 형식적인 다문화 교육이 '타자화'를 강화할 수 있음을 시사함.
- 문화 상대주의를 적용한 교육적 접근: 타 문화를 그 맥락 속에서 이해하는 태도가 중요함을 확인함. 학교에서는 문화 비교·교류 프로젝트, 문화 체험 수업 등을 통해 학생들이 차이의 가치를 인식하고 존중하는 경험을 쌓는 것이 효과적임.
- 해외 사례를 통한 시사점 도출: 캐나다·핀란드·영국·호주·독일 등은 교과 과정에 다양성과 포용을 명시하고, 교사 연수·문화 교류 프로그램을 제도화하여 실질적인 효과를 거두고 있음.
- 차별 금지 법제의 효과와 한계: 해외의 차별금지법은 사회적 평등과 법적 보호를 강화하였으나, 표현의 자유 침해 및 '역차별' 논란 등 부작용도 존재함. 따라서 문화적 맥락과 사회적 합의를 바탕으로 균형 잡힌 제도 설계가 필요함을 인식함.
- 국내 학교 적용 방안의 제시: 학교 차원의 문화 다양성 존중 노력이 필요하며, 교사 연수 과정에 다문화 감수성 교육 의무화를 포함해야 함. 또한 수업 자료의 편향 요소를 점검하고, 학생 자치회를 중심으로 '나의 문화 소개의 날', 다문화 공감 프로젝트 등을 추진하여 차이를 존중하는 문화 형성

추가 심화 활동

1. **학생 주도 프로젝트 봉사 활동**   다문화 학생이 겪고 있는 차별에 대한 문제 인식을 바탕으로 시사 토론 동아리 학생들과 함께 교내에서 발생하는 차별의 유형과 해결 방안을 토의하고, 다문화 학생에 대한 편견 해소와 다문화 감수성 증진을 위한 교육 자료 제작, 캠페인 및 홍보 활동을 진행함.

2. **교과 연계 프로젝트 활동**   [국어] 과목 '쓰기' 단원에서 다문화 학생이 겪는 어려움을 주제로 역할을 나누어 희곡 대본을 제작하고 제작 과정에서 느낀 점을 공유하며 깊은 공감과 자기 성찰을 나눔.

참고 자료

〈장애에 관한 차별금지법 국제 비교〉 주영하, 한국디지털정책학회, 19권 12호, 2021.
〈학교 공간의 혐오·차별 현상 연구〉 한희정, 한국여성커뮤니케이션학회, 36권 4호, 2021.
〈다문화 청소년이 경험하는 차별 인식이 우울감에 미치는 영향〉 김민경 외, 한국융합기술연구학회, 10권 6호, 2024.
〈중학교 사회과 교사의 문화 다양성 인식과 문화 다양성 교육 실태 분석〉 모경환 외, 한국사회과교육학회, 56권 2호, 2024.

세계화가 지역 경제와 문화에 미치는 영향 탐구

탐구 필요성 및 목적

탐구 필요성	세계화는 국가와 지역을 넘어 사람, 상품, 자본, 정보, 문화가 서로 연결되는 과정을 의미하며, 이는 우리 생활과 지역사회에도 직접적인 영향을 미치고 있다. 특히 지역 경제와 문화는 세계화의 영향으로 산업 구조, 일자리, 소비 패턴뿐만 아니라 전통문화와 생활양식까지 변화하고 있어, 이러한 변화의 양상과 의미를 이해하는 것이 중요하다. 따라서 세계화가 지역 경제와 문화에 어떤 긍정적·부정적 영향을 미치는지를 탐구함으로써, 지역의 발전과 문화 보존을 균형 있게 이해하고 지속가능한 지역사회를 모색할 필요가 있다.
탐구 목적	세계화가 지역 경제와 문화에 미치는 구체적인 영향을 조사하고 분석함으로써, 지역사회의 변화 양상과 그 원인을 이해하는 데 이 연구의 목적이 있다. 이를 통해 세계화로 인해 지역의 산업 구조, 일자리, 소비 패턴이 어떻게 달라졌는지, 그리고 전통문화와 생활양식은 어떤 변화를 겪고 있는지를 파악하고, 앞으로 지역 경제와 문화를 조화롭게 발전시키기 위한 방안을 생각하는 것을 목표로 한다.

탐구 자료 조사

교과	관련 교과	세계시민과 지리	
	교과 단원	Ⅰ. 세계시민, 세계화와 지역 이해 ▶ 01 세계화와 세계시민	
	학습 내용	세계화가 사람, 상품, 자본, 정보, 문화가 국경을 넘어 연결되는 과정임을 이해하고, 이를 통해 지역 경제와 문화가 어떻게 변화하는지 살펴본다. 세계화로 인해 지역의 산업 구조와 일자리가 달라지고, 소비 패턴과 생활양식에도 변화가 생기는 과정을 사례를 통해 조사한다.	
	핵심 개념	세계화, 지역 경제 변화, 지역 문화 변화	
논문	구분	선행 연구 1	선행 연구 2
	제목	세계화의 위기와 정책적 시사점	세계화와 한국의 지역 간 성장 격차
	학습 내용	세계화가 초래한 경제적 불평등, 정치적 갈등, 문화적 정체성 위기 등을 지적하고 있으며, 특히 한국은 글로벌 경쟁 속에서 자국의 이익을 보호하고, 지속가능한 발전을 위한 전략을 모색해야 한다고 강조하고 있다.	세계화가 지역의 성장 격차에 미치는 영향을 분석하였다. 본 연구에서는 우리나라 16개 광역 자치 단체를 대상으로 무역 의존도와 외국인 직접 투자를 세계화 변수로 정하였으며 그 변수들이 지역 간 성장 격차에 미치는 영향을 분석하였다.
	시사점	세계화의 위기에서 지속가능한 발전을 하기 위해 정책적으로 산업 구조의 혁신, 사회적 안전망 강화, 문화 다양성 존중 등의 방향이 필요함을 제안한다.	지역 간 성장 격차를 해소하고 균형적인 성장을 기하기 위해서는 취약 지역에 외국인 투자 특히, 신산업 분야의 국내외 투자를 적극 유치하는 것이 필요하다.

탐구 내용

1. **세계화의 개념 및 지역에 미치는 영향에 대한 이론 학습** 세계화는 국가 간의 경계가 약해지고, 정치·경제·문화 등 다양한 분야에서 상호 연결되는 현상으로, 무역 확대, 정보의 빠른 확산, 문화 교류 증가 등이 특징임. 지역 경제와 문화는 세계화의 흐름 속에서 긍정적·부정적 영향을 동시에 받고 있음.

2. **세계화에 따른 지역 경제 및 문화 변화 사례 조사** 신문 기사, 보고서, 통계 자료 등을 통해 세계화가 지역에 미친 실제 사례를 조사함. 예를 들어, 외국 기업의 투자로 지역 일자리가 늘어난 사례, 반대로 값싼 외국 제품으로 인해 지역 중소 기업이 어려움을 겪은 사례 등을 확인함. 문화적으로는 한류 콘텐츠가 세계적으로 확산되며 한국의 문화가 외국에 긍정적으로 인식되는 사례와, 외래 문화의 유입으로 지역 전통문화가 소외되는 현상도 함께 조사함.

3. **지역의 대응 전략 및 시사점 탐구**   세계화의 흐름 속에서 지역이 지속가능한 발전을 이루기 위해 필요한 전략을 탐구함. 지역 기업은 품질 경쟁력 강화와 현지화 전략을 통해 글로벌 시장에 적응해야 하며, 정부는 지역 산업 보호와 문화 보존을 위해 정책적으로 지원해야 함. 또한 지역 주민과 청소년들이 지역 정체성과 문화를 인식하고 지켜 나가는 노력이 중요함.

4. **지역 산업의 세계화 적응 사례 분석**   제주도의 감귤 산업은 해외 수출을 확대하기 위해 품질 개선과 브랜드화 전략을 추진하였으며, 강원도의 한우 산업은 글로벌 기준에 맞춘 위생 관리와 마케팅을 통해 외국 시장 진출을 시도함. 이러한 사례를 통해 지역 산업이 세계화에 대응하기 위해 어떤 전략을 사용하는지 분석함.

5. **세계화에 따른 지역 문화의 변화와 대응 노력**   세계화로 인해 외래 문화가 지역에 빠르게 유입되면서, 지역 전통문화(예 향토 음식, 민속놀이, 방언 등)가 소외되는 현상이 나타남. 이에 전통문화 축제, 지역 문화 교육, 디지털 콘텐츠 제작 등을 통해 고유 문화를 보존하고 세계에 알리려는 노력이 진행되고 있음.

6. **세계화에 대한 지역 주민의 인식 조사**   설문 조사나 인터뷰를 통해 지역 주민들이 세계화에 대해 어떻게 인식하고 있는지 조사함. 일부 주민은 외국 제품과 문화의 유입을 긍정적으로 평가하며 생활의 질 향상을 느끼는 반면, 다른 주민은 지역 경제 침체나 문화 정체성 약화를 우려함. 이러한 인식 차이를 통해 세계화가 지역사회에 미치는 영향이 단순히 경제적·문화적 변화뿐 아니라 사회적 갈등과 정체성 문제로도 이어질 수 있음을 확인함.

7. **세계화에 따른 지역 청소년의 문화 소비 변화**   청소년들이 세계화 속에서 어떤 문화 콘텐츠를 소비하고 있는지 조사함. 유튜브, 넷플릭스, 틱톡 등 글로벌 플랫폼을 통해 외국 음악, 드라마, 패션 등을 접하며, 외래 문화를 선호하는 경향이 나타남. 이러한 현상이 지역 문화의 지속가능성에 미치는 영향을 분석하고, 청소년 대상의 지역 문화 교육 필요성을 제기함.

탐구 결과

- 지역 문화는 다양성과 고유성 사이에서 변화함.
  세계화로 인해 다양한 외국 문화가 유입되면서 문화적 다양성이 확대되고, 새로운 문화 경험이 가능해짐. 하지만 동시에 외래 문화의 영향력이 커지면서 지역 고유 문화가 소외되거나, 젊은 세대가 전통문화를 외면하는 현상도 나타남.
- 세계화 속에서 지역의 지속가능한 발전 가능성을 확인함.
  탐구 결과, 세계화는 지역에 도전과 기회를 동시에 제공하며, 균형 잡힌 대응 전략이 중요하다는 결론에 도달함. 지역 경제와 문화가 세계화에 휩쓸리지 않고, 자립성과 고유성을 유지하면서 열린 태도를 갖는 것이 바람직한 방향임.
- 지역의 대응 전략이 변화의 방향을 결정함.
  세계화의 영향을 수용하면서도 지역의 고유성을 지키기 위한 다양한 대응이 이루어지고 있음. 예를 들어, 지역 기업은 품질 경쟁력 강화와 현지화 전략을 통해 글로벌 시장에 적응하고 있으며, 지방 자치 단체는 문화 보존 사업, 지역 브랜드 육성, 청소년 대상 교육 프로그램 등을 통해 정체성 유지에 힘쓰고 있음.

추가 심화 활동

1. **정책 제안서 작성**   세계화로 인한 지역 경제와 문화 문제를 파악하고, 개선 방안을 제안하는 정책 제안서 작성(예 전통 시장 보호 방안, 지역 문화 체험 프로그램 확대, 다국적 기업과 지역 상권 조화 전략 등)

2. **체험형 프로젝트 -지역 문화 소개 영상 제작**   세계화로 변화한 지역 문화와 전통을 소개하는 영상 또는 카드 뉴스 제작, 관광객·학생·주민을 대상으로 공유하며, 문화 보존과 경제 발전의 균형을 홍보

3. **미래 시뮬레이션 활동**   세계화 추세를 바탕으로 10년 후 우리 지역 경제와 문화 변화를 예측하고, 지도나 모형으로 표현, 경제적 성장과 문화 보존을 함께 고려한 지속가능한 발전 방안을 탐색

참고 자료

〈세계화와 한국의 지역 간 성장 격차〉 곽노성 외, 한국경제지리학회, 18권 2호, 2015.
〈세계화의 위기와 정책적 시사점〉 윤성종, 한국통상정보학회, 26권 2호, 2024.
〈세계화가 선진국의 경제 성장에 미치는 영향 분석〉 김소연 외, 한국외국어대학교 국제지역연구센터, 27권 4호, 2023.
《왜 세계화가 문제일까?》 게르트 슈나이더 외(이수영 역), 반니, 2013.

SNS를 활용한 장소 마케팅 전략의 효과 탐구

탐구 필요성 및 목적

탐구 필요성	최근 지역의 인지도와 방문객 수를 높이기 위해 지방 자치 단체나 상점, 관광지가 SNS를 활용한 장소 마케팅을 적극적으로 활용하고 있다. 전통적인 광고보다 SNS는 짧은 시간에 넓은 범위로 정보를 확산시킬 수 있어 지역 경제 활성화에 큰 영향을 미친다. 그러나 SNS 홍보가 실제로 지역 방문이나 이미지 개선에 어느 정도 효과를 주는지에 대한 지리적 관점에서의 분석과 검증이 부족하다. 따라서 SNS를 통한 장소 마케팅의 구체적인 전략과 그 효과를 탐구하는 것은 현대 사회의 공간 인식 변화와 지역 경쟁력 강화 방안을 이해하는 데 중요한 의미가 있다.
탐구 목적	SNS를 이용한 장소 마케팅이 지역의 이미지 제고, 관광객 유입, 지역 경제 활성화 등에 미치는 영향을 분석하고, 효과적인 홍보 전략의 특징과 한계점을 파악하는 것을 목적으로 한다. 이를 통해 SNS 시대에 지역이 지리적 특성을 어떻게 스토리 텔링하고 시각화하여 매력적인 공간으로 인식되는지를 이해하고, 나아가 지역 발전을 위한 지속가능한 장소 마케팅 방향을 제시하고자 한다.

탐구 자료 조사

교과	관련 교과	한국지리 탐구
	교과 단원	Ⅱ. 생활 속 지리 탐구 ▶ 02 관광과 여가, 장소 정체성과 장소 마케팅
	학습 내용	'장소 마케팅'은 특정 도시나 지역이 관광, 투자, 거주 등의 목적을 위해 이미지와 브랜드를 전략적으로 개발하고 홍보함으로써 외부의 관심과 자본을 유치하려는 활동으로, 지역의 고유한 문화 자원과 경관을 활용하여 경쟁력을 높이고 도시의 정체성과 매력을 강화하는 과정으로 이해할 수 있음.
	핵심 개념	장소 마케팅, SNS 홍보, 지역 이미지, 공간 인식, 관광 활성화

	구분	선행 연구 1	선행 연구 2
논문	제목	컨텍스트를 고려한 장소 마케팅 전략	로컬 관광 활성화를 위한 MZ 세대의 SNS 넛지 마케팅 전략 방안에 관한 연구
	학습 내용	장소 마케팅 전략 수립 시 지역 고유 컨텍스트를 고려하는 것이 중요함을 강조함. 장소의 역사, 문화, 사회적 맥락을 분석하여 마케팅 방향을 설정하고 실행 전략을 구성하는 과정을 제시함.	MZ 세대를 대상으로 한 로컬 관광 상품 개발의 중요성이 증가함에 따라, SNS 넛지 마케팅이 MZ 세대의 인지적 이미지, 기대 감정, 그리고 관광 행동 의도에 미치는 영향을 설명함.
	시사점	마케팅 전략이 지역의 이미지 형성과 방문객 만족도에 긍정적인 영향을 미친다는 점과 지역의 고유한 정체성과 경험을 반영해야 효과적임.	SNS 넛지 마케팅은 MZ 세대의 감성적 반응과 행동 유도를 통해 로컬 관광지에 대한 인지도와 방문 의도를 효과적으로 높일 수 있음.

탐구 내용

1. **SNS 마케팅의 개념 및 장소 홍보 전략에 대한 이론 학습** SNS(Social Network Service)는 사용자 간의 정보 공유와 소통을 기반으로 하는 플랫폼으로, 최근에는 기업과 지역이 장소를 홍보하는 주요 수단으로 활용되고 있음. SNS 마케팅은 해시태그, 위치 태그, 사용자 후기, 인플루언서 콘텐츠 등을 통해 빠르고 광범위한 정보 확산이 가능함. 특히 장소 마케팅에서는 시각적 콘텐츠(사진·영상)와 실시간 반응을 통해 현장감과 신뢰도를 높일 수 있음.

2. **SNS를 활용한 장소 마케팅 사례 조사** 국내외 SNS 마케팅 성공 사례를 중심으로 장소 홍보 전략을 분석함. 예를 들어, 전라북도 군산의 '시간 여행 마을'은 인스타그램 해시태그 캠페인을 통해 젊은 층의 방문이 급증하였고, 서울 성수동은 감성 카페와 디자인 편집숍을 중심으로 SNS에서 '핫 플레이스'로 떠오르며 상권이 활성화됨. 이러한 사례를 통해 SNS가 장소 인지도와 방문율에 미치는 영향을 확인함.

3. **SNS 콘텐츠 유형과 소비자 반응 분석** 사진, 영상, 후기, 실시간 방송 등 다양한 콘텐츠 유형이 SNS에서 활용되며, 특히 감성적인 이미지, 공감 가능한 후기, 체험 중심 콘텐츠가 소비자의 반응을 끌어냄. 댓글, 좋아요, 공유 수 등을 통해 콘텐츠의 확산력을 분석하고, 소비자가 장소를 선택하는 데 어떤 요소가 영향을 미치는지 탐구함.

4. **우리 지역(용인시 처인구)의 SNS 마케팅 현황 조사** 용인시 처인구 내 주요 장소(예 에버랜드, 농촌 체험 마을, 전통 시장 등)의 SNS 활용 현황을 조사함. 공식 계정 운영 여부, 해시태그 사용 빈도, 사용자 후기 게시물 수 등을 분석하여 SNS 활용 수준과 개선 가능성을 파악함.

5. **SNS 마케팅의 장점과 한계 분석** 장점으로는 저비용 고효율, 젊은 층 타깃 가능, 실시간 소통 등이 있으며, 한계로는 정보의 일시성, 부정적 후기 확산 위험, 콘텐츠 품질 관리의 어려움 등이 있음. 이를 바탕으로 효과적인 장소 마케팅 전략 수립을 위한 조건을 정리함.

6. **인플루언서와 협업한 장소 홍보 전략 분석** SNS에서 영향력 있는 인플루언서가 특정 장소를 소개하거나 방문 후기를 올릴 경우, 해당 장소의 인지도와 방문율이 급격히 상승하는 사례가 많음. 예를 들어, 유튜버나 인스타그램 셀럽이 지역 카페나 전통 시장 등을 소개하면, 해당 장소가 '핫 플레이스'로 떠오르며 상권이 활성화됨. 이러한 협업 방식이 장소 마케팅에 어떤 효과를 주는지 분석함.

7. **해시태그와 위치 태그의 활용 방식 탐구** SNS에서 해시태그(#)와 위치 태그는 콘텐츠의 확산과 검색 노출에 중요한 역할을 함. 예를 들어, #용인 카페, #처인구 맛집 같은 태그를 활용하면 지역 기반 콘텐츠가 더 많은 사용자에게 노출됨. 해시태그의 종류, 사용 빈도, 사용자 반응 등을 분석하여 효과적인 태그 전략을 탐구함.

탐구 결과

- SNS는 장소 인지도와 방문율을 높이는 효과적인 수단임.
  해시태그, 위치 태그, 인플루언서 콘텐츠 등을 활용한 SNS 마케팅은 짧은 시간 안에 장소의 인지도를 높이고 실제 방문객 수를 증가시키는 데 효과적임.
- 시각적 콘텐츠와 후기 중심의 전략이 소비자 반응을 유도함.
  감성적인 사진, 공감 가능한 후기, 체험 중심 영상은 SNS에서 높은 반응을 얻으며, 장소에 대한 신뢰도와 호감도를 높이는 데 기여함.
- 우리 지역의 SNS 활용은 제한적이며 개선 가능성이 큼.
  용인시 처인구 내 일부 장소는 SNS를 활용하고 있으나, 콘텐츠 기획력과 소통 전략이 부족하여 마케팅 효과가 제한적임. 전략적 개선이 필요함.
- SNS 마케팅은 지역 경제 활성화의 새로운 도구가 될 수 있음.
  소상공인, 문화 공간, 체험 마을 등은 SNS를 통해 자립적 홍보가 가능하며, 이를 통해 지역 상권 활성화와 지속가능한 성장 기반을 마련할 수 있음.

추가 심화 활동

〈지역 축제와 연계한 SNS 홍보 캠페인〉
- 교과 연계: 지역 문화와 관광 산업
- 활동 내용: 지역 축제(예 용인 농촌 테마 파크 행사 등)와 연계해 SNS 홍보 콘텐츠 제작, 축제 현장 포토존 운영, 해시태그 이벤트 기획

참고 자료

《여기서 보자》 권지담 외, 꿈의지도, 2011.
《무기가 되는 스토리》 도널드 밀러(이지연 역), 윌북, 2018.
〈컨텍스트를 고려한 장소 마케팅 전략〉 장혜진, 한국디지털디자인협의회, 15권 1호, 2015.
〈로컬 관광 활성화를 위한 MZ 세대의 SNS 넛지 마케팅 전략 방안에 관한 연구〉 하동희, 한국문화산업협회, 24권 4호, 2024.

우리 동네 변화 과정 탐구

탐구 필요성 및 목적

탐구 필요성	'우리 고장 변화 과정 탐구'는 내가 살고 있는 지역이 시간의 흐름에 따라 어떻게 달라졌는지를 살펴보는 활동으로, 지역의 역사적·지리적 특징을 이해하고 지역 발전의 의미를 깨닫는 데 중요한 학습이다. 급격한 도시화와 산업화로 인해 지역의 경관, 인구, 산업 구조 등이 빠르게 변하고 있는 오늘날, 이러한 변화를 스스로 조사하고 분석함으로써 지역의 정체성을 이해하고 지속가능한 발전 방향을 모색할 필요가 있다. 따라서 이 탐구는 단순한 지역 관찰을 넘어, 나와 지역사회의 관계를 인식하고 지역의 가치를 새롭게 발견하는 데 의미가 있다.
탐구 목적	내가 살고 있는 지역의 변화 과정을 조사하여 지역의 발전 양상과 그 배경을 이해하고, 이러한 변화가 지역 주민의 생활과 환경에 어떤 영향을 주었는지를 분석하는 데 있다. 이를 통해 지역의 성장과 변화를 단순히 외형적인 발전으로만 보는 것이 아니라, 그 속에 담긴 사회·경제·문화적 의미를 스스로 생각해 보고, 앞으로 우리 고장이 나아가야 할 방향을 탐색하는 것을 목표로 한다.

탐구 자료 조사

교과	관련 교과	도시의 미래 탐구
	교과 단원	Ⅰ. 삶의 공간, 도시 ▶ 02 도시의 발달과 도시 유형
	학습 내용	도시의 발달 과정을 역사적, 공간적으로 조망하며 다양한 유형의 도시를 비교하고, 도시를 어떻게 만들어 가느냐에 따라 살기 좋은 도시가 될 수도, 쇠퇴하는 도시가 될 수도 있음을 이해한다.
	핵심 개념	지역, 공간 변화, 도시화, 지역 정체성

	구분	선행 연구 1	선행 연구 2
논문	제목	한국의 도시 성장 유형과 사회적 지속가능성	1990년대 대전의 신도시화 과정과 도시 공간의 변화
	내용	한국 도시들을 경제·인구 지표로 나눠 성장 유형을 분류하고, 각 유형의 사회적 지속가능성을 분석한 연구임. 도시 성장은 단순한 규모보다 형평성, 다양성, 안정성 같은 사회적 요소가 중요하다고 강조함.	대전의 신도시화가 도시의 성장과 공간적 확산을 이끌었지만, 장기적으로는 도시 내부의 기능 분화와 지역 간 불균형 문제를 심화시켰다는 점에서 향후 도시 계획의 균형적 발전 필요성을 제시하고 있음.
	시사점	일부 저성장 도시가 더 높은 사회적 지속가능성을 보이는 경우도 있었음. 이는 도시 정책이 시민 삶의 질을 중심으로 설계되어야 함을 시사함.	향후 도시 계획에서는 신도시와 기존 도심의 기능이 조화를 이루는 균형 있는 발전 전략이 필요함을 강조함.

탐구 내용

1. **우리 동네의 지리적·사회적 배경에 대한 이론 학습**　우리 동네는 경기도 용인시 ○○구에 위치하며, 과거에는 농촌 중심의 지역이었으나 최근 도시화가 빠르게 진행되고 있음. 지리적으로 수도권과 가까워 교통망이 확장되면서 인구 유입이 증가하고, 이에 따라 주거지 개발과 상업 시설 확충이 활발히 이루어지고 있음. 지역 개발의 흐름과 도시화의 개념, 인구 구조 변화, 생활 인프라 확장 등의 이론을 학습하여 동네 변화의 배경을 이해함.

2. **우리 동네의 변화 과정에 대한 자료 조사**　옛 지도, 사진, 주민 인터뷰, 신문 기사 등을 통해 과거와 현재의 모습을 비교함. 예를 들어, 2000년대 초반에는 논밭과 비닐하우스가 많았던 지역이 현재는 아파트 단지와 대형 마트, 카페 거리로 바뀌었음. 지역 초등학교나 시장의 위치 변화, 도로 확장, 버스 노선 증가 등 생활 환경의 변화도 함께 조사함. 또한, 지역 개발 계획이나 도시 재생 사업이 어떤 방식으로 추진되었는지도 확인함.

3. **지역 주민의 인식 변화 탐구**   동네 변화에 대해 주민들이 어떻게 느끼고 있는지 설문 조사나 인터뷰를 통해 탐구함. 오래 거주한 주민들은 "예전의 조용하고 정겨운 분위기가 그립다."라는 반면, 최근 이사 온 주민들은 "생활 편의성이 높아져 만족스럽다."라고 함. 이러한 인식 차이를 통해 도시화가 지역 공동체에 미치는 영향과 정체성 변화에 대해 고민함.

4. **동네 변화가 지역 문화와 환경에 미친 영향 분석**   도시화로 인해 전통적인 문화 공간(예 마을 회관, 정자, 장터 등)이 줄어들고, 대신 카페, 체육 시설, 문화 센터 등이 생겨남. 또한, 녹지 공간이 줄어들고 차량 증가로 인해 공기 질이나 소음 문제가 발생함. 지역 축제나 전통 행사가 유지되고 있는지, 혹은 사라졌는지를 조사하여 문화적 연속성에 대한 고민을 이어 감.

5. **우리 동네의 미래 변화 방향에 대한 제안**   현재 진행 중인 개발 계획(예 신도시 확장, 지하철 연장 등)을 바탕으로 향후 변화 방향을 예측함. 지역 주민의 의견을 반영한 친환경 개발, 공동체 중심 공간 조성, 청소년을 위한 문화 공간 확대 등의 제안을 통해 바람직한 지역 발전 방향을 모색함.

6. **우리 동네의 인구 구조 변화 탐구**   통계청 자료나 시청 홈페이지의 인구 데이터를 활용하여, 우리 동네의 인구수, 연령대, 세대 구성 등의 변화를 분석함. 예전에는 고령층이 많았던 지역이 최근에는 젊은 세대와 어린 자녀를 둔 가족 중심으로 바뀌고 있음. 이러한 인구 변화는 교육 시설 확충, 놀이터·공원 조성, 육아 관련 서비스 증가 등에도 영향을 미침.

7. **동네 상권 및 생활 인프라의 변화 분석**   과거에는 전통 시장과 소규모 상점이 중심이었으나, 최근 프랜차이즈 카페, 편의점, 대형 마트 등이 들어서며 상권이 변화함. 도서관, 문화 센터, 체육 시설 등 공공 인프라가 확충되면서 주민들의 생활 편의성이 높아짐. 이러한 변화가 지역 경제에 어떤 영향을 미쳤는지, 상인들의 반응과 소비 패턴의 변화를 함께 탐구함.

8. **우리 동네의 교통 환경 변화 탐구**   도로 확장, 버스 노선 증가, 자전거 도로 설치 등 교통 인프라의 변화 과정을 조사함. 예전에는 도보 중심의 생활권이었지만, 현재는 자가용과 대중교통 이용이 증가하면서 이동 범위가 넓어짐. 교통 환경 변화가 통학, 출퇴근, 상업 활동 등에 어떤 영향을 미쳤는지 분석함.

탐구 결과

- 우리 동네는 농촌 중심에서 도시형 생활권으로 변화함: 과거에는 논밭과 비닐하우스가 많았던 지역이 현재 아파트 단지, 상업 시설, 도로망 확장 등으로 도시화됨. 2000년대 초반 지도와 현재 지도를 비교한 결과 주거지와 상권의 밀도가 크게 증가하였고, 인구 유입도 활발해졌음. 이러한 변화는 수도권 접근성 향상과 교통 인프라 확충이 주요 원인으로 분석됨.
- 지역 주민의 생활 방식과 인식이 변화함: 인터뷰 결과, 오래 거주한 주민들은 "예전의 조용하고 정겨운 분위기가 그립다."라고 말한 반면, 최근 이주한 주민들은 "생활 편의성이 높아져 만족스럽다."라고 응답함. 이는 도시화가 주민의 생활 방식뿐 아니라 지역 공동체의 분위기와 정체성에도 영향을 미친다는 점을 보여 줌.
- 지역 문화와 환경에 긍정적·부정적 변화가 동시에 나타남: 문화적으로는 도서관, 문화 센터, 체육 시설 등 공공 인프라가 확충되어 주민들의 문화 활동 기회가 늘어남. 반면, 전통적인 마을 회관이나 장터 등은 점차 사라지고 있으며, 녹지 공간 감소와 차량 증가로 인해 환경적 부담도 커지고 있음.

추가 심화 활동

1. **체험형 프로젝트 – 우리 고장 변화 사진전 기획**
   - 과거와 현재의 사진, 지도, 인터뷰 내용을 모아 '우리 고장 변화 사진전'을 기획함.
   - 전시를 통해 지역 주민과 친구들에게 변화를 알리고, 발표·설명 활동을 통해 탐구 결과를 공유할 수 있음.

2. **미래 변화 시뮬레이션 활동**
   - 현재 변화를 바탕으로 10년 후 우리 고장의 모습을 예측하고, 미래 지도를 그림.
   - 도시화, 인구 이동, 산업 변화, 환경 변화 등을 고려하여 지속가능한 발전 방향을 탐색함.

참고 자료

《지역별 인구·주택·산업 통계 연보》 통계청, 2022.
《도시는 어떻게 역사가 되었을까》 이성근, 효형출판, 2021.
〈한국의 도시 성장 유형과 사회적 지속가능성〉 송주연, 한국지역지리학회, 27권 4호, 2021.
〈1990년대 대전의 신도시화 과정과 도시 공간의 변화〉 최금애 외, 한국지역지리학회, 10권 1호, 2004.

공정여행이 지역 경제에 미치는 영향 탐구

탐구 필요성 및 목적

탐구 필요성	공정여행은 단순한 관광을 넘어 지역 주민의 삶과 지역 경제에 긍정적인 변화를 가져오려는 지속가능한 여행 형태로, 지역 경제 활성화와 불평등 완화에 기여할 수 있다는 점에서 그 중요성이 크다. 그러나 실제로 공정여행이 지역 주민의 소득 향상이나 지역 상권 유지에 어떤 영향을 미치는지는 충분히 검증되지 않았기 때문에, 이를 탐구함으로써 공정여행의 경제적 효과를 구체적으로 파악하고 향후 지역 발전을 위한 바람직한 관광 방향을 모색할 필요가 있다.
탐구 목적	공정여행이 지역 경제에 미치는 구체적인 영향을 분석하여, 단순한 관광 소비가 아닌 지역 주민과 상생하는 지속가능한 여행의 방향을 제시하는 데 탐구의 목적이 있다. 이를 통해 공정여행이 지역 소득 분배, 일자리 창출, 지역 상품 소비 등 경제적 측면에서 어떤 변화를 유발하는지 이해하고, 앞으로의 지역 관광 정책이나 여행자의 선택에 도움이 될 수 있는 시사점을 도출하고자 한다.

탐구 자료 조사

	구분		
교과	관련 교과	여행지리	
	교과 단원	Ⅲ. 성찰과 공존을 위한 여행 ▶ 04 지속가능한 여행	
	학습 내용	공정여행을 통해 여행지를 둘러싼 다양한 문제를 탐색하고, 여행자인 나와 여행지 주민인 그들이 연결된다는 점에서 공존의 의미와 생태 감수성에 대해 성찰한다.	
	핵심 개념	지속가능성, 지역 상생, 윤리적 소비	
논문	구분	선행 연구 1	선행 연구 2
	제목	북촌 한옥 마을 공정여행	공정 관광이 지역 애착도와 관광지 경쟁력에 미치는 영향
	학습 내용	북촌 한옥 마을을 중심으로 관광객과 지역 주민이 상호 존중과 협력을 통해 관광 활동을 수행하며 지역 경제와 문화 보존에 긍정적인 영향을 미치는 과정을 살펴봄.	공정 관광이 지역 주민의 지역 애착도와 관광지의 경쟁력 향상에 긍정적 영향을 미치며, 관광객과 지역 주민, 관광 기업 간 공정한 관계 형성이 지역 경제 활성화에 기여할 수 있음을 보여 줌.
	시사점	공정여행을 통해 관광객이 지역의 역사와 문화를 깊이 이해하고 체험하며, 주민 참여와 수익 분배가 공정하게 이루어지는 구조가 중요함을 강조함.	공정 관광은 지역 주민의 애착도를 높이고 관광지의 경쟁력을 강화함으로써 지역 경제 활성화에 긍정적인 영향을 미칠 수 있다는 시사점을 제공함.

탐구 내용

1. **공정여행의 개념 및 지역 경제와의 관계에 대한 이론 학습** 공정여행은 여행자가 단순한 소비자가 아닌, 지역사회와 상생하는 주체로서 책임 있는 여행을 실천하는 방식임. 지역 주민과 환경을 존중하고, 지역 자원과 소규모 상권을 중심으로 소비함으로써 지역 경제에 긍정적인 영향을 주는 여행 형태임. 기존의 대형 관광지 중심의 소비 구조와 달리, 공정여행은 지역의 자립적 경제 순환을 돕고, 지속가능한 관광 모델로 주목받고 있음.

2. **공정여행 사례 및 지역 경제 효과 조사** 신문 기사, 여행 플랫폼, 공정여행 관련 단체의 자료를 통해 실제 사례를 조사함. 전라남도 구례군의 '마을 여행 프로그램'은 지역 주민이 직접 가이드를 맡고, 농산물 판매와 숙박을 운영함으로써 지역 소득을 창출함. 또한, 제주도의 '착한 여행' 프로젝트는 대형 리조트 대신 지역 게스트 하우스, 로컬 식당을 이용하도록 유도하여 지역 상권 활성화에 기여함. 이러한 사례를 통해 공정여행이 지역 경제에 미치는 실질적 효과를 확인함.

3. **공정여행에 대한 여행자와 지역 주민의 인식 탐구**   설문 조사나 인터뷰를 통해 공정여행에 대한 인식을 조사함. 여행자들은 "지역과 소통하는 여행이 더 의미 있다.", "소규모 상점이나 농가를 이용하면서 여행의 만족도가 높아졌다."라고 응답. 지역 주민들은 "관광 수익이 대기업이 아닌 마을에 직접 돌아와서 좋다.", "관광객과의 교류가 활발해져 공동체 분위기가 좋아졌다."라고 평가함. 이러한 인식은 공정여행이 단순한 경제 효과를 넘어 사회적 신뢰와 공동체 회복에도 영향을 미친다는 점을 보여 줌.

4. **공정여행의 한계와 개선 방향 탐구**   공정여행이 지역 경제에 긍정적 영향을 주는 반면, 일부 지역에서는 운영 인력 부족, 홍보 미흡, 지속성 문제 등의 한계도 존재함. 또한, 여행자의 참여 의지가 없거나 가격이 상대적으로 높을 경우 선택되지 않는 경우도 있음. 이를 해결하기 위해 지역 정부의 제도적 지원, 공정여행 인증제 도입, 청소년 대상 교육 프로그램 확대 등의 개선 방향을 제시함.

5. **우리 지역에서의 공정여행 가능성 탐색**   공정여행이 실현될 수 있는 가능성을 탐구함. 예를 들어, 농촌 체험 마을, 전통시장, 지역 예술인과 연계한 프로그램 등을 통해 여행자와 지역이 상생할 수 있는 모델을 구상함. 지역 자원을 활용한 공정여행이 지역 경제에 어떤 긍정적 영향을 줄 수 있을지 예측하고, 실천 방안을 제안함.

6. **공정여행이 지역 청년 창업과 일자리 창출에 미치는 영향 탐구**   공정여행은 단순한 관광 소비를 넘어 지역 내 청년 창업 기회를 확대하는 역할을 함. 예를 들어, 지역 청년들이 게스트 하우스, 로컬 카페, 체험 프로그램 운영 등 관광 관련 창업에 참여하면서 자립적인 경제 활동을 시작함. 또한, 공정여행 프로그램 운영에 필요한 인력(가이드, 체험 강사, 콘텐츠 제작자 등)이 지역에서 채용되며 일자리 창출 효과도 나타남. 이를 통해 공정여행이 지역 경제에 미치는 영향이 단순한 소비 확대를 넘어 지속가능한 고용 기반 형성으로 이어질 수 있음을 탐구함.

탐구 결과

- 공정여행은 지역 소상공인과 자영업자에게 실질적인 경제적 도움을 줌.
  공정여행을 통해 여행자들이 대형 체인이나 리조트 대신 지역 식당, 게스트 하우스, 농가 등을 이용함으로써 지역 내 소비가 증가함. 인터뷰한 지역 상인은 "공정여행객이 오면 하루 매출이 눈에 띄게 늘어난다."라고 말함. 이는 지역 자본의 외부 유출을 줄이고, 지역 내 경제 순환 구조를 강화하는 효과가 있음.
- 지역 주민의 참여와 자긍심이 높아짐.
  공정여행 프로그램에 주민들이 직접 가이드, 체험 운영자, 숙박 제공자로 참여하면서 지역 일자리 창출과 사회적 활력이 증가함. 설문 조사 결과, 응답자의 78%가 "공정여행을 통해 지역에 대한 자부심이 생겼다."라고 응답함. 이는 단순한 경제 효과를 넘어 지역 공동체의 회복과 문화적 정체성 강화로 이어짐.
- 공정여행은 관광의 지속가능성을 높이는 대안으로 작용함.
  환경을 고려한 이동 수단, 쓰레기 줄이기, 지역 자원 활용 등 공정여행의 실천 요소들이 지속가능한 관광 모델로 평가됨. 특히, 대규모 관광시의 과잉 개발로 인한 환경 훼손 문제를 피하고, 지역이 자연과 문화 자산을 보호하는 데 기여함.

추가 심화 활동

1. **정책 제안서 작성하기(시민 교육·사회 참여 연계)**   공정여행이 더 활성화되기 위해 필요한 지원 방안을 제안 **예** "지역 주민이 운영하는 숙소에 세제 혜택 제공", "공정여행 홍보 캠페인 강화" 등

2. **체험형 활동 - 우리 지역 공정여행 기획하기(융합 활동)**   우리 지역(학교 근처)을 대상으로 하루짜리 공정여행 코스를 직접 설계, 지역의 역사, 문화, 음식, 상점 등을 포함한 코스를 지도에 표시하고, "지역에 어떤 경제적 도움이 될까?"를 함께 분석

참고 자료

《공정 관광 가이드북》 한국관광공사, 2021.
《우리의 여행이 세상을 바꿀까》 고두환, 선율, 2015.
〈공정여행의 국내 사례: 북촌 한옥 마을 공정여행〉 장은경 외, 한양대학교관광연구소, 22권 2호, 2010.
〈공정 관광이 지역 애착도와 관광지 경쟁력에 미치는 영향: 김제시를 중심으로〉 소재민, 한국관광산업학회, 46권 1호, 2021.
〈착한 여행, 공정여행이란 무엇일까?〉 환경부 공식 블로그, 2022.

기후변화로 인한 지역별 난민 문제 및 국제적 대응 방안 탐구

탐구 필요성 및 목적

탐구 필요성	현대 인류가 직면한 가장 심각한 위기 중 하나는 기후변화이며, 이는 단순한 환경 문제를 넘어 인도주의적 재앙인 기후 난민 문제로 현실화되고 있다. 극심한 가뭄, 홍수, 해수면 상승, 사막화 등 예측 불가능한 기상 이변은 특정 지역 사람들의 생존권을 직접적으로 위협하여 대규모 강제 이주를 초래한다. 유엔 난민 기구(UNHCR) 자료에 따르면, 매년 수천만 명이 기후 관련 재해로 인해 삶의 터전을 잃고 있으며, 2050년까지 최대 10억 명의 기후 난민이 발생할 수 있다는 비관적인 전망까지 나오고 있다. 이처럼 기후 난민 문제는 이제 미래가 아닌 현재의 위기이자, 전 세계적인 안보 및 인권 문제로 격상되었다.
탐구 목적	기후변화가 초래하는 난민 문제의 지역별 특성을 분석하고, 현행 국제법 및 국제기구의 대응의 한계점을 검토하고자 한다. 나아가, 기후위기 시대의 인류애와 국제 연대를 실현하기 위한 국제적 책임 분담 방안과 정책적 대안을 모색하는 것은 인류 공동의 지속가능한 미래를 위해 매우 시급하고 중요한 과제이다. 이에 기후변화에 따른 지역별 난민 문제의 복합적인 실태를 규명하고, 이에 대한 국제 사회의 효과적인 대응 방안을 제시할 것이다.

탐구 자료 조사

교과	관련 교과	기후변화와 지속가능한 세계
	교과 단원	Ⅱ. 기후정의와 지역문제 ▶ 02 차별적으로 나타나는 기후변화의 영향
	학습 내용	기후변화의 영향은 지리적·사회적·경제적 조건에 따라 차별적으로 나타난다. 기후변화의 영향을 이해하기 위해서는 다양한 요인을 사회적 맥락 속에서 종합적으로 바라보는 접근이 필요하다.
	핵심 개념	기후 난민, 국가 간 불평등, 기후위기 취약 계층, 기후정의

	구분	선행 연구 1	선행 연구 2
논문	제목	기후 서사 분석을 통한 기후 난민 사례 연구	기후변화와 강제 이주: 온두라스를 중심으로
	내용	기후변화가 초래하는 사회적 불평등과 불균형 문제를 이해함.	온두라스 기후의 특성을 지리적 차원에서 고찰하여 기후변화의 취약성 정도를 확인함.
	시사점	기후위기 대응에 필요한 새로운 관점을 제시함.	온두라스발 대량 이주 현상에 대한 기후변화 설명 변수를 재고찰함.

탐구 내용

기후변화의 영향은 불평등하게 나타나고 있다. 역사적으로 온실가스 배출에 대한 책임이 적은 저개발국이나 취약 지역의 주민들이 가장 큰 피해를 입고 있으며, 이들은 자금, 인프라, 기술적 대응 능력이 부족하여 '기후 부정의(Climate Injustice)'라는 악순환에 빠져 있다. 또한, 기후 난민에 대한 국제법적 정의가 불분명하고, 난민 지위를 인정받기 어렵다는 현실은 이들의 기본적인 인권 보호와 인도적 지원에 심각한 사각 지대를 만든다.

가뭄과 식량 불안정으로 인한 이주 니제르, 말리, 부르키나파소 등이 포함된 아프리카 사헬 지대는 지구 평균보다 1.5배 빠르게 기온이 상승하며 극심한 가뭄과 사막화가 진행되는 '기후변화의 최전선'이다. 농업 생산성의 급격한 감소와 가축 폐사는 주민들의 생계를 직접적으로 파괴하여, 이는 물과 목초지를 둘러싼 공동체 간의 폭력적인 갈등을 심화시키고 대규모 국내 및 국외 이주를 초래한다. 특히, 이 지역의 난민은 기후 요인과 기존의 분쟁, 테러리즘이 복합적으로 작용하여 발생하는 '복합적 실향'의 성격을 강하게 띤다.

해수면 상승과 국가 소멸 위협 피지, 투발루와 같은 남태평양 섬나라들은 해수면 상승으로 인해 국가 자체가 침몰될 위기에 처해 있다. 이는 단순한 이주 문제를 넘어 국가 소멸과 국민의 무국적화라는 전례 없는 문제를 야기한다. 예를 들어, 투발루는 호주와의 조약 체결을 통해 매년 일정 인원에 대해 기후 난민 자격 및 영주권을 부여받는 선례를 만들었으나, 이는 국제 사회의 책임 회피가 아닌, 주권 보존 및 안전한 이주 경로 확보라는 근본적인 논의를 촉발해야 함을 시사한다. 이 지역 난민은 영구적인 터전 상실이라는 특수성을 가지며, 이는 문화적 정체성과 인류의 유산 보존 문제와도 직결된다.

현행 유엔 난민 협약은 '인종, 종교, 국적, 특정 사회 집단의 성원 또는 정치적 의견을 이유로 박해를 받을 합리적인 공포'가 있는 사람만을 난민으로 정의하고 있어, 기후변화로 인한 이주민은 난민 지위를 인정받지 못함을 재차 확인할 수 있다. 유엔 난민 기구(UNHCR) 역시 '기후변화로 인한 강제 실향민'이라는 표현을 사용하며 난민 지위 부여에 신중한 입장이다. 이 법적 공백은 이들이 기본적인 국제적 보호 및 지원에서 소외되는 주된 원인이다. 유엔 난민 기구(UNHCR), 국제 이주 기구(IOM) 등은 난민 캠프 내 기후 적응 프로그램 투자, 기후 취약 지역에 대한 사전 예방적 조치 및 재난 위험 감소 활동을 전개하고 있다. 특히 IOM은 '이주, 환경 및 기후변화 프레임워크'를 통해 안전하고 질서 있는 이주 관리의 필요성을 강조한다. 그러나 이들의 활동은 기금 부족과 주권 국가의 국경 통제 강화 기조로 인해 근본적인 문제 해결에 도달하는 데 한계가 있다. 기후변화의 주된 원인을 제공한 선진국들이 난민 발생에 대한 역사적 책임을 외면하고, 국경을 강화하는 등 방어적인 태도를 취하고 있다. '손실과 피해' 기금 등 재정적 지원 논의는 활발하지만, 이는 기후 난민 문제 해결을 위한 근본적인 책임 분담보다는 피해 완화에 초점을 맞추고 있어, 기후 부정의를 해소하기에는 역부족이다.

탐구 결과

기후변화가 전 지구적 난민 문제의 핵심 동인으로 작용하며, 그 피해는 지역별 특수성을 띠며 기후 부정의를 심화시키고 있다. 기후 난민 문제는 더 이상 단순한 환경 문제가 아니라 인권, 안보, 국제법적 정의가 걸린 복합적인 위기이다. 이를 해결하기 위해서는 다음의 대응이 요구된다.

첫째, 기후 난민 문제 해결을 위한 법적·제도적 프레임워크의 재정립이 시급하다. 현행 유엔 난민 협약의 한계는 기후 난민을 국제적 보호망 밖에 방치하는 결과를 낳고 있다. 따라서, 유엔 차원에서 기후변화로 인해 이주하는 사람들을 위한 새로운 국제 협약을 마련하거나, 기존 협약의 보호 범위를 확대하는 논의가 필요하다. 이는 단순히 '난민 지위'를 부여하는 것을 넘어, 안전하고 존엄한 이주 경로의 보장, 임시 거주 및 재정착 지원 등 인도주의적 보호의 실질적인 내용을 포함해야 한다.

둘째, 기후 적응 및 회복력 강화에 대한 국제적 투자를 대폭 확대해야 한다. 기후 난민 발생에 사후적으로 대응하는 것보다 이주를 야기하는 근본 원인인 기후변화의 영향을 취약 지역에서 최소화하는 것이 가장 효과적인 해결책이다. 선진국은 기후 취약국에 대한 ODA를 기후 적응 및 재난 위험 감소 분야에 집중적으로 할당해야 한다. 특히, 농업 기술 지원, 물 관리 인프라 구축, 조기 경보 시스템 도입 등 현지 공동체의 회복력을 증진시키는 '기후 스마트' 솔루션에 중점을 두어야 한다.

셋째, '손실과 피해' 기금의 실효성을 높이고 책임 분담을 강화해야 한다. 기후 난민 문제의 주된 책임이 있는 선진국들은 기후 채무의 관점에서 접근하여, 피해국에 대한 재정적 지원을 더욱 투명하고 신속하게 이행해야 한다. 나아가, 호주-투발루 간 조약 사례와 같이, 선진국들이 기후 난민 수용 및 재정착에 대한 구체적인 할당량을 설정하고 국제적 연대와 협력을 통해 이를 이행하는 것이 필요하다.

추가 심화 활동

기후변화 책임국에 대한 법적 책임 부과 가능성 및 국제 사법적 대응을 주제로 탐구를 진행한다. 기후 난민 발생을 초래한 주요 온실가스 배출국에 법적 책임을 물을 수 있는 국제법적 근거를 검토한다. 또한, 네덜란드 '우르헨다 재단 소송' 등 국가를 상대로 한 기후 관련 소송 사례를 분석하고, 이를 기후 난민 문제에 적용하는 가상 시나리오를 구상해 본다. 심화 탐구 결과, 기후 난민 문제 해결을 위해 단순한 인도적 지원을 넘어, 가해자-피해자 관계를 명확히 하고 법적 책임을 묻는 국제 사법적 대응이 필요함을 확인할 수 있다. 결론적으로, 기후 난민 문제를 인류 공동의 책임으로 해결함과 동시에, 책임 소재를 분명히 하는 사법적 메커니즘을 도입하는 것이 국제적 대응의 강제력과 실효성을 확보하는 데 필수적임을 시사한다.

참고 자료

《기후정의》 한재각, 한티재, 2021.
〈기후 서사 분석을 통한 기후 난민 사례 연구 −알래스카 시슈마레프와 몰디브를 중심으로−〉 김현주, 충북대학교 국가미래기술경영연구소, 9권 3호, 2024.
〈기후변화와 강제 이주: 온두라스를 중심으로〉 이태혁, 한국국회학회, 5권 3호, 2023.

아테네 민주 정치와 오늘날 민주 정치의 공통점과 차이점 비교 분석

탐구 필요성 및 목적

탐구 필요성	오늘날 민주주의는 세계 정치의 기본 원리로 지리 잡았지만, 그 기원은 고대 그리스 아테네의 시민 참여 정치에 있다. 민주 정치의 원형이라 할 수 있는 아테네 정치 체제를 살펴보고 현대 민주주의와 비교함으로써, 시민 참여의 의미와 민주 정치의 본질적 가치를 이해할 필요가 있다. 이를 통해 학생들이 민주주의의 발전 과정을 역사적으로 성찰하고, 민주 시민으로서의 태도와 책임 의식을 기를 수 있다.
탐구 목적	아테네 민주 정치의 제도와 운영 원리를 분석하고, 현대 대의 민주 정치의 구조 및 특징과 비교함으로써 두 제도의 공통점과 차이점을 파악한다. 이를 통해 민주주의가 시대에 따라 변화·발전한 과정을 이해하고, 참여와 책임, 자유와 평등의 조화라는 민주주의의 핵심 가치를 재인식한다.

탐구 자료 조사

교과	관련 교과	세계사	
	교과 단원	Ⅰ. 지역 세계의 형성 ▶ 03 서아시아, 지중해, 유럽 세계의 문화와 종교	
	학습 내용	고대 아테네의 민주 정치의 성립과 발전 과정을 살펴보고, 오늘날 대의 민주 정치 제도와 비교하여 민주주의의 변천과 발전 양상을 이해한다.	
	핵심 개념	직접 민주 정치, 대의 민주 정치, 제한된 선거권, 시민권, 법치주의, 참여와 자유, 정치 제도의 발전	
논문	구분	선행 연구 1	선행 연구 2
	제목	아테네 민주 정치의 본질과 그 현대적 의미	고대 민주주의와 현대 민주주의 비교 분석
	학습 내용	직접 민주정의 운영 원리와 시민의 정치 참여 구조를 분석하고, 고대 민주주의의 한계(시민권 제한·소규모 공동체 중심)를 설명함.	고대와 현대 민주주의를 자유·평등·참여의 관점에서 비교함으로써, 현대 대의 민주주의의 제도적 발전과 가치를 탐구함.
	시사점	아테네의 시민 참여 정신이 현대 민주주의의 기초를 형성했음을 확인함.	현대 민주주의는 포용성은 확대되었으나 참여의 실질성이 약화되었음을 지적하고, 민주주의의 질은 시민의 참여 의식에 달려 있음을 강조함.

탐구 내용

1. 아테네 민주 정치의 특징

(1) 아테네의 민주 정치의 발전 과정

왕정 → 귀족정 → 솔론의 개혁(재산 소유 정도에 따라 평민들에게 참정권 부여) → 금권정 → 참주정 → 클레이스테네스의 개혁(도편 추방법, 거주지 중심 부족제 개편, 500인 평의회: 민주 정치의 기틀 마련) → 민주정(페리클레스: 민주 정치의 전성기)

(2) 특징

- 모든 시민이 민회에 직접 참여하는 직접 민주정 형태
- 공직자의 추첨제·윤번제를 통한 선출로 권력 집중 방지, 수당 지급
- 시민권은 성인 남성에게만 제한되어 여자, 노예, 외국인은 시민권이 없음.

2. 오늘날 민주 정치의 특징

- 국민이 대표자를 선출하여 정치에 참여하는 대의(간접) 민주 정치
- 삼권 분립, 법치주의, 보통 선거제 등 제도적 민주주의 확립
- 성별·신분 구별 없는 평등한 참정권 보장

3. 공통점과 차이점

- 공통점: 국민 주권, 법치주의, 시민 참여의 원리
- 차이점: 참여 방식(직접 ↔ 대의), 시민의 범위, 정치 규모와 제도 구조

탐구 결과

1. 아테네 민주 정치의 특징

아테네 민주 정치는 시민이 직접 정치에 참여하는 참여 중심의 정치 모델을 제시함. 모든 시민이 민회에 참여하여 법과 정책을 결정하는 제도는 오늘날의 국민 주권 원리와 시민 참여 민주주의의 기초가 됨. 공직자의 추첨제와 윤번제는 권력 집중을 방지하는 장치로, 현대 민주 정치의 권력 분립 원리와 정신적으로 이어짐. 단, 시민권이 제한적이었다는 한계는 현대 민주 정치가 보편적 참정권을 확립함으로써 제도적 평등을 보완·확장한 계기가 됨.

2. 오늘날 민주 정치의 특징

(1) 17~18세기 영국 명예혁명(1688), 미국 독립 혁명(1776), 프랑스 혁명(1789) 등 근대 시민 혁명을 거치며 '인민 주권'과 '자유와 평등의 권리'가 명문화되고 자유주의가 확립되며, 시민 계급이 정치의 주체로 등장함. 그러나 여전히 참정권은 재산·성별·계급에 따라 제한적이었음. 그리하여, 보통 선거권 확립을 위한 운동으로 차티스트 운동(Chartist Movement, 1830~1840년대 영국, 보통 선거권, 비밀 투표, 의회 개혁, 의원 급여 지급 등), 19세기 후반~20세기 초, 여성들이 정치적 평등과 투표권 보장을 요구하며 각국에서 여성 참정권 운동(Suffrage Movement)이 전개되며, 선거법 개정 및 여성 참정권이 법적으로 보장되며 보통 선거제가 정착함. 영국의 서프러제트(Suffragette) 운동, 미국의 세네카 폴스 여성 인권 대회(1848) 등이 여성 참정권 운동의 대표적 사례임.

(2) 현대 민주 정치는 국민이 대표를 선출해 정치에 참여하는 대의제 민주 정치로, 삼권 분립, 법치주의, 보통 선거제의 확립은 권력 남용을 막고 국민의 자유와 권리를 제도적으로 보장하는 장치로 작동하고 있음. 특히, 정보 공개, 시민 청원, 디지털 플랫폼을 통한 참여 확대 등은 아테네의 직접 민주 정치 정신을 기술과 제도 속에서 현대적으로 구현한 형태로 볼 수 있음.

3. 공통점과 차이점 – 현대 정치와의 연결성

20세기 이후 민주주의는 보통 선거제와 대의제의 확립을 통해 제도적으로 완성되었으며, 아테네의 직접적 시민 참여 정신은 현대 민주 정치의 정당 활동, 시민사회, 국민 투표, 청원 제도 등 '참여 민주주의'의 근간으로 이어짐. 21세기에는 디지털 민주주의(온라인 청원, 전자 투표, 공공 여론 참여 플랫폼 등)로 시민의 참여 방식이 확대되며, 민주주의는 참여의 다양화와 투명성 강화의 방향으로 발전하고 있음. 결국 두 제도는 시대는 달라도 시민의 참여와 공공 의식을 핵심 가치로 공유하며, 민주주의의 발전은 시민 의식의 성숙과 제도적 보완을 통해 지속되어 왔음을 알 수 있음.

추가 심화 활동

1. 교과 연계 심화 탐구 활동: '아테네 민주 정치를 통해 본 오늘날 디지털 환경에서의 직접 민주주의 가능성 고찰'

현대 사회의 온라인 투표·시민 청원 제도를 사례로 하여, 디지털 환경 속 직접 민주주의의 실현 가능성과 한계를 분석하며 심화 탐구 활동 진행

2. 학생 주도형 캠페인 활동: '참여로 완성되는 민주주의' 캠페인

학교 내에서 모의 선거·정책 제안 활동을 진행하며, 시민 참여가 민주 정치의 근간임을 체험하고 공유하는 활동 전개

참고 자료

〈아테네 민주 정치의 본질과 그 현대적 의미〉 송문현, 효원사학회, 48권, 2015.
〈정치적 양극화 시대의 표현의 자유 −참여 민주주의를 위한 기능적 가치 회복을 위하여〉 장철준, 사법발전재단, 1권 51호, 2020.
〈그리스 민주 정치와 선거 제도 −아테네 민주주의의 형성과 추첨제를 중심으로−〉 정주환, 단국대학교 법학연구소, 40권 1호, 2016.
〈고대 민주주의와 현대 민주주의 비교 분석〉 송석재, 한국윤리학회, 1권 56호, 2004.

동아시아의 역사 및 영토 갈등 탐구

탐구 필요성 및 목적

탐구 필요성	동아시아는 오랜 역사적 교류와 대립의 경험을 공유한 지역으로, 과거사 인식과 영토 분제가 오늘날 외교 관계에 큰 영향을 미치고 있다. 특히 역사 해석의 차이와 민족주의의 강화는 영토 갈등을 단순한 국경 문제를 넘어 정체성과 역사 해석의 문제로 확대하고 있다. 따라서 학생들이 역사 갈등 및 영토 분쟁의 역사적 맥락을 이해함으로써, 비판적 사고력과 국제적 시각을 기를 필요가 있다.
탐구 목적	동아시아 각국의 영토 인식이 어떻게 형성되고 변화해 왔는지를 역사적으로 분석함으로써, 영토 분쟁이 단순한 국경선의 다툼을 넘어 각국의 역사 서술과 민족 정체성의 문제로 발전한 이유를 탐색하고자 한다. 나아가 이러한 갈등을 해결하기 위해 필요한 국제법적 기준과 외교적 협력 방안을 모색함으로써, 과거사 문제의 평화적 해결과 동아시아 지역의 공존과 협력을 위한 방향을 제시하고자 한다.

탐구 자료 조사

<table>
<tr><td rowspan="5">교과</td><td>관련 교과</td><td colspan="2">동아시아 역사 기행</td></tr>
<tr><td>교과 단원</td><td colspan="2">Ⅳ. 평화와 공존의 현장에서 만난 역사 ▶ 03 상호 공존의 지역 질서 형성을 위한 연대와 참여</td></tr>
<tr><td>학습 내용</td><td colspan="2">중국의 역사 왜곡 문제(동북 공정), 일본의 역사 왜곡 문제(역사 교과서, 일본군 '위안부' 문제, 야스쿠니 신사 참배 문제), 동아시아 지역의 영토 분쟁 등 역사적 인식 차이와 영토 분쟁의 지속 요인을 중심으로 본 동아시아 영토 갈등의 본질을 학습한다.</td></tr>
<tr><td>핵심 개념</td><td colspan="2">독도(일본의 다케시마 주장), 센카쿠 열도(중·일 분쟁), 남중국해 분쟁, 역사 교과서 논쟁, 식민지 지배 인식, 민족주의, 국제법</td></tr>
<tr><td>구분</td><td>선행 연구 1</td><td>선행 연구 2</td></tr>
<tr><td rowspan="3">논문</td><td>제목</td><td>영토 분쟁의 현안과 전망
－독도의 역사성과 영유권에 관한 연구－</td><td>동북아 제국가의
역사 왜곡과 대응 방안</td></tr>
<tr><td>내용</td><td>《세종실록지리지》, 《신증동국여지승람》, 《동국문헌비고》 등에는 울릉도와 독도가 조선의 영토로 기록되어 있으며, 조선 정부는 독도 일대를 행정적으로 관리. 일본의 《태정관지령》에도 독도는 일본과 관계 없음을 밝히고 있음.</td><td>일본의 역사 교과서 왜곡 문제, 중국의 동북 공정(東北工程) 등 역사 왜곡 문제, 일본의 야스쿠니 신사 참배 문제, 일본군 '위안부' 문제 왜곡 등 각국은 자국 중심의 역사 서술을 강화하면서 서로 다른 역사 인식이 고착되고 있음.</td></tr>
<tr><td>시사점</td><td>문헌, 지도, 역사 사료를 근거로 한 역사적 귀속 관계를 분석하고, '실효적 지배', '역사적 권원' 등 국제법 개념을 토대로 한국의 영토임을 명확히 제시</td><td>역사 왜곡은 국민의 정체성과 자존심에 직접적으로 영향을 미치며, 외교적 갈등과 지역 협력의 장애 요인. 학생들이 다양한 사료와 관점을 비교·분석함으로써, 사실에 기반한 비판적 역사 인식 고취 필요성 인식</td></tr>
</table>

탐구 내용

1. 동아시아 지역의 영토 분쟁 정리

중국과 베트남 등의 시사 군도(호양사 군도) 분쟁, 동아시아 여러 나라 사이의 스프래틀리 군도(난사 군도) 분쟁, 러시아와 일본 간의 남쿠릴 열도 4개 섬(북방 도서 4개 섬) 분쟁, 중국과 일본 사이의 센카쿠 열도(댜오위다오) 분쟁 등

2. 독도 문제

일본의 부당한 영유권 주장 → 대한 제국 칙령 제41호(1900), 연합국 최고 사령관 각서[SCAPIN] 제677호(1946) 등을 볼 때 역사적으로, 국제법상으로 독도는 명백한 대한민국 영토임.

3. 동아시아의 역사 갈등

(1) 일본의 역사 왜곡: 식민 지배와 침략 전쟁을 미화하는 역사관을 담은 교과서 제작

(2) 일본군 '위안부' 문제

- 일본의 입장: 고노 담화(1993)를 통해 사과 → 아베 정부는 정부의 강제 동원 부인, 직접 배상 등의 조치 회피
- 국제 사회의 노력: 유엔 인권 위원회, 미국·캐나다 등의 의회에서 일본의 사과와 보상을 요구하는 결의안 채택

(3) 야스쿠니 신사 참배 문제: 제2차 세계 대전의 전범 등이 합사된 신사 → 일본 보수 정치인의 참배로 주변국과 갈등

(4) 동북 공정 문제: 중국은 고조선, 부여, 고구려, 발해의 역사를 자국의 지방사로 인식

탐구 결과

1. 동아시아 지역의 영토 분쟁

동아시아의 영토 분쟁은 단순한 국경 문제를 넘어 역사 인식과 국제 정치적 이해관계가 얽힌 복합적 갈등임. 이러한 분쟁의 평화적 해결을 위해서는 국제법적 기준과 더불어 상호 신뢰와 협력을 통한 지속적인 대화가 필요함.

2. 독도 문제

여러 사료를 통해 독도가 역사적·국제법적으로 명백한 대한민국 영토임을 확인함. 또한 현재 우리 정부의 지속적인 행정 관리와 주민 거주를 통해 실효적 지배가 유지되고 있어, 독도는 법적·역사적 근거 모두에서 한국의 주권이 확립된 지역임.

3. 동아시아의 역사 갈등

일본의 역사 교과서 왜곡, 일본군 '위안부' 문제, 야스쿠니 신사 참배, 중국의 동북 공정 등은 과거의 침략과 지배를 정당화하거나 미화하려는 경향을 보이며, 주변국의 불신을 심화시키는 요인으로 작용함. 이러한 문제는 감정적인 대응보다는 공동의 역사 인식 형성을 위한 지속적인 협력과 대화가 필요함을 보여 줌. 현재 한·중·일 등 동아시아 국가들은 공동 역사 교재 개발, 공동 역사 연구, 시민 단체 간 국제 연대 활동 등을 통해 과거사 화해와 미래 지향적 협력을 도모하고 있음.

결론적으로, 영토 분쟁과 역사 왜곡 문제의 해결은 국제법적 논리뿐 아니라, 상호 이해와 평화적 공존을 위한 역사 교육과 문화 교류의 확대를 통해 가능함. 즉, 화해와 협력을 위한 노력 속에서 공동 역사 교재 개발, 공동 역사 연구, 민간 차원의 국제 연대 활동 등이 필요함.

추가 심화 활동

1. 교과 연계 심화 딤구 활동: 모의 국제회의 활동

독도, 센카쿠 열도, 남중국해 분쟁을 의제로 한 UN 안전 보장 이사회 회의 재현 활동을 통해 각국의 역사적 근거·국제법적 주장·외교적 이해관계를 분석하여 토론과 협상을 진행함. 이를 통해 국제 사회의 분쟁 해결 과정과 외교적 협상 방식을 체험적으로 이해하고, 역사 문제를 감정이 아닌 사실·논리·협력의 관점에서 접근하는 태도를 기름.

2. 학생 주도형 캠페인 활동

'영토 분쟁의 역사와 오늘'을 주제로 "우리의 바다는 어디까지인가?"로 동아시아 평화 지도 전시회를 열고 역사 인식 캠페인 활동을 진행함. 이를 통해 역사 인식의 차이가 현재 외교 갈등으로 이어지는 과정을 알기 쉽게 설명하고, 평화적 공존과 상호 이해의 중요성을 강조하는 메시지를 전달함.

참고 자료

《마주 보는 한일사 Ⅲ : 한일 근현대사》 전국역사교사모임 외, 사계절, 2014.
〈영토 분쟁의 현안과 전망－독도의 역사성과 영유권에 관한 연구〉 최장근, 일본문화학보, 24권, 2005.
〈센카쿠 제도를 둘러싼 중·일 간 갈등과 동북아〉 이명찬, 국제정치논총, 53권 1호, 2013.
〈동북아 제국가의 역사 왜곡과 대응 방안〉 김대길, 국학연구, 1권 10호, 2007.

기후변화 협약의 역사적 전개와 선진국·개발도상국 간 책임 분쟁 연구

탐구 필요성 및 목적

탐구 필요성	21세기 현대 세계가 직면한 가장 심각한 과제는 기후변화 위기이다. 이 위기는 인류의 산업화와 경제 성장의 역사와 뗄 수 없는 관계에 있으며, 이를 해결하기 위한 국제적인 노력은 현대 세계사의 중요한 축을 형성하고 있다. 유엔 기후변화 협약(UN FCCC), 교토 의정서, 파리 협정으로 이어지는 기후변화 협약의 역사는 단순한 환경 문제가 아닌, 선진국과 개발도상국 간의 역사적 책임과 미래 부담에 대한 첨예한 정치·경제적 갈등의 산물이다. 따라서 본 탐구는 기후변화 협약의 역사적 맥락을 깊이 있게 이해하고, 이 과정에서 드러나는 국가 간 불평등과 책임 분쟁을 탐구하는 것이 지속가능한 지구 공동체를 위한 필수적인 역사적 성찰임을 인식하고자 한다.
탐구 목적	이 탐구는 주요 기후변화 협약(교토 의정서, 파리 협정 등)의 역사적 배경과 핵심 원칙을 비교 분석하고, 그 한계와 발전 방향을 구체적으로 제시하는 데 목적이 있다. 이를 위해 '공통의 그러나 차별화된 책임(CBDR)' 원칙의 역사적 적용 변화를 중심으로 선진국과 개발도상국 간의 책임 분쟁을 검토하고, 경제 성장과 환경 보존이라는 현대사의 이율배반적 과제를 해결하기 위한 실질적인 대응 전략을 도출하고자 한다. 또한, 단기적인 감축 목표를 넘어 기후정의와 글로벌 연대를 고려한 장기적 국제 협력의 방향을 탐색하여, 현대 세계의 역사적 흐름을 주도하는 환경 문제에 능동적으로 대응할 수 있는 역사적 안목을 함양한다.

탐구 자료 조사

교과	관련 교과	역사로 탐구하는 현대세계	
	교과 단원	Ⅲ. 성장의 풍요와 생태 환경 ▶ 03 기후변화 협약으로 만나는 역사	
	학습 내용	산업 혁명 이후 급속한 경제 성장이 초래한 환경 문제의 역사적 배경을 이해하고, 기후변화를 해결하기 위한 국제 사회의 노력 과정(UN FCCC, 교토 의정서, 파리 협정)을 학습함. 이 과정에서 선진국과 개발도상국 간의 역사적 책임과 미래 부담에 대한 갈등을 '공통의 그러나 차별화된 책임(CBDR)' 원칙을 중심으로 분석하고, 기후정의를 실현하기 위한 현대적 과제를 역사적 관점에서 탐구함.	
	핵심 개념	기후변화 협약, CBDR 원칙, 기후정의, 파리 협정, 산업화의 역사적 책임	
논문	구분	선행 연구 1	선행 연구 2
	제목	파리 협정과 한국 기후변화 적응 정책의 정합성 분석	기후변화의 적응에 관한 국제 논의와 국내 법제 개선 방안
	학습 내용	파리 협정의 적응 목표와 한국 기후 정책의 정합성을 분석하고, 국제 기준에 부합하는 목표 달성을 위해 필요한 국내 법적 체계의 한계와 개선 방향을 중점적으로 탐구함.	기후변화 적응에 관한 국제 논의와 한국 법제의 대응 현황을 분석하고, 국제 기준에 부합하는 목표 달성을 위한 국내 법적 체계의 한계와 개선 방향을 중점적으로 탐구함.
	시사점	국내 정책이 국제 기준을 잘 따르나 성과 측정을 위한 정량적 지표는 보완이 필요함. 지역 특성을 반영한 환류 체계를 강화하여 정책의 현장 실행력을 높이는 것이 핵심 과제임을 시사함.	기후 적응은 국민 기본권 보호를 위한 국가의 의무이므로, 실행력을 강화하고 법령 간 정합성을 높이고 피해를 방지할 법적 구제 수단과 이행 체계 마련이 핵심 과제임을 시사함.

탐구 내용

1. 산업화와 기후위기의 역사적 기원 분석

산업 혁명 이후 화석 연료 사용 증가가 지구 온난화를 초래한 역사적 과정을 이해하고, 기후변화가 단순한 환경 문제가 아닌 인류 문명의 지속가능성을 위협하는 현대사의 핵심 문제가 된 역사적 배경(1992년 리우 환경 회의 등)을 탐구함.

2. 주요 기후 협약의 책임 원칙 비교 분석

교토 의정서가 선진국에만 의무적 감축 목표를 부과한 역사적 이유와 한계, 그리고 파리 협정이 CBDR 원칙을 유지하되 모든 국가에 NDC(국가별 기여 방안) 제출을 요구하며 책임 분담 방식을 전환한 역사적 의미를 비교 분석함.

3. 선진국-개발도상국 간 책임 분쟁의 정치 경제적 고찰

선진국이 주장하는 '현 시점의 배출량 책임론'과 개발도상국이 주장하는 '산업화 과정에서의 역사적 배출 책임론' 및 '발전할 권리' 간의 정치 경제적 갈등을 CBDR 원칙의 역사적 적용 사례를 통해 심층적으로 분석함.

4. 한국의 역사적 위치와 기후 외교 전략 탐색

한국이 경제 성장 과정에서 누렸던 혜택과 더불어 OECD 가입국이자 현재의 주요 온실가스 배출국으로서 갖는 역사적 책임의 위치를 고찰하고, 선진국과 개발도상국의 교량 역할을 수행하기 위한 균형 잡힌 기후 외교 전략의 필요성을 탐색함.

5. 기후정의 실현을 위한 장기적 국제 협력 방안 모색

일시적 감축 목표 달성을 넘어, 기후변화의 피해를 가장 심각하게 입는 취약 국가 및 계층을 지원하는 '기후 기금'의 역사적 흐름과 공정한 운용 방안을 모색하여, 세대 간, 국가 간 기후정의를 실현하기 위한 국제적 연대 방안을 제시함.

탐구 결과

- 기후 체제의 역사적 전환점 인식
  국제 기후 협약의 역사는 선진국만의 책임에서 전 지구적 공동 책임으로 이행하는 과정이었음을 확인했으며, 특히 파리 협정이 NDC를 통해 국가 주도의 유연한 참여를 끌어낸 역사적 의의를 도출함.
- 책임 분쟁의 근원적 이해
  기후 협상의 핵심 갈등은 환경 보존 대 경제 성장의 대립을 넘어, 산업화의 역사적 이득을 누가 누렸고, 현재의 피해를 누가 부담해야 하는가에 대한 역사적 책임 분쟁에서 기인함을 심층적으로 이해함.
- 한국의 다면적 역할 고찰
  한국은 선진국과 개발도상국의 특징을 모두 가진 국가로서, 역사적 배경을 고려한 실질적인 기술 및 재정 지원을 통해 국제 사회의 책임 있는 중견국 역할을 수행할 수 있음을 분석함.
- 기후정의의 중요성 확립
  기후 문제 해결은 단순한 환경 기술 도입을 넘어, 기후 난민, 저개발국의 발전권 등 인권과 불평등 문제가 결합된 기후정의의 실현이라는 장기적 목표를 추구해야 함을 역사적 관점에서 확인함.

추가 심화 활동

1. 기후 협약 문서 비교 및 역사적 책임 논증 프로젝트

교토 의정서의 '부속서 I 국가(선진국)' 목록과 파리 협정의 'CBDR에 기반한 유연성 조항'을 직접 비교 분석함. 이를 바탕으로 특정 시점에서 국가의 경제 발전 단계가 국제적 환경 책임에 어떤 역사적 영향을 미쳤는지에 대한 논증 보고서를 작성함. 논증 보고서를 국제 정치 또는 경제 관련 교내 소논문 대회에 제출하여, 역사 자료 분석 능력과 국제 문제에 대한 통찰력을 입증함.

2. 미래 변화 시뮬레이션 활동

현재 변화를 바탕으로 10년 후 우리 고장의 모습을 예측하고, 미래 지도를 그림. 도시화, 인구 이동, 산업 변화, 환경 변화(기후변화 영향) 등을 고려하여 지속가능한 발전 방향을 탐색하고, 기후위기에 대응하는 지역 정책 제언 형식으로 발표함.

참고 자료

〈IPCC 제6차 보고서로 본 북극권 기후 환경 변화와 과제〉 라미경, 한국시베리아센터, 28권 2호, 2024.
〈파리 협정과 한국 기후변화 적응 정책의 정합성 분석〉 한진희 외, 한국기후변화학회, 14권 3호, 2023.
〈기후변화의 적응에 관한 국제 논의와 국내 법제 개선 방안〉 최진이, 원광대학교 법학연구소, 40권 3호, 2024.
〈기후변화, 탄소중립 그리고 중동: 사우디아라비아의 탄소중립 정책을 중심으로〉 백승훈 외, 한국이슬람학회, 32권 3호, 2022.

가짜 뉴스의 주요 확산 경로 및 확산 방지 방안 탐구

탐구 필요성 및 목적

탐구 필요성	스마트 미디어 환경의 발전은 정보 생산 및 유통의 자유를 확대했지만, 동시에 '가짜 뉴스(Fake News)'의 확산이라는 심각한 부작용을 낳았다. 가짜 뉴스는 의도적인 허위 정보로, 민주적 공론장을 왜곡하고 사회적 신뢰를 파괴하는 결과를 초래한다. 특히 소셜 미디어의 알고리즘과 사용자의 확증 편향은 가짜 뉴스를 불균형하게 확산시켜 정보 불평등과 사회적 갈등을 심화시킨다. 이는 사회적 약자에 대한 혐오를 조장하고 인권 침해 문제로 직결되는 바, 가짜 뉴스를 시민의 권리를 위협하는 중대한 문제로 인식할 필요가 있다.
탐구 목적	본 탐구는 미디어가 우리 삶에 미치는 영향을 비판적으로 인식하는 것을 넘어, 가짜 뉴스가 어떤 경로(⑩ 소셜 미디어, 메신저 등)와 원리(⑩ 알고리즘, 심리적 요인)를 통해 사회에 침투하고 확산되는지를 심층 분석하고자 한다. 나아가 분석 결과를 바탕으로 사회적 신뢰를 회복하고 시민의 알 권리 및 건강한 공론장을 보장하는 데 기여할 수 있는 실질적이고 효과적인 가짜 뉴스 확산 방지 방안을 모색해 보고자 한다.

탐구 자료 조사

교과		
	관련 교과	사회와 문화
	교과 단원	Ⅲ. 일상 문화와 문화 변동 ▶ 02 미디어의 비판적 분석과 생산
	학습 내용	미디어 효과 이론: 침묵의 나선 이론, 문화 배양 이론, 프레이밍 이론, 의제 설정 이론
	핵심 개념	미디어의 기능, 미디어 효과 이론, 미디어의 비판적 분석

논문	구분	선행 연구 1	선행 연구 2
	제목	가짜 뉴스 수용과 전파에 영향을 미치는 심리적 요인들에 대한 연구	인식 조사를 통해 본 가짜 뉴스 문제의 본질과 대응 방안
	학습 내용	뉴스 수용자의 가짜 뉴스 수용 및 전파에 영향을 미치는 심리적 요인을 규명하고자 주류 언론을 통한 가짜 뉴스와 소셜 미디어를 통한 가짜 뉴스로 유통 환경 기준으로 구분하여 분석함.	가짜 뉴스의 현상을 전반적으로 살펴보고, 해외 사례(미국, 영국, 독일, 프랑스 등) 비교 분석을 바탕으로 가짜 뉴스의 위험성에 대처할 규범적·기술적 규제 및 대응 방안을 제시하고자 함.
	시사점	가짜 뉴스가 단순히 미디어 기술의 문제가 아니라 수용자의 심리적·사회적 환경과 깊이 연관되어 있음을 실증적으로 밝힘.	형사 규제 정비, 사전 규제 효과 개선 등 규범적 개선과 알고리즘, 디지털 포렌식 기술 활용 등 기술적 개선, 입법·자정 능력 확대 등 해결 방안 제시

탐구 내용

1. 미디어의 의미와 기능 및 미디어가 우리 생활에 미치는 영향에 대한 이론 학습

2. **가짜 뉴스의 확산 현황 및 관련 문제를 신문 기사 검색을 통해 확인**   정치적 이해 따라 재단… '가짜 뉴스'의 진짜 문제(한국기자협회, 2019. 8. 12.) / 가짜 뉴스와 민주주의 위기(MBC) / 시민의 미디어 리터러시가 민주주의의 기반(경향신문, 2025. 10. 12.) / 핀란드, 학교서 가짜 뉴스 판별하는 힘 키운다…'미디어 문해력' 1위 비결(한겨레, 2025. 9. 30.) 등

3. **가짜 뉴스의 확산 현황 및 관련 문제, 해결 방안 등에 대한 논문 검색**

4. **가짜 뉴스의 주요 확산 경로와 경로별 특징 및 대응 방안에 관한 문헌 조사 및 사례 분석**   소셜 미디어의 특징: 빠른 전파 속도, 알고리즘에 의한 증폭, 폐쇄적 집단 내 확산, 익명성 기반의 무책임한 공유. 대응 사례: 팩트 체크 시스템 도입 및 강화, 악성 계정 차단 및 삭제 / 인터넷 포털 및 검색 엔진의 특징: 검색 결과 상위 노출을 통한 신뢰성 부여 효과, 실시간 검색어 조작 가능성, 뉴스 제휴 언론사의 선정 및 관리 문제. 대응 사례: 언론사 제휴 평가 기준 강화 및 투명성 제고, 검색

알고리즘 개선을 통한 신뢰성 있는 정보 우선 노출, 가짜 뉴스 필터링 기술 적용 / 메신저의 특징: 사적 대화 공간으로 인식되어 규제가 어렵고, 전파 경로 추적이 어려움. 대응 사례: 메시지 전달 횟수 제한, 출처 불분명 정보에 대한 사용자 교육

5. **가짜 뉴스 확산 방지를 위한 각국의 정책 및 법적 규제 현황 조사** 독일: 네트워크 집행법을 통해 소셜 미디어가 불법적인 콘텐츠를 24시간 내 삭제하도록 의무화 / 싱가포르: 온라인 허위 정보 및 조작에 대한 보호법을 제정하여 정부가 허위 정보로 판단되는 콘텐츠에 대해 삭제, 수정 등의 명령을 내릴 수 있도록 함. / 유럽 연합: 디지털 서비스법을 통해 초대형 온라인 플랫폼에 대해 불법 콘텐츠 및 시스템적 위험에 대한 더 큰 책임을 부여하고, 리스크 평가 및 완화 의무 부과

6. **팩트 체크의 역할 및 기술적 방안에 관한 자료 조사** 언론사, 독립 팩트 체크 기관의 운영 방식, 팩트 체크 과정의 투명성, 그리고 사회적 영향력 분석 / AI 기반 팩트 체크 기술: 자연어 처리(NLP), 이미지·영상 위변조 감지 기술(딥페이크 탐지), 블록체인 기반의 콘텐츠 출처 추적 기술 등 첨단 기술의 개발 및 적용 현황 / 한계점: 팩트 체크 속도의 한계, 팩트 체커의 중립성 및 편향성 문제, 팩트 체크 결과를 불신하는 '신념 강화' 현상

7. **미디어 리터러시 교육의 중요성 및 교육 사례 연구** 교육 사례: 핀란드-학교 정규 교육 과정에 미디어 리터러시를 통합하여 비판적 사고 능력을 함양하고, 정보 출처의 신뢰성을 판단하는 실질적인 교육 실시. 국내외 사례-도서관, 시민 단체, 미디어 재단 등에서 진행하는 미디어 리터러시 프로그램의 내용, 교육 대상, 효과 분석 / 핵심 방향: 정보를 읽는 능력을 넘어, 정보를 비판적으로 분석하고 생산하는 능력을 키우는 교육의 필요성 도출

8. **가짜 뉴스의 사회적 비용 및 민주주의에 미치는 영향 고찰**

탐구 결과

- 가짜 뉴스의 심각성 인식: 가짜 뉴스는 단순한 오보를 넘어, 사회적 불신을 초래하고, 합리적인 공론장을 훼손하며, 궁극적으로 민주주의의 근간을 위협하는 심각한 사회문제임을 인식함.
- 확산 경로의 다양화 및 특성: 소셜 미디어, 포털, 메신저 앱 등 다양한 경로를 통해 가짜 뉴스가 확산되며, 특히 알고리즘에 의해 맞춤형으로 증폭되는 소셜 미디어 환경과 폐쇄적인 메신저 방이 주요 확산 통로임을 확인함.
- 플랫폼의 사회적 책임 강조: 가짜 뉴스를 유통하는 주요 통로인 플랫폼이 수익 논리를 넘어 콘텐츠 검증 시스템 강화 및 책임 있는 운영의 필요성 도출함. 독일의 네트워크 집행법처럼 플랫폼에 법적 책임을 부여하는 규제 도입의 필요성을 인지함.
- 기술적·제도적 대응의 한계와 보완: AI 기반 팩트 체크 기술이 가짜 뉴스의 전파 속도를 따라잡기 어렵고, 딥페이크 등 고도화된 기술 앞에서는 한계가 있음을 확인함. 기술적 방안과 함께 팩트 체크 기관의 독립성 강화 및 투명한 운영이 중요함.
- 시민의 미디어 리터러시가 핵심 해법: 가짜 뉴스 문제 해결의 가장 근본적 방안은 시민 개개인의 미디어 리터러시 향상임. 핀란드의 사례처럼 학교 교육을 통해 정보의 출처를 비판적으로 판단하고 숨겨진 의도를 파악하는 능력 함양이 중요함.
- 다차원적 해결 노력의 필요성: 법적 규제, 플랫폼의 책임 있는 운영, 시민 역량 강화가 동시에 그리고 유기적으로 이루어져야만 해결될 수 있음을 인식함. 특히, 표현의 자유를 침해하지 않는 선에서 균형 잡힌 제도적 장치 마련이 필수적임.

추가 심화 활동

1. **학생 주도 프로젝트 봉사 활동** 탐구를 통해 얻은 지식을 바탕으로 학교 내에서 가짜 뉴스의 위험성을 알리고, 학생들의 정보 분별 능력을 향상시키기 위해 가짜 뉴스 판단의 핵심 원칙(출처 확인, 교차 검증, 내용의 감정적 편향성 인식)을 교육하는 캠페인 영상을 제작하여 '팩트 체크 및 미디어 리터러시 강화 캠페인'을 진행

2. **교과 연계 진로 활동: 미디어 플랫폼과 사회 불평등 분석** 가짜 뉴스가 특정 집단에 미치는 영향과 소셜 미디어 플랫폼의 사회적 책임을 기능론적 또는 갈등론적 관점에서 분석하여 토론 진행

참고 자료

〈허위 정보 해외 법제 현황 −독일·프랑스·싱가포르 법률의 주요 내용 및 시사점〉 김유향, 국회입법조사처, 2019.
《미디어 리터러시 교육의 융합적 접근》 진민정 외, 한국언론진흥재단, 2020.
〈인식 조사를 통해 본 가짜 뉴스 문제의 본질과 대응 방안: 구조와 행위자를 중심으로〉 윤성이, 동아시아연구원, 2024.
〈가짜 뉴스 수용과 전파에 영향을 미치는 심리적 요인들에 대한 연구: 수용자의 편향적 매체 지각과 편향적 정보 처리, 그리고 소셜 네트워크 구조 인식을 중심으로〉 박진우, 박사학위논문, 한양대학교, 2019.

K-pop 등 소프트 파워의 국가 간 외교적 영향 탐구

탐구 필요성 및 목적

탐구 필요성	21세기 국제 사회에서는 군사력이나 경제력뿐 아니라, 문화와 가치, 이미지 등 '소프트 파워(Soft Power)'가 국가 경쟁력을 좌우하는 중요한 요인으로 부상하고 있다. 특히 한국의 K-pop, 드라마, 영화, 음식, 패션 등은 세계 여러 나라에서 인기를 얻으며 '한류'라는 이름으로 세계 문화 흐름을 주도하고 있다. 이러한 문화적 확산은 국가 이미지를 향상시키고 외교적 영향력을 확대하는 데 중요한 역할을 한다. 따라서 본 탐구는 K-pop을 중심으로 한 한국의 소프트 파워가 외교 관계에 미치는 영향을 분석하고, 그 한계와 발전 방향을 모색하고자 한다.
탐구 목적	이 탐구는 K-pop을 중심으로 한 한국의 소프트 파워가 국제 사회에서 어떤 외교적 영향을 미치는지를 알아보기 위한 것이다. 문화 콘텐츠가 국가 이미지 형성과 외교 관계에 긍정적인 역할을 하는지를 분석하고자 한다. 또한 소프트 파워가 강대국 중심의 외교 구도 속에서 한국의 위상을 높이는 데 어떤 기여를 하는지 살펴본다. 한류 확산 과정에서 나타나는 부작용과 한계점을 함께 검토하여 균형 잡힌 문화 외교의 방향을 모색하고자 한다.

탐구 자료 조사

	관련 교과	정치	
	교과 단원	Ⅳ. 국제 사회와 정치 ▶ 03 우리나라의 국제 관계와 외교	
교과	학습 내용	• 외교적 해결: 국제 분쟁이 발생했을 때 당사국 간의 대화, 협상, 조정 등을 통해 평화적으로 문제를 해결하는 방법 • 민간 외교: 국가의 공식 외교관이나 정부가 아닌, 시민 단체, 기업, 학자, 예술인 등 다양한 민간 행위자들이 외교 활동에 참여하는 것	
	핵심 개념	한반도의 국제 관계, 소프트 파워, 공공 외교, 민간 외교, 문화 외교	

	구분	선행 연구 1	선행 연구 2
논문	제목	아시아 국가들의 한류 콘텐츠 소비 경험과 국가 인식에 관한 비교 연구	공공 외교로서 한국의 문화 외교: 프랑스의 "영향력 외교"에 주목하여
	학습 내용	아시아 7개 국가들의 한국 문화 콘텐츠 소비 경험을 실증적으로 분석하고 주요 콘텐츠(드라마, 예능, 영화, K-pop) 소비 경험이 한국에 대한 이미지에 어떤 영향을 미치는지 탐색하고자 함.	공공 외교의 등장과 변화를 추적하고, 문화 외교로 영향력을 강화한 프랑스 사례를 바탕으로 한국의 공공 외교 현황과 국가 브랜드 이미지, '문화 콘텐츠 강국'으로서의 입지 강화 방안 분석
	시사점	소비 경험 자체보다 콘텐츠에 대한 평가가 한국 인식에 긍정적인 영향을 미치는 것으로 확인됨. 한류 콘텐츠에 대한 국가 간 차이 분석을 통해 차별적인 해외 진출 전략의 필요성을 제기함.	국가별 상이한 적용 방식을 분석하여 한국 공공 외교 전략 수립에 도움을 줄 수 있음. '소프트 파워'에서 '스마트 파워'로 전환되는 시기에 주목하며, K-문화 외교 발전 방향을 제시하고자 함.

탐구 내용

1. **우리나라의 국제 관계 및 외교 방식, 소프트 파워의 개념에 대한 이론 학습** 우리나라는 동북아시아의 지정학적 요충지로서, 미국·중국·일본·러시아 등 강대국 사이에서 균형 외교를 추진해 왔음. 이러한 환경 속에서 군사력 중심의 외교뿐 아니라, 문화·기술·가치 등을 기반으로 한 소프트 파워 외교가 국가 이미지를 높이고 국제적 신뢰를 쌓는 핵심 수단임.

2. **우리나라의 국제 관계 및 소프트 파워, 문화 외교 현황을 신문 기사 등을 통해 확인** 한류는 경제·외교의 지렛대(중앙일보, 2024. 9 .23.), K팝은 한국 경제·외교 핵심 자산…정책 홀대 안 돼(매일경제, 2025. 9. 23.), "어딜 가나 K컬처"…외교 지형을 바꾼 소프트 파워(KBS, 2023. 9. 29.), K팝 위기설 있지만…팬덤층 늘고 문화 외교 기여(서울경제, 2024. 1. 1.) 등

3. **K-pop의 성장 과정과 국제적 확산 과정 탐구**   1990년대 후반부터 대형 기획사를 중심으로 체계적 시스템을 구축하여 아시아 시장으로 진출하였으며 이후 유튜브, SNS, 스트리밍 플랫폼을 통해 글로벌 확산이 가속화됨.

4. **소프트 파워로써 K-pop의 외교적 효과와 사례 분석**   BTS의 UN 연설과 관광 홍보는 한국의 긍정적이고 진취적인 이미지를 전 세계에 확산시킴. 블랙핑크의 환경 캠페인 활동은 한국 문화를 사회적 책임과 연계하며 국제적 신뢰도를 높임.

5. **소프트 파워의 부작용과 한계**   K-pop과 한류의 급격한 상업화는 문화의 본래 가치보다 경제적 이익이 우선시되어 문화 왜곡을 초래할 수 있음. 또한 특정 국가나 세대 중심의 소비로 인해 한류가 일부 계층의 유행으로만 인식되며 문화적 편향이 발생하기도 함. 과도한 한류 콘텐츠 노출은 피로감을 유발해, 한국 문화에 대한 거부감으로 이어질 위험이 있음.

6. **K-pop 등 소프트 파워를 활용한 발전 방향 제언**   소프트 파워 외교는 일방적인 문화 전파보다 다양한 문화를 존중하고 상호 교류를 중심으로 한 접근이 필요함. 정부 주도의 한류 진흥 정책보다는 민간 기업과 개인 창작자 간의 자율적 협력을 강화해야 함. 또한 예술, 교육, 환경 등 사회적 가치를 결합한 '지속가능한 문화 외교'를 통해 한국의 소프트 파워를 장기적으로 발전시켜 나가야 함.

탐구 결과

- 소프트 파워의 중요성 인식: 군사력이나 경제력 중심의 외교만으로는 국제적 영향력을 확보하기 어렵고, 문화와 가치, 이미지 등을 통한 소프트 파워가 국가 경쟁력의 핵심 요소임을 인식함.
- 한국의 지정학적 외교 환경 이해: 한국은 동북아시아의 지정학적 요충지로서 미·중·일·러 등 강대국 사이에서 균형 외교를 펼치며, 문화 외교를 통해 국가 이미지를 강화하고 있음.
- K-pop의 성장과 확산 경로 분석: 1990년대 말부터 기획사 시스템과 SNS, 유튜브, 스트리밍 플랫폼을 통해 전 세계로 확산된 K-pop의 구조적 성장 요인을 확인함.
- 문화 외교의 실질적 효과 확인: BTS의 UN 연설과 관광 홍보, 블랙핑크의 환경 캠페인 등은 한국에 대한 호감과 신뢰를 높여 외교 관계에도 긍정적 영향을 미쳤음을 확인함.
- 한류의 경제적·정치적 파급 효과: 한류 콘텐츠 소비가 수출, 관광, 브랜드 가치 향상으로 이어지며, 이는 곧 한국의 외교적 발언권과 영향력 확대에 기여함을 분석함.
- 문화 외교의 한계와 부작용 인식: 지나친 상업화로 문화의 본질이 왜곡될 우려가 있으며, 특정 세대나 지역 중심의 소비로 인해 한류 피로감이 나타날 수 있음을 인식함.
- 국가별 문화 수용 차이의 중요성: 국가마다 한류 콘텐츠에 대한 인식과 수용 정도가 다르므로, 맞춤형 문화 외교 전략의 필요성을 확인함.
- 민간 외교의 역할 강조: 정부뿐 아니라 기업, 시민 단체, 예술가, 학자 등 민간 주체들이 문화 교류를 통해 한국의 이미지를 세계에 확산시키는 데 중요한 역할을 하고 있음을 확인함.
- 미래 발전 방향 제시: 단순한 콘텐츠 수출을 넘어 상호 문화 이해를 기반으로 한 교류 확대, 창의적 민간 협력, 문화 다양성 존중을 통해 한국의 문화 외교가 지속적으로 발전해야 함을 제시함.

추가 심화 활동

1. **학생 주도 프로젝트 봉사활동**   탐구를 통해 얻은 지식을 바탕으로 지역 청소년 문화 센터와 연계하여 K-pop을 매개로 한 한국 문화 알리기 활동을 기획하고, 국가별 문화 수용 차이를 고려한 '한류 바로 알기 교육 캠페인'을 진행함.

2. **교과 연계 진로 활동: 글로벌 문화 외교관 되기 프로젝트**   [정치] 교과 시간에 외교 대상 국가를 선정해 문화 특성과 한류 수용 현황을 조사하고, K-pop 중심의 문화 외교 전략을 기획하여 '글로벌 문화 외교관 되기 프로젝트'를 진행함. 발표를 통해 한류 콘텐츠의 외교적 활용 가능성과 국가별 맞춤 전략의 중요성을 공유함.

참고 자료

〈한류의 공공 외교 활용을 위한 정책 방향〉 고정민, 한국공공외교학회, 1권 1호, 2021.
〈공공 외교로서 한국의 문화 외교: 프랑스의 "영향력 외교"에 주목하여〉 권채리, 한국유럽학회, 41권 3호, 2023.
〈'인지적 프레임'으로서의 대중문화 매력과 공공 외교의 정책적 효과〉 장기영, 한국의정연구회, 18권 2호, 2023.
〈아시아 국가들의 한류 콘텐츠 소비 경험과 국가 인식에 관한 비교 연구〉 고흥석 외, 한국콘텐츠학회, 23권 11호, 2023.

디지털 창작물 저작권 보호의 필요성과 저작권 침해 사례 탐구

탐구 필요성 및 목적

탐구 필요성	정보통신기술의 비약적인 발전과 함께 디지털 창작물의 생산과 유통이 폭발적으로 증가했다. 특히 소셜 미디어와 온라인 플랫폼의 발달로 누구나 쉽게 창작물을 제작하고 공유할 수 있는 창작의 시대가 도래했으나, 이는 동시에 저작권 침해의 위험성을 극대화하는 결과를 낳았다. 창작자가 많은 시간과 노력을 들여 만든 창작물이 디지털 환경의 특성상 무단 복제, 배포 및 공유되기 쉬워졌으며, 심지어 인공지능(AI) 기술의 발전은 학습 데이터의 저작권 문제와 AI 생성 콘텐츠의 저작권 귀속 및 침해 판단 기준이라는 새로운 쟁점들을 야기하고 있다.
탐구 목적	디지털 환경에서의 저작권 보호가 왜 중요한지, 현재 발생하는 다양한 침해 사례와 그 법적 책임을 심층적으로 분석하여 디지털 시대의 윤리적인 창작 및 이용 문화를 정립하고 저작권 존중 의식을 함양하는 데 기여하고자 한다. 또한, 급변하는 디지털 환경 속에서 디지털 창작물 저작권 보호의 필요성을 명확히 하고, 현재 발생하는 저작권 침해의 주요 사례와 쟁점을 구체적으로 탐구하는 것을 목적으로 한다.

탐구 자료 조사

교과	관련 교과	법과 사회	
	교과 단원	Ⅲ. 사회생활과 법 ▶ 03 현대적 법률 관계와 지적 재산권	
	학습 내용	지식 재산이란 인간의 창조적 활동 또는 경험 등에 의해 창출되거나 발견된 지식·정보·기술·사상이나 감정의 표현, 영업이나 물건의 표시, 생물의 품종이나 유전 자원, 그밖의 무형적인 것으로서 재산적 가치가 실현될 수 있는 것을 의미한다.	
	핵심 개념	지식 재산권, 인터넷의 발달, 저작권 보호, 저작권 침해, 가상 세계	
논문	구분	선행 연구 1	선행 연구 2
	제목	인공지능 창작물 관련 저작권 침해 쟁점	최근 컴퓨터 프로그램 저작권 침해 사건의 주요 쟁점
	내용	인공지능 창작물의 생성과 이용 과정에서 발생하는 저작권 침해 문제를 분석함.	판결을 중심으로 하여 최근 다루어진 컴퓨터 프로그램 저작권 침해 사건의 주요 쟁점을 확인함.
	시사점	AI 기술의 발전 수준과 정도를 추적하여 AI 관련한 저작권 침해의 법리를 구축하는 것이 필요함.	다양하게 제기되고 있는 컴퓨터 프로그램 저작권 침해 사건의 실무와 연구에 도움을 줌.

탐구 내용

디지털 창작물은 그 특성상 복제 용이성과 무한한 전파력을 가진다. 아날로그 시대의 복제는 비용과 품질 저하를 수반했으나, 디지털 복제는 원본과 동일한 품질의 복제본을 단 몇 초 만에 생성하고 온라인을 통해 전 세계로 확산시킬 수 있다. 이러한 환경은 창작자의 경제적 권리(복제권, 공중송신권 등)를 심각하게 위협하며, 창작 활동에 대한 정당한 보상과 동기를 약화시키는 결과를 초래한다. 만약 저작권 보호가 미흡해진다면, 창작자는 시간과 비용을 투자해 양질의 콘텐츠를 제작할 유인을 잃게 되고, 이는 장기적으로 문화 산업 전반의 쇠퇴를 가져온다. 따라서 저작권 보호는 단순한 법적 문제 이전에, 문화적 다양성과 산업 혁신의 지속가능성을 위한 필수적인 전제 조건임을 확인할 수 있다. 디지털 콘텐츠 이용 행위 중 저작권 침해에 해당하는 사례는 매우 광범위하다. 대표적인 침해 사례 유형에는 다음과 같은 것들이 있다.

(1) 온라인 무단 공유
- 구체적 행위 및 쟁점: 웹하드, P2P, 클라우드, 공유 폴더 등을 통한 영화, 드라마, 음악, 유료 강의 자료의 업로드 및 공유
- 법적 책임: 민사) 손해 배상 청구, 침해 행위 금지 청구 / 형사) 저작권법 위반에 따른 징역 또는 벌금형(영리 목적 상습범은 가중 처벌)

(2) 프로그램 불법 복제

- 구체적 행위 및 쟁점: 정품 구매 없이 컴퓨터 프로그램이나 게임을 복제하여 설치 및 사용하는 행위
- 법적 책임: 민사 및 형사 책임 발생, 기업이나 단체에서 불법 소프트웨어를 사용할 경우 법인까지 책임을 물을 수 있음.

(3) 2차적 저작물 무단 제작

- 구체적 행위 및 쟁점: 웹툰, 일러스트, 사진 등의 원작을 허락 없이 편집하거나 합성하여 새로운 콘텐츠(패러디물, 팬아트, 밈 등)로 만들어 배포하는 행위
- 법적 책임: 원저작자의 2차적 저작물 작성권을 침해하며, 실질적인 유사성이 인정될 경우 민사·형사상 책임을 질 수 있음.(다만, 비영리적이고 비평·연구 목적의 공정 이용 해당 여부는 별도 판단 필요)

(4) 정당 구매 콘텐츠의 무단 이용

- 구체적 행위 및 쟁점: 음악을 구매한 후 저작권자의 허락 없이 공개된 블로그 배경 음악 등으로 사용하는 행위
- 법적 책임: 구매 자체가 사용 권한을 의미하지만, '공중송신권' 등 다른 저작재산권을 침해할 수 있음.

이러한 사례들은 대부분 저작재산권(복제권, 공중송신권 등) 침해에 해당하며, 침해자는 민사상 손해 배상 책임과 더불어 형사 처벌을 받을 수 있다.

탐구 결과

디지털 시대의 저작권 침해는 이용자의 무지나 무신경에서 비롯되는 경우가 많다. 특히 P2P, 클라우드 등 공유 기능을 통해 쉽게 저작물을 주고받는 행위가 명백한 불법임에도 불구하고, 많은 청소년과 일반 대중은 이를 문제로 인식하지 못하고 있다. 따라서 저작권법 준수 의식을 함양하기 위한 체계적이고 실효적인 교육이 학교와 사회 전반에서 이루어져야 한다. 단순히 처벌 규정을 주지시키는 것을 넘어, 창작 노동에 대한 정당한 가치를 존중하는 윤리적 소양을 기르는 것이 중요하다.

인공지능과 같은 첨단 기술의 등장은 기존 저작권법 체계에 중대한 도전 과제를 던지고 있다. AI 창작물에 대한 저작물성 인정 여부는 창작자 보호와 기술 혁신이라는 두 마리 토끼를 모두 잡기 위한 균형점을 찾는 것이 핵심이다. 현재의 '인간 창작물' 중심의 법 해석을 유지하면서도, AI를 활용하는 인간의 창의적 개입을 어디까지 인정할지에 대한 명확한 가이드 라인을 마련하는 것이 중요하다. 또한, AI 학습 데이터 이용 시 기존 저작권자에게 합리적인 보상 체계를 마련하는 입법적 논의가 필요하며, 이는 곧 창작 산업과 AI 산업의 상생을 위한 필수 조건이다.

효과적인 저작권 보호를 위해 다음과 같은 다각적인 접근이 필요하다. 첫째, 디지털 워터마킹, 암호화 기술(DRM) 등을 통해 불법 복제를 원천적으로 차단하고, 콘텐츠 유통 경로를 추적하는 온라인 모니터링 시스템을 더욱 고도화해야 한다. 둘째, 유튜브, 클라우드 서비스 등 온라인 서비스 제공자의 저작권 침해 방지 의무를 강화하고, 불법 콘텐츠에 대한 신속한 삭제 및 전송 차단 조치를 의무화할 필요가 있다. 셋째, 저작물을 합법적으로 이용할 수 있도록 크리에이티브 커먼즈 라이선스(CCL)나 정액제 스트리밍 서비스 등 이용자 친화적인 라이선스 모델을 더욱 활성화하여, 불법 이용의 유인을 줄여야 한다.

추가 심화 활동

유명 캐릭터나 콘텐츠를 활용한 패러디 또는 밈 제작 관련 법적 분쟁 사례를 분석해 본다. 한국 저작권법상 공정 이용 원칙은 비영리적 목적이나 비평, 연구 등의 목적인 경우 저작물의 이용을 허용할 수 있지만, 실제 판례에서는 ① 이용의 목적 및 성격(상업성 여부), ② 저작물의 종류와 용도, ③ 이용된 부분이 원작에서 차지하는 비중과 중요성, ④ 원작물의 잠재적 시장이나 가치에 미치는 영향 등을 종합적으로 판단한다. 분석 결과, 영리적인 목적이 강하거나 원작의 시장 가치에 중대한 악영향을 미치는 패러디는 침해로 판단될 가능성이 높았으며, 특히 원작자의 명예를 훼손하는 '동일성 유지권' 침해까지 이어질 수 있음을 확인했다. 이는 창작의 자유와 원작자 보호라는 가치가 충돌하는 지점을 보여 준다.

참고 자료

〈인공지능 관련 저작권 침해에 관한 시론〉 전응준, 한국경영법률학회, 31권 4호, 2021.
〈대학생 소비자의 디지털 저작권 침해 행동에 관한 연구: 태도와 행동의 관계 및 영향 요인을 중심으로〉 심유조 외, 한국소비자정책교육학회, 10권 3호, 2014.
〈인공지능 창작물 관련 저작권 침해 쟁점〉 차상육, 한국경영법률학회, 32권 4호, 2022.
〈최근 컴퓨터 프로그램 저작권 침해 사건의 주요 쟁점〉 박태일, 사법발전재단, 59권 1호, 2022.

자동화와 디지털 혁신에 따른 일자리의 양극화 심화 현상 탐구

탐구 필요성 및 목적

탐구 필요성	4차 산업 혁명 시대의 급격한 자동화와 디지털 혁신은 생산성과 효율성을 극대화하며 경제 성장의 새로운 동력이 되고 있다. 그러나 이러한 기술 진보는 필연적으로 노동 시장에 구조적 변화를 일으키며, 특히 일자리의 양극화 심화라는 중대한 사회·경제적 문제를 초래하고 있다. 현재 우리 사회는 저숙련 단순 반복 업무의 대규모 소멸 위협과 고숙련 창의적·관리직 일자리의 희소성 및 보수 증가라는 이중적 현상을 동시에 목격하고 있다.
탐구 목적	자동화와 디지털 혁신이 노동 시장에 미치는 영향을 종합적으로 분석하고자 한다. 구체적인 탐구 목표는 다음과 같다. 자동화 및 AI 기술 도입이 저숙련, 중간 숙련, 고숙련 일자리에 미치는 구체적인 영향과 이에 따른 소득 불균형 심화 현상(노동 양극화)을 국내외 통계와 사례를 통해 확인한다. 더불어, 일자리 양극화 심화에 대응하여 정부, 기업, 개인이 취해야 할 정책적, 구조적 대응 방안을 탐색한다.

탐구 자료 조사

교과	관련 교과	경제	
	교과 단원	Ⅱ. 미시 경제 ▶ 01 시장의 수요와 공급	
	학습 내용	노동에 대한 수요와 공급이 만나 임금과 고용량이 결정되는 시장을 노동 시장이라고 한다. 노동 시장도 우하향의 수요 곡선과 우상향의 공급 곡선을 가지며, 두 곡선이 교차할 때의 임금을 균형 임금, 이때의 노동 거래량을 균형 거래량이라고 한다.	
	핵심 개념	노동 시장, 노동 시장의 균형, 임금, 고용량	
논문	구분	선행 연구 1	선행 연구 2
	제목	노동 시장 양극화 극복을 위한 정책 과제	인공지능 전환과 노동법의 과제
	내용	노동 시장 양극화 현상의 원인 진단 및 대상별 정책 과제를 제시한다.	인공지능의 도입이 일의 세계에 초래하는 구조적 변화를 분석한다.
	시사점	성장 잠재력을 훼손하지 않으면서 저소득층을 중산층으로 끌어올리는 정책의 실행을 강조한다.	인공지능의 확산에 따른 근로자의 보호와 사회적 공정성 확보를 위한 방향성을 제시한다.

탐구 내용

4차 산업 혁명의 핵심인 인공지능(AI)과 디지털 혁신(DT)은 노동 시장의 구조를 근본적으로 변화시키며 일자리 양극화를 심화시키고 있다. 전통적인 자동화가 주로 중간 숙련의 반복적인 업무를 대체하며 저숙련 및 고숙련 일자리의 상대적 비중을 증가시키는 U자형 양극화를 초래했다면, AI는 이제 과거 '인간의 영역'으로 여겨졌던 비일상적이고 고숙련적인 영역까지 침투하며 양극화의 양상을 더욱 복잡하게 만든다.

AI의 예측 기술이라는 특성은 임상 실험실 기술자, 화학 엔지니어 등 고숙련 직종의 업무에도 응용되며, 해당 근로자가 수행하는 복잡한 작업 중에서도 데이터 처리와 분석, 보고서 작성 등 '지식 기반 반복 업무'를 단순 작업화하거나 대체할 잠재력을 가진다. 이는 고학력·고숙련층 내에서도 일자리의 자동화와 증강 간의 상호 긴장 속에서 직무가 재설계되고, 그 결과 고숙련층의 내부에서도 양극화가 발생할 가능성이 높아짐을 의미한다.

OECD 자료에 따르면, 전체 근로자 중 직무의 50% 이상이 자동화로 대체될 심각한 위험에 직면한 근로자의 비율은 국가별로 상이하며, OECD 평균적으로도 상당수의 근로자가 자동화의 위협 또는 중대한 변화의 위험에 노출되어 있다. 이러한 거대한 전환은 단순히 일자리의 양적 감소를 넘어 노동 시장 구조 변화와 근로 환경 재편을 가져올 것이므로, 근로자들의 적응과 정부의 종합적인 사회 정책 대응이 필수적이다.

디지털 기술은 고용상 의사 결정 및 노동 과정에 알고리즘 기반 관리(AMPs)를 확산시키며 근로자 보호에 새로운 과제를 던진다. AI 채용 시스템은 데이터 및 알고리즘 편향과 결정의 불투명성(블랙박스 문제)으로 인해 차별을 강화할 위험이 있다. 과거의 차별적 관행을 반영하는 데이터 학습은 결과적으로 차별적 결과를 낳을 수 있으며, 근로자나 구직자가 자신에 대한 불이익 결정의 이유를 알 수 없게 되어 이의 제기권을 실질적으로 행사하기 어렵다. AMPs는 업무 할당, 평가, 모니터링 전반에서 근로자의 자율성과 직업 만족도에 부정적 영향을 미치고, 기존의 인간 관리자를 넘어서는 새로운 통제 구조와 종속성을 심화시킨다. 이는 사용자의 관리 권한을 증강하지만, 그 책임 소재는 분산시키고 회피하는 통제-책임 불균형 문제를 초래한다.

자동화와 디지털 혁신은 한국 노동 시장의 고질적인 이중 구조, 즉 대기업-중소 기업, 정규직-비정규직 간의 격차와 결합하여 양극화를 더욱 가속화한다. 외환 위기 이후 소득 불평등이 악화되었고, 중산층 비중은 감소하며 빈곤 계층이 증대되어 왔다. 대기업과 중소 기업 사이의 생산성 및 지불 능력 차이 확대는 임금과 근로 조건의 격차를 심화시켰다. 청년층의 고용 환경 역시 악화되어, 25~29세 청년의 임금 수준이 전체 평균 임금 대비 점차 하락하는 추세를 보였다. 또한, AI 도입으로 인해 기업의 기술 수요가 증가하고 근로자에게 새로운 숙련이 요구되지만, 노동자들이 요구되는 기술을 적절히 습득하지 못하는 '기술 불일치' 문제가 발생하고 있다. 이는 교육을 덜 받은 사람들의 활용도를 감소시켜 경제 성장의 속도 저하를 야기할 수 있다.

탐구 결과

본 탐구는 자동화와 디지털 혁신이 기존의 노동 시장 이중 구조와 결합하여 양극화를 심화시키는 현상을 확인했으며, 이러한 도전에 대응하고 지속가능한 포용적 성장을 달성하기 위한 정책적 제언을 제시한다. 양극화 해소는 단순히 소득 재분배를 넘어, 저소득층을 중산층으로 끌어올리는 방식의 노동 시장 활성화 정책과 기술 변화에 대비하는 인적 자원 개발을 통합적으로 추진할 때 비로소 실현 가능하다.

AI 전환은 기술 불일치 문제를 초래하며, 이에 대응하여 근로자 개개인의 재숙련 및 직업 전환을 지원하는 숙련 전달 체계의 혁신이 요구된다. 일자리에 대한 권리를 넘어 직업적 숙련과 취업 가능성에 대한 권리를 보장하기 위해, 직무 교육을 보편적 사회 서비스로 재설계해야 한다. 이는 헌법상 '근로의 권리'에 기반한 것이다. 또한, 한국의 낮은 평생 교육 참여율을 OECD 수준으로 향상시키기 위해, 취약 계층별 특성에 맞는 인적 자원 개발 프로그램을 통해 교육·훈련 기회의 격차를 해소해야 한다. 개인 주도 훈련에 대한 수요 증가에 대응하여 직업 훈련을 위한 시간 지원 제도 도입 및 포괄적 고용 서비스를 통한 체계적인 상담 지원으로 훈련의 품질을 높여야 한다. 노동 이동의 증가를 고려하여, 기업 내부 직업 훈련이 노동 이동에 수월하게 적응할 수 있는 범용성 있는 일반적 역량 제고 훈련으로 강화될 필요가 있다.

AI 기술이 야기하는 차별, 불투명성, 통제-책임 불균형 문제를 해소하고 근로자의 권리를 보호하기 위해 새로운 법적 규율이 시급하다. AI에 의한 차별 방지를 위해 AI 사용 시 사전 고지, 이의 제기권을 부여하고, 알고리즘 의사 결정의 투명성 확보를 위해 사용자의 설명 책임을 도입히며, 독립적인 제3자 감사 및 공시 제도를 병행해야 한다.

추가 심화 활동

AI 및 자동화 기술의 노출 위험도 또는 증강 잠재력이 정규직 vs 비정규직, 대기업 vs 중소 기업 근로자에게 미치는 영향을 비교 분석한다. 특히, 자동화 위험에 더 취약한 것으로 여겨지는 여성, 중장년층·고령자, 영세 자영업자 같은 노동 시장 취약 계층의 특성을 고려하여 이들이 기술 변화에 따른 재숙련 기회에서 어떻게 배제되거나 참여율이 낮은지 실증 자료를 활용하여 탐구한다. 탐구 목적은 기술 변화가 한국 노동 시장의 이중 구조를 어떻게 심화시키는지 구체적인 데이터를 통해 확인하고, 취약 계층의 '기술 불일치' 문제를 극복하기 위한 맞춤형 인적 자원 개발(HRD) 정책의 필요성을 도출하는 데 있다.

참고 자료

〈인공지능 전환과 노동법의 과제 −차별, 통제, 숙련을 중심으로−〉 권오성, 한국사회법학회, 56호, 2025.
〈디지털화에 따른 노동의 양극화와 사회적 불평등: 사회학적 전망과 과제〉 임운택, 한국이론사회학회, 45호, 2023.
〈노동 시장 양극화 극복을 위한 정책 과제〉 금재호, 한국응용경제학회, 13권 2호, 2011.
〈디지털화, 일자리 총량 줄지 않았지만 양극화 등 '질' 악화…포용적 노동 정책 시급〉 『헤럴드경제』, 2019. 6. 9.

미국과 중국의 군사 전략 비교 및 한반도 안보에 미치는 영향 탐구

탐구 필요성 및 목적

탐구 필요성	21세기 국제 사회는 미국과 중국의 전략적 경쟁 심화라는 거대한 지정학적 변동기를 맞이하고 있다. 특히 이 두 강대국의 군사적 전략과 안보 정책은 전 세계의 평화와 안정을 좌우하는 핵심 변수가 되었다. 한국은 지리적으로 이 두 나라의 전략적 이해관계가 가장 첨예하게 맞물리는 한반도에 위치하고 있어, 이들의 군사 전략 변화에 대한 면밀한 이해는 국가 안보와 외교 전략 수립에 직결되는 문제이다. 미국과 중국의 군사적 경쟁은 대만 해협과 남중국해를 넘어 한반도 주변 해역까지 영향을 미친다.
탐구 목적	미국은 '인도-태평양 전략'을 통해 중국의 해양 진출을 견제하며 역내 군사적 우위를 유지하려 하고, 중국은 '해양 강국' 건설을 목표로 군사력을 급격히 확장하며 미국의 패권에 도전하고 있다. 이에 두 강대국의 군사 전략을 심층적으로 비교 분석함으로써, 그들의 궁극적인 안보 목표와 전략적 의도를 파악하고자 한다. 이러한 전략적 움직임이 주한 미군의 역할 변화, 한국의 방위비 분담 문제, 북한의 핵 위협에 대한 대응 방식 등 우리의 안보 현안에 구체적으로 어떤 영향을 미치는지 분석할 것이다.

탐구 자료 조사

교과	관련 교과	국제 관계의 이해	
	교과 단원	Ⅰ. 국제 관계의 특징 ▶ 02 국제 사회를 이해하는 관점	
	학습 내용	현실주의는 힘의 정치와 국가의 이익을 중심으로 한 비관적인 시각을 가지고 있는 반면, 자유주의는 협력과 상호 의존을 강조하는 보다 낙관적인 접근 방식을 취한다.	
	핵심 개념	현실주의, 자유주의, 군비 경쟁, 군사 전략, 미·중 갈등, 미·중 관계	
논문	구분	선행 연구 1	선행 연구 2
	제목	코로나19 이후 미·중 갈등과 국제 질서의 변화 전망	미·중 전쟁의 지정학과 패권의 변동
	내용	코로나19 이후 미·중의 갈등과 국제 질서의 변화를 전망한다.	핵무력의 억지력을 넘어선 전쟁 서사의 출현이 가진 지정학적 의의를 살핀다.
	시사점	향후 한국이 국제 사회 속에서 나아가야 할 정책 발전과 대안을 제시한다.	미국 군사 전문가의 전쟁 및 안보 인식을 파악하고, 핵전쟁의 위험성, 과학기술과 전쟁의 관계를 성찰한다.

탐구 내용

　미국은 현재 중국을 '전략적 경쟁자'로 규정하고, '통합 억제'를 핵심으로 하는 인도-태평양 전략을 추진하고 있다. 이 전략은 단순한 군사력 증강을 넘어, 다음과 같은 다차원적인 통합을 지향한다. 전통적인 육·해·공 영역뿐만 아니라, 사이버, 우주, 정보 영역까지 억제 수단을 확장하여 중국의 전방위적인 도전에 대응하고 있다. 군사력뿐만 아니라 경제, 외교, 기술(첨단 기술 및 신흥 기술), 정보 등 모든 국가적 역량을 통합하여 억제력을 발휘한다. 또한, 한국, 일본, 호주 등 역내 주요 동맹국과의 상호 운용성을 극대화하고, 나아가 쿼드(Quad), 오커스(AUKUS) 등 소다자 협력체와 유럽 대서양 동맹국들까지 연계하여 중국에 대한 집합적 억제 태세를 구축하고 있다. 미국의 궁극적인 목표는 인도-태평양 지역의 자유롭고 개방된 질서를 유지하고, 중국의 군사적·경제적 강압을 저지하며 현상 변경을 억제하는 데 있다. 이를 위해 주한 미군과 주일 미군 등 전진 배치된 병력 및 기지를 활용하여 신속한 작전 수행 능력을 확보하고, 핵우산 제공 등을 포함하는 확장 억제를 통해 동맹국들의 안보를 보장하는 것을 핵심 축으로 삼는다. 특히 한미 동맹의 역할과 기여를 한반도 방위를 넘어 역내 안보 협력으로 확대하려는 경향이 두드러진다.

중국은 '적극 방어'라는 군사 전략 기조 아래, 자국의 핵심 이익(대만, 남중국해 등) 방어 및 해양 강국 건설을 목표로 군사 현대화를 추진하고 있다. 중국의 핵심 군사 전략은 '반접근/지역 거부(A2/AD: Anti-Access/Area Denial)' 능력 강화로 요약된다. A2/AD 전략은 해군력이 우세한 미국 항공모함 전단 등 미군의 군사력 접근을 근해에서부터 차단하고(A2), 일단 접근한 미군이 특정 지역 내에서 자유롭게 작전을 수행하는 것을 거부하는(AD) 비대칭 전략이다. 중국은 '항모 킬러'로 불리는 DF-21D, DF-26 등 장거리 초음속 미사일 전력을 대폭 증강하여 미군 기지(괌, 오키나와 등)와 함정에 대한 위협을 높이고 있다. 또한, 근해 방어 중심에서 벗어나 원해 호위 능력을 갖춘 해군력(항공모함, 핵잠수함 등)을 급격히 확장하고 있으며, 이는 남중국해와 서태평양을 넘어 제1도련선(한반도-오키나와-대만-필리핀-보르네오)을 넘어설 수 있는 능력을 확보하려는 의도로 해석된다. 중국은 군사력 강화를 통해 '중화민족의 위대한 부흥'이라는 정치적 목표를 지원하고, 궁극적으로 역내에서 미국의 영향력을 축소하며 자국 중심의 새로운 지역 질서를 구축하려는 전략적 의도를 가지고 있다.

미국과 중국의 군사 전략 경쟁 심화는 한국 안보 환경에 직접적이고 복합적인 영향을 미친다. 미·중 간 군사적 긴장이 고조될수록 KADIZ(한국 방공 식별 구역) 및 서해 해공역에서의 우발적인 군사 충돌 가능성이 증가한다. 중국의 A2/AD 전력 증강 및 미군의 대응 전략은 한반도 주변을 잠재적인 군사적 대결 공간으로 만들 위험성을 내포한다. 미·중 경쟁은 북한 핵 문제 해결에 대한 국제 공조를 약화시킨다. 한국은 비핵화 외교의 난이도가 더욱 높아지고, 독자적인 억제력 강화를 요구받는 상황에 놓이게 된다. 미국은 동맹국과의 안보 협력을 경제 및 첨단 기술 공급망 협력과 연계하는 경향이 강해지고 있다. 한국은 경제적으로 중국에 대한 의존도가 높기 때문에, 이 두 나라의 경쟁 심화는 기존의 '균형 외교' 전략을 유지하기 어렵게 만들고, 강제적인 양자택일의 압박에 직면하게 한다.

탐구 결과

미국과 중국의 군사 전략이 단순히 군사력 증강 경쟁을 넘어, 국제 질서의 패러다임을 전환시키려는 전략적 경쟁임을 확인했다. 미국의 전략 목표는 기존의 국제 규범과 자유주의적 질서를 유지하며 중국의 도전을 억제하는 데 초점을 맞추고, 군사적 우위를 바탕으로 동맹 네트워크를 통합하는 것이 핵심이다. 한국은 이 통합 억제 전략의 중요한 허브(Hub) 역할을 수행할 것이 요구된다. 한편, 중국의 전략 목표는 '핵심 이익(대만, 남중국해) 수호'를 명분으로 A2/AD 능력을 극대화하여 미군의 접근을 차단하고, 장기적으로는 아시아-태평양 지역에서 미국의 영향력을 대체하려 한다. 한반도는 이 두 전략의 충돌 지점인 제1도련선에 위치하며, 미·중 경쟁의 심화는 전략적 불확실성과 군사적 긴장을 고조시키는 주요 원인이 되고 있다. 특히 주한 미군의 '전략적 유연성'과 미·중 양국으로부터 받는 압력이 한국 안보의 가장 큰 도전 과제임을 확인할 수 있다.

미·중 경쟁 심화라는 엄중한 지정학적 환경에서 한국이 국익을 극대화하고 안정적인 안보를 확보하기 위해 다음과 같은 전략적 방향을 모색해야 한다. 한국 안보의 근간인 한미 동맹을 더욱 강화하여 확장 억제의 신뢰도를 높이는 것은 필수적이다. 동시에 미국 중심의 대중국 견제 전략에 무비판적으로 편승하기보다는, 한미 동맹 내에서 한국의 독자적인 안보 이익을 관철할 수 있는 전략적 유연성을 확보해야 한다. 이는 주변국과 불필요한 적대 관계를 형성하지 않고, 비군사적 영역(기후변화, 팬데믹, 공급망 안정)에서는 중국과의 협력 공간을 능동적으로 찾아내는 능동적이고 포용적인 외교를 의미한다. 또한, 강대국 간 경쟁에 휘둘리지 않기 위해서는 독자적인 방위 능력, 특히 첨단 군사 능력을 강화하는 자강의 노력이 선행되어야 한다. 이를 기반으로 아세안(ASEAN), 유럽 연합(EU) 등 제3의 세력과의 협력을 통한 다자주의(Multilateralism)를 확대하여 외교적 지평을 넓혀야 한다.

추가 심화 활동

미·중 군사 전략 경쟁이 한반도에 미치는 영향을 구체화하기 위해, 양국 간 전략 충돌의 가능성이 가장 높은 지역인 대만 해협 유사시를 가정한 시나리오 분석을 심화 활동으로 실시한다. 이러한 전략 충돌에 의한 위협에 대응하기 위해서는 안보와 경제 영역을 명확히 구분하여 첨단 기술 및 공급망 분야에서는 미국과의 공조를 강화하되, 경제 협력에서는 중국과의 관계를 안정적으로 관리하는 다층적 외교 능력을 배양해야 한다.

참고 자료

〈미·중 전쟁의 지정학과 패권의 변동: 엘리엇 애커먼, 제임스 스태브리디스, 『2034』〉 이행선, 인문사회과학연구, 33권 1호, 2025.
〈코로나19 이후 미·중 갈등과 국제 질서의 변화 전망〉 박재완 외, 한국정치사회연구소, 4권 4호, 2020.
〈미중 무역 전쟁 연구: 트럼프 정부의 보호 무역 정책 요인 분석을 중심으로〉 김관옥, CrossRef, 21권 1호, 2018.

저출산이 교육 현장에 미치는 영향과 해결책 연구

탐구 필요성 및 목적

탐구 필요성	최근 대한민국 사회의 저출산 현상은 단순한 인구 문제를 넘어 사회 전반에 걸쳐 심각한 영향을 미치고 있다. 특히, 학생 수 감소라는 결과로 인해 교육 현장은 학급 및 학교 수 감소, 교원 수급 불균형, 교육 격차 심화 등 심각한 변화에 직면해 있다. 이러한 교육 환경의 변화는 미래 세대의 교육의 질과 공정성에 직결되는 문제이므로, 현상을 깊이 있게 분석하고 실효성 있는 해결책을 모색하는 것이 시급하다. 따라서 본 탐구는 저출산이 교육 현장에 미치는 복합적인 영향을 분석하고, 지속가능한 교육 시스템 구축을 위한 발전적 방향을 제시하고자 한다.
탐구 목적	이 탐구는 저출산·고령화 문제 해결을 위한 주요 정책들의 효과를 비교 분석하고, 그 한계와 개선 방향을 구체적으로 제시하는 데 목적이 있다. 이를 위해 인구 정책, 복지 정책, 노동 정책 등의 연계성을 검토하고, 국내외 사례를 통해 실질적인 대응 전략을 도출하고자 한다. 또한 세대 간 균형과 삶의 질 향상을 고려한 장기적 사회 정책의 방향을 탐색하여, 미래 사회의 인구 구조 변화에 능동적으로 대응할 수 있는 방안을 모색한다.

탐구 자료 조사

교과	관련 교과	사회문제 탐구
	교과 단원	Ⅲ. 변화하는 세계와 사회문제 ▶ 01 저출산·고령화 현상의 탐구
	학습 내용	저출산·고령화 현상은 학령 인구의 급감을 초래하여 교육 시스템 전반에 걸쳐 교원 수급, 교육 재정 배분, 학교의 통폐합, 지역별 교육 격차 심화 등의 위기를 야기한다. 따라서 본 단원에서는 저출산 현상의 복합적인 원인을 탐구하고, 그 영향이 교육 현장의 지속가능성에 미치는 구체적인 위협 요소를 분석한다. 이를 바탕으로 사회학적 관점에서 교육의 공공성과 효율성을 동시에 확보할 수 있는 정책적 대안을 모색하는 것이 중요하다.
	핵심 개념	사회문제, 인구 문제, 교육 격차, 지방 소멸, 지속가능성

	구분	선행 연구 1	선행 연구 2
논문	제목	학령 인구 감소 시대 학교 규모 정책의 쟁점과 과제	소규모 학교 공간 혁신 효과성 분석
	내용	학령 인구 감소에 대응하는 학교 통폐합 및 적정 규모 학교 육성 정책의 전개 과정을 고찰함. 학교 규모가 교육 효과와 재정 효율성에 미치는 영향에 관한 쟁점을 분석함.	소규모 학교의 공간 혁신 사업의 영향을 분석하고, 유연한 교실 구성과 다목적 공간 조성 등 물리적 환경 변화가 학교 공동체 의식과 교수 학습 방식의 변화에 기여하는 과정을 탐구함.
	시사점	학교 폐쇄보다는 학교와 지역사회의 복합화, 소규모 학교의 교육적 강점을 살린 특성화 모델 구축이 미래 학교 정책의 핵심 과제임을 시사함.	교육과정과 연계된 공간 재구조화가 학습 동기 유발에 효과적임을 확인하고, 인구 감소 시대의 소규모 학교가 공간 혁신을 통해 교육적 경쟁력을 확보하고 거듭날 수 있는 가능성을 시사함.

탐구 내용

1. 저출산 현상의 심각성과 교육 환경 변화에 대한 이론 학습

저출산 현상은 인구 구조의 왜곡을 초래하는 심각한 사회문제로, 이는 생산 인구 감소, 소비 위축, 사회 활력 저하 등의 결과를 낳음. 교육 분야에서는 학령 인구 급감으로 인해 교원 수요 변화, 소규모 학교 증가, 대학 정원 미달 등에 직접적인 영향을 미치며, 교육 시스템의 구조적 변화와 재정비를 강요하는 핵심 원인이 되고 있음. 저출산 현상의 정의 및 사회적 배경(경쟁 심화, 경제적 부담 등)을 학습하고 학령 인구 감소가 유치원부터 대학까지 교육 단계별로 미치는 구체적인 영향(폐교 증가, 학과 통폐합 등)을 분석함.

2. 교육 현장의 변화 양상 및 문제점 조사

학생 수 감소로 인한 소규모 학교의 교육 자원(교사, 예산, 프로그램) 부족 실태를 기사 검색 및 통계 자료를 통해 확인하고 도농 간, 지역 간 학생 수 격차가 교육 자원의 불균형과 사교육 의존도 심화로 이어지는 현상을 파악함. 교원 수급의 불균형 문제(특정 교과 과목 교사 부족, 신규 교사 임용 감소)와 그에 따른 교육의 질적 저하 우려를 검토함.

3. 저출산에 대응하는 해외 및 국내 교육 정책의 사례 분석

핀란드, 캐나다, 일본 등에서 인구 감소에 대응하여 교육의 질을 유지하고 지역사회와 연계한 학교 운영 사례를 조사함. 국내 농산어촌 유학 프로그램, 공동 교육 과정 등 소규모 학교 활성화 및 교육 격차 해소 노력의 효과와 한계를 분석함.

4. 지속가능한 교육 시스템 구축을 위한 해결책 모색

학교 통폐합 시 지역 주민 및 교육 주체의 의견 수렴의 중요성을 살피고 ICT 기반 교육(에듀테크)을 활용하여 개별 맞춤 학습 및 소규모 학교 간의 연계 교육을 강화하는 방안을 제시함. 학교를 지역사회의 평생 교육 및 문화 거점으로 활용하여 교육 자원의 효율성을 높이고, 학교의 공공적 기능을 확대하는 방안을 제언함.

탐구 결과

- 저출산의 교육 현장 위협 인식: 저출산은 단순히 학생 수 감소를 넘어, 지역 소멸 위기와 연계되어 교육의 기회 불평등을 심화시키는 핵심 사회문제임을 인식함.
- 지역별 교육 격차 심화 확인: 특히 인구 유출이 심각한 농어촌 및 구도심의 소규모 학교는 교육 과정의 다양성 부족과 교원 수급의 어려움으로 인해 교육 자원의 불균형이 심화되고 있음을 확인함.
- 교원 정책 및 재정 운영의 한계 인식: 학령 인구 감소 추이에 맞춘 선제적이고 유연한 교원 수급 계획이 미흡하며, 교육 재정 또한 비효율적으로 운영될 경우 교육의 질적 향상을 담보하기 어려움을 분석함.
- 맞춤형 정책의 중요성 도출: 획일적인 학교 통폐합보다는 지역별 특수성을 고려한 소규모 학교 활성화 정책(공동 교육 과정, 에듀테크 활용)이 교육의 다양성과 지역사회의 안정성을 유지하는 데 필수적임을 확인함.
- 학교의 사회적 역할 재정립: 학교는 단순한 교육 기관을 넘어 지역사회의 구심점으로서, 평생 교육, 문화 시설 등의 기능을 통합하여 학교의 공공적 역할을 확대하는 것이 지속가능한 교육 시스템의 핵심 전략임을 도출함.

추가 심화 활동

1. 우리 학교를 위한 '세대 연결' 교육 공간 기획 프로젝트

저출산·고령화에 따른 지역 소멸 및 교육 문제 해결을 목표로, 우리 지역의 소규모 학교 한 곳을 선정하여 학교 시설(유휴 교실, 도서관 등)을 지역 주민의 평생 학습 및 세대 간 문화 교류 거점으로 활용하기 위한 구체적인 운영 계획(세대 교류 프로그램, 평생 학습 강좌, 예산 확보 방안 등)을 기획함. 이 기획안을 바탕으로 지역사회 복지관 및 지방 자치 단체(평생 교육과)에 정책 제안서 형태로 작성하여, 지역사회 문제 해결 능력을 함양하고 실질적인 정책 참여의 경험을 쌓음.

2. 교과 연계 진로 활동: 청소년이 제안하는 '미래 교육' 정책 전문가 포럼 참여

저출산 시대의 교육 정책 및 사회문제에 대한 학문적 관심을 심화하기 위해, 인구 문제 및 교육 정책 전문가 강연이나 관련 온라인 학술 세미나에 참여하여 저출산 시대의 미래 학교 역할과 교육 정책에 대한 최신 논의 동향을 심층적으로 학습함. 포럼 참여 후 학생의 관점에서 필요한 '저출산 대응 미래 교육 정책 제언문'을 작성하고, 이를 학급 또는 동아리 시간에 발표하여 교육 사회학 분야에 대한 진로 의지와 학문적 탐구 역량을 구체화하고 공유함.

참고 자료

〈학령 인구 감소 시대 학교 규모 정책의 쟁점과 과제〉 권순형, 한국지방교육경영학회, 27권 1호, 2024.
〈소규모 학교 공간 혁신 효과성 분석〉 권순철 외, 한국교육녹색환경연구원, 22권 4호, 2023.
〈인구 구조 변화에 따른 농산어촌 소규모 학교의 문제와 대응 방향〉 주동범, 동국대학교 역사교과서연구소, 37권 37호, 2023.
〈일본의 지역 소멸 위기와 교육 정책: 산촌 유학을 중심으로〉 천호성, 한국일본교육학회, 30권 1호, 2025.

디지털 금융 혁신이 금융 취약 계층에 미치는 영향 및 포용 금융 발전 방안

탐구 필요성 및 목적

탐구 필요성	최근 인공지능(AI), 빅 데이터, 블록체인 기술을 기반으로 한 디지털 금융(FinTech) 혁신은 금융 서비스의 효율성과 편의성을 극대화하며 경제 전반을 변화시키고 있다. 하지만 이러한 변화의 속도는 전통적인 금융 서비스 이용에 어려움을 겪던 금융 취약 계층(고령층, 저소득층, 장애인 등)에게 새로운 디지털 금융 소외라는 문제를 야기하고 있다. 이는 금융 접근성의 불평등을 심화시켜 사회적 양극화를 초래할 수 있다. 따라서 본 탐구는 디지털 금융 환경의 양면성(효율성 vs 격차)을 균형 있게 분석하고, 기술 발전의 혜택이 사회 전체에 공평하게 분배될 수 있는 포용 금융(Financial Inclusion) 발전 방안을 모색하고자 한다.
탐구 목적	이 탐구는 디지털 금융 환경이 금융 취약 계층의 금융 접근성 및 삶의 질에 미치는 긍정적·부정적 영향을 비교 분석하고, 그 한계와 개선 방향을 구체적으로 제시하는 데 목적이 있다. 이를 위해 디지털 리터러시 교육, 금융 보안 정책, 금융 상품의 포용성 등의 연계성을 검토하고, 국내외 사례를 통해 실질적인 대응 전략을 도출하고자 한다. 또한 단기적인 기술 도입 중심의 정책을 넘어 세대 간 균형과 공정한 기회를 고려한 장기적 사회 정책의 방향을 탐색하여, 미래 사회의 금융 안정성과 사회 통합에 기여할 수 있는 방안을 모색한다.

탐구 자료 조사

교과	관련 교과	금융과 경제생활
	교과 단원	Ⅰ. 행복하고 안전한 금융생활 ▶ 02 디지털 금융 환경과 금융 서비스
	학습 내용	디지털 금융(FinTech) 기술을 통해 모바일 결제, 온라인 자산 관리 등 다양한 금융 서비스의 편의성과 효율성이 증대되는 현상을 이해함. 이와 함께 디지털 격차로 인한 금융 소외 심화 문제와 보이스 피싱, 개인 정보 유출 등 보안 위험을 인식함. 모든 사회 구성원이 안전하고 윤리적으로 금융 생활을 할 수 있도록 디지털 금융 리터러시를 강화하고 금융 포용 방안을 탐구함.
	핵심 개념	디지털 금융, 핀테크(FinTech), 금융 포용, 디지털 격차, 금융 보안, 블록체인

	구분	선행 연구 1	선행 연구 2
논문	제목	핀테크, 빅테크, 은행의 역할과 규제 원칙	고령자의 삶의 질과 디지털 정보 활용 능력
	내용	핀테크 및 빅테크의 금융업 진출이 은행 산업에 미친 영향과 역할을 분석하고. 금융 안정성을 유지하기 위한 '동일 기능, 동일 규제' 원칙의 적용 필요성을 중점적으로 탐구함.	고령층의 디지털 기기 활용 능력이 사회적 관계에 미치는 영향을 분석하고, 기기의 능동적 활용 수준이 고령자의 고립감을 해소하고 삶의 만족도를 높이는 결정적 요인임을 중점 탐구함.
	시사점	혁신 장려와 소비자 보호 사이의 균형을 위해 기능별 규제 체계로 전환하고, 빅테크의 독점적 행위에 대한 엄격한 모니터링이 시급함을 시사함.	단순 보급형 교육을 넘어 실생활 밀착형 디지털 역량 강화 프로그램을 마련하고, 포용적인 기술 환경을 구축해야 함을 시사함.

탐구 내용

1. 디지털 금융 혁신의 정의 및 특징 분석

핀테크(FinTech)의 핵심 기술인 AI 기반 자산 관리, 블록체인 기반 송금, 간편 결제(Pay) 등의 작동 원리를 이해하고, 이들이 전통 금융 대비 갖는 초연결성, 비용 절감, 비대면이라는 특징을 정리함.

2. **금융 취약 계층의 디지털 금융 접근성 영향 분석(긍정적 측면)**

   모바일 뱅킹, 인터넷 전문 은행 등의 비대면 서비스가 지리적 제약을 해소하고, 빅 데이터 기반의 중금리 대출 등이 신용 이력 부족 문제를 일부 해결하여 금융 서비스의 문턱을 낮춘 사례를 조사함.

3. **금융 취약 계층의 디지털 금융 소외 실태 분석(부정적 측면)**

   스마트 기기 미보유 및 활용 미숙으로 인한 디지털 문맹(Digital Illiteracy) 격차가 심화되는 현상을 통계 자료를 통해 확인하고, 이들이 자동화된 심사 시스템에서 겪는 불이익이나 보이스 피싱, 해킹 등 디지털 금융 범죄 노출 위험성을 분석함.

4. **국내외 금융 포용 정책 및 대응 사례 비교**

   영국의 오픈 뱅킹(Open Banking) 도입 사례나 싱가포르의 디지털 금융 리터러시 교육 의무화 사례 등 해외 선진국들의 포용적 디지털 금융 정책을 조사하고, 국내의 고령층 전용 ARS, 키오스크 사용 교육 등 정책의 효과와 한계를 비교 검토함.

5. **지속가능한 금융 포용을 위한 정책적 대안 모색**

   공공 기관 주도의 실질적인 디지털 금융 교육 프로그램 의무화, 금융 서비스의 접근성(Accessibility) 표준 강화, 금융 사기로부터 취약 계층을 보호하기 위한 AI 기반의 이상 거래 탐지 시스템(FDS) 도입 등 구체적인 해결책을 제시함.

탐구 결과

- 디지털 혁신의 양면성 인식: 핀테크가 금융 서비스의 효율성을 높이는 동시에 디지털 격차를 해소하지 못하면, 오히려 금융 접근성의 불평등을 심화시켜 새로운 사회문제로 발전할 수 있음을 확인함.
- 리터러시 교육의 핵심 역할 도출: 금융 취약 계층에게 단순한 기기 사용법 교육을 넘어, 디지털 금융 서비스의 원리, 보안 수칙, 위험 관리 등 포괄적인 디지털 금융 리터러시 교육을 제공하는 것이 금융 포용의 핵심임을 파악함.
- 기술의 포용적 설계 필요성: 금융 서비스 및 앱 개발 단계부터 고령층, 장애인 등 다양한 사용자를 고려한 직관적이고 쉬운 UI/UX 설계를 의무화하는 '포용적 설계(Inclusive Design)' 원칙의 중요성을 도출함.
- 공공-민간 협력의 중요성: 금융 기관뿐 아니라 정부, 공익 재단 등이 협력하여 저렴하거나 무료로 이용 가능한 디지털 금융 인프라(키오스크, 상담 센터 등)를 구축하는 것이 필요하며, 이는 사회 안전망 강화에 기여함을 분석함.

추가 심화 활동

1. **포용적 금융 앱 프로토타입 설계 프로젝트**

   고령층이나 시각 장애인을 대상으로 한 모바일 뱅킹 앱의 '포용적 UI/UX' 개선 기획안을 작성함. 음성 인식 기반 이체 시스템, 큰 글씨 모드, 간소화된 메뉴 구조 등을 중심으로 디자인 콘셉트와 기능을 구체화하고, 사용자 테스트 시뮬레이션을 통해 효율성을 검증함. 기획안을 바탕으로 금융 기관의 디지털 혁신(DT) 담당 부서나 관련 시민 단체에 정책 제언 형식으로 전달하여 실제 서비스 개선에 기여할 수 있는 방안을 모색함.

2. **디지털 금융 리터러시 교육 정책 분석 및 제언**

   [금융과 경제생활] 시간에 학습한 내용을 바탕으로, 취약 계층 대상의 의무적 디지털 금융 교육 프로그램에 대한 정책 제언 보고서를 작성함. 교육 내용(보안, 사기 예방, 자산 관리), 교육 방식(찾아가는 교육, 1:1 멘토링), 예산 확보 방안 등을 구체적으로 제시함. 학교 내 경제 동아리 발표회에서 미래 금융 전문가의 시각으로 교육 정책의 중요성을 발표하고, 금융 분야에 대한 심화된 이해와 진로 역량을 드러냄.

참고 자료

〈핀테크, 빅테크, 은행의 역할과 규제 원칙〉 김자봉, 은행법학회, 14권 1호, 2021.
〈고령자의 삶의 질과 디지털 정보 활용 능력〉 최아름, 한국보험학회, 139권 139호, 2024.
〈취약 계층 금융 소비자 보호와 금융 소비자 교육〉 박주영 외, 충남대학교 법학연구소, 31권 1호, 2020.
〈은행 지점망 축소의 영향과 금융 소외 발생 원인에 관한 실증 연구〉 유경원, 한국소비자정책교육학회, 18권 4호, 2022.

현대 사회 환경 문제를 해결하기 위한 동서양 윤리 사상 적용 탐구

탐구 필요성 및 목적

탐구 필요성	현대 사회는 산업화와 기술 발전으로 인한 환경 오염, 기후변화, 생태계 파괴 등 복합적인 위기에 직면해 있다. 이는 인간의 욕망과 효율성 중심의 서양의 인간 중심적 사고에서 비롯된 것으로, 과학기술만으로는 근본적인 해결이 어렵다. 환경 문제는 생태 위기뿐만 아니라 인간의 도덕적 태도와 윤리적 책임의 부재라는 점에서 접근해야 하며, 인간과 자연의 관계를 재정립할 수 있는 동서양 윤리 사상의 가치와 실천 원리를 탐구할 필요가 있다.
탐구 목적	이 탐구의 목적은 동양의 조화와 절제의 사상(유교·불교)과 서양의 환경 윤리(칸트의 의무론, 레오폴드의 대지 윤리)를 비교·분석하여, 환경 문제 해결에 적용할 수 있는 윤리적 실천 방안을 모색하는 것이다. 두 사상이 공통적으로 강조하는 '상호 의존성과 책임'의 관점을 바탕으로, 인간의 삶과 자연이 조화를 이루는 지속가능한 윤리적 삶의 기준을 탐구하려 한다. 또한 환경 윤리가 개인의 행동 변화로 이어질 구체적 실천 방향을 제안하고자 한다.

탐구 자료 조사

교과	관련 교과	현대사회와 윤리
	교과 단원	Ⅰ. 현대 생활과 윤리 ▶ 02 현대 윤리 문제에 대한 접근
	학습 내용	동양의 윤리 사상은 인간과 자연의 조화를 강조하며, 유교의 '중용', 불교의 '연기', 도가의 '무위자연'을 통해 절제와 균형의 삶을 제시할 수 있으며, 서양의 환경 윤리는 인간의 도덕적 책임과 자연의 내재적 가치를 강조하며, 칸트의 의무론과 레오폴드의 '대지 윤리'가 대표적임.
	핵심 개념	환경 윤리, 상호 의존성, 절제, 대지 윤리, 실천적 지혜

	구분	선행 연구 1	선행 연구 2
논문	제목	도교의 생명 주체 환경 윤리	알도 레오폴드 '대지 윤리'의 철학적 기초
	내용	도교의 핵심 사상인 '도(道)'와 '무위자연(無爲自然)'을 생명 존중의 원리로 해석하며, 인간과 자연을 상호 의존하는 생명체로 보는 관점을 제시함. 인간이 자연을 지배하는 존재가 아니라 자연의 일부로서 조화롭게 살아야 함을 강조하고, 절제·겸손·순응의 미덕을 통해 생태 위기 극복의 윤리적 방향을 탐색함.	레오폴드는 인간이 '대지 공동체의 구성원(biotic citizen)'으로서 자연과 공존해야 한다고 보며, 땅을 단순한 소유물이 아닌 윤리적 고려의 대상으로 확장함. 인간 중심주의를 비판하고 생태계의 상호 의존성을 기반으로 한 '대지 윤리(land ethic)'를 제시하여, 생태학적 관점에서 환경 윤리의 새로운 틀을 구축함.
	시사점	도교의 생명 주체 윤리는 인간과 자연의 관계를 도덕적 실천의 대상으로 확장시키며, 환경 문제 해결을 위한 내면적 성찰과 절제의 삶을 강조함.	대지 윤리는 인간의 행위가 생태계의 안정성과 아름다움에 기여할 때 도덕적으로 옳다고 판단하는 새로운 기준을 제시함.

탐구 내용

1. **환경 윤리의 개념과 필요성 학습** 기후위기와 생태 파괴는 인간의 무절제한 개발과 성장 중심의 가치관에서 비롯된 윤리적 문제로 인식됨. 환경 문제는 단순한 생태의 문제가 아니라 '정의'와 '형평성'의 문제로 확장되어야 함을 인식함.

2. **동양 윤리 사상의 환경적 의미 탐구** 도교의 핵심 개념인 '도(道)'와 '무위자연(無爲自然)'을 중심으로, 인간은 자연의 일부이며 자연과의 조화를 통해 존재한다는 관점을 학습함. 인간이 자연을 지배하거나 이용하는 존재가 아니라, 자연과 함께 살아가야 하는 생명 주체라는 점을 강조함. 선행 연구 1에 따르면, 도교는 자연을 인간이 지배할 대상이 아니라 '도(道)'의 일부로서 상호 의존적 존재로 인식함. 무위자연의 사상은 인간의 욕망을 절제하고, 자연의 질서에 순응하며 조화로운 생태적 삶을 지향하도록 함.

3. **서양 윤리 사상의 환경적 의미 탐구(레오폴드 중심)** 레오폴드의 '대지 윤리(land ethic)'를 중심으로, 인간은 생태 공동체의 구성원으로서 도덕적 책임을 져야 한다는 관점을 학습함. 레오폴드의 '대지 윤리(land ethic)'는 인간을 자연 공동체의 구성원으로 보고, '땅'과 '자연'을 도덕적 고려의 대상으로 포함해야 한다는 '생태 공동체 윤리'를 제시함.

4. **신문 기사 분석을 통한 현실적 사례 탐색** 기후 불평등, 그 불편한 진실(오마이뉴스, 2025. 8. 17.) / 좁은 땅 한반도에도 '기후 불평등' 예외 없다(세계일보, 2024. 4. 21.) 등의 신문 기사를 통해 환경 문제가 정의·평등·책임의 문제와 깊이 연결되어 있음을 탐구함.

5. **서양 사상 비교를 통한 환경 윤리의 통합적 시각 도출** 도교의 '절제와 조화'와 레오폴드의 '생태적 책임'은 모두 인간 중심적 사고를 비판하고, 인간과 자연의 상호 의존성을 강조한다는 공통점을 가짐. 두 사상을 비교한 결과, 환경 문제 해결은 기술적 접근만으로는 불가능하며, 가치관의 전환이 필요함을 인식함. 이를 통해 '겸손, 절제, 책임, 배려'의 윤리 원칙이 지속가능한 사회의 핵심 조건임을 도출함.

6. **환경 윤리 실천 방안 탐색** 동서양 사상이 공통적으로 추구한 '공존과 조화의 윤리'를 현대 사회에 적용
   - 개인: 자원 절약, 쓰레기 줄이기, 에너지 절약, 친환경 소비 실천
   - 사회: 환경 교육 강화, 지역 기반의 생태 보전 캠페인 확대
   - 국가: 탄소중립 실현을 위한 법·제도 정비 및 기후 취약 계층 보호 정책 추진
   - 국제 사회: 선진국의 책임 강화와 개발도상국 지원을 통한 기후정의 실현

탐구 결과

- 환경 문제는 단순한 생태적 문제가 아니라 사회적 불평등과 정의의 문제임을 깨닫고, 윤리적 접근의 중요성을 인식함.
- 선행 연구 1에 제시된 도교의 무위자연 사상은 인간의 욕망 절제를 통해 자연과의 조화를 회복하는 길을 제시함.
- 선행 연구 2에 제시된 레오폴드의 '대지 윤리'는 인간이 생태 공동체의 일원으로서 도덕적 책임을 져야 한다는 실천적 기준을 제공함.
- 신문 기사 사례를 통해 기후위기가 사회적 약자에게 불균형적으로 작용한다는 현실을 확인하고, 철학적 논의가 정책적 대응으로 이어져야 함을 인식함.
- 동서양 윤리의 핵심 가치인 겸손·책임·공존·절제는 지속가능한 삶의 근본 원리로 작용하며, 환경 윤리 실천을 위한 구체적 기준이 될 수 있음을 결론으로 제시함.

추가 심화 활동

1. 학생 주도 프로젝트 환경 정화 활동
학교 주변의 미세먼지와 열섬 문제에 관심을 갖고, '지속가능한 교내 생태 환경 조성'을 목표로 녹색 화분 가꾸기 프로젝트를 기획함. 버려진 플라스틱 깁과 페드병을 재활용해 화분을 제작하고, 친환경 흙과 디육 식물을 이용해 교실·복도·욕상에 '작은 녹색 공간'을 조성함. 활동 결과를 사진과 데이터로 정리해 '지속가능한 학교 만들기' 전시를 운영함.

2. 교과 연계 토론 활동
[현대사회와 윤리] 과목의 'Ⅰ. 현대 생활과 윤리' 단원에서 동서양 윤리 사상 속 지속가능한 삶의 실천 방안을 주제로 토론함. 레오폴드의 대지 윤리와 도교의 무위자연 사상을 비교하여, '자연과 조화를 이루는 삶이 현대 사회에서 가능한가?'를 중심 논제로 설정함. 조별로 사상가의 관점을 바탕으로 실천 가능한 행동 지침(절제, 배려, 생명 존중 등)을 도출하고, 캠페인 활동과 연결해 윤리 사상이 실천으로 확장되는 과정을 탐색함.

참고 자료

〈알도 레오폴드 '대지 윤리'의 철학적 기초〉 윤혜진, 범한철학회, 46권 3호, 2007.
〈동서양의 환경 윤리 비교 연구: 환경 문제에 관한 정책적 함의를 중심으로〉 이광모, 한국행정사학회, 23권 23호, 2008.
〈환경 윤리와 환경 윤리 교육: 도교의 생명 주체 환경 윤리〉 김태용, 한국철학사연구회, 28권 28호, 2010.
〈환경 윤리, 환경 실용주의 그리고 환경 정의〉 김상득, 한국동서철학회, 115권 115호, 2025.

아리스토텔레스의 덕 윤리와 성품의 탁월성과 행복에 관한 연구

탐구 필요성 및 목적

탐구 필요성	현대 사회에서 행복은 종종 물질적 성취나 사회적 지위 등 외적 성공으로 이해된다. 그러나 경쟁과 효율 중심의 사회 속에서 이러한 행복의 기준은 인간 내면의 덕과 조화를 잃게 만들기도 한다. 따라서 아리스토텔레스가 말한 덕 윤리의 핵심인 '성품의 탁월성(arete)'과 '중용의 덕'을 오늘날의 삶에 적용해 참된 행복이란 무엇이며, 인간다움이란 어떤 것인지 고찰할 필요가 있다.
탐구 목적	이 탐구의 목적은 아리스토텔레스의 덕 윤리를 중심으로 인간의 행복이 어떠한 조건에서 실현되는지를 분석하고, 성품의 탁월성이 개인과 공동체의 조화로운 삶에 어떤 역할을 하는지 증명하는 데 있다. 특히 '중용의 덕'을 실천적 지혜로 해석함으로써 극단적 감정이나 욕망을 조절하는 삶의 균형 원리를 도출하고자 한다. 현대 사회에서 덕 윤리가 지닌 실천적 의미를 탐구함으로써, 경쟁과 물질 중심의 가치관 속에서도 인간다운 삶과 도덕적 완성을 추구할 수 있는 방향을 제시해 보고자 한다.

탐구 자료 조사

	구분	선행 연구 1	선행 연구 2
교과	관련 교과	윤리와 사상	
	교과 단원	Ⅲ. 서양 윤리사상 ▶ 01 윤리적 삶에 대한 서양의 물음은 어떻게 시작되었는가?	
	학습 내용	아리스토텔레스의 덕 윤리: 인간의 행복을 이성에 따른 탁월한 활동으로 이해함. 인간의 본성을 이성적 존재로 보고, 감정과 욕망을 조절하는 중용(中庸)의 실천을 통해 덕을 형성함. 덕은 타고난 것이 아니라 반복적 실천을 통해 길러지는 '성품의 탁월성'으로, 이성적 판단에 따라 삶의 목적(텔로스, telos)을 실현함. '실천적 지혜'를 통해 덕의 균형과 조화를 이루어 행복에 도달할 수 있음.	
	핵심 개념	덕 윤리, 성품의 탁월성, 중용, 실천적 지혜, 행복	
논문	제목	『니코마코스 윤리학』을 통해 본 아리스토텔레스 덕 윤리의 성격과 의의	아리스토텔레스의 행복 관념
	내용	아리스토텔레스의 덕 윤리를 중심으로 행복을 이성적 활동의 완성으로 해석함. 인간의 궁극적 목적을 탁월성에 따른 영혼의 활동으로 보고, 성격적 덕과 지적 덕의 조화를 통해 행복이 완성됨을 제시함. 실천적 지혜가 덕의 형성과 행위 판단의 핵심으로 작용하며, 도덕적 선택이 행복의 실현 조건임을 논증함.	행복을 감정이나 쾌락이 아닌 이성적 활동으로 정의하고, 궁극성·자족성·지속성의 속성으로 설명함. 도덕적 덕과 지적 덕의 통합을 통해 완전한 행복이 성립된다고 보고, 실천적 삶과 관조적 삶을 상호 연계적 구조로 분석함. 덕의 실천을 통한 영혼의 완성으로 행복이 실현된다는 점을 강조함.
	시사점	행복은 외적 조건이 아닌 내적 덕의 실천을 통해 완성되며, 현대 사회의 물질 중심적 행복관을 비판적으로 성찰할 수 있는 철학적 근거를 제공함.	아리스토텔레스의 행복은 덕 윤리의 실천과 이성적 조화를 보여 주며, 개인의 윤리적 성숙과 공동체적 선을 동시에 추구하는 실천적 기준이 됨.

탐구 내용

1. **아리스토텔레스의 덕 윤리 개념 학습**　아리스토텔레스의 행복, 덕, 중용, 실천적 지혜, 성품의 탁월성 등의 개념을 학습함.

2. **신문·칼럼·철학 해설서 탐색**　현대 사회에서 행복을 물질적 성취나 외적 성공으로 이해하는 경향과 그로 인한 문제점을 조사함. 감정을 잘 다스림이 행복의 길(한겨레, 2012. 2. 11.) / 쾌락과 윤리, 분리 말고 '동행'시켜라(한겨레, 2019. 10. 19.) / [명저 새로 읽기] 황경식 '덕 윤리의 현대적 의의'(경향신문, 2013. 5. 10.) / 행복의 얼굴, 동서양의 지성 8명에게 듣는다(한겨레21, 2016. 5. 16.) 등

3. **논문 탐색을 통한 행복 개념 확장 조사**　아리스토텔레스의 덕 윤리와 현대 윤리 담론의 비교 연구 논문을 탐색하고, 행복의 개념이 내면적 성숙과 실천적 지혜로 확장되는 과정을 조사함.

4. **문헌 분석을 통한 주요 철학자의 행복관 비교**　플라톤: 이성의 통제를 통한 조화로운 영혼 상태를 행복으로 봄. / 아리스토텔레스: 덕의 실천을 통한 영혼의 탁월한 활동을 행복으로 정의 / 에피쿠로스: 쾌락의 절제와 마음의 평정(ataraxia)을 강조 / 칸트: 의무의 실천을 통해 도덕적 완성을 추구

5. **성품의 탁월성 관점에서 행복 실현의 조건을 분석**　아리스토텔레스는 인간이 타고난 이성적 존재라는 점에서 덕을 실천할 수 있는 가능성을 지닌다고 봄. 덕은 습관적 실천을 통해 형성되며, 이성에 따른 중용의 판단이 행복으로 이어짐. 현대 사회에서도 성품의 탁월성을 도덕적 성찰과 공동체적 책임으로 확장할 필요 있음.

6. **현대 사회에서 덕 윤리의 실천적 한계와 보완점 탐색**　성과와 효율 중심의 사회 속에서 도덕적 성찰이 약화됨. 아리스토텔레스의 덕 윤리는 감정과 욕망의 조절, 공동체적 연대, 실천적 지혜의 회복을 통해 윤리적 불균형을 보완할 수 있음.

7. **성품 교육과 실천적 지혜 함양을 위한 윤리 교육 방향 도출**　덕 윤리의 핵심을 적용하여 인성 중심의 교육 강화, 실천적 지혜를 키우는 토론·성찰형 수업, 도덕적 딜레마 탐구, 공동체 참여형 학습 등을 통해 성품의 탁월성을 기를 수 있음.

8. **개인적, 사회적, 제도적 차원에서의 행복 실현 노력 제안**　개인은 성찰적 삶을 통해 내면의 덕을 기르고, 사회는 공정성과 배려의 문화 확산을 통해 윤리적 공동체를 조성해야 함. 제도적으로는 인성·윤리 교육의 강화, 사회적 책임을 중시하는 리더십 육성을 통해 덕 윤리의 실천 기반을 마련해야 함.

탐구 결과

- 아리스토텔레스의 《니코마코스 윤리학》에 나타난 행복, 덕, 중용, 실천적 지혜, 성품의 탁월성 개념을 파악함.
- 행복을 '이성적 탁월성에 따른 영혼의 활동'으로 이해하고, 덕은 성품의 반복적 실천을 통해 형성되는 것으로 파악함.
- 신문·칼럼·철학 해설서를 참고하여 현대 사회에서 행복이 물질적 성취나 외적 성공으로 좁게 해석되는 경향과 그로 인한 윤리적 문제점을 탐색함.
- 선행 연구 1을 중심으로, 덕 윤리가 이성적 자율성과 실천적 지혜를 결합한 실천 철학임을 확인함. 행복은 덕의 실천을 통해 완성되며, 중용은 감정과 행동의 극단을 피하는 합리적 선택의 기준으로 작용함.
- 선행 연구 2를 토대로, 행복은 덕의 완성을 통한 영혼의 활동으로서 개인의 선뿐 아니라 공동체적 선과도 연관됨을 파악함. 덕은 습관적 실천을 통해 길러지며, 실천적 지혜는 상황에 맞는 판단을 가능하게 하는 핵심 능력으로 작용함.
- 성과 중심 사회에서 도덕적 성찰이 약화되는 문제를 지적하고, 실천적 지혜와 중용의 원리를 통해 감정·욕망의 조절, 공동체적 조화, 윤리적 균형을 회복할 수 있음을 논함.
- 개인은 성찰적 삶을 통해 내면의 덕을 기르고, 사회는 배려와 공정의 문화를 확산해야 하며, 제도적으로는 인성·윤리 교육 강화아 책임 윤리익 제도화를 통해 덕 윤리의 실천적 기반을 마련해야 합

추가 심화 활동

1. **학생 주도 프로젝트 독서·토론 활동**　아리스토텔레스의 행복관을 더 깊이 이해하기 위해 《아리스토텔레스의 니코마코스 윤리학》(유재민, EBS BOOKS, 2021.)을 읽고, '행복은 덕의 실천으로 완성되는가'를 주제로 토론함. 토론 활동 후에 '성과 중심 사회에서 중용의 덕은 가능한가'라는 소주제로 교내 철학 토론을 진행하고, 덕 윤리의 현대적 의미를 사례 중심으로 정리하여 발표함.

2. **교과 연계 진로 활동**　[진로와 직업] 과목 '직업 윤리와 인성' 단원에서 아리스토텔레스의 덕 윤리가 현대 직업 윤리와 어떤 관련이 있는지 탐구함. 모둠 활동을 통해 "리더십과 도덕적 성품의 관계"를 분석하고, 직업인의 윤리적 책임을 실천적 지혜의 관점에서 발표함. 친구들의 피드백을 반영해 '성품의 탁월성을 기르는 리더십 교육 모델'을 제안함.

참고 자료

〈덕 윤리의 현대적 의의〉 황경식, 경향신문, 2013. 5. 10.
〈아리스토텔레스의 행복 관념〉 박재주, 한국동서철학회, 69권 69호, 2013.
〈『니코마코스 윤리학』을 통해 본 아리스토텔레스 덕 윤리의 성격과 의의〉 노영란, 한국윤리학회, 1권 141호, 2023.

《정의론》의 정의의 원칙이 인간관계 형성에 미치는 영향 탐구

탐구 필요성 및 목적

탐구 필요성	현대 사회는 개인의 자유와 권리를 강조하면서도 경쟁과 효율을 중시하는 구조 속에 있다. 이러한 환경은 타인과의 관계를 도구적 수단으로 여기게 하며, 상호 존중과 배려의 가치가 약화되는 문제를 낳고 있다. 롤스는 정의를 사회 제도의 제1덕목으로 보고, 각 개인이 동등한 자유를 누리면서도 타인과의 관계 속에서 공정한 협력을 실현해야 함을 강조하였다. 따라서 정의의 원칙을 인간관계의 윤리적 기준으로 탐구하는 것은 상호성과 공정성을 기반으로 공동체 안에서의 바람직한 인간관계 형성에 대한 실천 방법을 모색하는 데 중요한 의미가 있다.
탐구 목적	이 탐구의 목적은 롤스의 《정의론》에 나타난 '정의의 두 원칙'이 인간관계의 형성과 유지에 어떤 영향을 미치는지 고찰하는 데 있다. 특히 '평등한 자유의 원칙'과 '차등의 원칙'을 중심으로, 공정성과 배려가 조화를 이루는 관계의 윤리를 도출하고자 한다. 또한 현대 사회에서 개인이 어떻게 도덕적 판단을 내리고, 상호 존중의 가치를 실천할 수 있는지 제시하여 관계와 배려의 윤리가 정의로운 사회를 구성하는 실천 원리임을 밝히고자 한다.

탐구 자료 조사

교과	관련 교과	인문학과 윤리	
	교과 단원	Ⅱ. 타인과 관계 맺기 ▶ 01 '관계 속의 나'로 살아간다는 말의 의미는 무엇일까?	
	학습 내용	롤스는 《정의론》에서 사회의 기본 구조를 공정하게 설계하기 위해 정의의 두 원칙을 제시함. 첫째, 평등한 자유의 원칙은 모든 사람이 동등한 기본적 자유를 누릴 권리를 가지며, 타인의 자유와 조화를 이루어야 함을 의미함. 둘째, 차등의 원칙은 사회적·경제적 불평등이 존재하더라도 그것이 모두의 이익, 특히 가장 불리한 사람의 이익이 될 때에만 정당화된다는 내용임.	
	핵심 개념	정의론, 평등한 자유의 원칙, 차등의 원칙, 기회 균등의 원칙, 공정성, 상호성	

논문	구분	선행 연구 1	선행 연구 2
	제목	롤스의 정의론과 교육: 민주주의적 평등을 중심으로	한국의 사회 복지 현실과 한국인의 복지 의식 – 롤스의 정의론 관점
	내용	롤스가 말한 평등한 자유의 원칙과 차등의 원칙을 적용하여, 협력과 상호 존중을 실천할 수 있는 정의로운 관계 형성의 기반을 제시함.	사회 구성원의 평등 의식과 복지 수용 태도를 비교함으로써 정의의 원칙이 실제 인간관계와 제도적 관계에서 어떻게 작동하는지를 탐구함.
	시사점	정의론의 원칙을 인간관계에 적용함으로써, 학교 공동체는 협력과 상호성을 기반으로 한 윤리적 관계를 형성할 수 있음.	롤스의 정의의 두 원칙을 사회적 관계로 확장함으로써, 개인 간의 관계에서도 상호 존중과 배려가 필요함을 시사함.

탐구 내용

1. 《정의론》의 기본 개념과 정의의 두 원칙(평등한 자유의 원칙, 차등의 원칙)과 기회 균등의 원칙을 학습함. 이를 통해 정의가 개인의 권리 보장뿐 아니라 사회 구성원 간 공정한 협력의 원리임을 이해함.

2. 롤스의 정의론이 제시하는 공정성의 구조를 인간관계 차원에서 재해석함. 인간은 타인과의 관계 속에서 자유와 평등을 동시에 추구해야 하며, 정의의 원칙은 상호 존중과 배려를 실천하는 기준으로 작용함을 고찰함.

3. 선행 연구 1을 통해 민주주의적 평등 개념이 교육 현장에서 정의로운 관계 형성의 기초가 됨을 확인함. 학생들이 상호 협력과 존중을 실천할 수 있는 공동체적 평등의 의미를 탐색함.

4. 선행 연구 2를 통해 제도적 정의가 사회 구성원 간 실질적 평등을 실현하는 과정임을 분석함. 사회 복지 정책에서의 분배 정의가 불평등을 완화하고 최소 수혜자의 권익을 보호하는 역할을 함을 이해함.

5. 신문 칼럼과 철학 해설서를 참고하여 정의의 원칙이 인간관계 속에서 어떻게 구현될 수 있는지를 탐색함. '공정', '기회', '배려'의 가치가 관계 형성에서 중요한 윤리적 덕목임을 조사함.: '공정하고 정의롭다는 착각'(경향신문, 2021. 2. 24.) '공정으로서의 정의' 설파…정의를 정치 철학으로 복귀시키다'(경향신문, 2016. 6. 30.), '탄생 100주년 존 롤스의 토지 정의'(평화뉴스, 2021. 10. 4.)

6. 현대 사회의 경쟁 중심적 인간관계 속에서 롤스의 정의론이 제시하는 상호성의 회복과 공정한 협력이 가능한 실천 방안을 모색함. 개인이 자유와 평등을 조화시키는 도덕적 판단력을 기르고, 사회 구성원 간 배려와 연대의 문화를 확산시키는 교육적·실천적 방향을 탐색함.

7. 정의의 두 원칙을 실제 인간관계에 적용할 수 있는 다양한 상황을 탐색함. 학교 내 협동 학습, 또래 상담, 갈등 중재, 봉사 활동 등 구체적 사례를 통해 공정과 배려가 조화를 이루는 관계 형성의 가능성을 모색함. 이를 통해 정의의 원칙이 인간관계 속에서 실현 가능한 윤리적 지침임을 확인함.

탐구 결과

● 롤스의 《정의론》을 통해 정의의 두 원칙(평등한 자유의 원칙, 차등의 원칙)과 기회 균등의 개념을 파악함.

● 정의를 법적 개념의 차원을 넘어 개인의 자유와 평등을 조화시키는 윤리적 원리로 이해함. 정의의 원칙은 사회 제도뿐 아니라 인간관계에서 상호 존중과 배려를 실천하는 기준으로 작용함을 인식함.

● 신문·칼럼을 통해 현대 사회의 불평등 구조와 공정성 논쟁을 조사하며, 정의의 원칙이 공동체 신뢰 회복의 핵심임을 파악함. 특히 '기회의 평등'이 단순히 형식적 공정이 아니라, 사회적 약자를 고려한 실질적 공정의 개념임을 탐색함.

● 선행 연구 1을 중심으로, 교육 현장에서 정의의 원칙이 민주주의적 평등 실현의 기초로 작용함을 확인함. 평등한 자유의 원칙은 학교 공동체 내 협력과 존중을 강화하는 윤리적 지침으로 기능하며, 학생 간 차이를 수용하고 다양한 의견을 조정하는 공정한 의사 결정의 기준으로 작용함.

● 선행 연구 2를 통해 차등의 원칙이 사회 복지 영역에서 최소 수혜자 보호와 실질적 평등 실현의 근거로 작용함을 분석함. 제도적 정의의 구현이 사회 구성원의 평등 인식과 복지 정의 실현에 기여함을 확인함.

● 탐구 과정에서 개인의 정의로운 행동이 제도적 정의와 상호 연결된다는 점을 성찰함. 공정한 관계를 위해서는 타인의 입장에서 상황을 이해하려는 '상호성의 윤리'가 필요함을 깨달음.

● 개인의 배려가 공동체의 신뢰를 형성하고, 사회적 약자를 향한 실질적 지원이 정의의 완성으로 이어짐을 고찰함.

● 궁극적으로 정의의 두 원칙은 개인과 사회의 관계 속에서 공정성과 상호성을 회복시키는 윤리적 기반이 됨을 종합적으로 논함. 정의로운 인간관계는 민주적 평등과 상호 존중의 정신을 실천하는 삶의 방식이며, 정의의 원칙은 이를 구체적으로 실현하는 도덕적 기준임을 도출함.

추가 심화 활동

1. **학생 주도 프로젝트 봉사 활동**　롤스의 정의 원칙을 바탕으로 '공정과 배려의 관계'를 주제로 학생 주도 봉사 캠페인을 기획함. 학교 내에서 '공정한 관계 맺기 주간'을 운영하고, 친구 간의 존중과 배려의 언어를 확산시키는 포스터·영상 제작 활동을 전개함. 활동 후 설문을 통해 학생들의 인식 변화를 분석하고, 공정한 학교 문화를 형성하기 위한 실천 방안을 제안함.

2. **지역 연계 봉사 활동**　지역 아동 센터와 연계하여 봉사 활동을 진행함. 미술 치료 프로그램 보조 봉사로 참여하여, 경제적·사회적 여건이 다른 아동들과의 상호 작용을 통해 정의의 원칙을 체험함. '차등의 원칙'에 따라 도움이 필요한 아동에게 정서적 지지를 제공하고, 활동 후 소감문을 작성하여 개인의 역할과 도덕적 책임에 대해 성찰함.

참고 자료

〈한국의 사회 복지 현실과 한국인의 복지 의식 −롤스의 정의론 관점〉 정현태 외, 한국사회복지정책연구원, 36권 1호, 2009.
〈롤스의 정의론으로 풀어낸 공공 의료〉 박형철, CrossRef, 1권 1호, 2017.
〈롤스의 정의론과 교육: 민주주의적 평등을 중심으로〉 목광수, 한국윤리학회, 9권 1호, 2020.
〈한국에 적합한 정의론을 위한 서론: 롤스의 공정으로서의 정의론과 능력주의〉 박상혁, 한국윤리학회, 14권 1호, 2025.

인공지능 맞춤형 학습이 학습 격차 해소에 미치는 영향의 비판적 고찰

탐구 필요성 및 목적

탐구 필요성	인공지능 맞춤형 학습은 학습자의 수준과 속도를 반영해 효율을 높일 수 있다는 장점이 있다. 그러나 사회·경제적 배경과 디지털 접근성의 격차, 알고리즘 편향은 오히려 학습 격차를 확대할 수 있다. 교육에서 AI가 공정성과 형평성을 담보하려면 기술적 효율과 윤리적 책임이 균형을 이뤄야 한다. 따라서 인공지능 맞춤형 학습이 격차 완화에 미치는 실제적 영향을 분석하고 그 윤리적 한계와 바람직한 활용 방향을 탐구할 필요가 있다.
탐구 목적	이 탐구의 목적은 인공지능 기반 맞춤형 학습이 학습자 간의 격차를 해소하는 데 실질적으로 기여할 수 있는지를 비판적으로 검토하는 것이다. 이를 위해 기술적 효율성뿐 아니라 접근성, 공정성, 자율성 등의 윤리적 기준에서 인공지능의 역할을 분석하고자 한다. 나아가 AI 활용이 인간의 성장과 배움을 어떻게 변화시키는지를 고찰함으로써, 학습자 중심의 정의롭고 포용적인 학습 환경을 실현하기 위한 윤리적 방향을 제시하고자 한다.

탐구 자료 조사

교과	관련 교과	윤리문제 탐구
	교과 단원	Ⅲ. 인공지능 시대의 삶과 윤리적 탐구 ▶ 03 인공지능의 바람직한 활용 방안은 무엇인가?
	학습 내용	인공지능은 학습자의 데이터를 분석하여 개인별 수준과 속도에 맞는 맞춤형 학습을 제공함. 이러한 기술은 교육의 효율성을 높이고 학습자 중심의 수업을 가능하게 하지만, 동시에 알고리즘의 편향, 데이터 접근성의 차이, 기술 의존성 등의 문제를 통해 학습 격차를 심화시킬 가능성도 존재함. 학습 격차 해소라는 목표 아래 AI의 역할을 비판적으로 검토하고, 윤리적 활용 방안을 모색하는 것이 중요함.
	핵심 개념	인공지능, 맞춤형 학습, 학습 격차, 알고리즘 편향, 디지털 격차, 교육 형평성, 기술 윤리

	구분	선행 연구 1	선행 연구 2
논문	제목	섬 지역 초·중등 방과 후 교사의 인식을 통해 본 청소년 인공지능(AI) 교육 실태	초등학교 인공지능 수업에서 학습 성과에 대한 성별과 학습 태도 간 상호 작용 효과
	내용	인공지능 교육이 확산되는 가운데, 섬 지역 학생들이 지역적 한계로 인해 AI 교육에서 소외되는 실태를 분석함. 방과 후 교사 인터뷰를 통해 교육 접근성, 교사 전문성, 교육 시수 부족이 학습 격차를 심화시키는 요인으로 작용함을 규명함.	인공지능 수업에서 성별, 과제 가치, 자기 효능감 등의 학습 태도 요인이 학습 성과에 미치는 영향을 분석함. 여학생은 자기 효능감이 높을수록 학습 성과가 향상되는 반면, 남학생은 과제 가치 인식이 학습 지속 의향에 더 큰 영향을 미침을 확인함.
	시사점	인공지능 맞춤형 학습의 확산이 단순히 기술적 접근성만으로 해결되지 않으며, 지역·환경적 요인이 새로운 교육 격차를 낳을 수 있음을 시사함. 따라서 AI 기반 학습의 공정성과 포용성을 확보하기 위한 제도적 보완이 필요함.	인공지능 맞춤형 학습이 학습자의 정의적 특성과 성별에 따라 다르게 작용할 수 있음을 보여줌. 이는 AI 학습 설계 시 개인의 학습 태도와 자기 효능감 요인을 고려한 윤리적·심리적 맞춤이 필요함을 시사함.

탐구 내용

1. **인공지능 맞춤형 학습의 개념과 적용 배경을 학습**   AI는 학습자의 수준, 속도, 선호를 분석하여 개별화된 학습 경로를 제시함으로써 효율적 학습을 가능하게 함. 이러한 기술은 '모두를 위한 교육'이라는 이상과 연결되지만, 실제로는 데이터 접근성이나 기술 인프라의 차이에 따라 새로운 격차를 초래할 가능성이 있음을 인식함.

2. **AI 맞춤형 학습의 윤리적 쟁점을 '효율성 대 형평성'의 관점에서 분석**   인공지능이 학습 효율을 극대화하는 과정에서 사회·경제적 배경에 따른 학습 기회의 차이가 확대될 수 있음을 고찰함.

3. **선행 연구 1을 검토하여 지역적 접근성의 문제를 분석** 섬 지역 학생들이 인공지능 교육에서 소외되는 현실을 통해, 맞춤형 학습이 오히려 지역 간 교육 자원의 불균형을 심화시킬 수 있다는 점을 사례로 검토함.

4. **선행 연구 2를 분석하여 개인적 요인의 차이를 탐구** AI 수업의 학습 성과가 성별과 학습 태도에 따라 달라짐을 통해, 학습 격차가 기술의 문제가 아니라 정의적 요인의 차이에서도 발생함을 이해함. 인공지능이 학습자의 내적 동기나 자율적 학습 태도를 충분히 고려하지 못할 경우, 학습의 질적 불평등이 지속될 수 있음을 논의함.

5. **신문·칼럼 자료를 통해 사회적 논의를 조사** 디지털 불평등 시대, AI 교육의 새로운 격차를 경계하다(한국의정신문, 2025. 8. 13.), 검증 안 된 AI와 교과서의 만남, 학습 격차 더 벌어질라(한겨레, 2024. 10. 28.) 등 기사에서 기술 혁신이 윤리적 숙고 없이 적용될 때 발생하는 사회적 불평등의 실태를 분석함.

6. **AI 학습의 윤리적 활용 방안을 도출** ① 알고리즘의 투명성 확보, ② 데이터의 대표성 강화, ③ 교사의 중재 역할 강화, ④ 디지털 접근성 개선을 핵심 원칙으로 정리함. AI는 교사를 대체하는 수단이 아니라 '공정한 학습 환경을 지원하는 도구'로서 사용되어야 함을 제시함.

7. **학교 현장 적용 가능성을 모색** 공공 기관의 자료와 인공지능 윤리 지침을 바탕으로 인공지능 활용의 윤리적 기준을 실천할 방안을 탐색함. 기술의 발전 속에서도 인간 중심의 교육 가치를 지키기 위한 실천 방향을 제안함.

탐구 결과

- 인공지능 맞춤형 학습은 학습 효율성을 높이는 동시에, 기술 접근성과 데이터 편향 등으로 인한 새로운 격차를 유발할 수 있음을 이해함.
- AI 활용의 윤리적 딜레마는 '효율성 대 형평성', '자동화 대 자율성'의 긴장 속에서 발생하며, 단순한 기술 문제가 아니라 교육의 가치 문제임을 인식함.
- 선행 연구 1을 통해 지역적·환경적 요인이 AI 교육 접근성에 결정적 영향을 미침을 확인함. 기술 인프라와 교사 전문성의 차이가 학습 격차를 심화시키는 현실을 비판적으로 고찰함.
- 선행 연구 2를 통해 성별·학습 태도 등의 개인적 요인이 학습 성과에 영향을 주는 심리적 격차 요인을 확인함. 이는 AI 학습 설계가 학습자의 정의적 특성을 반영해야 함을 시사함.
- 신문·칼럼을 통해 기술 중심의 교육 정책이 윤리적 검토 없이 추진될 경우 발생할 수 있는 불평등 문제를 사회적 맥락에서 분석함.
- AI 맞춤형 학습의 바람직한 활용을 위해서는 알고리즘의 공정성과 교사의 윤리적 통제, 학습자의 비판적 인식이 함께 이루어져야 함을 도출함.
- 궁극적으로 인공지능 교육은 학습 효율이 아니라 인간의 성장과 공정한 학습 기회의 보장을 목표로 해야 함을 성찰함. 따라서 AI는 인간의 교육적 판단을 보조하는 '도덕적 기술'로서 활용되어야 함을 강조함.

추가 심화 활동

1. **학생 주도 프로젝트 봉사 활동** '공정한 AI 학습 환경 조성'을 주제로 프로젝트형 봉사 활동을 기획함. 교내에서 인공지능 맞춤형 학습 도구의 사용 실태를 조사하고, AI 활용 시 발생할 수 있는 윤리적 문제(편향, 형평성, 접근성)를 분석함. 이를 바탕으로 'AI 윤리 주간'을 운영하며, 공정한 학습 문화를 확산시키는 카드 뉴스·영상 콘텐츠를 제작함. 활동 후 설문을 통해 학생들의 인식 변화를 조사하고, 공정하고 책임 있는 인공지능 활용 문화를 조성하기 위한 실천 방안을 제안함.

2. **지역 연계 봉사 활동** 지역 도서관이나 아동 센터와 연계하여 'AI 학습 격차 해소'를 주제로 봉사 활동을 진행함. 디지털 접근성이 낮은 학생을 대상으로 AI 기초 학습 멘토링과 체험 교육을 지원하며, 기술 활용의 공정성과 사회적 책임을 체험함. 활동 후 보고서를 작성하여, 인공지능 시대에 학습 기회와 형평성을 보장하기 위한 윤리적 역할을 성찰함.

참고 자료

〈AI 기초 교양 교육에서 SW 경험에 따른 학습자 분석〉 오경선 외, 한국정보교육학회, 25권 5호, 2021.
〈초등학교 인공지능 수업에서 학습 성과에 대한 성별과 학습 태도 간 상호 작용 효과〉 백수현 외, 한국컴퓨터교육학회, 25권 3호, 2022.
〈섬 지역 초·중등 방과 후 교사의 인식을 통해 본 청소년 인공지능(AI) 교육 실태〉 윤솔 외, 경기연구원, 25권 2호, 2023.

보고서 양식
다운로드

탐구 제목

탐구 필요성 및 목적

탐구 필요성	
탐구 목적	

탐구 자료 조사

교과	관련 교과		
	교과 단원		
	학습 내용		
	핵심 개념		
논문	구분	선행 연구 1	선행 연구 2
	제목		
	내용		
	시사점		

탐구 내용

탐구 결과

추가 심화 활동

참고 자료

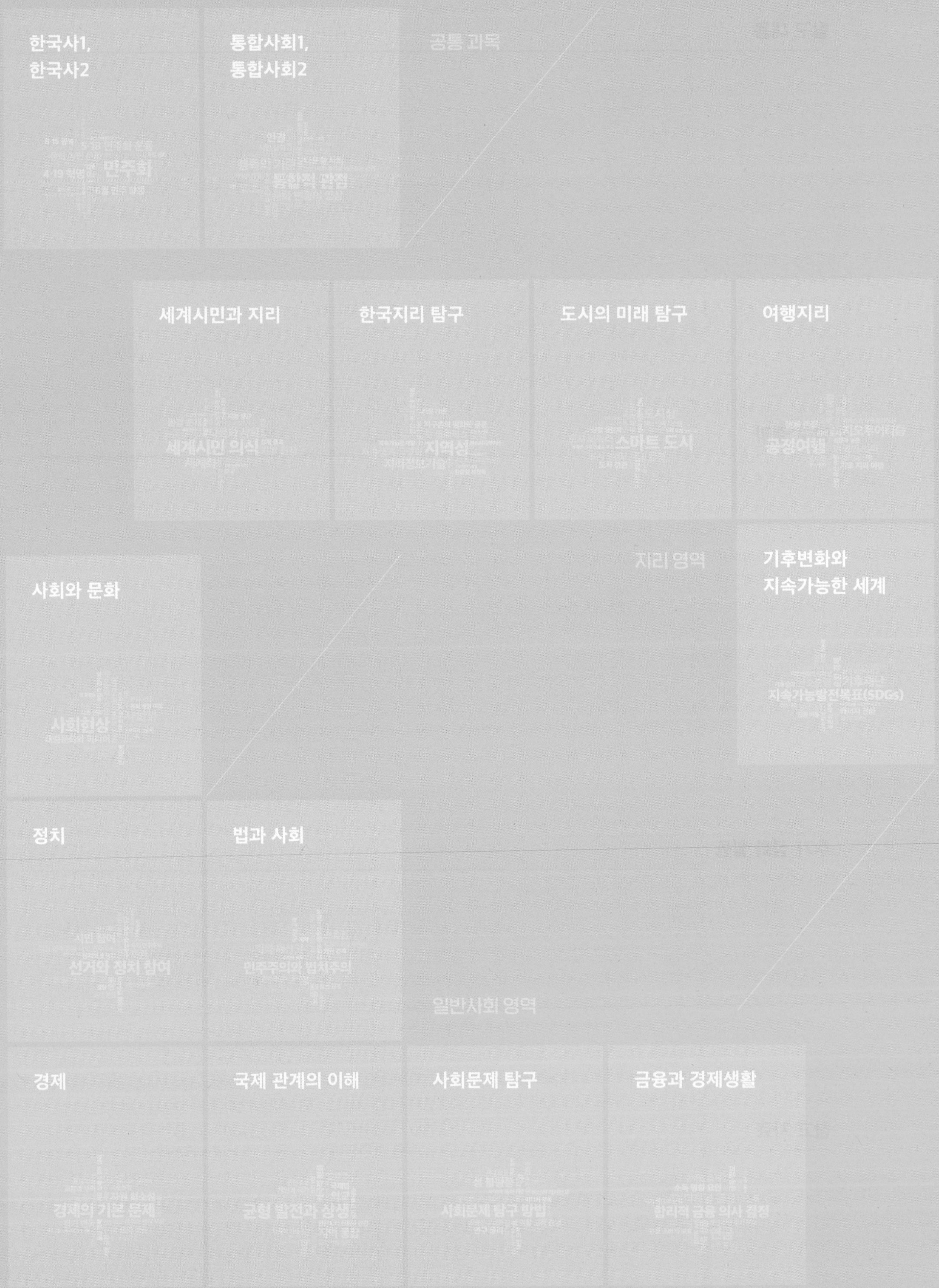
한국사1,
한국사2
민주화
통합사회1,
통합사회2
통합적 관점
공통 과목
세계시민과 지리
세계시민 의식
한국지리 탐구
지역성
도시의 미래 탐구
스마트 도시
여행지리
공정여행
지리 영역
기후변화와
지속가능한 세계
지속가능발전목표(SDGs)
사회와 문화
사회현상
정치
선거와 정치 참여
법과 사회
민주주의와 법치주의
일반사회 영역
경제
경제의 기본 문제
국제 관계의 이해
균형 발전과 상생
사회문제 탐구
사회문제 탐구 방법
금융과 경제생활
합리적 금융 의사 결정

Chapter **2**

사회 교과 세특
탐구 주제

사회학적 상상력은 우리에게
거대한 역사와 개인의 삶이 사회 안에서 어떻게 연결되었는지
이해할 수 있도록 해 준다.

The sociological imagination enables us
to grasp history and biography
and the relations between the two within society.

밀스(C. Wright Mills), 《사회학적 상상력》

한국사1
한국사2

8·15 광복
산업화
이천과 지불
불교 문화
6·25 전쟁과 한반도 분단
5·18 민주화 운동
상품 화폐 경제의 발달
동학 농민 운동
대한민국 정부 수립 독립 협회
외환 위기의 극복
민주화
4·19 혁명
개항과 근대 시설 도입
통일 신라와 발해
3·1 운동
6월 민주 항쟁
붕당 정치
무장 독립 전쟁
양반 중심 신분 질서

과목 정보 ▶	교과군	공통 과목	선택 과목			평가 정보		수능
			일반 선택	진로 선택	융합 선택	성취도	상대평가	
	사회	○	–	–	–	5단계	5등급	○

1 ▶ 교과 성격

'한국사'는 우리나라 역사의 흐름을 변화와 지속의 시각에서 이해하도록 돕는 과목으로, 과거와 현재를 연결하여 사회와 인간에 대한 깊이 있는 이해를 바탕으로 현대 사회를 통찰하는 안목을 기르는 것을 목표로 한다. 이 과목은 중학교 '역사'에서 배운 한국사 내용을 이어받아, 근현대사를 중심으로 구성한다. 근대 이전의 한국사는 시대별 주요 사건을 정치사를 중심으로 살펴보며, 국제 관계와 대외 교류, 경제·사회·문화의 특성을 주제별로 탐구한다. 근현대사는 세계사와의 연관 속에서 한국사의 전개를 주체적으로 이해하도록 구성하였다. 학습자는 다양한 사료를 분석하고 해석하는 과정에서 탐구 능력을 기르고, 역사적 지식을 체계화한다. 또한 서로 다른 역사 해석과 그 속의 논쟁을 이해하며, 타인의 관점을 존중하는 태도를 함양한 교과이다. 나아가 과거와 현재, 개인과 공동체의 삶을 성찰하고, 오늘날의 사회문제 해결에 적극적으로 참여하는 시민의 자세를 가진다.

TIP 중학교 '역사'에서 배운 한국사 내용을 이어받아, 특히 근현대사를 중심으로 구성된 교과임.

2 ▶ 교과 목표

- 근대 이전 한국사의 특징을 파악하고, 근현대사와의 연속과 변화를 파악한다.
- 근현대 한국사를 다각적으로 분석하여 심층적이고 종합적으로 이해한다.
- 학습자 스스로 탐구 주제를 설정하고, 역사 자료를 분석하고 해석하는 탐구 과정을 통해 역사적 사고력을 기른다.
- 한국 현대 사회가 당면한 문제의 역사적 연원을 분석하고 이를 바탕으로 해결 방안을 모색하는 자질과 태도를 기른다.

3 ▶ 교과 핵심 키워드

# 3·1 운동	# 3·15 부정 선거	# 4·19 혁명	# 5·16 군사 정변	# 5·18 민주화 운동
# 6·15 남북 공동 선언	# 6월 민주 항쟁	# 간도	# 강화도 조약	# 개화 정책
	# 국권 침탈	# 국민의 정부	# 균역법	# 금융 실명제
# 대동법	# 대통령 직선제	# 대한민국 임시 정부	# 독도	# 독립 협회
# 동학 농민 운동	# 무신 집권기	# 무장 독립 전쟁	# 문민 정부	# 문벌 독점 체제
# 문화 통치	# 민족 말살 통치	# 민족 분열 통치	# 박정희 정부	# 북방 정책
# 붕당 정치	# 사대교린	# 사회주의권 붕괴	# 삼국의 성장과 대립	# 삼국 통일
# 상품 화폐 경제	# 세도 정치	# 신군부	# 양반 중심 신분 질서	# 양원제
# 역사 바로 세우기	# 연행사	# 외환 위기	# 왜란과 호란	# 위정척사 운동
# 유신 체제	# 이승만 정부	# 임오군란	# 제국주의	# 조공·책봉 관계
# 조선 총독부	# 촛불 집회	# 통신사	# 통일 신라와 발해	# 탕평 정치
# 토지 조사 사업	# 풍수지리설	# 한국 광복군	# 항일 의병 운동	# 흥선 대원군

4 ▶ 내용 체계

한국사 1

핵심 아이디어	• 한국사는 국제 질서의 변동과 맞물려 변화하였다. • 제국주의 열강의 침략에 대응하며 근대 국가로의 전환을 모색하였다. • 역사 자료를 분석하고 해석할 때에는 역사적 맥락을 고려해야 한다. • 역사 학습은 인간의 삶을 이해하고 나의 삶을 성찰하는 과정이다.

범주		내용 요소
지식·이해	근대 이전 한국사의 이해	• 고대 국가의 성장 • 고려의 통치 체제와 정치 변동 • 조선 사회의 성립과 발전 • 조선 후기의 새로운 흐름
	근대 이전 한국사의 탐구	• 국제 관계와 대외 교류 • 수취 체제와 경제생활 • 신분제와 사회 구조 • 사상과 문화 • 근대 이전 한국사 주제 탐구
	근대 국가 수립의 노력	• 국제 질서의 변동과 개항 • 근대 국가 수립을 위한 노력 • 사회·경제 변화와 문화 변동 • 국권 침탈과 국권 수호 운동
과정·기능		• 한국사의 다양한 자료를 바탕으로 탐구 주제 설정하기 • 신뢰할 수 있는 자료를 증거로 선택하기 • 역사적 맥락에서 자료를 비판적으로 분석하고 해석하기 • 한국사 탐구 주제의 결론을 다양한 방식으로 표현하기
가치·태도		• 역사에 성찰적으로 접근하는 태도 • 타인의 역사적 해석을 존중하는 태도 • 한국 사회 발전에 참여하는 자질과 태도 • 한국 사회 당면 문제의 해결 방안을 모색하는 자질과 태도

한국사 2

<table>
<tr><td rowspan="6">핵심
아이디어</td><td>• 일제의 식민 통치는 경제 구조와 생활의 변화를 가져왔다.</td></tr>
<tr><td>• 8·15 광복은 독립을 위한 노력과 준비 과정에서 실현되었다.</td></tr>
<tr><td>• 대한민국은 산업화와 민주화를 기반으로 발전하였으며 사회·환경적 과제를 남겼다.</td></tr>
<tr><td>• 한국인들은 자유와 평등, 민주와 평화 등 인류의 보편적 가치를 추구해왔다.</td></tr>
<tr><td>• 역사 자료를 분석하고 해석할 때에는 역사적 맥락을 고려해야 한다.</td></tr>
<tr><td>• 역사 학습은 인간의 삶을 이해하고 나의 삶을 성찰하는 과정이다.</td></tr>
</table>

범주		내용 요소
지식·이해	일제 식민 통치와 민족 운동	• 제국주의 질서와 일제의 식민 통치 정책 • 경제 구조의 변화와 경제생활 • 민족 운동의 전개와 분화 • 사회·문화의 변화와 대중운동 • 독립 국가 건설 노력
	대한민국의 발전	• 냉전 체제와 대한민국 정부 수립 • 6·25 전쟁과 남북 분단의 고착화 • 민주화를 위한 노력 • 산업화의 성과와 사회·환경 문제 • 문화 변동과 일상생활
	오늘날의 대한민국	• 6월 민주 항쟁 이후 민주화 과정 • 외환 위기의 극복과 사회·문화 변동 • 한반도 분단 극복과 동아시아의 평화를 위한 노력
과정·기능		• 한국사의 다양한 자료를 바탕으로 탐구 주제 설정하기 • 신뢰할 수 있는 자료를 증거로 선택하기 • 역사적 맥락에서 자료를 비판적으로 분석하고 해석하기 • 한국사 탐구 주제의 결론을 다양한 방식으로 표현하기
가치·태도		• 역사에 성찰적으로 접근하는 태도 • 타인의 역사적 해석을 존중하는 태도 • 한국 사회 발전에 참여하는 자질과 태도 • 한국 사회 당면 문제의 해결 방안을 모색하는 자질과 태도

I 근대 이전 한국사의 이해

01 [10한사1-01-01]
고대 국가의 형성과 성장 과정을 파악한다.

선사 시대 # 고조선 # 고대 국가의 성장 # 삼국과 가야 # 통일 신라와 발해

관련 학과
· 고고미술사학과
· 고고학과
· 문화콘텐츠학과
· 사학과

교과 세특 탐구 주제

주제1 단군 신화의 역사성과 건국 신화의 의미 분석

주제2 국가의 발전 단계와 고대 국가 성장 과정의 특징 고찰

주제3 농경의 시작이 사회 구조와 권력 형성에 끼친 영향 탐구

주제4 발해를 한국사에 포함할 수 있는 근거와 쟁점에 대한 탐구

■ 함께 보면 좋은 도서
《한국 고대사 산책》 한국역사연구회, 역사비평사, 2017.
《욕망 너머의 한국 고대사》 젊은역사학자모임, 서해문집, 2018.
《삼국시대 사람들은 어떻게 살았을까 1, 2》 한국역사연구회, 현북스, 2022.

GUIDE 고대 국가 성장 과정의 특징은 한강 유역을 중심으로 삼국이 성장하며 발전한 과정을 중심으로 이해한다.

연계 활동 탐구 주제

독서 《한국 고대사 산책》 한국역사연구회, 역사비평사, 2017.
신화와 설화, 유적과 유물로 가득한 한국 고대사는 시대사나 각국사라는 틀로는 온전히 담아내기 어려운 복잡성과 쟁점을 안고 있다. 이 책은 바로 이점을 정면으로 마주하며, 6개 대주제 아래 38편의 글로 고대사의 핵심 쟁점을 풀어 간 것이다. 이 책은 사료 분석과 비판이라는 역사학의 기본기를 토대로 한 고대사 입문서라고 할 수 있다.

주제1 신화는 사실인가, 허구인가

주제2 일본 왕실의 기원과 백제 기원설에 대한 고찰

주제3 고구려의 삼국 통일 실패 요인과 신라의 삼국 통일의 역사적 배경 분석

논문 〈신라의 삼국 통일 의식과 그 실제〉 김병남, 2004.
이 논문은 신라의 삼국 통일이 처음부터 민족적 통일 의식에 기반한 것이 아니라, 7세기 말 이후 지배층의 정치적 필요 속에서 형성되었음을 밝히고 있다. 특히 '삼한일통' 의식은 후대 지배층이 의도적으로 강조하며, 백제와 신라의 영토를 기반으로 한 부분적 통합에 불과했음을 지적한다.

논문 바로가기

주제1 신라의 '삼한일통' 의식 형성과 그 한계에 대한 고찰

주제2 신라 삼국 통일의 역사적 한계와 현대적 교훈에 대한 탐구

주제3 신라의 삼국 통일은 과연 '통일'이었는가―불완전한 통일론에 대한 탐구

토론 **주제1** 신라의 삼국 통일은 민족 최초의 통일인가, 불완전한 통일인가?

주제2 가야가 삼국에 포함되지 못한 이유는 내부적 요인 때문인가, 외부적 요인 때문인가?

주제3 4세기~6세기 삼국의 한강 유역 쟁탈을 위한 대립과 정복 전쟁을 '발전'이라고 볼 수 있는가?

02 [10한사1-01-02]
고려의 통치 체제와 지배 세력의 변화를 이해한다.

2성 6부 # 5도 양계 # 문벌 독점 체제 # 무신 정권기 # 원 간섭기

관련 학과
· 사회교육학과
· 사회학과
· 역사교육과
· 정치외교학과

교과 세특 탐구 주제

주제1 나말여초 호족의 성장 배경과 태조, 광종 대 호족 정책 탐구

주제2 거란·여진·몽골과의 전쟁을 통해 본 고려의 대외 전략 변화 탐구

주제3 고려의 지배 세력 변화와 특징 및 그것이 정치에 미친 영향 분석 고찰

주제4 원 간섭기의 정치 구조와 공민왕의 반원 개혁 정책 및 자주성 회복 노력에 대한 탐구

GUIDE 고려 지배 세력의 변화 과정과 정치에 미친 영향을 주제로 할 때는 무신 정권기 새로운 세상을 꿈꾼 사람들에 대한 내용을 탐구한다.

📖 **함께 보면 좋은 도서**

《미래를 여는 한국의 역사 2(고려 시대)》 김인호 외, 웅진지식하우스, 2011.
《고려 시대 사람들은 어떻게 살았을까 1, 2》 한국역사연구회, 현북스, 2022.
《벌거벗은 한국사: 고려편》 tvN STORY 〈벌거벗은 한국사〉 제작팀, 프런트페이지, 2024.

연계 활동 탐구 주제

독서 《미래를 여는 한국의 역사 2(고려 시대)》 김인호 외, 웅진지식하우스, 2011.
이 책은 정치사에서 생활사까지 다룬 역사 교양서로, 후삼국의 분열을 극복하고 통일 왕국으로 우뚝 선 고려의 역사를 담고 있다. 특히 전쟁과 교류 속에 중세를 다지며 우리 역사의 저력을 한곳으로 모아 낸 500년 고려의 역사를 살펴보며, 100개의 특강에서 만나는 생생한 역사 이야기를 소개하고 있다.

주제1 강화도 천도와 삼별초 항쟁의 역사적 의미 탐구

주제2 서경 천도 논쟁과 고려 사회 정치 세력 구도의 변화 분석

주제3 고려 말 권문세족과 신진 사대부의 정치적 성격 비교 및 두 세력의 대립이 조선 건국에 미친 영향 탐구

논문 〈중등 역사 교과서의 고려 시기 지배 세력 서술 변화 −교수 요목기부터 2018 개정 교육과정 시기까지−〉 문경호, 2022.
이 논문은 현재의 역사 교과서에 등장하는 고려 시대의 지배 세력인 호족, 문벌, 무신, 권문세족, 신진 사대부라는 용어가 언제부터 어떻게 등장하였는지 어떻게 변화하는지 분석하며 이러한 연구 성과와 관련성을 고찰하고 있다.

주제1 최씨 무신 정권의 권력 기반과 정치 운영 방식에 대한 고찰

주제2 이자겸의 난을 통해 본 문벌귀족 체제의 한계와 붕괴 요인 탐구

주제3 호족 세력의 기반이었던 경제·군사·혼인 관계 등이 고려 중앙 집권 체제 형성에 미친 영향 분석

토론 **주제1** 무신 정변은 고려 사회 개혁의 계기인가, 단순한 권력 찬탈인가?

주제2 이자겸의 금의 사대 요구 수용은 굴욕적 외교인가, 실리적 외교인가?

주제3 고려 시대 과거제의 도입은 능력 중심 사회를 열었는가, 새로운 지배층을 만들었는가?

03 [10한사1-01-03]
조선의 성립과 정치 운영의 변화를 파악한다.

\# 유교적 통치 체제 \# 6조 직계제 \# 의정부 서사제 \# 훈구와 사림 \# 사화 \# 왜란과 호란

관련 학과
· 국제관계학과
· 문화콘텐츠학과
· 사학과
· 정치외교학과

교과 세특 탐구 주제

주제1 임진왜란과 병자호란에서의 조선의 외교·군사 대응 비교 분석

주제2 조선의 한양 천도에 반영된 유교적 덕목과 한양 천도의 정치적 의미 분석

주제3 병자호란 당시 척화론과 주화론 대립이 조선 사회에 끼친 영향에 대한 탐구

주제4 의정부 서사제와 6조 직계제가 조선 초기 정치 운영에 미친 영향에 대한 탐구

▣ 함께 보면 좋은 도서
《광해군》 한명기, 역사비평사, 2018.
《조선 시대 사람들은 어떻게 살았을까 1》 한국역사연구회, 현북스, 2022.
《벌거벗은 한국사: 조선편》 tvN STORY 〈벌거벗은 한국사〉 제작팀, 프런트페이지, 2024.

GUIDE 조선의 한양 천도에 반영된 유교적 덕목과 정치적 의미를 분석할 때는 유교의 이념에 따라 건축된 경복궁 등 한양의 건축물 모습을 이해한다.

연계 활동 탐구 주제

독서
《광해군》 한명기, 역사비평사, 2018.
광해군은 쿠데타로 왕위를 빼앗기고 죽은 뒤에도 '폭군', '패륜아'라는 오명에서 벗어나지 못한 인물인 동시에 명·청 교체기 혼란의 시대에 탁월한 외교 정책을 펼친 군주라는 상반된 평가를 받고 있다. 이 책은 역사 자료를 통해 객관적으로 광해군을 바라보고, 유연한 외교 정책을 펼친 광해군을 재평가하고 있다.

주제1 광해군의 중립 외교 정책과 인조반정의 배경에 대한 탐구

주제2 북벌론에서 북학론으로의 전환, 조선의 대외 인식 변화 분석

주제3 광해군의 외교 정책이 오늘날 한반도 정세에 주는 교훈에 대한 고찰

논문
〈조선 시대 사림의 정치 참여와 향촌 자치의 이념〉 최연식, 2005.
이 논문은 '조선 향약'의 보급과 발전 과정을 살펴보며, 조선 시대 전제 왕권과 사림 세력 사이의 긴장 관계를 향약에 담긴 향촌 자치 이념을 통해 분석한 것이다. 성리학 이론의 성숙 및 사림 세력의 정치적 성장, 국가 권력과 향촌 세력 사이의 균형을 도모하고자 했던 사림들의 노력을 살펴볼 수 있다.

논문 바로가기

주제1 향약의 보급과 사림파의 정치 성장과의 연관성에 대한 탐구

주제2 서원의 설립 목적과 사림 세력 기반 확대의 연관성에 대한 탐구

주제3 사화에 드러난 훈구와 사림의 정치적·사상적 특징과 차이에 대한 탐구

토론
주제1 위화도 회군은 '역성 혁명'인가, '성공한 쿠데타'인가? – 성공한 쿠데타는 정당한가?

주제2 한양 천도는 단순한 수도 이전인가, 유교적 이상 국가 건설의 실현을 위한 것인가?

주제3 병자호란 당시 삼전도의 굴욕은 조선의 치욕스런 항복인가, 생존을 위한 불가피한 선택인가?

04 [10한사1-01-04]
조선 후기에 등장한 새로운 변화 양상을 이해한다.

\# 붕당 정치 \# 탕평 정치 \# 세도 정치 \# 영조와 정조 \# 삼정의 문란 \# 흥선 대원군

교과 세특 탐구 주제

주제1 붕당 정치의 성립 배경, 순기능과 역기능에 대한 분석

주제2 조선 후기 정치 운영의 변화 속에서 왕권과 신권 관계에 대한 고찰

주제3 붕당 정치와 탕평 정치를 중심으로 한 조선 후기의 정치 변화 탐구

주제4 세도 정치가 홍경래의 난, 임술 농민 봉기 등 민란 발생에 미친 영향 탐구

▤ 함께 보면 좋은 도서

《조선 후기를 움직인 사건들》 신병주, 새문사, 2020.
《당쟁으로 읽는 조선 역사》 이덕일, 인문서원, 2024.
《정조와 채제공, 그리고 정약용》 박영규, 김영사, 2019.

GUIDE 조선 후기의 변화는 양난 이후 조선의 정치와 제도의 변화 과정을 사례를 중심으로 정리한다.

연계 활동 탐구 주제

독서

《정조와 채제공, 그리고 정약용》 박영규, 김영사, 2019.
이 책은 조선 후기 가장 화려한 번영을 일구었던 정조, 채제공, 정약용 세 인물의 역동적 교류와 다채로운 면모를 섬세하게 복원한 것이다. 신진 학문의 수용과 탕평의 추진, 수원 화성 프로젝트까지 혁신 정치와 문예 부흥의 전말과 동고동락한 정치 여정을 세밀하게 그려 내고 있다.

주제1 신해통공과 상업 정책 변화가 조선의 경제 구조에 미친 영향에 대한 분석

주제2 화성 축조가 조선 후기 개혁 정치의 상징으로 평가되는 이유에 대한 고찰

주제3 정조의 왕권 강화 정책의 성과와 한계에 대한 고찰 – 규장각·장용영·문체반정을 중심으로

논문

〈대원군의 국가 경영: 19세기 중엽 세계화 도전과 대응의 정책화〉 김혜승, 2012.
이 논문은 세도 정치의 체제 변동을 거친 후 집권한 흥선 대원군이 국가 경영에서 세계화 도전을 배경으로, 대외 정책과 내정 개혁을 어떻게 현실화하는지 살펴본 것이다. 특히 대원군의 반침략 정책은 대내적 개혁에 의한 부국강병을 기초로 한 '힘'에 의해 가능했다는 긍정적 평가를 하고 있다.

논문 바로가기

주제1 흥선 대원군의 서원 철폐 정책의 배경과 효과에 대한 분석

주제2 흥선 대원군의 집권 초기 권력 장악 과정과 정치 운영 방식에 대한 탐구

주제3 병인양요·신미양요에 대한 흥선 대원군의 대응을 통해 본 조선의 대외 정책 방향 분석

토론

주제1 붕당 정치는 정치 참여를 확대하였는가, 정쟁을 격화하였는가?

주제2 탕평 정치는 왕권 강화를 위한 수단인가, 정치를 안정화하려는 정책인가?

주제3 흥선 대원군의 쇄국 정책은 근대화를 지연시킨 원인인가, 국가 보존을 위한 불가피한 선택인가?

II 근대 이전 한국사의 탐구

01 [10한사1-02-01]
근대 이전 국제 관계와 대외 교류의 시대적 특징을 비교한다.

조공·책봉 관계 # 천하관 # 사대교린 # 연행사와 통신사

관련 학과
· 국제관계학과
· 국제통상학과
· 역사학과
· 정치외교학과

교과 세특 탐구 주제

주제1 고구려·백제·신라의 대중국 외교 전략(조공·책봉 관계) 비교 분석
주제2 통일 신라, 발해의 당나라에 대한 조공 외교와 독자적 자주성 유지 노력 고찰
주제3 고려가 송·요·금·원 등 강대국 사이에서 취한 다원적 외교에 대한 탐구
주제4 조선의 사대교린 외교 관계가 조선인의 세계관(사회·경제·문화) 형성에 미친 영향 탐구

■ 함께 보면 좋은 도서
《쉽게 읽는 북학의》 박제가, 돌베개, 2014.
《에도 시대 도시를 걷다》 김경숙, 소명출판, 2022.
《조선 통신사－평화 외교의 길을 가다》 손승철, 동북아역사재단, 2022.

GUIDE 조공·책봉 관계, 사대교린의 다양한 대외 관계와 교류를 정리하고, 고려의 다원적 외교를 탐구할 때는 서역인과의 교류 사례도 탐구한다.

연계 활동 탐구 주제

독서
《조선통신사－평화외교의 길을 가다》 손승철, 동북아역사재단, 2022.
이 책은 조선 시대에 일본에 파견된 공식 사절단인 조선 통신사의 역할과 의미를 다룬 연구서로, 통신사의 활동을 '평화 외교'라는 시각에서 조명한다. 조선 정부가 두 나라 간의 갈등을 어떻게 풀어 갔으며, 그러한 역사적 경험이 우리에게 주는 메시지는 무엇인지 알려 주고 있다.

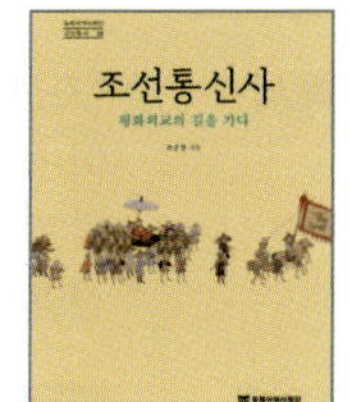

주제1 조선 통신사의 파견 목적과 외교적 성격에 대한 탐구
주제2 조선 통신사가 일본 사회에 미친 정치·사회적 영향에 대한 분석
주제3 조선 통신사 제도를 통한 조선의 대외 인식과 세계관에 대한 고찰

논문
〈18세기 연행사와 서양 선교사의 만남〉 신익철, 2013.
이 논문은 18세기 《연행록》에 보이는 연행사와 서양 선교사의 교류 양상을 전반적으로 살펴본 것으로, 조선 후기의 지식인이 전혀 이질적인 문명을 접하는 데서 오는 충격과 경이로움, 그리고 이를 소화해내기 위한 갈등 등을 생생하게 살펴보며, 연행사와 서양인 선교사의 만남이 갖는 의미를 객관적으로 깊이 있게 고찰할 수 있다.

논문 바로가기

주제1 《연행록》에 나타난 조선 후기 서학에 대한 인식 분석
주제2 조선 후기 실학의 전개 과정에 서학이 미친 영향에 대한 고찰
주제3 서학 수용 과정에서 드러난 서학과 조선 지식인의 성리학적 세계관의 갈등에 대한 탐구

토론
주제1 삼국·발해·고려의 독자적 천하관은 국력의 산물인가, 민족·문화적 자부심에서 비롯된 것인가?
주제2 조선의 사대 외교는 중국 중심 질서에의 종속인가, 자주성과 정체성을 살린 실리적인 전략인가?
주제3 조선 통신사의 파견은 일본을 견제하는 수단인가, 평화적인 외교의 모범 사례인가?

 # 신라 촌락 문서 # 권료전과 녹읍 # 진시과 체제 # 조세·공납·역 # 상품 화폐 경제

관련 학과
· 경제학과
· 공공행정학과
· 농업경제학과
· 세무학과

교과 세특 탐구 주제

주제1 목화 재배의 확산이 의생활 변화에 끼친 영향 탐구
주제2 삼국·고려·조선 시대 농본 정책의 공통점과 차이점 비교 분석
주제3 조선 후기 상품 화폐 경제의 발달이 신분제 동요에 미친 영향 고찰
주제4 전시과 제도와 조선 전기 과전법의 공통점과 차이에 대한 비교 탐구

▣ 함께 보면 좋은 도서
《한국사에 숨겨진 경제학자들》최태성 외, 탐, 2016.
《꼬리에 꼬리를 무는 토지 제도 이야기》김정진, 주니어태학, 2023.
《조선 시대 사람들은 어떻게 살았을까 2》한국역사연구회, 현북스, 2022.

GUIDE '광해, 왕이 된 남자'와 같은 영화나 대중문화 속 역사적 사례를 제시하여 대동법 등 조선 시대 수취 제도의 변화가 사람들의 삶에 미친 영향을 이해한다.

연계 활동 탐구 주제

독서　《조선 시대 사람들은 어떻게 살았을까 2》한국역사연구회, 현북스, 2022.
이 책은 정통 역사가들이 정확한 역사적 자료를 근거로 조선 시대 경제·문화 부분을 망라하여 역사 속 진면목을 속속들이 짚어 낸 것이다. 종래의 역사책에서 많이 다루어지지 않은 당대 사람살이의 구체적 생활 모습 또한 선명하게 있는 그대로 보여 주는 등 조선 사람들의 삶이 고스란히 담겨 있어 읽는 재미가 있을 것이다.

주제1 대동법의 시행이 상품 화폐 경제의 발달에 끼친 영향 탐구
주제2 모내기법의 확산이 조선의 농업 생산력 향상에 끼친 영향 탐구
주제3 조선 후기 사상(私商)과 장시의 확대가 사회 변화에 끼친 영향 분석

논문　〈17~18세기 대동·균역의 위상 −조선 시대 재정 개혁 모델의 모색〉김백철, 2015.
이 논문은 대표적인 조선의 재정 개혁의 성과로 인식되었던 대동법과 균역법에 대해 다룬 것이다. 대동법의 발효로 화폐와 환곡이 세제 변동과 연동되었으며, 18세기 대동법이 전국으로 확산되고 균역법까지 타결되면서 조선 전기에 비해 재정 개혁이 진일보하였음을 언급하고 있다.

논문 바로가기

주제1 15~16세기 조세의 금납화 현상이 수취 체제 변동에 끼친 영향 탐구
주제2 대동법이 공인(貢人)과 사상(私商)의 성장에 끼친 경제·사회적 영향 고찰
주제3 균역법의 시행이 농민의 부담 경감과 국가의 재정 안정에 끼친 효과와 한계 탐구

토론　**주제1** 전시과 제도는 고려 사회를 안정화한 제도인가, 사회 모순을 심화한 제도인가?
　　　주제2 모내기법 확산은 농촌 사회의 계층 분화를 심화했는가, 사회 경제적 안정에 기여했는가?
　　　주제3 조선 후기 수취 제도 개혁은 단순한 세제 개편인가, 사회·정치 구조가 변화하는 전환점인가?

03 [10한사1-02-03]
근대 이전 사회 구조를 신분제를 중심으로 분석한다.

골품제 # 양천제 # 양반 중심 신분 질서 # 부계 중심 가족 질서

관련 학과
· 사학과
· 사회학과
· 사회복지학과
· 행정학과

교과 세특 탐구 주제

주제1 삼국 시대와 고려 시대 신분 제도의 공통점과 차이점 비교 분석
주제2 골품제에 따른 정치·사회적 지위와 관직 승진이 신라 사회 구조에 미친 영향 탐구
주제3 무신 정권기와 원 간섭기 신분 질서 동요와 고려 사회 개방성에 관한 고찰
주제4 조선 시대 노비의 신분 해방을 위한 개인적·사회적 노력과 사회 구조의 변화 고찰

📖 **함께 보면 좋은 도서**
《양반전 허생전 외》 박지원, 푸른생각, 2013.
《조선 노비들: 천하지만 특별한》 김종성, 역사의 아침, 2013.
《신분 제도, 조선을 떠받치다》 이광희 외, 푸른숲주니어, 2020.

GUIDE 조선 시대 신분 해방을 위한 노력과 사회 구조의 변화는 '조선 후기 상민들은 왜 양반들이 되었을까'를 생각해 보며 양반 중심 신분 질서의 동요를 정리한다.

연계 활동 탐구 주제

독서
《신분 제도 조선을 떠받치다》 이광희 외, 푸른숲주니어, 2020.
이 책은 조선 시대를 대표하는 네 가지 신분을 바탕으로, 고대 그리스와 로마의 노예제에서 중세의 신분제, 신대륙의 노예 매매에서 신분 제도 폐지에 불을 지핀 프랑스 혁명, 국제 연합에서 주도한 세계 인권 선언까지 신분제와 관련된 세계사의 흐름을 함께 소개하고 있다.

주제1 유럽 중세 농노제·인도 카스트제와 조선 신분제의 공통점과 차이점 탐구
주제2 조선 시대 신분제와 수저 계급론을 중심으로 한 오늘날의 사회적 불평등 비교 분석
주제3 신분제의 폐지 과정과 민주주의와 인권의 형성 과정에 대한 역사적 고찰

논문
〈조선 시대 가부장적 지배 문화의 형성 고찰 −레이몬드 윌리엄스의 선별적 전통을 중심으로−〉 윤복실, 2019.
이 논문은 조선 시대 가부장적 지배 문화의 형성 과정을 살펴본 것이다. 특히 성리학이 가정과 국가의 윤리로 기능하며, 일상생활을 포함한 결혼, 상장례 등 문화 전반에 걸쳐 유교적 예법을 정착하고, 남녀 차별과 적서 차별이라는 조선만의 가부장적 지배 문화를 조성하였음을 고찰하였다.

논문 바로가기

주제1 유교 윤리가 고려와 조선의 가족 제도에 끼친 영향 고찰
주제2 고려 시대 상속·혼인 제도를 통해 본 여성의 지위와 가족 제도 탐구
주제3 부계 중심 가계 질서가 정착되면서 나타난 조선 시대 여성의 지위 변화 분석

토론
주제1 고려와 조선의 가족 제도는 사회 통합에 기여했는가, 신분 질서 강화에 기여했는가?
주제2 성리학적 사농공상의 신분 질서는 조선 사회의 안정에 기여했는가, 차별과 모순을 제도화했는가?
주제3 전근대 사회의 신분제는 안정적 사회 운영을 위한 제도인가, 지배층의 권력 유지를 위한 제도인가?

관련 학과
· 문화유산학과
· 문화콘텐츠학과
· 종교학과
· 철학과

교과 세특 탐구 주제

주제1 삼국 시대 불교 수용의 공통점과 차이점 – 고구려·백제·신라의 사례 비교 분석
주제2 팔만대장경 조성의 배경과 목적에 대한 고찰 – 종교적·정치적 의미 비교 분석
주제3 도당 유학생과 6두품 유학자들이 주장한 신라 사회 개혁 방안에 대한 탐구
주제4 고려 전기 유교적 국가 이념의 확립이 정치와 사회 질서 형성에 끼친 영향 탐구

■ 함께 보면 좋은 도서
《한국 윤리 사상》 김병환, 새문사, 2024.
《불교사 다이제스트 100》 임혜봉, 가람기획, 2024.
《실학, 조선의 르네상스를 열다》 정성희 외, 사우, 2022.

GUIDE 삼국 시대 불교 문화는 불상, 탑, 사찰 등의 구체적 사례를 중심으로 하여 이에 나타난 우리나라 불교 문화의 특징을 정리한다.

연계 활동 탐구 주제

독서
《실학, 조선의 르네상스를 열다》 정성희 외, 사우, 2022.
실학은 18세기 조선의 역사를 이해하는 중요한 키워드다. 이 책에서 실학의 정의, 실학에 대한 논쟁의 역사, 국가 체제와 신분제, 토지 제도, 세금 제도에 대한 실학자들의 개혁안, 국경 인식, 역사 인식 등 다양한 주제로 조선 후기 실학의 실체를 살펴보며, 실학을 총체적으로 이해할 수 있다.

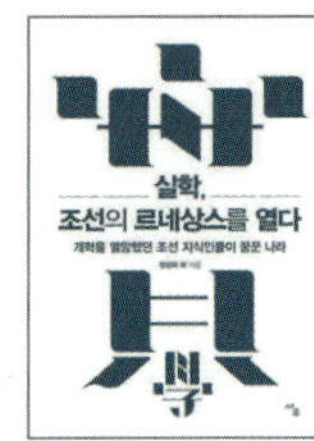

주제1 「곤여만국전도」 전래가 가져온 조선인의 세계 인식 변화 탐구
주제2 박제가·유수원의 상공업 중심 개혁론과 근대 경제학 사상의 비교 연구
주제3 여전제와 균전제 등 토지 제도 개혁론이 조선 후기 경제 구조에 미친 영향 분석

논문
〈한국 불교 결사 운동의 전개와 현대적 의의〉 한성열, 2020.
이 논문은 고려 시대 중기에 전개된 지눌의 정혜결사와 요세의 백련결사 운동이 갖는 논리적 사상 체계를 재조명하였다. 무신 정변과 몽골의 침입으로 민중의 삶이 피폐해지면서 결사 운동은 불교계 자정 노력의 일환으로 시행되어 도탄에 빠진 중생을 구제하기 위해 노력하였다는 불교사적 의의를 살펴보았다.

논문 바로가기

주제1 고려 중기 정혜결사와 백련결사가 불교계 정화 운동에 미친 영향 분석
주제2 고려 시대의 결사 운동이 갖는 논리적 사상 체계와 불교사적 의의 탐구
주제3 고려 시대 천태종과 조계종의 교리적 차이를 통해 본 불교 통합 운동의 의의와 한계 탐구

토론
주제1 고려 시대 불교 결사 운동은 단순한 종교 운동인가, 사회 개혁 운동인가?
주제2 실학은 조선 사회 개혁의 현실적 대안인가, 성리학적 한계를 넘지 못한 이상론인가?
주제3 삼국과 고려 시대 불교는 왕권 강화와 문화 발전을 이끈 동력인가, 지배 이데올로기인가?

05 [10한사1-02-05]
근대 이전 한국사 주제를 설정하여 탐구하고, 그 결과를 다양한 방법으로 표현한다.

\# 역사가 \# 삼국유사 \# 삼국사기 \# 조선왕조실록

관련 학과
· 관광경영학과
· 문화유산학과
· 문화콘텐츠학과
· 인류학과

교과 세특 탐구 주제

주제1 세계 기록 유산으로서 《조선왕조실록》의 가치와 한계 탐구
주제2 불국사와 석굴암을 통해 본 통일신라 불교 예술의 특징에 대한 탐구
주제3 《삼국사기》와 《삼국유사》를 통해 본 김부식의 역사관과 일연의 역사관 비교 분석
주제4 삼국에서 일본으로 건너간 학자·장인·승려들이 아스카 문화의 형성에 끼친 영향 탐구

GUIDE 한국사 주제를 설정할 때 역사 속 다양한 쟁점이 담겨 있는 주제를 선정하고, 그 결과를 표현할 때는 자신의 관점이 명확히 드러나도록 한다.

▣ 함께 보면 좋은 도서
《한국 여성사 깊이 읽기 −역사 속 말 없는 여성들에게 말 걸기−》 주진오 외, 푸른역사, 2013.
《역사책에 없는 조선사》 이상호 외, 푸른역사, 2020.
《새로 쓴 한국사 특강》 고태우 외, 서울대학교출판문화원, 2024.

연계 활동 탐구 주제

독서
《한국 여성사 깊이 읽기 −역사 속 말 없는 여성들에게 말 걸기−》 주진오 외, 푸른역사, 2013.
이 책은 여성주의의 시각에서 문화사와 일상사의 내용을 담아 사회적 소수자의 역사를 접할 수 있도록 한다. 한국 역사 속에 나타난 여성들의 삶을 복원해 여성 억압의 원인을 찾아내고 그 현실을 밝혀 해결하기 위한 관점을 지니고 있어, 한국 사회에서 여성들이 시대적 조건 속에서 헤쳐 나온 역사를 능동적으로 파악할 수 있다.

주제1 고려 시대 혼인 제도와 여성의 사회적 지위 분석
주제2 열녀문 건립을 통해 본 조선의 가문 중심 가족주의와 유교적 질서 탐구
주제3 신라에서 여왕의 왕위 계승이 가능했던 제도적·사회적 배경과 역사적 의미에 대한 탐구

논문
〈한중 역사 갈등의 현황과 과제 −동북 공정을 넘어 미래로〉 김현숙, 2022.
최근 중국의 한국사 연구는 고구려 역사에 대한 심화 연구 등 중국 중심의 한중 관계사 연구가 이루어지고 있으며, 동북 공정에서 야기된 갈등은 문화 원조 논쟁으로 확산되고 있다. 이 논문은 역사 주권을 지키기 위한 우리 학계의 노력과 역사 화해와 공동 발전을 도모하는 한중 공동 노력의 필요성을 언급하고 있다.

논문 바로가기

주제1 공동 역사 교육을 통한 한중 간 역사 화해의 가능성과 한계 탐구
주제2 동북 공정 이후 심화된 한중 역사 갈등의 원인과 배경에 대한 고찰
주제3 중국의 한국사(고조선·고구려·발해) 왜곡 사례를 통해 본 자민족 중심주의 역사관 분석

토론
주제1 중국의 동북 공정은 역사 왜곡인가, 정당한 자국사 연구인가?
주제2 실록의 편찬은 권력 감시 장치로 기능하는가, 통치 정당화를 위한 도구인가?
주제3 세도 정치기에 일어난 민란은 실패한 저항인가, 조선 후기 변동을 이끈 역사적 동력인가?

Ⅲ 근대 국가 수립의 노력

01 [10한사1-03-01]
조선의 개항을 국제 질서의 변동과 연관하여 분석한다.

\# 청과 일본의 개항 \# 강화도 조약 \# 불평등 조약 \# 조미 수호 통상 조약 \# 개화파

관련 학과
· 국제관계학과
· 국제통상학과
· 사학과
· 정치외교학과

교과 세특 탐구 주제

주제1 강화도 조약을 통해 본 조선 개항의 성격 탐구
주제2 조선의 국제 질서 편입에 강화도 조약과 조미 수호 통상 조약이 미친 영향 분석
주제3 조미 수호 통상 조약의 최혜국 대우 조항이 조선의 국제적 지위에 미친 영향 고찰
주제4 개항 이후 정부가 청, 일본, 미국 등에 사절단을 파견한 목적과 그 성과에 대한 탐구

▣ 함께 보면 좋은 도서
《요즘 역사: 근대》 황현필, 역바연, 2024.
《운요호 사건과 강화도 조약》 김흥수, 동북아역사재단, 2022.
《새로운 시각으로 보는 개항기 조선》 현광호, 유니스토리, 2015.

GUIDE 조선 개항의 성격을 탐구할 때는 일본이 강화도 조약에서 무엇을 얻고자 했는지 일본의 의도를 파악한다.

연계 활동 탐구 주제

독서
《새로운 시각으로 보는 개항기 조선》 현광호, 유니스토리, 2015.
이 책의 1부는 조선의 서구 열강 인식, 세계화에 대응하는 조선인의 태도를, 2부는 국정 최고 책임자인 고종의 대응을 서술하고 있다. 또한 3부는 서구의 조선 인식과 접근을 다루고 있다. 이 책을 통해 개항 이후 조선의 정치, 외교, 경제, 사회, 문화 등에 대해 인식의 지평을 넓힐 수 있다.

주제1 개항기 조선의 미국과 프랑스에 대한 인식 변화 비교 탐구
주제2 개항기 조선의 러시아에 대한 인식과 러시아의 남하 정책과의 연관성 고찰
주제3 열강의 조선에 대한 인식 비교 분석—미국·영국·프랑스·러시아의 공통점과 차이

논문
〈개항기 한국에 있어 영사 재판권 −수호 조약상의 근거와 내용−〉 이영록, 2005.
이 논문은 개항기 조선이 체결한 수호 조약상의 영사 재판에 관한 근거 조항의 발전 과정과 그 규범적 의미를 밝혔다. 조일 수호 조규·조미 수호 통상 조약·조영 수호 통상 조약에 모두 영사 재판에 관한 규정이 삽입되었고, 이에 따라 재판 관할권과 재판에서 사용할 준거법은 피고주의에 따랐음을 알 수 있다.

논문 바로가기

주제1 영사 재판권 조항을 통해 본 개항기 조약의 불평등성에 관한 탐구
주제2 개항기 각국과의 수호 조약 속 최혜국 대우 조항과 영사 재판권의 상호 작용 고찰
주제3 조일 수호 조규·조미 수호 통상 조약·조영 수호 통상 조약상 영사 재판권 규정 비교 분석

토론
주제1 조선의 국제 질서 편입은 자주적 선택인가, 외세의 강요에 따른 것인가?
주제2 열강의 접근은 조선의 근대화를 도운 기회인가 주권을 위협한 위기인가?
주제3 개항기 조선의 영사 재판권 수용은 주권 침해인가, 근대 국제법 수용의 과정인가?

02

[10한사1-03-02]
여러 세력이 추진한 근대 국가 수립의 다양한 노력을 이해한다.

관련 학과
· 국제관계학과
· 법학과
· 사학과
· 정치외교학과

갑신정변 # 동학 농민 운동 # 갑오개혁 # 을미개혁 # 독립 협회 # 대한 제국

교과 세특 탐구 주제

주제1 갑신정변의 14개조 개혁 정강에 담긴 정치·경제·사회적 의미 탐구

주제2 독립 협회의 '민권 강화'와 광무개혁의 '황권 강화'의 충돌 배경과 결과 고찰

주제3 갑신정변과 동학 농민 운동을 통해 본 '위로부터의 개혁'과 '아래로부터의 개혁'의 차이 고찰

주제4 신분제 폐지, 단발령 실시 등 갑오개혁·을미개혁이 근대 시민 의식 형성에 미친 영향 탐구

GUIDE 근대 국가의 수립 과정에서 나타난 '황제권과 민권의 대립'을 토대로 대한 제국이 더 나은 사회로 나아가기 위한 방법을 제안한다.

▣ 함께 보면 좋은 도서

《근대 한국의 탄생 대한제국》 서영희, 사회평론아카데미, 2025.
《꼬리에 꼬리를 무는 한국 근대사》 조성일, 주니어태학, 2024.
《새로운 시선으로 바라보는 한국 근대사》 김이경, 초록비책공방, 2022.

연계 활동 탐구 주제

독서

《새로운 시선으로 바라보는 한국 근대사》 김이경, 초록비책공방, 2022.
이 책은 세계 정세를 읽지 못하고 스스로의 안위만을 위해 서구 열강의 패권 다툼에 휩쓸리다가 일본에 나라를 내어 준 지배층의 역사가 아니라 반봉건 반외세 투쟁을 통해 우리 민족 스스로가 주인이 되어 자주적 근대 국가를 이루고자 했던 민중 주도의 역사를 보여 주는 책이다.

주제1 조선 민중의 시각에서 본 한국 근대사의 의미 탐구

주제2 임오군란을 계기로 한 외세 개입이 조선의 근대화 과정에 미친 영향 분석

주제3 독립 협회와 대한제국의 근대 국가 수립 구상의 차이점에 대한 비교 고찰

논문

〈동학과 동학 농민군의 대외 인식〉 배항섭, 2023.
이 논문은 동학 농민 전쟁의 대외 인식 특히 '반외세'라는 개념이 현재 우리에게 어떤 의미를 가지고 있는지를 심층적으로 분석하였다. 동학 농민군의 대외 인식은 서양과 일본을 이적시하고 그들과의 통상을 거부한 유생들의 화이론적 대외관과는 크게 달랐음을 알 수 있다.

논문 바로가기

주제1 동학 농민 운동과 갑오개혁의 '자주성'과 '외세 의존성' 비교 분석

주제2 동학 농민군의 대외 인식과 유생들의 화이론적 대외관 비교 탐구

주제3 동학 농민군의 반봉건·반외세 기치가 한국 근대 사회 형성에 끼친 의의 탐구

토론

주제1 갑오개혁과 을미개혁은 자주적 근대화를 위한 노력인가, 타율적 식민지화 과정인가?

주제2 갑신정변을 비추어 볼 때 역사는 소수 엘리트에 의해 바뀌는가, 다수 민중에 의해 바뀌는가?

주제3 근대 국가의 방향을 잘 제시한 것은 황제권 강화의 광무개혁인가, 민권 성장의 독립 협회인가?

03 [10한사1-03-03]
개항 이후 사회·경제 변화를 파악하고, 서구 문물의 도입이 문화에 미친 영향을 탐구한다.

거류지 무역 # 조·청 상민 수륙 무역 장정 # 화폐 정리 사업 # 근대 시설 도입

관련 학과
· 경제학과
· 교육학과
· 문화사회학과
· 역사문화학과

교과 세특 탐구 주제

주제1 근대 교육의 시작과 조선 사회의 인식 변화 탐구
주제2 《독립신문》의 국문 사용이 대중 계몽과 민중 참여 확대에 끼친 영향에 대한 탐구
주제3 개항 이후 철도·전신·우편 등 근대 교통·통신 기술이 사회 변화에 끼친 영향에 대한 탐구
주제4 국채 보상 운동, 상권 수호 운동 등 경제 주권 수호 운동의 배경과 전개 과정 및 의의 고찰

▣ 함께 보면 좋은 도서
《서유견문》 유길준, 박이정, 2021.
《한국 근대사 산책 3》 강준만, 인물과사상사, 2007.
《하루 30분 근대 속의 대한 제국을 읽다》 이수광, 북오션, 2018.

GUIDE 개항 이후 등장한 철도·전신·우편 등 근대 교통·통신 기술이 경제 사회 구조의 변화를 촉진하여 근대화의 기반을 마련하였음을 구체적 변화의 사례와 함께 정리한다.

연계 활동 탐구 주제

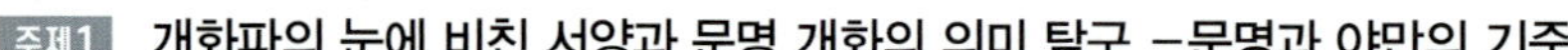

독서 《서유견문》 유길준, 박이정, 2021.
이 책은 유길준이 유럽과 미국을 둘러보고 쓴 기행문으로, 1895년에 출판한 총 556면의 개화서이다. 개화된 서양 각국의 사정을 소개하는 한편 자주 독립과 근대화 사회를 수립하기 위해 발달된 서양의 모습을 국민들에게 전달하고 조선이 나아가야 할 방향을 제시하고자 하였다.

주제1 개화파의 눈에 비친 서양과 문명 개화의 의미 탐구 –문명과 야만의 기준
주제2 개항 이후 조선의 정치 체제와 《서유견문》에 드러난 정치 개혁 구상 비교 분석
주제3 서양 문명의 이념(입헌주의, 시민의 권리, 과학, 자본주의 등)에 대한 유길준의 인식 탐구

논문 〈구한말과 강점기의 한반도 철도망 구축에 대한 연구 –한국 철도의 생성과 일제의 철도 수탈을 중심으로–〉 신장철, 2021.
이 논문은 한국 철도가 맹아된 시대적 배경과 성장을 시대 상황의 변화에 맞춰 살펴본 것이다. 한국 철도는 구한말 이후부터 일제의 경제 침탈과 군사적 목적으로 건설되는 등 시대 상황의 산물로서 대륙 침략을 위한 군사적인 목적으로 추진되어 왜곡된 형태로 발전했음을 깨달을 수 있다.

주제1 철도 부설권 체결과 외세 이권 침탈의 연관성에 대한 탐구
주제2 근대 시설의 도입이 전통적 가치와 구조에 미친 영향 탐구
주제3 조선 개항기 개화 담론에 내재된 사회 진화론의 그림자 탐구

토론 **주제1** 개화는 조선 사회를 더 평등하게 만들었는가?
주제2 사회 진화론은 조선 개화의 원동력인가, 위협인가?
주제3 개항과 문호 개방의 결과 조선은 근대화되었는가, 제국주의에 예속되었는가?

04 [10한사1-03-04]
일제의 국권 침탈 과정을 조사하고, 이에 맞선 국권 수호 운동의 흐름을 파악한다.

\# 한일 의정서 \# 제1차 한일 협약 \# 을사늑약 \# 한일 신협약 \# 한일 병합 조약

관련 학과
· 공공행정학과
· 국제관계학과
· 군사학과
· 법학과

교과 세특 탐구 주제

주제1 한일 병합 조약 체결에 대한 열강의 태도와 국제 정세 분석
주제2 애국 계몽 운동과 항일 의병 운동의 의의와 한계에 대한 탐구
주제3 열강의 대응을 통해 본 을사늑약의 국제법적 불법성에 대한 탐구
주제4 안중근의 〈동양 평화론〉이 제시한 한·중·일 협력 구상에 대한 고찰

GUIDE 해외로 이주한 사람들이 의병 활동을 이어 가며, 독립군으로 발전하거나 임시 정부 수립에 기여하는 등 항일 운동의 외연을 넓혔음을 탐구한다.

📖 **함께 보면 좋은 도서**
《민족의 영웅 안중근》 전우용, 한길사, 2022.
《고종과 이토 히로부미》 한상일, 기파랑, 2024.
《그들의 대한 제국 1897~1910》 김태웅, 휴머니스트, 2024.

연계 활동 탐구 주제

독서 《그들의 대한 제국 1897~1910》 김태웅, 휴머니스트, 2024.
대한 제국기에 살았던 정치인, 선교사, 언론인, 지식인, 상공인 5인의 현실 인식과 경험을 바탕으로 대한 제국을 재구성한 책이다. 공식 기록에서는 볼 수 없는 대한 제국의 면면들과 제국의 탄생부터 망국까지 주요 사건들을 차례로 짚어 나가 대한 제국사의 통사적 흐름과 주요 논점을 이해할 수 있다.

주제1 러일 전쟁 발발이 조선의 외교적 입지에 미친 영향 탐구
주제2 헤이그 특사 파견의 목적과 결과 및 국제 사회의 반응 분석
주제3 한일 신협약 체결과 군대 해산의 역사적 성격 및 의의에 대한 고찰

논문 〈한국의 독도 영유권의 역사와 수호 전략〉 김강녕, 2019.
이 논문은 신라·고려·조선·대한 제국의 독도 통치, 일제의 독도 침탈과 미 군정기의 독도 영유권 회복 등 독도 영유권의 역사와 독도 문제의 국제 정치적 함의, 한국의 독도 수호 전략을 살펴본 후 이를 바탕으로 일본의 독도 영유권 주장에 대해 외교적·군사적 대응 역량 강화를 통해 독도를 수호해 나갈 것을 제안하고 있다.

논문 바로가기

주제1 일제의 독도 강제 편입 과정과 그 적법성 여부에 대한 탐구
주제2 일본의 독도 도발과 한국의 외교적·군사적 독도 수호 전략 분석
주제3 샌프란시스코 조약과 독도 반환 문제의 국제 정치적 쟁점에 대한 탐구

토론 **주제1** 국권 회복에 더 효과적이었던 것은 항일 의병 운동인가, 애국 계몽 운동인가?
주제2 러일 전쟁은 조선의 중립을 보장하려는 전쟁인가, 조선 침탈을 위한 열강의 전쟁인가?
주제3 한일 병합 조약 체결의 가장 큰 배경은 일본의 군사적 강압인가, 열강의 침묵과 묵인인가?

I 일제 식민 통치와 민족운동

01 [10한사2-01-01]
일제의 식민 통치 정책을 제국주의 질서의 변동과 연관하여 이해한다.

\# 조선 총독부 \# 무단 통치 \# 헌병 경찰 통치 \# 문화 통지 \# 민족 말살 통치 \# 3·1 운동 \# 대한민국 임시 정부

교과 세특 탐구 주제

주제1 3·1 운동과 민족 자결주의가 일제 통치 방식의 변화에 미친 영향 탐구

주제2 제국주의 열강의 식민지 지배 논리와 일본의 조선 지배 방식 비교 고찰

주제3 중일 전쟁, 아시아·태평양 전쟁의 전시 체제와 민족 말살 통치의 연관성 탐구

주제4 헌병 경찰제와 보통 경찰제 비교 탐구─통치 방식 변화의 실제 효과와 한계 분석

📖 함께 보면 좋은 도서

《쟁점 한국사: 근대편》 배항섭 외, 창비, 2017.
《우리가 지켜야 할 한국사》 서경덕 외, 허들링북스, 2025.
《대한민국 국민이 꼭 알아야 할 일제 강점기 역사》 이영, 동양북스, 2024.

GUIDE 독립운동가들이 공화주의를 내세운 이유가 무엇일지, 공화주의 이념이 이후 민족 운동에 미친 영향을 정리한다.

연계 활동 탐구 주제

독서 《대한민국 국민이 꼭 알아야 할 일제 강점기 역사》 이영, 동양북스, 2024.
일본 제국주의는 대한 제국을 식민지로 강점한 다음 서구 열강의 식민지 정책과도 다른 그들만의 독특한 식민지 정책을 펼쳤다. 이 책은 이러한 일제의 식민 통치가 구체적으로 어떻게 이루어졌는지, 그리고 이에 맞선 우리 민족의 독립 투쟁은 어떻게 펼쳐졌는지 사실에 입각해 담담하게 다룬 것이다.

주제1 조선어 금지와 황국 신민화 교육 정책에 대한 탐구

주제2 간도 참변이 독립군과 민족 운동 노선 변화에 끼친 영향 고찰

주제3 파리 강화 회의와 국제 연맹 창설이 조선 독립운동에 미친 영향 탐구

논문 〈3·1 운동과 민주 공화국의 탄생〉 정상우, 2019.
이 논문은 3·1 운동이 대한민국 임시 헌장 제정에 미친 영향을 규명하여, 3·1 운동을 헌법사적 관점에서 재평가하고 이로 인해 제정된 대한민국 임시 헌장과 민주 공화국 수립의 관계를 살펴본 것이다. 3·1 운동이 대한민국 임시 정부 수립과 민주 공화국 건설에 결정적 기여를 하였음을 이해할 수 있다.

논문 바로가기

주제1 3·1 운동이 대한민국 임시 정부 수립에 미친 영향 탐구

주제2 3·1 운동의 전국적 확산 과정과 대중 참여 양상에 대한 탐구

주제3 3·1 운동과 중국 5·4 운동, 인도의 비폭력 운동의 공통점과 차이점 비교

토론 **주제1** 문화 통치는 무단 통치의 개선인가, 허울뿐인 기만 전략인가?

주제2 민족 말살 통치는 단순한 동화 정책인가, 전시 동원을 위한 전략인가?

주제3 무단 통치는 조선 사회의 저항을 억눌렀는가, 저항을 오히려 확산시켰는가?

02 [10한사2-01-02]
일제의 식민 통치가 초래한 경제 구조의 변화와 그것이 경제생활에 미친 영향을 분석한다.

관련 학과
· 경제학과
· 문화사회학과
· 사회학과
· 행정학과

토지 조사 사업 # 회사령 # 산미 증식 계획 # 병참 기지화 정책 # 국가 총동원법

교과 세특 탐구 주제

주제1 토지 조사 사업의 실시 목적과 식민지 지배 전략 분석
주제2 산미 증식 계획의 실시 목적과 당시 일본의 식량 수급 문제 탐구
주제3 회사령과 민족 기업 활동의 제약이 당시 조선의 산업 구조에 끼친 영향 탐구
주제4 일제 강점기 산업화 과정이 조선 노동자의 삶과 사회 구조에 끼친 영향에 대한 탐구

GUIDE 목포, 군산 등 일제 시기 근대의 모습과 침탈의 흔적이 동시에 남아 있는 도시 등을 찾아보고, 이를 통해 한국인의 삶에 미친 영향을 정리한다.

📖 **함께 보면 좋은 도서**
《K-보부상》 이인희, 글로벌마인드, 2023.
《식민지 근대화의 실상》 전용덕, 서울대학교출판문화원, 2025.
《문답으로 읽는 20세기 한국 경제사》 정태헌, 역사비평사, 2010.

연계 활동 탐구 주제

독서 《문답으로 읽는 20세기 한국 경제사》 정태헌, 역사비평사, 2010.
이 책은 구한말·대한 제국 시기, 일제 식민지 시기, 해방 이후로 구분하여 20세기의 한국 경제사를 기술하였다. 특히 우리 경제에 대한 오해와 선입견을 차근차근 쉽게 풀어 주고, 왜곡된 역사적 사실을 바로잡아 있는 그대로 전달함으로써 한국 경제사를 이해하는 데 도움을 준다.

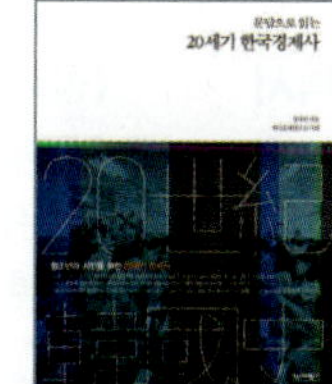

주제1 식민지 경제 수탈 구조 속 민족 자본의 형성과 한계 고찰
주제2 전시 동원 체제하 조선인 강제 징용·징병의 실태와 영향 탐구
주제3 세계 대공황 이후 일본의 식민지 경제 수탈 심화와 조선 사회의 변화 분석

논문 〈역사적 진실 규명에 기초한 일본군 '위안부' 관련 연구 제언 : '램지어 사태'의 교훈〉 김주용 외, 2024.
이 논문은 램지어 교수의 일본군 '위안부' 관련 역사 왜곡 문제를 계기로, 램지어 사건의 배경과 특성을 명확히 하면서 공간을 통해 역사적 기록과 사실적 문제를 설명한 것이다. 공간 소환을 통해 위안소의 위치를 추적하고 조사하는 것은 침략과 착취의 역사를 되돌아보는 데 도움이 된다.

논문 바로가기

주제1 마크 램지어의 일본군 '위안부' 관련 주장 분석과 역사 왜곡 문제 탐구
주제2 전시 여성 동원 탐구: 일본군 '위안부'와 근로 정신대, 나치 강제 노동 비교
주제3 일본군 '위안부' 문제와 한일 관계: 사과·배상 논쟁의 역사적 변천 과정 고찰

토론 **주제1** 징용·징병은 근대적 국민의 의무인가, 식민지 민중에 대한 강제 동원인가?
주제2 일제의 경제 정책은 조선의 근대화를 이끌었는가, 식민지 수탈 구조를 고착화했는가?
주제3 산미 증식 계획은 한국의 농업 발전을 위한 정책인가, 일본의 식량 문제를 위한 수탈 정책인가?

03 [10한사2-01-03]
국내외에서 전개된 민족 운동의 흐름을 이해한다.

\# 비밀 결사 \# 봉오동 전투 \# 청산리 대첩 \# 3부 통합 운동 \# 의열단과 한인 애국단

교과 세특 탐구 주제

주제1 의열단의 폭탄 투척·암살 등 의거 중심 활동의 의의와 한계 고찰
주제2 한인 애국단의 창설 배경과 임시 정부 재건을 위한 김구의 전략 탐구
주제3 민족주의 계열과 사회주의 계열 독립운동 세력의 협력과 갈등에 대한 고찰
주제4 대한인 국민회와 대조선 국민군단의 활동 비교를 통한 미주 지역 독립운동사 고찰

📖 **함께 보면 좋은 도서**
《1923 경성을 뒤흔든 사람들》 김동진, 서해문집, 2010.
《식민지 청년 이봉창의 고백》 배경식, 휴머니스트, 2015.
《청소년을 위한 해시태그 한국 독립운동사》 조한성, 생각학교, 2023.

GUIDE 영화 '암살' 등을 통해 무장 투쟁과 의열 투쟁의 전개 과정 및 의의를 정리하고, 독립을 위해 노력한 선조들의 노력을 되새겨 본다.

연계 활동 탐구 주제

독서 《청소년을 위한 해시태그 한국 독립운동사》 조한성, 생각학교, 2023.
이 책은 1905년 외교권 박탈부터 1945년 해방까지, 약 40년의 복잡하고도 치열했던 한국 독립운동사를 소설의 문법을 차용한 '이야기식 서술'로 정리한 것이다. 단정한 일러스트와 함께 장마다 독립운동의 키워드를 뽑아 배치한 #해시태그는 한국 독립운동사의 줄기를 한눈에 파악할 수 있게 한다.

주제1 만주 지역 3부(참의부·정의부·신민부) 통합 운동의 성과와 한계에 대한 탐구
주제2 봉오동 전투와 청산리 대첩을 통해 독립군의 전술적 특성과 그 역사적 의미 탐구
주제3 독립 의군부와 대한 광복회를 중심으로 1910년대 국내 비밀 결사 운동의 성격과 한계 분석

논문 〈1920년대 한인 의열 투쟁과 여성들의 역할〉 김명섭, 2018.
이 논문은 1920년대 항일 투쟁의 과정에서 엿보이는 여성들의 활동과 그 역할을 살펴보았다. 국내와 일본, 중국과 만주 등지에서 전개된 의열 투쟁 과정에서 다양한 직업과 계층의 한인 여성들이 비밀 정보 연락원과 총기 및 폭탄 운반 등 매우 위험한 임무에 참여하였음을 알려 준다.

주제1 만주 무장 독립 운동에서 여성 독립군의 참여 양상 고찰
주제2 남자현의 의열 활동을 중심으로 여성 무장 독립운동가의 주체적 역할 분석
주제3 강향란, 현계옥 등 기생 출신 여성들의 항일 투쟁 참여와 사회적 인식 문제 탐구

토론 **주제1** 한국 독립운동은 무장 투쟁과 외교 활동 중 어느 것이 더 효과적이었는가?
주제2 3부 통합 운동은 효율적 투쟁을 위해 필요한 선택이었는가, 이상적 구호였는가?
주제3 봉오동·청산리 전투는 독립 전쟁의 전환점인가, 일시적인 승리에 불과한가?

04 [10한사2-01-04]
일제의 식민 통치로 인한 사회 및 문화의 변화와 대중운동의 양상을 파악한다.

소작 쟁의 # 노동 쟁의 # 실력 양성 운동 # 형평 운동 # 신간회

관련 학과
· 경제학과
· 문화사회학과
· 사회학과
· 역사문화학과

교과 세특 탐구 주제

주제1 1920~30년대 소작 쟁의의 전개와 식민지 농민 운동의 성격 고찰
주제2 원산 총파업을 중심으로 본 일제 시기 노동 운동의 성격과 의의 고찰
주제3 형평 운동의 전개와 한계: 차별 철폐 운동의 지속성과 역사적 의의 분석
주제4 식민지 교육 정책이 6·10 만세 운동과 광주 학생 항일 운동에 끼친 영향 탐구

▣ 함께 보면 좋은 도서
《우리 안의 친일》 조형근, 역사비평사, 2022.
《일제 강점기 그들의 다른 선택》 선안나, 피플파워, 2016.
《알고 보면 가까운 독립운동 이야기》 남상욱 외, 우리학교, 2025.

GUIDE 민족주의 운동과 사회주의 운동의 공통점과 차이점을 정리하고, 두 사상이 당시 다양한 대중 운동에 미친 영향을 정리한다.

연계 활동 탐구 주제

독서 《일제 강점기 그들의 다른 선택》 선안나, 피플파워, 2016.
이 책은 일제 강점기를 살아 낸 14명의 삶을 풀어 담았다. 일제의 식민 지배 속에서 항일 투사와 친일파의 삶이라는 다른 선택을 한 이회영, 이근택 등 7쌍의 대비되는 14명의 이야기를 구성하고 있어, 그들의 선택을 통해 역사와 시대를 보고 스스로를 돌아볼 수 있는 기회를 얻을 수 있다.

주제1 항일과 친일, 여성 지식인의 길: 김마리아와 김활란 비교 분석
주제2 이육사와 현영섭의 선택을 통해 본 문학인의 사회적 책무 고찰
주제3 명예와 권력의 갈림길, 명문가의 상반된 선택: 이회영 가문과 이근택 가문의 역사적 행보 탐구

논문 〈신간회 운동의 정치적 성격에 관한 일고〉 정윤재, 2010.
이 논문은 전국적 차원의 민족운동이었던 신간회 운동의 정치적 성격을 고찰하였다. 신간회 운동은 민족 지도자들에 의한 항일 독립운동으로 각 지역과 계층이 단합하여 참여했으며, 일제에 저항하여 비타협적이고 비폭력적인 방법으로 대처했던 독립운동이다. 3·1 운동 이후 최대의 민족 독립운동이었음을 확인할 수 있다.

논문 바로가기

주제1 신간회의 전국적 확산과 지역별 지회 활동의 양상과 특징 탐구
주제2 신간회 해소의 배경과 좌파·우파 갈등이 독립운동에 미친 영향 분석
주제3 민족 유일당 운동의 전개: 신간회 결성을 통한 좌우 합작의 의의 고찰

토론 **주제1** 암태도 소작 쟁의는 사회 경제 운동인가, 항일 운동인가?
주제2 신간회의 해소는 독립운동 진영의 분열인가, 전략적 전환인가?
주제3 광주 학생 항일 운동이 전국적인 항일 운동으로 전개된 배경은 무엇인가?

05 [10한사2-01-05]
일제의 침략 전쟁에 맞서 전개된 독립 국가 건설 운동의 양상을 분석한다.

조선 혁명군 # 한국 독립군 # 민족 혁명당 # 조선 의용대 # 한국 광복군 # 건국 강령

교과 세특 탐구 주제

주제1 의열단에서 민족 혁명당에 이르기까지 김원봉의 항일 무장 투쟁 노선 탐구

주제2 조선 의용대의 창설 배경과 목적 및 조선 의용대 분화의 역사적 의미 고찰

주제3 조소앙의 삼균주의와 대한민국 임시 정부 건국 강령(1941년)과의 연계성 분석

주제4 대한민국 임시 정부, 조선 독립 동맹, 조선 건국 동맹의 건국 강령 공통점과 차이점 비교

GUIDE 대한민국 임시 정부, 조선 건국 동맹, 조선 독립 동맹의 건국 강령을 비교 분석해, 공통으로 추구한 국가의 모습을 정리한다.

■ 함께 보면 좋은 도서

《한국의 레지스탕스》 조한성, 생각정원, 2013.
《임정 로드 4000km》 김종훈, 필로소픽, 2019.
《한국 독립운동, 아직 끝나지 않았다》 이계형, 청아출판사, 2024.

연계 활동 탐구 주제

독서 《임정 로드 4000km》 김종훈, 필로소픽, 2019.

이 책은 대한민국이 탄생한 상하이, 한국 광복군이 창설된 충칭, 대만의 조명하 의거지, 윤봉길 의사의 행적을 추적한 일본 내 유적지, 경교장 등 임시 정부 및 독립운동 유적지 44곳을 망라하며 1919년부터 1945년까지 임시 정부의 이동 경로를 따라 대한민국 임시 정부의 발자취를 따른 것이다.

주제1 백범 김구의 리더십과 임시 정부 통합 과정의 역사적 의의 고찰

주제2 윤봉길 의사의 홍커우 공원 의거와 임시 정부의 외교·독립운동 노선의 변화 분석

주제3 대한민국 임시 정부의 무장 투쟁 노선 전략 및 한국 광복군 창설 과정, 활동 내용 탐구

논문 〈독립군과 한국 광복군의 항일 무장 투쟁〉 박민영, 2010.

이 논문은 만주 독립군이 북만주의 한국 독립군과 남만주의 조선 혁명군으로 전열을 정비하여 한중 연합 작전을 수행하고, 이후 한국 광복군의 독립 전쟁으로 계승된 과정을 살핀 것이다. 이를 통해 만주 독립군과 한국 광복군은 항일 무장 투쟁사의 근간을 이루고 있음을 이해할 수 있다.

논문 바로가기

주제1 충칭 임시 정부 시기 한국 광복군 창설과 무장 독립 투쟁의 의의 탐구

주제2 태평양 전쟁기 한국 광복군과 미(美)전략 첩보국(OSS) 합작의 국제적 배경 고찰

주제3 한국 독립군과 조선 혁명군의 결성과 활동, 그리고 중국 세력과의 연합 전선 탐구

토론 **주제1** 김원봉은 독립 운동의 영웅인가, 체제 전환기의 희생자인가?

주제2 김구의 리더십은 임시 정부 통합의 핵심인가, 특정 세력 중심의 제한적 역할인가?

주제3 연합국과의 협력 속에서 한국 광복군의 활동은 '자주 독립운동'인가, '국제 정세 의존 전략'인가?

II 대한민국의 발전

01 [10한사2–02–01] 냉전 체제가 한반도 정세에 미친 영향을 파악하고, 자유민주주의에 기초한 대한민국 정부 수립 과정을 탐색한다.

관련 학과
· 법학과
· 사회교육과
· 역사교육과
· 정치학과

\# 모스크바 3국 외상 회의 \# 좌우 합작 운동 \# 남북 협상 \# 5·10 선거 \# 대한민국 정부 \# 제헌 헌법

교과 세특 탐구 주제

주제1 반민족 행위 처벌법 제정 과정과 반민 특위의 성립 배경 고찰
주제2 건국절 논란이 현대 한국 사회의 역사 인식과 정치 담론에 미친 영향 탐구
주제3 김구의 통일 정부 구상과 이승만의 단독 정부 노선의 사상적·정치적 차이 탐구
주제4 건국 준비 위원회 활동을 통해 본 광복 직후 민족 자주 의식과 독립 국가 건설 열망 분석

◪ 함께 보면 좋은 도서
《26일 동안의 광복》 길윤형, 서해문집, 2020.
《조선을 떠나며》 이연식, 역사비평사, 2012.
《다시 쓰는 한국 현대사 1: 해방에서 한국 전쟁까지》 박세길, 돌베개, 2015.

GUIDE 제헌 헌법과 대한 민국 임시정부의 건국 강령을 비교해, 우리나라가 대한민국 임시 정부의 법통을 계승한 민주 공화국임을 탐구한다.

연계 활동 탐구 주제

독서
《다시 쓰는 한국 현대사 1: 해방에서 한국 전쟁까지》 박세길, 돌베개, 2015.
이 책은 1945년 해방에서 1953년 한국 전쟁까지를 통사적으로 서술하였다. 특히 일제하 민족 해방 투쟁의 정통성, 미군과 소련군의 한반도 진주에 대한 평가, 한국 전쟁의 기원, 휴전 협정의 내용에 대한 재평가와 협정 조인 이후 조인 당사국의 이행 여부에 대한 문제 등을 다루고 있다.

주제1 제주 4·3 사건의 발생 원인과 한국 현대사적 의미 탐구
주제2 미군 진주와 미군정 실시가 한반도 정치·사회 구조에 끼친 영향 고찰
주제3 좌우 합작 운동의 전개 과정 및 좌우 합작 7원칙의 내용과 의미, 실패 요인 분석

논문
〈이승만과 맥아더 그리고 대한민국 정부 수립〉 이상호, 2008.
유엔 총회의 결정으로 남한만의 단독 선거가 이루어져 이승만을 대통령으로 하는 대한민국 정부가 수립되었다. 이 논문은 이러한 상황 속에서 정부 수립 이전부터 한국 정치 질서를 구축하는 데 중요한 영향을 미친 맥아더와 이승만의 관계와 대한민국 정부 수립에 대해 살펴보고 있다.

논문 바로가기

주제1 맥아더와 이승만의 반소·반공주의 공통점이 정부 수립에 미친 영향 분석
주제2 1947년 유엔 총회 '한국 독립 문제 결의안'과 대한민국 정부 수립의 정당성 고찰
주제3 5·10 총선거를 통해 본 대한민국 민주주의 선거 제도의 출발과 역사적 의의 고찰

토론
주제1 유엔의 한반도 문제 개입은 민족 자결 실현인가, 냉전 구도의 산물인가?
주제2 이승만의 정읍 발언은 신속한 정부 수립을 위한 선택인가, 분단을 심화시킨 결정인가?
주제3 모스크바 3국 외상 회의의 신탁 통치안은 자주 독립을 위한 조치인가, 외세의 민족 자결권 침해인가?

02 [10한사2-02-02]
6·25 전쟁과 분단의 고착화 과정을 국내외의 정세 변화와 연관하여 이해한다.

\# 6·25 전쟁 \# 인천 상륙 작전 \# 1·4 후퇴 \# 정전 협정 \# 한미 상호 방위 조약

교과 세특 탐구 주제

주제1 인천 상륙 작전과 중국군 참전이 한반도의 전쟁 양상에 미친 영향 분석

주제2 전후 미국의 원조와 원조 물자가 1950년대 한국 경제에 미친 영향 고찰

주제3 정전 협정(1953)의 체결 과정과 한반도 분단 고착화의 국제적 배경 탐구

주제4 전후에 나타난 사회 변화와 남북한 사회의 이질화된 경제·사회 체제 탐구

■ **함께 보면 좋은 도서**
《한국 전쟁》 박태균, 책과함께, 2005.
《마을로 간 한국 전쟁》 박찬승, 돌베개, 2025.
《이것은 기억과의 전쟁이다》 김동춘, 사계절, 2013.

GUIDE 6·25 전쟁의 배경과 전개 과정을 살펴보고, 전쟁으로 발생한 피해와 영향을 탐구한다.

연계 활동 탐구 주제

독서 《한국 전쟁》 박태균, 책과함께, 2005.
이 책은 한국 전쟁 역사서로, 저자는 이데올로기와 권력의 편견을 걷어 내고 의문과 쟁점을 총망라하여 있는 그대로의 한국 전쟁에 대해 이야기한다. 이 책은 우리에게 한국 전쟁의 의미가 무엇이며, 한국 전쟁이 우리에게 준 메시지는 무엇인지를 한번 짚어볼 수 있는 계기를 마련해 준다.

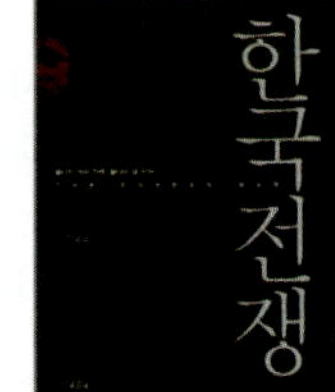

주제1 한국 전쟁이 한반도 분단 고착화에 미친 영향과 장기적 결과에 대한 고찰

주제2 한국 전쟁과 냉전 구도의 심화: 한국을 둘러싼 미국·소련·중국의 이해관계 분석

주제3 정전 협정 체결 직후 한미 상호 방위 조약 체결 배경과 미국의 전략적 의도 탐구

논문 〈한국 전쟁 전후 민간인 학살에 대한 분노와 치유〉 엄찬호, 2013.
한국 전쟁기 민간인 집단 학살은 전쟁 초기에 집중적으로 이루어졌으며 전선의 이동에 따라 군경, 미군, 적대 세력에 의해 민간인들이 희생되었다. 이 논문은 이러한 피해자들이 경제적·사회적으로 어려움을 겪어야 했음을 지적하며 국가가 고통을 치유할 길을 적극적으로 제시할 것을 제안한다.

주제1 국민 보도 연맹 사건의 진상 규명 과정과 과거사 청산의 한계 분석

주제2 전쟁 피해자에 대한 국가의 책임과 진상 규명·치유 프로그램의 필요성 고찰

주제3 한국 전쟁기 민간인 집단 학살(거창, 노근리 사건, 국민 보도 연맹 사건)의 발생 배경과 특징 고찰

토론 **주제1** 6·25 전쟁은 민족 내부 갈등으로 인한 전쟁인가, 냉전 체제의 대리전인가?

주제2 한미 상호 방위 조약은 한국의 안보를 보장했는가, 대미 의존을 심화시켰는가?

주제3 전쟁 시기의 민간인 학살은 피할 수 없는 상황이었는가, 이데올로기적 폭력의 결과였는가?

03 [10한사2-02-03]
4·19 혁명에서 6월 민주 항쟁에 이르는 민주화 과정을 탐구한다.

관련 학과
· 법학과
· 사학과
· 사회학과
· 정치학과

개헌 # 반공주의 # 4·19 혁명 # 5·16 군사 정변 # 10월 유신 # 5·18 민주화 운동 # 6월 민주 항쟁

교과 세특 탐구 주제

주제1 한국의 민주화 과정을 통해 본 학생 운동의 역할과 의의 고찰

주제1 박정희 정부의 유신 체제와 '한국적 민주주의' 담론의 형성 과정과 의미 분석

주제1 4·19 혁명에서 6월 민주 항쟁까지의 헌법 개정과 민주주의 진전 과정 탐구

주제1 1950년대 남한의 반공주의와 북한의 사회주의를 통한 권력 집중 과정 비교 분석

■ 함께 보면 좋은 도서
《나의 한국 현대사 1959−2020》 유시민, 돌베개, 2021.
《논쟁으로 읽는 한국 현대사》 김호기 외, 메디치미디어, 2019.
《5·18 민주화 운동을 묻는 십 대에게》 오승현, 서해문집, 2022.

GUIDE 민주화 과정에서 학생 운동이 정치적 자유와 평등을 요구하는 집단적 행동의 주역으로 중요한 위치를 차지했음을 탐구한다.

연계 활동 탐구 주제

독서

《논쟁으로 읽는 한국 현대사》 김호기 외, 메디치미디어, 2019.
이 책은 1945년부터 2018년까지 한국 현대사를 뒤흔든 40가지 논쟁들을 조명하고 평가하였다. 두 저자는 역사적 사건도 중요하지만 '우리는 누구인가'에 대한 논쟁과 답을 찾는 과정 역시 중요하다고 하며 우리 사회가 나아갈 방향을 숙고하게 하는 광복 이후 40개의 논쟁들을 다루었다.

주제1 5·16 군사 정변의 성격 논쟁을 통해 본 민주주의의 성과와 한계 탐구

주제2 민주화 운동의 출발점과 미완의 혁명이라는 4·19 혁명의 성격과 한계 고찰

주제3 계엄령 확대와 신군부 집권 과정에서 본 5·18 광주 민주화 운동의 성격 고찰

논문

《6월 민주 항쟁과 인권》 김재민, 2017.
6월 민주 항쟁은 사회 각 영역에 걸쳐 쌓여 있던 문제를 인식하게 하였는데, 이 논문은 인권적 관점에서 6월 민주 항쟁의 의미를 되새겨 본다. 6월 민주 항쟁 이후 인권에 대한 사회적 인식은 보편적 권리로 이해되면서 인권 논의는 사회 모든 영역에서 일상적으로 이루어지게 되었다.

논문 바로가기

주제1 6월 민주 항쟁 이후 대통령 직선제 도입과 제도적 민주주의 확대 과정 탐구

주제2 6월 민주 항쟁과 한국 사회 문제 해결 방식의 전환: 인권적 접근의 의미 분석

주제3 6월 민주 항쟁의 인권적 의미와 한국 사회가 인권 친화적 사회로 변화하는 데 미친 영향 고찰

토론

주제1 5·16 군사 정변은 '구국의 결단'인가, '민주주의의 위기'인가?

주제2 헌법 개정은 민주주의 제도 발전의 과정인가, 권위주의 정권 연장을 위한 도구인가?

주제3 4·13 호헌 조치와 6월 민주 항쟁을 통해 볼 때, 대통령 직선제는 민주 사회에서 꼭 필요한가?

산업화의 성과를 파악하고, 그것이 사회 및 환경에 미친 영향을 인식한다.

원조 경제 # 경제 개발 5개년 계획 # 산업화 # 도시화 # 새마을 운동

관련 학과
· 경제학과
· 공공행정학과
· 국제관계학과
· 사회학과

교과 세특 탐구 주제

주제1 박정희 정부의 경제 정책에 대한 비판적 고찰: 개발과 독재의 상관성 탐구

주제2 산업화와 도시화가 우리 사회에 가져온 문제점과 그 해결 방안에 관한 탐구

주제3 경제 개발 5개년 계획의 성과와 경제 성장 과정이 한국 사회에 미친 영향 분석

주제4 경제 개발 5개년 계획의 추진 배경과 성과에 대한 탐구: 1, 2차와 3, 4차 비교를 중심으로

■ 함께 보면 좋은 도서

《전태일 평전》 조영래, 아름다운전태일, 2020.
《박정희와 개발 독재 시대》 조희연, 역사비평사, 2007.
《49가지 결정: 한국 경제의 운명을 바꾼 역사적 선택》 최성락, 페이퍼로드, 2020.

GUIDE 산업화의 문제점과 관련해 전태일 사건, YH 무역 사건 등의 사례를 정리하고 노동자의 권리를 위한 노동 운동의 변화 과정을 탐구한다.

연계 활동 탐구 주제

독서

《박정희와 개발 독재 시대》 조희연, 역사비평사, 2007.
이 책은 5·16 군사 정변에서 10·26 사건까지의 역사를 다루고 있다. 총체적인 시각으로 박정희 시대를 바라보며, 산업화의 성과, 노동 문제 등 각 시기마다 지배와 저항을 둘러싸고 정권과 운동 세력이 어떻게 상호 작용을 했는지 다양한 논의를 재해석하는 기회를 얻을 수 있다.

주제1 전태일 분신 사건의 발생 배경과 1970년대 산업화와 노동 현실에 대한 탐구

주제2 한일 국교 정상화(1965)가 가져온 경제적 효과와 '굴욕 외교' 논란 탐구

주제3 경제 개발 5개년 계획을 통해 본 정부 주도의 성장 전략과 수출 정책의 성과와 부작용 고찰

논문

〈박정희 공업화 발전 모델의 위기와 부마 항쟁〉 서익진, 2020.
이 논문은 박정희 공업화 발전 모델의 위기가 부마 민주 항쟁의 경제적 배경임을 밝히고 있다. 발전 모델로 인해 민중의 불만 확산, 만성 인플레이션하의 물가 급등, 노동 착취 강화와 노동 운동 탄압, 도시 하층민의 증가와 방치, 불로 소득 집중과 빈부 격차 확대가 나타났음을 살펴볼 수 있다.

논문 바로가기

주제1 1970년대 고도 성장기의 성과와 사회적 분배 구조에 대한 고찰

주제2 1970년대 후반 경제 불황, 물가 상승, 노동 착취 강화가 국민 생활에 미친 영향 탐구

주제3 YH 사건과 부마 항쟁의 연속성을 통해 본 유신 체제 붕괴의 경제적·사회적 기반 고찰

토론

주제1 박정희 정부의 경제 정책은 한국 경제 발전의 초석인가, 민주주의 후퇴인가?

주제2 새마을 운동은 농촌 경제 발전에 실질적 도움을 주었는가, 정치적 동원 수단이었는가?

주제3 개발 독재 체제에서 경제 성장은 독재 정당성 확보의 도구였는가, 국민 생활 향상의 성과였는가?

05 [10한사2-02-05]

사회·경제의 변화에 따른 문화 변동과 일상생활의 변화 사례를 조사한다.

관련 학과
· 문화사회학과
· 미디어학부
· 역사문화학과
· 역사콘텐츠학과

3저 호황 # 이촌향도 # 산업 재해 # 대중문화 # 프로 스포츠 출범 # 신도시 건설

교과 세특 탐구 주제

주제1 TV 보급이 한국 대중문화의 성장에 끼친 영향 탐구

주제2 아파트의 등장과 한국 도시인의 생활 방식 변화에 대한 탐구

주제3 서울 올림픽 개최가 국민 생활과 문화적 자부심에 끼친 영향 분석

주제4 1970~80년대 민주화 운동이 사람들의 생활과 의식 변화에 끼친 영향 탐구

◼ 함께 보면 좋은 도서

《가요로 읽는 한국사》 권경률, 행성B, 2025.
《한국 대중문화사》 김창남, 한울아카데미, 2021.
《한국 현대 생활 문화사: 1970년대》 김성보 외, 창비, 2016.

GUIDE 1980년대 실질 소득 증가에 따른 사회와 문화의 변동 모습을 정리한다.

연계 활동 탐구 주제

독서

《가요로 읽는 한국사》 권경률, 행성B, 2025.
이 책은 용비어천가 등 고대 가요부터 '아리랑', '굳세어라 금순아', 7~80년대의 민중 가요와 2000년대 k팝에 이르기까지 한국인이 사랑한 '노래'를 중심으로 한국사를 들여다본다. 특히 근현대사에 집중, 21세기 한국인의 정서를 정치, 경제, 전쟁사, 생활사 등으로 세밀하게 살펴보고 있다.

주제1 〈돌아와요 부산항에〉를 통해 본 분단과 재일 동포 사회에 대한 탐구

주제2 1970년대 금지곡과 문화 검열이 대중음악과 청년 문화에 끼친 영향 고찰

주제3 사전 심의 제도가 1970~80년대 대중가요의 표현 자유와 창작 활동에 끼친 영향 탐구

논문

〈대한민국 정부 수립 이후 언론관계법의 발전과 평가 −제헌 헌법부터 제9차 개정 헌법까지−〉 이희훈, 2010.
이 논문은 제헌 헌법부터 제9차 개정 헌법까지 언론·출판의 자유 보장 수준이 반복적인 축소와 확대 속에서 변화·발전해 온 과정을 분석한다. 특히 이승만·박정희·전두환 정부 시기 애매한 언론관계법 조항을 근거로 언론의 자유를 과도하게 제한한 점을 지적하며, 권력 유지 목적의 언론관계법 악용은 민주주의를 훼손함을 강조한다.

논문 바로가기

주제1 헌법 개정에 따른 언론 정책 변화가 한국 민주주의 발전에 끼친 영향 고찰

주제2 음악 검열과 언론 검열이 청년 세대의 저항 문화 형성에 미친 영향에 대한 탐구

주제3 이승만·박정희·전두환 정부 시기의 언론관계법 제정과 언론 자유 통제 방식 비교 분석

토론

주제1 대중가요 사전 심의 제도는 사회 풍속 보호를 위한 것인가, 정치적 검열을 위한 것인가?

주제2 한류의 성장은 문화 개방 정책의 결과인가, 한국 대중문화가 선택한 국제화의 결과인가?

주제3 헌법상 언론·출판의 자유는 시대 상황에 따라 제한할 수 있는가, 절대적 권리로 보장해야 하는가?

III 오늘날의 대한민국

01
[10한사2-03-01]
6월 민주 항쟁 이후 각 분야에서 전개된 민주화의 과정을 탐구한다.

관련 학과
- 법학과
- 사회학과
- 정치학과
- 행정학과

문민 정부   # 평화적 정권 교체   # 역사 바로 세우기   # 국민 경선 제도   # 촛불 집회

교과 세특 탐구 주제

주제1 지방 자치제 전면 실시가 우리나라 민주주의 발전에 미친 영향 분석

주제2 김영삼 정부의 금융 실명제 실시가 민주주의와 경제 정의 실현에 끼친 영향 탐구

주제3 1980년대 후반 보도 지침 폐지가 언론 자유 확대와 한국 사회에 가져온 변화 탐구

주제4 '역사 바로 세우기' 정책이 과거사 청산과 민주주의 공고화에 끼친 성과와 한계 탐구

■ 함께 보면 좋은 도서
《모두의 민주주의》 김정인, 책과함께, 2025.
《서중석의 현대사 이야기 20》 서중석 외, 오월의봄, 2020.
《한국 민주주의, 100년의 혁명 1919~2019》 김동택 외, 한울아카데미, 2019.

GUIDE 6월 민주 항쟁 이후 정치·사회 등 다양한 분야에서 민주주의가 발전된 과정을 정리한다.

연계 활동 탐구 주제

독서 《모두의 민주주의》 김정인, 책과함께, 2025.
이 책은 광복 이후 촛불 시위까지 한국 현대사를 '미국, 반공, 민족, 개발, 독재, 민중, 시민 사회'라는 7가지 개념을 추출하여 각 시대를 재해석·재구성하였다. 저자는 오늘날은 민주주의가 모든 이들에게 절대적 신념으로 자리잡은 '모두의 민주주의 시대'라며 민주주의를 성찰할 기회를 제공한다.

주제1 6월 민주 항쟁 이후 시민 사회 성장과 민주주의 공고화 과정 탐구

주제2 NGO 활동 확대가 제도 정치와 민주주의 심화에 기여한 방식 고찰

주제3 2000년대 촛불 집회가 시민 사회의 민주주의 참여 방식에 끼친 영향 분석

논문 〈한국 시민 사회 30년(1987-2017)의 시민 참여와 민주주의〉 주성수, 2017.
이 논문은 한국 시민 사회사 30년(1987-2017)의 시민 참여의 일반적 특성을 정리하였다. 정부 불신과 더불어 집회와 시위 등의 직접 행동이 최근까지 지속적으로 늘면서 다양한 사회 단체 활동이 증가하였고, 1980-90년대에 비해 21세기에 와서 뚜렷한 성장을 했음을 밝히고 있다.

논문 바로가기

주제1 촛불 시위가 한국 민주주의 발전에 미친 영향과 한계 고찰

주제2 1987년 이후 한국 시민 사회의 성장 및 다양한 시민 운동의 양상 탐구

주제3 2000년대 촛불 시위를 통해 본 대의 민주주의와 직접 민주주의의 충돌·보완 관계 분석

토론 **주제1** '역사 바로 세우기'는 과거사 청산의 성공적 사례인가, 상징적 의미에 불과한가?

주제2 시민 운동의 활성화는 민주주의의 새로운 동력인가, 제도 정치의 한계를 드러낸 것인가?

주제3 지방 자치제 전면 실시는 풀뿌리 민주주의의 확대인가, 지역주의 정치를 심화시킨 계기인가?

02 [10한사2-03-02]
외환 위기의 극복 과정을 이해하고, 사회와 문화의 변동을 파악한다.

\# 경제 협력 개발 기구 \# 외환 위기 \# 금 모으기 운동 \# 자유 무역 협정 \# 사회 양극화

관련 학과
· 공공인재학부
· 문화사회학과
· 사회복지학과
· 사회학과

교과 세특 탐구 주제

주제1 한국 사회의 가족 형태 변화 흐름과 다양한 가족 형태에 대한 분석
주제2 외환 위기 이후 노동 시장의 변화와 사회 양극화 현상 확산에 대한 탐구
주제3 외환 위기 당시 금 모으기 운동의 상징성과 시민사회의 연대 의식에 대한 고찰
주제4 다문화 사회로의 전환에 따른 우리 사회의 다문화 가정 지원 정책과 문제점에 대한 탐구

■ 함께 보면 좋은 도서
《한국의 능력주의》 박권일, 이데아, 2021.
《한국 사회 문제 진단》 모경환 외, 아침나라, 2025.
《촛불 이후, K-민주주의와 문화 정치》 천정환, 역사비평사, 2020.

GUIDE 외환 위기의 발생 배경과 이를 극복하는 과정에서 한국 사회의 변화 양상 사례를 조사한다.

연계 활동 탐구 주제

독서 《한국 사회 문제 진단》 모경환 외, 아침나라, 2025.
이 책은 정치적 혼란, 불평등, 인구 구조 변화, 환경 위기, 혐오와 분열, 삶의 질 저하 등 사회 문제의 복합적인 구조와 양상을 분석하였다. 이 책을 통해 한국 사회를 새롭게 이해할 수 있고, 우리가 어디로 나아가야 할지 명확한 방향을 발견하며, 민주 시민으로서 첫걸음을 내딛는 길이 될 것이다.

주제1 저출산·고령화 현상이 한국 사회 구조에 미친 영향 고찰
주제2 성 불평등 해소를 위한 제도적 노력과 사회 인식 변화 고찰
주제3 포퓰리즘 정치가 민주주의 제도 운영에 끼친 긍정적·부정적 영향 탐구

논문 〈외환 위기 이후 한국 사회 변동 양상에 대하여〉 문형진, 2007.
이 논문은 외환 위기 이후 구조 조정의 실태와 그에 따라 수반된 실직 그리고 빈곤층 증가의 연관성과 양상을 분석하고, 이를 토대로 한국 사회가 겪게 되는 변동 양상을 종합적으로 고찰하였다. 또한 가구주의 실직은 향후 사회 양극화 문제를 초래할 수 있음을 지적하고 있다.

논문 바로가기

주제1 외환 위기 이후 심화된 사회 양극화의 원인과 결과 탐구
주제2 외환 위기 이후 비정규직 확대의 배경과 사회적 파급 효과 고찰
주제3 사회 양극화 문제 해결을 위한 정부의 공공성 강화 정책 및 효과 탐구

토론 **주제1** 사회 양극화 해결을 위해 보편적 복지를 확대해야 하는가, 선별적 지원을 강화해야 하는가?
주제2 외국인 노동자의 국내 유입은 한국 경제의 성장에 기여하는가, 노동 시장의 불안을 심화시키는가?
주제3 소셜 미디어 공간에서의 논의는 정치적 견해의 다양성을 증진하는가, 불공정과 혐오를 확산하는가?

03 [10한사2-03-03]
한반도 분단과 동아시아의 갈등을 극복하고 평화를 실현하기 위한 방안을 모색한다.

\# 북방 정책   \# 남북 기본 합의서   \# 6·15 남북 공동 선언   \# 영토 갈등   \# 역사 갈등

교과 세특 탐구 주제

주제1 한·중·일 3국 역사 갈등의 주요 쟁점과 배경에 대한 탐구

주제2 6·15 남북 공동 선언이 남북 관계 발전에 끼친 역사적 의의 고찰

주제3 냉전 종식과 국제 질서 변화가 노태우 정부의 북방 정책 추진에 끼친 영향 분석

주제4 일본의 전후 책임 인식과 과거사 청산이 동아시아 외교 관계 개선에 미친 영향에 대한 탐구

📖 함께 보면 좋은 도서

《민주주의의 모험》 신기욱, 인물과사상사, 2023.

《미래를 여는 역사》 한중일3국공동역사편찬위원회, 한겨레출판사, 2022.

《2030 세대 역사학도 청년이 염원하는 남북 관계와 한반도의 미래》 박준규, 박영사, 2022.

GUIDE 남북 관계를 다룬 다양한 합의문들을 정리해 보고, 자신이 생각하는 통일의 방안을 담은 선언문을 작성해 본다.

연계 활동 탐구 주제

독서

《미래를 여는 역사》 한중일3국공동역사편찬위원회, 한겨레출판사, 2022.
이 책은 한국·중국·일본 세 나라를 중심으로 동아시아의 근현대사를 다룬다. 각국의 과거사 청산 문제, 일본군 '위안부' 문제, 일본의 야스쿠니 신사 참배 문제 등 과거의 역사를 깊이 반성하고 평화와 인권, 민주주의가 보장되는 동아시아의 미래를 지향하고 있다.

주제1 독일과 일본, 한국의 과거사 청산 방식 비교 탐구

주제2 동아시아 역사 갈등의 지속 원인과 평화 정착을 위한 역사 교육의 역할 고찰

주제3 냉전 체제 속에서 동아시아 삼국의 국교 정상화 과정과 국제 정치적 의미 분석

논문

〈새로운 통일 정책 방향 모색〉 류홍채, 2023.
이 논문은 변화된 환경과 남북 관계에 맞는 통일 정책이 필요하다는 문제 의식으로, 민족적 숙원으로 여겨져 왔던 남북한의 통일 인식과 통일 정책에 대한 문제 제기와 새로운 방향 제시를 하였다. 또한 남한과 북한의 통일 정책은 장기적인 정책 과제로 전환하고 현실적이고 실천 가능한 정책을 수립해야 할 때임을 주장하였다.

주제1 남북 기본 합의서가 냉전 종식 이후 남북 관계에 끼친 의의와 한계 고찰

주제2 남한의 민족 공동체 통일 방안과 북한의 고려 연방제를 비교한 통일 구상 탐구

주제3 경제 협력, 환경 협력, 인도적 교류 등 현실적 과제를 기반으로 한 통일 전략 탐구

토론

주제1 6·15 남북 공동 선언은 한반도 평화의 전환점인가, 일시적 합의에 불과한가?

주제2 일본의 전후 책임 인식과 과거사 청산은 동아시아 화해의 출발점인가, 갈등의 원천인가?

주제3 탈냉전 이후 한미 동맹은 한국 민주주의 발전의 안전망인가, 외교적 자율성을 제약한 굴레인가?

통합사회1
통합사회2

과목 ▶ 정보	교과군	공통 과목	선택 과목			평가 정보		수능
			일반 선택	진로 선택	융합 선택	성취도	상대평가	
	사회	○	–	–	–	5단계	5등급	×

1 ▸ 교과 성격

'통합사회'는 고등학교에서 모든 학생이 배우는 공통 과목으로, 인간과 사회, 국가, 지구 공동체, 그리고 환경을 폭넓게 이해하도록 돕는다. 이 과목은 개별 학문 경계를 넘어 시간·공간·사회·윤리의 다양한 시각을 통합하여 이해하고, 변화하는 사회에 능동적으로 대처하고 미래에 필요한 기본 소양과 역량을 기르는 것을 목표로 한다.

수업에서는 복잡한 사회현상을 관찰·탐구·분석하는 과정을 통해 학생들이 흥미를 가지고 문제를 바라보도록 한다. 이를 위해 핵심 아이디어를 중심으로 사회문제를 통합적 시각에서 해석하고 비판적으로 성찰하는 활동을 진행한다. 특히, 토론·논술·프로젝트 학습·현장 체험 등 참여 중심의 수업 방식을 활용하여 학습한 관점이 실제 행동과 해결 방안으로 이어질 수 있도록 한다.

TIP 중학교의 사회(지리·일반사회, 역사) 교과 및 도덕 교과, 그리고 고등학교 선택 과목 간의 중요한 연결고리에 해당하는 과목임

2 ▸ 교과 목표

- 시간적, 공간적, 사회적, 윤리적 관점을 기반으로 인간의 삶과 사회현상을 통합적으로 사고하는 능력을 기른다.
- 인간의 삶과 행복, 이를 둘러싼 다양한 공간, 그리고 복합적인 사회현상을 다양한 경험, 사실, 가치 등을 고려하여 비판적으로 탐구하고 성찰하는 능력을 기른다.
- 일상생활과 사회에서 발생하는 다양한 문제에 대한 합리적이고 창의적인 해결 방안을 모색하고, 이를 통해 지역, 국가 및 세계의 시민으로서 자신의 삶을 다각적으로 고려하면서 통합적 관점을 적용하여 설계하고 실천하는 능력을 기른다.

3 ▸ 교과 핵심 키워드

# 공간적 관점	# 과학기술의 발달	# 교통·통신의 발달	# 금융 의사 결정	# 금융 자산
# 기본권	# 기후변화 협약	# 남북 분단	# 내재적 가치	# 다문화 사회
# 다양성 존중	# 도시화	# 민주주의 발전	# 문화권	# 문화 동화
# 문화 변동	# 문화 사대주의	# 문화 상대주의	# 보편 윤리	# 분배적 정의
# 비교 우위	# 빈부 격차	# 사회 계층 양극화	# 사회 복지 제도	# 사회 불평등 현상
# 사회적 관점	# 사회적 소수자	# 산업화	# 샐러드 볼 모형	# 생태시민
# 생태 중심주의	# 생태환경의 변화	# 생활공간	# 생활양식	# 세계시민
# 세계 인권 문제	# 세계 인권 선언	# 세계 평화	# 세계화	# 소극적 평화
# 수정 자본주의	# 시간적 관점	# 시민 불복종	# 시민 참여	# 시민 혁명
# 신자유주의	# 윤리적 관점	# 자문화 중심주의	# 자연관	# 자연환경
# 지역사회	# 통합적 관점	# 행복	# 행복의 의미	# 환경문제

4 ▸ 내용 체계

통합사회 1

핵심 아이디어	• 시간적, 공간적, 사회적, 윤리적 측면을 함께 고려하는 통합적 관점의 적용을 통해 인간, 사회, 환경의 특성 및 관련 문제를 잘 파악할 수 있다. • 질 높은 정주 환경의 조성, 경제적 안정, 민주주의의 실현, 윤리적 실천은 행복한 삶을 위한 중요한 조건이다. • 자연환경과 인간 생활의 유기적 관계를 고려하는 생태시민의 태도가 자연과 인간의 공존을 가능하게 한다. • 다양성 존중의 태도는 서로 다른 문화권과 다문화 사회의 특성을 이해하는 바탕이 된다. • 생활공간과 생활양식의 변화로 나타난 문제를 해결하려는 시민의 실천을 통해 지역사회의 변화를 이끌어낼 수 있다.

범주		내용 요소	
지식·이해	통합적 관점	• 통합적 관점 • 사회적 관점	• 시간적 관점 • 윤리적 관점	• 공간적 관점
	인간, 사회, 환경과 행복	• 행복의 의미	• 행복의 조건	
	자연환경과 인간	• 자연환경 • 생태시민	• 자연관	• 환경문제
	문화와 다양성	• 문화권 • 다문화 사회	• 문화 변동	• 문화 상대주의와 보편윤리
	생활 공간과 사회	• 산업화와 도시화 • 생활공간과 생활양식	• 교통·통신과 과학기술의 발달 • 지역사회	
과정·기능		• 탐구 주제를 나-지역-국가-세계의 관계 속에서 파악하기 • 탐구 주제의 역사적 배경 조사하기 • 주제와 관련된 다양한 가치를 통합적 관점에서 이해하고 가치 간의 관계 탐구하기 • 갈등 상황에서 가치를 선택하고 그 결과를 예측 및 평가하기 • 탐구 주제를 그림이나 지도, 도식 등을 활용하여 분석하고 표현하기 • 탐구 대상에 대한 현장조사 수행하기 • 탐구 주제에 적합한 자료를 수집 및 분석하기 • 의견 및 주장을 자료 및 매체를 활용하여 효과적으로 전달하기 • 통합적 관점에서 해결 방안을 도출하고 타당성 평가하기 • 민주적 절차와 방법을 활용하여 합의 도출하기		
가치·태도		• 시간적, 공간적, 사회적, 윤리적 차원의 다양한 쟁점에 관한 관심 • 갈등 해결을 위한 타인과의 소통과 협력 • 타인의 감정 이해 및 타인의 가치와 태도 존중 • 다양한 생활방식과 문화에 대한 이해와 존중 • 민주적 절차를 존중하는 과정에서 사회적 소수자 배려 • 공동체 문제 해결을 위한 적극적 참여와 공동선의 실천 • 생태·평화적 관점에서 공존과 지속가능한 발전을 지향하는 태도 • 지역적, 국가적, 세계적 수준의 다양한 쟁점에 관한 관심 • 지구촌 공동체의 문제 및 위기 해결 과정에 대한 적극적 참여		

통합사회 2

핵심 아이디어	<ul><li>근대 시민 혁명 이후 확립된 인권은 오늘날 사회제도적 장치의 마련과 시민의 노력으로 확장되고 있다.</li><li>정의의 의미와 기준을 이해하고, 이에 대한 실천 방안을 모색함으로써 사회 불평등 문제 해결에 기여할 수 있다.</li><li>경제 주체들은 효율성을 기준으로 경제활동에 참여하며, 이 과정에서 나타난 문제 해결을 위해 지속가능발전을 추구한다.</li><li>국제 사회의 협력과 세계시민 의식의 함양을 통해 세계화의 과정에서 나타나는 여러 문제와 국제 분쟁을 평화적으로 해결할 수 있다.</li><li>지속가능한 발전의 추구를 통해 인류가 당면한 지구촌 문제 해결과 바람직한 미래 변화를 꾀할 수 있다.</li></ul>

범주		내용 요소	
지식·이해	인권 보장과 헌법	• 시민혁명 • 헌법	• 인권 • 시민참여
	사회 정의와 불평등	• 정의의 실질적 기준 • 사회불평등	• 정의관 • 공간불평등
	시장 경제와 지속가능 발전	• 시장경제와 합리적 선택 • 국제 분업과 무역	• 경제 주체의 역할 • 금융 생활
	세계화와 평화	• 세계화 • 평화	• 국제분쟁 • 세계시민
	미래와 지속 가능한 삶	• 인구 문제 • 미래 삶의 방향	• 자원 위기 • 지속가능발전
과정·기능		<ul><li>탐구 주제를 나-지역-국가-세계의 관계 속에서 파악하기</li><li>탐구 주제의 역사적 배경 조사하기</li><li>주제와 관련된 다양한 가치를 통합적 관점에서 이해하고 가치 간의 관계 탐구하기</li><li>갈등 상황에서 가치를 선택하고 그 결과를 예측 및 평가하기</li><li>탐구 주제를 그림이나 지도, 도식 등을 활용하여 분석하고 표현하기</li><li>탐구 대상에 대한 현장 조사 수행하기</li><li>탐구 주제에 적합한 자료를 수집 및 분석하기</li><li>의견 및 주장을 자료 및 매체를 활용하여 효과적으로 전달하기</li><li>통합적 관점에서 해결 방안을 도출하고 타당성 평가하기</li><li>민주적 절차와 방법을 활용하여 합의 도출하기</li></ul>	
가치·태도		<ul><li>시간적, 공간적, 사회적, 윤리적 차원의 다양한 쟁점에 관한 관심</li><li>갈등 해결을 위한 타인과의 소통과 협력</li><li>타인의 감정 이해 및 타인의 가치와 태도 존중</li><li>다양한 생활방식과 문화에 대한 이해와 존중</li><li>민주적 절차를 존중하는 과정에서 사회적 소수자 배려</li><li>공동체 문제 해결을 위한 적극적 참여와 공동선의 실천</li><li>생태·평화적 관점에서 공존과 지속가능한 발전을 지향하는 태도</li><li>지역적, 국가적, 세계적 수준의 다양한 쟁점에 관한 관심</li><li>지구촌 공동체의 문제 및 위기 해결 과정에 대한 적극적 참여</li></ul>	

I 통합적 관점

01

[10통사1-01-01] 인간, 사회, 환경을 바라보는 시간적, 공간적, 사회적, 윤리적 관점의 의미와 특징을 사례를 통해 파악한다.

인간·사회·환경을 바라보는 다양한 관점 # 시간적 관점 # 공간적 관점 # 사회적 관점 # 윤리적 관점

관련 학과
- 사회학과
- 역사학과
- 윤리학과
- 지리학과

교과 세특 탐구 주제

주제1 시대별로 유행한 대중음악 장르 탐구
주제2 주거 지역에 따른 교육·문화 접근성의 차이 비교 분석
주제3 1인 가구 증가에 따른 소비 패턴의 변화 모습과 그 영향 탐구
주제4 인공지능·디지털 사회에서 발생하는 윤리 문제와 해결 방안 탐구

■ 함께 보면 좋은 도서
《**최소한의 한국사**》 최태성, 프런트페이지, 2023.
《**청소년을 위한 기후변화 에세이**》 남성현, 해냄, 2024.
《**왜 세계의 절반은 굶주리는가?**》 장 지글러(유영미 역), 갈라파고스, 2016.

연계 활동 탐구 주제

독서
《**최소한의 한국사**》 최태성, 프런트페이지, 2023.
이 책은 한국사를 탐구하는 독자가 복잡한 사건과 인물 속에서 길을 잃지 않도록, 시대별 흐름에 따라 튼튼한 뼈대를 세워 준다. 각 시대의 주요 사건과 국가적 특성을 속도감 있게 다루어, 역사의 변화가 다음 시대에 어떤 영향을 미쳤는지 그 맥락을 명확하게 파악하게 한다.

주제1 문화재 약탈과 반환 문제에 대한 윤리적 탐구
주제2 임진왜란 이후 조선 사회의 정치·경제·문화적 변화 모습 탐구
주제3 대한 제국기부터 해방까지, 독립운동 방식의 시대적 변화 양상 탐구

논문
〈인공지능은 인간의 일자리를 얼마나 대체할 것인가: 인공지능 시대의 기술과 노동에 관한 시론〉 송성수, 2022.
이 논문은 인공지능이 인간의 일자리를 급속히 대체할 것이라는 주장에 대해 기술적·제도적·문화적 한계로 인해 인공지능이 인간 노동을 전면적으로 대체하기는 어렵다고 한다. 인공지능이 발전하더라도 창의적 문제 제기, 정서적 결속, 총체적 판단 등은 인간 고유의 영역으로 남을 것이라고 한다.

논문 바로가기

주제1 인공지능의 등장으로 사라질 직업 탐구
주제2 한국과 일본 편의점의 인공지능 사용 방법 비교 분석
주제3 윤리적 관점에서 인공지능이 대체해서는 안 될 직업 탐구

토론
주제1 과거의 불행한 역사는 잊고 앞으로 나아가야 하는가, 계속 기억해야 하는가?
주제2 1인 가구 증가는 공동체의 결속을 약화하는 주요 원인인가, 사회 다양성의 증거인가?
주제3 기후변화 대응을 전 세계가 똑같이 해야 하는가, 나라마다 상황에 맞춰 다르게 해야 하는가?

02 [10통사1-01-02]
인간, 사회, 환경의 탐구에 통합적 관점이 요청되는 이유를 도출하고 이를 탐구에 적용한다.

관련 학과
· 사회학과
· 역사학과
· 지리학과
· 철학과

\# 통합적 관점 \# 통합적 관점의 중요성 \# 통합적 관점에 따른 사회문제 해결 \# 탐구 실천

교과 세특 탐구 주제

주제1 스마트폰 보편화가 가져온 개인적·사회적 변화 탐구
주제2 저출산 문제의 원인과 영향에 대한 청소년의 인식 탐구
주제3 배달 음식 문화의 확산이 우리 삶에 미치는 영향 탐구
주제4 공동 주택 층간 소음 문제의 발생 원인과 해결 방안 탐구

■ **함께 보면 좋은 도서**
《처음 하는 사회학 공부》 박한경, EBS BOOKS, 2022.
《통섭》 에드워드 윌슨(최재천 외 역), 사이언스북스, 2005.
《총 균 쇠》 재레드 다이아몬드(강주헌 역), 김영사, 2023.

GUIDE 인간, 사회, 환경 문제를 탐구할 때 서로 주고받는 영향을 고려하여 통합적으로 탐구해야 한다.

연계 활동 탐구 주제

독서 《처음 하는 사회학 공부》 박한경, EBS BOOKS, 2022.
이 책은 사회학의 특징과 역사는 물론, 불평등, 도시화, 젠더 문제 등 현재 사회의 뜨거운 이슈들을 다룬다. 특히 사회학적 상상력이라는 도구를 통해 당연하게 여겼던 일상을 새로운 관점으로 바라보게 한다. 30가지 핵심 키워드를 통해 사회학의 매력을 발견하고, 세상을 보는 새로운 안목을 얻게 된다.

주제1 인지 혁명·농업 혁명·과학 혁명의 주요 내용 및 특징 비교
주제2 통합적 관점에서 식량 불평등 문제의 원인과 해결 방안 탐구
주제3 국가, 종교, 기업 같은 집단적 허구 개념의 사회적 영향 탐구

논문 〈한국의 문화 경관에 대한 통합적 관점〉 류제헌, 2009.
이 논문은 문화지리학적 접근에 사회 이론과 정치적 관심사를 접목할 것을 제안한다. 복합적 사회–문화적 과정과 이데올로기, 권력 관계에 주목해 문화 경관 연구와 사회적 과정의 탐구를 통합해 나갈 필요성을 역설하여 한국 문화 경관을 이해하는 데 통합적이고 심화된 관점의 필요성을 강조한다.

논문 바로가기

주제1 우리 지역의 독특한 지명과 그 유래 조사하기
주제2 도시 재생 사업 과정에서 발생하는 문화 경관의 변화 탐구
주제3 '힙스터' 지역에서 나타나는 젠트리피케이션 현상의 통합적 원인 탐구

토론 **주제1** 아동·청소년의 스마트폰 사용 시간 제한은 필요한가?
주제2 문화 경관 보존과 도시 재생 사업은 상충되는 목표인가, 상호 보완 가능한가?
주제3 국제적 식량 불평등 문제 해결을 위한 국제 사회의 강제 개입은 정당화될 수 있는가?

II 인간, 사회, 환경과 행복

01

[10통사1-02-01] 시대와 지역에 따라 다르게 나타나는 행복의 기준을 사례를 통해 비교하여 평가하고, 삶의 목적으로서 행복의 의미를 성찰한다.

행복의 기준 # 시대적 상황 # 지역적 여건 # 궁극적 삶의 목적 # 행복의 의미

관련 학과
· 사회복지학과
· 심리학과
· 철학과
· 행정학과

교과 세특 탐구 주제

주제1 동양과 서양 철학자의 행복론 비교 분석
주제2 '우리'가 생각하는 다양한 행복의 조건 탐구
주제3 대중문화 장면(가사, 장면, 대화) 속 행복의 비판적 분석
주제4 문학 작품 속 조선 시대 선비가 추구한 행복의 요소 탐구

▣ 함께 보면 좋은 도서
《월든》 헨리 데이비드 소로(정회성 역), 민음사, 2021.
《세계여행에서 찾은 20가지 행복 철학》 케이트 모건(김문주 역), 유아이북스, 2022.
《세상에서 가장 긴 행복 탐구 보고서》 로버트 월딩거 외(박선령 역) 비즈니스북스, 2023.

GUIDE 시대와 지역에 따라 사람들이 중요하게 생각한 가치의 변화를 확인하며 행복의 의미를 탐구해야 한다.

연계 활동 탐구 주제

독서

《월든》 헨리 데이비드 소로(정회성 역), 민음사, 2021.
문명을 등지고 홀로 숲속에 들어가 통나무집을 짓고 자급자족한 소로의 삶은, 흔히 생각하는 행복과는 거리가 멀지만 이 책은 물질적 풍요가 아닌 내면의 평화와 정신적 자유가 진정한 행복임을 역설한다. 자연과 교감을 바탕으로 한 삶의 본질에 대한 그의 고찰은 행복의 의미를 생각하게 한다.

주제1 우리 가족의 세대별 행복 기준 양상 탐구
주제2 욕구와 필요의 차이를 바탕으로 내 삶의 필수적인 요소 탐구
주제3 소로의 삶과 대비되는 행복의 다양한 유형(성공한 기업인, 인기 연예인 등) 탐구

논문

〈세대별 행복에 영향을 미치는 요인에 관한 연구: 베이비 붐 세대, X 세대, 그리고 MZ 세대 간 차이를 중심으로〉 김수정, 2022.
한국 사회에서 세대별 행복감의 차이와 각 세대의 행복에 영향을 미치는 요인을 파악하였다. 젊은 세대일수록 행복감이 높고, 주관적 경제 상태, 건강, 사회적 신뢰 등은 모든 세대의 행복감에 영향을 주지만, 각 세대의 행복감은 추구하는 가치, 교육 수준, 정치 참여 의식 등에서 뚜렷한 차이가 있다.

논문 바로가기

주제1 다양한 행복 지표와 그 안의 행복 요인 분석
주제2 소셜 미디어 사용이 주관적 행복감에 미치는 영향 탐구
주제3 세대별 행복 요인이 사회 변화(정책 방향 및 소비 트렌드 등)에 미치는 영향 예측

토론

주제1 디지털 디톡스는 행복에 도움이 되는가?
주제2 행복의 기준은 상대적인가, 절대적인가?
주제3 행복은 도달해야 할 목표인가, 행복을 추구하는 과정 자체가 행복인가?

관련 학과
· 도시공학과
· 사회복지학과
· 정치학과
· 철학과

\# 질 높은 정주 환경 \# 경제적 안정 \# 민주주의 발전 \# 도덕적 실천

교과 세특 탐구 주제

주제1 우리 동네에서 나를 행복하게 하는 환경 요소 찾기
주제2 우리나라 청년 실업의 현황과 행복감에 미칠 영향 탐구
주제3 시민 참여가 지역사회 구성원의 행복에 미치는 영향 탐구
주제4 도덕적 실천을 바탕으로 행복을 느끼고 살아가는 사람들의 사례 탐구

▣ 함께 보면 좋은 도서
《**지적 행복론**》 리처드 이스털린(안세민 역), 윌북, 2022.
《**진정한 행복의 7가지 조건**》 채정호, 인플루엔셜, 2023.
《**행복의 지도**》 에릭 와이너(김승욱 역), 어크로스, 2021.

GUIDE 행복한 삶을 위해 물질적·제도적 조건뿐만 아니라, 도덕적 실천이 필요한 이유를 고찰해야 한다.

연계 활동 탐구 주제

독서 《**지적 행복론**》 리처드 이스털린(안세민 역), 윌북, 2022.

이 책은 소득과 행복의 역설을 비롯해 개인, 사회, 국가 차원의 행복에 대한 통찰을 제공한다. 경제학적 관점에서 부와 행복의 관계를 설명하며, 복지 정책, 환경 등 행복에 영향을 미치는 다양한 요소를 아우른다. 자본주의 시대에 행복의 의미와 현명한 선택, 국민의 행복을 위한 국가의 역할에 대한 답을 찾을 수 있을 것이다.

주제1 청소년의 용돈 수준과 주관적 행복감의 관계 탐구
주제2 '이스털린 역설'의 의미 및 한국 사회에의 적용 결과 분석
주제3 물질적 요소와 비물질적 요소를 융합한 '나만의 행복 지수' 개발

논문 〈주관적 웰빙의 영향 요인에 관한 연구: 2022년 사회 통합 실태 조사를 중심으로〉 김구, 2024.

한국 국민의 주관적 웰빙(행복감, 삶의 만족도 등)에 영향을 미치는 요인 분석 결과 개인적 특성, 사회적 가치 등 다양한 요인이 영향을 미치는 것으로 나타났다. 결과를 토대로 생애 주기별 맞춤 정책, 민주주의 질 향상, 사회적 자본 확충, 노후 대비 사회 보장 제도 마련 등 정책 방안을 제시한다.

논문 바로가기

주제1 감사 일기 작성이 행복한 삶에 미치는 영향 탐구
주제2 학교 시설과 학생이 느끼는 행복감의 관련성에 대한 탐구
주제3 복지 국가의 사례를 중심으로 사회 보장 제도가 행복에 미치는 영향 탐구

토론 **주제1** 행복의 기준은 문화나 가치관과 상관없이 보편적으로 존재하는가?
주제2 국가의 복지 확대는 국민의 행복한 삶을 실현하는 최선의 방법인가?
주제3 쾌락을 추구하는 삶과 도덕 법칙에 따르는 삶 중 어느 쪽이 더 행복한 삶인가?

III 자연환경과 인간

01

[10통사1-03-01] 자연환경이 인간의 생활에 미치는 영향에 관한 과거와 현재의 사례를 조사하여 분석하고, 안전하고 쾌적한 환경에서 살아가는 것이 시민의 권리임을 주장한다.

관련 학과
· 기상학과
· 도시공학과
· 지리학과
· 환경정책학과

\# 기후 \# 지형 \# 자연재해 \# 안전권 \# 환경권

교과 세특 탐구 주제

주제1 기후 지역별 대표 음식과 요리법 비교 분석

주제2 기후에 따라 달라지는 의복의 과학적 원리 탐구

주제3 기후 난민의 발생 사례와 그들의 현재 생활 모습 탐구

주제4 안전하고 쾌적하게 살 권리인 환경권이 인정된 판례 탐구

▣ 함께 보면 좋은 도서

《맛집에서 만난 세계지리 수업》 남원상, 서해문집, 2024.

《지구별 생태사상가》 황대권 외, 작은것이아름답다, 2020.

《나는 풍요로웠고, 지구는 달라졌다》 호프 자런(김은령 역), 김영사, 2020.

연계 활동 탐구 주제

독서

《나는 풍요로웠고, 지구는 달라졌다》 호프 자런(김은령 역), 김영사, 2020.

이 책은 인구 증가, 에너지 소비, 식량 생산 방식 등 우리가 누려 온 풍요의 이면을 객관적인 수치로 보여 주며, 환경 문제의 심각성을 직시하게 한다. 저자는 공포나 경고가 아닌 유머러스한 서술로 독자들이 지속가능한 삶을 위한 새로운 방식을 모색하도록 독려하며, 긍정적인 변화가 가능하다고 말한다.

주제1 플라스틱 쓰레기가 생태계에 미치는 영향 탐구

주제2 자신의 생활 방식에 따른 탄소 발자국 계산 및 절감 방안 탐구

주제3 친환경 제품(생분해성 봉투, 종이 빨대 등)의 효용성 및 한계 분석

논문

〈헌법상 환경권의 기본권 보장과 범위에 관한 연구 -기후 헌법 소송에 나타난 심사 척도를 중심으로-〉 신규하, 2025.

이 논문은 기후위기 헌법 소송의 환경권 심사 기준에 대해 여러 국가의 사례를 비교·분석한다. 헌법재판소가 기본권 제한과 보호 영역에 따라 각각 과잉 금지 원칙과 과소 보호 금지 원칙을 적용함을 밝히고, 기후위기 대응이 미래 세대를 위한 현재 세대의 적극적 보호 의무이자 헌법상 환경 인권 문제임을 강조한다.

논문 바로가기

주제1 헌법상 환경권의 의미와 법적 보장의 역사 탐구

주제2 해외의 기후 소송(네덜란드, 독일 등) 사례 분석

주제3 기후위기가 미래 세대의 기본권에 미치는 영향 탐구

토론

주제1 안전하고 쾌적한 환경에서 살아가려면 일회용품 전면 금지 정책을 시행해야 하는가?

주제2 기후 난민을 받아들이는 것은 인도적 책임인가, 국가 주권의 문제인가?

주제3 기후변화 대응 시 현 세대의 경제적 부담과 미래 세대의 생존권 중 무엇을 우선해야 하는가?

02

[10통사1-03-02] 자연에 대한 인간의 다양한 관점을 사례를 통해 비교하고, 인간과 자연의 바람직한 관계를 제안한다.

인간 중심주의 # 생태 중심주의 # 도구적 자연관 # 유기적 관계 # 인간과 자연의 공존

교과 세특 탐구 주제

주제1 다양한 환경 오염의 현황과 그 원인 분석
주제2 인간 중심주의와 생태 중심주의의 개념 비교 분석
주제3 신도시 개발, 공장 설립 등 개발로 인한 환경 훼손 사례 탐구
주제4 기술 발전이 인간의 자연에 대한 인식과 태도에 미치는 영향 탐구

▣ 함께 보면 좋은 도서

《침묵의 봄》 레이첼 카슨(김은령 역), 에코리브르, 2024.
《바이오필릭 시티》 티모시 비틀리(최용호 외 역), 차밍시티, 2020.
《생태시민을 위한 동물지리와 환경 이야기》 한준호 외, 롤러코스터, 2024.

GUIDE 각 관점의 특징을 비교하여 자연의 일부로서 인간을 위한 관점이 무엇인지 성찰해 보도록 한다.

연계 활동 탐구 주제

독서 《바이오필릭 시티》 티모시 비틀리(최용호 외 역), 차밍시티, 2020.
이 책은 산업화로 인해 사라졌던 도시의 자연이 돌아와 야생과 도시가 공존하는 바이오필릭 시티의 사례들을 담고 있다. 도시와 자연, 인간의 공존을 위해 노력하는 연구원, 공무원, 자원 봉사자 등 다양한 분야의 전문가들과 바이오필릭 시티 활동가들을 직접 인터뷰하고 연구한 결과를 집대성한 것이다.

주제1 바이오필릭 시티의 등장 배경과 이론 탐구
주제2 탄소중립 도시 실현을 위한 도시 농업의 실제 사례 탐구
주제3 가정에서 키울 수 있는 공기 정화 식물의 종류 및 효과 비교 분석

논문 〈인류세 담론에서 인간과 자연: 신유물론과의 이론적 접점〉 정채연, 2025.
이 논문은 인류세 담론을 고찰하며 인간 중심주의의 극복과 인간과 자연의 새로운 관계 설정을 모색한다. 특히, 물질과 비인간 존재의 행위성을 인정하는 신유물론과 자연을 능동적인 시스템으로 보는 가이아 개념을 통해 인간과 비인간이 상호 작용하는 새로운 가능성을 제시한다.

논문 바로가기

주제1 신인간 중심주의와 생태 중심주의 관점 및 사례 비교 탐구
주제2 다가올 기후변화가 우리나라 농산물 생산에 미칠 영향 탐구
주제3 자연을 능동적 시스템으로 보는 가이아 가설의 과학적 타당성 탐구

토론 **주제1** 동물원은 교육적 필요를 이유로 정당화될 수 있는가?
주제2 인간 중심주의는 기후위기 시대에도 여전히 유효한 관점인가?
주제3 신도시 개발로 인한 환경 훼손은 경제적 필요에 의해 정당화될 수 있는가?

03

[10통사1–03–03] 환경 문제 해결을 위한 정부, 시민사회, 기업 등의 다양한 노력을 조사하고, 생태시민으로서 실천 방안을 모색한다.

관련 학과
· 국제관계학과
· 산림자원학과
· 지구환경과학과
· 환경정책학과

\# 환경 문제 \# 환경 문제 해결 노력 \# 생태시민 \# 생태 전환적 사고

교과 세특 탐구 주제

주제1 태평양 쓰레기섬의 규모와 형성 원인 탐구

주제2 다양한 자연재해의 발생 원인과 대응 방안 모색

주제3 환경 문제 해결을 위해 활동하는 비정부 기구 및 시민 단체 조사

주제4 도시의 안전과 쾌적함을 동시에 확보하기 위한 공공 디자인 사례 탐구

■ 함께 보면 좋은 도서

《지구는 괜찮아, 우리가 문제지》 곽재식, 어크로스, 2022.

《두 번째 지구는 없다》 타일러 라쉬, 알에이치코리아, 2020.

《내일도 지구가 안녕하면 좋겠어!》 정다빈 외, 맘에드림, 2024.

GUIDE 환경 문제 해결을 위해 노력하는 정부, 시민 사회, 기업의 역할과 한계는 무엇인지 균형 있게 탐구해야 한다.

연계 활동 탐구 주제

독서

《두 번째 지구는 없다》 타일러 라쉬, 알에이치코리아, 2020.
이 책은 기후위기가 단순한 환경 문제가 아닌 경제적 위험이라는 점을 강조한다. 저자는 현대인이 자연과의 연결을 외면한 채 소비하며 위기를 초래했다고 지적하며, 친환경 기업을 선택하고 환경적 외부 효과를 고려하는 등 더 나은 선택을 해야 한다고 주장한다.

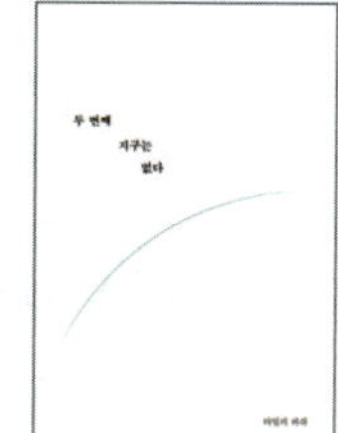

주제1 '친환경 소비 습관 챌린지' 도전 결과 분석

주제2 친환경 기업 및 '그린워싱(Greenwashing)' 사례 탐구

주제3 우리 학교 급식의 원산지 조사 및 '푸드 마일리지' 탐구

논문

〈'인간 너머' 자연의 권리와 지구법학: 탐색과 전망〉 김왕배, 2022.
이 논문은 지구 온난화로 인한 인류세 시대의 위기를 다루며, 비인간 자연에 법적 권리를 부여하는 지구법학을 소개한다. 지구법학은 자연을 능동적 주체로 인정하고, 비인간 자연의 권리 범위를 어디까지 할지, 자연을 포함하는 새로운 정치 및 거버넌스 체제의 구축 가능성에 대한 과제를 제시한다.

논문 바로가기

주제1 지구법학의 정의 및 환경법과의 비교 분석

주제2 인류세의 의미와 인류의 활동이 지구에 남긴 지질학적 흔적 탐구

주제3 '비인간 자연'에 법적 권리를 부여한 사례(뉴질랜드의 타라나키산) 조사

토론

주제1 '비인간 자연'에 법적 권리 부여는 실질적 환경 보호로 이어질 수 있는가?

주제2 기업의 친환경 경영은 지속가능성을 추구하는 것인가, '그린워싱'의 일환인가?

주제3 기후위기 시대에 생태전환적 사고는 과학기술의 발전보다 더 근본적인 해답인가?

IV 문화와 다양성

01 [10통사1-04-01]
자연환경과 인문환경의 영향을 받아 형성된 다양한 문화권의 특징과 삶의 방식을 탐구한다.

문화권 # 자연환경 # 인문환경 # 세계의 다양한 문화권

교과 세특 탐구 주제

주제1 세계 주요 기후별 다양한 주거 형태 조사
주제2 문화권별 주식(아시아-쌀) 등 식문화 형성 배경 탐구
주제3 종교가 문화권별 건축 문화에 미친 영향에 대한 사례 탐구
주제4 유목 문화와 정착 농경 문화의 사회 구조와 가치관 비교 분석

📖 **함께 보면 좋은 도서**
《선을 넘는 지리 이야기》 성정원 외, 서해문집, 2025.
《나의 첫 지정학 수업》 전국지리교사모임, 탐, 2023.
《문화의 수수께끼》 마빈 해리스(박종렬 외 역), 한길사, 2017.

GUIDE 각 문화권이 자연환경과 인문환경의 영향을 어떻게 받았는지를 종합적으로 탐구해야 한다.

연계 활동 탐구 주제

독서 《문화의 수수께끼》 마빈 해리스(박종렬 외 역), 한길사, 2017.

이 책은 우리가 이해할 수 없는 문화 현상들이 환경과 생존에 대한 합리적 선택의 결과라고 설명한다. 인도에서 소를 숭배하거나 중동에서 돼지를 금기시하는 관습은 경제적 효율성을 위한 실용적인 전략이었고, 문화는 우연의 산물이 아니라 인간 생존을 위한 가장 효율적인 전략이었다.

주제1 다양한 문화권의 독특한 금기 사례 탐구
주제2 극한 환경에 적응한 북극 문화권의 효율적 생활 방식 탐구
주제3 자원의 관점에서 섬 문화와 대륙 문화의 의식주 비교 분석

논문 〈환경으로 본 안데스 전통문화와 동아시아 문화의 관계성의 원리〉 박호진, 2021.

논문 바로가기

이 논문은 유교의 관계성 원리와 안데스 전통문화의 관계성 원리를 비교 분석하고, 문화-환경론을 바탕으로 동아시아 문화와 안데스 문화의 유사성을 고찰한다. 연구를 통해 벼농사 문화뿐만 아니라 불안정한 자연환경에서도 강력한 협력 문화가 형성될 수 있음을 보여 준다.

주제1 동아시아 벼농사 문화에 필요한 협동 방식 조사
주제2 안데스 산악 지역의 독특한 자연환경 특성 탐구
주제3 동아시아와 안데스 전통문화의 협력 방식 비교 분석

토론 **주제1** 자연환경은 인간의 생활 방식을 규정짓는 결정적 요인인가?
주제2 유목 문화와 농경 문화의 가치관 차이는 오늘날에도 유효한가?
주제3 종교 건축물의 특징은 자연환경의 영향인가, 사람들의 생각과 믿음의 영향인가?

02 [10통사1-04-02]

문화 변동의 다양한 양상을 이해하고, 현대 사회에서 전통문화가 지니는 의의를 탐색한다.

관련 학과
· 국제학과
· 문화인류학과
· 사학과
· 언어과학과

\# 문화 변동 \# 문화 병존 \# 문화 융합 \# 문화 동화 \# 전통문화의 창조적 계승

교과 세특 탐구 주제

주제1 우리나라의 전통 인사 방식과 인사 방식 변화 탐구

주제2 주변에서 쉽게 찾을 수 있는 '퓨전 음식' 사례 탐구

주제3 문화 동화가 소수 언어 소멸 가속화에 미치는 영향 탐구

주제4 다른 문화와의 접촉 과정에서 전통문화가 변화·재해석된 사례 탐구

▣ 함께 보면 좋은 도서

《발명과 발견의 과학사》 최성우, 지노, 2024.
《노마드》 앤서니 새틴(이순호 역), 까치, 2024.
《처음 만나는 문화 인류학》 한국문화인류학회, 일조각, 2010.

연계 활동 탐구 주제

독서

《노마드》 앤서니 새틴(이순호 역), 까치, 2024.

이 책은 유목민의 삶을 단순히 과거의 역사로 보는 것이 아니라, 현대 사회가 겪는 문제에 대한 해답을 찾을 수 있는 전통문화로 재해석한다. 급격한 문화 변동 속에서 잃어버린 자유와 자연과의 조화는 도시화와 산업화가 초래한 현대인의 단절된 삶에 새로운 가치를 제시하는 문화적 자원이 된다.

주제1 현대 도시인의 삶과 유목민의 삶 비교 분석

주제2 현대 사회의 '소유의 가치관'과 유목민의 '이동의 가치관' 비교 분석

주제3 유목민의 자연에 대한 관점과 생활 방식에서 나타나는 자연과의 조화 사례 탐구

논문

〈근대 시기 혼례 문화 변동 연구〉 김연수, 2016.

이 논문은 혼례 문화의 변천 과정을 고찰한다. 조선 시대의 혼례는 형식적으로는 '친영'을 따랐으나 실제로는 신부가 본가에 머무르다 시댁으로 가는 '우귀' 관습이 일반적이었다. 근대 사회의 서구식 시간 개념, 예식장의 등장, 교통 발달 등 급격한 변화로 시집살이 문화가 정착되는 과정을 추적한다.

논문 바로가기

주제1 조선 시대 혼례 문화인 '친영'과 '우귀' 풍습 비교 분석

주제2 근대화 과정에서 도입된 혼례 문화의 새로운 요소와 그 영향 조사

주제3 저출산, 1인 가구 증가 등 사회 변화에 따른 미래의 혼례 문화 모습 예측

토론

주제1 전통문화의 변형은 훼손인가, 재창조인가?

주제2 글로벌화·정보화 과정에서 소수 언어의 소멸은 피할 수 없는 현상인가?

주제3 현대 혼례에서 나타나는 문화 융합은 문화적 다양성 증가인가, 상업화의 결과인가?

03 [10통사1-04-03] 문화적 차이에 대한 상대주의적 태도의 필요성을 이해하고, 보편 윤리의 차원에서 자문화와 타문화를 평가한다.

\# 자문화 중심주의 \# 문화 사대주의 \# 문화 상대주의 \# 극단적 문화 상대주의 \# 보편 윤리

교과 세특 탐구 주제

주제1 다양한 문화권별 장례 문화 비교 분석
주제2 나라별 다양한 전통 의상과 그 문화적 의미 탐구
주제3 문화 사대주의 또는 자문화 중심주의적 태도로 인한 갈등 사례 탐구
주제4 보편 윤리 관점에서 한국, 터키, 인도, 이란의 '종교적 자유' 보장 현황 탐구

■ 함께 보면 좋은 도서
《모두 다 문화야》 최영민, 풀빛, 2018.
《나를 발견하는 인류학 수업》 함세정, 사계절, 2025.
《문화란 무엇인가》 테리 이글턴(이강선 역) 문예출판사, 2021.

GUIDE 극단적 문화 상대주의는 인권 침해와 같이 인류의 보편 윤리를 훼손할 수 있음을 인식해야 한다.

연계 활동 탐구 주제

독서 《나를 발견하는 인류학 수업》 함세정, 사계절, 2025.
이 책은 문화 상대주의를 통해 청소년들의 고민에 답하고자 한다. 문화 상대주의의 관점을 적용하여 자신과 세상을 바라보면 당연하게 여겨지는 '정상'의 기준이 절대적 진리가 아님을 깨닫게 된다. 이를 통해 청소년들은 자신만의 고유한 가치를 찾고, 타인의 삶과 문화를 열린 마음으로 존중할 수 있다.

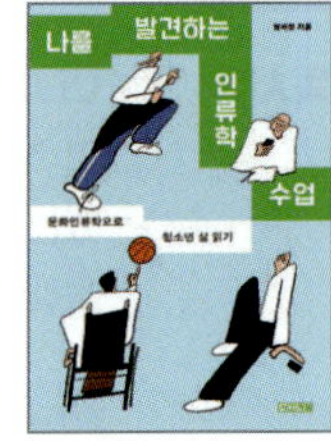

주제1 문화권별 '아름다움'의 기준에 대한 비교 분석
주제2 우리나라 '정상가족'의 기준에 대한 비판적 탐구
주제3 문화 상대주의적 관점에서 자본주의, 사회주의, 전통적 경제 체제의 자원 사용 방식 탐구

논문 〈아리스토텔레스 목적론의 현대적 의의 −다문화 사회에서의 가치를 중심으로−〉 장정아, 2025.
이 논문은 인간의 내면에 내재된 본성을 실현하는 '목적'이라는 개념이 문화 상대주의와 보편주의 사이의 긴장을 완화할 수 있는 윤리적 틀을 제공한다고 주장한다. 이러한 목적론적 접근은 다양한 문화적 배경 속에서도 '인간다움'이라는 보편적 기준을 형성할 수 있는 가능성을 제시한다.

주제1 문화 상대주의와 보편주의의 의미 비교
주제2 역사 속 인물이나 위인을 통한 '인간다움의 보편적 기준' 탐구
주제3 목적론적 관점에서 우리나라 다문화 갈등 사례의 해결 방안 탐구

토론 **주제1** 보편 윤리는 서구 중심의 관점인가, 인류 보편의 가치인가?
주제2 문화 사대주의는 타문화 이해인가, 자기 문화에 대한 소외인가?
주제3 모든 문화는 동등하게 존중받아야 하는가, 윤리적 평가가 필요한가?

04

[10통사1-04-04] 다문화 사회의 현황을 조사하고, 문화적 다양성을 존중하는 태도를 바탕으로 갈등 해결 방안을 모색한다.

관련 학과
· 다문화교육학과
· 도시지리학과
· 문화인류학과
· 행정복지학과

\# 다문화 사회 \# 문화적 다양성 \# 동화주의 \# 다문화주의

교과 세특 탐구 주제

주제1 우리 지역 외국인 주민 현황 조사
주제2 '샐러드 볼 모델'과 '용광로 모델'의 관점 및 사례 탐구
주제3 우리나라 난민 수용 정책의 현황과 사회적 논쟁 탐구
주제4 미디어에 등장하는 이주민에 대한 고정 관념 및 해결 방안 탐구

▣ 함께 보면 좋은 도서
《있지만 없는 아이들》 은유, 창비, 2021.
《나는 미래를 꿈꾸는 이주민입니다》 이란주, 한겨레출판사, 2022.
《나는 옐로에 화이트에 약간 블루》 브래디 미카코(김영현 역), 다다서재, 2020.

GUIDE 다양성의 존중이 단순히 다름을 인정하는 것을 넘어, 갈등의 평화적 해결에 어떻게 적용되는지 이해한다.

연계 활동 탐구 주제

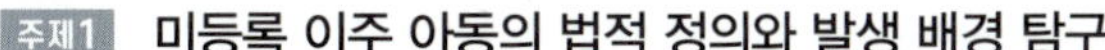

독서 《있지만 없는 아이들》 은유, 창비, 2021.
이 책은 미등록 이주 아동들의 불안한 삶을 담아 냈다. 작가는 불법 체류자로 낙인 찍힌 아이들의 고통과 이들을 돕는 인권 활동가들의 노력을 조명한다. 국가와 부모를 선택할 수 없는 아이들에게 세상은 '합법'과 '불법'의 딱지를 무심히 붙이고, 이들은 일상적으로 존재를 부정당하는 고통을 겪는다.

주제1 미등록 이주 아동의 법적 정의와 발생 배경 탐구
주제2 다른 나라의 미등록 이주 아동에 대한 정책 사례 탐구
주제3 미등록 이주 아동 문제에 대한 사회적·개인적 해결 방안 탐구

논문 〈다문화주의와 인권의 문제 ―문화 상대주의와 보편주의의 경계에서―〉 최성환, 2011.
이 논문은 문화 상대주의와 보편주의의 대립 속에서 인권 문제를 조명하고, 인권 신장을 위한 새로운 관점을 제시하고자 한다. 인권의 원천에 대한 이해를 돕고, '감정 이입적 이해력'과 '삶 속에서의 실험'이라는 관점을 통해 실천적 인권 문제의 해결 가능성을 모색한다.

주제1 다문화주의의 정의와 발전 과정 탐구
주제2 문화 상대주의와 인권의 충돌 사례 탐구
주제3 학교 내 문화적 차별 사례와 해결 방안 탐구

토론 **주제1** '샐러드 볼 모델'과 '용광로 모델' 중 우리 사회에 적합한 모델은 무엇인가?
주제2 다문화 학생을 위한 교육은 분리하여 실시해야 하는가, 통합하여야 하는가?
주제3 다문화 사회에서 문화적 관용은 모든 가치 판단을 유보해야 한다는 뜻인가?

V 생활공간과 사회

01 [10통사1-05-01] 산업화, 도시화로 인해 나타난 생활공간과 생활양식의 변화 양상을 조사하고, 이에 따른 문제점의 해결 방안을 제안한다.

신업화 # 도시화 # 식업 문화 # 도시성 # 도시 문제

관련 학과
- 경제학과
- 도시건설과
- 에너지자원공학과
- 지리학과

교과 세특 탐구 주제

주제1 도시 내부의 다양한 경관 탐구

주제2 도심 공동화 현상 사례와 그 영향에 관한 탐구

주제3 선진국의 도시 문제와 개발도상국의 도시 문제 비교 분석

주제4 도시화 진행 과정의 단계별(초기 단계, 가속화 단계, 종착 단계) 특징 탐구

■ **함께 보면 좋은 도서**

《내일의 도시를 생각해》 최성용, 북트리거, 2021.

《도시화와 사회 갈등의 역사》 김태승 외, 심산문화, 2011.

《한국의 도시화 그리고 재생》 성장환 외, 씨아이알, 2019.

연계 활동 탐구 주제

독서   《내일의 도시를 생각해》 최성용, 북트리거, 2021.
이 책은 교통, 주거, 환경 등 다양한 도시 문제를 4가지 핵심 질문을 통해 깊이 있게 탐구하고, 시민이 직접 도시의 미래를 고민하고 변화시킬 수 있는 방법을 제시한다. 버스 정류장에서부터 아파트 단지까지, 도시 구석구석을 직접 답사한 저자의 통찰을 통해 지속가능한 도시의 미래를 그려 볼 수 있다.

주제1 공동 주택에서 발생하는 환경 문제 탐구

주제2 도시 문제 해결을 위해 적용된 스마트 기술의 긍정적·부정적 영향 탐구

주제3 도시의 주거, 교육, 의료 등에서 나타나는 불평등 문제의 원인과 해결 방안 탐구

논문   〈도시 문제 완화를 위한 도시 디자인 사례 연구와 정책 방향〉 윤지영, 2013.
이 논문은 도시의 병리 현상을 완화하고 시민들의 안전하고 안정된 삶을 보장하기 위한 효율적인 도시 디자인 정책 방향을 제시하는 것을 목표로 한다. 논문은 해외 사례 분석을 통해 도시 디자인이 이용자 편익, 주민 참여, 그리고 통합적 안전 관리 체계를 고려해야 함을 강조한다.

논문 바로가기

주제1 생활 밀착형 도시 디자인의 정의와 사례 탐구

주제2 주민 참여 도시 디자인의 중요성과 한계 탐구

주제3 시민의 안전과 편익을 증진한 해외 도시 디자인 사례 탐구

토론   **주제1** 도시의 성장은 긍정적인 측면만 있는가?

주제2 층간 소음, 누수 분쟁 등 공동 주택 문제는 개인 책임인가, 사회 구조 문제인가?

주제3 도시 재생 사업의 추진에 있어 원주민의 삶은 어느 수준까지 보호되어야 하는가?

02

[10통사1-05-02] 교통·통신 및 과학기술의 발달과 함께 나타난 생활공간과 생활양식의 변화 양상을 조사하고, 이에 따른 문제점의 해결 방안을 제안한다.

관련 학과
· 도시계획학과
· 보건행정학과
· IT융합학과
· 환경시스템과

\# 정보화 \# 4차 산업 혁명 \# 지역 격차 \# 정보 격차 \# 노동 시장 양극화

교과 세특 탐구 주제

주제1 과학기술의 발달로 변화된 생활 모습의 사례 탐구
주제2 엘리베이터와 자동차가 도시 공간 변화에 미친 영향 탐구
주제3 지역별·세대별 정보 격차가 사회적 불평등에 미치는 영향 탐구
주제4 교통·통신 및 과학기술의 발달과 전염병 확산 속도 변화의 관계 탐구

■ 함께 보면 좋은 도서

《나눔과 배려의 적정 기술》 김찬중, 허원북스, 2017.
《일상을 바꾼 과학 기술 이야기》 박재용, 영수책방, 2024.
《번영하는 도시, 몰락하는 도시》 이언 골딘 외(김영선 역) 어크로스, 2023.

GUIDE 교통, 통신, 과학 기술의 발달이 생활공간과 생활양식에 미친 긍정적·부정적 영향을 균형 있게 탐구한다.

연계 활동 탐구 주제

독서

《나눔과 배려의 적정 기술》 김찬중, 허원북스, 2017.
현대 과학기술이 '더 많이, 더 빨리'를 추구하며 소수의 부유층을 위한 제품을 쏟아 내는 과정에서 다수의 사람들을 소외시키고 있다. 과도한 물질주의는 자원 낭비뿐 아니라 인간성 상실이라는 문제점을 야기한다. 이러한 문제의 대안으로 '적정 기술'을 제시하며 함께 잘 사는 사회를 만들고자 한다.

주제1 '적정 기술'의 정의와 사례 탐구
주제2 기술 발전이 인간관계와 공동체에 미친 부정적 영향 탐구
주제3 '적정 기술'이 해결할 수 있는 우리 지역의 문제와 해결 방안 탐구

논문

〈도시 불평등과 기회의 지리〉 이승욱, 2023.
이 논문은 도시 불평등을 공간적 차원에서 분석하는 개념인 '기회의 지리'를 탐색한다. 이 개념은 서구에서 인종과 계급에 따른 공간적 분리 문제를 논의하는 데 있어 유의미하였다. 도시 내 공간적 불평등 심화 현상의 구체적 양상과 함의를 파악하기 위해 기회의 지리 개념에 주목할 필요가 있다.

논문 바로가기

주제1 우리 동네 '기회의 지리' 지도 만들기
주제2 '직주 근접'의 의미와 개인적·사회적 영향 탐구
주제3 특정 지역에 기회가 집중된 현상이 청소년에게 미치는 영향 탐구

토론

주제1 기술 발전은 항상 인간의 삶의 질을 향상시키는가?
주제2 기술 발전은 도시와 농촌 사이의 격차를 줄이는 데 실질적 도움이 되는가?
주제3 도시 공간의 디지털화는 더 많은 기회를 제공하는가, 새로운 격차를 만드는가?

03 [10통사1-05-03] 자신이 거주하는 지역을 사례로 공간 변화가 초래한 양상 및 문제점을 탐구하고, 공동체의 구성원으로서 지역사회의 변화를 위한 방안을 모색하고 이를 실천한다.

\# 지역의 공간 변화 \# 지역 조사 \# 지역 문제 \# 지속가능성

교과 세특 탐구 주제

주제1 우리 지역에서 발생하는 도시 문제와 그 해결 방안 탐구

주제2 지역 공간 변화 조사를 위한 자료 수집 및 분석 방법 탐구

주제3 벽화 마을, 마을 정원 등 지역 미화 활동의 사회적 효과 탐구

주제4 지역 내 편의 시설(약국, 병원, 공공 기관 등) 분포의 불균형 탐구

■ 함께 보면 좋은 도서
《공간의 탄생》 김충호, 한숲, 2024.
《도시의 미래》 김승겸, 와이즈맵, 2025.
《사람을 만나는 도시》 송민철, 효형출판, 2024.

연계 활동 탐구 주제

독서 《도시의 미래》 김승겸, 와이즈맵, 2025.
이 책은 자동차 중심의 도시 환경이 초래한 단절과 소통 부재라는 문제점을 해결하기 위한 구체적인 변화 방안을 제시한다. 저자는 '사람이 걷게 하는 도시'를 목표로, 보행로와 공공 공간을 확보하고 만남을 방해하는 요소를 제거하여 우연한 교류가 발생하는 도시를 만드는 지침을 제안한다.

주제1 학교 정문 앞 보행 환경의 안전성 탐구

주제2 '도시의 단절감'을 느낀 경험에 대한 인터뷰 조사

주제3 우리 동네의 '머무는 공간'과 '지나는 공간' 조사

논문 〈지역사회 환경 개선을 위한 주민 공동체 가능성 탐색〉 송영지 외, 2019.
이 논문은 지역사회 환경 문제 해결을 위한 주민 공동체의 형성 과정, 활동 및 성과를 탐색한 연구이다. 연구 결과, 주민들의 자발적 참여와 관계 맺기, 그리고 민·관의 연계와 협력이 주민 공동체 활동의 지속성에 중요한 요인이며, 환경 문제를 사회적 이슈로 전환하는 노력이 필요하다고 제언한다.

주제1 지역 환경 개선을 위한 주민 공동체 활동 사례 탐구

주제2 지역사회 주민 공동체 활동의 한계와 지속성 문제 탐구

주제3 지역사회 환경 문제의 사회적 이슈 전환 및 해결 사례 탐구

토론 **주제1** 지역 문제 해결을 위한 주민 참여는 효율적인가?

주제2 도시 공간 재편 과정에서 '보행자 중심 도시'로의 전환은 반드시 필요한가?

주제3 환경 문제 해결 방안으로 개인의 생활 방식 개선과 정부 정책 시행 중 무엇이 선행되어야 하는가?

I 인권보장과 헌법

01

[10통사2-01-01] 근대 시민 혁명 등을 통해 확립되어 온 인권의 의미와 변화 양상을 이해하고, 현대 사회에서 주거, 안전, 환경, 문화 등 다양한 영역으로 인권이 확장되고 있는 사례를 조사한다.

관련 학과
· 국제학과
· 법학과
· 정치학과
· 환경학과

\# 인권 \# 자연권 \# 시민 혁명 \# 세계 인권 선언 \# 인권의 확장

교과 세특 탐구 주제

주제1 인권 보장에 기여한 역사적 인물 조사
주제2 학교와 관련된 인권 및 그 제한 사례 탐구
주제3 인권 관련 중요한 역사적 문서 조사 및 분석
주제4 현대 사회에서 확장되고 있는 인권의 영역과 사례 탐구

▣ 함께 보면 좋은 도서
《집은 인권이다》 주거권운동네트워크, 이후, 2010.
《인권의 발명》 린 헌트(전진성 역), 교유서가, 2022.
《미국 헌법과 인권의 역사》 장호순, 개마고원, 2016.

GUIDE 인권이 역사적으로 진화해 온 개념임을 인식하고, 다양한 인권 문제를 서로 연결지어 통합적으로 탐구해야 한다.

연계 활동 탐구 주제

독서

《인권의 발명》 린 헌트(전진성 역), 교유서가, 2022.
이 책은 인권이 단순히 정치적 선언이 아니라 개인의 새로운 사회·문화적 경험을 통해 자율과 공감 능력이 발달하면서 만들어졌다고 주장한다. 인권이 어떻게 확립되고 확장되었는지 깊이 있게 파고들며 인권이 여전히 '진행 중인 발명'이라며, 우리가 왜 인권을 고민해야 하는지 그 이유를 제시한다.

주제1 계몽사상과 인권의 관계 탐구
주제2 영화 속 공감 능력과 인권 보장의 관련성 탐구
주제3 인공지능 시대 새롭게 발명될 것으로 예측되는 인권 탐구

논문

〈기후변화와 인권 −기후 인권의 헌법적 보장에 대한 시론적 고찰−〉 이재희, 2023.
이 논문은 기후변화에 대한 국가와 사회의 책임을 주장해 생명권, 건강권, 환경권 등 기존 헌법적 권리를 확장해 '기후 인권'을 인정하고, 국가가 이를 보장할 의무가 있다고 본다. 특히 미래 세대의 권리와 적극적 환경권 해석의 필요성을 제기하며, 기후변화에 대한 사법적 대응의 근거를 제시한다.

논문 바로가기

주제1 국내외 '기후 소송' 사례 탐구
주제2 헌법에 보장된 기본권과 기후 인권의 관계 탐구
주제3 기후 약자(저개발국 국민, 노인, 어린이 등)의 인권 문제 탐구

토론

주제1 연대권과 같은 집단적 권리는 개인의 자유권보다 우선할 수 있는가?
주제2 '기후 인권' 보장은 기후변화 대응을 위한 국가의 책무인가, 개인의 선택인가?
주제3 노래 가사나 웹툰 속 인권적 감수성이 실제 사회의 인권 보장에 영향을 줄 수 있는가?

02 [10통사2-01-02] 인간 존엄성 실현과 인권 보장을 위한 헌법의 역할을 파악하고, 시민의 권익을 보호하기 위한 다양한 시민 참여의 방안을 탐구하고 이를 실천한다.

\# 헌법 \# 기본권 \# 헌법재판소 \# 시민 참여 \# 시민 불복종

교과 세특 탐구 주제

- **주제1** 내 생활 속 기본권 보장 사례 탐구
- **주제2** 역사 속 시민 참여와 인권 보장의 관계 탐구
- **주제3** 장애인 이동권 보장을 위한 시민 참여 사례 탐구
- **주제4** 디지털 공간에서의 인권 침해 사례 및 해결 방안 탐구

▣ 함께 보면 좋은 도서

《청소년을 위한 헌법 에세이》 정필운, 해냄, 2025.
《인간답게 정의롭게 그래서 헌법이야!》 주수원, 맘에드림, 2025.
《지속가능한 세상을 위한 시민권 이야기》 하승우, 이상북스, 2022.

연계 활동 탐구 주제

독서 《청소년을 위한 헌법 에세이》 정필운, 해냄, 2025.
이 책은 근대 헌법의 탄생부터 헌법재판소의 역할 및 대한민국 헌법의 역사, 그리고 실제 판례를 다루며 헌법이 교실과 일상생활에 어떻게 적용되는지를 보여 준다. 특히 대통령 탄핵 사례를 통해 헌법 수호 의지의 중요성을 강조하고, 공동체의 문제를 헌법적 관점에서 해결하는 능력을 기르도록 돕는다.

- **주제1** 학교 교칙의 위헌적 요소 탐구
- **주제2** 탄핵 과정에서 헌법과 헌법재판소의 역할 탐구
- **주제3** 헌법적 관점에서 온라인상 표현의 자유와 사생활 보호 탐구

논문 〈대한민국 헌법에서 인권의 기능〉 허완중, 2023.
이 논문은 인권과 기본권의 관계를 재조명하며, 헌법에서 인권이 여전히 독자적인 의미를 가진다고 주장한다. 헌법학계와 헌법재판소가 인권을 소홀히 다루는 현 상황을 비판하며, 국제인권법을 적극적으로 수용하여 기본권 보호 수준을 높일 것을 촉구한다.

논문 바로가기

- **주제1** 인권과 기본권의 차이 비교 분석
- **주제2** 헌법상 소수자 보호 조항 및 관련 사례 분석
- **주제3** 인공지능 기술 발전에 따라 발생하는 새로운 인권 문제 탐구

토론
- **주제1** 디지털 공간에서 표현의 자유와 개인 정보 보호 중 어느 쪽을 우선하여야 하는가?
- **주제2** 헌법재판소의 결정은 민주주의와 인권 보장에 있어 최선의 해법이라 할 수 있는가?
- **주제3** 헌법에 명시되지 않은 권리까지 보장하는 것은 법의 남용인가, 인권 보장의 본질인가?

03

[10통사2-01-03] 사회적 소수자 차별, 청소년의 노동권 등 국내 인권 문제와 인권 지수를 통해 확인할 수 있는 세계 인권 문제의 양상을 조사하고, 이에 대한 해결 방안을 모색한다.

관련 학과
· 간호학과
· 사회복지학과
· 정치학과
· 환경학과

\# 사회적 소수자 \# 차별 \# 청소년 노동권 \# 인권 지수 \# 세계 인권 문제

교과 세특 탐구 주제

주제1 우리나라의 인권 지수 탐구
주제2 북한 이탈 주민의 인권 문제 탐구
주제3 청소년 노동 인권 침해 사례와 해결 방안 탐구
주제4 학교 밖 청소년의 인권 문제와 해결 방안 탐구

■ 함께 보면 좋은 도서
《수상한 소년들, 난민과 통하다》 빅기복, 행복한나무, 2021.
《그래도 되는 차별은 없다》 공익인권법재단 공감, 창비, 2025.
《십 대를 위한 영화 속 세계시민 교육 이야기》 함보름 외, 팜파스, 2023.

GUIDE 소수자 차별 문제를 단순히 그 집단의 문제로 바라보지 말고 사회 구조적 측면을 고려하여 탐구해야 한다.

연계 활동 탐구 주제

독서 《그래도 되는 차별은 없다》 공익인권법재단 공감, 창비, 2025.
이 책은 성소수자, 이주 난민 등 사회적 약자들이 겪는 차별과 불평등을 사례를 통해 다룬다. 인권이 어떻게 투쟁과 증명을 통해 확장되어 왔는지 보여 주며, 한국 사회 인권의 현 주소를 깊이 성찰하게 한다. '인권'이라는 이름으로 발생하는 새로운 차별에 대한 고민과 함께 우리 사회의 과제를 제시한다.

주제1 사회적 소수자의 정의와 사례 탐구
주제2 인권 단체와 국제기구의 사례 및 역할 탐구
주제3 국내 이주민과 난민의 현황 및 인권 문제 탐구

논문 〈혐오 표현 문제에 대한 법 교육 차원의 접근〉 곽한영, 2025.
이 논문은 혐오 표현을 사회의 주류 집단이 소수자 집단에 대해 행하는 차별적 언사로 규정하며, 이를 규제하기 위한 법적 접근의 한계를 지적한다. 법 교육을 통해 학생들이 혐오 표현을 사회적 차별 행위로 인식하게 하고, 혐오 표현을 예방하는 의식을 형성하도록 돕는 다양한 방안을 제시한다.

주제1 혐오 표현의 대안 표현 탐구
주제2 혐오 표현을 사례로 한 언어의 역할 탐구
주제3 SNS와 온라인 커뮤니티에 등장하는 혐오 표현 사례 탐구

토론 **주제1** 혐오 표현은 보호해야 하는 표현의 자유인가, 규제해야 하는 차별 행위인가?
주제2 소수자보호법 조항은 다수의 권리를 제한하는가, 헌법 정신을 실현하는 것인가?
주제3 난민과 이주민의 권리 보장이 자국민의 권익과 충돌할 때 어느 쪽을 우선하여야 하는가?

II 사회정의와 불평등

01

[10통사2–02–01] 정의의 의미와 정의가 요구되는 이유를 파악하고, 다양한 사례를 통해 정의의 실질적 기준을 탐구한다.

관련 학과
· 법학과
· 윤리학과
· 철학과
· 행정복지학과

\# 분배적 정의 \# 교정적 정의 \# 업적에 따른 분배 \# 능력에 따른 분배 \# 필요에 따른 분배

교과 세특 탐구 주제

주제1 다양한 정의의 의미와 기준 탐구
주제2 동서양 정의의 여신상이 지닌 의미 탐구
주제3 국내외 역사 속 정의를 실천한 인물 탐구
주제4 능력, 업적, 필요에 따른 분배의 사례 탐구

☐ 함께 보면 좋은 도서
《존 롤스 정의론》 황경식, 쌤앤파커스, 2018.
《정의란 무엇인가》 마이클 샌델(김명철 역), 와이즈베리, 2014.
《한국 사회에서 공정이란 무엇인가》 김범수, 아카넷, 2022.

GUIDE 정의의 기준이 시대와 사회에 따라 달라질 수 있다는 점을 이해하고, 다양한 관점에서 탐구해야 한다.

연계 활동 탐구 주제

독서 《존 롤스 정의론》 황경식, 쌤앤파커스, 2018.
이 책은 존 롤스의 저작인 《정의론》을 누구나 쉽게 이해하도록 풀어 놓았다. 롤스가 제시한 공정한 세상을 만드는 핵심 원칙인 평등한 자유의 원칙과 차등의 원칙을 명료하게 설명한다. 특히 '최소 수혜자에게 최대의 이익이 돌아가야 한다'는 차등 원칙을 중심으로 공정한 사회를 위한 실천적 지혜를 제시한다.

주제1 롤스의 정의론 핵심 개념 탐구
주제2 롤스의 정의론의 관점에서 누진세 제도 분석
주제3 학교 내 '평등한 자유 원칙'의 적용 사례 탐구

논문 〈시민 참여가 분배적 정의에 미치는 영향에 관한 탐색적 연구〉 최예나, 2021.
이 논문은 시민 참여가 분배적 정의에 미치는 영향을 분석하고, 공정한 행정 서비스가 어떠한 조절 효과를 나타내는지 밝힌다. SNS를 통한 의견 제시, 불매 운동 참여 등이 복지 혜택과 경제·사회적 분배 구조의 공정성에 긍정적인 영향을 미친다는 것을 확인한다.

논문 바로가기

주제1 학교생활 속 분배의 문제(급식 순서 등) 탐구
주제2 디지털 민주주의 확산의 분배적 정의 영향 탐구
주제3 미디어(SNS, 뉴스 등) 속 분배 문제의 시민 참여 사례 탐구

토론 **주제1** 생산 결과의 분배 기준을 능력과 업적으로 하는 것이 가장 공정한가?
주제2 필요에 따른 분배는 공정성을 실현하는가, 새로운 불평등을 초래하는가?
주제3 SNS와 디지털 민주주의는 분배적 정의 확대에 기여하는가, 오히려 왜곡을 초래하는가?

02

[10통사2–02–02] 개인과 공동체의 관계를 기준으로 다양한 정의관을 비교하고, 이를 구체적인 사례에 적용하여 설명한다.

관련 학과
- 사학과
- 윤리교육과
- 정치외교학과
- 철학과

자유주의적 정의관 # 공동체주의적 정의관 # 개인선 # 공동선

교과 세특 탐구 주제

주제1 자유주의적 정의관 보장 사례 탐구
주제2 공동체주의적 정의관 보장 사례 탐구
주제3 실질적 자유와 형식적 자유의 비교 분석
주제4 개인선 실현과 공동선 실현의 상호 보완적 관계 탐구

■ **함께 보면 좋은 도서**

《이럴 거면 혼자 살라고 말하는 당신에게》 최민지, 남해의봄날, 2022.
《당신이 모르는 민주주의》 마이클 샌델(이경식 역), 와이즈베리, 2023.
《정의의 그늘 아래에서》 카트리나 포레스터(공민우 외 역), 후마니타스, 2025.

GUIDE 각 정의관이 개인의 자유를 우선하는지, 공동체의 선을 우선하는지 그 차이점을 명확히 파악해야 한다.

연계 활동 탐구 주제

독서 《이럴 거면 혼자 살라고 말하는 당신에게》 최민지, 남해의봄날, 2022.
이 책은 이기주의와 동일시되며 공동체를 해치는 원인으로 지목되어 온 개인주의가 사실은 각 개인이 독립적이고 자율적인 주체로 바로 서는 과정임을 강조한다. 저자는 우리 사회에 만연한 집단주의적 관성에서 벗어나 개개인의 성장이 공동체 전체의 성장으로 이어지는 새로운 패러다임을 제시한다.

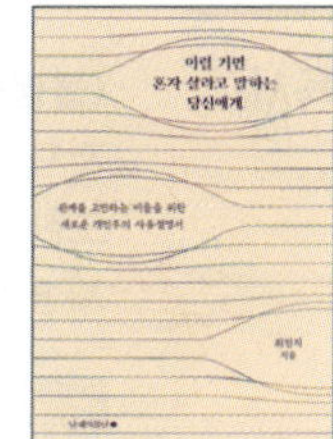

주제1 이기주의와 개인주의의 비교 분석
주제2 건강한 개인주의를 위해 필요한 개인의 노력 탐구
주제3 공동체주의 문화와 개인주의 문화의 갈등 사례 탐구

논문 〈자유주의 및 공동체주의 사상에 대한 연구〉 조일수, 2023.
이 논문은 자유주의와 공동체주의를 비교 분석한다. 자유주의를 고전적, 복지, 현대 자유주의로 나누어 그 특징을 검토하고, 공동체주의는 샌델과 맥킨타이어의 사상을 중심으로 살펴본다. 이 두 이념의 핵심 쟁점을 다섯 가지로 정리하고, 자유와 공동체라는 가치 사이의 균형을 모색한다.

논문 바로가기

주제1 학교 규칙 속 자유와 공동체 균형 사례 분석
주제2 고전 자유주의와 현대 자유주의의 비교 분석
주제3 코로나 방역 정책에 대한 자유주의와 공동체주의 관점 비교 분석

토론 **주제1** 기본 소득 정책은 권리 보장의 확장인가, 공동체주의적 연대의 구현인가?
주제2 안락사는 자유주의 관점에서 보장해야 하는가, 공동체주의 관점에서 제한해야 하는가?
주제3 기후위기 대응은 개인의 선택에 맡겨야 하는가, 공동체의 강제적 개입을 통해 해결해야 하는가?

 [10통사2–02–03] 사회 및 공간 불평등 현상의 사례를 조사하고, 정의로운 사회를 만들기 위한 다양한 제도와 시민으로서의 실천 방안을 제안한다.

관련 학과
· 경영학과
· 도시공학과
· 사회복지학과
· 특수교육과

\# 사회 불평등 현상 \# 사회 계층 양극화 \# 공간 불평등 \# 사회 복지 제도 \# 적극적 평등 실현 조치

교과 세특 탐구 주제

주제1 교과서 속 사회 및 공간 불평등 사례 탐구
주제2 정규직과 비정규직 간 임금과 복지 혜택의 차이 탐구
주제3 공정 무역·공정 여행 등 윤리적 소비 운동의 의미 탐구
주제4 대도시와 농촌의 교육 기회(대학 진학률 등) 비교 분석

▣ 함께 보면 좋은 도서
《장애인이 더 많은 세상이라면》 박윤영 외, 뜨인돌, 2023.
《불평등의 대가》 조지프 스티글리츠(이순희 역), 열린책들, 2020.
《도시는 왜 불평등한가》 리처드 플로리다(안종희 역), 매일경제신문사, 2023.

연계 활동 탐구 주제

독서　《불평등의 대가》 조지프 스티글리츠(이순희 역), 열린책들, 2020
저자는 시장이 도덕적이지 않으며, 심화된 불평등이 경제 성장을 저해하고 공동체를 붕괴시킨다고 경고한다. 또한, 불평등이 민주주의와 사법 체계에 미치는 악영향을 파헤치고, 정부 정책이 어떻게 불평등을 심화시켰는지 비판한다. 궁극적으로 불평등한 현실을 직시하고 더 나은 미래를 위한 개혁 방안을 제시한다.

주제1 시장경제 체제의 불평등 요소 탐구
주제2 정치적 불평등과 경제적 불평등의 연관성 탐구
주제3 민주주의 사회에서 공정한 사법 제도의 중요성 탐구

논문　〈불평등에 관하여: 우리나라 불평등 추이와 구조에 관한 탐색적 연구〉 김지원 외, 2023.
이 논문은 생애 주기의 흐름에 따라 소득·교육·고용·건강 불평등이 변화하고 심화되는 양상을 구조적으로 분석한다. 실증 분석을 통해 각 생애 단계의 불평등이 서로 독립적인 것이 아니라 밀접하게 연관되어 있음을 밝히고, 단계별 불평등 예측 확률을 통해 그 구조적 실체를 입증한다. 나아가 불평등의 전 생애적 연결 고리를 끊기 위해 각 시기에 적합한 입체적이고 통합적인 정책적 개입이 필요함을 제안한다.

논문 바로가기

주제1 우리나라 소득 격차 지표 조사
주제2 국내외 불평등 해소를 위한 복지 제도의 사례 탐구
주제3 불평등 심화가 사회에 미치는 영향에 대한 데이터 분석

토론　**주제1** 적극적 평등 조치는 역차별을 낳는가, 정의 실현의 필수적 제도인가?
　　　　주제2 개인의 성공에 있어서 노력이 중요한가, 환경적 요인(운)이 중요한가?
　　　　주제3 정규직과 비정규직의 임금 차이는 능력에 따른 결과인가, 구조적 불평등의 산물인가?

III 시장경제와 지속가능발전

01

[10통사2-03-01] 자본주의의 역사적 전개 과정과 그 특징을 조사하고, 시장과 정부의 관계를 중심으로 다양한 삶의 방식을 비교 평가한다.

관련 학과
· 경제학과
· 사학과
· 정치학과
· 산업공학과

\# 경제 체제 \# 상업 자본주의 \# 산업 자본주의 \# 수정 자본주의 \# 신자유주의

교과 세특 탐구 주제

주제1 수정 자본주의의 등장 배경 및 특징 탐구
주제2 '보이지 않는 손'의 의미와 작동 원리 탐구
주제3 자본주의 발달 과정에 영향을 준 주요 인물 탐구
주제4 시장경제 체제와 계획경제 체제에서의 생활 모습 비교 탐구

▣ 함께 보면 좋은 도서

《타임 라인 경제 교실》 태지원, 동녘, 2023.
《자본주의》 EBS 자본주의 제작팀, 가나출판사, 2013.
《청소년을 위한 경제의 역사》 니콜라우스 피퍼(유혜자 역), 비룡소, 2024.

연계 활동 탐구 주제

독서

《청소년을 위한 경제의 역사》 니콜라우스 피퍼(유혜자 역), 비룡소, 2024
이 책은 세계사 주요 사건을 통해 경제의 원리와 개념을 설명한다. 인류 최초의 경제 활동인 농업 혁명부터 자본주의의 발전, 다가올 미래까지 역사의 흐름 속에서 경제를 이해하도록 돕는다. 콜럼버스의 신항로 개척, 대공황과 같은 사건들이 경제에 어떤 영향을 미쳤는지 구체적으로 보여 준다.

주제1 경제 체제 변화에 따른 시장과 정부의 관계 탐구
주제2 화폐의 탄생과 현대 신용 경제의 경제적 의미 탐구
주제3 대공황의 발생 원인과 그 해결 과정에서 정부의 역할 탐구

논문

〈자본주의 선언: 자본주의 경제는 기업 경제다〉 좌승희, 2021.
이 논문은 자본주의 경제가 기업 조직이 주도하는 기업 경제임을 주장한다. 기업은 시장과 달리 명령을 통해 자원을 효율적으로 배분하고 내부 생산 요소의 성과를 평가하여 시장 실패를 교정할 수 있음을 밝히며 시장, 정부와 더불어 기업의 역할을 강조하는 경제 발전의 일반 이론을 제시한다.

논문 바로가기

주제1 시장 실패의 종류와 원리 탐구
주제2 벤처 기업의 성장과 경제 발전의 관계 탐구
주제3 기업의 사회적 책임과 지속가능(ESG) 경영의 사회적 가치 탐구

토론

주제1 시장의 자율적 조정 능력(보이지 않는 손)은 현대 사회에서도 유효한가?
주제2 산업 자본주의의 발달은 생활 수준을 향상시켰는가, 노동 소외를 심화시켰는가?
주제3 시장 실패를 교정하는 데 있어 정부의 개입과 기업의 역할 중 어느 쪽이 더 효과적인가?

02 [10통사2-03-02] 합리적 선택의 의미와 그 한계를 파악하고, 지속가능발전을 위해 요청되는 정부, 기업가, 노동자, 소비자의 바람직한 역할과 책임에 관해 탐구한다.

\# 합리적 선택 \# 자원의 희소성 \# 기회비용 \# 시장 실패 \# 지속가능발전

교과 세특 탐구 주제

주제1 대학 진학의 기회비용 탐구
주제2 기업가 정신의 의미와 관련 인물 탐구
주제3 공공재의 무임승차 발생 원인 및 해결 방안 탐구
주제4 외부 효과가 합리적 선택에 미치는 영향에 대한 사례 탐구

■ 함께 보면 좋은 도서
《맛집에서 만난 경제 수업》 남원상, 서해문집, 2025.
《키워드로 읽는 ESG SDGs》 이창언 외, 선인, 2024.
《십 대를 위한 교실 밖 경제학》 서재민, 돌베개, 2025.

GUIDE 지속가능발전을 위한 각 경제 주체들의 역할과 책임이 긴밀하게 연결되어 있다는 점을 고려하며 탐구해야 한다.

연계 활동 탐구 주제

독서
《십 대를 위한 교실 밖 경제학》 서재민, 돌베개, 2025.
이 책은 충동 구매, 물가 상승 등 일상 속 궁금증을 시작으로 합리적 선택, 수요와 공급, 환율, 금융, 부동산 등 핵심 경제 개념을 쉽게 설명한다. 뉴스에서 접하는 복잡한 경제 용어들이 우리의 삶에 어떻게 영향을 미치는지 구체적으로 보여 준다. 이를 통해 독자는 경제 지식을 현실에 적용하게 된다.

주제1 긍정적·부정적 외부 효과의 의미와 영향 및 사례 탐구
주제2 ESG 투자의 사례와 친환경 기업 투자 시 유의점 탐구
주제3 충동 구매 사례 분석을 통한 합리적 선택의 어려움과 한계 탐구

논문
〈기업의 사회적 책임 활동이 구매 의도에 미치는 영향: 지각된 소비 가치의 매개 효과와 윤리적 소비 성향의 조절 효과를 중심으로〉 이호배 외, 2014.
이 연구는 설문 조사를 통해 기업의 CSR(사회적 책임) 활동이 소비자의 구매 의도에 미치는 구체적인 영향 과정을 분석한다. 연구 결과, CSR 활동은 소비자가 지각하는 '사회적·윤리적 가치'를 매개로 하여 구매 의도를 높이는 긍정적인 효과가 있음을 입증한다. 또한 소비자의 '윤리적 소비 성향'이 높을수록 이러한 구매 의도가 더욱 강화됨을 밝혀, CSR과 소비 행동 간의 심리적 연결 고리를 규명한다.

논문 바로가기

주제1 기업의 CRS 활동 목적과 사례 탐구
주제2 윤리적 소비 경험과 그에 대한 청소년의 인식 탐구
주제3 친환경 제품의 소비가 공동체의 합리성에 미치는 영향 탐구

토론
주제1 무임승차 문제를 줄이면서 공공재를 공평하게 이용할 방법은 무엇인가?
주제2 독과점 기업은 시장 효율성을 훼손하는가, 오히려 경제 성장에 기여하는가?
주제3 긍정적 외부 효과와 부정적 외부 효과 중 어느 쪽이 사회적 합리성을 더 크게 위협하는가?

03

[10통사2-03-03] 금융 자산의 특징과 자산 관리의 원칙을 토대로 금융 생활을 설계하고, 경제적, 사회적 환경의 변화가 금융과 관련한 의사 결정에 미치는 영향을 탐구한다.

관련 학과
· 금융경제학과
· 데이터공학과
· 소비자주거학과
· 수학과

금융 자산 # 예금 # 채권 # 주식 # 자산 관리 원칙 # 수익성 # 유동성 # 안전성 # 금융 의사 결정

교과 세특 탐구 주제

주제1 자산 관리의 세 원칙 탐구
주제2 주요 금융 자산의 종류와 특징 탐구
주제3 경제 환경 변화(금리·환율 변동)가 투자 결정에 미치는 영향 탐구
주제4 생애 주기(학생-청년-중년-노후)별 이상적 금융 자산 포트폴리오 설계

▣ 함께 보면 좋은 도서

《오늘부터 머니 챌린지!》 김나영, 휴머니스트, 2025.
《1일 1단어 1분으로 끝내는 금융 공부》 이혜경, 글담, 2023.
《드디어 만나는 경제학 수업》 앨프리드 밀 외(김선영 역), 현대지성, 2025.

연계 활동 탐구 주제

독서

《오늘부터 머니 챌린지!》 김나영, 휴머니스트, 2025.
이 책은 청소년이 일상에서 마주하는 금융 문제를 풀어낸 금융 생활 안내서이다. 중고 거래, 아르바이트, 주식 투자 등 사례를 통해 돈의 흐름과 올바른 가치관을 익히도록 한다. 신용 점수 관리, 금리와 환율, 분산 투자 같은 기본 개념을 설명하며 디지털 금융 시대에 필요한 핵심 역량을 키운다.

주제1 신용 점수의 영향과 관리 방법 탐구
주제2 투자와 투기의 의미와 사회적 영향 비교 분석
주제3 변화하는 디지털 금융 환경과 관련 핵심 역량 탐구

논문

〈위험 감수 성향 집단 구분과 금융 자산 보유 특성에 관한 연구〉 차경욱, 2014.
위험 감수 성향이 높을수록 금융 자산의 보유 비중이 유의하게 높다. 그러나 객관적 방법과 주관적 판단 간의 결과가 일치하지 않는 경우가 많았으며, 스스로를 위험 회피형으로 생각하는 응답자가 많았다. 이는 위험 감수 성향을 측정하는 방법에 따라 다른 결과가 나타날 수 있음을 시사한다.

논문 바로가기

주제1 청소년의 용돈 사용 습관과 위험 감수 성향 탐구
주제2 경제 상황의 변화에 따른 위험 감수 성향의 변화 탐구
주제3 행동경제학의 손실 회피 심리와 금융 자산 보유 간 상관관계 탐구

토론

주제1 투자와 투기의 구분은 가능하며, 투기에 대한 제도적 규제가 필요한가?
주제2 청소년의 주식 투자 경험은 자신의 미래와 연관지어 금융 생활을 설계하는 데 도움이 되는가?
주제3 국가는 개인의 금융 위험 감수 성향을 보완하기 위해 강력한 제도적 장치를 마련해야 하는가?

국제 분업 # 무역 # 생산비의 차이 # 절대 우위 # 비교 우위 # 지속가능발전

관련 학과
· 경제학과
· 국제통상학과
· 국제정치학과
· 생태환경학과

교과 세특 탐구 주제

주제1 비교 우위에 따른 국제무역 사례 탐구
주제2 국제무역이 자연환경에 미치는 영향 탐구
주제3 자원 분포의 국가 간 차이와 국제무역의 관계 탐구
주제4 세계 무역 기구(WTO)와 자유 무역 협정(FTA)이 국제무역에 미친 영향 탐구

■ 함께 보면 좋은 도서
《세계시민이 된 실험 경제반 아이들》 김나영, 리틀에이, 2022.
《생각보다 이상한 경제 이야기》 앤 루니(최정임 역), 베누스, 2025.
《트럼프가 대통령이 되고 왜 운동화 가격이 오른 거지?》 유세종, 글라이더, 2025.

GUIDE 자원, 노동, 자본이 지역마다 다르게 분포한다는 점을 고려해 국제 분업과 무역의 필요성을 탐구해야 한다.

연계 활동 탐구 주제

독서
《세계시민이 된 실험 경제반 아이들》 김나영, 리틀에이, 2022.
이 책은 청소년의 눈높이에서 세계 경제의 복잡한 흐름을 풀어낸 경제서이다. 무역과 환율, 통화량과 인플레이션, 소득 불평등과 공유 자원의 고갈 문제 등 다양한 주제를 토론과 실험으로 흥미롭게 다룬다. 개인의 생활을 넘어 사회와 국가, 나아가 국제적 관점에서 경제 현상을 이해하도록 돕는다.

주제1 무역과 환율이 우리 생활에 미치는 영향 탐구
주제2 다양한 나라의 통화 종류와 환율 변동 원리 탐구
주제3 공유 자원의 고갈 문제와 환경 보호를 위한 국제 협력 사례 탐구

논문
〈한국 석유 화학 산업의 비교 우위 구조 분석〉 심재희, 2024.
이 논문은 최근 국내 기업들이 환경 규제와 ESG 경영에 맞춰 폐플라스틱 재활용 기술에 투자하는 동향을 소개한다. 분석 결과, 기초유분 부문은 경쟁력이 낮은 반면 합성 고무, 중간 원료 등 일부 부문은 상승세를 보였으나 최근 주춤하고 있음을 확인하고 국내 석유 화학 산업의 R&D 역량 강화와 신사업 진출 가속화를 강조한다.

논문 바로가기

주제1 우리 생활 속 석유 화학 제품 탐구
주제2 석유 화학 산업에서 우리나라의 비교 우위 부문 탐구
주제3 폐플라스틱 재활용 기술의 환경 문제 해결 효과 탐구

토론
주제1 탄소 배출이 많은 산업 제품의 국제무역 제한은 지속가능발전에 기여하는가?
주제2 우리 경제에서 FTA 체결에 따른 순기능과 역기능을 고려하면 FTA 체결을 확대해야 하는가?
주제3 개발도상국과 선진국이 무역 과정에서 공평한 이익을 나누려면 어떤 국제 협력이 필요한가?

IV 세계화와 평화

01 [10통사2-04-01]
세계화의 다양한 양상을 살펴보고, 세계화 시대의 문제점과 그에 대한 해결 방안을 제안한다.

\# 세계화 \# 지역화 \# 빈부 격차 \# 문화 획일화와 소멸 \# 보편 윤리와 특수 윤리 간 갈등

관련 학과
· 건축학과
· 사학과
· 지리학과
· 도시공학과

교과 세특 탐구 주제

주제1 세계 도시의 사례와 도시별 특징 탐구
주제2 다국적 기업의 공간적 분업 사례 탐구
주제3 세계화로 인해 발생한 긍정적·부정적 영향의 사례 탐구
주제4 글로컬라이제이션(Glocalization)의 의미와 영향 및 사례 탐구

📖 함께 보면 좋은 도서

《빈곤의 연대기》 박선미 외, 갈라파고스, 2015.
《로컬의 미래》 헬레나 노르베리-호지(최요한 역), 남해의봄날, 2018.
《세계화의 종말과 새로운 시작》 마크 레빈슨(최준영 역), 페이지2북스, 2023.

연계 활동 탐구 주제

독서

《로컬의 미래》 헬레나 노르베리-호지(최요한 역), 남해의봄날, 2018.
이 책은 세계화가 초래한 생태계 파괴와 문화적 획일화를 비판하며, 지역화가 인류와 지구의 지속가능한 미래를 열 수 있음을 제시한다. 글로벌 경제가 인간의 행복을 해치는 과정을 분석하고, '행복의 경제학'을 주창하며 다양한 지역화의 실제 사례와 방법론을 담아 대안적 사회의 가능성을 보여 준다.

주제1 문화 획일화 사례 및 해결 방안 탐구
주제2 지역화 전략의 의미와 환경적 영향 탐구
주제3 '행복의 경제학'의 입장에서 자본주의의 비판적 탐구

논문

〈세계 도시 파리의 도시 외교 특성 연구〉 박선희, 2020.
이 논문은 중앙 정부와는 다른 독자적인 도시 외교 주체로 부상한 파리를 조명한다. 달라이 라마 사례를 통해 도시 외교가 중앙 정부 외교의 보완을 넘어 독자적 정체성을 구축할 수 있음을 보여 준다. 파리의 도시 외교는 문화, 국제 개발 협력, 환경 분야에서 외교 주체로서의 가능성을 제시한다.

논문 바로가기

주제1 국내외 도시 외교 사례와 효과성 탐구
주제2 도시 외교를 통한 지구적 환경 문제의 해결 가능성 탐구
주제3 도시 외교의 중요성과 우리 지역 도시 외교 활성화 방안 탐구

토론

주제1 세계화로 문화적 다양성이 증대되는가, 문화적 획일화가 심화되는가?
주제2 세계화 속에서 지역 문화와 경제를 동시에 살릴 수 있는 균형점은 무엇인가?
주제3 다국적 기업의 성장은 국가 간 경제적 불평등을 해소하는가, 빈부 격차를 심화하는가?

02

[10통사2-04-02] 평화의 관점에서 국제 사회의 갈등과 협력의 사례를 조사하고, 세계 평화를 위한 행위 주체의 바람직한 역할을 탐색한다.

소극적 평화 # 적극적 평화 # 행위 주체 # 국제기구 # 비정부 기구 # 국제 사회의 갈등과 협력

교과 세특 탐구 주제

주제1 국가 간 분쟁의 평화적 해결 사례 탐구

주제2 소극적 평화와 적극적 평화의 비교 분석

주제3 국제 연합(UN)의 다양한 평화 유지 활동 탐구

주제4 정부 간 국제기구와 국제 비정부 기구의 비교 및 활동 사례 분석

■ 함께 보면 좋은 도서

《10대를 위한 세계 분쟁 지역 이야기》 프란체스카 만노키(김현주 역), 롤러코스터, 2023.
《국제 분쟁, 무엇이 문제일까?》 김미조, 동아엠앤비, 2021.
《유엔을 말하다》 장 지글러(이현웅 역), 갈라파고스, 2018.

GUIDE 세계 평화가 정부나 국제기구뿐만 아니라 개인의 관심과 실천에서 시작된다는 점을 고려하며 탐구해야 한다.

연계 활동 탐구 주제

독서 《유엔을 말하다》 장 지글러(이현웅 역), 갈라파고스, 2018.

이 책은 유엔의 뿌리와 창설 과정, 역할 등과 강대국의 힘의 논리에 좌우되는 내부의 암투와 감시까지 보여 준다. 저자는 유엔이 이러한 비판점이 있음에도 불구하고 인류의 평화와 안녕을 위해 꼭 필요한 존재임을 강조하며, 유엔의 회복을 위한 국제 시민사회의 연대와 저항의 중요성을 역설한다.

주제1 국제 연합(UN) 산하 기구의 활동 탐구

주제2 국제 연합(UN) 안전 보장 이사회의 한계와 비판점 탐구

주제3 국제 연합(UN)에서 체결된 주요 국제 협약의 영향 탐구

논문 〈다국적 기업의 인권 보호 의무 강화 방안〉 정성숙, 2025.

이 논문은 국제 사회에서 다국적 기업의 책임을 다룬다. 현재 다국적 기업은 국가를 통한 간접적 의무만을 부담하고 있으며, 이는 국경을 초월한 활동에서 발생하는 인권 문제를 해결하기에 불충분하다. 따라서 다국적 기업에 대한 직접적인 의무 부과 가능성과 현행 국제법의 한계를 검토한다.

논문 바로가기

주제1 우리 주변의 다국적 기업 사례 탐구

주제2 다국적 기업의 노동 인권 문제 발생 원인 탐구

주제3 미국, 유럽 연합, 일본 등의 다국적 기업 인권 관련 정책 비교 분석

토론 **주제1** 세계 평화를 위해 다국적 기업에 인권 보호 의무를 직접적으로 부과해야 하는가?

주제2 공적 개발 원조(ODA)는 분쟁 지역에 지속가능한 평화를 가져오는 효과적인 수단인가?

주제3 UN 안전 보장 이사회의 거부권 제도는 세계 평화를 유지하는 장치인가, 저해하는 요소인가?

03

[10통사2–04–03] 남북 분단과 동아시아의 역사 갈등 상황을 분석하고, 이를 토대로 우리나라가 세계 평화에 기여할 수 있는 방안을 제안한다.

남북 분단 # 평화 통일 # 동아시아 역사 갈등 # 지정학적 위치 # 세계 평화

교과 세특 탐구 주제

주제1 남북 분단의 역사적 배경 탐구
주제2 통일의 필요성에 대한 세대별 인식 탐구
주제3 세계 평화를 위한 문화적 기여 방안 탐구
주제4 동북 공정의 의미와 추진 배경 및 사례 탐구

■ 함께 보면 좋은 도서
《어떤 불시착》 정서윤, 다른, 2024.
《느릿느릿 사소한 통일》 송광호, 하움출판사, 2023.
《평화를 여는 역사》 한중일3국공동역사편찬위원회, 휴머니스트, 2025.

GUIDE 남북 분단과 동아시아 역사 갈등을 탐구할 때, 현재까지 이어지는 갈등의 복잡한 원인을 깊이 분석해야 한다.

연계 활동 탐구 주제

독서

《평화를 여는 역사》 한중일3국공동역사편찬위원회, 휴머니스트, 2025.
이 책은 한국, 중국, 일본의 역사학자, 교사, 시민이 함께 집필한 책으로 댜오위다오, 강제 징용, 일본군 '위안부' 문제 등 오늘날 동아시아의 갈등이 과거 역사와 어떻게 연결되는지 조명한다. 정해진 답이 아닌 질문을 통해 독자가 스스로 다각적인 시각을 가질 수 있도록 돕는다.

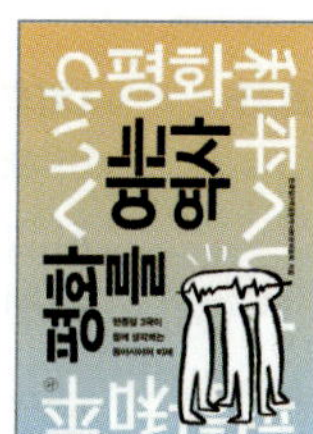

주제1 역사 갈등이 동아시아 경제 협력에 미친 영향 탐구
주제2 강제 징용과 일본군 '위안부' 문제의 개념과 역사 탐구
주제3 동아시아의 평화적 공존을 위한 국제 협력 사례 탐구

논문

〈동아시아 중국 대만 갈등과 한미일 협력에 관한 연구〉 양혜원 외, 2024.
이 논문은 중국과 대만 간의 갈등이 동아시아 지역에 미치는 위협을 분석한다. 특히, 2024년 대만 선거 이후의 정치적 상황과 중국의 대만 침공 가능성 등을 심층적으로 검토한다. 또한, 이러한 위협에 대응하기 위해 한국, 미국, 일본이 어떠한 협력 방안을 구축해야 하는지에 대해 논의한다.

논문 바로가기

주제1 중국과 대만의 현재 갈등 상황과 원인 탐구
주제2 대만과 중국 사람들의 갈등 인식 차이와 문화적 배경 탐구
주제3 대만 해협 분쟁 해결을 위한 시민 단체와 국제기구의 역할과 활동 사례 탐구

토론

주제1 한국 외교의 방향은 '평화 중재자'와 '자국 우선주의' 중 어느 쪽을 선택해야 하는가?
주제2 세계 평화를 위해서는 문화·예술 교류와 정치·군사 협력 중 무엇을 우선해야 하는가?
주제3 한반도의 미래를 위해 평화 통일은 꼭 필요한가, 남북의 현실적 공존이 더 바람직한가?

Ⅴ 미래와 지속가능한 삶

01 [10통사2-05-01] 세계의 인구 분포와 구조 등에 대한 이해를 토대로 현재와 미래의 인구 문제 양상을 파악하고, 그 해결 방안을 제안한다.

관련 학과
- 도시공학과
- 미래융합전공
- 사회학과
- 통계학과

\# 인구 분포 \# 인구 구조 \# 인구 이동 \# 인구 과잉 \# 저출생·고령화 현상

교과 세특 탐구 주제

주제1 인구 밀집 지역의 특징 탐구
주제2 우리나라 인구 문제의 유형과 해결 방안 탐구
주제3 인구 이동 과정에서 나타나는 문제와 해결 방안 탐구
주제4 선진국과 개발도상국의 인구 피라미드 및 인구 문제 양상 비교 분석

■ **함께 보면 좋은 도서**
《인구 소멸과 로컬리즘》 전영수, 라의눈, 2023.
《최후의 인구론》 폴 몰런드(이재득 역), 미래의창, 2025.
《80억 인류, 가보지 않은 미래》 제니퍼 D. 스쿠바(김병순 역), 흐름출판, 2023.

연계 활동 탐구 주제

독서
《최후의 인구론》 폴 몰런드(이재득 역), 미래의창, 2025.
이 책은 인류를 위협하는 인구 감소 현상의 심각성을 경고한다. 저자는 현재 인류를 유지할 만큼 아이가 태어나지 않는 상황을 지적하며, 이로 인해 발생할 노동력 부족, 연금 위기, 급증하는 부채와 같은 문제들을 다룬다. 특히 한국의 극단적인 저출생 현상을 강조하고, 당장 해야 할 일을 제시한다.

주제1 초고령 사회가 가족 구조에 미치는 영향 탐구
주제2 노인 고용 촉진 및 정년 연장 정책에 대한 세대별 인식 탐구
주제3 인구 감소와 1인 가구의 증가가 경제 성장에 미치는 영향 탐구

논문
〈인구 감소 지역 이주민 지원 조례의 문제점과 개선 방향 −전남 4개 군의 지역 특화형 비자 사업 참여 외국인 유학생 지원을 중심으로−〉 이은채, 2025.
이 논문에 따르면 각 지역은 다문화 가족과 노동자 중심의 이민 정책을 추진하고 있으며 유학생 등 우수 인재 유치는 미흡하다. 또한 이주민과 선주민 간의 사회 통합과 이주민 참여가 부족하다는 점을 지적하며 유학생 지원, 문화 교류 확대, 이민 정책 연계 기능 강화 등을 개선 방안으로 제시한다.

주제1 우리나라 인구 감소 지역의 현황 탐구
주제2 인구 감소 지역의 지역 특화형 비자 사업 사례 탐구
주제3 다문화 가족과 외국인 노동자 유입이 지역사회 및 국가 경제에 미치는 영향 탐구

토론
주제1 초고령 사회에서 노인 돌봄은 국가의 책임인가, 가족과 공동체의 책임인가?
주제2 외국 인재 유치를 위한 지역 특화형 비자 사업은 지역 발전에 실질적 도움이 되는가?
주제3 출산율 증가를 위해 정부의 적극적 개입이 필요한가, 개인의 선택을 존중해야 하는가?

02

[10통사2-05-02] 지구적 차원에서 에너지 자원의 분포와 소비 실태를 파악하고, 기후변화에 대한 대응과 지속가능한 발전을 위한 제도적 방안과 개인적 노력을 탐구한다.

관련 학과
· 기후변화융합학부
· 자원공학과
· 식량자원공학과
· 에너지공학과

\# 에너지 자원 \# 화석 에너지 자원 \# 기후변화 \# 지속가능한 발전 \# 기후변화 협약

교과 세특 탐구 주제

주제1 자원 민족주의의 의미와 영향 탐구
주제2 주요 에너지 자원의 종류와 특징 탐구
주제3 기후변화와 에너지 소비와의 관계 탐구
주제4 온실가스 배출권 거래 제도의 원리와 현황 탐구

■ 함께 보면 좋은 도서
《기후위기, 정말 인류가 만든 비극일까?》 마야랑, 글담, 2025.
《과학 선생님이 읽어 주는 기후변화 보고서》 김추령, 서해문집, 2025.
《지속가능한 세상을 위한 슬기로운 소비 생활》 장성익, 이상북스, 2024.

GUIDE 에너지 문제 해결을 위한 국제적 협력과 개인의 노력이 어떻게 서로 연결되어 있는지 통합적으로 탐구해야 한다.

연계 활동 탐구 주제

독서 《지속가능한 세상을 위한 슬기로운 소비 생활》 장성익, 이상북스, 2024.
이 책은 우리 삶과 밀접한 관계를 맺고 있는 소비를 통해 세상을 이해하는 새로운 시각을 제시한다. 개인의 소비가 기후변화, 사회 불평등, 생태계 문제와 어떻게 연결되는지 구체적 사례를 보여 주며, 단순한 돈 씀씀이를 넘어선 지속가능한 소비 생활의 중요성을 강조한다.

주제1 패스트 패션이 지구 환경에 미치는 영향 탐구
주제2 미닝 아웃(meaning out) 소비의 의미와 관련 사례 탐구
주제3 일상에서 지속가능하고 실천 가능한 저탄소 소비 방법 탐구

논문 〈지속가능한 도심형 에너지 자립 마을 운영 사례 연구 -호천마을을 중심으로-〉 장유미 외, 2025.
이 논문은 부산 호천마을의 사례를 통해 도심형 에너지 자립 마을의 운영 방식을 분석한다. 연구는 태양광 등의 사용과 주민 참여형 환경 교육이 에너지 절감과 공동체 활성화에 기여함을 확인하고 기후변화 대응 인프라 구축과 신재생 에너지 활용이 도시의 탄소중립 실현에 효과적임을 밝힌다.

논문 바로가기

주제1 에너지 자립 마을의 해외 사례 탐구
주제2 '넛지' 개념을 활용한 학교에서의 에너지 절약 방법 탐구
주제3 환경 교육 전후 청소년의 에너지 절약에 대한 의식 변화 탐구

토론 **주제1** 기후 난민 수용은 인류 공동체의 의무인가, 개별 국가가 감당하기 힘든 부담인가?
주제2 원자력 발전은 기후변화에 대한 적절한 대응인가, 새로운 위험을 떠안는 선택인가?
주제3 자원 민족주의는 자국 경제를 지키는 정당한 전략인가, 국제 갈등을 심화하는 요인인가?

03

[10통사2–05–03] 미래 사회의 모습을 다양한 측면에서 예측하고, 이를 바탕으로 세계시민으로서 자신의 미래 삶의 방향을 설정한다.

\# 미래 사회 변화 모습 \# 생태환경의 변화 \# 국가 긴 협력과 길등 \# 세게시민

교과 세특 탐구 주제

주제1 세계시민의 의미와 관련 인물 탐구
주제2 인공지능 혁명으로 변화할 미래 학교의 모습 예측하기
주제3 과학기술의 발전이 생활에 미칠 긍정적·부정적 영향 탐구
주제4 미래학자들이 예측한 다양한 미래 사회의 모습 비교 분석

■ 함께 보면 좋은 도서

《AI 이후의 세계》 헨리 키신저 외(김고명 역), 윌북, 2023.
《세계 미래 보고서 2025–2035》 박영숙 외, 교보문고, 2024.
《오늘부터 나는 세계시민입니다》 공윤희 외, 창비교육, 2023.

GUIDE 미래 사회의 모습을 예측할 때, 한 가지 측면에만 집중하기보다 사회, 문화, 환경 등 다양한 측면을 종합적으로 고려해야 한다.

연계 활동 탐구 주제

독서 《오늘부터 나는 세계시민입니다》 공윤희 외, 창비교육, 2023.
이 책은 빈부 격차, 환경 파괴, 전염병 등 전 세계가 직면한 문제들을 유엔 기념일과 지속가능발전목표(SDGs)를 통해 흥미롭게 풀어낸다. 독자는 이 책을 통해 거대한 세계 이슈가 어떻게 개인의 삶과 연결되는지 깨닫고, 지속가능한 미래를 위한 구체적인 실천 방안을 얻게 될 것이다.

주제1 지속가능발전을 위한 국제적 협력 사례 탐구
주제2 전 지구적 문제의 유형과 특징 및 관련 기념일 탐구
주제3 세계시민으로서 전 지구적 문제 해결을 위한 지속가능한 실천 방안 탐구

논문 〈미래 사회 역량으로서의 다문화 리터러시 교육〉 유리, 2021.
이 논문은 미래 사회 역량으로서 다문화 리터러시의 필요성을 제기한다. 지식 영역에서는 문화적 소통 맥락, 자문화 및 타 문화 등에 대한 이해를, 기능 영역에서는 외국어 능력, 글로벌 시민 행동력 등을 강조한다. 그리고 태도 영역에서는 인본 지향적 태도, 공감과 포용 등을 중요한 요소로 꼽는다.

논문 바로가기

주제1 청소년의 다문화 학생에 대한 인식 탐구
주제2 다문화 사회에서 청소년들이 겪는 갈등과 해결 방안 탐구
주제3 인공지능의 발전이 다문화 사회의 소통에 미치는 긍정정 영향 및 한계점 탐구

토론 주제1 미래 학교는 인공지능 교사와 인간 교사 중 누구에게 더 의존하게 되는가?
주제2 첨단 과학기술 발전은 세계 평화 증진에 기여하는가, 갈등과 경쟁을 심화시키는가?
주제3 사물 인터넷 기술(IoT)은 삶을 편리하게 만드는 혁신인가, 사생활 침해를 확대하는 위험인가?

세계시민과 지리

과목 ▶ 정보	교과군	공통 과목	선택 과목			평가 정보		수능
			일반 선택	진로 선택	융합 선택	성취도	상대평가	
	사회	–	○	–	–	5단계	5등급	×

1 ▶ 교과 성격

'세계시민과 지리' 과목은 세계화와 지역화의 연계, 인간과 자연의 상호 작용, 에너지와 환경 문제, 세계 각 지역의 공간적 차이와 다양한 생활 양식을 폭넓게 이해하도록 돕는다. 이를 통해 학생들은 지구촌의 구성원으로서 인류의 공동 이익과 지속가능한 미래를 위해 행동하는 태도를 기른다. 또한, 각 나라와 지역이 자연환경, 경제, 문화, 정치 등에서 보이는 차이를 살펴보고, 이러한 차이가 세계 여러 지역의 변화와 상호 작용에 어떤 영향을 주는지 분석한다.

이 과목은 공존과 갈등을 형성하는 다양한 자연환경·인문환경과 복합적인 지역 간 관계를 이해하고, 세계와 나의 연결성을 인식하는 사고력을 증진하는 데 필요하다. 이를 기반으로 학생들은 세계시민으로서의 역할을 자각하고 책임 있는 행동을 실천할 수 있는 역량을 함양한다.

> **TIP** 중학교 '사회'를 통해 익힌 지리적 지식과 '통합사회'의 학습 내용을 한층 더 확장하고 심화하여 고등학교 진로 선택 과목인 '한국지리 탐구', '도시의 미래 탐구' 및 융합 선택 과목인 '여행 지리', '기후변화와 지속가능한 세계'와 연계 교과임.

2 ▶ 교과 목표

- 세계 여러 지역의 자연환경 및 인문환경의 다양성과 인간과의 상호 작용을 체계적, 종합적으로 이해한다.
- 세계 여러 지역의 경제, 문화, 정치적 요소가 다양한 지리적 스케일에서 역동적으로 창출하는 현상을 해석하고 설명하는 능력을 기른다.
- 인간 활동으로 나타나는 기후변화, 환경 문제 등을 생태적 관점으로 탐구하고 지속가능한 대안 마련을 위해 적극적으로 의견을 개진할 수 있는 능력과 태도를 기른다.
- 세계의 다양한 지역에서 나타나는 불평등한 분배, 빈곤, 인권 문제 등에 공감하고 이를 해결하기 위해 적극적으로 행동하는 태도를 확립한다.
- 세계 여러 국가 및 지역, 다양한 현상에 대한 지리 정보를 수집하고 분석 및 시각화하여 효과적으로 의사소통하고 문제를 해결하는 능력을 기른다.

3 ▶ 교과 핵심 키워드

# 건조 기후	# 경제 블록	# 고산 기후	# 고원	# 국제기구
# 국제기구의 역할	# 국제 인구 이동	# 글로벌 경제	# 기후변화와 농업	# 난민 문제
# 냉대 기후	# 농업 생산성	# 다국적 기업	# 다문화 사회	# 다양성
# 드론 측량	# 분리 독립운동	# 분쟁	# 불교	# 생태전환적 삶
# 세계시민	# 세계화	# 식량 안보	# 열대 기후	# 영토 분쟁
# 온대 기후	# 온실가스 감축	# 원격 탐사	# 유전자 변형 식품	# 윤리적 기업
# 이슬람교	# 인구 구조	# 인구 밀도	# 자유 무역 협정	# 재생 에너지
# 저출산 고령화	# 전략적 요충지	# 전통 음식	# 지구 온난화	# 지구촌
# 지리정보기술	# 지속가능한 개발 목표	# 지역 문화 보존	# 지역 축제	# 지역화
# 초국적 기업	# 해안 지형	# 크리스트교	# 탄소중립	# 평야
# 한대 기후		# 화산	# 화석 연료	# 힌두교

세계시민과 지리

4 ▶ **내용 체계**

<table>
<tr><td rowspan="9">핵심
아이디어</td></tr>
<tr><td>• 세계시민은 세계화의 의미와 지역의 역동적인 변화를 자신의 삶과 연계하여 파악한다.</td></tr>
<tr><td>• 지리 정보와 지리정보기술은 실세계의 문제 탐색과 해결에 도움을 준다.</td></tr>
<tr><td>• 세계 여러 지역의 다양한 기후와 지형은 인간의 삶에 영향을 미친다.</td></tr>
<tr><td>• 세계 각 지역은 고유한 문화를 발전시켜왔고, 세계화 속에서 문화 다양성에 관심을 가질 필요가 있다.</td></tr>
<tr><td>• 인구 분포와 이동의 지역적 차이는 다양한 공간 문제를 유발한다.</td></tr>
<tr><td>• 글로벌 경제 체제에서 생산 요소의 공간적 불균등으로 인해 구조적 문제가 발생한다.</td></tr>
<tr><td>• 세계시민은 다양한 지리적 스케일에서 발생하는 에너지, 환경, 분쟁 등과 관련된 정세를 이해한다.</td></tr>
<tr><td>• 세계시민은 지속가능한 미래를 위해 기여할 수 있는 방안을 찾아 실천한다.</td></tr>
</table>

범주		내용 요소
지식·이해	세계시민, 세계화와 지역 이해	• 세계화와 세계시민 • 지역 변화의 역동성 • 지리 정보와 지리정보기술의 활용
	모자이크 세계, 세계의 다양한 자연환경과 문화	• 다양한 기후와 인간 생활 • 지형과 인간 생활 및 지형의 지속가능한 이용 • 세계 주요 종교 경관 • 다양한 음식과 축제의 지리적 의미
	네트워크 세계, 세계의 인구와 경제 공간	• 인구 분포 및 구조, 국제적 이주의 영향 • 식량 자원의 생산과 소비 • 글로벌 경제와 공간적 불균등
	지속가능한 세계, 세계의 환경 문제와 평화	• 세계의 에너지 문제와 대안 • 세계의 환경 문제와 생태전환적 삶 • 지정학적 분쟁과 평화를 위한 노력
과정·기능		• 지역적, 국가적, 세계적 규모에서의 쟁점을 탐색하고 탐구 주제 선정하기 • 유용한 지리 정보를 수집하고, 수집된 정보의 타당성, 신뢰성, 최신성 판단하기 • 수집된 자료에서 요점과 핵심 아이디어를 도출하고, 세계시민의 관점에서 비판적으로 점검하기 • 지리정보기술과 지역 조사를 바탕으로 지리적 문제에 대한 해결 방안 도출하기 • 제시된 방안을 분석, 비교, 평가하여 효과적인 전략 선택하기 • 글, 시각화, 디지털 미디어 등 다양한 방식을 활용하여 의사소통하기
가치·태도		• 지역적, 국가적, 세계적 규모에서의 다양한 지리적 문제와 쟁점에 대한 관심 • 세계 여러 지역의 사람들과 생활방식에 대한 공감 • 세계시민으로 함께 살아가는 가치 중시 • 지속가능한 발전을 위해 자신이 선택한 가치에 따른 행동을 지속적으로 실천 • 인류애적 동반 성장을 위한 세계시민의 태도 성찰

I 세계시민, 세계화와 지역 이해

01

[12세지01-01] 세계화의 의미를 지리적 스케일에 따라 이해하고, 세계화와 지역화의 관계 속에서 세계시민의 역할을 탐색한다.

관련 학과
· 국제학과
· 정치외교학과
· 고제통상학과
· 글로벌지역학부

\# 세계화와 지역화   \# 다국적 기업   \# 세계시민 의식   \# 지구촌

교과 세특 탐구 주제

주제1 세계시민의 역할과 책임에 대한 탐구
주제2 세계화가 지역 경제와 문화에 미치는 영향 탐구
주제3 세계화가 청소년의 세계시민 의식 형성에 미치는 영향 분석
주제4 세계화와 지역화 속에서 세계시민의 윤리적 소비가 지역 경제에 미치는 영향 탐구

■ 함께 보면 좋은 도서
《지구를 구하는 우리는 세계시민》 백용희 외, 맘에드림, 2022.
《세계화와 글로벌 이슈》 Michael T. Snarr 외(김계동 외 역), 명인문화사, 2018.
《10대를 위한 세계시민 학교》 남지란 외, 이케이북, 2024.

연계 활동 탐구 주제

독서

《세계화와 글로벌 이슈》 Michael T. Snarr 외(김계동 외 역), 명인문화사, 2018.
이 책은 세계화로 인한 글로벌 이슈를 정치, 경제, 사회, 문화, 인권, 환경 등 분야별로 소개하며 그 원인과 해결 방안을 탐구한다. 사이버 전쟁, 드론, 난민 문제 등 최신 이슈도 포함되어 있으며, 지속가능한 개발 목표와 국제 협력의 중요성을 다룬다. 각 이슈는 상호 연계되어 있으며, 복합적으로 얽혀 있음을 강조한다.

주제1 세계 빈곤 문제와 국제 지원 활동 탐구
주제2 기후변화에 대한 국가별 대응 방식 비교 분석
주제3 세계시민으로서 우리가 실천할 수 있는 일 탐구

논문

〈세계화의 위기와 정책적 시사점〉 윤성종, 2024.
이 논문은 세계화가 초래한 경제적 불평등, 정치적 갈등, 문화 정체성 위기 등을 지적하며, 이러한 문제들이 국가와 사회에 미치는 영향을 논의한다. 한국은 자국의 이익 보호와 지속가능한 발전을 위한 전략을 모색해야 한다며, 산업 구조 혁신, 사회 안전망 강화, 문화 다양성 존중 등을 제안한다.

논문 바로가기

주제1 세계화가 한국 경제와 사회에 미치는 영향 조사
주제2 국제 협력과 다자주의가 국가 발전에 미치는 영향 탐구
주제3 문화 다양성 존중 정책이 지역사회에 미치는 영향 분석

토론

주제1 세계화가 지역 경제 발전에 항상 긍정적 영향을 주는가?
주제2 세계시민 교육이 지역 공동체 의식의 약화를 초래하는가?
주제3 세계화 시대, 지역 문화 보존과 세계 문화 교류 중 무엇이 더 중요한가?

02 [12세지01-02] 지역 통합과 분리 현상의 사례와 주요 원인을 탐구하고, 이를 바탕으로 지역 변화의 역동성을 파악한다.

지역 경제 통합 # 정치적 분리 # 문화적 정체성 # 지리적 경계 변화

관련 학과
· 정치외교학과
· 국제관계학과
· 국제지역학과
· 글로벌지역학부

교과 세특 탐구 주제

주제1 경제 통합이 지역 주민의 생활에 미치는 영향 조사
주제2 정치적 분리가 국가와 지역사회에 미치는 영향 탐구
주제3 민족 갈등이 국가 분리 독립 운동에 미치는 영향 조사
주제4 경제, 정치, 문화 측면에서 유럽 연합 통합의 장점과 단점 탐구

■ 함께 보면 좋은 도서
《세계 분쟁 지역의 이해》 이정록 외, 푸른길, 2016.
《브렉시트와 유럽 연합》 알렉스 캘리니코스(김준호 역), 책갈피, 2020.
《다민족 다인종 국가의 역사 인식》 박용희 외, 동북아역사재단, 2009.

GUIDE 지역 간 경제·정치·문화적 연결과 갈등 사례를 비교하며 통합과 분리의 원인과 결과를 분석한다.

연계 활동 탐구 주제

독서

《세계 분쟁 지역의 이해》 이정록 외, 푸른길, 2016.
이 책은 현대 세계에서 발생하는 주요 분쟁 지역의 역사적 배경과 갈등 구조를 종합적으로 분석한 국제 관계 교양서이다. 저자는 다양한 지역의 분쟁을 정치·종교·경제적 요인을 중심으로 설명하며, 분쟁이 단순한 지역 문제가 아니라 글로벌 안보와 인도주의적 과제와 연결되어 있음을 강조한다.

주제1 세계 분쟁 지역에서 국제기구의 역할 조사
주제2 우크라이나 전쟁이 국제 경제에 미치는 영향 조사
주제3 종교와 민속 갈등이 세계 분쟁에 미치는 영향 탐구

논문

〈유럽 통합과 문화 정체성〉 신혜양, 2015.
이 논문은 유럽 통합의 역사적 흐름과 문화 정체성 형성의 문제를 인문학적 관점에서 분석한다. 유럽 통합은 정치·경제적 성과를 이루었지만, 문화적 통합에는 한계를 드러냈다. 논문은 유럽 통합의 문화적 결핍을 조명하고, 유럽 문학과 문화유산을 통해 공동의 문화 자산 형성과 문화 공간의 가능성을 탐색한다.

논문 바로가기

주제1 유럽 연합의 탄생 배경과 목적 탐구
주제2 유럽 연합의 확대 과정과 회원국 변화 분석
주제3 유럽 연합 내 언어 다양성과 문화 정체성 비교

토론

주제1 국제 사회는 분쟁 지역에 개입해야 하는가?
주제2 난민 수용은 인도적 책임인가, 국가의 선택인가?
주제3 경제 블록은 자유 무역을 촉진하는가, 자유 무역의 흐름을 제한하는가?

 [12세지01-03] 지리정보기술이 세계시민의 삶과 연계되는 다양한 모습을 이해하고, 지리적 문제 해결 및 의사 결정에 활용되는 사례를 조사한다.

관련 학과
- 지리학과
- 도시공학과
- 환경공학과
- 컴퓨터공학과

\# 지리정보기술 \# 원격 탐사 \# 위치 기반 서비스 \# 드론 측량

교과 세특 탐구 주제

주제1 지리정보기술을 활용한 재난 대응 사례 분석
주제2 지리정보기술을 활용한 농업 생산성 향상 전략
주제3 위치 기반 서비스를 활용한 도시 안전 관리 사례 탐구
주제4 지리정보기술 활용이 지역사회의 문제 해결에 미치는 영향 탐구

GUIDE 지리정보기술을 활용한 사례를 분석하며, 세계시민의 삶과 연결된 문제 해결과 의사 결정 과정을 이해한다.

📖 함께 보면 좋은 도서

《지리의 쓸모》 전국지리교사모임, 한빛라이프, 2016.
《지리를 알면 보이는 것들》 정은혜, 보누스, 2023.
《사진, 삶과 지리를 말하다》 전국지리교사모임, 푸른길, 2021.

연계 활동 탐구 주제

독서

《지리를 알면 보이는 것들》 정은혜, 보누스, 2023.
이 책은 인간과 공간이 어떻게 서로를 변화시키는지에 대한 해답을 제시하고 있다. 각 공간이 어떻게 상호 연관되어 있는지, 장소와 경관은 지리적으로 어떻게 해석할 수 있는지, 과거와 현재, 미래의 도시 구조와 디자인에는 어떤 문제와 과제가 있는지 등을 '공간의 과학'으로 바라보고 공간의 힘을 깨닫게 한다.

주제1 스마트폰 위치 정보를 활용한 생활 변화 분석
주제2 지리 정보와 환경 보호 활동의 상호 연관성 탐구
주제3 지리 정보를 활용한 관광지 추천 시스템에 대한 고찰

논문

〈GIS 공간 분석을 활용한 사회 취약 지역의 분석에 관한 연구〉 이명호 외, 2016.
이 논문은 GIS 공간 분석 기법을 활용하여 인구, 소득, 주거 환경 등 다양한 사회·경제적 지표를 바탕으로 취약 지역을 도출하고, 공간적 군집화와 패턴을 시각화하였다. 도시 내 특정 지역에 사회적 취약성이 집중되어 있으며, 지역 간 격차가 뚜렷하다. 이는 GIS 기반 분석이 사회 문제 해결을 위한 도구로 유용함을 강조한다.

논문 바로가기

주제1 환경 보호를 위한 지리정보기술의 활용 방안
주제2 스마트폰 위치 정보를 활용한 소비자 행동 분석
주제3 지리정보기술을 활용한 재난 대응 시스템의 발전

토론

주제1 지리정보기술의 활용은 개인의 정보 보호와 보완 문제에 취약한가?
주제2 GIS와 위치 기반 서비스를 활용한 정책 결정은 항상 효과적인가?
주제3 스마트폰 위치 추적 기능은 생활 편의 증진보다 사생활 침해의 위험이 더 큰가?

Ⅱ 모자이크 세계, 세계의 다양한 자연환경과 문화

01 [12세지02-01] 세계의 다양한 기후에 대한 이해를 바탕으로 기후를 활용하거나 극복한 사례를 찾아 인간 생활과의 관계를 탐색한다.

\# 기후 환경 \# 적응 전략 \# 농업 방식 \# 건축과 생활 방식 \# 기후 재해 관리

관련 학과
· 지리학과
· 문화인류학과
· 민속학과
· 환경경제학과

교과 세특 탐구 주제

주제1 사막 기후에서의 물 부족 극복 사례 탐구
주제2 한대 기후에서의 에너지 확보와 생활 방식 탐구
주제3 고산 기후에서의 생존 전략과 문화 형성 사례 탐구
주제4 열대 우림 지역의 주거 및 생활 방식 적응 사례 탐구

▣ 함께 보면 좋은 도서
《기후와 인간 생활》 강철성, 다락방, 2009.
《아웃 오브 아프리카》 카렌 블릭센(민승남 역), 열린책들, 2009.
《사막에서 살아남기》 최덕희, 미래엔아이세움, 2002.

GUIDE 다양한 기후 특성을 분석하고, 인간이 이를 활용하거나 극복한 농업, 건축, 생활 방식 사례를 탐구한다.

연계 활동 탐구 주제

독서
《기후와 인간 생활》 강철성, 다락방, 2009.
이 책은 기후가 인간의 삶에 미치는 영향을 다양한 측면에서 탐구한다. 의복, 주거, 식생활뿐 아니라 예술과 종교, 산업까지 기후와의 연관성을 구체적인 사례로 설명한다. 기후변화에 대한 인간의 적응과 대응 방식도 다루어 환경과 인간의 상호 작용을 깊이 있게 이해할 수 있도록 도움을 준다.

주제1 기후대별 주거 형태의 차이와 그 이유 탐구
주제2 기후가 지역 음식 문화에 미치는 영향 분석
주제3 기후변화가 인간의 건강과 생활 방식에 미치는 영향 탐구

논문
《북극 원주민과 지속가능 발전: SDGs 달성을 위한 거버넌스 모색》 김효정, 2025.
이 논문은 북극 원주민의 생존과 지속가능 발전을 국제환경법 관점에서 조명한다. 기후변화로 인한 해빙과 생태 환경 파괴는 원주민의 전통적 삶과 경제 활동에 심각한 위기를 초래하고 있다. 따라서 생물 다양성 보호와 지역사회 회복력을 높이는 접근이 강조되며, 지속가능한 거버넌스 모델이 필요함을 강조하고 있다.

논문 바로가기

주제1 기후변화에 따른 북극 원주민의 생활 변화 탐구
주제2 북극 지역 개발이 원주민 생활에 미치는 영향 탐구
주제3 북극 원주민이 보호하는 생태계의 환경적 가치 탐구

토론
주제1 인간 활동이 기후변화의 주된 원인인가?
주제2 기후변화는 지역 주민의 전통 생활 방식을 어떻게 바꾸고 있는가?
주제3 기후변화로 인해 이주가 필요한 지역 주민들을 어떻게 지원해야 하는가?

02

[12세지02-02] 세계 주요 지형과 인간 생활의 상관성을 파악하고, 지형의 개발과 보존을 둘러싼 갈등 사례를 통해 지속가능한 이용 방안을 토론한다.

관련 학과
- 지리학과
- 지리교육과
- 문화인류학과
- 도시공학과

지형 경관 # 인간 정착 # 자원 개발 # 환경 보존 # 지속가능한 개발

교과 세특 탐구 주제

주제1 해안 지형을 활용한 관광 산업과 환경 오염의 관계 분석

주제2 자연 지형의 관광 자원 개발에 따른 생태계 파괴 문제 탐구

주제3 산악 지형의 관광 자원 활용이 지역 주민의 생활에 미치는 영향 조사

주제4 자연 지형의 관광 자원 개발이 지역의 문화 정체성에 미치는 영향 탐구

■ 함께 보면 좋은 도서

《한 권으로 떠나는 세계 지형 탐사》 이우평, 푸른숲, 2023.
《지구를 구하는 우리는 세계시민》 백용희 외, 맘에드림, 2022.
《세계시민을 위한 없는 나라 지리 이야기》 서태동 외, 롤러코스터, 2022.

GUIDE 주요 지형의 특징과 인간 활동을 연계하여 개발과 보존 사례를 분석하고, 지속가능한 이용 전략을 모색한다.

연계 활동 탐구 주제

독서

《한 권으로 떠나는 세계 지형 탐사》 이우평, 푸른숲, 2023.
이 책은 지구 곳곳의 다양한 지형을 소개하며 그 형성과 변화 과정을 흥미롭게 풀어낸 지리 교양서이다. 산맥, 사막, 해양, 빙하 등 주요 지형의 특징과 생성 원리를 과학적 설명과 함께 생생한 사례로 전달한다. 지형이 인간의 삶과 문명에 어떤 영향을 미쳐 왔는지를 역사·문화적 관점에서도 조명하고 있다.

주제1 지형이 관광 산업에 미치는 영향 탐구

주제2 화산 지형 주변 주민들의 위험 대응 방식 분석

주제3 사막 지형에서의 물 확보 방식과 주민 생활 방식 탐구

논문

〈북한산 국립 공원 내 케이블카 조성의 찬반론의 고찰〉 박종구 외, 2012.
이 논문에 따르면 북한산 국립 공원 내 케이블카 조성에 대해 찬성 측은 관광 편의성 증대와 지역 경제 활성화 등을 근거로 제시하였고 반대 측은 자연 훼손과 생태계 파괴 등의 환경적 문제를 제시하였다. 연구 결과, 친환경적 공법이 반대 심리를 완화하는 데 일정한 효과가 있는 것으로 나타났다.

논문 바로가기

주제1 관광 편의성과 환경 보호 사이의 균형 방안 조사

주제2 케이블카 설치에 대한 지역 주민과 방문객의 의견 차 조사

주제3 케이블카 설치가 국립 공원의 자연환경에 미치는 영향 분석

토론

주제1 극한 지형에서도 인간이 살아갈 수 있는 이유는 무엇인가?

주제2 지형에 따라 형성된 식문화는 현대 사회에서도 유지될 수 있는가?

주제3 지형 환경이 인간의 주거 형태와 의복에 미치는 영향은 무엇인가?

세계시민과 지리

03

[12세지02–03] 세계 주요 종교의 특징 및 종교 경관의 의미를 이해하고, 각 종교가 인간 생활에 미치는 영향을 탐구한다.

종교 # 종교 경관 # 종교 분포 # 성지 # 종교 건축 # 의례와 축제 # 종교적 상징

관련 학과
· 철학과
· 인류학과
· 사회학과
· 문화학과

교과 세특 탐구 주제

주제1 주요 종교의 의례와 그 상징적 의미 조사

주제2 종교 갈등의 역사적 사례와 해결 방식 탐구

주제3 종교가 지역사회의 문화 형성에 미친 영향 조사

주제4 다양한 종교에서 공통적으로 강조하는 윤리적 가치 탐구

함께 보면 좋은 도서

《신의 전쟁》 도현신, 이다북스, 2022.
《문명으로 읽는 종교 이야기》 홍익희, 행성B, 2019.
《우리 인간의 종교들》 아르빈드 샤르마 외(이명권 외 역), 소나무, 2013.

GUIDE 세계 주요 종교의 신념과 의례를 이해하고, 이를 반영한 종교 경관과 공간적 분포를 비교·분석한다.

연계 활동 탐구 주제

독서 《문명으로 읽는 종교 이야기》 홍익희, 행성B, 2019.

이 책은 종교는 단순한 신앙 체계가 아니라, 당대의 정치·사회·경제적 필요 속에서 형성되었음을 보여 준다. 종교는 문명을 만들고, 문명은 종교를 변화시키며 서로 깊은 영향을 주고받는다. 따라서 이 책은 종교를 단순한 믿음이 아닌, 문명과 역사를 이해하는 핵심 요소로 바라보게 한다.

주제1 종교가 인간의 의식주 문화에 미친 영향 조사

주제2 종교가 지역사회의 축제와 전통에 미친 영향 조사

주제3 종교적 신념이 인간의 도덕적 판단에 미친 영향 탐구

논문 〈국제 지역 분쟁, 종교, 그리고 선교〉 신경규, 2010.

논문 바로가기

종교는 분쟁의 원인이자 해결의 열쇠로, 특정 종교 집단의 정체성과 갈등이 지역적 긴장을 심화시키기도 한다. 이 논문은 종교와 선교가 단순한 신앙 활동을 넘어 정치·사회적 맥락에서 복합적으로 작동함을 강조하며, 국제 분쟁 해결에 있어 종교적 이해와 선교 전략의 재구성이 필요함을 제안한다.

주제1 역사 속 종교 분쟁의 주요 사례 탐구

주제2 종교가 국가 간 분쟁에 미치는 영향 조사

주제3 종교 갈등이 지역사회에 끼친 영향 조사

토론

주제1 종교의 자유는 어디까지 보장되어야 하는가?

주제2 학교에서 종교 교육을 실시하는 것이 바람직한가?

주제3 종교는 사회 갈등을 줄이는 데 도움이 될 수 있는가?

 [12세지02-04] 세계의 다양한 음식과 축제를 지리적으로 설명하고, 문화 다양성을 보존하기 위한 방법을 모색한다.

음식 문화　# 지역 축제　# 문화 다양성　# 전통 보존　# 관광과 지역 정체성

관련 학과
· 문화인류학과
· 사회학과
· 문화콘텐츠학과
· 관광학과

교과 세특 탐구 주제

주제1 음식과 축제가 관광 산업에 끼치는 영향 조사
주제2 세계 각국의 대표적인 전통 음식의 특징 조사
주제3 세계 주요 축제가 지역 경제에 미치는 영향 조사
주제4 축제를 통해 나타나는 각 나라의 문화적 가치관 탐구

■ 함께 보면 좋은 도서
《축제와 문화 콘텐츠》 백승국 외, 다할미디어, 2006.
《세계 속의 음식 문화》 구난숙 외, 파워북, 2022.
《인류 역사에 담긴 음식 문화 이야기》 린다 시비텔로(최정희 외 역), 린, 2017.

GUIDE 세계 각지의 음식과 축제를 지리적 배경과 연계하여 분석하고, 문화 다양성을 보호하는 전략을 모색한다.

연계 활동 탐구 주제

독서　《인류 역사에 담긴 음식 문화 이야기》 린다 시비텔로(최정희 외 역), 린, 2017.
이 책은 인류의 역사 속에서 음식이 어떻게 문화와 사회를 형성해 왔는지를 탐구한 교양서이다. 고대부터 현대에 이르기까지 음식은 생존 수단을 넘어 종교, 정치, 경제와 연결되어 교류와 전쟁, 이주와 정복의 과정에서 새로운 문화를 창조하거나 기존 문화를 변화시키는 핵심 요소로 작용했음을 말하고 있다.

주제1 현대 음식 문화에 남아 있는 전통의 흔적 조사
주제2 종교가 음식 규범과 식생활에 미친 영향 조사
주제3 전쟁과 교역이 음식 문화의 확산에 끼친 영향 탐구

논문　〈축제와 지역 정체성의 재구성 –'예술 축제'에서 '관광 축제'로–〉 고원규, 2011.
이 논문은 지역 축제가 어떻게 지역 정체성을 재구성하는지 개천 예술제와 유등 축제를 중심으로 분석한다. 개천 예술제는 한때 예술인의 등용문으로서 기능했지만, 시간이 흐르며 그 역할이 쇠퇴하고 관광 중심의 유등 축제로 변화하게 된다. 이는 지역 정체성에 대한 논쟁을 불러일으킬 수 있음을 주장한다.

주제1 축제가 지역을 알리는 데 얼마나 도움이 되는지에 대한 탐구
주제2 지역 축제가 지역 주민의 공동체 의식 형성에 미친 영향 조사
주제3 지역 축제에서 나타나는 상업화 경향과 정체성 간의 관계 탐구

토론　**주제1** 문화 차이의 인정은 사회 갈등을 줄일 수 있는가?
　　　　주제2 축제의 상업화는 지역 고유 문화의 가치를 훼손하는가?
　　　　주제3 문화 다양성의 존중은 사회 통합에 긍정적인 영향을 미치는가?

III 네트워크 세계, 세계의 인구와 경제 공간

01 [12세지03-01] 세계 인구 분포 및 구조를 통해 세계 인구 문제를 이해하고, 국제적 이주가 인구 유출 지역과 유입 지역에 미치는 영향을 탐구한다.

관련 학과
· 사회학과
· 인류학과
· 국제학과
· 정치외교학과

인구 분포 # 인구 구조 # 인구 문제 # 국제 이주 # 인구 이동의 영향

교과 세특 탐구 주제

주제1 출산율 저하가 세계 경제에 미치는 영향 탐구

주제2 국제 인구 이동이 문화 다양성에 미치는 영향 탐구

주제3 외국인 노동자 유입이 국내 산업에 미치는 영향 탐구

주제4 인구 유출 지역이 경제적으로 쇠퇴한 원인과 해결 방안 고찰

GUIDE 세계 인구의 분포와 구조를 이해하고, 국제 이주가 각 지역의 사회·경제적 변화에 어떤 영향을 주는지 사례를 통해 분석한다.

▣ 함께 보면 좋은 도서

《인구가 바꾼 역동의 세계사》 폴 몰런드(서정아 역), 미래의창, 2024.
《국제 이주와 사회 통합》 임동진 외, 한국문화사, 2025.
《지구는 무거워질까요 가벼워질까요》 송윤경 외, 푸른길, 2023.

연계 활동 탐구 주제

독서 《인구가 바꾼 역동의 세계사》 폴 몰런드(서정아 역), 미래의창, 2024.
이 책은 인구 변화가 세계사의 흐름과 문명의 발전에 미친 영향을 분석한다. 인구 증가는 도시의 성장과 산업 혁명을 촉진했고, 인구 감소는 전쟁·질병·기후변화와 맞물려 사회 구조를 흔들었다. 저자는 인구 통계와 역사적 사건을 연결해 인구가 정치, 경제, 문화의 방향을 결정짓는 요인임을 보여 준다.

주제1 유럽의 인구 팽창이 제국주의 확산에 끼친 영향 조사

주제2 전염병에 의한 인구 감소가 사회 질서에 미친 변화 탐구

주제3 인구 이동이 문화 교류와 갈등을 동시에 촉진한 사례 탐구

논문 〈유럽의 인구 동향 및 저출산 대응 가족 정책과 한국 인구 정책의 과제〉 전광희, 2018.
이 논문은 유럽의 인구 동향과 저출산 문제에 대응하기 위한 다양한 가족 정책을 분석하고, 이를 바탕으로 한국 인구 정책의 방향성과 과제를 제시하고 있다. 논문은 한국이 구조적이고 문화적인 접근을 통해 가족 친화적 사회를 구축해야 한다고 강조하고 있다.

논문 바로가기

주제1 한국 저출산 정책의 효과성과 한계 조사

주제2 유럽 주요국의 저출산 대응 정책 비교 탐구

주제3 가족 친화적 사회 문화 형성이 출산율에 미치는 영향 탐구

토론 **주제1** 저출산 국가들은 이민자 유입을 확대해야 하는가?

주제2 고령화 사회에서 청년층의 부양 부담은 과도한가?

주제3 정부의 출산 장려 정책은 개인의 자기 결정권을 침해하는가?

02

관련 학과
- 식량자원학과
- 농업생명과학과
- 국제농업개발학과
- 농업경제학과

\# 식량 지원 \# 생산과 소비 \# 식량 문제 \# 공급 안정 \# 국가별 대응 전략

교과 세특 탐구 주제

주제1 국제기구의 식량 지원 정책과 그 효과성 탐구
주제2 기후변화가 세계 식량 생산에 미치는 영향 탐구
주제3 유전자 변형 작물(GMO)의 세계 식량 문제 해결 가능성 탐구
주제4 세계 주요 곡물의 생산국과 소비국 간의 불균형 구조 탐구

■ 함께 보면 좋은 도서

《왜 식량이 문제일까?》 캐슬린 게이(김영선 역), 반니, 2013.
《접시 위의 세계》 전국지리교사모임, 인물과사상사, 2025.
《누가 우리의 밥상을 지배하는가》 브루스터 닌(안진환 역), 시대의창, 2008.

GUIDE 세계 주요 식량 자원의 생산과 소비 패턴을 분석하고, 식량 문제의 원인과 각국의 안정적 공급 전략을 비교·탐구한다.

연계 활동 탐구 주제

독서 《접시 위의 세계》 전국지리교사모임, 인물과사상사, 2025.
이 책은 음식의 생산과 소비 속에 감춰진 불평등과 착취, 자본의 논리를 드러낸다. '먹는 일'이라는 익숙한 행동이 사실은 '사는 방식'과 '사는 곳'에 대한 깊은 고민으로 이어질 수 있다는 점을 들려 준다. 이 책은 우리가 무엇을 먹고, 왜 먹으며, 어떻게 살아야 할지를 진지하게 생각하게 한다.

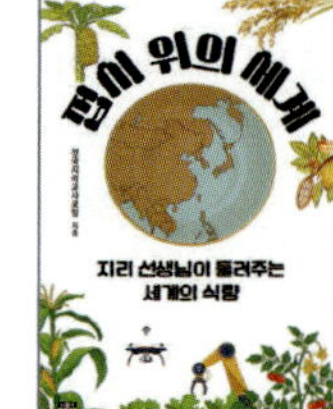

주제1 우리가 자주 먹는 음식의 원산지 조사
주제2 패스트푸드 소비가 환경에 미치는 영향 탐구
주제3 학교 급식 식재료의 국내산·수입산 비율 조사

논문 〈세계적 식량 위기와 한국 농업의 대응 과제〉 윤병선, 2008.
이 논문은 세계적인 식량 위기의 구조적 원인과 그로 인해 한국 농업이 직면한 문제를 분석하며, 한국의 낮은 식량 자급률이 국가 식량 안보에 큰 위협이 된다는 점을 강조한다. 또한, 유전자 조작 농산물 확산을 추진하는 글로벌 생명 공학 기업들의 전략을 비판적으로 조명하고 있다.

논문 바로가기

주제1 한국의 식량 자급률 변화와 그 원인 조사
주제2 세계 식량 위기의 원인과 한국에 미치는 영향 탐구
주제3 한국 사람들이 먹는 음식 중에서 국내산과 수입산 비율 조사

토론 **주제1** 기아 문제 해결에 선진국이 더 많은 책임을 져야 하는가?
주제2 유전자 변형 식품(GMO)은 식량 위기의 해결책이 될 수 있는가?
주제3 음식물 쓰레기를 줄이는 것이 식량 문제의 해결에 도움이 되는가?

03

[12세지03-03] 초국적 기업을 중심으로 한 글로벌 경제 체제의 형성 과정을 탐색하고, 글로벌 경제에서의 공간적 불균등을 해소하기 위한 국제적 협력과 개인적 실천 방안에 대해 조사한다.

관련 학과
· 국제통상학과
· 무역학과
· 국제경영학과
· 경제학과

\# 초국적 기업 \# 글로벌 경제 \# 글로벌 경제 체제 \# 공간적 불균등

교과 세특 탐구 주제

주제1 세계적인 패스트푸드 기업의 마케팅 전략 조사
주제2 글로벌 경제 체제가 국내 중소 기업에 미치는 영향 분석
주제3 초국적 기업이 개발도상국의 노동 환경에 미치는 영향 분석
주제4 초국적 기업의 생산 공장이 저임금 국가에 집중되는 이유 탐구

▣ 함께 보면 좋은 도서
《조건부 자유 무역 시대》 김세진, 생각의힘, 2025.
《트럼프 2.0의 경고》 신민호, 삼일인포마인, 2025.
《킹 달러》 폴 블루스타인(서정아 역), 인플루엔셜, 2025.

GUIDE 초국적 기업의 활동과 글로벌 경제 구조를 분석하고, 이로 인해 발생하는 지역 간 경제적 불균형을 탐구한다.

연계 활동 탐구 주제

독서

《조건부 자유 무역 시대》 김세진, 생각의힘, 2025.
이 책은 글로벌 경제 질서 속에서 자유 무역의 개념의 변화를 분석한다. 과거의 무제한적 자유 무역에서 벗어나, 국가들은 자국 산업 보호와 전략적 이익을 위해 조건부 무역 정책을 채택하고 있다. 이러한 변화는 자유 무역의 이상과 현실 사이의 긴장을 드러내며, 국제 협력의 방식에도 영향을 미친다고 설명하고 있다.

주제1 무역 갈등으로 인한 국가 간 외교 관계 변화 조사
주제2 자유 무역이 개발도상국의 산업 성장에 미치는 영향 탐구
주제3 보호 무역 정책이 국내 소비자에게 끼치는 영향에 대한 고찰

논문

〈지역 발전에 있어서 초국적 기업의 역할에 대한 비판적 고찰: 맥쿼리 사회 간접 자본 투자 사례를 중심으로〉
김선희 외, 2016.
이 논문은 초국적 기업의 지역 경제에 대한 영향이 복합적으로 나타남을 강조한다. 지역의 고용 창출이나 산업 발전에 긍정적인 영향을 미칠 수 있지만, 지역 자원의 착취, 환경 오염, 노동 착취 등 부정적인 결과를 초래할 수 있기 때문에 초국적 기업에 대한 규제와 감시가 필요함을 주장하고 있다.

논문 바로가기

주제1 초국적 기업 진출과 지역사회 갈등 사례 조사
주제2 초국적 기업이 지역 경제 발전에 미치는 영향 탐구
주제3 초국적 기업 활동이 환경과 노동 조건에 미치는 영향 조사

토론

주제1 초국적 기업 규제가 지역 발전을 저해하는가?
주제2 글로벌 경제 체제가 지역 간 불균등을 심화하는가?
주제3 초국적 기업의 진출이 지역 경제 발전을 항상 촉진하는가?

IV 지속가능한 세계, 세계의 환경 문제와 평화

01 [12세지04-01] 세계 주요 에너지 자원의 생산과 소비 현황을 조사하고, 다양한 친환경 에너지 원의 특징에 대한 이해를 바탕으로 지속가능한 에너지 생산 방안을 제시한다.

관련 학과
- 에너지공학과
- 자원공학과
- 환경공학과
- 지구환경과학과

\# 에너지 자원 \# 생산과 소비 \# 친환경 에너지 \# 지속가능한 에너지 생산 \# 에너지 정책

교과 세특 탐구 주제

주제1 에너지 자원의 지역별 분포와 국가 간 불균형 조사
주제2 에너지 자원 확보를 둘러싼 국가 간 경쟁과 갈등 조사
주제3 재생 에너지 확대가 화석 연료 소비에 미치는 영향 탐구
주제4 에너지 자원의 고갈 가능성과 대체 에너지 개발 현황 탐구

📖 함께 보면 좋은 도서

《에너지와 기후변화》 최기련, 자유아카데미, 2018.
《에너지 위기, 어떻게 해결할까?》 이은철, 동아엠앤비, 2023.
《고등학생을 위한 미리 배우는 신재생 에너지학》 최광수, 루미너리북스, 2024.

연계 활동 탐구 주제

독서 《에너지 위기, 어떻게 해결할까?》 이은철, 동아엠앤비, 2023.
이 책은 현대 사회가 직면한 에너지 위기의 원인과 해결 방안을 분석하고 있다. 화석 연료 의존, 기후변화, 지정학적 갈등 등이 에너지 불안을 심화시키고 있음을 지적하고, 재생 에너지 확대, 에너지 효율 개선, 국제 협력 강화 등과 함께 지속가능한 에너지 체제로의 전환을 핵심 전략으로 제시한다.

주제1 탄소중립 정책이 산업 구조에 미치는 영향 탐구
주제2 에너지 소비 패턴 변화에 따른 기후변화 양상 탐구
주제3 신재생 에너지 기술의 발전과 우리나라의 적용 현황 조사

논문 《탄소중립은 지속가능한 경제 성장과 양립하는가?》 박호정, 2021.
이 논문은 탄소중립 개념을 램지의 경제 성장 모형에 포함함으로써 탄소중립 정책이 자본 축적의 장기적 동태적 과정에 미치는 효과를 분석하였다. 한국의 정책은 온실가스 감축에 집중되어 있지만, 미국·영국·중국은 경제 성장과 기후 대응을 동시에 추구하고 있다는 점을 비교하였다.

논문 바로가기

주제1 한국과 해외의 탄소중립 정책 비교 조사
주제2 탄소 중립정책이 경제 성장에 미치는 영향 탐구
주제3 한국의 탄소중립 정책이 재생 에너지 확대에 미치는 영향 탐구

토론
주제1 정부는 저소득층에게 에너지 비용을 지원해야 하는가?
주제2 에너지 생산은 환경 보호보다 경제 성장을 우선해야 하는가?
주제3 모든 국민에 동일하게 에너지 지원을 제공하는 것이 공정한가?

02

[12세지04-02] 세계 주요 환경 문제의 유형과 실태를 설명하고, 생태전환적 삶에 비추어 현재의 생활 방식을 비판적으로 점검한다.

관련 학과
- 환경학과
- 에너지환경공학과
- 지리학과
- 환경자원경제학과

\# 기후변화 \# 산림 파괴 \# 수질 오염 \# 대기 오염 \# 생물 다양성 감소 \# 생태전환적 삶

교과 세특 탐구 주제

주제1 기후변화가 생물 다양성에 미치는 영향 탐구
주제2 생태전환적 삶을 실천하는 국내외 사례 분석
주제3 환경 문제 해결을 위한 국제 협약과 정책 조사
주제4 플라스틱 사용이 해양 생태계에 미치는 영향 탐구

▣ 함께 보면 좋은 도서

《기후위기 인간》 구희, 알에이치코리아, 2023.
《두 번째 지구는 없다》 타일러 라쉬, 알에이치코리아, 2020.
《나는 풍요로웠고, 지구는 달라졌다》 호프 자런(김은령 역), 김영사, 2020.

연계 활동 탐구 주제

독서

《기후위기 인간》 구희, 알에이치코리아, 2023.
이 책은 기후위기 시대를 살아가는 인간을 위한 지구 관리 안내서이다. 주인공이 기후위기를 인식한 순간들, 이대로 기후 문제를 방치했을 때의 미래, '나'부터 바뀌어야 하는 이유 등을 이야기한다. 비거니즘, 탄소중립, 공장식 축산 등 자칫 불편할 수 있고 어려울 수 있는 주제를 쉽게 읽을 수 있게 풀어냈다.

주제1 개인의 소비 습관이 기후변화에 미치는 영향 분석
주제2 현대 사회의 풍요가 생태계에 가져온 변화에 대한 고찰
주제3 기후위기가 인간의 삶과 사회 구조에 미치는 영향 탐구

논문

〈청소년의 기후변화 위험 인식이 기후변화 문제 해결 행동에 미치는 영향: 부정 감정과 자기 효능감의 매개 효과〉 김민정, 2025.
이 논문은 청소년들이 기후변화를 얼마나 심각하게 인식하는지가 실제 행동에 어떤 영향을 주는지를 분석한 것이다. 청소년의 기후변화 위험 인식은 문제 해결 행동에 긍정적인 영향을 미쳤으며, 부정 감정과 자기 효능감을 통해 행동 의도가 더욱 강화되는 것으로 나타났다.

논문 바로가기

주제1 자기 효능감이 기후변화 대응 행동에 미치는 영향 탐구
주제2 청소년의 기후변화 인식 수준과 실천 행동의 관계 조사
주제3 기후변화에 대한 감정 반응이 환경 행동에 미치는 영향 탐구

토론

주제1 선진국이 개발도상국보다 환경 문제에 더 많은 책임을 져야 하는가?
주제2 환경 보호를 위해 일상생활의 불편함을 감수할 준비가 되어 있는가?
주제3 기후변화 문제 해결에 개인의 행동 변화가 미치는 효과는 무엇인가?

관련 학과
· 정치외교학과
· 국제법학과
· 국제학과
· 국제개발협력학과

\# 지정학적 분쟁 \# 영토 분쟁 \# 자원 갈등 \# 민족 갈등 \# 해양 권리 분쟁 \# 국제 안보 긴장 \# 세계 평화

교과 세특 탐구 주제

주제1 지정학적 갈등이 국제 협력에 미치는 영향 분석
주제2 지정학적 분쟁이 국제 에너지 가격에 미치는 영향 분석
주제3 국제기구의 평화 유지 활동이 분쟁 지역에 미치는 영향 탐구
주제4 러시아·우크라이나 전쟁이 세계 식량 공급에 미친 영향 탐구

■ 함께 보면 좋은 도서
《분쟁의 세계 지도》 이정록 외, 푸른길 2019.
《지정학의 모든 것》 기획집단MOIM, 그림씨, 2024.
《지구촌의 전쟁과 평화》 마셜 매클루언 외(박정순 역), 커뮤니케이션북스, 2022.

GUIDE 다양한 지정학적 분쟁 사례를 분석하고, 이를 국제 정세의 변화와 연계하여 원인과 영향을 탐구한다.

연계 활동 탐구 주제

독서
《지정학의 모든 것》 기획집단MOIM, 그림씨, 2024.
이 책은 지리적 조건이 국가의 외교 전략, 군사 행동, 경제 정책에 어떻게 영향을 미치는지를 다양한 사례를 통해 분석한다. 주요 국제 사건을 지정학적 관점에서 해석하며, 권력의 이동과 갈등의 구조를 조명한다. 세계를 보는 시야를 넓히고, 국제 관계의 복잡성을 이해하는 데 도움을 준다.

주제1 지정학적 분쟁 지역의 역사적 배경 조사
주제2 지정학적 갈등이 청소년의 국제 인식에 미치는 영향 탐구
주제3 지정학적 요인이 국가 간의 외교 정책에 미치는 영향 탐구

논문
〈21세기 평화/공존을 위한 글로벌 리더십〉 김환기 외, 2022.
이 논문은 국제 사회가 직면한 갈등과 위기 속에서 글로벌 리더십이 어떻게 평화와 공존을 실현할 수 있는지를 조명한다. 특히 기후변화, 팬데믹, 미·중 갈등 등 복합적인 국제 문제 속에서 지도자의 도덕성과 협력 능력이 얼마나 중요한지를 강조하며, 가치 중심의 리더십이 필요하다고 주장한다.

논문 바로가기

주제1 글로벌 리더십이 국제 협력에 미치는 영향 탐구
주제2 청소년의 세계시민 의식이 평화 실현에 미치는 영향 탐구
주제3 국제기구의 평화 유지 활동이 갈등 지역에 미치는 영향 탐구

토론
주제1 지정학적 갈등은 외교로 해결이 가능한가?
주제2 국제기구는 세계 평화를 위해 충분히 역할을 하고 있는가?
주제3 지구촌의 평화와 공존을 위한 개인적 차원의 기여 방안은 무엇인가?

진로
선택

지리

한국지리 탐구

과목 ▶ 정보	교과군	공통 과목	선택 과목			평가 정보		수능
			일반 선택	진로 선택	융합 선택	성취도	상대평가	
	사회	−	−	○	−	5단계	5등급	×

1 ▶ 교과 성격

'한국지리 탐구' 과목은 우리 국토와 다양한 지역의 환경, 사회·경제적 현상을 심층적으로 이해하고, 이에 대한 책임 있는 대응 능력을 기르는 것을 목표로 한다. 수업에서는 한반도를 중심으로 학습자의 생활권, 그리고 동아시아를 포함한 주변 지역까지 다양한 공간 규모를 다루며, 지역과 국가, 세계의 상호 연계성과 국토 변화 과정을 통합적으로 이해하도록 돕는다.

학생들은 수업을 통해 저출산·고령화, 국가 간·지역 간 불균형 해소, 4차 산업 혁명에 따른 산업 및 공간 구조 변화, 교통·물류·디지털 플랫폼 경제, 지속가능한 농업과 농촌 발전, 자연재해 대응 전략, 탄소중립을 위한 에너지 전환, 통일 문제와 동아시아의 지정학적 환경 등 다양한 현안을 다룬다. 이를 통해 시사·정책적 안목과 분석 능력을 키우고, 실제 문제 해결과 정책 제안에 필요한 탐구 역량을 함양한다.

TIP 중학교 '사회'를 통해 익힌 지리적 지식과 '통합사회'의 학습 내용을 한층 더 확장하고 심화하여 고등학교 일반 선택 과목인 '세계 시민과 지리' 및 진로 선택 과목인 '도시의 미래 탐구', 융합 선택 과목인 '여행 지리', '기후변화와 지속가능한 세계'와 연계 교과임.

2 ▶ 교과 목표

- 지리적 개념과 관점을 활용해 국토의 변화와 지역의 특징을 이해한다.
- 탐구 계획 수립, 야외조사 및 지리정보기술을 활용한 데이터 수집, 결과의 도출과 의사소통, 탐구과정의 성찰 등 지리탐구에 필요한 능력을 기른다.
- 국토환경의 지속가능하고 균형적인 발전을 위해 필요한 로컬 시민성, 다문화 시민성, 생태 시민성을 함양한다.
- 우리나라 및 지역이 당면한 주요 문제에 관심을 갖고, 이를 해결하려는 태도를 기른다.
- 국토의 의미와 가치를 알고, 자신이 속한 지역에 대한 이해와 소속감을 높인다.

3 ▶ 교과 핵심 키워드

# 1인 가구	# 4차 산업 혁명	# 개성 공단	# 고령화	# 공간 불평등
# 공간적 분포	# 공간정보	# 공유 경제	# 국가균형발전	# 글로벌 가치 사슬
# 금강산 관광	# 나진·선봉 경제 특구	# 남북 협력	# 농업과 식량 자급	# 농업 생산성
# 다국적 기업		# 다문화 가구	# 대체 에너지	# 모빌리티 공유서비스
# 북중러 삼각 관계	# 빅 데이터	# 상품사슬	# 생산자와 소비자	
# 서해안 갯벌	# 세계 자연유산	# 수도권 집중	# 수력	# 스마트 팜
# 식량 안보	# 야외조사	# 외국인 이주자	# 원격 탐사	# 원자력
# 위치	# 인간 간섭	# 인간-환경 상호 작용	# 인공지능	# 인구 구조
# 인구 이동	# 자연경관		# 자연재해	# 자율 주행
# 장소 마케팅	# 장소성	# 재생 에너지	# 저출생	# 접경 지역
# 제주 화산섬	# 젠트리피케이션	# 지리적 관점	# 지리정보기술	# 지방소멸 위기
# 지속가능한 개발	# 지속가능한 농업	# 지역 농산물 브랜드화	# 지역성	# 지정학
# 탄소중립	# 핫 플레이스		# 화력	# 환경 보존과 개발

4 ▶ 내용 체계

핵심 아이디어	• 지리탐구는 지리적 질문에 근거를 갖고 답을 하는 과정이며, 야외조사와 지리정보기술은 근거를 수집하는 주요 방법이다. • 개인은 음식, 여가, 모빌리티와 같은 일상생활을 통해 지역 및 세계와 연결되며, 디지털화로 연결성이 획기적으로 변화하고 있다. • 인구감소와 고령화, 수도권 집중과 지방소멸의 위기에 대응하려면 국가균형발전에 대한 이해와 태도가 중요하다. • 개발에 따른 환경변화, 자연재해 및 탄소중립에 대응하기 위해 지역 스케일에 적합한 공간 정보를 활용한 의사 결정, 생태 감수성이 중요하다. • 한반도 및 주변 지역에 대한 지정학적 이해는 국가와 동아시아 지역의 발전과 평화·공존을 위해 중요하다.

범주		내용 요소
	공간정보와 지리탐구	• 지리적 질문과 지리탐구 • 데이터, 야외조사와 지리정보기술
	생활 속 지리 탐구	• 식품과 상품사슬 • 관광과 여가, 장소 정체성과 장소마케팅 • 모빌리티와 공유서비스
지식·이해	국토의 변화와 균형 발전 탐구	• 저출생과 고령화, 외국인 이주자와 다문화 • 지속가능한 농업과 농촌 • 산업구조의 전환과 지역 변화 • 수도권 집중과 지방소멸, 국가균형발전
	환경과 지속 가능성 탐구	• 세계유산과 자연경관 • 환경의 개발과 변화, 보전 • 자연재해, 재난위험 경감 • 탄소중립과 에너지 정책
	동아시아 갈등과 공존 탐구	• 북한의 당면과제와 남북협력 • 경계와 영역, 동아시아 지정학과 평화·공존
과정·기능		• 조사 가능한 질문을 개발하고, 적절한 탐구계획 수립하기 • 야외조사, 공공 및 빅 데이터, 지리정보기술을 활용해 데이터 수집하기 • 다양한 방식으로 데이터를 표현하여, 공간적 패턴이나 규칙을 찾고, 여러 관점에서 결과 해석하기 • 위치, 장소, 지역 간 상호관련성, 스케일 간 상호의존성 측면에서 결과 해석하기 • 결과를 토대로 변화를 예측하고, 대안을 제시하며, 실현 가능성을 평가하기
가치·태도		• 국토의 의미와 가치 인식 • 국토 환경에 대한 생태 감수성과 책임감 • 지리적 이슈에 대한 관심과 지역문제를 해결하려는 태도 • 지역에 대한 애착과 자부심 • 다문화 및 지역인지 감수성

I 공간정보와 지리 탐구

01 [12한탐01-01] 다양한 현상에 대해 지리적 관점으로 질문을 던지고, 질문에 답을 하기 위한 탐구 계획을 수립한다.

관련 학과
- 지리학과
- 도시계획학과
- 공간정보학과
- 사회학과

\# 위치 \# 장소 \# 공간적 분포 \# 인간 환경 상호 작용 \# 지리적 관점

교과 세특 탐구 주제

주제1 기후변화가 지역 농업에 미치는 영향 연구
주제2 학교 주변의 상업 시설 분포와 지역 특성에 대한 탐구
주제3 인구 고령화로 인한 농촌 지역의 공간 구조 변화 탐구
주제4 관광지 개발이 지역 주민 생활과 환경에 미치는 영향 연구

□ 함께 보면 좋은 도서

《지리의 힘》 팀 마샬(김미선 역), 사이, 2016.
《지도로 읽는 세계사》 한영준, 21세기북스, 2022.
《드디어 만나는 지리학 수업》 이동민, 현대지성, 2025.

GUIDE 다양한 현상에 대해 "왜?"라는 지리적 질문을 만들고, 조사 방법과 자료 수집, 분석 계획을 포함한 탐구 계획을 체계적으로 수립한다.

연계 활동 탐구 주제

독서

《지리의 힘》 팀 마샬(김미선 역), 사이, 2016.
이 책은 인류 문명에서 오랫동안 큰 영향을 미친 요소가 지리라고 단언한다. 오늘날도 결국 지리가 문제라는 걸 확인한다. 지리적 특성 때문에 강대국들의 경유지가 된 한국, 이념적 분열과 지리적 분열이 함께 진행되는 서유럽을 보면, 의식과 현실에 강력하게 자리한 지리의 실체를 알 수 있다.

주제1 해양 진출 가능성이 국가의 경제·군사 전략에 미치는 의미 탐구
주제2 국가의 외교 정책과 문화적 교류에 지리적 조건이 미치는 영향 연구
주제3 산맥과 강 등 자연 지형이 국가 경계 형성에 어떤 역할을 하는지에 대한 탐구

논문

〈공간 분석을 통한 지역별 수도권 인구 유입에 영향을 미치는 요인 연구 −지리 정보 시스템과 지리적 가중 회귀 모형을 이용하여−〉 정기성 외, 2019.
이 논문은 공간 분석 기법을 활용해 지역별 수도권 인구 유입에 영향을 미치는 요인을 규명하였다. 소득과 고용 등 경제적 요인뿐 아니라 주거 환경과 교통 인프라가 인구 유입에 영향을 미쳤고 특히, 아파트 공급 확대와 지하철·도로망 확충은 수도권 외곽 지역의 인구 유입을 촉진하는 핵심 요인이었다.

주제1 수도권 지역별 주거 환경이 인구 유입에 미치는 영향 조사
주제2 교육·의료 시설 분포가 수도권 인구 유입에 미치는 영향 조사
주제3 교통 인프라(지하철·도로) 확충과 수도권 인구 이동의 관계 탐구

토론

주제1 수도권 집중 현상은 국가 발전에 도움이 되는가?
주제2 교통망 확충은 지역 간 격차를 줄이는 효과가 있는가?
주제3 지역 축제는 지역 경제 활성화에 실질적인 도움이 되는가?

02

[12한탐01-02] 야외조사 및 지리정보기술을 활용한 데이터 수집방법을 연습하고, 탐구 질문에 맞춰 데이터를 수집, 분석, 시각화한다.

관련 학과
- 지리교육과
- 환경학과
- 공간정보학과
- 컴퓨터공학과

\# 지역성 \# 공간 정보 \# 지리 정보 시스템 \# 야외조사 \# 원격 탐사

교과 세특 탐구 주제

주제1 학교 주변의 지형과 토지 이용 현황에 대한 야외조사

주제2 지형도와 현장 답사를 활용한 지역의 재해 위험 요소 조사

주제3 학교 주변 상권 분포를 GIS 지도로 분석하여 지역적 특성 탐구

주제4 우리 동네 대중 교통 접근성이 주민 생활 편의에 미치는 영향 분석

GUIDE 야외에서 수집한 위치·사진·메모 자료를 GIS나 지도 앱에 정리하고, 탐구 질문과 연결된 패턴이나 차이를 시각적으로 나타내어 결론을 도출한다.

■ 함께 보면 좋은 도서

《이야기 한국지리》 최재희, 살림FRIENDS, 2016.

《지리 정보 분석 원리》 데이비드 오설리번 외(김화환 외 역), 푸른길, 2022.

《신나는 답사, 멋진 보고서》 장경원, 한국헤르만헤세, 2014.

연계 활동 탐구 주제

독서

《이야기 한국지리》 최재희, 살림FRIENDS, 2016.

이 책은 청소년이 책상 앞에서 시공간적 감각을 키우고 지리적 감수성과 사고력을 높일 수 있도록 대리 체험과 만족의 기회를 제공한다. 공간과 사람에 대한 이해를 바탕으로 지리적 감수성과 사고력을 키울 수 있도록 구성되어 있으며, 스토리 텔링과 시각 자료를 통해 지리 공부의 재미를 높여 준다.

주제1 기후변화가 지역 농업에 미치는 영향 연구

주제2 지역별 산업 발달과 자연환경의 연관성 조사

주제3 우리나라 주요 지역의 지형과 생활 방식의 관계 탐구

논문

《야외에서의 데이터 수집 활동 참여가 학생들의 이해와 야외답사 경험에 미치는 영향》 이종원 외, 2018.

이 논문은 탐구 기반 야외답사에서 실제 데이터 수집 활동이 학생들의 학습 효과와 경험에 만드는 차이를 분석하였다. 연구 결과, 야외조사에 참여하지 않은 학생과 달리 야외에서 직접 데이터를 수집한 학생들은 조사 목적에 대한 이해도와 협력적 학습과 관찰 능력 등 다양한 측면에서 긍정적인 효과가 나타났음을 설명하고 있다.

논문 바로가기

주제1 학교 주변의 토지 이용 변화에 대한 야외조사

주제2 우리 동네의 관광지 개발이 주민 생활에 미치는 영향 연구

주제3 도시 공원의 공간 구성과 이용자 만족도 간의 관계에 대한 연구

토론

주제1 야외조사를 통해 얻은 정보는 교실 수업보다 더 효과적인가?

주제2 지역 환경 문제를 조사할 때, 직접 현장을 방문하는 것이 꼭 필요한가?

주제3 스마트폰 앱을 활용한 지리 조사는 종이 지도를 활용한 지리 조사보다 정확하고 유용한가?

II 생활 속 지리 탐구

01 [12한탐02–01] 식품의 생산, 유통, 소비과정을 조사함으로써 음식을 통한 생산자와 소비자, 상품, 장소의 연결성을 이해하고, 상품사슬을 조직하는 윤리적인 방식의 가능성과 한계를 파악한다.

\# 생산자와 소비자 \# 상품사슬 \# 소비 문화 \# 장소 연결성

관련 학과
- 식품생명공학과
- 식품유통공학과
- 소비자학과
- 식품산업외식학과

교과 세특 탐구 주제

주제1 식품 생산 과정에서 공장식 축산의 문제점과 대안 탐구
주제2 로컬 푸드 운동이 지역 경제와 환경 보호에 미치는 영향 탐구
주제3 패스트푸드 소비가 지역사회의 음식 문화와 건강에 미치는 영향 연구
주제4 우리 지역에서 소비되고 있는 주요 농산물의 유통 경로에 대한 조사 연구

■ 함께 보면 좋은 도서
《커피의 정치학》 다니엘 재피(박진희 역), 수북, 2010.
《슬로 푸드 슬로 라이프》 김종덕, 한문화, 2010.
《윤리적 소비: 세상을 바꾸는 착한 거래》 박지희 외, 메디치미디어, 2010.

GUIDE 자신이 소비하는 식품을 선정해 생산지의 위치와 자연환경, 생산에 참여하는 사람들과 생산 방식, 유통 경로와 운송 수단을 조사해 보며, 음식을 통해 나와 지역, 세계와의 연결성을 이해한다.

연계 활동 탐구 주제

독서 《윤리적 소비: 세상을 바꾸는 착한 거래》 박지희 외, 메디치미디어, 2010.
이 책은 소비를 사회적 책임과 윤리적 판단의 행위로 보며, 공정 무역·슬로 푸드·공정 여행 등 다양한 사례를 통해 윤리적 소비의 실천 방법을 소개한다. 소비는 자본주의 사회에서의 투표이며, 세상을 바꿀 수 있다는 메시지를 전하며, 윤리적 소비를 통해 사회적 변화를 이끌 수 있음을 강조한다.

주제1 윤리적 소비 실천이 환경 보호에 미치는 영향 탐구
주제2 공정 무역 제품 소비가 생산자 삶에 미치는 영향 조사
주제3 윤리적 소비 캠페인이 소비자 행동에 미치는 영향 탐구

논문 《윤리적 소비 행동과 사회적 혜택》 윤영대 외, 2024.
이 논문은 윤리적 소비 행동을 절약 소비, 녹색 소비, 호혜 소비, 나눔 소비의 네 가지 유형으로 구분하고, 각각의 소비 방식이 사회적 혜택에 미치는 영향을 분석한 연구이다. 소비자가 상호 이익을 추구하거나 나눔을 실천하는 소비를 할 때, 사회 전체의 복지에 긍정적 효과를 가져온다고 말하고 있다.

주제1 청소년의 녹색 소비 실천 수준과 인식 조사
주제2 나눔 소비 활동이 공동체 의식에 미치는 영향 탐구
주제3 절약 소비 습관이 지속가능한 생활에 미치는 영향 탐구

토론 **주제1** 윤리적 소비는 개인의 선택을 넘어서 사회적 책임이 될 수 있는가?
주제2 온라인 식품 배달 서비스의 발달은 지역사회 소매점에 위협이 되는가?
주제3 SNS에서 인기 있는 장소가 실제 소비 문화에 어떤 변화를 가져오는가?

02

[12한탐02–02] 핫 플레이스의 특징, 생성 과정, 정체성 이슈를 조사하고, 지역 자원을 활용한 관광 활성화 방안을 제안한다.

핫 플레이스 # 장소 마케팅 # 장소성 # 젠트리피케이션

관련 학과
· 관광학과
· 광고홍보학과
· 문화콘텐츠학과
· 미디어커뮤니케이션학과

교과 세특 탐구 주제

주제1 SNS를 활용한 장소 마케팅 전략의 효과 탐구
주제2 스토리 텔링이 장소의 이미지 형성에 미치는 영향 분석
주제3 핫 플레이스가 만들어지는 과정과 그 특징에 대한 조사
주제4 지역의 역사나 문화가 핫 플레이스로 발전하는 데 미치는 영향 분석

▣ 함께 보면 좋은 도서

《여기서 보자》 권지담 외, 꿈의지도, 2011.
《무기가 되는 스토리》 도널드 밀러(이지연 역), 윌북, 2018.
《디지털 콘텐츠 실전 마케팅》 이원준, 디지털북스, 2020.

GUIDE 핫 플레이스의 위치와 공간적 특징, 생성 과정, 사회·문화적 정체성 이슈를 지도와 자료를 활용해 조사하고 분석한다.

연계 활동 탐구 주제

독서 《디지털 콘텐츠 실전 마케팅》 이원준, 디지털북스, 2020.
이 책은 변화하는 마케팅 환경과 디지털 환경의 도래를 다루며, 디지털 마케팅에서 콘텐츠와 스토리 텔링의 역할을 설명한다. 또한, 최근 부각하는 소셜 미디어의 특징과 마케팅 방안을 다루고, 유튜브 등 1인 미디어의 제작과 방송 송출에 필요한 실무 지식을 설명하고 있다.

주제1 짧은 영상 콘텐츠가 장소 마케팅에 미치는 영향 연구
주제2 인플루언서가 소비자의 구매 결정에 미치는 영향 연구
주제3 우리 동네 인기 장소가 SNS에서 어떻게 소개되고 있는지에 대한 조사

논문 《컨텍스트를 고려한 장소 마케팅 전략》 장혜진, 2015.
이 논문은 장소 마케팅 전략 수립 시 지역의 고유한 컨텍스트 고려의 중요성을 강조한다. 또한, 장소의 역사, 문화, 사회적 맥락을 분석하여 마케팅 방향을 설정하고 실행 전략을 구성하는 과정을 제시한다. 여건 분석, 방향 설정, 실행 및 평가의 각 단계에서 지역성과 정체성을 반영하는 것이 이 논문의 핵심이다.

논문 바로가기

주제1 우리 동네의 장소 마케팅 요소와 전략에 대한 조사
주제2 핫 플레이스가 지역 주민의 생활 방식에 미치는 영향 탐구
주제3 지역의 역사와 문화가 장소 이미지 형성에 미치는 영향 탐구

토론 **주제1** 핫 플레이스는 지역 경제에 긍정적인 영향을 주는가?
주제2 SNS 마케팅이 장소의 인기를 결정짓는 가장 중요한 요소인가?
주제3 지역의 고유한 문화보다 상업성이 강조된 장소 마케팅이 더 효과적인가?

03

[12한탐02–03] 모빌리티와 모바일, 빅 데이터, 플랫폼의 결합이 시·공간 활용에 미치는 영향을 설명하고, 모빌리티 공유서비스가 일상생활에 미친 영향과 문제점을 조사해 대안을 제시한다.

관련 학과
- 모빌리티융합학부
- AI융합학부
- 공유경제학과
- 스마트모빌리티학과

\# 모빌리티 공유서비스   \# 공유 경제   \# 인공지능   \# 자율주행   \# 빅 데이터 분석

교과 세특 탐구 주제

주제1 모빌리티 공유서비스의 확장이 일상생활에 미치는 영향 조사

주제2 우리 학교 학생들이 가장 많이 사용하는 교통 앱에 대한 조사

주제3 우리 동네에서 공유 자전거 앱 사용이 이동에 미치는 영향 탐구

주제4 모바일 앱을 이용한 길 찾기 서비스가 이동 시간에 미치는 영향 탐구

📖 함께 보면 좋은 도서

《미래, 모빌리티》 김민형, 스리체어스, 2023.

《모빌리티 쫌 아는 10대》 서성현, 풀빛, 2023.

《플랫폼 기반 모빌리티 서비스 데이터 구축 및 활용 방안》 장원재 외, 한국교통연구원, 2024.

GUIDE 모빌리티 공유서비스의 이용 현황과 편의성, 교통·환경·안전 문제를 자료와 사례를 통해 조사하고 분석한다.

연계 활동 탐구 주제

독서   《모빌리티 쫌 아는 10대》 서성현, 풀빛, 2023.

이 책은 모빌리티의 개념과 과학적 원리를 소개하여 사람과 사물을 이동하게 하는 기술의 발전 과정을 설명한다. 증기 기관에서 시작된 탈것의 역사부터 다양한 미래 모빌리티 기술을 다루고 친환경성과 기술 혁신을 강조하며, 기후변화와 도시 교통 문제 해결을 위한 모빌리티의 역할을 조명하고 있다.

주제1 전기차 보급 확대가 도시의 공기 질에 미치는 영향 분석

주제2 자율주행 기술 발전에 따른 교통사고 발생률의 변화 조사

주제3 모빌리티 공유서비스가 청소년 이동 방식에 미치는 영향 탐구

논문   〈공유 자동차 기반의 미래 모빌리티 발전 방향에 관한 연구〉 노재승, 2017.

이 논문은 공유 자동차를 중심으로 미래 모빌리티의 발전 방향을 탐색한 연구로, 자동차 소유에 대한 인식 변화와 공유 경제의 확산을 배경으로 카쉐어링이 성장하고 있는 현상을 분석한다. 공유 자동차는 미래 도시의 지속 가능한 이동 생태계를 구성하는 중요한 요소임을 강조하고 있다.

주제1 청소년의 공유 모빌리티 인식과 이용 가능성에 대한 탐구

주제2 공유 자동차 도입이 도시 내 교통 혼잡 완화에 미치는 영향 분석

주제3 우리 지역의 공유 자동차 서비스 현황과 이용자 만족도에 관한 조사

토론   **주제1** 모빌리티 공유서비스는 교통 혼잡 완화에 도움이 되는가?

주제2 모빌리티 공유서비스의 편리성이 안전 문제보다 더 가치가 있는가?

주제3 친환경 이동 수단을 사용하는 것이 개인의 선택이 아니라 의무가 되어야 하는가?

"""

III 국토의 변화와 균형 발전 탐구

01
[12한탐03-01] 통계 자료를 활용해 우리나라 인구 및 가구 구조의 변화를 시각화 및 분석하고, 저출생, 고령화, 다문화 가구의 증가에 대응하기 위한 방안을 모색한다.

관련 학과
· 사회복지학과
· 아동복지학과
· 노인복지학과
· 다문화학과

\# 인구 구조 \# 인구 이동 \# 1인 가구 \# 고령화 지수 \# 다문화 가구

교과 세특 탐구 주제

주제1 고령화의 원인과 기대 수명 증가 추이 분석
주제2 저출생 문제를 해결하기 위한 정책과 그 실효성에 대한 고찰
주제3 저출생과 고령화가 지역 공간 구조와 생활 서비스에 미치는 영향 탐구
주제4 다문화 가구의 증가가 지역사회의 문화적 다양성에 미치는 영향 분석

■ 함께 보면 좋은 도서

《다문화 사회와 문화 다양성》 김양미, 공동체, 2023.
《늙어 가는 대한민국》 김현진 외, 삼성경제연구소, 2003.
《다문화 사회에서 세계시민으로 살기》 후지와라 다카아키(세계시민 도서번역연구회 역), 다봄교육, 2023.

연계 활동 탐구 주제

독서

《다문화 사회와 문화 다양성》 김양미, 공동체, 2023.
한국 사회에서 다문화 시대의 도래는 피할 수 없는 현실로, '다른 문화'를 이해하고 동시에 우리 자신의 문화에 대해서도 객관적인 시각으로 재인식하는 통합적 관점이 필요한 시기이다. 이러한 시대적 과제를 이해하고 그에 따른 실천적 역량을 갖추는 데 도움이 될 수 있도록 집필된 책이다.

주제1 외국인 노동자 집중 지역의 사회적 변화 탐구
주제2 다문화 관련 NGO 활동과 국제기구의 역할 탐구
주제3 다문화 사회에서 발생하는 차별과 혐오 표현 사례 조사

논문

〈저출산·고령화의 경제적 영향 분석〉 김원규 외, 2017.
이 논문은 한국 사회가 직면한 저출산과 고령화 문제의 원인을 분석하고, 이로 인한 경제적 파급 효과를 다양한 관점에서 고찰하고 있다. 특히 노동력 부족, 생산성 저하, 연금 시스템의 지속가능성 등 주요 이슈를 중심으로 고령화가 산업구조와 국가 경제에 어떤 영향을 미치는지 분석하였다.

논문 바로가기

주제1 고령화가 복지 재정에 미치는 영향 연구
주제2 선진국의 저출산·고령화 대응 정책 비교 연구
주제3 저출산이 미래 교육 재정 구조에 미치는 영향 분석

토론

주제1 출산 장려 정책은 개인의 선택을 침해하는가?
주제2 노인 복지 확대가 청년 복지보다 우선되어야 하는가?
주제3 외국인 노동자는 한국 경제에 긍정적인 영향을 미치는가?

02 [12한탐03-02] 식생활 변화 및 세계화에 따른 우리나라 농업의 변화를 이해하고, 지속가능한 농업과 농촌을 위한 정책을 제안한다.

식량 안보 # FTA # 지역 농산물 브랜드회 # 스마드 팜 # 지속가능힌 농입

교과 세특 탐구 주제

주제1 식생활의 서구화가 우리나라 농산물 소비 패턴에 미친 영향 탐구

주제2 농산물 수입 증가가 국내 농업과 농민에게 어떤 의미인지에 대한 고찰

주제3 외국 농산물 소비 확대가 우리나라 식문화와 전통 음식에 미치는 영향 연구

주제4 우리나라 식생활 변화에 따라 수입이 늘어난 농산물의 종류와 특징 조사 연구

■ 함께 보면 좋은 도서
《식량 위기 대한민국》 남재작, 웨일북, 2022.
《미래가 온다, 미래 식량》 김성화 외, 와이즈만북스, 2022.
《스마트 팜, 미래 농업의 퍼즐을 맞추다》 이인규, 좋은땅, 2025.

GUIDE 식생활 변화와 세계화가 우리나라 농업 생산, 유통, 소비 패턴에 미친 영향을 자료와 사례를 통해 분석한다.

연계 활동 탐구 주제

독서　《미래가 온다, 미래 식량》 김성화 외, 와이즈만북스, 2022.
이 책은 식량 위기를 배경으로, 인류가 미래에 무엇을 먹고 어떻게 살아갈지를 과학적으로 탐구하며 식량 문제의 심각성을 경고한다. 또한, 경작지 감소, 물 부족, 육식 소비 증가 등으로 인한 생태계 파괴와 전염병 확산을 설명하고, 이를 해결하기 위한 대안과 윤리적 소비의 중요성을 알게 한다.

주제1 기후변화가 곡물 생산량과 식량 가격에 미치는 영향 분석

주제2 배양육 기술의 발전이 전통 축산업에 끼칠 경제적·환경적 영향 연구

주제3 대체 단백질로서 식용 곤충의 영양적 가치와 소비 가능성에 대한 조사

논문　〈한·중 FTA 체결과 농산물 수입 변화에 대한 고찰〉 이상진 외, 2016.
이 논문은 한·중 자유 무역 협정(FTA)이 우리나라 농업 부문에 미치는 영향을 분석하였다. 최근 3년간 중국산 농산물 수입 동향과 주요 교역국과의 비교를 통해 FTA 이후 변화 양상을 살펴보며, 소비 트렌드와 선행 연구를 바탕으로 향후 수입 확대 가능성에 따른 국내 농업의 대응 필요성을 제시하였다.

논문 바로가기

주제1 자유 무역 협정이 우리나라 농업에 미치는 영향 연구

주제2 한·중 FTA 체결 이후 중국산 농산물의 수입량 변화 조사

주제3 수입 농산물 증가가 지역 농가에 미치는 경제적 영향에 대한 연구

토론　**주제1** 청년들이 농촌에서 일하려면 어떤 지원이 필요한가?

주제2 도시와 농촌의 격차를 줄이려면 어떤 정책이 효과적인가?

주제3 우리의 식생활 변화가 농산물 수입 증가에 어떤 영향을 주는가?

03

[12한탐03-03] 산업구조의 전환이 지역 경제에 미치는 영향을 이해하고, 이를 바탕으로 최근 급속하게 성장한 지역과 위기의 징후가 나타나는 지역의 성격과 특징을 비교한다.

관련 학과
- 경제학과
- 지역개발학과
- 도시공학과
- 사회학과

산업구조의 전환 # 기술 변화 # 4차 산업 혁명 # 인구 유입과 유출

교과 세특 탐구 주제

주제1 산업 단지가 지역 경제 활성화에 미치는 영향 연구
주제2 첨단 산업의 발전이 지역에 미친 생활 환경의 변화 탐구
주제3 산업구조 전환이 지역의 일자리와 인구 이동에 미치는 영향 분석
주제4 제조업 중심에서 서비스업 중심으로의 산업구조 변화가 지역 경제에 미친 영향 분석

■ 함께 보면 좋은 도서
《리프레임》 정수양, 샘북, 2023.
《4차 산업 혁명 직업 시리즈》 한국콘텐츠미디어 편집부, 한국콘텐츠미디어, 2022.
《한국 산업화 시기의 교육과 경제 성장》 김영화, 교육과학사, 2015.

GUIDE 산업구조 전환에 따른 지역 경제 변화를 자료와 사례로 분석하고, 성장 지역과 위기 지역의 특징과 차이를 비교한다.

연계 활동 탐구 주제

독서

《리프레임》 정수양, 샘북, 2023.
이 책은 우리가 겪는 문제를 해결하기보다 그것을 바라보는 시각을 바꾸는 '리프레임'이라는 사고 기술을 통해 새로운 가능성을 발견하도록 돕는다. 같은 상황도 어떤 프레임으로 보느냐에 따라 의미와 대응이 달라지며, 이를 위해 맥락 리프레임과 의미 리프레임이라는 두 가지 방식을 소개하고 있다.

주제1 생각의 전환이 문제 해결 방식에 미치는 영향 연구
주제2 패러다임의 전환이 산업구조 변화에 미친 영향 탐구
주제3 일상 속 문제 상황에서 프레임 전환이 유용하게 작용한 사례 조사

논문

〈제조업 위기 지역의 산업구조 및 경쟁력 변화: 군산시를 사례로〉 송주연, 2022.
이 논문은 군산시를 사례로 지역 산업구조의 변화와 제조업 경쟁력의 약화를 분석하였다. 군산의 산업구조는 빠르게 변화했지만, 주력 산업의 고용 감소를 흡수할 대체 산업이 부족했다. 이러한 구조적 문제를 진단하며, 산업구조의 특성을 면밀히 분석하고 새로운 전략을 모색해야 한다고 제안한다.

논문 바로가기

주제1 제조업 위기 지역의 기업 생존 전략에 대한 탐구
주제2 지역 제조업 쇠퇴가 도시 인프라에 끼친 영향 탐구
주제3 산업구조 변화가 지역의 청년 고용에 미치는 영향 탐구

토론

주제1 산업구조 전환이 지역의 일자리 문제를 해결하는 데 도움이 되는가?
주제2 지역 경제를 살리기 위해 정부가 산업 전환을 적극적으로 지원해야 하는가?
주제3 전통 산업이 쇠퇴하고 첨단 산업이 들어오면 지역 주민들의 삶은 더 나아지는가?

04 [12한탐03-04] 수도권 집중에 따른 지방소멸과 국토 불균등 발전 문제에 대한 인식을 바탕으로 국가 및 지역 수준의 국토균형발전 방안을 제안하고 실현 가능성을 평가한다.

\# 성장 거점 개발 \# 공간 불평등 \# 지방소멸 \# 국토의 균형발전

교과 세특 탐구 주제

주제1 청년 인구 유출이 지방소멸에 끼친 영향 탐구
주제2 수도권 집중 현상이 지방 경제에 미친 영향 탐구
주제3 교통 인프라 확장이 수도권 집중을 강화한 사례 조사
주제4 수도권 집중 완화를 위한 공공기관 지방 이전 정책의 효과 탐구

▣ 함께 보면 좋은 도서
《인구 소멸과 로컬리즘》 전영수, 라의눈, 2023.
《수도권과 비수도권 간의 지역 격차》 이시언 외, 한울, 2002.
《새로운 지역 격차와 새로운 처방》 안영진 외, 박영사, 2017.

GUIDE 수도권과 지방의 인구와 산업 분포를 비교 분석하며 지역별 균형발전 전략을 모색한다.

연계 활동 탐구 주제

독서
《인구 소멸과 로컬리즘》 전영수, 라의눈, 2023.
이 책은 인구 소멸 시대에 지역 공동체의 회복력과 자생력을 높이기 위한 지침서로, 한국 사회에서 지역 공동체의 지속가능성과 활성화를 위한 방안을 모색한다. 인구 소멸 위기를 지역 재생의 기회로 보고, 로컬리즘을 통해 지역 특성에 맞는 지속가능한 발전 전략을 수립하는 것이 중요하다고 본다.

주제1 우리 지역 인구 감소 현황과 원인 조사
주제2 인구 소멸이 지역 경제와 문화에 미치는 영향 분석
주제3 지역 주민 참여가 공동체 회복력에 끼치는 영향 조사

논문
〈인구 변화와 도시 쇠퇴의 지역 불균형: 저출산과 지방소멸 문제에 대한 시사점〉 구양미, 2021.
이 논문은 인구 변화와 도시 쇠퇴가 수도권과 비수도권 간 지역 불균형을 심화시키고 있다며, 저출산 문제 해결을 위해서는 지방에서의 안정적 삶을 위한 생애 주기별 지원이 필요하다고 한다. 지역 불균형은 단순한 인구 감소가 아니라 구조적 문제로, 지역 맞춤형 정책이 요구된다고 주장한다.

주제1 저출산이 지역 인구 감소에 미치는 영향 분석
주제2 수도권 집중이 지방 도시 쇠퇴에 끼치는 영향 탐구
주제3 지방소멸을 막기 위한 정책과 지역 활성화 방안 탐구

토론
주제1 급속한 경제 성장이 우리 사회의 지역 격차를 심화시켰는가?
주제2 수도권 집중 현상은 불가피한 선택인가, 해결 가능한 문제인가?
주제3 국토의 균형발전을 위해 정부의 개입은 어느 정도까지 필요한가?

IV 환경과 지속가능성 탐구

01

[12한탐04-01] 세계유산으로 등재된 한반도 자연경관의 가치를 탁월성과 보편성의 측면에서 설명하고, 이를 토대로 등재 가능한 자연경관을 추천한다.

세계 자연유산 # 관광 개발 # 자연경관 # 지역사회 참여 # 국제적 가치 인정

관련 학과
- 환경학과
- 지리학과
- 관광학과
- 문화경관학과

교과 세특 탐구 주제

주제1 우리나라 자연유산의 보존과 활용 방안 탐구
주제2 제주 화산섬과 용암 동굴의 지질학적 가치 탐구
주제3 세계 자연유산 등재가 지역 경제에 끼치는 영향 연구
주제4 제주도 세계 자연유산이 생태 관광에 미치는 영향 연구

■ 함께 보면 좋은 도서
《한국의 지형》 권동희, 한울아카데미, 2020.
《한국의 유네스코 세계 문화유산》 이종호, 마리북스, 2023.
《유네스코 세계 자연유산》 마르코 카타네오(손수미 역), 생각의나무, 2004.

GUIDE 세계유산에 등재된 우리나라 자연경관의 특별한 가치와 공통된 기준을 살펴보고, 그 기준에 맞춰 새롭게 추천할 자연경관을 찾아본다.

연계 활동 탐구 주제

독서
《유네스코 세계 자연유산》 마르코 카타네오(손수미 역), 생각의나무, 2004.
이 책은 유네스코에 등재된 세계 자연유산 중 100곳을 선정하여 각 지역의 지리적 특성과 생태적 중요성을 상세히 설명하며, 지구 환경 보호의 필요성을 강조한다. 대륙별로 자연유산을 분류하여, 멸종 위기 생물 서식지, 독특한 지질학적 현상 등을 중심으로 각 유산의 가치를 조명하였다.

주제1 한반도 내 유네스코 세계 자연유산 분포와 특징 조사
주제2 자연유산 보호 정책이 지역사회에 끼치는 효과 탐구
주제3 세계 자연유산 등재가 지역 환경과 관광에 미치는 영향 분석

논문
〈제주 세계 자연유산 등재와 생태 관광〉 고선영, 2009.
이 논문은 제주 화산섬과 용암 동굴의 유네스코 세계 자연유산 등재와 거문오름 국제 트레킹 대회가 제주 생태 관광에 미친 영향을 분석한다. 제주특별자치도의 참여를 유도하며 생태 관광의 주체를 확대시켰음과 생태 관광이 자연유산 보존과 지역사회 활성화를 동시에 추구할 수 있음을 강조한다.

논문 바로가기

주제1 제주 생태 관광이 자연 보호와 지역 경제에 미친 영향 분석
주제2 제주 세계 자연유산 등재가 지역 생태 관광에 끼친 영향 연구
주제3 지역 주민 참여가 거문오름 국제 트레킹 대회에 미친 영향 고찰

토론
주제1 자연경관 보호와 관광 산업 발전은 어떻게 균형을 맞출 수 있는가?
주제2 한반도의 자연경관 중 세계 자연유산으로 등재할 만한 곳은 어디인가?
주제3 세계 자연유산 등재가 지역 주민의 삶에 긍정적인 영향을 줄 수 있는가?

02 [12한탐04-02] 도시화, 농업, 관광지 개발로 인한 산지, 하천, 해안지역의 변화를 조사하고, 환경과 개발에 대한 관점이 자연환경의 복원 및 지속가능한 활용에 미치는 영향을 파악한다.

환경 보존과 개발 # 인간 간섭 # 지속가능한 개발 # 자연환경 복원

교과 세특 탐구 주제

주제1 도시 개발이 생태계에 미치는 영향 연구
주제2 지속가능한 관광이 자연환경에 미친 영향 연구
주제3 개발로 인해 훼손된 자연환경의 복원 사례 조사
주제4 도시의 녹지 공간 감소가 주민 생활에 미친 영향 탐구

▣ 함께 보면 좋은 도서

《한국의 지형 발달과 제4기 환경 변화》 조화룡, 한울아카데미, 2006.
《두 번째 지구는 없다》 타일러 라쉬, 알에이치코리아, 2020.
《한국의 하구역 하구둑 건설 이후의 지형 변화》 유근배 외, 서울대학교출판부, 2007.

GUIDE 환경 보전과 개발의 균형을 비교 사례로 분석하며 지속가능성 관점에서 대안을 모색한다.

연계 활동 탐구 주제

독서 《한국의 하구역 하구둑 건설 이후의 지형 변화》 유근배 외, 서울대학교출판부, 2007.
이 책은 주요 하천에 설치된 하구둑이 주변 지형에 미친 영향을 분석한 연구서로 하구둑 건설 전후의 지형 변화를 항공 사진 측량과 지형 분석을 통해 비교하며, 연안 사주의 성장·정체·쇠퇴 양상을 구체적으로 제시하고 있다. 지형 변화뿐 아니라 생태계와 사회 경제적 측면까지 포괄적으로 다루고 있다.

주제1 하구둑 설치가 주변 생태계에 미친 영향 분석
주제2 인간의 개발이 해안 지형과 생물 다양성에 미친 영향 탐구
주제3 하구둑 건설이 하천 생태계 변화와 수질 오염에 끼친 영향 탐구

논문 〈인간 간섭에 따른 변산반도 사빈 해안의 지형 변화〉 최훈 외, 2012.
새만금 방조제 건설 이후 조류 유속 감소와 퇴적 강화로 해안선 후퇴와 침식이 심화되었다. 하천을 통한 모래 공급이 줄어들면서 해안 지형이 직선화되고 사빈단애가 형성되었다. 논문은 이러한 변화가 인간에 의해 촉진되었음을 보여주며, 해안 환경의 안정성과 해안 관리의 필요성을 강조한다.

논문 바로가기

주제1 해안 지형 변화가 지역 생태계에 미친 영향 조사
주제2 새만금 방조제 건설 이후 변산반도 해안선 변화 조사
주제3 인공 구조물이 해안 침식과 퇴적에 미치는 영향 탐구

토론 **주제1** 환경 보호와 경제 성장은 함께 이룰 수 있는가?
주제2 개발을 위해 환경을 어느 정도까지 파괴해도 괜찮은가?
주제3 인간의 편리함을 위한 개발이 생태계를 희생시켜도 되는가?

03 [12한탐04-03] 우리나라 및 우리 지역에서 주로 발생하는 자연재해의 유형과 특징을 분석하고, 이를 토대로 자연재해의 경감 대책을 조사하고 평가한다.

관련 학과
· 환경공학과
· 기상학과
· 재난관리학과
· 사회재난관리학과

자연재해 # 지진 # 태풍 # 홍수 # 산사태

교과 세특 탐구 주제

주제1 산불이 생태계에 미치는 영향 탐구

주제2 토지 이용 변화가 산사태 발생에 미치는 영향 조사

주제3 기후변화가 우리나라 자연재해 발생에 미치는 영향 조사

주제4 최근 우리 지역의 홍수와 태풍 피해 사례 및 대응 방안 탐구

▣ 함께 보면 좋은 도서

《자연재해의 이해》 유철상, 고려대학교출판문화원, 2020.

《위기의 지구, 물러설 곳 없는 인간》 남성현, 21세기북스, 2020.

《자연재해로부터 우리 가족 지키기》 이은아 엮음, 미래출판기획, 2012.

GUIDE 자연재해 사례를 지도와 통계 자료로 분석하며 지역 특성과 연결해 경감 대책을 탐구한다.

연계 활동 탐구 주제

독서

《자연재해로부터 우리 가족 지키기》 이은아 엮음, 미래출판기획, 2012.
이 책은 자연재해에 대비해 가족을 보호하는 방법을 소개한다. 각 재해의 발생 원인과 피해 양상을 설명하고, 상황별 생존 요령과 건강 관리법을 제시한다. 물·공기·지반·기후변화로 인한 재해를 유형별로 나누어 대응 전략을 안내한다. 인공 호흡법, 소화기 사용법 등 응급 처치 요령도 함께 담겨 있다.

주제1 우리나라 자연재해 유형과 발생 원인 조사

주제2 기후변화가 우리나라 자연재해 발생 빈도에 미치는 영향 탐구

주제3 우리나라에서 자주 발생하는 자연재해의 유형과 피해 사례 조사

논문

〈자연재해가 지역 경제에 미치는 영향〉 박한나 외, 2016.
이 논문은 재해로 인한 재산 피해액과 인구, 재정 의존도, 세수 등의 통제 변수를 활용해 지역 내 총생산에 미치는 영향을 분석하였다. 자연재해 피해는 특히 여름철 피해가 경제 성장에 큰 장애 요인이며, 자연재해가 지역 산업구조와 계절적 요인에 따라 다양한 경제적 파급 효과를 일으키고 있음을 설명하고 있다.

논문 바로가기

주제1 우리 지역의 자연재해 발생 현황과 대응 방법 조사

주제2 계절별 자연재해가 지역 경제에 미치는 차이점 분석

주제3 자연재해가 지역 소상공인에게 미치는 경제적 영향 탐구

토론

주제1 재난 문자보다 SNS가 더 효과적인 재해 대응 수단인가?

주제2 연예인의 기부와 봉사 활동은 자연재해 피해 지역 회복에 도움이 되는가?

주제3 자연재해 피해를 줄이기 위해 건물 높이나 구조를 법으로 제한해야 하는가?

04

[12한탐04-04] 우리나라의 에너지원별 발전에 관한 주요 쟁점을 조사하고, 탄소중립 달성을 위한 에너지 정책을 제안한다.

\# 원자력 안전성 \# 에너지 전환 정책 \# 대체 에너지 \# 재생 에너지 \# 탄소중립

교과 세특 탐구 주제

주제1 원자력 발전의 장단점과 국민 인식 변화 탐구
주제2 에너지 절약을 위한 생활 속 실천 방법과 효과 조사
주제3 우리나라의 재생 에너지 발전 현황과 확대 가능성 조사
주제4 탄소중립을 위한 에너지 전환 정책이 산업에 미치는 영향 연구

GUIDE 에너지원별 장단점과 환경적 쟁점을 정리한 뒤, 탄소중립 목표에 맞는 현실적이고 지속가능한 에너지 정책을 스스로 설계한다.

▣ 함께 보면 좋은 도서

《궁금했어, 에너지》 정창훈, 나무생각, 2019.
《세상을 바꾸는 그린 에너지》 최재우, 문운당, 2024.
《요즘 청소년을 위한 에너지 이야기》 이권우, 청어람미디어, 2025.

연계 활동 탐구 주제

독서

《요즘 청소년을 위한 에너지 이야기》 이권우, 청어람미디어, 2025.
이 책은 석탄, 석유, 원자력 등 산업화 시대의 에너지원이 사회와 환경에 미친 영향을 설명하고, 기후위기와 지속가능성의 중요성을 강조한다. 에너지를 단순한 기술이 아닌 삶의 방식과 가치관으로 접근하며, 청소년의 실천과 선택이 미래를 바꿀 수 있음을 일깨운다.

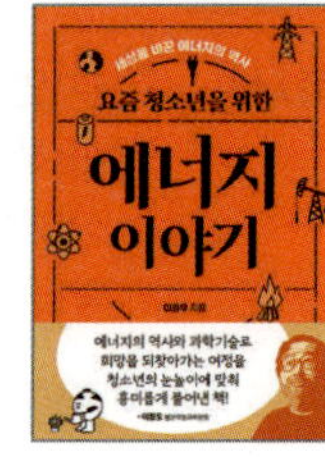

주제1 에너지 소비 습관이 환경에 끼치는 영향과 개선 방안 탐구
주제2 청소년의 에너지 절약 실천이 지역사회에 미치는 긍정적 영향 연구
주제3 석탄과 석유 중심의 에너지 정책 시행이 기후변화에 미치는 영향 연구

논문

〈탄소중립 실현을 위한 에너지 시스템 통합 및 신재생 에너지 정책 방향〉 공지영 외, 2021.
이 논문은 탄소중립 실현을 위해 에너지 시스템의 통합과 신재생 에너지 중심의 정책 방향을 제시하고 있다. 태양광, 풍력, 수소 등 다양한 에너지원의 확대 필요성을 강조하며, 기술적·제도적 전환이 필수적임을 설명한다. 특히, 전력 계통의 유연성 확보와 에너지 저장 기술의 발전을 강조하고 있다.

논문 바로가기

주제1 우리나라와 해외의 탄소중립 정책 비교 조사
주제2 우리 집에서 실천할 수 있는 탄소중립 생활 습관 조사
주제3 태양광과 풍력 발전이 우리나라 탄소중립에 미치는 영향 연구

토론

주제1 우리나라는 원자력 발전 비중을 계속 확대해야 하는가?
주제2 탄소중립을 위해 개인의 노력보다 정부 정책이 더 중요한가?
주제3 탄소중립을 위해 전기차 보급을 더 늘리는 것이 효과적인가?

V 동아시아 갈등과 공존 탐구

01

[12한탐05–01] 북한의 지리적 특징과 당면과제에 대한 이해를 바탕으로 남북협력의 가능성을 모색한다.

농업과 식량 자급 # 지속가능한 에너지 접근성 # 자연재해와 산림 관리 # 교역 상대국과 교역품

관련 학과
- 북한학과
- 통일외교안보학과
- 정치외교학과
- 국제관계학과

교과 세특 탐구 주제

주제1 북한의 자연환경이 인구 분포에 미치는 영향 연구
주제2 북한의 교통망 구조가 경제 협력에 미치는 영향 연구
주제3 북한의 주요 자원 분포와 남북 공동 개발 가능성 조사
주제4 남북 접경 지역의 지리적 특성이 협력 사업에 미치는 영향 탐구

▣ 함께 보면 좋은 도서
《북한 바로 알기》 이용희, 자유와생명, 2018.
《청소년을 위한 통일 인문학》 김성민 등, 알렙, 2015.
《미리 써 본 북한 여행 기획서》 고재열, 열린책들, 2021.

GUIDE 북한의 지리적 특징과 당면 과제를 지도와 자료로 분석하고, 경제·환경·문화 분야 협력 가능성과 한계를 비교한다.

연계 활동 탐구 주제

독서

《청소년을 위한 통일 인문학》 김성민 등, 알렙, 2015.
이 책은 청소년에게 통일을 정치·경제 문제가 아닌 사람과 삶의 문제로 바라보게 한다. 철학, 역사, 문학 등 인문학적 관점을 통해 분단의 상처와 치유, 소통의 중요성을 설명한다. '체제의 통일'을 넘어 '사람의 통일'을 강조하며, 통일을 과정으로 이해하고 공감과 우애를 기반으로 한 통합을 제안한다.

주제1 분단이 남북 주민의 정체성과 삶에 미친 영향 분석
주제2 통일 담론의 변화와 청소년의 통일 인식 간 관계 조사
주제3 남북한의 문학 작품 분석을 통한 분단 인식 비교 탐구

논문

〈자연환경 분야 남북협력 증진 방안 연구 –사례 분석 및 전문가 인식 조사에 근거한 잠재 협력 사업 발굴을 중심으로–〉 허학영 외, 2020.
이 논문은 자연환경이라는 비정치적 영역에서 남북이 협력할 수 있는 가능성을 모색한다. 설악산과 금강산을 연결한 국제 평화 공원 조성, 두루미·저어새 같은 이동성 조류의 공동 보호, 생태 관광 활성화, 생물 다양성 정보 공유 등 15가지 협력 사업을 제안하고 있다.

주제1 남북한 생태계의 공통점과 차이점 조사
주제2 두루미 등 이동성 조류 보호를 위한 남북협력의 영향 연구
주제3 자연환경 분야 남북 공동 사업이 통일 인식에 미치는 영향 연구

토론

주제1 북한의 농업 문제 해결을 위해 남한의 기술을 지원해야 하는가?
주제2 지리적 특성을 고려할 때 남북 철도 연결은 실현 가능한 목표인가?
주제3 자연환경 보호를 중심으로 남북이 협력하는 것이 정치적 갈등보다 효과적인가?

02 [12한탐05–02] 한반도를 둘러싼 국가 간 경계와 접경지역을 분석하고, 동아시아 지역의 발전과 평화·공존을 위한 지정학적 전략을 토론한다.

\# 비무장 지대 \# 영토 분쟁 \# 한·중·일 지정학 \# 집경지역 개발과 협력

교과 세특 탐구 주제

주제1 남북 접경지역 개발이 지역 경제에 미치는 영향 탐구

주제2 북한과 중국, 러시아의 국경 지역에서 이루어지는 교류와 갈등 연구

주제3 한반도 비무장 지대(DMZ)의 생태적 가치와 평화적 활용 가능성에 대한 탐구

주제4 독도 및 동해 지명과 관련한 일본과의 영역 갈등과 양국의 평화·공존 방안 탐구

📖 함께 보면 좋은 도서

《지정학의 힘》 김동기, 아카넷, 2020.

《선을 넘어 생각한다》 박한식 외, 부키, 2018.

《한반도의 길, 왜 비핵 지대인가?》 정욱식, 유리창, 2020.

GUIDE DMZ, 접경지역, 한·중·일·러 국경 등 지도를 보면서 위치와 지형, 도시, 경제 시설을 확인한다.

연계 활동 탐구 주제

독서

《지정학의 힘》 김동기, 아카넷, 2020.
이 책은 한반도를 둘러싼 국제 정치의 복잡한 지정학적 현실을 분석하고, 이를 극복하기 위한 전략적 사고와 상상력을 강조한다. 또한, 미국, 중국, 일본, 러시아 등 강대국들의 지정학적 전략을 분석하고, 한반도가 이들 강대국의 지정학적 덫에 갇히지 않도록 경각심을 일깨운다.

주제1 지정학적 요인을 고려한 한반도 외교 정책 탐구

주제2 한반도의 지정학적 위치가 국제 관계와 외교 전략에 미치는 영향

주제3 주요 강대국(미국, 중국, 일본, 러시아)의 지정학적 전략이 한국에 미치는 영향 조사

논문

《한반도 평화 체제 구축을 위한 현실적 방안 연구》 이성희, 2023.
이 논문은 독일과 베트남의 통일 사례를 비교하며 한반도에 적용 가능한 교훈을 도출한다. 갈퉁의 적극적 평화 개념을 활용해 남북 간 평화가 실현되지 못하는 구조적 원인을 지적하고, 이념에 치우치지 않은 일관된 대북 정책과 시민사회, 학계, 정치권의 공동 참여가 필요함을 강조하고 있다.

주제1 남북 평화 체제 구축을 위한 국제 사회의 역할 탐구

주제2 시민사회가 한반도 평화에 기여할 수 있는 방안 연구

주제3 독일과 베트남의 통일 사례가 한반도에 주는 교훈 고찰

토론

주제1 문화 교류가 국제 사회의 갈등을 줄일 수 있는가?

주제2 지정학적 위치가 한반도의 미래에 어떤 영향을 주는가?

주제3 한반도 주변 국가들은 왜 서로 경계를 강화하려고 하는가?

도시의 미래 탐구

과목 정보 ▶	교과군	공통 과목	선택 과목			평가 정보		수능
			일반 선택	진로 선택	융합 선택	성취도	상대평가	
	사회	–	–	○	–	5단계	5등급	×

1 ▸ 교과 성격

'도시의 미래 탐구'는 도시를 이해하는 지리적 기초를 토대로, 세계 여러 도시에서 나타나는 변화와 흐름을 살펴보고, 도시 문제를 사회과학적으로 분석하며 인문학적으로 성찰하는 과목이다. 이를 통해 더 나은 도시의 방향을 모색하며, 학생들이 현재와 미래의 도시 문제를 비판적으로 바라볼 수 있는 사고력을 기른다. 도시를 하나의 생태계로 인식하고, 인간과 비인간의 공존을 모색하는 내용도 포함된다.

수업에서는 '살고 싶은 도시는 어떤 모습인가?', '내가 속한 도시는 어떻게 변화하고 있는가?', '현 도시에서 어떤 문제나 갈등이 드러나는가?', '더 나은 도시를 만들기 위해 나는 무엇을 할 수 있는가?'와 같은 질문을 던져, 학생들이 자신이 거주하는 도시에 대한 장소감을 형성하고 도시 문제 해결에 참여할 기회를 제공한다. 아울러, 진로 선택 과목의 성격을 살려 '지리학', '지역학', '도시사회학', '부동산학', '환경학', '도시 계획학', '도시행정학', '도시공학', '교통공학', '건축학' 등 다양한 학문과 직업 분야를 연계해 구성하여, 학생들의 진로 탐색에 도움을 줄 수 있도록 한다.

> **TIP** 중학교 '사회'를 통해 익힌 지리적 지식과 '통합사회'의 학습 내용을 한층 더 확장하고 심화하여 고등학교 일반 선택 과목인 '세계 시민과 지리' 및 진로 선택 과목인 '한국지리 탐구'와 융합 선택 과목인 '여행 지리', '기후변화와 지속가능한 세계'와 연계 교과임.

2 ▸ 교과 목표

- 도시의 의미와 도시에서의 삶을 종합적으로 이해하고 살기 좋은 도시에 대한 다양한 관점을 파악한다.
- 세계 여러 도시의 변화 과정을 문화·소비·기술 발달 등의 관점에서 파악하고, 도시의 경관에 나타나는 도시의 복합적인 특성을 탐구한다.
- 지리 정보를 수집·분석하고 시각화하여 효과적으로 의사소통하는 탐구과정을 통해 도시 문제와 공간 불평등을 이해하고, 공간 정의를 실현하기 위한 대안을 비판적으로 모색한다.
- 도시의 지속가능성과 회복력을 높이기 위한 도시 계획과 도시 혁신의 필요성을 이해하고, 인간과 비인간의 상호연계성을 인식하며 공존을 위한 방안을 실천한다.
- 도시 구성원 간의 다양성과 차이를 인정하고 존중하며, 도시를 만들어가는 주체로서 도시의 공공성을 높이는 도시 정책의 개발 및 실현에 적극적으로 참여한다.

3 ▸ 교과 핵심 키워드

# 거버넌스	# 건축 디자인	# 공유 경제	# 교통과 이동	# 교통 발달
# 교통 편의	# 교통 혼잡	# 국제 이주	# 네트워크	# 다문화 사회
# 대기 오염	# 도시 경관	# 도시 경제	# 도시 구조	# 도시 브랜딩
# 도시성	# 도시 열섬	# 도시의 공공성	# 도시의 지속가능성	# 도시 이미지
# 도시 재생	# 도시적 생활양식	# 도시 정책	# 도시 정치	# 도시 체계
# 도시화	# 도시 혁신	# 도시 회복력	# 모빌리티	# 문화의 다양성과 차이
# 문화 자산	# 복지 서비스	# 부동산 소유 집중과 투기	# 산업화	
# 상업 중심지	# 상호 연결성		# 생태 지향적 건축	# 서비스업
# 소비주의	# 스마트 도시	# 스마트 시티	# 시민 참여	# 안전성
# 재난 대비 시스템	# 젠트리피케이션	# 주거 불평등	# 중심지	# 지속가능한 도시
# 첨단 산업	# 행정 기능	# 혐오와 차별	# 홍수 및 침수	# 환경 친화

도시의 미래 탐구

4 ▶ 내용 체계

핵심 아이디어	• 인류가 살아가는 대표적인 공간이자 삶의 방식인 도시는 여러 형태로 발달해왔으며, 살기 좋은 도시에 대한 관점은 다양하다. • 문화, 소비, 기술 발달 등에 따라 도시의 경관과 공간 구조, 시민의 삶은 끊임없이 변화한다. • 공간 정의의 관점에서 도시 문제와 공간 불평등의 해결 방안을 모색해야 한다. • 지속가능하며 공공성이 높은 도시의 미래를 위해서는 사회적·경제적·환경적 요소를 조화롭게 고려한 도시 계획과 시민이 적극적으로 참여하여 만들어가는 도시 혁신이 필요하다.

범주		내용 요소
지식·이해	삶의 공간, 도시	• 도시의 의미와 도시적 생활양식 • 도시의 발달과 도시의 유형 • 살기 좋은 도시에 대한 다양한 관점
	변화하는 도시	• 도시 체계와 도시 공간 구조 • 도시 브랜딩과 건축 • 도시 경제와 소비 • 첨단 산업 및 모빌리티의 발달과 스마트 도시
	도시 문제와 공간 정의	• 도시의 환경 문제와 재난 • 도시의 부동산과 주거 문제 • 이주에 따른 도시 인구 구성과 도시 공간의 다양화
	도시의 미래	• 지속가능성과 회복력을 높이는 도시 계획과 도시 혁신 • 도시의 공공성과 도시 민주주의
과정·기능		• 도시를 둘러싼 지리적 쟁점을 탐구하기 위한 다양한 지리적 질문을 제시하고 탐구 계획 세우기 • 야외조사, 지리정보기술, 빅 데이터 등의 방법을 활용하여 지리적 탐구에 필요한 유용한 지리 정보를 수집하고 분석하기 • 수집한 자료를 비판적으로 검토하고 취사선택하기 • 다양한 자료를 가공하여 지리 정보로 제작한 후, 이를 활용하여 소통하고 공간적 의사 결정하기 • 도시에 대한 지리적 이해를 바탕으로 하여 살기 좋은 도시의 미래를 설계하기
가치·태도		• 도시를 둘러싼 지리적 쟁점에 대한 다양한 관점과 가치 존중 • 도시에 사는 사람들의 문화적 다양성에 대한 이해와 공감 • 자신이 사는 지역과 도시 문제에 대한 관심과 책임감 • 공간 정의와 지속가능성, 공공성의 관점에서 도시의 미래를 탐구하는 태도 • 인간과 비인간의 유기적 관계를 자각하고 이를 실천하는 생태적 감수성 • 도시 계획 수립과 도시 정책에 능동적으로 참여

I 삶의 공간, 도시

01 [12도탐01–01] 도시의 의미를 이해하고, 도시의 특성이 도시적 생활양식에 미치는 영향을 일상 공간을 사례로 탐구한다.

도시 구조 # 도시성 # 교통과 이동 # 도시적 생활양식

관련 학과
- 도시공학과
- 사회학과
- 환경학과
- 스마트시티학과

교과 세특 탐구 주제

주제1 도시 거주 청소년의 여가 활동 실태 조사
주제2 아파트 중심 주거 문화가 가족 간 소통에 미치는 영향 탐구
주제3 도시 속 녹지 공간 확대가 시민의 정신 건강에 미치는 영향 조사
주제4 도시 청소년의 스마트폰 사용이 사회적 관계 형성에 미치는 영향 탐구

■ 함께 보면 좋은 도서

《도시적 삶과 도시 문화》 서울시립대학교 도시인문학연구소, 메이데이, 2009.
《도시를 걷는 시간》 김별아, 해냄, 2018.
《가난한 도시 생활자의 서울 산책》 김윤영, 후마니타스, 2026.

GUIDE 도시의 구조와 기능을 분석하고, 인구·산업·교통·문화와 연계된 도시적 생활양식을 이해한다.

연계 활동 탐구 주제

독서 《가난한 도시 생활자의 서울 산책》 김윤영, 후마니타스, 2026.

이 책은 서울의 화려한 도시 개발 이면에서 쫓겨난 철거민, 노점상, 홈리스 등 도시 빈민들의 삶과 이야기를 기록한 반빈곤 활동가의 산책기이다. 도시가 점점 비슷한 사람들만 모여 사는 공간으로 변해 가는 현실 속에서, 그는 '가난'이 개인의 문제가 아닌 구조적 문제임을 드러내고자 한다.

주제1 도시에서 혼자 사는 사람들의 생활 방식과 어려움 탐구
주제2 도시 거리에서 만나는 다양한 사람들의 직업과 생활 방식 탐구
주제3 도시의 공공장소(공원, 도서관 등)가 청소년에게 미치는 영향 조사

논문 《『원미동 사람들』에 나타난 도시의 일상과 도시 공동체의 의미》 이양숙, 2015.

이 논문에서 연구자는 원미동이 도시 주변부의 전형적 공간으로서 급격한 도시화 속 주민들의 삶과 관계를 사실적으로 드러낸다고 설명한다. 다양한 계층과 세대의 공존은 불평등과 갈등을 보여 주는 동시에 연대와 유대가 도시 공동체의 의미로 이어짐을 보여 준다고 해석한다.

주제1 도시 주변부의 생활상 특징과 사회적 관계 탐구
주제2 도시화가 지역 주민 공동체 의식에 미치는 영향 탐구
주제3 계층 간 불평등이 도시 공동체 형성에 미치는 영향 조사

토론 **주제1** 도시의 특성이 전통적인 생활양식을 파괴하는가?
주제2 대도시의 고층 아파트 생활이 공동체 의식을 약화시키는가?
주제3 도시의 1인 가구 증가는 사회에 어떤 영향을 주는가?

02

[12도탐01-02] 도시의 발달 과정에 대한 이해를 바탕으로 하여 다양한 유형의 도시를 비교하고, 내가 사는 도시의 발달 과정을 탐구한다.

관련 학과
- 도시공학과
- 도시계획학과
- 도시행정학과
- 도시융합시스템공학과

도시화 # 산업화 # 교통 발달 # 행정 기능 # 상업 중심지

도시의 미래 탐구

교과 세특 탐구 주제

주제1 우리 동네 변화 과정 탐구
주제2 산업화가 도시 성장에 미친 영향 조사
주제3 도시가 성장하면서 나타난 생활의 변화 탐구
주제4 교통 발달이 도시 유형 변화에 미친 영향 탐구

□ 함께 보면 좋은 도서

《푸른 도시, 서울의 공원》 최광빈, 이유출판, 2025.
《도시는 어떻게 역사가 되었을까》 이성근, 효형출판, 2021.
《AI 알고리즘이 그리는 도시》 원제무, 피앤씨미디어, 2025.

GUIDE 도시의 발달 과정을 역사적 변화와 연결하고, 다양한 도시 유형의 사례를 비교하여 특징을 이해한다.

연계 활동 탐구 주제

독서

《도시는 어떻게 역사가 되었을까》 이성근, 효형출판, 2021.
이 책은 도시가 어떻게 역사 속에서 형성되고 변화해 왔는지를 건축적 시각으로 설명하며, 고대부터 현대까지 도시 구조의 진화를 다양한 사례로 보여 준다. 저자는 도시의 길, 광장, 건축물 등이 시대의 가치와 권력을 반영한 결과물임을 강조하고 도시 건축을 통해 문명의 흐름을 읽는 관점을 제시한다.

주제1 고대 도시의 구조와 생활 방식 조사
주제2 우리 학교 주변 도시 공간의 변화 조사
주제3 도시의 형태 변화가 시민 삶에 미친 영향 탐구

논문

〈한국의 도시 성장 유형과 사회적 지속가능성〉 송주연, 2021.
이 논문은 도시들을 경제·인구 지표로 나눠 성장 유형을 분류하고, 각 유형의 사회적 지속가능성을 분석하였다. 도시 성장은 단순한 규모보다 다양성, 안정성 같은 사회적 요소가 중요하며, 저성장 도시가 높은 사회적 지속가능성을 보이기도 하므로 도시 정책이 시민 삶의 질 중심으로 설계돼야 한다고 설명하고 있다.

주제1 도시 인구 증가가 시민 삶의 질에 미치는 영향 탐구
주제2 인구가 줄어드는 도시에서 나타나는 사회 변화 모습 탐구
주제3 경제가 성장한 도시와 그렇지 않은 도시의 사회적 차이 탐구

토론

주제1 교통 인프라 확충이 무분별한 도시 팽창을 초래하는가?
주제2 도시 중심지 개발은 지역 균형발전을 저해하는 것인가?
주제3 도시의 역사적 흔적은 개발보다 더 중요하게 지켜야 하는가?

03

[12도탐01-03] 살기 좋은 도시에 대한 다양한 관점을 비교하고, 살기 좋은 도시의 사례와 특징을 조사한다.

환경 친화 # 교통 편의 # 안전성 # 복지 서비스 # 스마트 시티

교과 세특 탐구 주제

주제1 학생들이 생각하는 살기 좋은 도시의 조건 조사
주제2 공원이 많은 도시가 주민의 삶에 미치는 영향 탐구
주제3 깨끗한 거리와 환경이 도시 이미지에 끼치는 영향 탐구
주제4 우리 동네가 살기 좋은 도시로 발전하기 위한 조건 조사

▣ 함께 보면 좋은 도서

《살기 좋은 녹색 도시》 장기민, 미문사, 2025.
《도시는 다 계획이 있구나》 최성용, 북트리거, 2021.
《살기 좋은 지역 만들기》 국가균형발전위원회, 제이플러스애드, 2006.

GUIDE 살기 좋은 도시의 조건을 다양한 사례와 비교하며 환경·교통·복지 등 각 요소가 생활에 주는 영향을 탐구한다.

연계 활동 탐구 주제

독서 《도시는 다 계획이 있구나》 장기민, 미문사, 2025.
이 책은 우리가 일상적으로 사용하는 도시 공간이 우연히 형성된 것이 아니라 체계적인 도시 계획에 의해 만들어졌음을 설명한다. 도로, 주거지, 상업지, 공원 등의 배치가 시민의 안전과 생활 편의를 고려해 결정된다는 점을 사례로 제시하고, 도시 계획이 교통 혼잡, 환경 문제, 주거 문제 해결과 밀접하게 연관되어 있음을 강조한다.

주제1 우리 지역의 도로 구조와 교통 혼잡 문제의 관계 탐구
주제2 도시 공원과 녹지 공간이 시민의 삶의 질에 미치는 영향 탐구
주제3 주거 지역과 상업 지역의 분리가 생활 편의에 미치는 영향 조사

논문 《케빈 린치의 개념이 생활 만족도에 미치는 영향 분석 -좋은 도시 형태론 5가지 실행 척도를 중심으로-》 허재석 외, 2017.
이 논문은 케빈 린치의 도시 형태론을 바탕으로 활력, 감각, 적합성, 접근성, 통제의 다섯 기준을 통해 공원, 의료 시설, 문화 행사, 대중교통 등이 만족도에 긍정적 영향을 준다는 결과를 도출했다. 이 연구는 살기 좋은 도시를 위한 정책과 설계 방향에 실질적인 자료를 제공한다.

주제1 살기 좋은 도시를 만들기 위한 공간 구성 방식 탐구
주제2 대중교통 접근성이 시민의 생활권에 미치는 영향 조사
주제3 도시 환경 요소가 지역 주민 삶의 만족도에 미치는 영향

토론 **주제1** 사람과 동물이 함께 살기 좋은 도시가 가능한가?
주제2 살기 좋은 도시가 갖추어야 할 조건들은 무엇인가?
주제3 스마트 시티 기술이 도시의 안전과 편리함을 높여 주는가?

II 변화하는 도시

01

[12도탐02-01] 도시 간의 상호 작용과 교류에 의해 형성되는 도시 체계를 이해하고, 도시 공간 구조는 고정되지 않고 지속해서 재구성됨을 인식한다.

관련 학과
- 지리학과
- 도시계획학과
- 지역개발학과
- 사회학과

\# 중심지　\# 도시 체계　\# 네트워크　\# 상호 연결성

교과 세특 탐구 주제

주제1 도시 간 상호 연결성이 경제 활동에 미치는 영향 탐구

주제2 도시 네트워크 형성이 주민 생활에 미치는 영향 탐구

주제3 도시 기능 분화가 도시 공간 구조 변화에 미치는 영향 조사

주제4 국제 기업의 본사가 위치한 도시들이 세계 경제에 미치는 영향 조사

■ **함께 보면 좋은 도서**

《세계의 도시, 미로 여행》 패트리시아 모팻(하윤숙 역), 반니, 2018.
《도시 대 도시! 맞짱 세계지리 수업》 조지욱, 주니어태학, 2024.
《우리 아이 교양을 키우는 세계 도시 여행》 이양훈, 성림주니어북, 2025.

GUIDE 도시의 공간 구조가 재구성되는 과정을 사례와 함께 분석하며, 이러한 현상이 지역과 주민에게 미치는 영향을 탐구한다.

연계 활동 탐구 주제

독서　《우리 아이 교양을 키우는 세계 도시 여행》 이양훈, 성림주니어북, 2025.
이 책은 파리, 런던, 바르셀로나 등 세계 주요 도시를 중심으로 그 도시의 역사, 문화, 건축, 인물 등을 생생한 그림과 함께 소개하며, 독자가 도시를 여행하듯 자연스럽게 세계사를 배우도록 돕는 교양서로, 각 도시의 명소와 배경 지식을 흥미롭게 풀어내고 있다.

주제1 유명 도시의 랜드마크가 어떻게 만들어졌는지에 대한 탐구

주제2 세계 도시의 대표 음식과 그 음식이 생겨난 배경에 대한 조사

주제3 관광 산업이 도시의 문화 보존과 지역 경제에 미치는 영향 분석

논문　〈도시 간 상호 관계 분석에 의한 한국 도시 체계의 이해〉 윤철현, 2012.
이 논문은 한국 도시 간 재화 흐름을 분석해 도시 체계의 구조와 중심성을 파악한다. 서울과 부산이 각각 수도권과 전국에 강한 영향력을 보이는데, 서울은 인접 지역에 집중된 반면, 부산은 전국적으로 넓은 연결망을 갖고 있다. 도시 간 상호 의존성과 연결성을 고려한 정책의 필요성을 강조하고 있다.

주제1 인구가 서울로 집중하는 이유에 관한 조사

주제2 고속 철도나 지하철이 도시 발전에 미친 영향 연구

주제3 우리 지역이 주변 도시와 맺고 있는 관계 탐구

토론　**주제1** 왜 뉴욕은 세계적인 영향력을 갖게 되었는가?

주제2 세계 도시가 기후변화에 더 많은 책임을 져야 하는가?

주제3 세계 도시 계층은 어떻게 결정되며, 그 기준은 공정한가?

문화 자산　# 도시 브랜딩　# 건축 디자인　# 도시 이미지

관련 학과
- 도시계획학과
- 문화콘텐츠학과
- 관광학과
- 디자인학과

교과 세특 탐구 주제

주제1 유명 건축물의 활용이 도시의 관광 산업에 미친 영향 조사

주제2 지역 문화 축제를 활용한 도시 브랜드딩의 사례와 그 효과 탐구

주제3 전통 건축물이 도시의 이미지 형성에 활용되는 방식에 관한 탐구

주제4 문화유산을 접목한 현대 건축이 시민 인식에 미치는 영향 연구

■ 함께 보면 좋은 도서

《국가 도시 브랜드 마케팅》 원제무, 피앤씨미디어, 2016.
《도시 브랜드 마케팅》 박복재 외, 전남대학교출판부, 2011.
《도시 재탄생의 비밀, 도시 브랜딩》 김우형 외, 바젤커뮤니케이션, 2010.

GUIDE 도시 브랜딩이 도시 경관과 주민 및 방문자의 도시 인식에 미치는 영향을 탐구한다.

연계 활동 탐구 주제

독서　《도시 재탄생의 비밀, 도시 브랜딩》 김우형 외, 바젤커뮤니케이션, 2010.
이 책은 쇠퇴한 도시들이 문화 자산과 창의적 전략을 활용해 브랜드 가치를 재정립하고 도시 경쟁력을 높이는 과정을 설명하며, 도시 브랜딩의 핵심 개념과 프레임 워크를 제시한다. 스페인 빌바오의 구겐하임 미술관, 서울의 한강 브랜딩 등 사례를 통해 도시 정체성과 스토리 텔링의 중요성을 강조하고 있다.

주제1 유명 건축물이 도시 브랜드 형성에 미친 영향 탐구

주제2 도시 브랜딩에 활용된 문화 시설과 그 선정 이유에 대한 조사

주제3 도시 브랜딩 전략이 관광객 유치와 관광객의 도시 인식에 미치는 영향 탐구

논문　〈지역 자산을 활용한 로컬 브랜딩 연구〉 김종수 외, 2024.
이 논문은 청주시의 기록 문화 자산을 활용한 '굿쥬' 굿즈 플랫폼 사례를 통해 지역 브랜딩 전략을 분석하였다. 지역 고유의 콘텐츠를 상품화하여 도시의 정체성과 차별성을 강화하고, 굿즈 디자인과 마케팅 방식의 지역성과의 연계를 설명하며, 로컬 브랜딩이 지역 경제에 긍정적 영향을 미침을 제시하고 있다.

논문 바로가기

주제1 지역 굿즈가 지역에 대한 인식에 미치는 영향 탐구

주제2 지역 자산을 활용한 굿즈가 지역 경제에 미치는 영향 탐구

주제3 우리 지역의 특산물이나 문화 자산이 상품으로 만들어지는 과정 조사

토론　**주제1** 유명한 건축물이 도시를 대표하는 상징이 될 수 있는가?

주제2 도시 브랜딩이 지역 주민의 삶에 긍정적 영향을 주는가?

주제3 도시의 이미지를 바꾸는 데 문화 시설이 정말 중요한 역할을 하는가?

도시의 미래 탐구

03

[12도탐02-03] 서비스업의 성장과 소비주의 심화가 도시 경제와 도시의 경관, 생활양식 변화에 미친 영향을 분석한다.

서비스업 # 소비주의 # 도시 경제 # 도시 경관

관련 학과
· 사회학과
· 경제학과
· 소비자학과
· 서비스경영학과

교과 세특 탐구 주제

주제1 소비 문화 확산이 청소년의 여가 활동에 끼친 영향 분석
주제2 소비주의 심화가 지역 상권과 전통 시장에 미치는 영향 연구
주제3 쇼핑몰이나 마트가 주말 도시의 생활양식 변화에 끼친 영향 탐구
주제4 대형 쇼핑몰과 프랜차이즈 매장이 도시 중심가에 가져온 변화 조사

▣ 함께 보면 좋은 도서

《도시의 승리》 에드워드 글레이저(이진원 역), 해냄, 2021.
《도시의 생존》 에드워드 글레이저 외(이경식 역), 한국경제신문사, 2022.
《지속가능한 세상에서 도시는 생명체다!》 배성호 외, 이상북스, 2023.

GUIDE 서비스업과 소비주의 확산 사례를 분석하며 도시 경제, 경관, 주민 생활양식 변화의 상관관계를 탐구한다.

연계 활동 탐구 주제

독서

《도시의 승리》 에드워드 글레이저(이진원 역), 해냄, 2021.
이 책은 도시가 단순히 건물과 인구의 집합이 아니라 지식, 아이디어, 혁신이 모이는 창조적 공간이라는 점을 강조하며, 서비스업과 소비 문화의 발달을 통해 도시가 경제 성장과 생활 수준 향상에 기여해 왔음을 보여 준다. 도시는 인류가 더 풍요롭고 행복한 삶을 누릴 수 있는 장이라고 강조한다.

주제1 교외화 현상이 도시 경제와 소비 문화에 끼친 영향 탐구
주제2 도시 인구 집중이 서비스업 발달에 미친 영향 탐구
주제3 도시 불평등 심화가 지역 공동체와 생활 환경에 미치는 영향 탐구

논문

〈부산 경제 산업 구조의 서비스화가 고용에 미치는 영향〉 이연정 외, 2011.
이 논문은 부산 경제의 산업 구조 변화 속에서 서비스업 확대가 고용에 미친 영향을 분석한 연구이다. 제조업 중심 성장의 한계 이후 서비스업 비중이 커지면서 증가한 일자리 대부분은 단순·저임금 서비스직으로, 장기적 성장을 위해 지식 집약적·전문 서비스업으로의 전환이 필요함을 강조한다.

논문 바로가기

주제1 소비주의 심화가 도시의 생활양식 변화에 미친 영향 분석
주제2 서비스업 발달이 도시의 생활양식과 소비 문화에 끼친 영향 탐구
주제3 서비스업의 성장이 도시의 경제 발전에 미친 긍정적인 영향 탐구

토론

주제1 소비 중심의 생활 방식이 도시민의 삶의 질을 높여 주는가?
주제2 서비스업 일자리 창출이 제조업 일자리 창출보다 바람직한가?
주제3 내형 쇼핑몰이 지역 상권보다 도시 발전에 더 도움이 되는가?

04

[12도탐02–04] 첨단 산업과 모빌리티의 발달이 도시의 성장과 쇠퇴에 미치는 영향을 조사하고, 정보통신기술의 발달로 출현하고 있는 스마트 도시를 사례로 살고 싶은 도시의 미래 모습을 예측한다.

\# 스마트 도시 \# 첨단 산업 \# 모빌리티 \# 지속가능한 도시

교과 세특 탐구 주제

주제1 스마트 도시 기술이 주민 생활에 미치는 영향 조사

주제2 첨단 산업 발달이 도시 경제 성장에 미치는 영향 조사

주제3 스마트 교통 시스템이 도시의 교통 혼잡 해소에 미치는 영향 연구

주제4 첨단 산업과 교통 혁신이 도시 내 쇠퇴 지역의 회복에 미치는 영향 연구

■ 함께 보면 좋은 도서

《스마트 시티, 유토피아의 시작》 정동훈, 넥서스BIZ, 2019.

《지구를 위해 달려라, 스마트 시티》 박열음, 우리학교, 2024.

《스마트 도시, 미래를 혁신하다》 진희선 외, 나무지혜, 2025.

GUIDE 정보통신기술 기반 스마트 도시 사례를 분석하고, 이를 바탕으로 살고 싶은 도시의 미래 생활 양식과 환경을 예측한다.

연계 활동 탐구 주제

독서 《스마트 도시, 미래를 혁신하다》 진희선 외, 나무지혜, 2025.
이 책은 스마트 시티를 인간 중심의 도시로 재구성하려는 철학적 프로젝트로 바라보며, 빅 데이터·AI·자율주행·스마트 에너지 등 첨단 기술이 도시의 구조와 시민의 삶을 어떻게 변화시키는지를 구체적인 사례를 통해 설명한다. 더불어, 정보 불평등, 인간 소외, 감시 사회로 이어질 수 있다는 경고도 담고 있다.

주제1 인공지능 기술이 도시 행정 서비스에 미치는 영향 탐구

주제2 스마트 교통 시스템이 시민의 이동 방식에 가져온 변화 탐구

주제3 스마트 에너지 기술이 도시의 탄소 배출 감소에 기여한 사례 조사

논문 〈4차 산업 혁명 시대의 스마트 시티 현황과 전망〉 김기봉 외, 2018.
이 논문은 인공지능·사물 인터넷·빅 데이터와 같은 신기술이 도시 문제 해결과 삶의 질 향상에 어떤 방식으로 적용되고 있는지를 분석하였다. 또한 교통, 에너지, 환경, 안전 등 다양한 도시 관리 영역에서 스마트 기술이 융합되며 도시 운영 효율성과 지속가능성이 크게 강화되고 있음을 설명하고 있다.

논문 바로가기

주제1 빅 데이터 활용이 환경 관리와 에너지 절약에 미치는 영향 탐구

주제2 스마트 시티 기술이 교통 혼잡 완화에 미치는 역할에 관한 탐구

주제3 인공지능과 사물 인터넷이 도시 생활 편리성에 가져온 변화 조사

토론 **주제1** 자율주행차가 대중교통을 대체할 수 있는가?

주제2 시민의 개인 정보를 활용한 도시 운영은 정당한가?

주제3 스마트 시티 기술이 도시 문제의 해결에 효과적인가?

III 도시 문제와 공간 정의

01
[12도탐03-01] 도시의 환경 문제와 재난은 자연적 요인과 사회적 요인이 복합적으로 작용하여 발생하고 있음을 사례를 통해 파악하고, 이를 공간 정의의 관점에서 분석하여 해결 방안을 탐색한다.

관련 학과
· 도시계획학과
· 재난관리학과
· 지역개발학과
· 환경정책학과

\# 대기 오염 \# 교통 혼잡 \# 도시 열섬 \# 홍수 및 침수 \# 재난 대비 시스템

교과 세특 탐구 주제

주제1 도시 열섬 현상이 도시 생활 환경에 미치는 영향 탐구
주제2 기후변화가 도시 내 취약 지역에 미치는 피해 양상 조사
주제3 산업 시설 주변 지역의 주민 건강 문제와 환경 불평등 탐구
주제4 도시 내 저소득층 밀집 지역에서 재난 피해가 더 큰 이유 조사

■ 함께 보면 좋은 도서
《바이오필릭 시티》 티모시 비틀리(최용호 외 역), 차밍시티, 2020.
《도시 빈민의 삶과 공간》 조은 외, 서울대학교출판문화원, 2013.
《힐튼 호텔 옆 쪽방촌 이야기》 홈리스행동 생애사 기록팀 외, 후마니타스, 2021.

GUIDE 도시 환경 문제와 재난 사례를 분석하며, 문제 발생 원인과 예방·대응 방안을 탐구한다.

연계 활동 탐구 주제

독서
《바이오필릭 시티》 티모시 비틀리(최용호 역), 차밍시티, 2020.
이 책은 인간이 본성적으로 자연과 연결되어 있을 때 신체적으로 건강하고 정서적으로 안정된다는 '바이오필리아' 이론을 바탕으로, 도시 공간 속에 자연을 적극적으로 통합하는 도시 설계의 필요성을 강조한다. 도시의 구조와 기능 전반에 자연을 녹여 내는 방식으로 도시를 재구성해야 한다는 것이다.

주제1 도시 내 녹지 공간이 청소년 정신 건강에 미치는 영향 분석
주제2 자동차 중심 도시 구조가 시민 삶의 질에 미치는 영향 분석
주제3 학교 주변의 바이오필릭 요소(나무, 정원, 물길 등) 실태 조사

논문
〈도시 특성 요소가 자연재해에 의한 피해액에 미치는 영향에 관한 연구〉 최열 외, 2013.
이 논문은 도시의 인구, 토지 이용, 주택, 도로 등 다양한 도시 특성 요소가 자연재해로 인한 피해액에 미치는 영향을 실증적으로 분석하였다. 인구 밀도와 주거 밀집도, 기반 시설의 분포가 자연재해 발생 시 피해액과 상관관계가 있음을 밝혀, 도시 계획과 재난 대비 전략 수립의 필요성을 강조하였다.

논문 바로가기

주제1 토지 이용 방식이 재난 피해에 미치는 영향 탐구
주제2 주택 및 건축 구조가 자연재해 피해에 끼치는 영향 탐구
주제3 도시 계획과 재난 대비 정책이 피해 감소에 미치는 영향 탐구

토론
주제1 도시 개발 시, 환경보다 사람의 편의성을 우선해야 하는가?
주제2 기후 재난(폭우, 폭염 등)에 취약한 지역에 정부가 더 많은 예산을 써야 하는가?
주제3 낙후된 지역부터 먼저 도시 개발을 해야 하는가, 경제성 있는 지역부터 개발해야 하는가?

02

[12도탐03–02] 부동산에 대한 인식 변화와 도시의 주거 문제 심화 사례를 조사하고, 이를 공간 정의의 관점에서 분석하여 해결 방안을 탐색한다.

부동산 소유 집중과 투기 # 젠트리피케이션 # 도시 재생 # 주거 불평등 # 공간 정의

관련 학과
- 도시계획학과
- 사회학과
- 환경공학과
- 부동산학과

교과 세특 탐구 주제

주제1 도시 재개발이 주거 환경에 미치는 영향 탐구

주제2 젠트리피케이션이 원주민의 삶에 미치는 영향 탐구

주제3 월세 부담이 청년층의 진로 선택에 미치는 영향 탐구

주제4 저소득층 밀집 지역의 주거 조건과 생활 만족도에 관한 조사

■ 함께 보면 좋은 도서

《난장이가 쏘아올린 작은 공》 조세희, 이성과힘, 2024.
《가난한 도시 생활자의 서울 산책》 김윤영, 후마니타스, 2026.
《도시는 왜 불평등한가》 리처드 플로리다(안종희 역), 매일경제신문사, 2023.

GUIDE 부동산 가격과 정책 변화를 사례로 분석하며, 사회적 인식 변화와 그 영향 요인을 탐구한다.

연계 활동 탐구 주제

독서

《도시는 왜 불평등한가》 리처드 플로리다(안종희 역), 매일경제신문사, 2023.
이 책은 도시 발전이 불평등을 심화시키는 구조적 문제를 분석하며, 일부 도시가 인재와 자본을 독점해 격차를 키운다고 설명한다. 도시 내에서도 부유층과 저소득층이 공간적으로 분리되며, 특히 청년층은 부모의 재력에 따라 주거 선택이 제한되어 기회의 불평등을 겪는다고 말하고 있다.

주제1 대도시 인구 집중이 주거 불평등에 미치는 영향 연구

주제2 대도시 상업 시설 집중이 주거 공간에 미치는 영향 연구

주제3 도시 재개발이 원주민의 이주와 생활 변화에 미치는 영향 연구

논문

《부동산의 경관과 아파트라는 취향》 송치혁, 2025.
이 논문은 한국의 아파트와 주거 공간이 대중문화, 특히 텔레비전 드라마를 통해 재현되면서 부동산에 대한 사회적 인식과 주거 문화가 어떻게 변화했는지를 분석한 연구이다. 1990년대 이후 '내 집 마련'이 개인의 삶과 사회적 지위를 상징하는 중요한 목표로 자리 잡았음을 보여 준다.

논문 바로가기

주제1 한국 사회에서 아파트 선호 문화 형성과 변화 조사

주제2 대중문화가 부동산과 주거 인식에 미치는 영향 탐구

주제3 1인 가구와 원룸 증가가 청년 세대의 주거 방식에 미친 영향 탐구

토론

주제1 부동산 투기가 우려되는 지역은 정부가 규제를 해야 하는가?

주제2 공공 임대 주택 제공에서 우선권 기준은 소득 수준인가, 나이인가?

주제3 재개발 지역 입주권은 원주민에게 우선권을 주어야 하는가, 모두가 공정한 경쟁을 거쳐야 하는가?

03

[12도탐03-03] 국제 이주에 따라 도시의 인구 구성과 공간 구조가 변화하여 발생하는 문제를 조사하고, 도시 구성원들의 다양성과 차이를 존중하고 공존하는 방안을 모색한다.

관련 학과
· 국제학과
· 사회학과
· 문화인류학과
· 지리학과

\# 국제 이주 \# 다문화 사회 \# 문화의 다양성과 차이 \# 혐오와 차별

교과 세특 탐구 주제

주제1 이주 외국인 증가에 따른 도시의 변화 모습 탐구

주제2 다문화 사회가 저출산 고령화 사회에 미치는 영향 탐구

주제3 국제 이주에 따른 도시 내 문화 다양성 확산과 갈등 조사

주제4 우리 동네에 생긴 외국 음식점과 가게를 중심으로 다문화 공간의 발달 과정 탐구

▣ 함께 보면 좋은 도서

《나는 인도에서 왔어요》 임서경, 키즈엠, 2015.
《국제 이주와 사회 통합》 임동진 외, 한국문화사, 2025.
《내 친구는 얼굴색이 달라요》 콜레트 엘링스 외(이정주 역), 시공주니어, 2019.

GUIDE 이주로 인한 인구 다양성과 공간적 분리를 사례 중심으로 파악하며, 도시 문제의 원인과 해결 방안을 함께 탐구한다.

연계 활동 탐구 주제

독서

《국제 이주와 사회 통합》 임동진 외, 한국문화사, 2025.
이 책은 국제 이주가 늘어난 현대 사회에서 이주민의 다양한 유형과 사회 통합 문제를 분석한다. 한국을 포함한 여러 나라의 이민 정책과 통합 전략을 비교하며, 노동, 결혼, 난민 등 이주의 형태와 그로 인한 갈등과 문화 변화, 디지털 시대의 혐오 표현과 정보 왜곡이 통합에 미치는 영향도 설명하고 있다.

주제1 다문화 가정 학생이 학교에서 겪는 어려움에 대한 고찰

주제2 정부의 이주민 지원 정책이 지역사회에 미친 영향 탐구

주제3 우리나라에 입국한 외국인의 국적과 이주 이유 조사 분석

논문

〈국제 이주 분석과 이주 체계 접근법의 적용에 관한 연구〉 김용찬, 2006.
이 논문은 국제 이주가 도시의 인구 구성과 공간 구조에 미치는 영향 분석에 이주 체계 접근법을 적용한 연구이다. 국제 이주가 정치적, 사회적, 인구학적 요인에 의해 복합적으로 형성되고 지속됨과 국제 이주로 인해 도시 구성원의 다양성이 확대되고, 인구 분포와 도시 구조에도 변화가 나타남을 강조한다.

논문 바로가기

주제1 국제 이주가 도시 인구 구성 변화에 미치는 영향 조사

주제2 다양한 국적과 문화 배경이 도시 공동체에 미치는 영향 탐구

주제3 이주민 증가가 지역사회와 학교, 상업 시설 분포에 미치는 영향 탐구

토론

주제1 외국인이 많이 거주하는 지역에 다문화 학교를 별도로 만들어야 하는가?

주제2 도시의 전통 시장에 생겨나는 외국 문화 상품이나 음식은 좋은 변화인가?

주제3 외국 문화를 반영한 거리 이름이나 간판을 도시 곳곳에 사용하는 것의 장단점은 무엇인가?

IV 도시의 미래

01 [12도탐04-01] 지속가능성과 회복력이 높은 도시가 되기 위한 요건에 대해 토의하고 이와 관련한 도시 계획 및 도시 혁신 사례를 탐구한다.

\# 도시의 지속가능성 \# 도시 회복력 \# 도시 혁신 \# 생태 지향적 건축

관련 학과
- 도시공학과
- 환경공학과
- 스마트시티학과
- 도시재생학과

교과 세특 탐구 주제

- **주제1** 텀블러 사용이 도시의 쓰레기 감소에 미치는 영향 분석
- **주제2** 녹지 공간이 도시의 지속가능성에 미치는 영향 탐구
- **주제3** 재난에 강한 도시 구조를 만들기 위한 건축 방식에 관한 탐구
- **주제4** 친환경 교통수단 확대가 도시의 탄소 배출량에 미치는 영향 분석

📖 함께 보면 좋은 도서

《도시 재생, 현장에서 답을 찾다》 황희연, 미세움, 2019.
《지속가능한 세상에서 도시는 생명체다!》 배성호 외, 이상북스, 2023.
《지속가능한 도시 재생과 사회적 자본으로서의 가치》 오광석, 국토연구원, 2021.

GUIDE 지속가능성과 회복력 사례를 분석하고, 도시 계획과 혁신이 주민 삶과 환경에 미치는 영향을 탐구한다.

연계 활동 탐구 주제

독서 《지속가능한 세상에서 도시는 생명체다!》 배성호 외, 이상북스, 2023.

이 책은 도시를 생명체처럼 바라보며 지속가능한 도시의 개념을 쉽게 설명하고, 도시화로 인한 문제와 불평등을 재조명한다. 다양한 시민의 시선에서 도시를 설계하는 방법을 제안하며, 공동체와 시민 참여의 중요성을 강조하고, 또한 국내외 도시 사례를 통해 실천 가능한 변화의 방향을 보여 주고 있다.

- **주제1** 다양한 세대와 계층을 고려한 도시 설계 방식 조사
- **주제2** 도시의 녹지 공간 확대가 주민의 건강과 정서에 미치는 영향 탐구
- **주제3** 시민의 능동적 참여가 도시의 지속가능한 발전에 미치는 영향 탐구

논문 〈도시 지속가능성 및 회복력 지표 적용에 관한 연구 −UN 지속가능한 발전목표(SDGs)의 목표 11을 중심으로−〉 한상미 외, 2019.

이 논문은 지속가능성과 회복력이 높은 도시를 만들기 위해 도시 특성을 평가할 수 있는 구체적인 지표를 개발하고, 이를 국내 7대 대도시에 적용하여 비교 분석한 연구로, 대중교통 수송 분담률, 경제 활동 참가율, 미세 먼지 수준 등 15개 지표를 활용하여 도시별 강점과 약점을 파악하였다.

논문 바로가기

- **주제1** 공기 오염 정도가 도시 생활과 건강에 미치는 영향 분석
- **주제2** 높은 경제 활동 참가율이 도시 회복력에 주는 영향 탐구
- **주제3** 버스와 지하철 같은 대중교통 이용이 도시 환경에 미치는 영향 탐구

토론
- **주제1** 오래 된 건물을 허물고 친환경 건물로 바꾸는 것이 바람직한가?
- **주제2** 도시 안에 주민 편의 시설보다 숲이나 공원을 만드는 것이 도시 회복력을 높이는가?
- **주제3** 도시에 자동차 도로 대신 자전거 도로를 더 많이 만드는 것이 지속가능성을 높이는가?

02

[12도탐04-02] 도시의 공공성을 높이기 위한 도시 정치의 중요성을 이해하고, 도시를 만들어가는 주체로서 시민이 가져야 할 바람직한 태도를 함양하여 도시 정치에 적극적으로 참여한다.

\# 도시 정책 \# 도시의 공공성 \# 도시 정치 \# 시민 참여 \# 거버넌스

관련 학과
· 도시계획학과
· 사회학과
· 커뮤니티디자인학과
· 공공정책학과

교과 세특 탐구 주제

주제1 주민 참여 예산제가 도시 공공성에 미치는 영향 탐구
주제2 마을 공유 공간(커뮤니티 센터, 공유 부엌 등)의 이용 실태 조사
주제3 도시 커먼즈 운동이 지역 주민의 공동체 의식에 미치는 영향 탐구
주제4 마을 공동체 활동(주민 회의, 공동 텃밭 등)이 청소년에게 미치는 영향 분석

▣ 함께 보면 좋은 도서

《마을이 학교다》 박원순, 검둥소, 2010.
《공유야 놀자!》 유창주, 서울연구원, 2015.
《도시 커먼즈》 크리스티안 보르치(한경애 역), 국토연구원, 2024.

GUIDE 도시 정책과 시민 참여 사례를 분석하며, 도시 정치가 공공성 향상과 사회적 형평성에 미치는 영향을 탐구한다.

연계 활동 탐구 주제

독서

《마을이 학교다》 박원순, 검둥소, 2010.
이 책은 전국의 대안 학교와 마을 교육 공동체를 탐방하며, 마을이 교육의 주체가 될 수 있다는 가능성을 기록한 사례집이다. 학교 울타리를 넘어 마을 전체가 아이들을 함께 돌보고 가르치는 교육의 중요성을 강조하며, 공동체 중심 교육의 가치를 보여 주고 지역과 학교가 협력해야 한다는 메시지를 담고 있다.

주제1 지역 주민이 참여하는 교육 프로그램의 운영 방식 조사
주제2 마을 교육 공동체 활동이 학교 밖 청소년에게 미친 영향 탐구
주제3 시민 참여로 도시의 공공성을 높이는 사례로 마을 교육 공동체 활동 분석

논문

〈실천 공동체로서의 마을 교육 공동체 형성과 성장 –'학마을 공동체' 사례를 중심으로–〉 이서영 외, 2025.
이 논문은 마을 교육 공동체의 형성과 성장 과정을 탐구한 연구로, 학교와 마을이 상호 협력하며 교육적 자원을 공유하고 주민 참여를 통해 공동체적 교육 문화를 구축하는 과정을 살펴본다. 마을 교육 공동체는 지역사회와의 연계를 통해 교육적 효과와 사회적 결속을 동시에 높일 수 있음을 설명하고 있다.

논문 바로가기

주제1 학교와 지역사회의 협력이 교육 효과에 미치는 영향 탐구
주제2 마을 교육 공동체가 지역사회 결속력에 미치는 영향 탐구
주제3 마을 교육 공동체 활동이 학생의 학습 성취와 생활에 미치는 영향 탐구

토론

주제1 도시 개발을 위해 일부 주민의 이주를 강제로 추진해도 되는가?
주제2 시민이 도시 문제 해결을 위해 '불복종 운동'을 벌이는 것이 정당화될 수 있는가?
주제3 도시 공공시설은 모두에게 개방되어야 하는가, 일정 기준하에 개방되어야 하는가?

여행지리

과목 정보 ▶	교과군	공통 과목	선택 과목			평가 정보		수능
			일반 선택	진로 선택	융합 선택	성취도	상대평가	×
	사회	–	–	–	○	5단계	×	

1 ▶ 교과 성격

'여행지리'는 국내외 다양한 자연경관·인문경관, 인간과 환경의 관계를 이해하고, 이를 바탕으로 풍요로운 여행 경험을 즐길 수 있는 지리적 소양을 기르는 선택 과목이다. 이 과목이 다루는 대상은 자연과 인간이 상호 작용하여 형성된 장소와 지역이며, 이러한 대상은 여행을 통해 직접적으로 경험할 수 있다. 자연과학적 시각과 인문·사회과학적 관점을 모두 활용하기 때문에, 학문 간 융합과 통합적인 이해를 강조한다. 이를 통해 학생들은 사고의 폭을 넓히고, 다양한 규모와 깊이에서 사물을 바라보는 능력을 키울 수 있다.

또한, 여행지리는 지리 교육의 전통적인 학습 목표인 지식·이해, 과정·기능, 가치·태도를 기반으로 한다. 여행이라는 주제를 통해, 학생들은 주변 지역, 우리나라, 다른 문화권, 그리고 전 세계의 자연환경과 인문환경이 어떻게 형성·변화하는지, 그리고 그 속에서 사람들의 삶이 어떻게 연결되고 상호 작용하는지를 통합적으로 학습한다. 나아가, 여행 경험을 통해 자기 성찰과 공동체 인식을 발전시키고, 더불어 살아가는 사회를 위해 필요한 태도와 가치를 함양하도록 한다.

> **TIP** 중학교 '사회'를 통해 익힌 지리적 지식과 '통합사회'의 학습 내용을 한층 더 확장하고 심화하여 고등학교 일반 선택 과목인 '세계 시민과 지리', 진로 선택 과목인 '한국지리 탐구', '도시의 미래 탐구' 및 융합 선택 과목인 '기후변화와 지속가능한 세계'와 연계 교과임.

2 ▶ 교과 목표

- 여행과 관련한 다양한 지식과 정보를 수집하고 지리적 의사 결정 능력을 기른다.
- 여행지의 자연환경 및 인문환경의 특성과 그곳에서 살아가는 사람들의 다양한 생활 모습을 통합적으로 탐구한다.
- 열린 마음으로 문화적 다양성을 이해하고, 문화에 대한 포용적인 태도를 기른다.
- 다양한 직·간접적인 여행의 경험을 통해 자아를 성찰하고 인류 공동체의 문제에 대한 공감을 통해 지속가능한 여행을 실천한다.
- 여행을 통해 나의 삶이 지역 및 세계와 연결되어 있음을 이해하고 세계시민으로서 적극적인 참여와 책임감을 기른다.

3 ▶ 교과 핵심 키워드

# DMZ(비무장 지대)	# GIS	# 가상 여행	# 골목 여행	# 공정여행
# 국가 지질 공원	# 그랜드 투어	# 기념물 여행	# 기후 지리 여행	# 농어업·농어촌 유산
# 다크 투어리즘	# 도보 여행	# 도시 여행	# 동방견문록	
# 드론	# 등산 여행	# 모빌리티	# 모험과 도전	# 문화경관
# 문화 여행	# 산업유산 여행	# 산업 혁명 발상지	# 스마트 지도	# 실리콘 밸리
# 여행 경험	# 여행 사례	# 여행의 의미	# 여행 포트폴리오	# 우주 여행
# 유네스코 세계 문화 유산	# 인공지능 여행	# 임진각	# 전쟁 기념관	# 전쟁과 평화
	# 제2차 세계 대전	# 지리 정보	# 지리적 상상력	# 지속가능한 여행
# 지오투어리즘	# 지형 지리 여행	# 축제 여행	# 치유와 행복	# 평화 여행

4 ▶ 내용 체계

<table>
<tr><td rowspan="4">핵심
아이디어</td><td>• 여행지는 여행의 의미와 여행이 삶에 미치는 영향을 파악하고 행복하고 안전한 여행 계획을 수립한다.</td></tr>
<tr><td>• 여행자는 다양한 인문환경과 자연환경을 탐구하고 지리적 다양성에 대한 존중과 배려의 자세를 지닌다.</td></tr>
<tr><td>• 여행자는 인류의 성찰과 공존을 위한 여행을 통해 세계시민으로서 책임감 있고 지속가능한 여행을 실천한다.</td></tr>
<tr><td>• 여행자는 미래 사회와 여행의 변화를 예측하고, 일상 속에서 여행이 주는 가치를 재발견하여 삶의 변화를 이끈다.</td></tr>
</table>

범주		내용 요소
지식·이해	행복하고 안전한 여행	• 여행의 의미와 영향 • 장소의 의미와 중요성 • 모빌리티와 여행 계획
	문화와 자연을 찾아가는 여행	• 여행지로 향유하는 도시 • 문화경관 • 여행지의 기후와 장소 • 지오투어리즘
	성찰과 공존을 위한 여행	• 산업유산과 기념물 여행 • 평화여행과 다크투어리즘 • 새로운 여행 지역과 여행 콘텐츠 • 지속가능한 여행
	미래 사회와 여행	• 미래 여행과 미디어 • 일상 속 다양한 여행
과정·기능		• 자료와 매체를 통해 여행 정보를 수집하기 • 안전한 여행 계획을 수립하기 • 지도 및 지리정보기술을 활용하기 • 매력적인 여행지를 선정하고 사례를 탐구하기 • 여행지의 자연환경과 인문환경의 상호관계를 조사하기 • 여행지와 관련하여 충돌하는 가치 발견하기 • 나-지역-국가-세계의 관계 속에서 여행을 조망하기 • 여행 포트폴리오를 구성하고 효과적으로 전달하기
가치·태도		• 세상에 대한 열린 마음과 지리적 상상력 • 세계의 다양한 생활양식과 문화에 대한 존중 • 다양한 스케일의 지리적 문제와 쟁점에 대한 관심 • 인류에 대한 성찰과 공동체 의식 • 여행지와 여행지 주민에 대한 공감과 배려 • 지속가능한 여행의 책임과 실천 • 여행이 주는 가치의 내면화 • 나의 삶을 변화시키는 여행의 실천

Ⅰ 행복하고 안전한 여행

01

[12여지01–01] 다양한 여행 사례와 자신의 여행 경험을 통해 여행의 의미를 파악하고 여행이 삶과 세계 인식에 미치는 영향을 토의한다.

관련 학과
· 관광학과
· 사회학과
· 지리학과
· 심리학과

\# 여행의 의미   \# 치유와 행복   \# 모험과 도전   \# 동방견문록

교과 세특 탐구 주제

주제1 여행 경험이 개인의 진로 선택에 끼친 영향 탐구
주제2 여행을 통해 형성된 세계시민 의식의 변화 분석
주제3 여행 목적에 따른 사람들의 여행 방식 변화 조사
주제4 청소년의 여행 경험이 삶의 태도와 가치관에 미친 영향 탐구

■ 함께 보면 좋은 도서
《그렇게 몽땅 떠났습니다》 김지수, 두사람, 2020.
《우리의 여행이 세상을 바꿀까》 고두환, 선율, 2015.
《여행의 기술》 알랭 드 보통(정영목 역), 청미래, 2025.

GUIDE 다양한 사례와 개인 경험을 비교하며 여행이 가치관과 세계관 형성에 어떤 영향을 주는지 성찰한다.

연계 활동 탐구 주제

독서

《여행의 기술》 알랭 드 보통(정영목 역), 청미래, 2025.
이 책은 여행을 사고와 감상의 과정으로 바라보며, 여행의 의미와 목적, 그리고 그 과정에서의 경험을 심도 있게 탐구한다. 또한, 여행 중 마주하는 다양한 감정과 상황을 통해 인간 존재의 본질과 삶의 의미를 되새기도록 유도하고, 여행이 개인의 성장과 변화를 촉진하는 중요한 경험임을 설명한다.

주제1 여행이 개인의 사고방식과 가치관에 미친 영향 분석
주제2 다양한 여행 방식이 지역사회와 문화에 끼친 영향 탐구
주제3 여행 경험이 창의력과 문제 해결 능력에 미친 영향 탐구

논문

〈청년 여행자의 여행 경험과 행복: 긍정 정서의 확장과 축적 이론을 중심으로〉 황영주, 2025.
이 논문은 한국 청년 세대를 대상으로 여행 경험이 개인의 행복에 미치는 영향을 분석한 연구로, 긍정 정서의 확장과 축적 이론을 중심으로 진행되었다. 청년들은 여행을 통해 즐거움, 만족, 자부심 등의 긍정적인 감정을 경험하며, 이러한 감정은 일상으로 돌아온 이후에도 긍정적인 영향을 미쳤음을 설명하고 있다.

논문 바로가기

주제1 청소년의 국내 여행 경험이 정서에 미치는 영향 조사
주제2 여행 활동이 학생들의 행복감과 만족도에 미치는 영향 탐구
주제3 SNS를 통한 여행 정보 획득이 여행 경험에 미치는 영향 분석

토론

주제1 여행은 사람의 가치관을 바꿀 수 있는가?
주제2 여행 없이도 세계를 올바르게 이해할 수 있는가?
주제3 해외여행 경험이 세계를 바라보는 시각에 영향을 주는가?

02

[12여지01-02] 모빌리티의 변화와 발전에 따라 여행자의 이동, 위치, 장소가 어떻게 연결되고 관계를 맺는지 살펴보고, 다양한 지도 및 지리정보기술을 활용하여 안전한 여행 계획을 수립한다.

공간 정보 # GIS(지리 정보 시스템) # 모빌리티 # 스마트 지도

교과 세특 탐구 주제

주제1 지리정보기술을 활용한 안전한 여행 경로 탐구

주제2 스마트 지도 앱이 여행자의 위치 인식에 미치는 영향 분석

주제3 교통수단의 변화가 지역의 관광 활성화에 미치는 영향 분석

주제4 모빌리티 발전이 여행자의 장소 선택과 이동 패턴에 미치는 영향 탐구

GUIDE 모빌리티 변화로 달라진 여행자의 이동 방식을 사례로 살펴보고, 지도와 지리정보기술을 활용해 효율적이고 안전한 여행 경로를 설계한다.

□ 함께 보면 좋은 도서

《여행의 이유》 김영하, 복복서가, 2024.

《세상을 담는 여행지리》 김인철 외, 푸른길, 2020.

《교통수단, 세상의 거리를 좁히다》 김영모, 미래아이, 2021.

연계 활동 탐구 주제

독서

《교통수단, 세상의 거리를 좁히다》 김영모, 미래아이, 2021.

이 책은 교통수단의 발전 과정을 통해 인류가 어떻게 지리적, 시간적 거리를 좁혀 왔는지 설명하며, 기차, 비행기 등 교통수단의 등장과 그로 인한 변화를 다룬다. 교통수단들의 기술적 진보와 경제, 문화, 정치에 미친 영향을 살펴보며, 인간의 이동이 어떻게 세계를 연결하고 확장시켰는지를 보여 준다.

주제1 다양한 교통수단의 발전 과정 조사

주제2 교통수단 변화가 지역 경제에 미친 영향 탐구

주제3 교통수단 발달이 문화 교류에 끼친 영향 탐구

논문

〈관광 분야에서 GIS의 이론적 배경과 국내외 연구 동향〉 김진원 외, 2013.

이 논문은 여행지의 위치 정보와 공간 데이터를 기반으로 관광객의 행동과 이동 경로를 시각화하고 분석함으로써 여행 서비스 만족도와 재방문 의도에 미치는 영향을 살펴보았다. 지리정보기술을 활용한 맞춤형 정보 제공과 상호 작용적 서비스는 여행객의 만족도와 행복감을 높이는 데 기여하였다.

논문 바로가기

주제1 스마트 관광 앱 사용이 여행 만족도에 미치는 영향 탐구

주제2 위치 기반 서비스가 여행 계획과 선택에 미치는 영향 분석

주제3 GIS를 활용한 관광지 정보 제공이 재방문 의도에 미치는 영향 탐구

토론

주제1 모빌리티 변화가 지역 간 교류와 문화 이해에 긍정적인 영향을 주는가?

주제2 지리정보기술을 활용한 여행 계획이 전통적인 여행 방식보다 더 효율적인가?

주제3 여행자의 이동 편의를 위해 모빌리티 기술을 우선 적용하는 것이 여행자의 안전보다 중요한가?

II 문화와 자연을 찾아가는 여행

01

[12여지02–01] 인간의 정주공간으로서의 도시를 새로운 관점에서 낯설게 바라보고, 여행지로서의 향유 가능성을 탐색한다.

관련 학과
· 인문지리학과
· 관광학과
· 사회학과
· 문화콘텐츠학과

\# 도시 여행 \# 문화 여행 \# 역사 여행 \# 건축물 여행 \# 음식 여행 \# 정주 공간

교과 세특 탐구 주제

주제1 도시 재생 지역이 여행자의 인식에 미치는 변화 조사
주제2 대중교통 접근성이 도시 여행 만족도에 미치는 영향 조사
주제3 스마트 지도 앱 활용이 도시 여행 계획에 미치는 영향 분석
주제4 도시 내 관광지 분포가 여행자의 이동 경로에 끼치는 영향 탐구

■ 함께 보면 좋은 도서
《한국의 도시 재생》 한국도시설계학회, 대가, 2022.
《도시 재생과 관광》 이웅규 외, 대왕사, 2025.
《지리쌤과 함께하는 우리나라 도시 여행》 전국지리교사모임, 폭스코너, 2016.

GUIDE 도시의 역사·문화·공간적 특징을 탐구하며 도시를 살아 있는 학습 자료로 재해석한다.

연계 활동 탐구 주제

독서

《지리쌤과 함께하는 우리나라 도시 여행》 전국지리교사모임, 폭스코너, 2016.
이 책은 각 도시의 역사, 문화, 산업, 환경 등 다양한 측면을 지리적 시각으로 분석하며, 교사들이 직접 참여한 현장 경험을 바탕으로 구성하였다. 도시 재생, 신도시 개발, 지역 특성 등 다양한 사례를 통해 도시가 사람들의 삶과 시간이 축적된 공간임을 보여 준다.

주제1 도시 재생 사례가 지역 주민의 삶에 가져온 변화 조사
주제2 도시 명소가 지역 경제의 활성화에 끼치는 영향 조사
주제3 도시의 역사적 배경이 현재 공간 구성에 미친 영향 탐구

논문

〈도시 관광 방문 동기 및 도시 관광 이미지의 포지셔닝 분석 –대구광역시 및 대구광역시 소재 5곳을 중심으로–〉 김병국, 2013.
이 논문은 도시 관광지 경쟁력을 평가한 연구이다. 관광객들은 문화 체험, 편의성, 역사적 가치 등을 주요 방문 동기로 인식하며, 도시 관광지 이미지는 문화적 이미지, 편의성 이미지, 역사적 이미지로 구분된다. 포지셔닝 전략은 이러한 이미지 요소를 고려해 경쟁 도시와 차별화해야 함을 제시한다.

주제1 도시 관광 방문객의 여행 동기 조사
주제2 도시 관광지 이미지가 관광객의 선택에 미치는 영향 탐구
주제3 문화 체험 중심 관광이 관광 만족도에 미치는 영향 조사

토론

주제1 유명한 도시보다 숨겨진 소도시를 여행하는 것이 더 가치 있는가?
주제2 지역 주민의 삶에 영향을 주지 않으면서 관광을 활성화할 수 있는가?
주제3 도시의 전통문화와 현대적인 시설 중 무엇이 관광객에게 더 매력적인가?

02

[12여지02-02] 다양한 문화 경관의 형성 배경과 의미를 이해하고, 감정이입과 공감의 자세로 여행지 주민을 배려하고 존중한다.

지속가능성 # 지역 경제 # 문화 존중 # 환경 부호 # 책임 있는 소비

관련 학과
· 문화콘텐츠학과
· 인문지리학과
· 관광학과
· 문화관광학과

교과 세특 탐구 주제

주제1 지역 문화재를 활용한 문화 관광 활성화 방안 탐구
주제2 지역 주민과 관광객 사이의 문화 갈등 사례 조사
주제3 문화 여행이 지역 청소년 일자리 창출에 미치는 영향 분석
주제4 한옥 마을, 전통 체험 마을의 변화 고찰: 체험인가, 상업화인가

■ 함께 보면 좋은 도서

《희망을 여행하라》 임영신 외, 소나무, 2018.
《세계 축제 사례와 관광 축제 경영》 박상현, 이프레스, 2021.
《착한 공정여행》 주느비에브 클라스트르(허보미 역), 내인생의책, 2016.

GUIDE 지역 주민과 환경을 존중하는 여행 활동이 사회·경제에 미치는 영향을 비판적으로 살펴본다.

연계 활동 탐구 주제

독서

《착한 공정여행》 주느비에브 클라스트르(허보미 역), 내인생의책, 2016.
이 책은 공정여행이란 무엇이며 왜 필요한지를 설명하고, 기존의 관광 방식이 초래한 환경 파괴와 지역사회 불평등 문제를 지적한다. 공정여행은 지역 주민의 삶을 존중하고, 환경과 문화를 보호하며, 여행의 윤리적 가치를 실현하는 지속가능한 방식이다. 이를 통해 모두가 이익을 얻는 여행 문화를 지향한다.

주제1 공정여행이 지역 소상공인에게 주는 경제적 이익 탐구
주제2 공정여행이 지역 환경 보전에 미치는 긍정적인 영향 탐구
주제3 지역 주민이 참여하는 관광 프로그램이 관광 만족도에 미치는 영향 탐구

논문

〈청소년의 윤리적 소비 행동이 공정여행과 소비자 행복에 미치는 영향〉 이승빈 외, 2024.
이 논문은 청소년의 윤리적 소비 행동이 공정여행에 대한 인식과 선택 속성, 그리고 소비자 행복에 미치는 영향을 실증적으로 분석한 연구로, 윤리적 소비 행동은 공정여행에 대한 긍정적 인식과 선택 속성에 유의미한 영향을 미쳤으며, 소비자 행복과도 정적인 관련성을 보였다.

논문 바로가기

주제1 윤리적 소비 인식이 공정여행 실천에 미치는 영향 분석
주제2 여행자의 환경 의식이 공정여행 참여에 미치는 영향 탐구
주제3 청소년의 윤리적 소비 태도가 여행 선택에 미치는 영향 분석

토론

주제1 여행자도 지역 주민을 배려할 의무가 있는가?
주제2 공정여행이 지속가능한 관광이 될 수 있는가?
주제3 관광지의 환경 보호를 위해 여행객 수를 제한해야 하는가?

03

[12여지02–03] 여행지의 기후 및 기후변화가 여행자와 여행지 주민에게 미치는 영향과 그 차이를 비교하고, 지리적 상상력을 동원한 간접여행을 통해 기후경관을 체험한다.

기후 지리 여행 # 지리적 상상력 # 간접여행

관련 학과
· 문화관광학과
· 지리학과
· 관광경영학과
· 지역학과

교과 세특 탐구 주제

주제1 여행자가 선호하는 기후 조건에 대한 조사
주제2 기후변화가 관광지 주민의 생활 방식에 미치는 영향 분석
주제3 여행지의 날씨 변화가 여행자의 여행 계획에 미치는 영향 탐구
주제4 다양한 기후 지역을 상상하며 떠나는 간접여행이 지리적 이해에 주는 효과 탐구

■ 함께 보면 좋은 도서
《기후 여행자》 임영신, 열매하나, 2025.
《지구별 여행자》 류시화, 연금술사, 2019.
《맛집에서 만난 세계지리 수업》 남원상, 서해문집, 2024.

GUIDE 여행지 기후와 기후변화가 사람과 환경에 미치는 영향을 분석하고, 지도와 자료를 활용해 간접적으로 체험하며 이해한다.

연계 활동 탐구 주제

독서 《맛집에서 만난 세계지리 수업》 남원상, 서해문집, 2024.
이 책은 세계 여러 나라의 대표 음식을 통해 각 지역의 기후, 자연환경, 역사와 문화를 기술하였다. 나폴리 피자, 똠얌꿍, 타코 등 13가지 음식 이야기를 중심으로 음식의 탄생 배경과 지리적 조건의 관계를 설명하며, 엘니뇨나 슈링크플레이션 같은 기후변화가 먹거리와 사회에 미치는 영향도 다룬다.

주제1 기후변화가 향후 식생활에 미칠 영향 탐구
주제2 기후변화가 식재료 생산과 유통에 미치는 영향 분석
주제3 세계 각국의 음식 문화와 기후 환경과의 상관관계 조사

논문 〈기후변화 인식과 관광객의 만족 및 행동 의도 간 관계 탐색 -제주 자연 관광지 방문객을 대상으로-〉 이민재 외, 2014.
이 논문은 제주도 세계 자연유산을 방문한 관광객을 대상으로, 기후변화에 대한 인식이 관광 만족도와 행동 의도에 어떤 영향을 미치는지를 분석한 것이다. 관광객이 기후변화를 심각하게 인식할수록 친환경적 행동을 실천하려는 의지가 높아지며, 이는 지역 관광의 지속가능성과도 연결됨을 설명하고 있다.

논문 바로가기

주제1 기후변화 인식 수준에 따른 관광 만족도 차이 조사
주제2 관광객의 기후변화 인식이 친환경 행동에 미치는 영향 탐구
주제3 자연 관광지에서의 기후경관 체험이 환경 의식에 끼치는 영향 탐구

토론 **주제1** 기후변화 시대에 해외여행을 줄여야 하는가?
주제2 여행지 주민은 관광객보다 기후변화를 더 심각하게 여기는가?
주제3 기후변화 대응을 위해 여행지 관광객 수를 제한하는 것이 정당한가?

\# 국가 지질 공원 \# 세계 지질 공원 \# 지오사이트 \# 지오투어리즘

관련 학과
· 지리학과
· 환경학과
· 관광학과
· 지질학과

교과 세특 탐구 주제

주제1 지형 경관이 관광객의 심미적 만족에 미치는 영향 분석
주제2 지오사이트 선정에 사용되는 자연적·문화적 기준 조사
주제3 지오투어리즘이 지역 주민의 환경 인식에 미치는 영향 탐구
주제4 지역의 대표 지형을 활용한 지오투어리즘 프로그램 사례 조사

■ 함께 보면 좋은 도서

《세계 지형 여행》 로버트 야람(한무일 역), 황금비율, 2011.
《세계의 카르스트 지형》 서무송, 푸른길, 2019.
《한 권으로 떠나는 세계 지형 탐사》 이우평, 푸른숲, 2023.

GUIDE 지오사이트의 과학적 가치와 지역성, 관광적 활용 가능성을 조사하고 이를 연결해 프로그램을 구상한다.

연계 활동 탐구 주제

독서

《한 권으로 떠나는 세계 지형 탐사》 이우평, 푸른숲, 2023.
이 책은 세계 56곳의 대표 지형을 통해 지구의 자연사와 지질학적 특징을 설명하며, 생생한 사진과 해설로 독자의 탐험 욕구를 자극한다. 단순한 관광지를 넘어선 지형의 가치와 인간과 자연의 관계를 성찰하게 한다. 지리와 자연에 관심 있는 독자에게 유익한 인문 지리 탐사서다.

주제1 지형 경관이 지역 생태계에 미치는 영향 탐구
주제2 지역의 대표 지형이 관광 자원으로 활용되는 사례 조사
주제3 자연 지형 관광이 지역사회에 미치는 경제적·환경적 영향 탐구

논문

〈한국의 지오투어리즘〉 전영권, 2010.
이 논문은 한국의 지오투어리즘 현황과 발전 가능성을 분석한 연구로, 지질학적 특성과 자연 경관을 관광 자원으로 활용하는 방안을 제시하였다. 연구 결과, 한국은 다양한 지질 자원을 보유하고 있으나, 이를 체계적으로 개발하고 홍보하는 데 있어 한계가 있음을 지적하였다.

논문 바로가기

주제1 한국 주요 지질 명소의 관광 자원 활용 현황 조사
주제2 지질 명소 홍보가 지역 관광 활성화에 미치는 영향 조사
주제3 지오투어리즘 프로그램이 학생들의 자연 이해에 미치는 영향 탐구

토론

주제1 지형 보호와 관광 개발, 어느 쪽이 더 중요한가?
주제2 자연유산 지역을 방문하는 관광객 수 제한은 꼭 필요한가?
주제3 지역 주민의 생계보다 자연 경관 보존을 더 우선하여야 하는가?

III 성찰과 공존을 위한 여행

01

[12여지03-01] 인류의 물질적, 정신적 발전 과정을 성찰할 수 있는 산업유산 및 기념물을 조사하고 여행지의 가치를 평가한다.

관련 학과
· 역사학과
· 문화유산학과
· 관광학과
· 문화경관학과

\# 산업유산 여행 \# 산업 혁명 발상지 \# 기념물 여행 \# 농어업·농어촌 유산

교과 세특 탐구 주제

주제1 국내 산업유산이 관광지로 재활용된 사례 조사
주제2 산업유산이 지역 관광에 끼친 경제적 영향 조사
주제3 산업유산 여행이 청소년의 진로 탐색에 미치는 영향 탐구
주제4 산업유산 여행이 지역 주민의 문화 인식에 끼친 영향 탐구

■ 함께 보면 좋은 도서

《중국의 산업유산 보존 사례》 장바이춘 외(장건위 외 역), 민속원, 2024.
《발전소는 어떻게 미술관이 되었는가》 김정후, 돌베개, 2013.
《근대의 기억, 산업유산》 박진한 외, 역사비평사, 2025.

GUIDE 산업유산이나 기념물의 형성 과정과 지역 사회에 남긴 의미를 조사하여 현재적 가치와 관광 자원으로서의 활용 가능성을 탐색한다.

연계 활동 탐구 주제

독서 《근대의 기억, 산업유산》 박진한 외, 역사비평사, 2025.

이 책은 폐산업 시설이 문화유산으로 재탄생하는 과정을 국내외 사례를 통해 설명하며, 산업유산의 역사적·사회적 의미를 강조한다. 산업유산은 단순한 관광 자원이 아니라 노동과 삶의 흔적을 담은 민주적 기억 공간으로 활용되어야 한다고 주장하며, 산업유산의 정치성과 역사성을 함께 다룬다.

주제1 우리 지역의 산업유산이 관광지로 활용된 사례 조사
주제2 산업유산 관광이 청소년의 역사 인식에 끼친 영향 조사
주제3 산업유산이 지역사회의 문화 정체성 형성에 미친 영향 탐구

논문 〈산업유산을 활용한 산업 역사 박물관 조성 방안 연구: 문경 시멘트 공장 사례를 중심으로〉 김보름, 2021.

논문 바로가기

이 논문은 문경 시멘트 공장을 중심으로 산업유산을 활용한 산업 역사 박물관 조성 방안을 제안한 연구로, 폐쇄된 공장을 지역의 역사와 문화를 담은 복합 문화 공간으로 재탄생시키는 전략을 다룬다. 산업유산이 단순한 과거의 흔적이 아니라 지역 정체성과 교육적 자산으로 기능할 수 있음을 보여 준다.

주제1 우리 지역 산업유산의 활용 사례 및 방식 조사
주제2 산업유산 보존과 개발 사이의 균형이 지역에 미치는 영향 탐구
주제3 폐산업 시설이 문화 공간으로 바뀌면서 지역사회에 미친 영향 탐구

토론 **주제1** 산업유산은 꼭 보존해야 하는 문화재인가?
주제2 산업유산 보존과 새로운 개발 중 어느 것이 더 중요한가?
주제3 폐공장이나 폐광을 문화 공간으로 바꾸는 것이 지역 발전에 도움이 되는가?

02

[12여지03-02] 평화, 전쟁, 재난의 상징이 새겨진 지역에 대한 직간접적인 여행을 체험하고 이를 바탕으로 인권, 정의, 인류의 공존을 둘러싼 구조적 문제를 비판적으로 탐구한다.

\# 제2차 세계 대전 \# 전쟁 기념관 \# DMZ(비무장 지대) \# 임진각 \# 전쟁과 평화

교과 세특 탐구 주제

주제1 DMZ가 생태계에 미친 긍정적 영향 탐구

주제2 한국 전쟁이 지역사회에 남긴 흔적 조사

주제3 재난 이후 지역 공동체의 회복 과정 탐구

주제4 분단이 청소년의 역사 인식 형성에 미친 영향 조사

■ 함께 보면 좋은 도서

《평화, 당연하지 않은 이야기》 정주진, 다자인, 2021.
《세계의 전쟁 유적지를 찾아서 1》 신종태, 청미디어, 2020.
《역사가 쉬워지는 박물관 답사 여행》 이연민, 맘에드림, 2025.

GUIDE 역사적 사건이 남긴 장소의 의미를 깊이 이해하고 현재의 인권·평화 문제와 연결해 성찰한다.

연계 활동 탐구 주제

독서

《평화, 당연하지 않은 이야기》 정주진, 다자인, 2021.
이 책은 우리가 당연하게 여기는 일상이 얼마나 폭력에 노출되어 있는지를 일깨운다. 전쟁, 가난, 무책임한 소비, 차별이라는 네 가지 폭력을 중심으로 평화가 왜 중요한지 설명하며, 평화는 단순한 이상이 아니라 타인의 이야기를 듣고, 불편함을 감수하며, 다양성을 존중하는 삶의 방식이라는 점을 강조한다.

주제1 전쟁 경험자의 삶을 통해 본 평화의 의미 탐구

주제2 청소년이 실천할 수 있는 평화 행동의 사례 조사

주제3 사회적 차별이 청소년의 평화 의식에 미친 영향 조사

논문

〈한국 사회에서의 전쟁의 기억과 평화 공원 건설: 제주도 서귀포시 대정읍 알뜨르 비행장을 중심으로〉 조성윤, 2023.
이 논문은 일본 히로시마를 중심으로 전쟁 유적지 관광이 가지는 의미와 가치를 분석한 연구로, 단순한 관광 활동을 넘어 평화와 역사 교육의 장으로서 중요한 역할을 수행함을 보여 준다. 관광객들이 전쟁의 참혹함과 평화의 중요성을 직접 체험하고 인식해 평화 의식과 사회적 책임감을 고취하게 한다.

주제1 전쟁과 재난 기념 공간의 사회적 의미 조사

주제2 전쟁 유적지 관광이 평화 의식 형성에 미치는 영향 탐구

주제3 역사적 장소 방문이 청소년의 역사 이해도에 미치는 영향 탐구

토론

주제1 우리 사회는 전쟁 난민을 적극적으로 받아들여야 하는가?

주제2 역사적 갈등 지역의 관광지 개발은 평화를 해치는 일인가?

주제3 전쟁의 흔적이 남은 지역 방문은 평화 교육에 효과적인가?

03

[12여지03-03] 문화 창조, 첨단 기술과 같은 새로움을 지향하는 지역의 사례를 조사하고, 내가 살고 있는 지역의 로컬 큐레이터로서 다양한 여행 콘텐츠의 발굴과 모니터링을 통해 지역의 의미와 가치를 탐색한다.

유네스코 세계 문화유산 # 실리콘 밸리 # 로컬 큐레이터

관련 학과
· 문화콘텐츠학과
· 미디어영상학과
· 관광학과
· 커뮤니케이션학과

교과 세특 탐구 주제

주제2 '내'가 사는 지역의 숨은 여행 명소 발굴과 활용 방안 탐구

주제4 동네 맛집이 청소년의 여행 코스 선택에 미치는 영향 고찰

주제1 지역의 문화 예술 공간이 청소년에게 미치는 영향 분석

주제3 지역 축제 콘텐츠가 지역 주민의 참여도에 미치는 영향 탐구

▣ 함께 보면 좋은 도서

《지역 문화와 문화 콘텐츠》 정경일 외, 글누림, 2017.

《지역 문화와 콘텐츠》 홍순석 외, 한국문화사, 2019.

《로컬의 미래》 헬레나 노르베리-호지(최요한 역), 남해의봄날, 2018.

GUIDE 지역의 역사·문화·자연 자원을 주의 깊게 관찰하고 이를 여행자의 시각에서 재해석하여 지역만의 고유한 이야기를 발굴한다.

연계 활동 탐구 주제

독서

《지역 문화와 문화 콘텐츠》 정경일 외, 글누림, 2017.

이 책은 지역 문화의 정체성과 특성을 바탕으로 문화 콘텐츠를 창출하는 방법을 탐구한다. 지역 고유의 역사, 전통, 자연환경 등을 콘텐츠로 재해석하여 문화 산업의 경쟁력을 높이는 전략을 제시하였으며 지역 주민의 참여와 공동체적 가치가 콘텐츠 개발의 중요한 요소임을 강조한다.

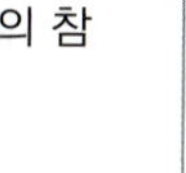

주제1 지역 전통문화의 현대적 콘텐츠화 사례 조사

주제2 지역 문화 기반 관광 콘텐츠 개발의 경제적 효과 탐구

주제3 지역 축제가 지역 주민의 공동체 의식 형성에 미치는 영향 분석

논문

〈송강 가사의 문화 콘텐츠화 방향〉 최한선, 2014.

이 논문은 담양의 송강 정철 가사 문학을 중심으로 지역의 인문 자원과 자연환경을 활용한 문화 콘텐츠 개발 방향을 제시한 연구로, 송강 가사를 뮤지컬, 오페라, 소설, 글쓰기 축제 등 다양한 문화 활동과 결합하여 지역 문화를 활성화할 수 있는 방법을 탐구한다. 또한 담양의 누정 문화와 자연경관을 융·복합하여 콘텐츠화함으로써 지역 정체성을 강화하고, 주민 참여와 관광 활성화를 동시에 도모할 수 있음을 설명하고 있다.

논문 바로가기

주제1 문화 콘텐츠 개발이 지역 경제에 미치는 영향 탐구

주제2 지역 인문 자원이 문화 콘텐츠에 활용되는 사례 조사

주제3 지역 자연환경과 문화 자원의 융합이 여행 콘텐츠로 개발된 사례 조사

토론

주제1 지역의 가치를 알리는 데 어떤 방식의 콘텐츠가 가장 효과적인가?

주제2 지역의 일상 공간을 여행 콘텐츠로 발굴하면 주민의 삶을 방해하게 되는가?

주제3 지역의 전통 문화를 활용한 여행 콘텐츠 개발은 지역 경제 활성화에 도움이 되는가?

04

[12여지03-04] 공정여행을 통해 여행지를 둘러싼 다양한 문제를 탐색하고, 여행자인 나와 여행지 주민인 그들이 연결된다는 점에서 공존의 의미와 생태 감수성에 대해 성찰한다.

관련 학과
· 관광경영학과
· 문화관광학과
· 호텔관광학과
· 지리교육과

\# 공정여행 \# 지속가능성 \# 상생 \# 윤리적 소비 \# 지역사회 참여

교과 세특 탐구 주제

주제1 공정여행이 지역 경제에 미치는 영향 탐구
주제2 공정여행이 지역 주민의 삶의 질에 미치는 영향 분석
주제3 공정여행을 실천하는 여행 플랫폼의 운영 방식 조사
주제4 공정여행을 실천하는 국내외 여행자의 행동 특성 조사

▣ 함께 보면 좋은 도서

《희망을 여행하라》 임영신 외, 소나무, 2018.
《우리의 여행이 세상을 바꿀까》 고두환, 선율, 2015.
《나는 마을로 출근한다》 조문환, 놀루와, 2021.

GUIDE 여행자와 주민이 서로 영향을 주고받는 관계를 이해하며 지속가능한 공존과 자연을 존중하는 태도를 기른다.

연계 활동 탐구 주제

독서

《희망을 여행하라》 임영신 외, 소나무, 2018.
이 책은 여행을 통해 사람과 지역을 존중하는 공정여행의 철학을 소개한다. 다양한 국가의 사례를 통해 관광이 지역사회에 미치는 영향을 분석하고, 정의로운 여행의 가능성을 탐색한다. 여행자의 선택이 지역 주민의 삶에 어떤 변화를 가져오는지를 강조하며, 사회적 책임과 연대의 중요성을 일깨운다.

주제1 공정여행이 여행자의 소비 습관에 끼치는 영향 분석
주제2 공정여행이 분쟁 지역 주민의 삶에 미치는 영향 탐구
주제3 청소년의 공정여행 실천 가능성과 인식 변화에 관한 탐구

논문

〈공정여행의 국내 사례 –북촌 한옥 마을 공정여행〉 장은경 외, 2010.
이 논문은 국내 공정여행 사례로서 북촌 한옥 마을을 중심으로 분석한 연구로, 관광객과 지역 주민이 상호 존중과 협력을 통해 관광 활동을 수행하며 지역 경제와 문화 보존에 긍정적인 영향을 미치는 과정을 살펴본다. 공정여행을 통해 관광객이 지역의 역사와 문화를 깊이 이해하고 체험하는 것이 중요함을 강조한다.

논문 바로가기

주제1 공정여행이 지역 주민의 생활에 미치는 영향 탐구
주제2 관광객의 참여가 지역 문화 이해와 체험에 끼치는 영향 탐구
주제3 공정여행과 일반 관광 방식의 차이 비교 및 지속가능성 탐구

토론

주제1 여행할 때 지역 주민과의 교류는 꼭 필요한가?
주제2 유명 관광지보다 덜 알려진 지역을 선택하는 것이 더 공정한 여행인가?
주제3 여행지의 과잉 관광 문제를 해결하기 위해서는 여행객 수를 제한해야 하는가?

IV 미래 사회와 여행

01 [12여지04-01] 미디어와 여행의 상호관계를 통해 여행의 변화양상을 조사하고 미래 사회의 여행자와 여행의 모습을 예측한다.

\# 드론 \# 우주 여행 \# 가상 여행 \# 인공지능 여행

관련 학과
- 미디어커뮤니케이션학과
- 관광학과
- 문화콘텐츠학과
- 디지털미디어학과

교과 세특 탐구 주제

주제1 SNS가 여행 방식에 가져온 변화 조사

주제2 여행 콘텐츠 소비가 미래 여행 트렌드에 미치는 영향 탐구

주제3 가상 현실(VR)과 미디어 기술이 여행 경험에 끼친 영향 탐구

주제4 디지털 미디어의 발달이 여행 정보의 접근성과 선택 방식에 미치는 영향 탐구

▣ 함께 보면 좋은 도서

《여행의 미래》 김다영, 미래의창, 2020.
《스마트한 여행의 조건》 김다영, 이덴슬리벨, 2013.
《여행을 바꾸는 여행 트렌드》 김다영, 미래의창, 2022.

GUIDE 다양한 미디어가 여행 방식과 인식에 끼친 변화를 분석하고 이를 바탕으로 미래 여행의 트렌드를 상상하며 탐구한다.

연계 활동 탐구 주제

독서

《여행의 미래》 김다영, 미래의창, 2020.
이 책은 디지털 기술과 팬데믹 이후 여행 산업의 흐름을 분석해, 여행이 라이프 스타일로 진화한 과정을 설명한다. SNS와 플랫폼 기술이 여행자의 선택과 경험을 어떻게 바꾸었는지를 중심으로, 맞춤형 여행 소비의 부상을 다루고, 여행 콘텐츠와 기술의 융합을 통해 스마트한 여행의 가능성을 제시하고 있다.

주제1 팬데믹 이후 여행 트렌드 변화 조사

주제2 스마트 기술이 미래 여행 경험에 미치는 영향 탐구

주제3 디지털 플랫폼이 여행자의 정보 탐색 방식에 끼친 영향 분석

논문

〈여행 유튜브 콘텐츠 시청 동기가 행동 의도에 미치는 영향에 관한 연구: 콘텐츠 몰입 매개 효과를 중심으로〉 박지은 외, 2024.
이 논문은 여행 유튜브 콘텐츠 시청자의 동기가 콘텐츠 몰입과 행동 의도에 미치는 영향을 분석한 연구이다. 연구 결과, 정보성과 유용성이 높은 동기는 콘텐츠 몰입을 강화하고, 이는 다시 여행 관련 행동 의도에 긍정적인 영향을 미치는 것으로 나타났다.

논문 바로가기

주제1 정보성과 유용성이 여행 계획에 미치는 영향 탐구

주제2 미디어 몰입이 실제 여행 동기 및 행동에 미치는 영향 탐구

주제3 유튜브 여행 콘텐츠가 지역 관광 활성화에 미치는 효과 탐구

토론

주제1 가상 현실(VR) 여행은 실제 여행을 대체할 수 있는가?

주제2 AI 여행 추천 시스템은 인간의 여행 선택보다 더 합리적인가?

주제3 미디어가 만든 '핫 플레이스'는 지역사회에 긍정적인 영향을 주는가?

02 [12여지04-02] 여행이 주는 가치의 재발견을 통해 자신만의 여행 포트폴리오를 구성하고 나의 삶을 변화시키는 일상 속의 다양한 여행을 실천한다.

골목 여행 # 도보 여행 # 등산 여행 # 여행 포트폴리오

교과 세특 탐구 주제

주제1 일상 속 소규모 여행이 개인의 정서에 미치는 영향 탐구

주제2 여행이 인간관계 형성과 사회성 발달에 끼치는 영향 탐구

주제3 여행 경험이 진로 선택과 가치관 형성에 미치는 영향 조사

주제4 다양한 문화 체험이 청소년의 세계관 형성에 끼치는 영향 탐구

▣ 함께 보면 좋은 도서

《하늘 호수로 떠난 여행》 류시화, 열림원, 2015.
《여기가 아니면 어디라도》 이다혜, 위즈덤하우스, 2017.
《여기 가려고 주말을 기다렸어》 주말랭이, 빅피시, 2023.

GUIDE 일상에서 소소한 공간과 활동을 여행의 시각으로 재발견하며 자기 삶의 의미와 변화를 성찰한다.

연계 활동 탐구 주제

독서

《하늘 호수로 떠난 여행》 류시화, 열림원, 2015.
이 책은 시인 류시화가 인도를 여행하며 만난 다양한 사람들과의 대화를 통해 삶의 본질과 내면의 자유를 탐색한 철학적 에세이다. 그는 성자, 요기, 거리의 현자 등과의 만남을 통해 물질보다 마음의 평화가 중요하다는 깨달음을 얻고, 여행을 통해 자기 자신에게 더 가까이 다가갈 수 있다는 것을 말하고 있다.

주제1 낯선 문화와의 접촉이 자아 성찰에 끼치는 영향 탐구

주제2 디지털 시대에 느린 삶의 가치가 청소년 삶의 질에 미치는 영향 조사

주제3 다양한 문화 체험이 타인에 대한 이해와 공감 능력에 끼치는 영향 탐구

논문

〈여행기(Travel Writing)의 가치 분석: 김찬삼의 여행기를 중심으로〉 송영민 외, 2018.
이 논문은 김찬삼의 여행기를 중심으로 여행이 주는 가치와 영향력을 분석한 연구로, 여행을 통해 자아를 발견하고 타인과의 소통을 통해 보편적 가치와 동질성을 인식하는 과정을 살펴본다. 여행 중 경험하는 새로운 삶의 형태와 우정, 고난과 역경 극복 과정이 개인의 성장에 기여함을 강조한다.

논문 바로가기

주제1 여행이 개인의 자기 성장에 미치는 영향 탐구

주제2 여행을 통한 문화 체험과 가치 인식의 변화 조사

주제3 여행 경험 공유 활동이 지역사회와 문화 확산에 미치는 영향 탐구

토론

주제1 여행에서 공부보다 더 많은 것을 배울 수 있는가?

주제2 여행은 사람의 성격이나 가치관을 바꿀 수 있는가?

주제3 청소년에게 혼자 떠나는 여행은 꼭 필요한 경험인가?

기후변화와
지속가능한 세계

지역 공동체
미세먼지 산불 환경 경제 기후변화에 따른 불평등
기후변화의 심각성 환경 비정부기구
기후정의 탄소중립 순환 기후재난
지속가능발전목표(SDGs)
적정기술 생태전환 지속가능한 사회 체제의 요소
전환 마을 에너지 전환
생태적 정체성

과목 정보 ▶	교과군	공통 과목	선택 과목			평가 정보		수능
			일반 선택	진로 선택	융합 선택	성취도	상대평가	
	사회	—	—	—	○	5단계	×	×

1 ▶ 교과 성격

'기후변화와 지속가능한 세계' 과목은 지역, 국가, 지구 등 다양한 공간 규모에서 인간과 환경의 관계를 살펴보는 지리학적 관점을 토대로, 학생들이 시스템적·통합적 사고를 기르고 기후변화 대응에 필요한 핵심 역량을 발전시키는 것을 목표로 한다. 이 과목은 자연지리학과 인문지리학의 경계를 넘어, 기후변화의 원인과 그로 인해 발생하는 사회·생태적 문제를 탐구하며, 이를 비판적으로 성찰하고 해결 방안을 모색하는 과정을 통해 실천적인 생태시민을 양성하는 데 중점을 둔다.

또한 학생들이 기후변화를 통해 인간과 지구의 상호 의존 관계를 인식하고, 전 지구적 차원에서 지속가능성을 실현하기 위한 다양한 수준의 생태전환을 탐색하도록 돕는다. 이를 통해 모든 생명과 공존하는 세계를 만들어가는 데 필요한 인식과 실천 능력을 함양하도록 한다.

> **TIP** 중학교 '사회'를 통해 익힌 지리적 지식과 '통합사회'의 학습 내용을 한층 더 확장하고 심화하여 고등학교 일반 선택 과목인 '세계시민과 지리' 및 진로 선택 과목인 '한국지리 탐구', '도시의 미래 탐구', 융합 선택 과목인 '여행지리'와 연계 교과임.

2 ▶ 교과 목표

- 기후변화의 원인에 대한 통합적 이해를 바탕으로 기후변화의 영향과 피해가 지리적, 사회·경제적 조건의 차이에 따라 다르게 나타나고 있음을 이해한다.
- 기후변화로 인하여 나타나는 다양한 문제와 쟁점들을 기후정의적 관점으로 바라볼 수 있고, 문제 해결을 위한 다양한 생태전환적 노력과 실천을 이해한다.
- 기후변화를 둘러싼 다양한 쟁점들에 대한 탐구 과정을 통하여 융합적 탐구 역량을 기르고, 기후 변화로 인해 발생하는 다양한 사회·생태적 문제들을 해결할 수 있도록 창의적 문제 해결력 및 합리적 의사 결정능력을 기른다.
- 기후변화 시대를 살아가는 다양한 존재들과 공생 및 공존의 가치를 지향해 나갈 수 있는 생태적 책임감 및 생태 감수성을 함양한다.
- 인간 및 비인간 존재들의 삶이 영위되는 지구 환경의 지속가능성을 위하여 개인적, 지역적, 국가적, 세계적 수준의 실천에 능동적으로 참여하는 태도를 가진다.

3 ▶ 교과 핵심 키워드

# 경제적 빈곤	# 경제적 조건	# 고탄소 배출 산업	# 공동의 책임	# 공존의 세계
# 굶주림	# 기후변화의 다양한 관점	# 기후변화의 심각성	# 기후 불평등	# 기후 재난
# 기후정의		# 낙관론자	# 녹색 경제	# 미세먼지
# 배려	# 사회적 조건	# 산불	# 생태도시	# 생태시민
# 생태적 정체성	# 생태전환	# 소비 영역	# 순환경제	# 시민사회
# 에너지 전환	# 이해당사자	# 인간의 책임과 의무	# 인위적 요인	# 자연적 요인
# 적정 기술	# 전환마을	# 지구적 차원	# 지리적 조건	# 지속가능발전목표 (SDGs)
# 지속가능한 사회	# 지속가능한 생활방식	# 지속가능한 세계	# 지역 공동체	
# 지역화 사례		# 차별적 영향	# 책임	# 탄소 배출
# 탄소세	# 탄소중립	# 탄소중립 선언	# 통합적 관점	# 환경 비정부기구

4 ▸ 내용 체계

핵심 아이디어	• 기후변화를 바라보는 관점은 다양하며, 기후변화는 자연적 요인 및 인간의 다양한 활동에 의해 나타난다. • 기후변화의 영향은 지리적, 사회·경제적 조건 등에 따라 다르게 나타나며, 기후정의의 측면에서 이러한 문제를 해결한다. • 지속가능한 세계는 기후변화 대응을 위한 지역, 국가, 세계 수준에서 이루어지는 정치, 경제, 사회적 차원의 생태전환에 기반하여 실현된다. • 모든 생명체가 공존하는 세계를 만들기 위해서는 SDGs의 적극적 실천이 요구되고 생태시민으로서의 책임과 참여가 중요하다.

범주		내용 요소
지식·이해	인간과 기후변화	• 기후변화의 심각성에 대한 인식 • 기후변화에 대한 다양한 관점 • 기후변화의 원인
	기후정의와 지역문제	• 세계 여러 지역에서 나타나는 기후재난의 실제 • 지리적, 사회·경제적 조건에 따라 차별적으로 나타나는 기후변화의 영향 • 기후정의의 관점에서 기후변화에 따른 불평등 문제의 이해와 해결 방안
	지속가능한 세계를 위한 생태전환	• 국제 및 시민사회의 기후변화 대응 및 협력 • 이해당사자들의 기후변화 대응 노력 • 기후변화 대응을 위한 국가 및 지역차원의 생태전환 노력 • 적정기술, 순환경제의 중요성과 역할 • 에너지 전환의 중요성 인식
	공존의 세계와 생태시민	• 지속가능발전목표(SDGs)의 의미와 이행에 대한 이해 • 지속가능발전목표(SDGs)의 지역 사례 탐구 • 소비영역에서의 지속가능한 생활양식 • 공존의 세계를 위한 생태시민의 덕목에 대한 이해
과정·기능		• 지도와 그래픽을 이용하여 기후변화와 관련한 쟁점을 찾고 탐구 주제 설정하기 • 기후변화 관련 쟁점을 탐구하기 위해 공간적, 윤리적, 정치적 질문을 제시하기 • 기후변화 질문에 대한 적절성을 평가하고, 탐구 방법 계획하기 • 탐구 질문에 대한 유용한 정보와 근거 수집하기 • 자료 및 정보의 타당성, 신뢰성, 최신성 등에 대한 비판적 검토, 유용한 자료 및 정보 선택, 조직화하기 • 기후변화 쟁점 탐구에서 자료의 비교, 분석, 평가를 통해 합리적 판단과 의사 결정 행하기 • 분석된 자료에 근거하여 기후변화 쟁점에 대한 해결 방안 도출하기 • 기후변화 쟁점과 관련하여 제시된 다양한 해결 방안들을 비교하기
가치·태도		• 기후변화에 대한 다양한 관점의 존중과 관계적 사고로 접근하는 태도 • 기후변화로 인한 인간 및 비인간들의 피해에 대한 공감과 책임감 • 기후쟁점에 대해 기후정의의 관점 추구 • 기후변화 대응을 위한 책임감과 지속가능한 세계를 만들기 위한 생태시민으로서 주체적 참여

I 인간과 기후변화

01 [12기지01-01] 지구적 차원에서 나타나는 기후변화의 심각성을 사례를 통해 파악하고, 기후변화를 바라보는 관점의 다양성을 이해한다.

관련 학과
· 지리학과
· 지리교육과
· 사회학과
· 문화인류학과
· 철학과

\# 기후변화의 심각성　\# 기후변화의 다양한 관점　\# 지구적 차원　\# 낙관론자　\# 회의론자

교과 세특 탐구 주제

주제1 기후변화가 우리 삶에 영향을 미친 사례 탐구
주제2 지구적 차원에서 기후변화로 인해 나타나는 문제 분석
주제3 기후변화의 영향에 대한 낙관론자와 회의론자 관점 비교
주제4 기후변화 상황 지도를 활용한 우리 지역의 기후변화 연구

▣ 함께 보면 좋은 도서
《최종 경고: 6도의 멸종》 마크 라이너스(김아림 역), 세종서적, 2022.
《나는 미쳐 가고 있는 기후과학자입니다》 케이트 마블(송섬별 역), 웅진지식하우스, 2025.
《대한민국 식량의 미래》 남재작, 김영사, 2025.

GUIDE 낙관론자, 회의론자 등의 다양한 관점에서 기후변화의 영향과 심각성에 대해 탐구한다.

연계 활동 탐구 주제

독서　《최종 경고: 6도의 멸종》 마크 라이너스(김아림 역), 세종서적, 2022.
이 책은 이미 현실이 된 1℃ 상승의 결과와 앞으로 닥칠 2℃, 3℃ 이상의 위기를 생생히 묘사한다. 캘리포니아 산불, 휴스턴 허리케인 등 과거의 예측이 현실이 된 사례를 통해 기후변화의 심각성을 강조하며, 지구 온난화 속도가 예상보다 훨씬 빠르게 진행되고 있음을 경고하며, 지금 우리가 행동해야 한다는 메시지를 전하고 있다.

주제1 기후변화로 인한 지역별 난민 문제 및 국제적 대응 방안 탐구
주제2 해수면 상승 시나리오를 바탕으로 한 도시 재건의 필요성 탐구
주제3 해수 온도 상승에 따른 산호 백화 현상 및 해양 생태계 멸종 위기 실태 분석

논문　〈새롭게 단장한 기후변화 회의론 −인식적 회의론에서 실천적 회의론으로−〉 박민아, 2024.
저자는 대중 과학서와 담론 분석을 통해 기후변화 회의론이 단순한 부정론을 넘어 원전 옹호나 적응 전략 같은 새로운 해법 중심의 회의론으로 전환되고 있음을 지적한다. 한국 사회가 기후변화를 과학적 사실로는 받아들이면서도 실천 단계에서는 회의론적 태도를 보일 가능성이 높다고 전망한다.

주제1 미국 기후 변화 회의론의 기원 및 한국 사회와의 비교
주제2 기후변화의 인식적 회의론과 실천적 회의론의 차이 분석
주제3 기후변화의 실천적 회의론을 극복하기 위한 현실적인 방안 모색

토론　**주제1** 기후변화 회의론은 공론장에 도움이 되는 비판적 견해인가?
주제2 기후변화 담론은 과학적 사실에 기반하는가, 정치적·경제적 이해관계에 따른 것인가?
주제3 기후변화 해결을 위해서는 정부의 역할과 개인·기업의 행동 변화 중 무엇이 더 중요한가?

기후변화와 지속가능한 세계

02

[12기지01-02] 기후변화는 자연적 요인뿐만 아니라 인간의 다양한 활동 및 산업과 관련되어 있다는 점을 이해하고, 탄소중립을 위한 사회 변화의 방향을 탐구한다.

관련 학과
· 사회학과
· 사회교육과
· 에너지공학과
· 경영학과
· 산업공학과

탄소배출 # 탄소중립 # 고탄소 배출 산업 # 자연적 요인 # 인위적 요인

교과 세특 탐구 주제

주제1 인류의 토지 악용이 기후위기에 초래한 문제 분석
주제2 기후변화에 영향을 미치는 자연적·인위적 요인 탐색
주제3 탄소중립의 의미와 탄소중립을 위한 국제 사회의 노력 탐구
주제4 고탄소 배출 산업 사례 분석 및 탄소중립 사회를 위한 사회적 과제 논의

■ 함께 보면 좋은 도서

《'좋아요'는 어떻게 지구를 파괴하는가》 기욤 피트롱(양영란 역), 갈라파고스, 2023.
《재활용의 거짓말》 문관식, 헤르몬하우스, 2025.
《붉은 겨울이 온다》 정수종, 추수밭, 2025.

GUIDE 기후변화에 영향을 주는 고탄소 배출 산업의 사례로 에너지 산업, 플라스틱 등의 석유 화학 산업, 축산업 등을 활용한다.

연계 활동 탐구 주제

독서

《'좋아요'는 어떻게 지구를 파괴하는가》 기욤 피트롱(양영란 역), 갈라파고스, 2023.
이 책은 우리가 무심코 누른 SNS의 '좋아요'가 어떤 경로를 거쳐 전송되는지 추적한다. 스마트폰 제조 과정의 환경 부담, 데이터 센터와 해저 케이블의 에너지 소비 등 '그린 IT'라는 환상 뒤에 감춰진 디지털 산업의 환경 파괴 실태를 비판하며, 디지털 소비가 지구를 점점 더 무겁게 만든다고 경고한다.

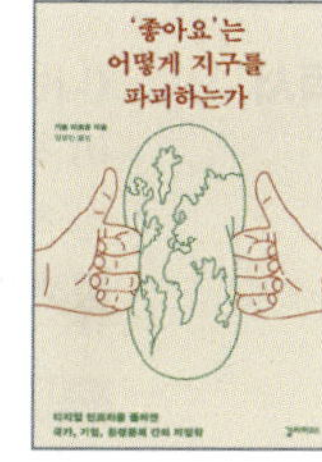

주제1 디지털 인프라의 지정학적 문제와 디지털 주권의 개념 고찰
주제2 그린 IT 및 디지털 산업의 마케팅 전략에 대한 비판적 분석
주제3 스마트폰 제조의 생태 발자국 분석 및 윤리석 소비 방안 모색

논문

〈탄소중립기본법의 의미와 향후 법적 과제〉 한상운 외, 2021.
탄소중립기본법이 기존 〈녹색성장법〉을 대체하며 탄소중립 사회로의 첫걸음을 뗀 점을 긍정적으로 평가하면서도, 온실가스 감축·적응·정의로운 전환 등 다양한 과제를 포괄하기 어렵다고 지적한다. 저자는 탄소중립 사회로의 전환 과정에서 법적 기반을 강화하고, 실질적인 정책 이행력을 높이기 위한 논의의 필요성을 강조한다.

논문 바로가기

주제1 탄소 가격화 제도의 국내 도입 및 국제 동향 비교 연구
주제2 탄소중립기본법의 포괄적 단일법 체계가 가지는 한계 분석
주제3 녹색전환지원법안의 필요성과 정의로운 전환 구현 방안 탐색

토론

주제1 기후변화는 인간 활동이 주된 원인인가, 자연적 요인이 더 큰가?
주제2 태양광, 풍력 등 재생 에너지 확대 정책은 경제 성장과 양립할 수 있는가?
주제3 탄소중립 목표 달성을 위해 개인의 자유를 제한하는 정책은 정당화할 수 있는가?

01 [12기지02-01] 세계 여러 지역에서 발생하고 있는 기후재난의 실제를 파악하고, 이를 둘러싼 쟁점을 다양한 자료를 통하여 분석한다.

관련 학과
- 철학과
- 윤리교육과
- 사회학과
- 정치외교학과
- 대기과학과

\# 기후재난 \# 경제적 빈곤 \# 굶주림 \# 산불 \# 미세먼지

교과 세특 탐구 주제

주제1 기후재난의 의미와 기후재난의 공통적인 특징 분석
주제2 산불 및 가뭄의 원인과 인간 생활에 미친 영향 탐구
주제3 세계 각국의 해양 산성화 및 미세먼지 사례의 실태 분석
주제4 경제적 빈곤 및 굶주림 문제를 둘러싼 논의의 쟁점 탐구

GUIDE 세계 여러 지역에서 발생하고 있는 기후재난에는 산불, 가뭄, 해양 산성화, 미세먼지, 질병, 해수면 상승, 경제적 빈곤과 굶주림 등이 있다.

▣ 함께 보면 좋은 도서

《**나는 매일 재앙을 마주한다**》 제임스 후퍼 외, 인플루엔셜, 2025.
《**2050 거주 불능 지구**》 데이비드 월러스 웰즈(김재경 역), 추수밭, 2020.
《**6번째 대멸종 시그널, 식량 전쟁**》 남재철, 21세기북스, 2023.

연계 활동 탐구 주제

독서 《**나는 매일 재앙을 마주한다**》 제임스 후퍼 외, 인플루엔셜, 2025.
이 책은 탐험가이자 기후학자인 제임스 후퍼가 전 세계 극지를 탐험하며 직접 목격한 기후위기의 현장을 기록한 책이다. 북극의 빙하, 바다의 이상 순환, 아마존 열대 우림의 파괴, 산불과 폭염 등 기후위기의 7가지 장면을 통해 지구 곳곳에서 벌어지는 재앙의 실체를 생생하게 보여 준다.

주제1 폭염이 인류의 생존을 위협하는 이유 및 취약 계층 보호 방안 모색
주제2 기후 재앙의 동시다발적 발생 원인 및 기후위기 악순환의 고리 분석
주제3 인구와 자원 소비의 증가가 아마존 열대 우림 파괴에 미치는 영향 탐구

논문 〈**기후변화를 고려한 대설 재난 피해액 예측**〉 하지혜 외, 2020.
기후변화 시나리오를 반영하여 대설 재난으로 인한 미래 피해액을 예측한 연구로, 연구 결과 최대 신적설량 등 극한 기후 요인이 피해 증가에 유의미한 영향을 미치는 것으로 나타났다. 궁극적으로 이 연구는 기후변화에 따른 미래 재난 위험을 직시하고 국가 경제적 대비의 필요성을 강조한다.

주제1 극한 기후 요인이 대설 재난 피해 증가에 미치는 영향 분석
주제2 대설로 인한 건설업 및 운수업 등 산업별 경제적 피해 양상 탐색
주제3 농어촌 지역이 대설 재난에 취약한 이유 및 지역별 대설 피해 예방 정책 탐구

토론 **주제1** 가뭄 피해를 줄이기 위한 가장 효과적인 대책은 무엇인가?
주제2 기후재난 피해 복구보다 예방에 더 많은 자원을 투자해야 하는가?
주제3 해수면 상승으로 인한 기후 난민 문제에 대해 인도적 지원과 자국 보호 중 무엇이 우선인가?

02

[12기지02-02] 기후변화의 영향은 지리적 조건 및 사회적·경제적 조건에 따라 차별적으로 나타나고 있음을 이해하고, 이와 관련한 쟁점과 사례를 조사한다.

관련 학과
- 사회학과
- 문화인류학과
- 철학과
- 정치외교학과
- 환경공학과

지리적 조건　# 사회적 조건　# 경제적 조건　# 차별적 영향

교과 세특 탐구 주제

주제1 선진국과 개발도상국 간의 기후 불평등 문제 고찰
주제2 국제 사회의 기후변화로 인한 공간 불평등 사례 탐색
주제3 지리 조건에 따라 기후변화의 영향이 차별적으로 나타나는 사례 분석
주제4 국가 내에서 발생하는 빈부 격차와 기후 불평등의 관계 탐구

■ 함께 보면 좋은 도서
《재앙의 지리학》 로리 파슨스(추선영 역), 오월의봄, 2024.
《우리가 만드는 내일은》 바네사 나카테(소슬기 역), 양철북, 2023.
《인권으로 살펴본 기후위기 이야기》 최우리 외, 철수와영희, 2023.

GUIDE 기후변화의 영향이 차별적으로 나타나는 사례는 지역사회를 포함하여 글로벌 차원에서 적정하게 선정한다.

연계 활동 탐구 주제

독서　《재앙의 지리학》 로리 파슨스(추선영 역), 오월의봄, 2024.
저자는 기후위기가 난순한 환경 문제가 아니라 불평등과 노동 착취가 얽힌 사회적 재앙임을 보여 준다. 특히 선진국이 탄소 배출을 가난한 국가로 전가하는 '탄소 식민주의'를 통해, 녹색 성장과 지속가능성이 허상일 수 있음을 드러낸다. 저자는 통계와 수치가 아니라 노동자와 빈민의 삶 속에서 기후위기의 현실을 추적한다.

주제1 기후의 불안정성이 농민의 삶에 미치는 영향 탐구
주제2 탄소 식민주의의 개념 정의 및 구체적인 산업 사례 분석
주제3 소득 수준에 따라 다르게 경험하는 기후변화의 양상 연구

논문　〈기후변화와 강제 이주: 온두라스를 중심으로〉 이태혁, 2023.
온두라스의 대규모 카라반 이주 현상을 기후변화와 강제 이주의 상관관계 속에서 분석해 기후변화의 영향은 평등하지 않으며, 빈곤 등의 구조적 불평등이 기후변화와 만날 때 기후 난민이 대량 발생한다고 설명한다. 온두라스의 지리적 취약성과 농업 중심 구조를 분석하여 식량 안보 위기가 강제 이주를 추동하는 메커니즘을 파악했다.

논문 바로가기

주제1 온두라스 사례를 중심으로 기후변화의 영향이 불평등한 메커니즘 분석
주제2 기후변화로 인한 지역별 난민 문제 및 국제적 대응 방안 탐구
주제3 기후 난민의 국제법적 지위 고찰 및 난민 협약의 한계 논의

토론　**주제1** 도시 지역과 농촌 지역은 기후변화로 인한 피해 양상에서 어떤 차이를 보이는가?
주제2 기후위기에 대응하는 국제 협약은 기후변화의 지역별·집단별 차별적 영향을 반영하고 있는가?
주제3 기후위기의 영향으로 북반구와 남반구에 나타난 피해 차이는 글로벌 불평등을 심화하고 있는가?

03 [12기지02–03] 기후정의의 관점에서 기후변화에 따른 불평등 문제의 해결 방안을 모색하고, 기후변화에 대한 인간의 책임과 의무에 대해 성찰한다.

\# 기후정이 \# 기후 불평등 \# 인간의 책임과 의무 \# 공동의 책임

교과 세특 탐구 주제

주제1 기후정의의 의미와 등장 배경 및 필요성에 대한 고찰
주제2 기후정의의 실현 방향 및 정의로운 전환의 개념 탐색
주제3 탄소배출 문제를 둘러싼 국제 사회의 갈등 구조 분석
주제4 기후정의의 관점에서 파악하는 기후변화의 불평등한 영향 탐구

■ 함께 보면 좋은 도서
《기후정의》 한재각, 한티재, 2021.
《기후변화 쫌 아는 10대》 이지유, 풀빛, 2020.
《10대와 통하는 기후정의 이야기》 권희중 외, 철수와영희, 2021.

GUIDE 기후정의의 의미와 적용의 가치를 고찰하고, 기후변화의 불평등한 영향을 기후정의의 관점에서 탐구한다.

연계 활동 탐구 주제

독서

《기후정의》 한재각, 한티재, 2021.
이 책은 기후위기가 거대한 사회적 불평등의 문제임을 역설한다. 부유한 국가와 부자들이 온실가스를 배출하고 가난한 나라와 빈자들이 그 피해를 감당하는 현실을 밝힌다. 기후위기의 강력한 적은 비관과 무기력이라며, 기술과 시장에 의존하는 잘못된 해결책을 비판하고 체제 변화를 촉구한다.

주제1 식생활에서의 선택이 기후 불평등에 기여하는 측면 분석
주제2 기후변화가 아닌 체제 변화(System Change)가 필요한 이유 탐구
주제3 주요 국가의 이산화탄소 누적 배출량 및 1인당 CO_2 배출량 현황 비교

논문

〈기후위기 적응 정책과 기후정의의 문제 −최근 발의된 기후위기 대응 법안들을 중심으로−〉 박시원, 2021.
기후위기 대응 법률안들을 기후정의의 관점에서 분석하며 기후 적응 정책에 초점을 둔다. 기후변화 피해가 사회적 취약 계층에 집중되는 경향 때문에 공정과 형평의 관점에서 적응 대책을 마련하는 것이 중요하다고 하며, 기후정의를 실현할 구체적인 법률 마련이 시급함을 주장한다.

논문 바로가기

주제1 기후정의의 분배적 정의와 절차적 정의 실현 방안 탐색
주제2 기후위기 취약 계층 및 지역의 기술적·재정적 지원 확보 방안 연구
주제3 정의로운 전환의 개념 확대 논의 및 정의로운 전환을 위한 정책 과제 제시

토론

주제1 기후변화 피해는 왜 사회적 불평등을 더 심화시키는가?
주제2 청소년 세대의 기후 행동 참여는 기후정의 실현에 어떤 의미가 있는가?
주제3 기후위기 대응에 있어서 '의무'와 '권리' 중 무엇을 더 강조하여야 하는가?

III 지속가능한 세계를 위한 생태전환

01

[12기|지03–01] 기후변화 대응을 위한 국제 사회의 협력과 시민사회의 노력 사례를 조사하고 기후변화를 둘러싼 이해당사자들의 서로 다른 입장과 가치를 비교한다.

국제 사회의 협력 # 시민사회 # 환경 비정부기구 # 이해당사자

관련 학과
- 정치외교학과
- 국제통상학과
- 지리학과
- 에너지공학과
- 정책학과

교과 세특 탐구 주제

- **주제1** 기후변화 대응을 위한 국제 협력의 역사적 과정 탐구
- **주제2** 기후변화 대응을 위한 이해당사자들의 입장 차이 탐색
- **주제3** 기술 최소주의가 인류의 지속가능한 삶에 미치는 영향 연구
- **주제4** 기후변화 대응을 위한 시민 단체의 역할 및 기업의 책임 고찰

■ 함께 보면 좋은 도서

《기후위기는 국경을 모른다》 김기상, 초록비책공방, 2025.
《기후 붕괴 대한민국》 황덕현, 빌리버튼, 2025.
《우리는 결국 지구를 위한 답을 찾을 것이다》 김백민, 블랙피쉬, 2021.

GUIDE 기후변화에 취약한 국가와 집단들의 입장 분석과 관련하여 기후정의의 관점에서 공동의 차별화된 책임에 대한 이해를 바탕으로 탐구한다.

연계 활동 탐구 주제

독서

《기후위기는 국경을 모른다》 김기상, 초록비책공방, 2025.

이 책은 기후위기가 함께 사는 법에 대한 고민임을 강조하며, 파리 기후 협약, 탄소 국경세, 배출권 거래제 등 핵심 정책과 국가 간 연대, 실패, 희망의 순간을 구체적 사례로 풀어낸다. 특히 경제적 관점에서 기후위기의 비용과 피해를 수치화하여 선진국들의 연대가 급속히 진행된 과정을 조명하고 있다.

- **주제1** 주요 기후 협약의 성립 과정과 기후 딜레마의 본질 탐구
- **주제2** IPCC 등 기후위기 대응을 위한 주요 국제기구의 역할 및 성과 분석
- **주제3** 탄소 배출권 거래 제도의 시장 작동 원리 및 정책적·경제적 한계 고찰

논문

〈기후변화의 적응에 관한 국제 논의와 국내 법제 개선 방안〉 최진이, 2024.

논문 바로가기

가속화되는 기후위기에 직면하여 기후변화 적응 정책에 관한 국제적 논의와 국내 법제 개선 방안을 모색한다. 탄소중립기본법의 한계에 지방 자치 단체의 역할 강화를 통한 상향식 이행 체계 구축을 제안하며, 인간 중심의 현행 법 체계를 생태 중심의 법 체계로 전환해야 함을 역설한다.

- **주제1** 교토 의정서 체제와 파리 협정의 기후변화 적응 방식 비교
- **주제2** 기후변화 적응에서 전 지구적 차원의 협력이 필요한 이유 탐색
- **주제3** 우리나라 행정 부처별 기후변화 적응에 관한 소관 법률 현황 분석

토론

- **주제1** 국제 사회가 합의한 '1.5℃ 상승 제한' 목표는 현실적으로 달성 가능한가?
- **주제2** 기후변화에 취약한 국가들의 목소리는 국제 협상에서 충분히 반영되고 있는가?
- **주제3** 유엔 기후변화 협약(COP) 회의는 기후위기 해결에 실질적으로 기여하고 있는가?

02

[12기지03-02] 기후변화 문제와 관련하여 국가 차원의 대응으로서 정치, 사회, 경제 영역에서의 생태전환을 위한 실천 사례를 조사하고, 이를 분석 평가한다.

\# 생태전환 \# 녹색 경제 \# 탄소중립 선언 \# 탄소세

교과 세특 탐구 주제

주제1 세계 국가와 우리나라의 기후 변화 대응 정책 분석
주제2 생태전환을 위한 사회·경제적 분야에서의 노력 탐구
주제3 탄소중립·녹색 성장 기본 계획을 둘러싼 다양한 입장 탐색
주제4 비인간 존재에게 생명체로서의 권리를 인정한 환경법 연구

GUIDE 기후변화 대응을 위한 탄소중립·녹색 성장, 저탄소 에너지 기반 경제 체제로의 전환, 비인간에게 권리를 부여한 환경법 등 다양한 사례를 탐구한다.

■ 함께 보면 좋은 도서

《60분 만에 읽는 탄소중립》 마에다 유다이(송해영 역), 북스힐, 2025.
《서울대 교수들이 말하는 탄소중립을 위한 기술 혁명》 서울대학교 국가미래전략원 외, 포르체, 2025.
《기후를 위한 생태 경제학》 김병권, 착한책가게, 2023.

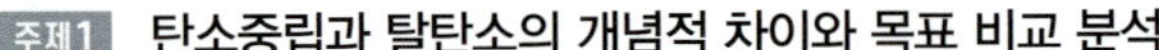

연계 활동 탐구 주제

독서 《60분 만에 읽는 탄소중립》 마에다 유다이(송해영 역), 북스힐, 2025.

이 책은 파리 협정 이후 국제 사회의 정책과 유럽, 미국, 아시아 등 세계 각국의 탈탄소화 움직임을 조명한다. 특히 재생 에너지, 운송 및 제조업의 전동화, 탄소 재활용 및 인공 광합성 같은 첨단 기술 혁신을 소개하며, ESG 투자 시대에 탄소중립을 발판으로 성장하는 기업의 전략과 사례를 제시한다.

주제1 탄소중립과 탈탄소의 개념적 차이와 목표 비교 분석
주제2 개발도상국의 재생 에너지 도입 현황과 인프라 조성 방안 모색
주제3 탄소 국경세의 도입 배경 및 국내외 무역 산업에 미치는 영향 탐구

논문 〈기후위기 대응을 위한 탄소중립·녹색 성장 기본법의 제정 의의와 그 이행을 위한 향후 과제〉 이준서, 2021.

저자는 탄소중립기본법의 실효성 확보를 위해 시행령 및 개별법 제정을 통한 구체적인 이행 체계 구축과 에너지 전환 정책의 강화가 시급함을 강조한다. 특히 탄소 포집·이용·저장(CCUS) 규제 특례, 금융 촉진 등 별도의 법률 제정 근거를 중심으로 법 체계의 재정립 필요성을 제안한다.

주제1 탄소중립 도시 지정 제도의 한계 및 실효성 확보 방안 모색
주제2 취약 계층의 피해 최소화를 위한 정의로운 생태전환 시책의 방향성 탐구
주제3 미국의 그린 뉴딜 결의안이 한국판 뉴딜에 미친 직간접적인 영향 분석

토론 **주제1** 생태계를 구성하는 비인간 존재에게 법적 권리를 부여해야 하는가?
주제2 기업의 그린 워싱 문제를 해결하기 위해서는 어떤 정책이 필요한가?
주제3 기후변화 대응을 위해 생태 학살을 금지하는 법을 제정하여야 하는가?

기후변화와 지속가능한 세계

03

[12기지03–03] 지역 공동체의 생태전환을 위한 다양한 노력 사례를 조사하고 지역의 지속가능한 사회·생태 체계를 탐색한다.

관련 학과
· 사회학과
· 지리학과
· 건축학과
· 건축공학과
· 지리교육과

지역 공동체 # 지속가능한 사회 # 생태도시 # 전환마을

교과 세특 탐구 주제

주제1 전환마을의 특징과 발전 과정 탐색
주제2 지속가능한 사회·생태 체계를 실현하기 위한 방안 연구
주제3 로컬 시민성의 의미와 지역 중심의 생태 전환 노력 탐구
주제4 세계 생태도시의 사례와 우리 지역의 실현 사례와의 비교

GUIDE 생태도시, 전환마을, 공유재 등을 통한 회복 탄력성과 지속가능성을 갖춘 지역사회로의 전환과 관련한 다양한 사례를 탐구한다.

◼ 함께 보면 좋은 도서

《멸종은 없다》 김백민, 경이로움, 2025.
《불타는 지구에서 다르게 살 용기》 조효제, 창비, 2025.
《기후 돌봄》 신지혜 외, 산현글방(산현재), 2024.

연계 활동 탐구 주제

독서

《행복 도시 꾸리찌바》 박용남, 더블북, 2025.
이 책은 브라질의 생태도시 꾸리찌바 혁신의 핵심인 탄소중립형 BRT(간선 급행 버스) 시스템과 이를 지원하는 도시 구조를 조명한다. 또한, 민중 식당, 가족 창고, 녹색 교환 등 혁신적인 프로젝트를 통해 빈곤과 식량 불안정 문제에 대응하며 순환형 사회를 구축한 사례를 제시하고 있다.

주제1 기후 행동 계획의 주요 내용 및 구체적인 실행 과제 탐구
주제2 녹색 도시 꾸리찌바 프로젝트의 한국 도시 적용 가능성 탐색
주제3 스펀지 도시 전략이 기후변화 적응에 미치는 실질적인 효과 연구

논문

〈농촌형 공유 경제의 도입과 활성화 전략 -의성군 공유 경제의 사례를 중심으로-〉 박상우, 2022.
지역 소멸 위기에 직면한 농촌 지역의 활력 증진 및 인구 유입 전략으로서 농촌형 공유 경제의 도입 방안을 모색한다. 농촌형 공유 경제는 도시의 경제적 합리성보다 지역 공동체의 가치에 중심을 두며, 유휴 시설, 농기계, 재능 등을 공유해 정착 가능성을 높일 수 있다고 설명한다.

논문 바로가기

주제1 소유 경제에서 공유 경제로 패러다임이 전환된 배경 고찰
주제2 농촌형 공유 경제 도입을 위한 조례 제정의 주요 내용 연구
주제3 농촌 지역에서 공유 경제를 활성화하기 위한 환경 조성 방안 모색

토론

주제1 학교를 생태전환 공동체로 바꾸기 위한 우선적인 과제는 무엇인가?
주제2 회복 탄력성이 높은 지역사회를 만드는 데 필요한 핵심 요소는 무엇인가?
주제3 공유재를 통한 지속가능성 확보는 불평등 문제를 동시에 해결할 수 있는가?

04 [12기지03-04] 기후변화에 대응하기 위한 적정기술과 순환경제의 역할의 중요성을 파악하고, 에너지 전환의 중요성에 대한 이해를 바탕으로 지속가능한 세계의 모습을 제안한다.

\# 순환경제 \# 에너지 전환 \# 적정기술 \# 지속가능한 세계

관련 학과
- 경제학과
- 지역건설공학과
- 환경공학과
- 정책학과
- 정치외교학과

교과 세특 탐구 주제

주제1 지속가능한 삶을 위한 혁신의 필요성 고찰

주제2 전력 생산지와 소비지의 불일치로 인해 나타나는 문제 탐색

주제3 지역사회에서 적정기술을 도입한 사례 및 적정기술의 조건 탐구

주제4 과거의 선형경제와 친환경 경제 모델로서 순환경제의 특징 비교

■ **함께 보면 좋은 도서**

《지구가 에너지 좀 바꿔 달래요!》 윤정훈, 글라이더, 2024.
《대안으로서의 지역 순환경제》 양준호 외, 로컬퍼스트, 2023.
《핀란드 사람들은 왜 중고 가게에 갈까?》 박현선, 헤이북스, 2019.

GUIDE 적정기술과 순환경제의 의미와 중요성을 이해하고, 지역별 사례를 조사하여 지역사회에 적용할 수 있는 방안을 탐구한다.

연계 활동 탐구 주제

독서 《지구가 에너지 좀 바꿔 달래요!》 윤정훈, 글라이더, 2024.

이 책은 화석 연료 과섭취로 온실가스 방귀를 뀌는 인류를 비유로 하여 재생 에너지 식단으로의 전환(물, 바람, 태양)의 필요성과 가격 경쟁력을 설명한다. 또한, 원자력 발전에 대한 찬반 논란과 폐기물 문제를 균형감 있게 다루며, 에너지 전환이 기술뿐만 아니라 윤리적 문제임을 강조한다.

주제1 전력화가 에너지 시스템 소비에 미치는 영향 분석

주제2 에어컨 등 일상생활 속 에너비 소비의 효율화 방안 탐색

주제3 재생 에너지의 국제적 추세 및 한국 에너지 구조의 문제점 탐구

논문 〈선형경제에서 순환경제로의 전환〉 김준수 외, 2021.

자원 고갈과 환경 오염을 야기하는 선형경제의 한계를 극복하기 위한 대안으로 순환경제로의 전환을 제안한다. 순환경제는 사용 후 제품의 폐기보다 재생 및 재활용을 가능케 하여 반복 사용하는 경제 개념이다. 순환경제 구축을 위한 비즈니스 모델을 제시하며 순환경제는 지속가능한 발전 사회를 구축할 방법임을 주장한다.

논문 바로가기

주제1 선형경제의 구조적 문제점 및 순환경제의 정의 탐구

주제2 순환경제가 가지고 있는 한계와 정책적 지원 방안 탐색

주제3 공유 플랫폼 모델의 사회적 의미 및 주요 도전 요소 논의

토론 **주제1** 정의로운 에너지 전환 과정에서 어떤 것들을 고려해야 하는가?

주제2 기후위기 시대, 생존과 지속가능한 발전 중 무엇을 우선해야 하는가?

주제3 전력 생산량보다 소비량이 많은 지역에 전기 요금을 차등적으로 부과하는 것은 타당한가?

IV 공존의 세계와 생태시민

01

[12기지04-01] 지속가능발전목표(SDGs)의 의미를 이해하고, 이의 실천과 관련한 지역 사례들을 조사하여 환경적, 경제적, 사회적 측면에서 통합적으로 분석한다.

지속가능발전목표(SDGs) # 통합적 관점 # 지역화 사례 # 지속가능한 사회 체제의 요소

관련 학과
- 정치외교학과
- 국제통상학과
- 정책학과
- 환경공학과
- 소비자학과

교과 세특 탐구 주제

주제1 지속가능발전목표(SDGs)의 이행을 위한 우리 학교의 실천 노력 탐색

주제2 우리 지역을 사례로 지속가능한 사회 체제의 요소, 조건과 원리 탐구

주제3 지속가능발전목표(SDGs)의 등장 배경 및 주요 내용 분석

주제4 통합적 관점에서의 지속가능발전목표(SDGs) 실천 사례 연구

함께 보면 좋은 도서

《지구부터 살리고 공부할게요》 로셸라 퀼러(황지영 역), 마음이음, 2023.
《지속가능한 지역 만들기》 카케이 유스케(조지영 역), 차밍시티, 2023.
《SDGs에 다가서기》 이창언 외, 선인, 2023.

GUIDE 지속가능발전목표 이행과 관련하여 지역사회에서 실천되는 다양한 노력 사례를 통합적 관점에서 분석한다.

연계 활동 탐구 주제

독서

《지구부터 살리고 공부할게요》 로셸라 퀼러(황지영 역), 마음이음, 2023.
이 책은 미래 세대의 지속가능한 삶을 위한 유엔의 약속, 지속가능발전목표(SDGs) 17가지를 총망라했다. 빈곤 퇴치부터 기후변화 대응, 해양 보전, 양성평등까지 통합적인 관점으로 SDGs의 개념, 세부 목표, 나와 이웃의 삶과의 연결성을 설명하고 세계시민으로서 책임감을 가지고 실천하도록 독려한다.

주제1 책임 있는 생산과 소비를 실천할 수 있는 방안 모색

주제2 지속가능발전목표(SDGs)의 이행을 위한 국가 간 협력 모델 연구

주제3 해양·육상 생태계 보전의 연관성 및 산림 파괴가 해양 오염에 미치는 영향 탐구

논문

〈지속가능한 해양 생태계를 위한 제언〉 조영준, 2023.
지속가능발전목표(SDGs) 중 해양 생태계 보호를 위한 국제적 논의와 국내 대책을 분석한다. 해양의 자연 정화 능력은 한계에 도달했으며, 특히 플라스틱과 미세플라스틱이 생태계를 위협하는 주범임을 지적한다. 저자는 해양 쓰레기 수거 및 회수 강화를 통해 해양 생태계를 보호할 것을 제언한다.

논문 바로가기

주제1 미세플라스틱이 인간의 건강을 위협하는 순환 과정 탐색

주제2 바다 숲 조성 사업의 의의 및 바다 숲 조성 면적 확대 방안 제안

주제3 태평양 거대 쓰레기섬의 형성 원인과 공유 해양 자원 보호를 위한 국제적 책임 논의

토론

주제1 SDGs는 환경·사회·경제를 통합적으로 다루고 있는가?

주제2 우리 지역의 사례를 보았을 때, 지속가능한 사회 체제로의 전환은 가능한가?

주제3 SDGs 17개 목표 중 우리 지역에서 가장 우선적으로 추진해야 할 목표는 무엇인가?

관련 학과
- 환경공학과
- 식품공학과
- 정책학과
- 사회학과
- 소비자학과

생태적 정체성　# 지속가능한 생활방식　# 소비 영역에서의 지속가능한 생활양식

교과 세특 탐구 주제

주제1 패스트 패션과 슬로우 패션의 개념 및 특징 비교
주제2 지구를 살리기 위한 생활방식 변화의 필요성 고찰
주제3 지속가능한 생활방식의 실천을 위한 개인과 정부의 노력 탐구
주제4 생태 발자국이 커지는 생활방식과 줄어드는 생활방식의 비교 탐색

■ 함께 보면 좋은 도서
《탄소로운 식탁》 윤지로, 세종서적, 2022.
《기후 여행자》 임영신, 열매하나, 2025.
《지구를 살리는 옷장》 박진영 외, 창비, 2022.

연계 활동 탐구 주제

독서　《탄소로운 식탁》 윤지로, 세종서적, 2022.
이 책은 기후위기 시대, 먹거리와 온실가스 문제의 연관성을 연구하였다. 한국인의 식탁을 탄소로운 식탁으로 규정하며, 농업, 축산업, 어업 등 식량 시스템 전 과정이 기후위기의 가해자이자 피해자가 되는 악순환을 설명한다. 어떻게 시스템 자체를 탄소중립으로 바꿀 것인가라는 근본적인 질문을 던진다.

주제1 기후변화를 악화시키는 식량 시스템의 순환 과정 탐구
주제2 농업 분야에서 온실가스 감축의 어려움 및 농업의 환경적 영향 분석
주제3 탄소중립을 실현할 수 있는 생산·가공·유통 시스템 구축 방안 연구

논문　〈포스트 코로나 시대의 지속가능 패션 소비〉 고애란 외, 2020.
코로나19 이후에도 지속가능 패션 소비는 성장하며 소비자 인식을 유지하였다. 소비자들은 제품의 가치를 인식하고 의식 있는 소비를 하고자 변화하고 있다. 포스트 코로나 시대의 지속가능 패션 소비는 사회적 책임과 환경을 고려할 뿐만 아니라 생산, 유통, 소비에서의 지속가능성이 포함된다.

논문 바로가기

주제1 언택트 문화가 지속가능 패션 소비에 미친 영향 분석
주제2 지속가능 패션 소비 습관 형성을 위한 소비자 교육 방안 모색
주제3 MZ 세대의 가치 소비 성향과 지속가능한 패션 트렌드의 연관성 탐구

토론　**주제1** 우리의 소비 방식에 영향을 주는 것은 무엇인가?
주제2 물질적으로 풍요로운 삶을 누릴수록 행복하다고 느끼는가?
주제3 지속가능한 생활방식은 개인의 행복을 제한하는가, 오히려 확장하는가?

03

[12기지04-03] 정의, 책임 그리고 배려 등과 같은 생태시민의 덕목을 사례 탐구를 통해 이해하고, 인간 및 비인간이 함께 평화롭게 살아가는 공존의 세계를 위한 다층적 스케일에서의 실천 방안을 찾아 적극적으로 참여한다.

\# 정의 \# 책임 \# 배려 \# 생태시민 \# 공존의 세계

관련 학과
· 산림자원학과
· 환경공학과
· 정책학과
· 사회학과
· 정치외교학과

교과 세특 탐구 주제

주제1 인간 중심주의와 생태주의의 개념 및 특징 비교 분석
주제2 인간과 비인간의 공존을 위한 다양한 주체의 실천 방안 모색
주제3 일상생활 속 행동이 타 지역 및 자연 생태계에 미치는 영향 탐구
주제4 여행과 관광 산업의 문제점 및 지속가능한 여행의 필요성 연구

■ 함께 보면 좋은 도서

《오늘부터 나는 생태시민입니다》 공윤희, 창비교육, 2024.
《생태시민을 위한 동물 지리와 환경 이야기》 한준호 외, 롤러코스터, 2024.
《내일도 지구가 안녕하면 좋겠어!》 정다빈 외, 맘에드림, 2024.

GUIDE 생태시민의 덕목이 비인간 존재들에게까지 확장되어야 할 필요성을 고민한다.

연계 활동 탐구 주제

독서

《오늘부터 나는 생태시민입니다》 공윤희, 창비교육, 2024.
이 책은 생태 중심주의와 인권의 관점에서 일상적인 환경 문제를 분석한다. 환경 파괴가 깨끗하고 건강하며 지속가능한 환경에 접근할 권리라는 보편적 인권을 침해하는 행위임을 강조한다. 저자는 기업, 지방 자치 단체, 정부의 변화를 이끌어 내기 위해 행동에 나서는 주체적인 생태시민이 될 것을 역설한다.

주제1 생태시민의 개념과 권리 보장을 위한 주체적인 역할의 필요성 탐구
주제2 탄소중립 지방 자치 단체가 되기 위한 구체적인 정책 및 행동 강령 제안
주제3 깨끗하고 건강하며 지속가능한 환경에 접근할 권리가 보편적 인권으로 선언된 의미 고찰

논문

《환경 인권과 환경 자연 권리 −생태주의 관점에서 본 환경 인권 발전의 이론적 고찰−》 조희문, 2022.
환경과 인권의 관계를 환경 인권을 넘어 생태 중심주의적 환경 자연 권리로 확장하고 그 이론적 근거를 고찰한다. 환경 윤리의 도구적 가치설은 인간 중심적 환경 보호를, 내재적 가치설은 자연의 고유한 존엄성을 인정하여 환경 자연 권리를 주장하고 있음을 설명한다.

논문 바로가기

주제1 미래 세대를 위한 청소년들의 기후 소송 사례 및 의미 탐구
주제2 1세대·2세대·3세대 인권의 특징 비교 및 환경 인권의 집단적 특징 탐색
주제3 인간 중심주의로 구축된 국제법의 한계점과 생태 중심주의적 법의 필요성 분석

토론

주제1 인간, 자연, 경제는 서로 어떤 관계를 맺는가?
주제2 공존의 세계, 생태시민으로서 가장 필요한 덕목은 무엇인가?
주제3 동물보호법에 따라 동물원은 폐지해야 하는가, 유지해야 하는가?

세계사

과목 ▶ 정보	교과군	공통 과목	선택 과목			평가 정보		수능
			일반 선택	진로 선택	융합 선택	성취도	상대평가	
	사회	–	○	–	–	5단계	5등급	×

1 ▶ 교과 성격

'세계사'는 인류의 등장부터 현대에 이르기까지 인류가 걸어온 길을 살펴보는 학문이다. 이 과목은 중학교 '역사'에서 배운 내용을 토대로 더 깊이 있는 주제를 탐구하며, 학습자가 세계시민으로서 필요한 역량을 기를 수 있도록 한다.

수업에서는 각 지역 세계가 지닌 역사적 특성과 지역 간 접촉 속에서 이루어진 교류와 갈등 등 상호 관계를 다층적으로 살펴본다. 또한 국민 국가의 형성 과정과 인류가 직면한 여러 과제를 역사적으로 조명하며, 인권·평화·민주주의·생태환경과 같은 오늘날의 보편적 가치가 어떻게 역사 속에서 형성되었는지 이해하도록 한다.

이 과정을 통해 학습자는 자료를 분석하고 해석하는 능력을 키우며, 역사적 사실을 다양한 관점에서 바라보는 시각과 논쟁성을 인식하게 된다. 더불어 타 문화를 이해하고 존중하는 태도를 기르고, 세계의 여러 역사적 맥락을 이해함으로써 현대 사회의 과제를 해결할 통찰력을 갖추게 된다.

> **TIP** 중학교 '역사'를 통해 익힌 역사 지식과 '한국사'의 학습 내용을 한층 더 확장하고 심화하여 고등학교 진로 선택 과목인 '동아시아 역사 기행' 및 융합 선택 과목 '역사로 탐구하는 현대 세계'와 연계 교과임.

2 ▶ 교과 목표

- 지역 세계의 형성 및 변화, 지역 세계 간 상호 관련성을 파악한다.
- 인권, 평화, 민주주의, 생태환경의 가치가 역사적 구성물임을 이해한다.
- 자료의 분석·해석을 통해 능동적으로 세계사 인식을 형성한다.
- 다양한 시기와 지역의 역사를 열린 자세로 이해하고 세계시민 의식을 함양한다.

3 ▶ 교과 핵심 키워드

# 간디	# 교토 의정서	# 구석기	# 국민 국가 건설 운동	# 국제 연맹
# 국제 연합	# 굽타 왕조	# 나폴레옹	# 네루	# 냉전 체제
# 노예 무역	# 다문화주의	# 로마 공화정	# 로마 제정	# 르네상스
# 리우 선언	# 마우리아 왕조	# 메소포타미아 문명	# 메이지 유신	# 몽골 제국
# 문명의 발생	# 문화 대혁명	# 미국 혁명	# 베르사유 체제	# 베를린 장벽 붕괴
# 베트남 전쟁	# 비잔티움 제국	# 서유럽 봉건 사회	# 서하	# 세계적 상품 교역
# 세계화	# 소련의 해체	# 신자유주의	# 십자군 전쟁	# 아테네의 민주 정치
# 알렉산드로스 제국	# 오스만 제국	# 오스트랄로피테쿠스	# 이슬람교의 창시	# 이슬람 제국
# 이집트 문명	# 인도 문명	# 자유주의	# 전체주의	# 제국주의
# 제1차 세계 대전	# 제2차 세계 대전	# 제3 세계	# 종교 갈등	# 종교 전쟁
# 중국 문명	# 지역 교역망	# 칭기즈 칸	# 쿠샨 왕조	# 크리스트교
# 탄지마트	# 티무르 왕조	# 파리 협정	# 파티마 왕조	# 페르시아
# 프랑스 혁명	# 호모 사피엔스	# 후우마이야 왕조	# 흑사병	# 히틀러 반유대주의

핵심 아이디어	• 시역 세계의 형성 및 역사 전개는 각각의 특징을 지닌다. • 이슬람 세계의 확대, 몽골 제국의 형성은 교역망의 확대를 가져왔다. • 국민 국가와 자본주의 체제는 다양한 경로를 통해 형성되었다. • 제1·2차 세계 대전 과정에서 인권과 과학 기술 등의 문제가 대두하였다. • 역사 지식은 역사 자료의 분석·해석을 통해 형성된다. • 증거에 기반한 논증은 역사 지식 형성에 필요한 과정이다. • 역사적으로 형성된 인권·평화·민주주의·생태환경 등의 가치를 포용하려는 자세가 필요하다.

범주		내용 요소
지식·이해	지역 세계의 형성	• 현생 인류와 문명의 형성 • 동아시아, 인도 세계의 문화와 종교·사상 • 서아시아, 지중해, 유럽 세계의 문화와 종교
	교역망의 확대	• 이슬람 세계와 몽골 제국 • 유럽의 신항로 개척과 재정·군사 국가 • 세계적 상품 교역
	국민 국가의 형성	• 청, 무굴 제국, 오스만 제국 • 미국 혁명과 프랑스 혁명 • 산업 혁명과 제국주의 • 국민 국가 건설 운동
	현대 세계의 과제	• 제1·2차 세계 대전 • 냉전 • 지구적 과제와 인류의 노력
과정·기능		• 다양한 형태의 역사 자료를 분석·해석하기 • 증거에 기반하여 역사적 맥락을 파악하기 • 역사적 개념을 이해하고 활용하기 • 역사적 서사를 구성하여 표현하기
가치·태도		• 문화 다양성 존중 • 다양한 역사 해석에 대한 비판과 존중 • 인권·민주주의·평화·생태환경 등의 가치를 성찰 • 인류의 지속가능성을 위한 가치관 형성

I 지역 세계의 형성

01 [12세사01–01]
현생 인류의 삶과 문명의 형성을 생태환경과의 관계 속에서 파악한다.

\# 인류의 출현　\# 문명의 발생　\# 메소포타미아 문명　\# 이집트 문명　\# 인도 문명　\# 중국 문명

관련 학과
- 고고학과
- 고고미술사학과
- 문화유산학과
- 사학과

교과 세특 탐구 주제

주제1 큰 강 유역의 자연환경이 초기 문명 형성에 끼친 영향 탐구

주제2 로제타석의 발견과 해독이 고대 이집트 문명 연구에 끼친 영향 고찰

주제3 은의 신권 정치와 주의 천명 사상 비교를 통한 중국 고대 정치 사상 탐구

주제4 빙하기와 간빙기의 기후변화가 현생 인류의 이동과 정착 방식에 끼친 영향 탐구

GUIDE 현생 인류가 생태환경과의 관계 속에서 문명을 형성하고, 지역 세계에서 각각의 특징을 지니며 역사를 전개하였음을 이해한다.

📖 함께 보면 좋은 도서

《사라진 시간과 만나는 법》 강인욱, 김영사, 2024.
《신화를 알면 역사가 보인다》 최희성, 아이템비즈, 2019.
《문자의 역사》 스티븐 로저 피셔(강주헌 역), 퍼블리온, 2024.

연계 활동 탐구 주제

독서　《문자의 역사》 스티븐 로저 피셔(강주헌 역), 퍼블리온, 2024.
이 책은 문자의 역사를 통해 인류 문명의 발전 과정을 저술한다. 고대 수메르인의 문자 체계, 페니키아 문자의 생성과 그리스 알파벳에 끼친 영향, 이집트의 상형 문자, 중동의 아랍 문자, 동아시아의 문자인 한자·한글·가나, 콜럼버스 이전 아메리카 대륙의 문자 등 문자의 탄생과 발전을 살펴볼 수 있다.

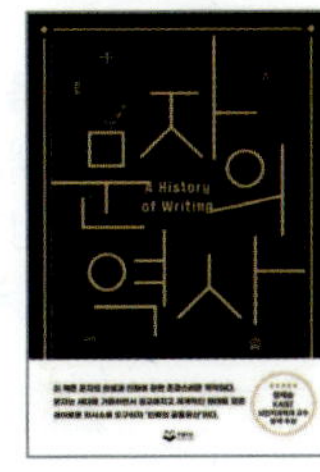

주제1 갑골문자 점복 기록을 통해 본 고대 중국의 세계관과 신권 정치 분석

주제2 쐐기 문자를 통해 본 수메르 문명의 발전과 서아시아 지역으로의 확산 과정 탐구

주제3 지중해 무역과 해상 교류가 페니키아 문자의 전파와 알파벳 발전에 끼친 영향 탐구

논문　《인더스 문명 기원 연구 -인도아대륙 최초 도시 복합 사회 발전의 배경과 기원을 둘러싼 논쟁》 김용준, 2024.
이 논문은 하라파(인더스) 문명의 기원을 연구한 것이다. 수메르 도시 엘리트 이주에 의한 비자생적 도시 복합 사회론, 도시의 아이디어가 전해졌다는 수메르 간접 전파론, 기존 농·목축 사회로부터의 자생적·독립적 진화론까지 가설들을 다루면서 인더스 문명의 발전 과정을 살펴볼 수 있다.

주제1 아리아인의 이주가 인더스 문명에서 갠지스 문명으로의 전환에 미친 영향 분석

주제2 수메르 문명 대 인더스 문명 비교를 통해 본 초기 도시화 기원의 다원적 해석 고찰

주제3 메소포타미아 지역과 인더스 지역의 교역망을 통해 본 초기 문명 간 상호 작용 탐구

토론　**주제1** 인더스 문명은 자생적 발전의 결과인가, 서아시아 문명의 전파에 의한 산물인가?

주제2 문자는 문명의 필연적 산물인가, 특정 사회·문화적 환경 속에서 선택된 결과인가?

주제3 채집·수렵에서 농경·목축으로의 변화는 인류의 필연적 발전인가, 환경에 따른 선택인가?

02 [12세사01-02]

동아시아, 인도 세계의 형성을 문화의 상호 작용과 관련지어 이해한다.

동아시아 세계의 형성과 발전 # 동아시아 문화권 # 고내 인노 세계의 발전 # 불교 # 유교 # 힌두교

교과 세특 탐구 주제

주제1 중국 고대 사회에서 제자백가의 사상적 다양성이 갖는 의의 분석

주제2 카스트 제도 정착이 인도 사회의 통합 및 갈등에 미친 영향 탐구

주제3 일본 헤이안 시대 국풍 문화의 발전과 국가 정체성 형성 과정 고찰

주제4 상좌부 불교와 대승 불교의 사상적 차이 비교 고찰: 불교 전파와 세계화에 끼친 영향 분석

GUIDE 불교, 힌두교의 확산 및 전파 과정을 지도에 표시하고 정리하면서 문화가 상호 작용하며 세계가 연결되어 간 과정을 시각적으로 이해한다.

📖 함께 보면 좋은 도서

《중국사 강요 1》 젠보짠(심규호 역), 중앙북스, 2023.
《처음 읽는 인도사》 전국역사교사모임, 휴머니스트, 2018.
《진·한 제국: 차이나의 기틀을 세우다》 윤영내, 살림, 2018.

연계 활동 탐구 주제

독서

《처음 읽는 인도사》 전국역사교사모임, 휴머니스트, 2018.
이 책은 인도의 어제와 오늘을 제대로 이해하기 위한 본격적인 역사서이다. 인더스 문명에서 시작해 아리아인의 이주, 불교와 힌두교의 성장, 무굴 제국의 융성, 영국 식민 지배와 독립에 이르기까지 방대한 인도의 역사를 보여 주고 있어 인도의 역사와 문화를 탐구할 수 있는 길잡이가 될 것이다.

주제1 아소카왕의 불교 수용과 '법(다르마) 통치'가 인도 사회에 미친 영향 고찰

주제2 쿠샨 왕조의 대승 불교와 간다라 미술이 동아시아 불교 문화 형성에 끼친 영향 분석

주제3 굽타 왕조 시기 정치적 통일과 힌두교 부흥이 인도 사회와 문화 발전에 끼친 영향 탐구

논문

〈4-6세기 중국에서의 문헌 교류의 배경과 동아시아 사회로의 확산〉 김경호, 2014.
동아시아 지역은 중국의 한자, 율령, 유교, 불교 및 도교를 중심으로 통합이 강화되고 정치적, 문화적 요소들도 한자를 매개로 전파되어 '한자 문화권' 혹은 '동아시아 문화권'이라고 지칭한다. 이 논문은 고대 중국에서 제작·유통된 문헌이 주변 국가에서 유통되었다는 사실을 통해 이를 확인하였다.

논문 바로가기

주제1 조공·책봉 체제와 동아시아 문화권의 관계성 고찰

주제2 율령 체제의 전파가 동아시아 각국 정치 체제 발전에 미친 영향 분석

주제3 한자와 문헌 유통을 통한 동아시아 문화권의 형성과 발전에 대한 탐구

토론

주제1 진시황의 법가적 통치는 중국 통일을 위한 필연적 선택인가, 강압적 통치인가?

주제2 한의 유교의 국가 이념화는 황제 권력을 정당화한 수단인가, 사회 질서를 안정시킨 기반인가?

주제3 카스트 제도는 인도 사회를 안정시킨 질서 유지 장치인가, 사회적 불평등을 고착화한 제도인가?

03 [12세사01–03]
서아시아, 지중해, 유럽 세계의 형성과 문화적 특징을 종교의 확산과 관련지어 분석한다.

이슬람 세계 # 그리스 세계 # 헬레니즘 문화 # 로마 # 서유럽 봉건 사회 # 비잔티움 제국 # 십자군 전쟁

관련 학과
· 기독교학과
· 문화콘텐츠학과
· 사학과
· 역사문화학과

교과 세특 탐구 주제

주제1 알렉산드로스의 정복 전쟁이 동서 문화 교류에 미친 영향 탐구

주제2 공화정에서 제정으로의 변화가 로마의 정치·사회 구조에 미친 영향 고찰

주제3 교황권과 황제권의 대립이 십자군 전쟁과 중세 유럽 세계에 미친 영향 탐구

주제4 비잔티움 제국 유스티니아누스 황제의 정복 사업과 로마법 대전 편찬의 역사적 의의 분석

■ 함께 보면 좋은 도서

《알라의 나라 이슬람》 문지은, 살림, 2018.

《처음부터 다시 배우는 서양 고대사》 정기문, 책과함께, 2021.

《인류 본사: 오리엔트-중동의 눈으로 본 1만 2,000년 인류사》 이희수, 휴머니스트, 2022.

GUIDE 문화의 다양성을 존중하며, 연설문, 선언문, 역사서, 지도, 사진, 영상 등 다양한 형태의 역사 자료를 활용하여 세계사를 분석 탐구한다.

연계 활동 탐구 주제

독서

《인류 본사: 오리엔트-중동의 눈으로 본 1만 2,000년 인류사》 이희수, 휴머니스트, 2022.
이 책은 아나톨리아 문명부터 히타이트 등 고대 오리엔트 문명과 7세기 이후 이슬람 왕국들의 역사를 거쳐 근대 오스만 제국의 성쇠까지, 오리엔트-중동의 인류사적 궤적을 저술한 것이다. 이 책을 통해 동서양의 교류 발전에 심대한 영향을 끼친 오리엔트-중동 지역 15개 제국과 왕국의 역사를 확인해 볼 수 있을 것이다.

주제1 조로아스터교 사상이 유대교·기독교·이슬람교 형성에 끼친 영향 탐구

주제2 아케메네스 왕조 페르시아의 관용 정책과 역참제가 제국 통치와 교역에 끼친 영향 분석

주제3 메카와 메디나 등 상업 도시의 번영과 사회적 불평등이 이슬람교 발전에 미친 영향 고찰

논문

〈아테네 민주 정치의 본질과 그 현대적 의미〉 송문현, 2015.
이 논문은 아테네 민주 정치의 핵심을 자유, 평등, 참여, 개방성이라는 네 가지로 정리하며, 시민권의 제한을 인간 본성의 불평등 때문이 아니라 당시 사회의 기술적·경제적 한계로 설명하였다. 나아가 디지털 매체의 발달로 대규모 사회에서도 직접 민주주의의 가능성을 모색할 수 있음을 제시한다.

논문 바로가기

주제1 아테네 민주 정치와 오늘날 민주 정치의 공통점과 차이점 비교 분석

주제2 아테네 민주 정치를 통해 본 오늘날 디지털 환경에서의 직접 민주주의 가능성 고찰

주제3 고대 아테네 민주 정치의 핵심 가치(자유·평등·참여·개방성)에 대한 평가와 그 근거 분석

토론

주제1 서유럽 봉건제는 사회 질서를 안정화시킨 제도인가, 분권과 갈등을 심화시킨 구조인가?

주제2 헬레니즘 문화는 그리스 문화의 확장인가, 동서 문화가 융합된 새로운 문화인가?

주제3 정치 참여 방식으로 아테네의 직접 민주주의가 바람직한가, 현대의 대의 민주주의가 바람직한가?

교역망의 확대

01

[12세사02–01]
이슬람 세계와 몽골 제국의 팽창에 따른 교류 양상을 파악한다.

관련 학과
· 국제관계학과
· 국제통상학과
· 문화사회학과
· 역사문화학과

\# 이슬람 제국 \# 우마이야 왕조 \# 아바스 왕조 \# 셀주크 튀르크 \# 송 \# 몽골 제국

교과 세특 탐구 주제

주제1 몽골 제국의 군사 조직과 전략이 제국 확장에 끼친 영향 분석
주제2 송의 문치주의 정책이 국가 발전과 북방 민족의 침입에 끼친 영향 고찰
주제3 이슬람의 의학·수학·천문학 등 자연 과학이 유럽의 근대 과학에 끼친 영향 탐구
주제4 이슬람 제국의 종교적 관용 정책이 사회 통합과 범이슬람 제국 발전에 끼친 영향 탐구

GUIDE 지도의 세력 범위의 변화 과정을 살펴보고 이슬람 세계와 몽골 제국의 팽창이 동서 교류에 어떤 영향을 끼쳤을지 정리한다.

📖 함께 보면 좋은 도서
《중동의 역사》 버나드 루이스(이희수 역), 까치, 2025.
《세상 친절한 이슬람 역사》 존 톨란(박효은 역), 미래의창, 2024.
《실크 로드 세계사 1, 2, 3》 피터 프랭코판(이재황 역), 책과함께, 2019.

연계 활동 탐구 주제

독서 《세상 친절한 이슬람 역사》 존 톨란(박효은 역), 미래의창, 2024.
이 책은 이슬람의 창시부터 우마이야 왕조, 다양한 종교의 아바스 왕조, 이슬람 세계의 분열과 아시아·아프리카 지역으로의 이슬람 확장, 이슬람의 근대화 등 이슬람 역사의 전체 흐름을 다루면서, 오늘날 중동 문제의 역사적 기원과 전개 과정을 풀어내고 이슬람의 풍성하고 다양한 면면들을 제시한다.

주제1 십자군 전쟁이 동서양의 교역과 문화 교류 확대에 미친 영향 고찰
주제2 우마이야 왕조의 아랍인 우월주의와 아바스 왕조의 다민족 포용 정책 비교
주제3 시아파와 수니파의 분열이 이슬람 세계의 정치·사회 구조에 끼친 영향 탐구

논문 〈유목 국가·이민족 왕조의 통치 체제 정비·운영과 정주·농경민의 역할〉 최진열, 2013.
북방의 유목민이 몽골 고원에 세운 유목 국가나 중국의 일부 혹은 전체를 지배했던 이민족 왕조는 중국인을 비롯한 정주·농경민들을 관리로 등용하였다. 나라마다 이들을 활용한 양상은 달랐는데, 요·몽골·북위에서는 유목 전통과 한화 정책의 긴장, 그리고 이중 지배 체제의 모순을 보였다.

논문 바로가기

주제1 북위 효문제의 한화 정책 추진 배경과 목적 탐구
주제2 색목인의 재정·행정적 역할을 통해 본 원의 지배 방식 탐구
주제3 요(거란)의 북면관제와 남면관제 시행 목적과 그 역사적 의미 고찰

토론 **주제1** 송의 문치주의는 국가 발전을 이끌었는가, 북방 민족 침입을 불렀는가?
주제2 십자군 전쟁은 이슬람 세계의 쇠퇴를 가져왔는가, 문화 교류와 새로운 발전을 가져왔는가?
주제3 우마이야 왕조의 차별적 정책과 아바스 왕조의 관용 정책 중 어느 쪽이 더 현실적인 통치인가?

02 [12세사02–02]
유럽의 신항로 개척과 재정·군사 국가의 성립이 가져온 변화를 분석한다.

신항로 개척 # 향신료 무역 # 가격 혁명 # 재정·군사 국가 # 종교 전쟁 # 종교 개혁

관련 학과
· 국제학부
· 문화사회학과
· 사학과
· 정치학과

교과 세특 탐구 주제

주제1 헨리 8세의 수장령과 영국 국교회의 성립 배경 탐구

주제2 인쇄술의 발달이 종교 개혁, 근대 사상의 확산에 끼친 영향 분석

주제3 콜럼버스·바스쿠 다 가마 등 탐험가들의 활동과 신항로 개척의 의의 탐구

주제4 루이 14세의 절대 왕정과 상비군 제도가 재정·군사 국가 발전에 끼친 영향 탐구

■ 함께 보면 좋은 도서

《서양사 강좌》 박윤덕 외, 아카넷, 2022.
《창발의 시대》 패트릭 와이먼(장영재 역), 커넥팅, 2022.
《대항해 시대 최초의 정복자들》 로저 크롤리(이종인 역), 책과함께, 2022.

GUIDE 새로운 탐험의 항로 개척자들을 적극 지원한 국가들의 특징을 정리해 보고, 이들 국가가 아메리카, 아시아 국가에 끼친 영향을 탐구한다.

연계 활동 탐구 주제

독서
《서양사 강좌》 박윤덕 외, 아카넷, 2022.
이 책은 고대 그리스·로마로부터 20세기 말의 사회주의 몰락에 이르기까지 서양사 전체를 아우르는 서양사 개설서이다. 여러 문명권 가운데 하나로 유럽과 서양을 바라보며 유럽 중심주의를 탈피하고, 사회사와 문화사의 연구 성과를 반영함으로써, 인간 사회의 다양한 측면들을 함께 고찰하고 있다.

주제1 대항해 시대의 금·은 유입이 유럽 경제와 가격 혁명에 끼친 영향 탐구

주제2 르네상스 인문주의가 중세적 사고에서 근대적 사고로의 전환에 끼친 영향 고찰

주제3 재정·군사 국가의 발전이 유럽 국제 관계(30년 전쟁·식민지 경쟁)에 끼친 영향 탐구

논문
〈17세기 후반 위그노 망명과 영국의 명예혁명〉 김충현, 2020.
이 논문은 위그노들이 해외로 망명하여 각지에서 경제·정치적으로 중요한 역할을 했음을 살펴본 것이다. 그들의 증언은 영국 내 반가톨릭 여론을 강화했고, 윌리엄 오렌지 공의 군대에 참여해 제임스 2세의 퇴위와 복위 운동 저지에 기여하는 등 17세기 후반 유럽의 다양한 변화에 동력이 되었다.

주제1 프랑스 위그노 전쟁과 낭트 칙령이 프랑스 사회에 끼친 영향 탐구

주제2 유럽 국제 질서와 주권 국가 체제 형성에서 30년 전쟁과 베스트팔렌 조약이 갖는 의의 고찰

주제3 17세기 후반 위그노 망명자들의 경제적 기여(상업·금융·기술 유입)가 유럽 각국에 끼친 영향 분석

토론
주제1 신항로 개척은 세계 경제 발전의 전환점인가, 불평등 구조의 시작인가?

주제2 종교 개혁은 신앙의 순수성을 회복한 운동인가, 새로운 갈등을 불러온 분열의 사건인가?

주제3 재정·군사 국가의 발전은 근대 국가 형성의 동력인가, 국가 간 전쟁과 갈등을 불러온 요인인가?

03 [12세사02-03]
세계적 상품 교역이 가져온 사회적·경제적 변화를 이해한다.

\# 지역 교역망 \# 종계 무역 \# 이슬람 상인 \# 소공 부역 \# 노예 무역 \# 삼각 무역 \# 상업 자본주의

관련 학과
- 국제통상학과
- 문화사회학과
- 생명공학과
- 식량자원학과

교과 세특 탐구 주제

주제1 명의 조공 무역 체제가 동아시아 국제 질서 재편에 끼친 영향 분석

주제2 대서양 삼각 무역 체제가 유럽·아프리카·아메리카 사회에 끼친 영향 고찰

주제3 아메리카 은(銀)의 유통이 유럽과 아시아 등 세계 교역 체제 형성에 끼친 영향 탐구

주제4 신항로 개척 이후 생태환경의 변화(가축·작물·질병 교류)가 세계사에 가져온 변화 탐구

GUIDE 신항로 개척 이후 지역 교역망의 확대와 세계적 교류가 사람들의 삶에 어떠한 영향을 주었을지 다양한 관점에서 정리한다.

▣ 함께 보면 좋은 도서
《전염병이 휩쓴 세계사》 김서형, 살림, 2020.
《야만의 해변에서》 캐럴라인 도즈 페넉(김희순 역), 까치, 2025.
《바다가 삼킨 세계사》 데이비드 기빈스(이승훈 역), 다산초당, 2025.

연계 활동 탐구 주제

독서 《야만의 해변에서》 캐럴라인 도즈 페넉(김희순 역), 까치, 2025.
이 책은 대항해 시대 외교 사절, 통역사, 예술가, 학자, 심지어 노예로 유럽에 건너간 아메리카 원주민들의 삶을 방대한 1차 자료를 통해 복원하여 유럽 정복자의 시선이 아닌 역사의 주체로서 재조명한 것이다. 이 과정에서 원주민들이 두 세계를 연결하며 주체적으로 대응했던 모습을 확인할 수 있다.

주제1 아스테카 왕국 멸망 과정에서 원주민 집단이 에스파냐와 동맹을 맺은 배경과 결과 탐구

주제2 아메리카 원주민들의 증언과 기록을 통해 본 유럽 중심주의 역사관의 한계 탐구

주제3 아메리카 작물(옥수수·감자·고추 등)의 전파가 유럽 사회와 식문화에 가져온 변화 분석

논문 〈대항해 시대와 식민 제국주의 노예 무역에 관한 경제사적 함의〉 김호, 2024.
대항해 시대 노예 무역은 식민 제국주의를 통하여 유럽과 아프리카, 아메리카와 중동 및 아시아까지 확대되었다. 이 논문은 노예 무역이 강제적 착취였으며, 아프리카의 인구 손실과 사회 붕괴, 유럽의 부 축적과 근대 경제 성장, 국제적 불평등 심화 등 다양한 구조적 문제를 낳았음을 분석하였다.

논문 바로가기

주제1 노예 무역 과정에서 발생한 인권 침해와 강제 이주의 문제점 고찰

주제2 대항해 시대 노예 무역이 아프리카 사회와 인구 구조에 끼친 영향 탐구

주제3 노예 무역과 공정 무역의 비교를 통해 본 국제 교역의 불평등 구조와 인권 의식에 대한 고찰

토론 **주제1** 대항해 시대 노예 무역은 경제 성장을 이끈 동력인가, 역사상 가장 불공정한 착취인가?

주제2 명대 정화의 원정은 해양 교역망 확대의 전환점인가, 일시적 과시로 끝난 외교적 모험인가?

주제3 신항로 개척 이후의 작물·가축·질병 교류는 인류 발전에 기여했는가, 생태환경 변화를 가속화했는가?

III 국민 국가의 형성

01 [12세사03-01]
청, 무굴 제국, 오스만 제국의 통치 정책과 사회, 문화의 변화를 이해한다.

\# 명·청 \# 무굴 제국 \# 오스만 제국 \# 무로마치 막부 \# 에도 막부

관련 학과
- 국제관계학과
- 군사학과
- 정치외교학과
- 행정학과

교과 세특 탐구 주제

주제1 오스만 제국의 예니체리 군사 제도의 형성과 변화에 대한 탐구

주제2 강희제·옹정제·건륭제의 영토 확장과 다민족 통치 제도 비교 탐구

주제3 도쿠가와 이에야스가 세운 에도 막부의 성립 과정과 산킨코타이 제도의 정치적 의미 고찰

주제4 무굴 제국 아크바르 황제의 종교 포용 정책과 아우랑제브 황제의 종교적 배타주의 비교 분석

▣ 함께 보면 좋은 도서
《중국사를 꿰뚫는 질문 25》 조영헌 외, 아르테, 2025.
《무굴 제국의 역사》 마이클 피셔(최하늘 역), 더숲, 2025.
《오스만 제국 600년사 1299~1922》 이희철, 푸른역사, 2022.

GUIDE 무굴 제국과 오스만 제국이 영토를 넓히면서 여러 민족과 문화를 통합한 방식을 역사적 서사를 구성하여 표현한다.

연계 활동 탐구 주제

독서 《무굴 제국의 역사》 마이클 피셔(최하늘 역), 더숲, 2025.
이 책은 무굴 제국의 시작부터 멸망까지를 통사적으로 총망라한 역사서로, 정치와 경제, 종교와 문화, 예술과 제도의 변화를 두루 살피며 무굴의 찬란한 성취와 그 안에 내재한 갈등을 균형 있게 다루고 있다. 이 책을 통해 인도가 단순한 신흥 강국이 아니라 찬란한 문명의 계승자임을 깨달을 수 있다.

주제1 아크바르 황제의 종교 포용 정책과 결혼 동맹의 역사적 의의 고찰

주제2 타지마할, 무굴 회화 등을 통해 본 힌두·이슬람 문화의 특징 탐구

주제3 무굴 제국과 동인도 회사의 교역을 통해 본 무굴 제국의 경제 발전 고찰

논문 〈15세기 후반 유럽 유대인의 이주와 오스만 제국의 다문화적 수용〉 양민지, 2024.
이 논문은 오스만 제국의 다문화 수용 정책과 국가 발전 간의 연관성을 분석한다. 오스만 제국의 유대인 정착 과정을 다문화 수용의 대표적 사례로 제시하며, 밀레트 제도를 통해 다양한 민족·종교 공동체에 자치권을 보장하며 포용적 제도를 구축했고, 이는 국가의 안정으로 이어졌음을 설명한다.

논문 바로가기

주제1 오스만 제국의 밀레트 제도 운영이 다민족 사회의 안정과 통합에 미친 영향 탐구

주제2 오스만 제국의 다문화 수용 사례를 통해 본 현대 사회 다문화 갈등 해결의 시사점 고찰

주제3 15~17세기 오스만 제국 내 유대인 공동체의 상업·무역 활동이 국가 경제 발전에 미친 영향 탐구

토론 **주제1** 오스만 제국의 밀레트 제도는 다민족 포용 제도인가, 통치 전략에 불과한가?

주제2 청 왕조의 이민족 지배 전략은 다민족 제국 통합의 성공 사례인가, 장기적 갈등의 씨앗인가?

주제3 아우랑제브 황제의 이슬람 제일주의는 발전을 위한 불가피한 선택인가, 제국 쇠퇴의 원인인가?

02 [12세사03-02]

미국 혁명, 프랑스 혁명을 시민 사회 형성과 관련지어 파악한다.

\# 과학 혁명 \# 사회 계약설 \# 계몽사상 \# 미국 혁명 \# 프랑스 혁명 \# 나폴레옹 시대 \# 자유주의

교과 세특 탐구 주제

주제1 나폴레옹 전쟁이 유럽의 질서와 세력 균형에 끼친 영향 탐구

주제2 프랑스 혁명이 유럽의 자유주의·민족주의 운동에 끼친 영향 고찰

주제3 근대 민주주의 제도 발전에 미국 혁명과 미합중국 헌법 제정이 갖는 의의 탐구

주제4 사회 계약설이 근대 정치 사상과 계몽사상의 새로운 세계관 형성에 끼친 영향 탐구

GUIDE 인간의 권리에 대한 자각, 계몽사상의 영향 등 역사적 개념을 잘 이해하고, 이를 바탕으로 미국 혁명과 프랑스 혁명의 성과와 한계를 정리한다.

■ 함께 보면 좋은 도서

《주제별로 살펴본 서양 근대사》 김장수, 선학사, 2014.

《사회 사상의 역사: 마키아벨리에서 롤스까지》 사카모토 다쓰야(최연희 역), 교유서가, 2022.

《청소년을 위한 민주주의 여행》 유영근, 웅진지식하우스, 2019.

연계 활동 탐구 주제

독서

《주제별로 살펴본 서양 근대사》 김장수, 선학사, 2014.

이 책은 저자가 20년 동안 서양 근대사를 강의하면서 활용했던 자료들을 토대로 르네상스, 신항로 개척, 종교 개혁, 절대 왕정 체제, 계몽사상, 산업 혁명, 아메리카 혁명, 프랑스 대혁명, 나폴레옹 체제, 빈 체제, 1848년 자유주의 혁명을 주제별로 쉽게 이해할 수 있도록 풀어낸 것이다.

주제1 토머스 페인의 《상식》이 미국 독립 혁명에 끼친 사상적 영향 고찰

주제2 빈 회의와 메테르니히 체제가 유럽의 평화와 보수적 질서에 끼친 영향 분석

주제3 자유주의와 민족주의 발전에서 1848년 프랑스 2월 혁명이 갖는 의의에 대한 탐구

논문

〈계몽사상과 프랑스 혁명 -루소를 중심으로〉 김응종, 2018.

이 논문은 루소 사상을 중심으로 계몽사상과 프랑스 혁명의 관련성을 고찰한 것이다. 계몽사상이 구체제 시기부터 영향을 미쳤음을 밝히며, 루소가 혁명가들에게 공화주의와 인민 주권 사상을 제공했음을 강조하였다. 몽테스키외의 삼권 분립론이 자유주의 맥락에서 부활하였음도 살펴보고 있다.

논문 바로가기

주제1 루소·홉스·로크의 사회 계약설 비교를 통해 근대 민주주의 사상적 토대 탐구

주제2 로베스 피에르의 공포 정치 이후 몽테스키외 삼권 분립론 부활의 역사적 의미 탐구

주제3 루소·볼테르·몽테스키외의 계몽사상 비교: 구체제 사회에 끼친 영향과 그 수용 양상 탐구

토론

주제1 미국 혁명은 근대 민주주의의 출발점인가, 식민지 독립에 불과한가?

주제2 인간과 시민의 권리 선언은 근대 인권의 출발점인가, 선언적 한계에 머물렀는가?

주제3 사회 계약설은 절대 왕정을 무너뜨린 혁명적 사상인가, 새로운 정치 질서를 정당화한 이론인가?

03　[12세사03-03]
제1·2차 산업 혁명이 가져온 사회, 경제, 생태환경의 변화를 분석한다.

\# 산업 혁명　\# 산업 자본주의　\# 사회 진화론　\# 제국주의　\# 아프리카 분할　\# 아시아·태평양 분할

관련 학과
· 국제경영학과
· 국제통상학과
· 문화사회학과
· 지역사회개발학과

교과 세특 탐구 주제

주제1 제1차 산업 혁명과 제2차 산업 혁명의 기술 혁신 비교 탐구
주제2 산업 혁명이 자본주의 발전과 사회주의 사상의 대두에 끼친 영향 탐구
주제3 아프리카·아시아·태평양 분할 과정을 비교하여 본 제국주의 확산 양상에 대한 분석
주제4 사회 진화론과 인종주의가 제국주의 지배 정당화 논리로 기능한 과정과 그 역사적 의의 고찰

■ 함께 보면 좋은 도서
《새로 쓴 아틀라스 세계사》 강창훈, 사계절, 2025.
《면화의 제국: 자본주의의 새로운 역사》 스벤 베커트(김지혜 역), 휴머니스트, 2018.
《세상에서 가장 짧은 경제사》 앤드루 리(고현석 역), 웅진지식하우스, 2025.

GUIDE 제1·2차 산업 혁명을 거치면서 아동 노동의 문제 등 각종 사회 문제가 대두되었음을 이해하고, 인권, 민주주의, 평화, 생태환경 등의 가치를 성찰한다.

연계 활동 탐구 주제

독서

《세상에서 가장 짧은 경제사》 앤드루 리(고현석 역), 웅진지식하우스, 2025.
불확실성과 변동성이 커진 오늘날의 세계 경제를 이해하려면 과거와 현재, 개인과 세계를 연결해 주는 거시적 안목이 필요하다. 이 책은 농업 혁명에서 산업 혁명, 전후 황금기, 그리고 팬데믹 이후까지 이어지는 방대한 세계 경제의 역사를 핵심만 뽑아 단숨에 이해할 수 있도록 재구성한 것이다.

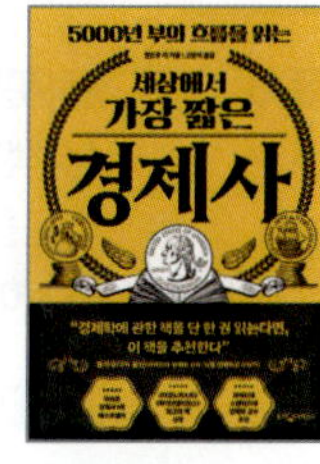

주제1 산업 혁명이 자유주의 경제 사상의 발전에 끼친 영향 고찰
주제2 농업 혁명과 산업 혁명이 사회 구조 변화에 끼친 영향 비교 탐구
주제3 산업 혁명이 초래한 자원·시장 경쟁과 유럽의 아프리카 식민지 분할 과정 탐구

논문

〈영국 산업 혁명의 의의와 시사점〉 이응호 외, 2017.
이 논문은 영국 제1차 산업 혁명의 원인과 의의를 분석하며, 산업 혁명이 민주주의 정착과 물질 문명의 발전을 이끌었으나 동시에 노동자의 비참한 삶과 공해 문제를 낳았음을 지적하고, 다가올 제4차 산업 혁명은 기계·자본이 아닌 인간 중심으로 나아가야 한다는 결론을 제시하고 있다.

논문 바로가기

주제1 영국에서 1차 산업 혁명이 발생한 사회·경제적 배경 탐구
주제2 1차 산업 혁명의 명암이 4차 산업 혁명에 주는 시사점 고찰
주제3 영국 산업 혁명이 자본가와 노동자 계급의 형성에 끼친 영향 분석

토론

주제1 사회 진화론은 과학적 진리인가, 제국주의를 정당화한 허구인가?
주제2 열강의 아프리카 분할은 산업 혁명의 필연적 결과인가, 제국주의적 선택인가?
주제3 산업 혁명은 자본주의 발전의 토대인가, 사회적 불평등과 환경 파괴의 시작점인가?

04 [12세사03–04]
아시아와 아프리카 지역에서 전개된 국민 국가 건설 운동의 양상과 성격을 비교한다.

아편 전쟁　# 태평천국 운동　# 양무운동　# 신해혁명　# 메이지 유신　# 인도 국민 회의　# 탄지마트　# 와하브 운동

교과 세특 탐구 주제

주제1 쑨원의 삼민주의와 신해혁명을 통해 본 중국 국민 국가 건설 운동의 성격 탐구

주제2 양무운동과 변법자강 운동의 공통점과 차이점을 통해 본 청말 개혁 운동의 성격 탐구

주제3 오스만 제국의 탄지마트와 일본 메이지 유신 비교를 통한 근대화 성공·실패 요인 탐구

주제4 벵골 분할령을 중심으로 본 인도 국민 회의 온건파와 급진파의 반영 운동 성격 비교 분석

GUIDE 중국, 일본, 인도, 동남아시아, 서아시아, 아프리카 지역에서 열강의 침략에 저항하여 국민 국가를 건설하려는 움직임이 어떻게 전개되었는지를 정리한다.

📖 함께 보면 좋은 도서
《하룻밤에 읽는 일본사》 가와이 아쓰시(원지연 역), 알에이치코리아, 2020.
《우리 눈으로 본 제국주의 역사: 제국주의, 그 비밀》 최성환, 인간사랑, 2019.
《중국사 강요 2: 오대십국부터 근대까지》 젠보짠(심규호 역), 중앙북스, 2023.

연계 활동 탐구 주제

독서
《하룻밤에 읽는 일본사》 가와이 아쓰시(원지연 역), 알에이치코리아, 2020.
이 책은 일본의 역사 교사가 저술한 일본사 입문 교양서로, 일본사의 흐름을 쉽고 흥미롭게 전달한다. 책 속의 질문을 따라가다 보면 일본인의 정체성과 문화를 이해하는 통찰을 얻을 수 있고, 일본사뿐 아니라 한국사와 동아시아사를 보다 넓고 균형 있게 이해할 수 있는 안목을 키울 수 있을 것이다.

주제1 청일 전쟁·러일 전쟁 승리가 일본 제국주의 발전에 끼친 영향 고찰

주제2 폐번치현(1871)과 지조 개정이 일본 근대 국민 국가 형성에 끼친 영향 탐구

주제3 자유 민권 운동과 일본 제국 헌법 제정(1889)이 근대 정치 발전에 끼친 영향 탐구

논문
〈제한된 근대화의 딜레마: 오스만 제국을 중심으로〉 이동수, 2021.
이 논문은 오스만 제국의 탄지마트 개혁, 압둘 하미드 2세의 이슬람적 근대화, 청년 튀르크당의 민족주의 개혁을 권위주의 체제와 산업화의 한계를 벗어나지 못했던 '제한된 근대화'라는 개념으로 분석한다. 또한 민족주의·이슬람주의가 서구적 민주주의 정착을 가로막았다고 지적하였다.

주제1 탄지마트와 오스만 제국 제1차 헌법 제정(1876)의 의의와 한계 분석

주제2 오스만 제국 청년 튀르크당의 개혁이 '제한된 근대화'로 귀결된 원인 탐구

주제3 근대화 개혁 세력과 민족주의·이슬람주의 간 대립이 오스만 제국 몰락에 끼친 영향 탐구

토론
주제1 신해혁명은 중국 근대 국민 국가 건설의 출발점인가, 군벌 분열의 서막인가?

주제2 오스만 제국의 몰락은 근대화 실패의 결과인가, 민족주의·이슬람주의의 저항 때문인가?

주제3 일본 메이지 정부의 개혁은 민주주의 제도 확립의 길인가, 제국주의 체제 수립의 길인가?

IV 현대 세계의 과제

01 [12세사04-01]
제1·2차 세계 대전을 인권, 과학 기술 문제와 관련지어 파악한다.

\# 제1·2차 세계 대전　\# 러시아 혁명　\# 베르사유 체제　\# 국제 연맹　\# 대공황　\# 전체주의　\# 반유대주의　\# 국제 연합

관련 학과
· 국제관계학과
· 군사학과
· 원자핵공학과
· 정치외교학과

교과 세특 탐구 주제

주제1 대공황 이후 경제 불황이 전체주의·파시즘 대두에 미친 영향 탐구
주제2 국제 연합(UN) 창설이 전쟁 방지 체제로서 가지는 의미와 한계 고찰
주제3 전차·잠수함·독가스 등 신무기의 등장이 전쟁 양상에 끼친 영향 탐구
주제4 발칸 반도가 '유럽의 화약고'로 불리게 된 배경: 제국주의와 민족주의 갈등 양상 분석

GUIDE 세계 대전 당시 인명 피해와 인권 침해가 이루어진 사례를 조사하고, 과학기술의 사회적 역할 문제를 고민하며 인권, 민주주의, 평화 등의 가치를 성찰한다.

▣ 함께 보면 좋은 도서
《썬킴의 거침없는 세계사》 썬킴, 지식의숲, 2021.
《제2차 세계 대전》 폴 콜리어 외(강민수 역), 플래닛미디어, 2024.
《아우슈비츠는 멀리 있지 않다》 조너선 프리드랜드(김재경 역), 아카넷, 2025.

연계 활동 탐구 주제

독서
《아우슈비츠는 멀리 있지 않다》 조너선 프리드랜드(김재경 역), 아카넷, 2025.
이 책은 아우슈비츠 수용소에서 탈출한 뒤 자신이 목도한 나치의 거대한 기만을 보고서로 작성하여 세상에 알렸으나 사람들로부터 잊힌 루돌프 브르바의 일대기를 담은 전기다. 이 책을 통해 흘러간 과거의 한 사건에 머물지 않고, 진실의 연약함과 위대함을 되새기는 경험을 가질 수 있다.

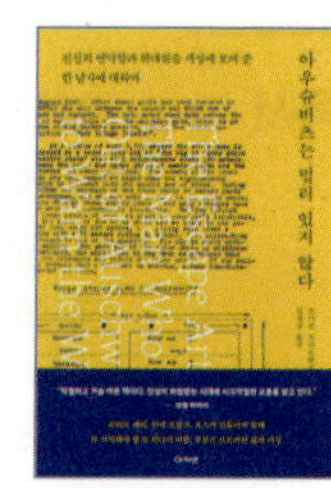

주제1 나치 독일의 반유대주의 이데올로기와 홀로코스트 발생 배경에 대한 탐구
주제2 제2차 세계 대전의 참상이 세계 인권 선언 등 인권 개념 확산에 미친 영향 탐구
주제3 '아우슈비츠는 멀리 있지 않다'라는 메시지가 오늘날 인종 차별·혐오 문제에 주는 시사점 고찰

논문
〈1917~1928년 러시아: 혁명에서 반혁명으로: 소비에트 러시아에서 스탈린주의 러시아로〉 최일붕, 2005.
이 논문은 러시아 혁명과 스탈린 체제의 관계를 재검토한 것이다. 레닌이 스탈린을 낳았고 스탈린은 구소련 블록을 해체시킨 공포 정치와 경제 정체를 낳았다는 주장을 재검토하고, 레닌이 추구했던 정치와 1928년 이후 스탈린이 보여 준 정치 사이에는 커다란 차이가 있음을 살펴본다.

주제1 임시 정부와 소비에트 정권의 권력 구조 비교를 통한 러시아 혁명의 성격 고찰
주제2 레닌과 스탈린의 정치 노선 비교를 통한 사상적 지향과 정치적 실천의 충돌에 대한 탐구
주제3 러시아 혁명과 스탈린 체제를 통해 본 20세기 사회주의 운동의 성격과 한계에 대한 탐구

토론
주제1 베르사유 조약은 평화를 보장한 협정인가, 제2차 세계 대전의 불씨인가?
주제2 홀로코스트의 책임은 지도자의 독재적 결정에 있는가, 대중의 동조와 방관에 있는가?
주제3 핵무기 사용은 전쟁을 조기 종결하기 위한 불가피한 선택인가, 인도주의적 범죄인가?

02 [12세사04-02]

냉전의 전개 양상에 따라 나타난 사회, 문화의 변화를 분석한다.

\# 냉전 체제　\# 베트남 전쟁　\# 제3세계　\# 소련의 해체　\# 중화 인민 공화국　\# 문화 대혁명　\# 탈냉전　\# 지역화

교과 세특 탐구 주제

주제1 탈냉전 시대 유럽 연합(EU) 통합과 세계 질서 재편에 대한 탐구

주제2 한국 전쟁과 베트남 전쟁을 통해 본 냉전기 대리 전쟁의 성격과 한계에 대한 탐구

주제3 전후 세계 질서 재편 속에서 미국과 소련의 패권 경쟁과 냉전 체제 형성 과정 고찰

주제4 고르바초프의 페레스트로이카·글라스노스트가 사회주의 체제 변화에 끼친 영향 탐구

□ 함께 보면 좋은 도서

《지리로 다시 읽는 자본주의 세계사》 이동민, 갈매나무, 2025.

《냉전: 우리 시대를 만든 냉전의 세계사》 오드 아르네 베스타(유강은 역), 서해문집, 2025.

《전쟁과 음악: 양차 대전과 냉전, 그리고 할리우드》 존 마우체리(이석호 역), 에포크, 2025.

GUIDE 냉전 체제가 지속되면서 이념 대립이 심화되었음을 이해하고, 이러한 특징이 반영된 냉전 시대의 문화를 정리한다.

연계 활동 탐구 주제

독서　《냉전: 우리 시대를 만든 냉전의 세계사》 오드 아르네 베스타(유강은 역), 서해문집, 2025.

이 책은 냉전을 단순히 미국과 소련의 대립으로 한정하지 않고, 오늘날 많은 지역이 냉전 시대에 생겨난 환경 위협과 사회적 분열, 종족 갈등에 시달리고 있는 전 지구적 현상으로 새롭게 조망한 것이다. 이 책을 통해 지리적·연대적으로 냉전에 관한 우리의 이해를 넓힐 수 있다.

주제1 냉전 구도가 라틴아메리카 사회의 양극화에 미친 영향 탐구

주제2 냉전이 아시아·아프리카·중동 사회에 남긴 정치·경제적 영향 탐구

주제3 냉전 시기 과학기술 발전이 군사력 강화와 사회 변화에 미친 영향 분석

논문　〈비동맹 운동(Non-Aligned Movement)의 세계사적 위치와 성격〉 김정배, 2019.

이 논문은 1961년 창설된 비동맹 운동의 성격과 역사적 의미를 다룬 것이다. 비동맹 운동은 식민지 해방 이후 신생 독립국들이 독자적 정책을 추구하며 새로운 국제 질서를 모색한 시도였으나, 내적 이질성과 강대국·세계 자본주의 체제의 압력 속에서 한계를 드러내며 1970년대 이후 약화되었다.

논문 바로가기

주제1 제3세계의 등장이 냉전 체제 속 강대국 균형에 끼친 영향에 대한 탐구

주제2 반둥 회의의 평화 10원칙이 제3세계 창설에 끼친 영향과 역사적 의의 고찰

주제3 비동맹 운동의 성립 배경과 탈식민 국가들의 집단 정체성 형성에 대한 탐구

토론　**주제1** 베트남 전쟁은 민족 해방 전쟁인가, 냉전의 대리전인가?

주제2 중국의 개혁·개방 정책은 사회주의 체제의 타협인가, 실용주의적 발전 전략인가?

주제3 비동맹 운동은 냉전 질서를 극복할 제3의 길인가, 강대국 사이에서 흔들린 미완의 시도인가?

03 [12세사04-03]
현대 세계의 과제를 해결하기 위해 인류가 기울여온 노력을 탐구한다.

\# 소수자 차별　\# 다문화주의　\# 인종 갈등　\# 종교 갈등　\# 세계화　\# 신자유주의　\# 교토 의정서　\# 파리 협정

관련 학과
· 에너지공학과
· 지역사회개발학과
· 해양환경과학과
· 환경학과

교과 세특 탐구 주제

주제1 프랑스·독일·영국 등 유럽 국가의 다문화 정책 비교를 통한 시사점 고찰

주제2 시리아 내전 사태를 통해 본 지구촌 문제에 대한 국제 사회의 대응과 한계 탐구

주제3 세계화와 신자유주의 정책이 개발도상국의 경제 성장과 사회적 불평등에 미친 영향 분석

주제4 리우 선언·교토 의정서·파리 협정을 통해 본 지속가능 발전 개념의 확장과 한계에 대한 탐구

▤ 함께 보면 좋은 도서

《세계사를 움직이는 다섯 가지 힘》 사이토 다카시(홍성민 역), 뜨인돌, 2024.
《빈곤의 연대기》 박선미 외, 갈라파고스, 2015.
《이슬람에서 바라보는 유럽》 나이토 마사노리(권용철 역), 에이케이커뮤니케이션즈, 2025.

GUIDE 인종 차별, 경제적 불평등, 생태환경과 관련된 문제를 정리해 본 후, 인류의 지속가능한 발전을 위해 실천할 수 있는 일이 무엇일까 성찰한다.

연계 활동 탐구 주제

독서　《세계사를 움직이는 다섯 가지 힘》 사이토 다카시(홍성민 역), 뜨인돌, 2024.
이 책은 욕망, 모더니즘, 제국주의, 몬스터(자본주의, 사회주의, 파시즘), 종교의 다섯 가지 힘을 바탕으로 세계사를 관통하는 커다란 이슈들을 중심으로 역사 전반을 날카롭게 분석한 것이다. 이 책을 통해 인류의 발자취를 성찰하고, 역사적 통찰과 다양한 시각을 넓히는 계기를 얻을 수 있을 것이다.

주제1 대중 선동과 극단적 민족주의가 현대 사회에 미치는 영향 고찰

주제2 다국적 기업의 확산을 통해 본 현대 경제 제국주의의 특징 분석

주제3 팔레스타인 분쟁에서 나타난 종교 갈등과 민족 갈등의 복합성 탐구

논문　〈기후변화와 인권 -환경 파괴 상황에서 인권에 기반한 접근법-〉 조윤재, 2019.
이 논문은 기후변화를 단순한 환경 문제가 아닌 인권 문제로 접근하며, 과학 기술의 발전이 국제 사회의 대응 방식에 미친 영향을 분석한 것이다. 이를 통해 과학 기술이 기후변화 대응의 핵심 수단임과 동시에, 기술 격차와 새로운 사회적 위험이 '기후정의' 문제와 연결됨을 지적하고 있다.

논문 바로가기

주제1 기후변화가 생명권·건강권·주거권 등 인권 보장에 미치는 영향 탐구

주제2 선진국과 개발도상국 간 과학 기술 격차가 기후정의 실현에 미치는 영향 탐구

주제3 교토 의정서의 온실가스 감축 의무화와 신재생 에너지 기술 발전의 상관관계 탐구

토론　**주제1** 팔레스타인 분쟁은 종교 갈등이 원인인가, 정치·영토 갈등이 본질인가?

　　　주제2 난민 수용은 다문화 사회의 다양성 확대인가, 사회적 갈등 심화의 계기인가?

　　　주제3 후쿠시마 오염수 방류는 불가피한 조치인가, 국제 사회가 공동 대응해야 할 환경 위협인가?

동아시아 역사 기행

1 ▶ 교과 성격

'동아시아 역사 기행'은 동아시아의 자연환경과 이를 기반으로 전개된 인간의 활동, 그리고 그 결과로 형성된 유형·무형의 문화유산을 탐구하는 과목이다. 이를 통해 학습자는 현재 동아시아 각 지역 간의 관계를 이해하고, 자신의 진로 방향을 모색한다. 이 과정에서 학생들은 각 지역이 고유성을 지니면서도 역사 속에서 지속적인 교류와 상호 작용을 통해 현재의 동아시아를 형성해 왔음을 파악한다. 또한 다양한 자료를 분석·해석하며 탐구 역량과 역사 지식을 쌓고, 역사 해석의 다양성과 논쟁성을 인식하며 타 문화에 대한 이해를 넓힌다. 나아가 동아시아의 갈등을 평화적으로 해결하는 방법을 고민하고, 생태환경 위기 극복에 주체적으로 참여하는 시민으로 성장하는 것을 목표로 한다.

> **TIP** 중학교 '역사'를 통해 익힌 역사 지식과 '한국사'의 학습 내용을 한층 더 확장하고 심화하여 고등학교 일반 선택 과목인 '세계사' 및 융합 선택 과목 '역사로 탐구하는 현대 세계'와 연계 교과임.

2 ▶ 교과 목표

- 유·무형의 문화유산 및 역사 현장을 탐구하여 역사적 가치를 인식한다.
- 동아시아 지역의 특징을 역사적 맥락에서 파악하고, 세계와의 연관 속에서 이해한다.
- 역사 자료의 분석과 해석을 통해 동아시아 역사의 특징을 추론한다.
- 동아시아 역사와 문화의 다양성을 탐구하고 타자를 이해하며 존중하는 태도를 갖는다.
- 현존하는 동아시아의 문제 해결 방안과 지속가능한 발전을 모색하는 시민의 자질을 갖춘다.
- 동아시아의 주요 현안을 심층적으로 이해함으로써 동아시아의 정치, 외교, 경제, 통상, 문화, 기후 환경 및 생태 관련 분야의 전문가로 성장하는 토대로 삼는다.

3 ▶ 교과 핵심 키워드

# 6·25 전쟁	# 강제 징용 문제	# 개항	# 개혁·개방	# 공존
# 관학화	# 관혼상제	# 국가 불교	# 국가총동원법	# 기후위기
# 난징 대학살	# 냉전	# 농경 세계	# 다문화 사회	# 대중문화
# 동북 공정	# 동북아시아	# 통서 문화 교류	# 동아시아 교역망	# 동아시아 국제 질서의 변화
# 동아시아 근대화 운동	# 동아시아 문화권	# 동아시아 연대	# 동아시아 자연환경	# 만주 사변
	# 동아시아 전쟁	# 룽산 문화	# 마자파힛 왕조	
# 몽골 제국	# 문화 대혁명	# 믈라카 왕국	# 베트남 사회주의 공화국	# 베트남 전쟁
# 사회주의	# 산업화	# 서원		# 신석기 혁명
# 아시아·태평양 경제 협력체	# 아시아·태평양 전쟁	# 야스쿠니 신사 참배 문제	# 역사 갈등	# 역사 교과서 왜곡 문제
			# 역사 기행	
# 열대 기후	# 영토 분쟁	# 온대 기후	# 유교의 정립	# 유럽 상인
# 유목 세계	# 유물	# 유적	# 일본 55년 체제	# 일본군 '위안부'
# 전염병의 확산	# 제국주의 열강	# 주희	# 중일 전쟁	# 중화 인민 공화국
# 충칭 대공습	# 콜레라	# 타이완 일당 지배 체제	# 페스트	# 플랜테이션 농업
# 풍응우옌 문화	# 한국의 민주화		# 허무두 문화	# 홍산 문화

핵심 아이디어	• 동아시아 지역의 다양한 생활 방식은 생태환경의 차이와 관련된다. • 동아시아 세계는 교류와 갈등 속에 형성되었다. • 제국주의 침략과 식민 지배는 동아시아에 사회·경제적 문제를 초래했다. • 동아시아의 평화와 공존을 위해 각국의 상호 협력이 필요하다. • 역사 자료를 분석하고 해석할 때는 역사적·공간적 맥락을 고려해야 한다.

범주		내용 요소
지식·이해	동아시아로 떠나는 역사 기행	• 역사 기행을 통한 동아시아 역사 탐구의 이해 • 동아시아의 생태환경과 동아시아 사람들의 생활
	교류와 갈등의 현장에서 만난 역사	• 동아시아 지역 간 교류의 시작 • 종교와 사상을 중심으로 한 지역 간 교류 • 몽골의 팽창과 17세기 전후 동아시아 전쟁 • 동아시아 지역 내외 교류 양상의 다양화
	침략과 저항의 현장에서 만난 역사	• 동아시아 지역에서 전개된 제국주의 침략 전쟁 • 아시아·태평양 전쟁과 반제·반전을 위한 저항과 연대 • 침략과 전쟁 및 식민 지배로 인한 생태환경 변화
	평화와 공존의 현장에서 만난 역사	• 냉전 시기 동아시아의 전쟁과 정치·사회적 변화 • 지역 간 경제와 문화 교류 및 다문화 사회화 • 상호 공존의 지역 질서 형성을 위한 연대와 참여
과정·기능		• 동아시아 각국의 역사적 장소와 문화유산에 대해 탐구하기 • 자료의 선택 및 분석과 해석을 통해 동아시아 지역의 특징 추론하기 • 동아시아 관련 탐구 과제에 대해 협업을 통해 결과물 도출하기
가치·태도		• 국경을 넘어 동아시아의 시민으로 인식 • 역사적 이해를 바탕으로 타자를 이해하고 존중하는 자세 • 동아시아의 현존하는 갈등을 해소하고 공존과 평화를 추구하는 자세

I 동아시아로 떠나는 역사 기행

01 [12동역01-01]
역사 기행을 통한 탐구의 방법을 이해하고, 동아시아의 범위와 특징을 파악한다.

\# 역사 기행 \# 유물 \# 유적 \# 동아시아 범위 \# 동남아시아 \# 동북아시아 \# 공존 \# 번영

관련 학과
· 문화인류학과
· 문화유산학과
· 사학과
· 지리학과

교과 세특 탐구 주제

주제1 동아시아의 범위와 동아시아 문화권의 의미 탐구
주제2 역사 유적 답사와 문헌 사료 학습의 차이점 비교 탐구
주제3 세계사적 맥락에서 동아시아사를 이해하는 방법에 대한 탐구
주제4 역사 기행이 학생들의 역사적 공감 능력과 정체성 형성에 미치는 영향 탐구

▣ 함께 보면 좋은 도서
《역사를 읽는 법》 류시현, 따비, 2024.
《역사의 오류를 읽는 방법》 오항녕, 김영사, 2024.
《메가아시아 연구 입문: 역사, 시각, 방법》 신범식 외, 진인진, 2022.

GUIDE 동아시아 지역의 범위와 공통 문화 요소를 정리해 보며, 역사 기행이 갖는 학습적 의미를 이해한다.

연계 활동 탐구 주제

독서 《역사의 오류를 읽는 방법》 오항녕, 김영사, 2024.
이 책은 역사가가 어떻게 역사를 기록하고 어떤 오류를 범하는지 동서양 문헌과 대중문화를 넘나들며, 역사 기록·서술·해석 과정에서 발생할 수 있는 오류를 구체적이고 다양한 사례를 통해 보여 준다. 또한 그 오류를 비판적으로 검토하고 교정해 나가는 과정이야말로 역사학의 힘이라고 강조한다.

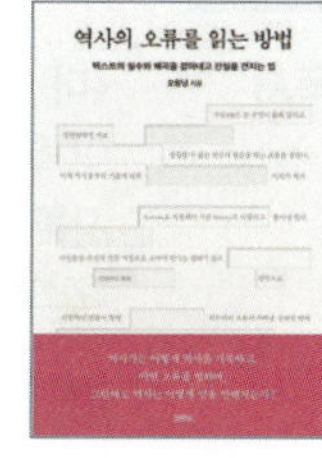

주제1 역사 기록에서 오류가 발생하는 원인과 영향 분석
주제2 대중문화 속 역사 재현이 가지는 오류와 한계에 대한 탐구
주제3 사료 비판이 역사학의 신뢰성 확보에 기여하는 방식에 대한 탐구

논문 〈고등학교 〈동아시아사〉의 성격과 체계〉 정연, 2008.
이 논문은 〈동아시아사〉는 동아시아 지역을 하나의 역사적 단위로 설정한 지역사 과목이라는 점을 강조하며, 한국사 중심의 민족주의적 서술과 세계사 중심의 서구 중심주의를 동시에 극복하고, 한·중·일 및 베트남 등 동아시아 지역의 교류와 갈등을 종합적으로 이해할 수 있도록 구성되었다.

주제1 베트남을 포함한 동아시아사 서술의 교육적 의의 고찰
주제2 주제별·비교사적 접근 방식이 동아시아사 학습에서 갖는 장점과 한계에 대한 탐구
주제3 동아시아사 학습이 민족주의적 역사관과 서구 중심적 역사관 극복에 미치는 효과 고찰

토론 **주제1** 동아시아는 하나의 역사 문화권인가, 서로 다른 역사의 모자이크인가?
주제2 동아시아 역사 기행은 동아시아의 공통성 학습에 유용한가, 차이 인식에 유용한가?
주제3 동아시아의 범위는 동북아시아로 한정해야 하는가, 동남아시아까지 포함해야 하는가?

02 [12동역01-02]

생태환경을 바탕으로 형성된 유목 세계, 농경 세계, 해양 세계의 삶을 이해한다.

\# 동아시아 지연환경 \# 열대 기후 \# 온대 기후 \# 건조 기후 \# 농경 세계 \# 유목 세계 \# 해양 세계

교과 세특 탐구 주제

주제1 초원 지대의 기후가 유목 생활 형성에 미친 영향 탐구

주제2 황허·양쯔강과 기후가 농경 사회 발달에 기여한 이유 분석

주제3 유목·농경·해양 세계의 공존과 갈등이 동아시아사 전개에 미친 영향 고찰

주제4 동아시아 자연환경의 다양성이 문화적 공통성과 차이성 형성에 미친 영향 분석

▣ 함께 보면 좋은 도서

《EBS 다큐프라임 인류세: 인간의 시대》 최평순 외, 해나무, 2020.
《더 늦기 전에 시작하는 생태환경사 수업》 전국역사교사모임, 휴머니스트, 2024.
《인류세: 거대한 전환 앞에 선 인간과 지구 시스템》 클라이브 해밀턴(정서진 역), 이상북스, 2018.

GUIDE 생태환경과의 관계 속에서 유목 세계, 농경 세계, 해양 세계의 생활 문화를 파악한다.

연계 활동 탐구 주제

독서 《더 늦기 전에 시작하는 생태환경사 수업》 전국역사교사모임, 휴머니스트, 2024.

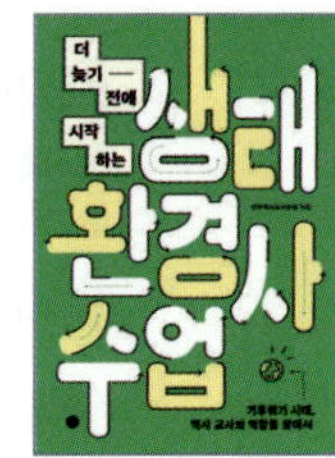

이 책은 기후위기 시대에 역사 수업이 어떤 방식으로 변화해야 하는지를 모색한 실천적 기록이다. 이 책에는 역사를 왕조의 흥망성쇠나 인물 중심의 결정론으로 가르치는 관점에서 벗어나, 기후·동식물·자원·환경 파괴 같은 요소들을 새롭게 수업의 서사에 포함시키려는 시도가 담겨 있다.

주제1 산업 혁명·제국주의·노예 무역이 환경 파괴에 미친 영향 탐구

주제2 생태환경적 역사 수업이 기후변화 시대 학생들에게 주는 교육적 의미 고찰

주제3 동아시아 농업에서 '분뇨 비료' 활용이 보여 주는 인간-자연 관계의 특징에 대한 탐구

논문 〈역사 교육에서 생태환경적 접근의 의미〉 방지원, 2022.

논문 바로가기

이 논문은 생태적 전환 교육 패러다임을 역사 교육의 맥락에서 논의한 것이다. 즉 역사 교육이 단순히 과거 사실을 학습하는 것을 넘어, 인간과 자연환경의 관계를 성찰하게 하는 배움으로 전환해야 한다고 주장하며, 생태환경사와 역사 교육의 적극적 제휴의 필요성을 강조하고 있다.

주제1 역사 교육에서 생태환경적 접근이 필요한 이유 고찰

주제2 지형과 기후가 유목·농경·해양 세계의 삶에 미친 영향 탐구

주제3 생태환경적 역사 교육이 학생의 생태적 시민성 형성에 미치는 영향 탐구

토론 **주제1** 생태환경이 인간의 삶을 규정했는가, 인간이 환경을 극복했는가?

주제2 유목 세계는 동아시아 문명의 주변적 존재였는가, 핵심적 동력이었는가?

주제3 동아시아의 다양성은 자연환경의 차이에서 비롯된 것인가, 역사적 교류에서 비롯된 것인가?

II 교류와 갈등의 현장에서 만난 역사

01 [12동역02-01]
동아시아의 지역 간 교류를 보여주는 문화유산을 탐구한다.

관련 학과
· 고고학과
· 문화유산학과
· 인류학과
· 지리학과

선사 문화와 교류 # 룽산 문화 # 풍응우엔 문화 # 조몬 문화 # 가야 토기 # 한자의 교류 # 비단길 # 동아시아 문화권

교과 세특 탐구 주제

주제1 비단길(실크 로드)을 통해 본 동아시아와 서역 지역의 교류 탐구
주제2 한자·율령·불교·유교의 전파와 수용 과정을 통해 본 동아시아 문화권의 성격 분석
주제3 동아시아 신석기 문화(홍산 토기, 한반도 빗살무늬 토기, 일본 조몬 토기)의 공통점과 차이점 분석
주제4 고구려·백제·신라와 중국, 일본의 외교 관계 및 교류를 통해 동아시아 고대 국제 질서 탐구

■ 함께 보면 좋은 도서
《황금, 불멸의 아름다움》 강인욱, 서해문집, 2024.
《한국 고고학 이해》 한국고고학회 외, 진인진, 2023.
《중국 고고학, 위대한 문명의 현장》 리링 외(정호준 역), 역사산책, 2021.

GUIDE 동아시아 선사 시대의 유적·유물을 살펴보며 생활 모습과 지역 간 교류를 정리한다. 또한 동아시아 지역 국가의 성장과 발전을 탐구한다.

연계 활동 탐구 주제

독서
《황금, 불멸의 아름다움》 강인욱, 서해문집, 2024.
이 책은 스키타이와 흉노, 훈족 등 유라시아 유목민이 발전시킨 황금 문화가 문명 간 교류의 상징인 실크 로드를 따라 동아시아에 전파되어 한반도의 신라 금관으로 이어진 사례를 중심으로 황금이 부와 장식의 상징을 넘어서, 문명 교류와 권력, 신앙, 미적 가치를 드러내는 중요한 매개였음을 밝혔다.

주제1 스키타이·흉노의 황금 문화가 동아시아로 전해진 경로와 연관 관계 탐구
주제2 비파형 동검 문화와 함께 확산된 황금 문화가 동아시아 사회에 끼친 영향 고찰
주제3 일제 강점기 신라 금관 발굴을 통한 국가 정체성과 국제 분쟁에 미치는 영향 탐구

논문
〈기원전 4~서기 1세기의 고고학 자료로 본 흉노와 동아시아 –흉노학의 정립을 위한 토대 구축을 겸하여〉 강인욱, 2010.
이 논문은 기원전 4~3세기 오르도스 지역의 초원 문화와 연나라 신장두 30호 묘 출토품(한국식 동과, 흉노식 금 장식)을 분석하면서, 흉노를 단순히 중국 변방의 유목민으로 보는 시각을 넘어서, 고조선·연·중국 북부와 얽히며 동아시아 고대사의 중요한 축을 형성했음을 서술한 것이다.

논문 바로가기

주제1 연나라 신장두 30호 묘 출토 한국식 동검을 통해 본 흉노·연·고조선 관계 고찰
주제2 고고학 자료와 사서 기록을 결합한 흉노와 동아시아 교류사 연구 방법의 의의 탐구
주제3 흉노의 분열과 쇠퇴가 동아시아 반농반목 국가(부여·고구려·선비) 형성에 끼친 영향 탐구

토론
주제1 신라 금관은 독창적 산물인가, 유라시아 황금 문화의 수용과 변용인가?
주제2 '중화 문명 기원 프로젝트'는 고고학적 업적인가, 국가주의를 뒷받침하는 정치적 도구인가?
주제3 동아시아 문화권은 중국 문화에 대한 수동적 수용으로 형성되었는가, 교류 속에서 변형한 결과인가?

02 [12동역02-02]
종교와 사상을 중심으로 동아시아 각 지역 간 교류 양상을 파악한다.

\# 유교의 정립 \# 성리학의 확산 \# 권학화 \# 주희 \# 서원 \# 향약 \# 관혼상제 \# 국가 불교 \# 불교의 토착화

교과 세특 탐구 주제

주제1 서원의 확산이 성리학의 보급과 사회 규범화 촉진에 미친 영향 분석
주제2 《부모은중경》과 '하치만상'을 통해 본 동아시아 불교의 토착화 및 변용 과정 탐구
주제3 유교의 수용과 변용 과정 탐구: 중국·한반도·일본·베트남 유교의 공통점과 차이점
주제4 《대당서역기》, 《왕오천축국전》, 《입당구법순례행기》를 통해 본 동아시아 불교 교류 양상 탐구

📖 **함께 보면 좋은 도서**
《미치게 친절한 동양 철학》 안상헌, 행성B, 2024.
《한국 철학 다시 읽기》 조성환 외, 모시는사람들, 2024.
《철학 입문을 위한 최소한의 동양 철학사: 인물편》 신성권, 하늘아래, 2024.

GUIDE 동아시아 불교의 교류 양상을 파악해, 사상과 종교의 이동이 동아시아 교류와 질서 형성에 어떤 의미가 있었는가를 정리한다.

연계 활동 탐구 주제

독서 《미치게 친절한 동양 철학》 안상헌, 행성B, 2024.
이 책은 공자, 맹자, 노자, 장자, 한비자, 성리학 등 유교, 도교, 불교 등 동아시아의 정신적 토대를 이룬 사상을 쉽고 친절하게 풀어낸 것이다. 동아시아의 정신을 구성해 왔던 동양 철학을 구체적 사례와 문헌을 바탕으로 친절히 설명, 맥락을 짚을 수 있게 이끈다. 이 책은 동양 철학의 흐름을 이해하는 데 길잡이가 될 것이다.

주제1 노자의 도 사상이 자연관·인간관 형성에 미친 영향 탐구
주제2 성리학과 불교 사상 비교를 토대로 동아시아 정신 세계 형성 과정 탐구
주제3 공자의 '예'와 맹자의 '왕도 정치'를 비교하여 본 유교적 통치 이념의 특징 분석

논문 〈삼국의 불교와 사상 교류〉 김복순, 2004.
이 논문은 삼국 간 불교 사상 교류와 대외 교류를 중심으로 불교의 성격을 분석한다. 삼국은 정치·사회적 상황에 맞게 불교를 수용·변용하며 사상적 영향을 주고받았고, 승려들의 중국·인도 유학은 경전 유입, 종파 다양화, 세계관 확대를 이끌었다. 삼국 불교는 국가 운영과 사회 질서에 깊이 작용한 사상이었다.

주제1 삼국 불교의 성격과 국가 운영에 미친 영향 탐구
주제2 승려들의 교류가 동아시아 불교 문화 확산에 끼친 영향 탐구
주제3 《왕오천축국전》을 통해 본 신라 승려들의 중국·인도 유학과 불교 전파 과정 고찰

토론 **주제1** 성리학의 규범화로 사회가 통합되었는가, 사회 갈등이 심화되었는가?
주제2 유교의 본질은 개인의 도덕적 수양인가, 사회와 국가 질서의 유지인가?
주제3 불교의 전파는 단순한 종교 확산인가, 동아시아 사회 변화를 이끈 동력인가?

03 [12동역02–03]
몽골의 팽창 및 17세기 전후 동아시아 전쟁이 초래한 변화를 이해한다.

관련 학과
· 국제관계학과
· 국제통상학과
· 군사학과
· 역사문화학과

북방 민족의 성장　# 국제 관계의 다원화　# 몽골 제국　# 동서 문화 교류　# 역참제　# 동아시아 전쟁

교과 세특 탐구 주제

주제1 차마고도 교역 형성의 역사적 배경과 경로, 전개 과정 탐구
주제2 몽골의 정복 전쟁이 동아시아 각국의 정치·사회 체제에 초래한 변화 탐구
주제3 조선의 소중화 의식과 청의 대중화 의식 비교를 통한 동아시아 질서 재편 분석
주제4 임진왜란 이후 문화 교류와 기술 전파(도자기, 성곽 축조 등)의 양상에 대한 탐구

▣ 함께 보면 좋은 도서
《동아시아사 입문》 동북역사재단 편집부, 동북아역사재단, 2020.
《몽골 제국, 실크 로드의 개척자들》 미할 비란 외(이재황 역), 책과함께, 2021.
《역사 선생님이 들려주는 친절한 동아시아사》 전국역사교사모임, 북멘토, 2017.

GUIDE 북방 민족의 성장과 다원적으로 전개된 동아시아의 국제 관계, 몽골 제국의 발전 과정과 동서 문화 교류 모습을 파악한다.

연계 활동 탐구 주제

독서　《역사 선생님이 들려주는 친절한 동아시아사》 전국역사교사모임, 북멘토, 2017.
이 책은 청소년을 위한 동아시아사 입문서로, 정치·경제·문화적으로 긴밀히 얽힌 동아시아 역사를 시대별·주제별로 풀어내고 있다. 동아시아의 역사, 국가 간 갈등의 원인, 평화를 이룰 방법은 무엇인지 질문을 던지고 해결의 실마리를 찾을 수 있다.

주제1 울루스 체제와 역참망을 통해 본 몽골 제국의 통치 방식 탐구
주제2 가마쿠라·무로마치·에도 막부의 성립 배경과 정치 구조 차이 비교 분석
주제3 임진왜란 명칭 논쟁을 통해 본 동아시아 국가들의 역사 인식 차이에 대한 분석

논문　〈임진왜란과 한반도 지정학 인식〉 김영진, 2023.
이 논문은 일본이 한반도를 통해 중국에 진출하려다 충돌한 임진왜란을 거치면서 명과 조선에서 국제 질서 인식이 어떻게 변화되었는지 살펴본다. 임진왜란 이후 조선은 중국 중심의 질서 의식에서 벗어나 한반도의 지정학적 중요성에 대한 인식이 생겨나고 전략적 요충지로 자리매김하게 되었음을 확인할 수 있다.

논문 바로가기

주제1 임진왜란이 동아시아 교역과 국제 질서 재편에 미친 영향 탐구
주제2 임진왜란 시기 명의 파병 논쟁을 통해 본 한반도의 전략적 요충지 인식에 대한 탐구
주제3 전통적 중화 질서에서 '울타리(藩屏)' 개념과 근대적 지정학 인식의 전환에 대한 분석

토론　**주제1** 조선의 소중화론은 정통성 유지인가, 시대착오적 한계인가?
주제2 북방 민족의 성장은 동아시아 국제 질서에 위협이 되었나, 다원화의 기회였나?
주제3 임진왜란은 전통적 중화 질서를 흔든 전쟁인가, 동아시아 국제 질서 재편의 출발점인가?

이슬람과 유럽 세력의 참여를 통해 확대된 동아시아 교류의 모습을 탐구한다.

관련 학과
· 국제관계학과
· 국제통상학과
· 경제학과
· 지역사회개발학과

\# 이슬람 상인 \# 마사빠힛 왕소 \# 블라카 왕국 \# 성화 항해 \# 유럽 상인 \# 동아시아 교역망 \# 갈레온 무역

교과 세특 탐구 주제

주제1 조선의 회취법 도입이 동아시아 은 생산과 국제 교역에 끼친 영향 탐구

주제2 은의 국제 통화 사용이 동아시아 사회에 가져온 긍정적 효과와 부정적 효과 탐구

주제3 이슬람 상인의 교역 활동이 동남아시아 이슬람 문화와 종교 전파에 끼친 영향 탐구

주제4 가톨릭 포교와 무역이 결합된 에스파냐 교역 정책에 대한 중국·일본의 대응 방식 분석

GUIDE 동남아시아에서 볼 수 있는 불교, 힌두교, 이슬람교의 문화유산을 통해 이슬람 상인을 통한 동아시아 교류의 모습을 파악한다.

📖 함께 보면 좋은 도서

《도시로 보는 동남아시아사》 강희정 외, 사우, 2022.
《10대를 위한 이븐 바투타 여행기》 김승신, 두레, 2019.
《중국의 전근대 무슬림 상인들》 존 차피(윤재운 역), 평사리, 2024.

연계 활동 탐구 주제

독서

《10대를 위한 이븐 바투타 여행기》 김승신, 두레, 2019.
이븐 바투타는 1325년부터 1354년까지 약 30년 동안 서남아시아, 유럽, 중국, 아프리카 등 광범위한 지역을 기록하며, 당시 세계의 문화와 사회를 사실적으로 전달하였다. 열병, 풍랑, 전쟁 포로 등 수많은 위험 속에서도 포기하지 않았던 그의 열정은 생생한 감동과 모험의 의미를 전해 줄 것이다.

주제1 이븐 바투타 여행기의 사료적 의의와 한계 고찰

주제2 14세기 이븐 바투타의 여행을 통해 본 이슬람 세계와 동서 문명 교류의 양상 탐구

주제3 이븐 바투타와 마르코 폴로의 여행 기록 비교를 통해 본 동서 문명 교류의 양상 분석

논문

〈글로벌 무역으로서의 마닐라 갈레온 무역과 중국인과 일본인의 교역 −대항해 시대의 유럽의 가톨릭 포교와 무역을 중심으로−〉 이덕훈, 2014.
이 논문은 스페인 식민지 필리핀의 마닐라와 멕시코 아카풀코 사이에서 이루어진 갈레온 무역을 다룬 것이다. 이 무역은 중국의 비단, 일본의 은, 그리고 아메리카의 은을 매개로 한 세계 최초의 글로벌 무역 체계로, 단순한 동서 교역이 아니라 아시아, 아메리카, 유럽을 잇는 삼각 무역이었다.

논문 바로가기

주제1 은-비단 교환이 동아시아-아메리카-유럽을 연결한 삼각 무역에 끼친 영향 분석

주제2 명나라 일조편법 실시와 은에 대한 수요가 갈레온 무역 확대에 기여한 배경 탐구

주제3 일본 은(銀)의 대량 생산과 갈레온 무역 참여가 일본 경제와 국제 교류에 미친 영향 탐구

토론

주제1 은의 유통은 동아시아의 발전을 이끈 동력인가, 사회적 불안을 심화한 원인인가?

주제2 이슬람 상인은 단순한 무역 상인인가, 동아시아 해상 교역망을 연결한 핵심 주역인가?

주제3 스페인의 '무역+가톨릭 포교' 정책은 문화 교류 촉진의 계기인가, 사회 갈등 심화 요인인가?

III 침략과 저항의 현장에서 만난 역사

01 [12동역03-01]
동아시아 지역에서 전개된 제국주의 열강의 침략 전쟁을 탐구한다.

관련 학과
- 국제관계학과
- 군사학과
- 역사문화학과
- 정치외교학과

\# 제국주의 열강　\# 개항　\# 동아시아 근대화 운동　\# 동아시아 국제 질서의 변화　\# 동남아시아 민족 운동

교과 세특 탐구 주제

주제1 청의 양무운동과 일본의 메이지 유신의 근대화 성과와 한계 요인 비교 탐구

주제2 아편 전쟁과 난징 조약이 중국의 개항과 불평등 조약 체제 형성에 끼친 영향 탐구

주제3 제국주의 열강의 침략과 동아시아 각국(중국·일본·조선·베트남)의 개항 방식 비교 분석

주제4 판보이쩌우의 베트남 유신회 조직과 동유 운동을 통해 본 베트남 독립운동의 전개 과정 탐구

■ 함께 보면 좋은 도서
《문제적 중국사》 김훈종, 지식의숲, 2024.
《역사나 동아시아사》 박중현, 해냄에듀, 2019.
《처음 읽는 일본사》 전국역사교사모임, 휴머니스트, 2018.

연계 활동 탐구 주제

독서　《문제적 중국사》 김훈종, 지식의숲, 2024.
이 책은 세계 최대 제국 원, 해양 교류를 넓힌 명, 만주족의 청, 공화국과 일국양제의 근현대 중국까지 네 시기를 다루면서 세계사의 흐름 속에서 중국사의 이면을 살펴본다. 특히 원·명·청·근현대 중국 시기 세계와의 교섭이 중국 내부 변화를 어떻게 이끌었는지 조망하여, 동아시아와 세계의 관계를 바라볼 역사적 통찰을 기를 수 있다.

주제1 청·일 전쟁이 동아시아 국제 질서 재편에 미친 영향 분석

주제2 태평천국 운동과 동학 농민 운동의 공통점과 차이점 비교 탐구

주제3 쑨원과 신해혁명: 아시아 최초 공화제 국가 수립의 성과와 한계에 대한 탐구

논문　〈1919년 동아시아, 3·1 운동과 5·4 운동〉 임형택, 2009.
이 논문은 한국의 3·1 운동과 중국의 5·4 운동을 '역사적 동시성' 속에서 연계해 살펴본다. 특히 두 운동을 단순한 정치 사건이 아니라 신문화 운동과 연결된 문화 운동 과정으로 파악하며, 그 결과 3·1 운동과 5·4 운동은 각각 한국과 중국의 근대 문화 성립으로 이어진 중요한 계기였음을 강조한다.

논문 바로가기

주제1 3·1 운동과 5·4 운동이 각각 한국과 중국의 근대 문화 형성에 끼친 영향 탐구

주제2 5·4 운동 이후 중국 민족 운동 노선의 분화와 제1차 국공 합작의 성립 배경 탐구

주제3 3·1 운동과 5·4 운동이 동아시아에서 동시에 전개된 역사적 배경 및 정치적 한계 분석

토론　**주제1** 동아시아 각국의 개항은 근대화의 시작인가, 제국주의 침략과 간섭의 시작인가?

주제2 아편 전쟁은 서구 제국주의의 부도덕한 침략인가, 청나라 체제의 부패에서 비롯되었는가?

주제3 청·일 전쟁은 동아시아 근대 질서 재편의 전환점인가, 일본 제국주의 팽창의 출발점인가?

02 [12동역03-02]
아시아·태평양 전쟁과 이에 대한 저항과 연대의 움직임을 파악한다.

만주 사변 # 중일 전쟁 # 아시아·태평양 전쟁 # 난징 대학살 # 충칭 대공습 # 국가총동원법 # 일본군 '위안부'

교과 세특 탐구 주제

주제1 아시아·태평양 전쟁이 오늘날 동아시아 국제 관계에 미친 영향 고찰

주제2 난징 대학살과 충칭 대공습을 통해 본 일본군 전쟁 범죄의 실체 탐구

주제3 일본의 침략 전쟁이 중일 전쟁에서 아시아·태평양 전쟁으로 확대된 배경 탐구

주제4 반제와 반전, 평화를 위한 움직임: 일본 지식인·학생·종교계의 반전 평화 운동 사례 탐구

📖 함께 보면 좋은 도서

《개념 전쟁》 손열, EAI, 2023.
《제국의 건설과 전쟁: 청일 전쟁에서 아시아·태평양 전쟁까지》 김진기, 이담북스, 2023.
《한중일이 함께 쓴 동아시아 근현대사 1》 한중일3국공동역사편찬위원회 외, 휴머니스트, 2012.

GUIDE 아시아·태평양 전쟁의 흔적을 조사해, 전쟁의 참상과 동아시아 사람들이 겪은 고통을 이해한 후, 일제에 대한 저항과 연대의 움직임을 파악한다.

연계 활동 탐구 주제

독서

《한중일이 함께 쓴 동아시아 근현대사 1》 한중일3국공동역사편찬위원회 외, 휴머니스트, 2012.
이 책은 동아시아 근현대사를 각국사의 틀을 넘어 관계사의 시각에서 다루며, 전쟁과 지배, 저항과 연대의 과정을 국제 관계 속에서 파악한다. 민중의 생활과 교류를 비교사적으로 고찰하고, 서로의 차이를 인정하면서 공동의 역사 인식을 모색, 동아시아의 화해와 평화를 향한 시도를 담고 있다.

주제1 만주 사변과 만주국 성립을 둘러싼 일본의 논리와 국제 연맹의 한계 분석

주제2 일본의 '대동아 공영권' 구상이 식민지 조선·타이완 민중에게 미친 영향 탐구

주제3 제2차 국공 합작의 성립과 중국 민족주의·공산주의 세력의 연대 과정과 의의 탐구

논문

〈아시아·태평양 전쟁 시기 일본군 '위안부'의 정체성 −여자 군속의 종군 간호부와 비교 연구−〉 신영숙, 2009.
이 논문은 아시아·태평양 전쟁 시기 일본군 '위안부'를 군속으로 동원된 종군 간호부와의 구조적·제도적 유사성을 비교해 고찰한다. 이를 통해 전시 여성 동원의 성격과 일본군 명부에서 위안부 신분이 의도적으로 은폐된 문제를 드러내며, 피해자 정체성과 인권 문제를 역사적으로 재조명하고 있다.

논문 바로가기

주제1 아시아·태평양 전쟁 시기 일본군 '위안부'와 종군 간호부의 정체성 비교 탐구

주제2 일본군 '위안부'와 종군 간호부 사례를 통해 본 일본군의 전시 동원 체제의 특징 분석

주제3 일본군 '위안부' 문제 해결이 한·일 청소년 세대의 역사 인식과 상호 이해에 미치는 영향 고찰

토론

주제1 원자 폭탄 투하는 전쟁 종식을 앞당긴 선택인가, 인류적 비극인가?

주제2 조선과 타이완의 전쟁 동원은 자발적 협력인가, 강제 동원의 희생인가?

주제3 일제의 '대동아 공영권'은 아시아 해방의 기치인가, 침략을 정당화한 가면인가?

03 [12동역03-03]
제국주의 열강의 침략과 전쟁이 지역 생활과 생태환경에 끼친 영향을 탐구한다.

관련 학과
· 농업경제학과
· 문화사회학과
· 환경공학과
· 환경학과

생태환경의 변화 # 플랜테이션 농업 # 광공업 개발 # 전염병의 확산 # 콜레라 # 페스트

교과 세특 탐구 주제

주제1 제국주의 열강의 플랜테이션 농업이 환경 파괴와 생태환경에 끼친 영향 탐구

주제2 만주와 동북아시아 지역 철도 개통·이주 확대·무역 증가가 페스트 확산에 끼친 영향 탐구

주제3 고무·커피·사탕수수·차 등 플랜테이션 농업이 동남아시아 사회·경제 구조에 끼친 영향 분석

주제4 일제의 광업 개발, 식민지 공업화 정책이 한반도의 자원 고갈과 환경 파괴에 끼친 영향 탐구

📖 **함께 보면 좋은 도서**

《우리 역사 속 전염병》 신병주, 매일경제신문사, 2022.
《클라이브 폰팅의 녹색 세계사》 클라이브 폰팅(이진아 외 역), 민음사, 2019.
《질병이 바꾼 세계의 역사》 로날트 D. 게르슈테(강희진 역), 미래의창, 2020.

GUIDE 동남아시아의 플랜테이션 농업의 전개 상황을 조사해 보고, 이와 관련한 제국주의 열강의 침략이 생태환경에 끼친 영향을 탐구한다.

연계 활동 탐구 주제

독서
《클라이브 폰팅의 녹색 세계사》 클라이브 폰팅(이진아 역), 민음사, 2019.
이 책은 인류의 역사를 환경과 인간의 상호 작용 속에서 바라보며, 농업 혁명과 산업 혁명, 도시의 성장, 자원 약탈과 불평등, 오염과 질병, 기후위기 등을 통해 인류가 자연환경에 어떻게 도전·응전을 해왔는지를 추적한다. 특히 온난화 문제까지 분석하며 우리의 삶이 지속가능한가라는 근본적 질문을 던진다.

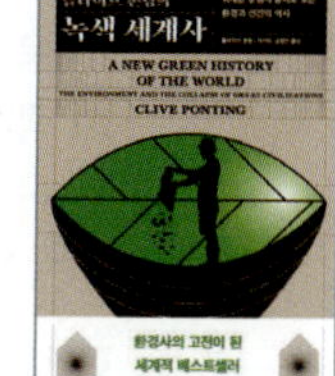

주제1 제1·2차 세계대전기 환경 파괴가 전염병 확산에 끼친 영향 분석

주제2 제국주의 국가의 자원 약탈이 오늘날 지구적 불평등 구조에 끼친 영향 탐구

주제3 기후변화와 농업·관개 시스템 변화가 감염병 확산을 가져온 역사적 사례 탐구

논문
〈생태환경의 관점으로 본 역사 수업: 사회적 재난으로서 팬데믹(전염병)에 대한 탐구를 중심으로〉 천장수, 2022.
이 논문은 역사 수업에서 팬데믹을 생태환경사의 맥락에서 다루는 방안을 모색한다. 흑사병, 콜레라, 스페인 독감 등의 사례를 통해 기후위기·생태 위기와 전염병의 상관관계, 전염병이 심화시킨 불평등과 혐오 등을 조명하며, 생태시민적 소양과 공동체적 책임 의식을 기를 수 있도록 하고 있다.

논문 바로가기

주제1 지구 온난화와 환경 파괴가 신종 감염병 발생에 미친 영향 탐구

주제2 역사 속 전염병이 심화시킨 불평등과 혐오, 희생양 만들기의 사례 탐구와 교훈 고찰

주제3 제너의 우두 백신을 둘러싼 초기 백신 찬반 논쟁이 주는 역사적 의미와 시사점 탐구

토론
주제1 일본의 조선 식민지 공업화는 근대화 정책인가, 전시 체제 자원 수탈인가?

주제2 플랜테이션 농업은 동남아시아 경제 발전의 계기인가, 제국주의적 수탈의 도구인가?

주제3 동아시아에서 20세기 초 유행한 페스트는 자연적 발생인가, 제국주의 교류에서 비롯되었나?

IV 평화와 공존의 현장에서 만난 역사

01 [12동역04-01] 냉전 시기 동아시아 지역에서 전개된 전쟁을 탐구하고, 각국의 정치·사회적 변화를 파악한다.

냉전 # 6·25 전쟁 # 베트남 전쟁 # 일본 55년 체제 # 한국의 민주화 # 타이완 일당 지배 체제 # 문화 대혁명

관련 학과
· 공공행정학과
· 국제관계학과
· 군사학부
· 정치외교학과

교과 세특 탐구 주제

주제1 한국군의 베트남전 참전이 한국 사회와 경제 발전에 끼친 영향 분석

주제2 한국 전쟁과 베트남 전쟁 비교: 원인·전개·결과의 유사성과 차이점 탐구

주제3 일본 55년 체제의 성립과 붕괴가 일본 민주주의 발전에 끼친 영향 탐구

주제4 타이완 국민당 장기 집권에서 정권 교체(2000년 민진당)로 이어진 정치 변화와 의의 고찰

GUIDE 냉전의 배경과 전개 과정을 이해하고, 베트남 전쟁과 6·25 전쟁으로 인한 동아시아 각국의 정치, 사회적 변화를 정리한다.

■ 함께 보면 좋은 도서

《처음 읽는 베트남사》 오민영, 휴머니스트, 2022.

《함께 읽는 동아시아 근현대사》 유용태 외, 창비, 2016.

《동아시아 맞수 열전》 전국역사교사모임 외, 북멘토, 2022.

연계 활동 탐구 주제

독서 《처음 읽는 베트남사》 오민영, 휴머니스트, 2022.
이 책은 중국의 오랜 영향, 프랑스 식민 지배, 독립운동, 베트남 전쟁과 분단, 도이머이 개혁과 글로벌 경제 성장 등 굵직한 사건을 망라하면서, 베트남 사회와 문화를 입체적으로 소개한 것이다. 이 책을 통해 오랜 저항과 혁신의 역사, 생동감 넘치는 베트남의 현재와 미래를 살펴볼 수 있을 것이다.

주제1 프랑스 식민 지배와 베트남 민족 운동의 전개 과정 탐구

주제2 베트남 전쟁 이후 베트남 난민(보트 피플) 문제와 국제 사회의 대응 탐구

주제3 냉전기의 분단 국가(한반도·베트남)의 경험이 오늘날 동아시아 국제 질서에 주는 교훈 고찰

논문 〈1989년 천안문 운동의 성격과 그 역사적 의미〉 이홍규, 2019.
이 논문은 1989년 중국 천안문 운동을 사회주의 체제 안에서 '사회주의적 민주'를 실현하려는 개혁 운동으로 해석한다. 이를 통해 중국 공산당이 천안문 운동을 '반체제 폭란'으로 규정한 것은 정치 개혁 가능성을 축소시킨 것이라며, 냉전 이후 중국 정치 변화의 맥락 속에서 그 의미를 정리하였다.

논문 바로가기

주제1 천안문 사건을 통해 본 중국 사회의 '민주화 요구'와 '체제 유지'의 긴장 관계 고찰

주제2 냉전 종식과 동구권 민주화 흐름이 중국의 학생·시민 민주화 운동에 끼친 영향 분석

주제3 덩샤오핑의 개혁·개방 노선과 '사회주의민주' 구상이 천안문 운동의 배경에 끼친 영향 탐구

토론 **주제1** 베트남 전쟁 통킹만 사건은 미국의 전면 개입을 정당화한 명분인가, 조작된 명분인가?

주제2 천안문 사건은 반체제 운동인가, 사회주의 체제 안에서 민주화를 모색한 운동인가?

주제3 한국·타이완·일본의 민주주의 발전은 냉전 종식의 산물인가, 자국 내부 세력의 성취인가?

02

[12동역04-02] 경제 및 대중문화 교류가 확대되는 모습을 이해하고, 다문화 사회의 현실을 파악하여 공존을 위한 노력을 모색한다.

자본주의 # 사회주의 # 경제 성장 # 개혁·개방 # APEC # ASEAN+3 # 대중문화 # 다문화 사회

관련 학과
· 국제경영학과
· 국제통상학과
· 문화사회학과
· 역사문화콘텐츠학과

교과 세특 탐구 주제

주제1 일본의 고도 경제 성장과 거품 경제 붕괴의 원인과 시사점 고찰
주제2 다문화 사회 형성 과정에서 발생하는 차별과 갈등의 원인 및 양상 분석
주제3 동아시아 대중문화 교류 과정에서 발생한 갈등(저작권, 역사 인식 등)에 대한 탐구
주제4 세계화와 보호 무역주의 속 지역 경제 협력(ASEAN·APEC)의 성격과 역할 비교 탐구

GUIDE 동아시아가 어떻게 다문화 사회로 변화하였는지 조사하고, 다문화 사회의 구성원들의 공존 노력(세계인의 날 제정, 다문화 축제 등)을 정리한다.

■ **함께 보면 좋은 도서**
《공공 역사를 실천 중입니다》 이하나 외, 푸른역사, 2023.
《다문화 사회 대한민국 아이들에게 무엇을 가르쳐야 할까?》 장한업, 아날로그(글담), 2023.
《왜 역사를 배워야 할까? 내 손 안에 스마트폰이 있는데》 샘 와인버그(정종복 외 역), 휴머니스트, 2019.

연계 활동 탐구 주제

독서 《공공 역사를 실천 중입니다.》 이하나 외, 푸른역사, 2023.
공공 역사는 교실 밖에서 대중과 함께 역사를 만들고 활용하는 실천이다. 이 책은 공공 역사의 개념부터 실천 사례까지 폭넓게 다룬 것으로, 일반 대중·현장 전문가와 함께 박물관·미디어·지역 문화 현장에서의 실천, 공공 역사가의 생생한 경험을 담아 역사를 만들고 활용하는 다양한 방식을 보여 준다.

주제1 역사 영화와 드라마가 대중의 역사 인식에 끼친 영향 분석
주제2 다크 투어리즘이 역사 교육과 민주 시민 의식 형성에 끼친 영향 탐구
주제3 학예사·기록 전문 요원·문화 해설사 등 공공 역사가의 전문성에 대한 고찰

논문 〈중국과 베트남 개방 정책이 북한 개방에 주는 함의 연구〉 이상만 외, 2019.
이 논문은 중국의 개혁·개방과 베트남의 도이머이 정책 사례를 통해 북한의 개혁·개방 가능성을 분석한다. 사회주의 국가들이 자본주의 세계 경제와 불가분의 관계를 맺을 수밖에 없다는 전제 아래, 중국과 베트남이 대외 개방을 추진하여 경제 성장을 달성했으며, 이는 북한에도 시사점을 제공한다.

논문 바로가기

주제1 중국 개혁·개방 정책의 경제적 성과와 한계 탐구
주제2 베트남 도이머이 정책의 추진 과정과 국제적 지원(ODA, FDI)의 역할 탐구
주제3 중국과 베트남의 개혁·개방 정책을 통해 본 북한식 개방 모델의 가능성과 전략적 함의 탐구

토론 **주제1** 한류는 상호 문화 교류의 장인가, 국가 브랜드 경쟁의 도구인가?
주제2 APEC과 ASEAN은 동아시아 경제 성장의 핵심 동력인가, 제한적 협력인가?
주제3 중국의 개혁·개방 정책은 사회주의 체제를 강화한 정책인가, 자본주의로의 전환인가?

\# 역사 갈등 \# 동북 공정 \# 역사 교과서 왜곡 \# 강제 징용 \# 영토 분쟁 \# 공존 \# 동아시아 연대 \# 환경 문제

관련 학과
· 국제관계학과
· 에너지공학과
· 지역사회개발학과
· 해양환경과학과

교과 세특 탐구 주제

주제1 독도 문제의 역사적 기원과 한일 양국의 인식 차이에 대한 탐구

주제2 황사와 미세먼지 문제 해결을 위한 동아시아 국가 간 협력 방안 탐구

주제3 일본 후쿠시마 원전 사고를 통해 본 과학기술, 환경, 평화의 관계 탐구

주제4 일본 총리들의 야스쿠니 신사 참배가 한·일 외교 관계 악화에 미친 영향 분석

■ **함께 보면 좋은 도서**

《동아시아사를 보는 눈》 유용태, 서울대학교출판문화원, 2017.
《주제와 쟁점으로 읽는 20세기 한일관계사》 정재정, 역사비평사, 2022.
《마주 보는 한일사 3: 한일 근현대사》 전국역사교사모임 외, 사계절, 2014.

GUIDE 동아시아의 역사 갈등 및 환경 문제를 탐구하고, 탐구한 내용을 바탕으로 역사 글쓰기를 수행한다.

연계 활동 탐구 주제

독서

《마주 보는 한일사 3: 한일 근현대사》 전국역사교사모임 외, 사계절, 2014.
이 책은 한국과 일본의 역사 교사들이 200여 개의 자료를 활용해 한일 근현대사의 주요 사건을 집필한 공동 역사서이다. 독도 문제·일본군 '위안부' 문제 등 양국 간 이견이 큰 첨예한 쟁점을 비교·조율하여, 이 책을 통해 한일 역사 속 닮음과 차이, 갈등과 교류를 균형 있게 살펴볼 수 있다.

주제1 역사 교과서 왜곡 문제가 한일 관계에 끼친 영향과 시사점 탐구

주제2 일본 시민 사회의 반핵 운동이 동아시아 평화 운동에 끼친 영향 고찰

주제3 오키나와와 강정의 군사 기지 갈등이 지역 생존권·환경 문제와 동아시아 평화에 주는 시사점 고찰

논문

〈동아시아의 역사 갈등과 영토 분쟁 해소를 위한 공동체 모델〉 윤명철, 2016.
이 논문은 한·중·일 3국 사이에서 심각해지고 있는 역사 갈등과 영토 분쟁을 새로운 시각에서 접근하고, 그 해결 방안을 모색한 것이다. 특히 중국의 동북 공정과 해양 공정, 일본의 우경화와 제국주의 침탈 역사 왜곡, 독도·센카쿠 열도·간도 등에서 발생하는 영토 분쟁을 구조적으로 분석하였다.

논문 바로가기

주제1 유럽 연합(EU)식 공동체 모델을 동아시아에 적용할 수 있는 가능성과 한계점 탐구

주제2 동북 공정, 교과서 왜곡, 식민 사관 등 역사 해석 갈등이 동아시아 협력에 미친 영향 분석

주제3 동아시아의 역사 및 영토 갈등 탐구

토론

주제1 군사 기지는 안보를 위한 불가피한 선택인가, 지역 생존권 침해인가?

주제2 야스쿠니 신사 참배는 일본의 내정 문제인가, 한·일 관계를 훼손하는 국제 문제인가?

주제3 독도·센카쿠 등 영토 분쟁은 국제법으로 풀 수 있는가, 지역 공동체의 합의가 필요한가?

역사로 탐구하는 현대 세계

과목 ▶ 정보	교과군	공통 과목	선택 과목			평가 정보		수능
			일반 선택	진로 선택	융합 선택	성취도	상대평가	
	사회	–	–	–	○	5단계	×	×

1 ▶ 교과 성격

'역사로 탐구하는 현대 세계' 과목은 현대 세계가 직면한 다양한 과제를 역사적 시각에서 이해하고, 그 해결 방안을 모색함으로써 미래를 주도적으로 살아가는 능력을 기르는 것을 목표로 한다. 고등학교 역사과의 융합 선택 과목으로, 국가·지역·세계의 역사를 서로 연관 지어 살펴보며 다른 교과 영역과의 연계성도 고려한다.

학습 내용은 현대 세계의 주요 과제를 중심으로 선정되며, 시간의 흐름과 변화를 반영해 구성된다. 주요 학습 영역에는 △현대 세계와 역사 탐구 △냉전과 전쟁 △경제 성장과 환경 문제 △분쟁·갈등·화해의 과정 △현대 세계의 도전 등이 포함된다.

이 과목을 통해 학생들은 자료를 분석하고 해석하는 과정에서 탐구 역량과 역사 지식을 쌓으며, 역사 해석의 다양성과 논쟁성을 이해하게 된다. 또한 현재의 사회가 과거의 역사적 선택과 실천의 결과임을 인식하고, 자신이 미래 사회를 형성하는 주체임을 자각하는 태도를 기른다.

> **TIP** 중학교 '역사'를 통해 익힌 역사 지식과 '한국사'의 학습 내용을 한층 더 확장하고 심화하여 고등학교 일반 선택 과목인 '세계사' 및 진로 선택 과목인 '동아시아 역사 기행'과 연계 교과임.

2 ▶ 교과 목표

- 현대 세계의 과제를 역사적 맥락에서 탐구하고 다원적 관점에서 이해한다.
- 현대 세계의 복잡성과 연관성을 고려하여 과제의 해결책을 모색한다.
- 다양한 형태로 존재하는 역사 자료를 분석·해석하는 능력을 기른다.
- 자신과 다른 견해를 존중하며 논쟁하는 태도를 갖춘다.

3 ▶ 교과 핵심 키워드

# 경제의 세계화	# 공동체 회복	# 공존 노력	# 과거사 청산	# 교토 의정서
# 국제 관계	# 국제 규범	# 국제 분쟁	# 국제 연합(UN)	# 국제 질서
# 권위주의 체제	# 기술 혁신	# 기후변화	# 난민 문제	# 남북 문제
# 냉전 체제	# 다국적 기업	# 다문화 사회	# 대리 전쟁	# 대중 소비 사회
# 더불어 사는 삶	# 무력 갈등	# 문화 다양성	# 문화 상대주의	# 문화 식민주의
# 문화 융합	# 민족 갈등	# 민족주의	# 민주화 운동	# 베트남 전쟁
# 빈부 격차	# 사회적 불평등	# 생태환경	# 세계화	# 시민 불복종
# 신재생 에너지	# 아프리카 독립전쟁	# 여성 인권	# 영토 분쟁	# 인권 선언
# 인종 및 민족 갈등	# 자원 고갈	# 전쟁기억	# 전후 체제	# 제3 세계
# 제국주의	# 종교 분쟁	# 지속가능한 발전	# 추모 시설	# 친환경 기술
# 탄소 발자국	# 탈냉전	# 파리 협정	# 평화	# 평화 운동
# 한국 전쟁	# 화해와 용서	# 화해와 평화	# 환경 문제	# 환경 보호

4 ▶ 내용 체계

핵심 아이디어
• 평화 체제 구축을 위한 국제 사회의 노력이 전개되었다. • 세계 경제의 성장 속에서 생태환경의 문제가 심화되었다. • 세계 각지에서 분쟁과 무력 갈등이 발생했으나 극복 노력도 계속되었다. • 경제의 세계화 이후 사회·경제적 불평등이 심화되었다. • 역사 지식은 역사 자료의 비판, 분석, 해석 등을 통해 형성된다. • 문화적 다양성을 포용하는 태도는 세계시민 의식의 기초가 된다.

	범주	내용 요소
지식·이해	현대 세계와 역사 탐구	• 세계 대전 이후의 현대 세계 • 청소년이 바라본 현대 세계의 과제
	냉전과 열전	• 전후 평화를 위한 국제적 노력과 좌절 • 냉전 시기 열전의 전개 • 기념 시설로 만나는 역사
	성장의 풍요와 생태환경	• 세계 경제의 성장과 기술 발전 • 대중 소비 사회와 생태환경의 문제 • 기후변화 협약으로 만나는 역사
	분쟁과 갈등, 화해의 역사	• 탈냉전 이후의 국제 분쟁과 무력 갈등 • 권위주의 체제의 변동 • 역사 정책으로 만나는 역사
	도전받는 현대 세계	• 경제의 세계화와 불평등의 심화 • 다문화 사회로의 진전과 갈등 • 국제 규범으로 만나는 역사
과정·기능		• 다양한 역사 자료를 신뢰하고 분석하기 • 분석한 자료를 해석하고 비교하기 • 역사적 서사를 구성하고 표현하기
가치·태도		• 타인의 역사 해석을 존중하는 태도 • 인류의 지속가능한 삶을 위한 가치관 형성 • 자신을 역사적 존재로 인식하고 실천하는 자세

I 현대 세계와 역사 탐구

01 [12역현01-01]
현대 세계를 전후 체제 형성의 역사를 중심으로 파악한다.

\# 냉전 체제 \# 전후 국제 질서 \# 마셜 플랜 \# 유럽 통합 \# 비동맹 운동

관련 학과
- 국제관계학과
- 문화인류학과
- 사학과
- 역사교육과

교과 세특 탐구 주제

주제1 과거의 유물이 현재의 우리에게 주는 의미 연구
주제2 전쟁과 갈등의 역사를 통해 진정한 평화의 의미 탐색
주제3 근대 이후 국제 질서 변화가 오늘날 세계 문제에 미친 영향 분석
주제4 대중매체에 나타난 역사 왜곡 현상과 올바른 역사 인식을 위한 노력 탐색

📖 함께 보면 좋은 도서
《역사란 무엇인가》 에드워드 카(박종국 역), 육문사, 2025.
《사피엔스》 유발 하라리(조현욱 역), 김영사, 2025.
《평화를 여는 역사》 한중일3국공동역사편찬위원회 외, 휴머니스트, 2025.

GUIDE 전후 체제는 단순히 조약이나 국제기구로만 이루어진 것이 아니다. 눈에 보이지 않는 핵심 요소인 이념과 힘의 균형에 집중하면 국제 관계와 특정 사건 발생에 대해 더 깊이 분석할 수 있다.

연계 활동 탐구 주제

독서 《역사란 무엇인가》 에드워드 카(박종국 역), 육문사, 2025.

이 책은 역사를 단순히 과거의 사실 나열로 보는 전통적인 관점에 의문을 제기하며, 역사가의 주관적인 해석과 관점이 중요함을 강조한다. 역사적 사실과 역사가 사이의 끊임없는 상호 작용을 통해 역사가 재구성된다는 점을 설명하며, 과거를 탐구하는 행위가 곧 현재를 이해하는 과정임을 밝히고, 역사를 다양한 관점에서 바라보게 한다.

주제1 '역사란 무엇인가'에 대한 정의 고찰
주제2 역사적 객관성 논쟁을 통한 올바른 역사 인식의 의미 탐구
주제3 '역사란 무엇인가'에 대한 에드워드 카와 다른 역사학자들의 견해 비교 연구

논문 〈역사, 기억과 망각의 투쟁〉 육영수, 2013.

논문 바로가기

이 논문은 역사 서술의 다양성과 진실 규명을 강조하며, '기억과 망각'을 키워드 삼아 "역사란 무엇인가?"라는 물음에 새로운 대답을 모색하려 한다. 역사를 희생자의 입장에서 재평가하려는 '아래로부터의 역사학'에 주목하며 국가 권력에 의해 은폐되었던 개인의 기억들이 어떻게 역사 서술의 중요한 부분으로 자리 잡는지 분석한다.

주제1 역사적 사건에 대한 신문 기사와 다큐멘터리 비교 분석
주제2 '아래로부터의 역사'가 기존 역사 서술에 미친 영향 탐구
주제3 기억과 망각의 투쟁 속에서 올바른 역사 서술의 방향성 탐구

토론 **주제1** 대중 매체에 나타난 역사 왜곡 현상은 문화 콘텐츠로서 허용 가능한가?
주제2 '아래로부터의 역사'는 기존 역사학의 한계를 극복하는 유일한 대안인가?
주제3 다양한 관점에서 역사를 이해하는 것이 역사 왜곡을 방지하는 최선의 방법인가?

02 [12역현01-02]
학습자가 생각하는 현대 세계의 과제를 선정·조사하고 그 특징을 분석한다.

기후위기 # 지속가능한 발전 # 인권 문제 # 다문화 사회 # 정보 혁명

관련 학과
· 사회학과
· 사학과
· 인류학과
· 환경학과

교과 세특 탐구 주제

주제1 현대 사회의 기후변화 문제와 그 역사적 배경 연구
주제2 세계화 시대의 다문화 사회에서 나타나는 갈등과 해결 방안 탐색
주제3 디지털 기술 발전이 현대 사회에 미치는 긍정적·부정적 영향 분석
주제4 포스트 모더니즘의 관점에서 현대 사회의 가치관 변화와 문화적 다양성 탐구

□ 함께 보면 좋은 도서
《거꾸로 읽는 세계사》 유시민, 돌베개, 2021.
《총 균 쇠》 재레드 다이아몬드(강주헌 역), 김영사, 2023.
《21세기 자본》 토마 피케티(장경덕 역), 글항아리, 2014.

GUIDE '기후변화', '빈곤'과 같은 거대한 주제를 다루기보다 자신의 관심사와 삶에서 출발한 구체적인 문제를 다루도록 한다. 조사 단계에서는 신뢰성과 다양성을 확보하는 것이 중요하다.

연계 활동 탐구 주제

독서
《총 균 쇠》 재레드 다이아몬드(강주헌 역), 김영사, 2023.
이 책은 문명 발전 과정에 대한 의문을 제기하며, 인류 역사의 거대한 흐름을 지리와 환경적 요인으로 설명한다. 총, 균, 쇠가 특정한 지역에서 먼저 발달한 이유를 농업의 기원과 확산, 가축화의 차이 등에서 찾으며, 이것이 곧 각 대륙 문명의 불평등한 발전을 초래했다고 주장한다.

주제1 인류 문명의 발전 과정과 지리적 환경과의 관련성 탐구
주제2 총, 균, 쇠가 인류 역사의 불평등한 발전을 초래한 과정 연구
주제3 문명 간 불평등을 야기한 다양한 요인들의 복합적인 상호 작용 고찰

논문
《인공지능 발전과 신뢰 기반 조성 등에 관한 기본법과 의료 인공지능의 규제》 이원복, 2025.
이 논문은 '인공지능 발전과 신뢰 기반 조성 등에 관한 기본법'과 관련 인공지능의 법적 규제 문제를 논한다. 법의 주요 내용과 함께 의료 인공지능 기술의 특성을 고려한 안전성, 신뢰성 확보 방안을 제시한다. 특히, 의료 인공지능의 활용에 따른 책임 소재 및 윤리적 쟁점을 심층적으로 분석하며, 관련 법 제도의 정비 방향을 제안한다.

주제1 의료 인공지능이 환자 진단에 미치는 영향 조사
주제2 주요국의 의료 인공지능 규제 사례와 인공지능 기본법 비교 분석
주제3 의료 분야에서 인공지능 사용에 대한 윤리적 문제와 법적 책임 고찰

토론
주제1 냉전 이후 신자유주의 확산이 현대 사회의 불평등을 심화하는가?
주제2 의료 인공지능의 발전이 환자에게 더 나은 의료 서비스를 보장하는가?
주제3 디지털 기술 발전이 사회적 연결성을 강화함과 동시에 새로운 형태의 고립을 초래하는가?

II 냉전과 열전

01 [12역현02–01]
제2차 세계 대전 이후 인권·평화를 위한 국제 사회의 노력과 한계를 파악한다.

\# 국제 연합(UN) \# 세계 인권 선언 \# 인도주의적 개입 \# 선생 범죄 \# 전범 재판 \# 평화 유지군

관련 학과
· 국제학과
· 사회복지학과
· 사회학과
· 정치외교학과

교과 세특 탐구 주제

주제1 세계 인권 선언의 주요 내용 분석과 의의 탐색
주제2 난민 문제 해결을 위한 국제 사회의 노력과 바람직한 방향 연구
주제3 아파르트헤이트 등 인권 침해 사례에 나타난 국제 사회의 한계 분석
주제4 국제 평화 유지를 위한 비정부 기구(NGO)의 활동을 사례 중심으로 고찰

📖 **함께 보면 좋은 도서**
《세계 인권 선언》 박승민, 윤성사, 2025.
《난민, 경계의 삶》 김아람, 역사비평사, 2023.
《비정부 기구(NGO)의 이해》 David Lewis 외(이유진 역), 명인문화사, 2022.

GUIDE 유엔과 국제 사회의 인권과 평화를 위한 노력에도 불구하고 여전히 전쟁과 인권 침해가 끊이지 않는 이유를 역사적 맥락에서 분석한다.

연계 활동 탐구 주제

독서 《세계 인권 선언》 박승민, 윤성사, 2025.
이 책은 1948년 유엔 총회에서 채택된 세계 인권 선언의 역사적 배경과 각 조항의 의미를 설명한다. 인권의 보편적 가치 확립 과정, 선언 제정 이후 오늘날까지 국제 사회에 미친 영향을 다루며 선언이 지향하는 이상과 현실의 간극을 짚어 보며 현대 사회에서 인권의 의미를 되새기는 기회를 제공한다.

   주제1 세계 인권 선언 제정의 역사적 배경 탐색
   주제2 세계 인권 선언의 보편적 가치와 현대 사회의 현실에서 직면한 한계 탐구
   주제3 세계 인권 선언과 시민 혁명 시기의 인권 선언(프랑스 인권 선언) 비교 분석

논문 〈인공지능 시대의 인권〉 박진아, 2024.
이 논문은 인공지능 기술의 발전이 현대 사회의 인권에 미치는 다양한 영향들을 다룬다. 인공지능이 가져오는 편리함 이면에 존재하는 감시, 차별, 사생활 침해 등을 지적하며, 국제 인권 규범의 관점에서 인공지능 기술을 어떻게 통제해야 하는지 구체적인 방안을 제시한다.

논문 바로가기

   주제1 인공지능이 가져오는 편리함과 문제점 탐색
   주제2 인공지능 시대에 필요한 새로운 인권 개념 연구
   주제3 인공지능이 야기하는 차별과 인공지능 활용의 윤리적 기준과 국제 규범 고찰

토론   **주제1** 국제 사회는 개별 국가의 인권 문제에 개입해야 하는가?
      주제2 난민 문제는 인도주의적 관점에서만 전적으로 접근해야 하는가?
      주제3 인류 평화를 위해 국가의 주권 일부를 전면적으로 포기할 수 있는가?

02 [12역현02-02]
냉전 시기 열전의 전개 양상을 찾아보고, 전쟁 당사국의 전쟁 경험을 비교한다.

대리 전쟁(Proxy War) # 한국 전쟁 # 베트남 전쟁 # 6·25 전쟁 경험 # 분단 국가의 형성 # 열전

관련 학과
· 군사학과
· 국제관계학과
· 사학과
· 정치외교학과

교과 세특 탐구 주제

주제1 6·25 전쟁의 발발 원인과 전개 과정 탐구
주제2 베트남 전쟁이 국제 관계에 미친 영향 분석
주제3 냉전 시기 열전의 전개 양상이 국제 질서에 미친 영향 고찰
주제4 6·25 전쟁 참전국들의 전쟁 경험과 참전의 의미 비교 분석

▣ 함께 보면 좋은 도서
《베트남 전쟁》 박태균, 한겨레출판, 2023.
《냉전의 역사》 존 루이스 개디스(정철 외 역), 에코리브르, 2010.
《심문실의 한국 전쟁》 모니카 김(김학재 외 역), 후마니타스, 2025.

GUIDE 냉전 시대의 군사 충돌이 이념 대결을 넘어선 복합적인 성격을 띠고 있었음을 이해한다. 참전 당사국들의 사회, 문화, 개인의 삶에 미친 영향을 다층적으로 분석한다.

연계 활동 탐구 주제

독서 《심문실의 한국 전쟁》 모니카 김(김학재 외 역), 후마니타스, 2025.
이 책은 한국 전쟁을 포로 심문실이라는 새로운 시각으로 조명한다. 한국 전쟁이 사람들의 내면과 정신을 차지하기 위한 이데올로기 전쟁이었음을 파헤친다. 포로들의 심리적 경험과 정치적 정체성 형성을 추적하며, 냉전 시대 자유주의 국가들이 어떻게 전쟁의 패러다임을 변화시켰는지를 보여 준다.

주제1 한국 전쟁 포로 심문실의 역할과 의미 연구
주제2 한국 전쟁의 이데올로기적 성격이 포로들의 삶에 미친 영향 고찰
주제3 포로들의 정치적 정체성 변화 과정과 냉전 시대 자유주의의 관계 탐색

논문 〈미국에서의 한국 전쟁 기억하기: 기억의 정치화〉 하성호, 2023.
이 논문은 한국 전쟁 휴전 회담에서 포로 문제를 중심으로 냉전 시대의 이념적 갈등이 어떻게 전개되었는지 분석한다. 포로들의 송환 여부를 둘러싼 공산 측과 유엔 측의 대립을 상세히 다루며, 이 과정에서 포로들의 인권이 어떻게 희생되었는지를 보여 준다.

논문 바로가기

주제1 미국에서 기억되는 한국 전쟁의 원인에 대한 분석
주제2 냉전 시대 이념 대립이 포로들의 삶에 미친 영향 탐구
주제3 포로 처리 문제가 한국 전쟁 당사국인 한국 정부의 정책 결정에 미친 영향 탐색

토론 **주제1** 6·25 전쟁은 냉전의 필연적인 결과였는가?
주제2 6·25 전쟁에서 포로들의 인권은 어떻게 보호하여야 했는가?
주제3 전쟁 희생자들에게 더 중요한 것은 개인의 자유인가, 집단의 평화인가?

03 [12역현02–03]
세계 여러 지역의 전쟁 관련 기념 시설이 제시하는 기억 방식을 조사하여 분석한다.

\# 역사적 기억 \# 전쟁 기념관과 박물관 \# 추모와 기억 \# 역사적 서사 \# 집단 기억

교과 세특 탐구 주제

주제1 전쟁 기념관과 전쟁 박물관의 기능과 역할 탐구
주제2 한국과 외국의 전쟁 관련 기념 시설 비교 분석
주제3 전쟁 기념 시설이 국가 정체성 형성에 미친 영향과 역할 분석
주제4 세계 여러 지역의 전쟁 기념 시설이 제시하는 기억 방식의 다양성 비교

📖 **함께 보면 좋은 도서**
《전쟁 기억과 기념의 문화 정치》 정근식 외, 진인진, 2016.
《기억의 정치와 역사》 황보영조, 역락, 2017.
《베트남 전쟁》 박태균, 한겨레출판, 2023.

GUIDE '기억 방식'이란, 역사적 사건을 어떤 관점에서, 무엇을 강조하며, 어떤 목적을 가지고 기억하는가를 의미하며, '어떻게 기억하는가'에 초점을 맞춘다.

연계 활동 탐구 주제

독서 《전쟁 기억과 기념의 문화 정치》 정근식 외, 진인진, 2016.
이 책에서 저자들은 한국 전쟁, 베트남 전쟁 등 여러 전쟁의 기억이 사회적, 정치적 맥락 속에서 어떻게 구성되고, 때로는 왜곡되는지를 다룬다. 전쟁 기념관, 추모비 등 구체적인 기념 시설을 분석하여, 국가와 사회가 전쟁을 어떻게 기억하고 싶은지를 보여 주는 '기억의 정치' 문제를 심도 있게 다룬다.

주제1 전쟁 기념관에 담긴 역사적 메시지 탐구
주제2 기념 시설에 나타난 전쟁 기억의 정치적 활용과 의미 고찰
주제3 한국 전쟁과 베트남 전쟁의 기억 방식의 시대에 따른 변화 비교

논문 〈전쟁 기념관에서 친사회적인 역사적 공감 형성 과정에 대한 질적 다중 사례 연구 –인지적, 정서적, 인지–정서적 통합 차원의 학습 집단을 중심으로–〉 홍수정 외, 2025.
이 논문은 전쟁 기념관이 관람객에게 친사회적인 역사적 공감을 형성하게 하는 과정을 질적으로 분석한다. 여러 전쟁 기념관의 전시물과 스토리 텔링이 관람객의 인식에 미치는 영향을 심층적으로 탐구하며, 기념관의 사회적 역할과 교육적 효과에 대한 새로운 시각을 제시한다.

주제1 전쟁 기념관의 주요 전시물과 메시지 탐구
주제2 기념 시설이 친사회적인 감정을 유발하는 구체적인 과정 고찰
주제3 전쟁 기념관의 전시 방식이 세대별 관람객의 역사 인식에 미친 영향 비교

토론 **주제1** 전쟁 기념 시설은 평화의 가치를 잘 전달하고 있는가?
주제2 전쟁 기념 시설이 과거의 상처를 치유하는 역할을 할 수 있는가?
주제3 전쟁 기념 시설이 제시하는 역사적 공감이 진정한 평화를 가져올 수 있는가?

III 성장의 풍요와 생태환경

01 [12역현03-01]
세계 경제의 성장과 기술 혁신의 변화 양상을 조사한다.

\# 세계 경제 \# 정보화 혁명 \# 기술 혁신 \# 신자유주의 \# 경제적 세계화

관련 학과
- 경제학과
- 사학과
- 사회학과
- 환경학과

교과 세특 탐구 주제

주제1 신기술과 인류 삶의 변화 간 상관성 연구
주제2 산업 혁명 이후 경제 성장이 가져온 사회 변화 탐색
주제3 냉전 해체 이후 세계화 과정에서 나타난 경제적 불평등 현상 탐구
주제4 인공지능과 빅 데이터 기술이 현대 자본주의 경제 질서에 미친 변화 탐색

▣ 함께 보면 좋은 도서

《제3의 물결》 앨빈 토플러(김진욱 역), 범우사, 2014.
《21세기 자본》 토마 피케티(장경덕 역), 글항아리, 2014.
《코로나 경제 전쟁》 폴 크루그먼 외(매경출판 역), 매일경제신문사, 2020.

GUIDE 기술 혁신을 과학적 발전의 나열로만 보지 말고, 인류가 직면한 문제를 해결하기 위한 노력의 관점에서 접근한다.

연계 활동 탐구 주제

독서

《제3의 물결》 앨빈 토플러(김진욱 역), 범우사, 2014.
이 책은 인류 문명의 역사를 농업 혁명, 산업 혁명, 정보화 혁명으로 이어지는 '세 가지 물결'로 구분하여 미래 사회의 변화를 예측한 고전이다. 기술 발전으로 기존의 산업 사회 시스템이 해체되고 새로운 정보화 사회가 도래할 것이라고 예견하며, 다가올 미래를 통찰할 수 있는 관점을 제공한다.

주제1 '세 가지 물결'이 가져온 인류 문명의 발전에 대한 탐구
주제2 산업 사회와 정보 사회의 주요 경제적 특징 비교 분석
주제3 제3의 물결 이후 등장한 새로운 기술과 경제의 변화 양상 탐색

논문

〈플랫폼 자본주의에 관한 고찰 –플랫폼 자본주의, 통제가 필요한가?〉 김병록, 2023.
이 논문은 현대 사회의 핵심 경제 시스템으로 부상한 플랫폼 자본주의의 특징과 문제점을 분석하고, 이에 대한 사회적 통제의 필요성을 고찰한다. 플랫폼 기업의 독점적 지위와 노동자의 지위 변화 등 다양한 이슈를 다루며, 기술 발전이 가져온 새로운 경제 질서가 사회에 미치는 영향을 논의한다.

논문 바로가기

주제1 플랫폼 기업이 우리 생활에 가져온 편리함 고찰
주제2 플랫폼 자본주의가 가져온 새로운 노동 형태와 사회문제 고찰
주제3 플랫폼 기업의 사회적 책임을 강화하기 위한 규제 방안 비교 연구

토론

주제1 플랫폼 기업은 우리 삶을 더 편리하게 만드는가?
주제2 플랫폼 독점은 기술 혁신을 저해하는가, 촉진하는가?
주제3 플랫폼 자본주의가 초래하는 양극화 문제 해결을 위해 정부는 어떻게 개입해야 하는가?

02 [12역현03-02]

대중 소비 사회의 형성과 생태환경의 문제 및 극복 노력을 사례 중심으로 탐구한다.

\# 대중 소비 사회 \# 대량 생산 \# 환경 오염 \# 쓰레기 문제 \# 재활용 운동

관련 학과
· 경제학과
· 관광학과
· 문화인류학과
· 환경학과

교과 세특 탐구 주제

주제1 현대인의 소비 방식이 환경에 미치는 영향 탐색
주제2 대량 생산과 대량 소비가 낳은 환경 문제의 해결 방안 연구
주제3 대중 소비 사회의 과소비와 쓰레기 문제 해결을 위한 각국의 사례 비교
주제4 패스트 패션의 유행과 환경 문제를 중심으로 지속가능한 의류 소비 방안 연구

GUIDE 대량 생산과 대량 소비의 이면에 숨겨진 환경 문제를 구체적인 사례를 통해 탐구한다. 그 원인과 결과를 역사적 맥락에서 분석한다.

▣ 함께 보면 좋은 도서

《랩 걸》 호프 자런(김희정 역) 알마, 2017.
《소비하는 인간, 요구하는 인간》 김경은, 마인드빌딩, 2024.
《소비의 사회 ─그 신화와 구조─》 장 보드리야르(이상률 역), 문예출판사, 2015.

연계 활동 탐구 주제

독서

《랩 걸》 호프 자런(김희정 역) 알마, 2017.
이 책은 나무를 비롯한 식물의 삶과 성장 과정을 인생과 연결하며 서술하고, 과학자로서 겪는 희로애락을 생생하게 그려 낸다. 특히 자연을 향한 경이로움과 함께 무분별한 소비와 환경 파괴에 대한 진심 어린 경고를 담고 있어, 과학적 지식뿐만 아니라 환경 보전의 중요성을 다시금 생각하게 한다.

주제1 식물학자의 삶을 통해 본 자연 보호의 중요성 연구
주제2 《랩 걸》에 나타난 식물의 생명력과 지구 환경 문제의 연관성 분석
주제3 인간의 소비 활동과 자연의 변화를 중심으로 생태계 문제 해결 방안 고찰

논문

〈한국 사회에서 누가 윤리적 소비를 하는가?〉 김재원 외, 2023.
이 논문은 한국 사회에서 윤리적 소비가 누구에 의해 이루어지는지 심층적으로 분석한다. 연구 결과, 윤리적 소비는 소수의 진보적 가치관을 가진 사람들의 행동이 아니라, 환경 및 사회 문제에 대해 높은 관심을 가진 다양한 계층의 소비자들에게서 나타나는 현상임을 보여 준다.

논문 바로가기

주제1 윤리적 소비를 실천하는 한국 소비자의 특징 탐색
주제2 한국 사회에서 지속가능한 소비 문화 확산 방안 연구
주제3 윤리적 소비를 확산하기 위한 정부, 기업, 개인의 역할 고찰

토론

주제1 과소비를 부추기는 대중 매체의 책임은 무엇인가?
주제2 윤리적 소비가 환경 문제를 해결할 근본적인 대안이 될 수 있는가?
주제3 기업은 이윤 추구와 환경 보호 중 무엇을 우선해야 하며 그 이유는 무엇인가?

03 [12역현03–03]
기후변화와 관련된 협약 및 보고서를 조사하고, 그 의미를 추론한다.

기후변화 # 파리 협정 # 교토 의정서 # 탄소중립 # 지속가능한 발전

관련 학과
· 대기환경과학과
· 국제관계학과
· 정치외교학과
· 환경학과

교과 세특 탐구 주제

주제1 교토 의정서와 파리 협정의 차이점 탐색

주제2 기후변화와 관련된 주요 보고서의 내용 연구

주제3 기후변화 협약의 한계와 이를 극복하기 위한 노력 탐구

주제4 기후변화 협약의 역사적 전개와 선진국·개발도상국 간 책임 분쟁 연구

■ 함께 보면 좋은 도서

《기후 책》 그레타 툰베리(이순희 역), 김영사, 2023.
《과학 선생님이 읽어 주는 기후변화 보고서》 김추령, 서해문집, 2025.
《2050 거주 불능 지구》 데이비드 월러스 웰즈(김재경 역), 추수밭, 2020.

GUIDE 국제 사회의 노력이 지닌 한계에도 불구하고 왜 지속적으로 기후변화에 대응해야 하는지, 그리고 개인의 삶 속에서 어떤 실천적 노력을 할 수 있을지 생각한다.

연계 활동 탐구 주제

독서

《기후 책》 그레타 툰베리(이순희 역), 김영사, 2023.
이 책은 스웨덴의 청소년 환경 운동가인 저자가 전 세계 100여 명의 과학자, 저널리스트, 활동가들과 함께 집필한 기후위기 교과서이다. 기후변화의 역사적 배경과 과학적 원리부터 정치, 경제, 사회적 문제까지 총체적으로 다루며, 기후변화에 대한 인식을 넓히고 행동을 촉구하는 메시지를 담고 있다.

주제1 그레타 툰베리의 기후 운동이 가지는 의미 연구

주제2 기후변화에 대한 과학적 사실과 정치적 논쟁 간의 관계 분석

주제3 전문가들의 의견을 바탕으로 기후변화 협약의 한계와 미래 전망 탐구

논문

〈기후변화에 대한 인권적 접근 −유엔 인권 메커니즘과 유엔 기후변화 협약 체제를 중심으로−〉 박병도, 2025.
이 논문은 기후위기를 단순한 환경 문제가 아닌 생존권, 건강권, 주거권 등 기본적 인권 문제로 접근해야 한다는 점을 강조한다. 특히 기후변화로 인한 취약 계층의 권리 보호 필요성을 부각시키며, 국제 규범과 국내 정책에 반영될 수 있는 인권적 관점의 의미를 모색한다.

논문 바로가기

주제1 기후변화가 인간의 기본권에 미치는 영향 탐색

주제2 기후정의와 세대 간 정의 개념을 통한 국제 인권 고찰

주제3 유엔 인권 메커니즘과 기후변화 대응 논의의 연계성 분석

토론

주제1 성장 중심의 경제 발전은 환경 파괴를 정당화할 수 있는가?

주제2 기후변화 대응을 위한 국제적 협약은 강제성을 가져야 하는가?

주제3 기후변화 위기에 대한 인권적 접근이 기존의 해결 방안보다 더 효과적인가?

IV 분쟁과 갈등, 화해의 역사

01 [12역현04-01]
국제 분쟁 및 무력 갈등의 원인과 전개 양상을 사례 중심으로 파악한다.

\# 민족 분쟁 \# 영토 분쟁 \# 종교 길등 \# 내전 \# 자원 분쟁

관련 학과
· 국제관계학과
· 군사학과
· 정치외교학과
· 지리학과

교과 세특 탐구 주제

주제1 6·25 전쟁이 한반도에 미친 영향 탐색

주제2 이스라엘·팔레스타인 분쟁의 역사적 배경 연구

주제3 제1차 세계 대전의 원인과 전개 과정 분석 —국제적 역학 관계를 중심으로—

주제4 러시아·우크라이나 전쟁의 복합적 원인과 국제 사회에 미치는 영향 심층적 고찰

■ 함께 보면 좋은 도서

《지도로 읽는 분쟁 세계사》 아라마키 도요시(김해경 역), 바다출판사, 2025.

《분쟁 지역을 읽으면 세계가 보인다》 김준형, 날, 2025.

《국제 분쟁, 무엇이 문제일까?》 김미조, 동아엠앤비, 2021.

GUIDE 국제 분쟁을 탐구할 때, 대부분의 분쟁은 역사, 경제, 정치 등 복합적인 원인이 얽혀 발생함을 유의한다.

연계 활동 탐구 주제

독서

《분쟁 지역을 읽으면 세계가 보인다》 김준형, 날, 2025.
이 책은 이스라엘·팔레스타인, 아프가니스탄, 코소보 등 다양한 지역의 갈등을 역사적, 정치적, 경제적 관점에서 다루며 분쟁의 복잡한 원인과 전개 양상을 설명한다. 국제 질서의 변화와 강대국들의 이해관계가 분쟁에 어떻게 작용했는지 파악하여 현대 세계를 이해하는 데 필수적인 통찰을 제공한다.

주제1 인도·파키스탄 카슈미르 분쟁의 역사적 배경 탐색

주제2 민족 갈등을 중심으로 본 르완다 내전의 집단 학살 원인 연구

주제3 2022년 러시아·우크라이나 전쟁과 냉전 시대의 대리전 비교 분석

논문

〈'잊힌 전쟁'과 '알려지지 않은 전쟁' 사이에서 —미국 학계의 한국 전쟁 연구 동향과 미국 한국학—〉 옥창준, 2024.
이 논문은 미국 학계에서 한국 전쟁에 대한 연구가 어떻게 진행되어 왔는지를 비판적으로 고찰한다. 한국 전쟁이 미국에서 '잊힌 전쟁'으로 인식되다가 최근 '알려지지 않은 전쟁'으로 새롭게 조명받는 경향을 분석하며, 이러한 변화의 배경에는 한국학 연구의 성장이 있음을 설명한다.

논문 바로가기

주제1 한국 전쟁에 대한 한국과 미국의 시각 비교

주제2 '알려지지 않은 전쟁'이라는 표현의 의미에 대한 심층 탐구

주제3 한국 전쟁에 대한 미국 역사 교과서의 서술 방식 변화의 양상 연구

토론

주제1 국제 분쟁의 책임은 분쟁 당사국에만 있는가?

주제2 과거사의 진실 규명이 분쟁 당사국 간의 화해를 위한 필수 조건인가?

주제3 현대 국제 분쟁을 해결하기 위해 과거 역사 연구가 어떤 역할을 할 수 있는가?

02 [12역현04–02]
탈냉전 이후 '제3 세계' 국가의 권위주의 체제 변동에 따른 갈등 양상과 특징을 조사한다.

\# 권위주의 체제 \# 민주화 운동 \# 군사 독재 \# 인종 청소 \# 사회 혼란

관련 학과
· 사학과
· 사회학과
· 인류학과
· 정치외교학과

교과 세특 탐구 주제

주제1 필리핀의 민주화 운동 사례 연구
주제2 동남아시아 민주화 운동의 특징 탐색
주제3 탈냉전 이후 동유럽 국가들의 체제 변동 과정 심층적 고찰
주제4 아시아 민주주의의 관점에서 본 미얀마 민주화 운동과 군부의 저항 탐구

■ **함께 보면 좋은 도서**
《체 게바라 평전》 장 코르미에(김미선 역), 실천문학사 2011.
《자유를 향한 머나먼 길》 넬슨 만델라(김대중 역), 두레, 2020.
《어떻게 민주주의는 무너지는가》 스티븐 레비츠키 외(박세연 역), 어크로스, 2018.

GUIDE 탈냉전 이후의 갈등과 관련해 역사적 유산, 경제적 요인, 권력 다툼 등 각 사례의 원인과 결과를 조사하여 갈등의 새로운 특징을 분석한다.

연계 활동 탐구 주제

독서 《자유를 향한 머나먼 길》 넬슨 만델라(김대중 역), 두레, 2020.
이 책은 넬슨 만델라의 자서전으로, 유년 시절부터 아파르트헤이트(인종 차별 정책)에 맞서 투쟁한 과정, 27년간의 수감 생활, 마침내 자유를 쟁취하기까지의 여정을 진술하게 서술한다. 권위주의 체제에 대한 저항과 투쟁, 화해와 용서를 통해 평화로운 새 시대를 열고자 했던 깊은 통찰을 엿볼 수 있다

주제1 넬슨 만델라의 어린 시절과 성장 과정에 대한 탐색
주제2 만델라의 투쟁 과정에서 드러난 인권과 정의의 가치 탐구
주제3 자유를 향한 투쟁이 현대 인권 운동에 남긴 교훈과 함의 고찰

논문 〈탈냉전 시기 권위주의 체제의 정당성 추구 전략 분석〉 구본상, 2021.
이 논문은 탈냉전 시기 권위주의 체제가 억압이 아닌 다양한 정당성 전략으로 생존하였음을 분석한다. 권위주의 체제가 정당성을 확보하며 안정과 지속성을 추구했음을 밝히고, 탈냉전 이후 제3세계 국가들의 권위주의 체제 변동을 이해하는 데 중요한 시사점을 준다.

논문 바로가기

주제1 권위주의 체제의 기본 특징 탐구
주제2 권위주의 정당성 확보 전략의 유형별 효과 분석
주제3 민주주의와 권위주의 체제의 정당성 전략에 있어 유사점과 차이 비교

토론 **주제1** 권위주의 체제는 민주주의와 어떻게 다른가?
주제2 민주화 압력 속에서 권위주의 체제는 어떤 갈등 양상을 보이는가?
주제3 제3세계 권위주의 체제의 변동은 오늘날 국제 정치 질서에 어떤 의미를 가지는가?

03 [12역현04-03]
국내외 분쟁과 갈등을 해결하기 위한 역사 정책 사례를 탐구한다.

\# 과거사 청산 \# 진실 화해 \# 역사 정책 \# 기념 사업 \# 화해와 공존

관련 학과
· 국제학부
· 사학과
· 역사교육과
· 정치외교학과

교과 세특 탐구 주제

주제1 6·25 전쟁 이후 평화 통일 정책의 흐름 탐색

주제2 독일의 통일 과정에서 나타난 역사 정책 연구

주제3 동아시아 국가 간 역사 인식 차이가 갈등에 미친 영향 비교

주제4 냉전 종식 이후 국제적인 분쟁 해결 방식의 변화와 한계 분석

■ 함께 보면 좋은 도서

《우리는 왜 싸우는가》 크리스토퍼 블랫먼(강주헌 역), 김영사, 2025.
《우리 본성의 선한 천사》 스티븐 핑커(김명남 역), 사이언스북스, 2014.
《지도로 읽는 분쟁 세계사》 아라마키 도요시(김해경 역), 바다출판사, 2025.

GUIDE 역사 정책은 긍정적인 성과와 함께 명확한 한계점을 지니고 있다. 따라서 구체적인 사례별 '성과'와 '한계'를 균형 있게 분석하는 것이 중요하다.

연계 활동 탐구 주제

독서
《우리는 왜 싸우는가》 크리스토퍼 블랫먼(강주헌 역), 김영사, 2025.
이 책은 인류가 역사적으로 갈등과 전쟁을 반복해 온 원인과 분쟁이 발생하는 구조적·심리적 배경을 설명한다. 다양한 역사적 사례와 사회 과학적 연구를 바탕으로, 개인과 집단이 갈등 상황에서 어떻게 행동하는지를 탐구한다. 또한 분쟁을 예방하고 평화를 구축하기 위한 전략과 정책적 접근을 제시한다.

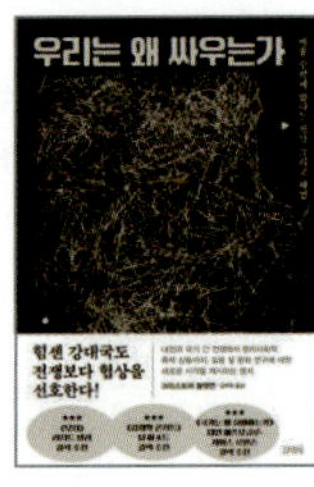

주제1 인류 역사 속 전쟁과 갈등의 사례 탐색

주제2 심리적, 사회적 요인이 전쟁과 평화에 미친 영향 비교

주제3 갈등과 분쟁의 예방과 평화 구축을 위한 전략과 역사 정책 고찰

논문
〈'역사 화해'란 무엇인가: 개념과 이론적 고찰〉 최성철, 2020.
이 논문은 '역사 화해'의 개념과 이론적 틀을 분석한다. 저자는 역사 화해가 단순한 과거 사건의 인정이 아니라, 갈등과 피해를 사회적으로 치유하고 화해를 이루는 과정임을 강조한다. 다양한 국가와 사회에서의 역사 화해 사례를 검토하며, 역사적 기억과 정책, 사회적 합의의 중요성을 탐구한다.

논문 바로가기

주제1 국가별 역사 화해 사례에 대한 정리 연구

주제2 역사 화해 과정에서 정책과 사회적 합의의 역할에 대한 분석

주제3 다양한 국가의 역사 화해 접근 방식의 비교를 통한 구체적인 효과성 고찰

토론
주제1 분쟁 해결 정책과 역사 화해가 연결될 수 있는가?

주제2 전쟁과 갈등의 원인 분석이 역사 화해 정책 설계에 실제로 도움이 되는가?

주제3 역사적 사건과 정책 사례를 바탕으로, 갈등 해결과 평화 구축의 최적 방안은 무엇인가?

Ⅴ 도전받는 현대 세계

01 [12역현05-01]
경제의 세계화 이후 사회·경제적 변화를 국가, 지역, 세계적 차원에서 파악한다.

\# 경제적 세계화 \# 불평등과 빈부 격차 \# 다국적 기업 \# 세계 도시 \# 금융 위기 \# 남북 문제

관련 학과
· 경영학과
· 경제학과
· 국제통상학과
· 무역학과

교과 세특 탐구 주제

주제1 경제의 세계화가 우리 일상에 미친 영향 탐구
주제2 글로벌 기업의 성장과 노동 환경의 변화 탐구
주제3 세계화 시대에 심화된 빈부 격차와 사회적 불평등 현상 연구
주제4 디지털 경제의 발전이 국제 무역과 산업 구조에 미친 영향 탐색

▣ 함께 보면 좋은 도서
《세계화, 무엇이 문제일까?》 최배근, 동아엠앤비, 2023.
《21세기 자본》 토마 피케티(장경덕 역), 글항아리, 2014.
《죽은 경제학자의 살아 있는 아이디어》 토드 부크홀츠(류현 역), 김영사, 2023.

GUIDE 현대 세계의 중요한 특징인 '세계화'와 우리 사회가 어떤 모습으로 변해 왔는지를 다층적으로 분석한다.

연계 활동 탐구 주제

독서

《죽은 경제학자의 살아 있는 아이디어》 토드 부크홀츠(류현 역), 김영사, 2023.
이 책은 애덤 스미스부터 케인스까지 10여 명의 주요 경제학자들의 사상을 풀어낸 경제학 입문서다. 각 이론이 탄생한 시대적 배경과 현대 사회에 미치는 영향을 연결하며, 단순히 지식을 전달하는 것을 넘어 경제적 문제를 다각도로 바라보는 통찰력을 길러 준다.

주제1 애덤 스미스와 케인스 이론의 핵심 내용 탐구
주제2 경제 사상들이 오늘날 세계화 문제에 미친 영향 분석
주제3 경제학자들의 사상을 바탕으로 현대 자본주의가 나아갈 방향 고찰

논문

〈세계화, 자유화와 대만의 소득 불평등: 경제, 정치, 사회적 원인〉 지은주 외, 2014.
이 논문은 세계화와 금융 자유화가 대만 경제에 미친 영향을 다각적으로 고찰하고, 정부의 정책 및 노동 시장의 변화가 소득 분배에 어떤 영향을 미쳤는지 탐구한다. 특히, 산업 구조의 변화와 외자 유치 정책 등이 소득 불균형을 어떻게 심화시켰는지 구체적인 데이터를 바탕으로 논증한다.

논문 바로가기

주제1 대만 경제의 자유화 정책 탐구
주제2 세계화와 금융 자유화가 대만에 미친 긍정적, 부정적 영향 고찰
주제3 대만과 한국의 경제적 자유화 정책이 소득 불평등에 미친 영향 비교 분석

토론

주제1 세계화는 우리 삶에 긍정적 변화만 가져왔는가?
주제2 세계화 시대에 국가는 경제적 불평등을 어떻게 해결해야 하는가?
주제3 세계화 시대에 발생하는 경제적 불평등에 대한 윤리적 책임은 누구에게 있는가?

관련 학과
· 사학과
· 사회힉과
· 언론정보학과
· 인류학과

02 [12역현05-02]
다문화 사회의 갈등 문제를 역사적으로 파악하고, 이를 해결하기 위해 노력한 사례를 조사한다.

\# 다문화 사회 \# 인종 갈등 \# 이민자 \# 문화적 편견 \# 관용과 공존 \# 포용 정책

교과 세특 탐구 주제

주제1 한국의 다문화 사회 변화와 현실 탐구
주제2 우리 지역의 다문화 가족이 겪는 어려움과 극복 사례 탐색
주제3 미국 사회의 인종 갈등 역사를 통해 다문화 사회의 문제점 분석
주제4 다양한 국가의 이민 정책을 비교하여 다문화 사회의 갈등 해소 방안 분석

GUIDE 오늘날 다문화 사회의 갈등은 단순히 문화적 차이에서 비롯된 것이 아니라, 과거의 역사적 사건들이 복합적으로 얽혀 발생한 경우가 많다.

📖 함께 보면 좋은 도서

《난민, 경계의 삶》 김아람, 역사비평사, 2023.
《우리 안의 인종주의》 정혜실, 메멘토, 2023.
《미래를 먼저 경험했습니다》 김영화, 메멘토, 2024.

연계 활동 탐구 주제

독서 《우리 안의 인종주의》 정혜실, 메멘토, 2023.
이 책은 우리 사회에 만연한 인종주의의 실체를 파헤친다. 피부색과 국적, 출신을 기준으로 타인을 차별하는 '우리 안의 인종주의'가 어떻게 형성되고 작동하는지 역사적, 사회적 관점에서 분석한다. 개인의 편견을 넘어선 구조적 문제로서 인종주의를 고찰하고, 사례를 통해 그 숨겨진 얼굴을 드러낸다.

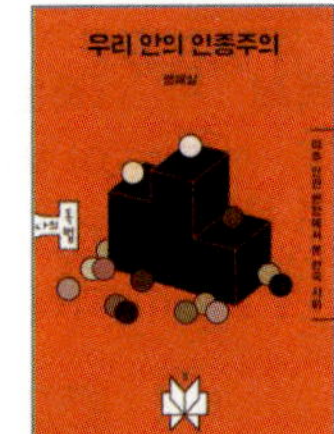

주제1 일상생활에서 나타나는 인종 차별적 언행 분석
주제2 미디어에 나타난 인종 차별적 콘텐츠의 사례와 그 문제점 탐색
주제3 한국의 다문화 사회와 인종주의를 극복하기 위한 노력과 해결 방안 탐구

논문 〈한국 다문화 사회의 이해와 다문화 교육 연구〉 김미경 외, 2024.
이 논문은 세계화로 인해 다양한 출신의 이주민이 증가하며 한국이 다문화 사회로 진입한 현실을 분석한다. 결혼 이민자, 외국인 근로자, 난민 등의 사회 적응 과제를 경제·교육·사회·문화 등 여러 차원에서 살피고, 편견과 차별 문제를 지적한다. 이를 바탕으로 건강한 다문화 사회를 위해 다문화 교육의 방향과 과제를 제시한다.

논문 바로가기

주제1 한국 사회에서 다문화 교육이 가지는 역할과 한계 연구
주제2 한국 다문화 정책과 학교 현장에서의 다문화 교육 실태 고찰
주제3 한국과 해외 다문화 교육 정책의 방향성을 중심으로 한 비교 분석

토론 **주제1** 한국 사회에서 다문화 교육은 편견과 차별을 줄일 수 있는가?
주제2 한국의 다문화 정책은 다문화 구성원의 사회 통합에 기여하고 있는가?
주제3 학교 중심의 다문화 교육만으로 건강한 다문화 사회를 형성할 수 있는가?

03 [12역현05-03]
문화 다양성 관련 국제 규범의 형성 과정을 살펴보고, 그 의미와 한계를 탐구한다.

\# 문화 다양성 \# 유네스코(UNESCO) \# 문화적 상대주의 \# 문화유산 보호 \# 국제 규범

관련 학과
· 문화인류학과
· 문화유산학과
· 사회학과
· 역사교육과

교과 세특 탐구 주제

주제1 국제 사회가 문화 다양성을 보호하는 이유 탐색
주제2 문화 다양성 관련 국제 규범의 종류와 역할 조사
주제3 세계 각국의 문화유산 보호법과 국제 규범의 관계 탐구
주제4 문화 다양성 보호 국제 규범의 형성 과정을 통해 문화 식민주의의 문제점 고찰

📖 함께 보면 좋은 도서
《안목》 유홍준, 눌와, 2017.
《문학과 예술의 사회사 세트》 아르놀트 하우저(반성완 외 역), 창비, 2016.
《유산, 문화, 그리고 세계 유네스코 세계 문화유산 탐방 1》 유용욱, 진인진, 2023.

GUIDE 문화는 인류의 보편적 가치이자 정체성을 담는 자산이다. 문화 다양성에 대한 국제 규범은 시간이 지나면서 인류의 인식이 확장된 것이다.

연계 활동 탐구 주제

독서
《문학과 예술의 사회사 세트》 아르놀트 하우저(반성완 외 역), 창비, 2016.
이 책은 인류의 선사 시대부터 현대에 이르기까지 문학과 예술의 역사를 사회적, 경제적 변화와 연결하여 거대한 통찰을 제공하는 고전이다. 저자는 각 시대의 예술 양식이 단순한 미적 취향의 결과가 아니라, 그 시대의 생산 양식, 계급 구조, 세계관을 반영하며 형성되었다고 주장한다.

주제1 선사 시대 벽화에 나타난 당시 사람들의 삶 탐구
주제2 고대 예술과 현대 예술의 사회적 역할 변화 분석
주제3 특정 시대 예술 양식과 그 시대의 사회적 분위기 간 상호 관계 탐색

논문
《유네스코 세계 유산 협약 50주년, 현재 및 과제》 이현경 외, 2023.
이 논문은 유네스코 세계 유산 협약이 50주년을 맞이한 시점에서, 협약이 전 세계 문화유산 보호에 기여한 긍정적 측면, 등재를 둘러싼 국가 간 불균형, 개발 논리와의 충돌, 기후변화와 같은 새로운 위협 등 여러 문제점들을 검토하고, 지속가능한 유산 보호를 위한 노력을 강조한다.

논문 바로가기

주제1 세계 유산 협약의 주요 성과와 한계점 조사
주제2 유네스코 세계 유산 등재의 정치적, 경제적 의미 분석
주제3 다른 국제 규범과 비교해 세계 유산 협약이 문화유산 보호에 기여한 점 연구

토론
주제1 국제 사회의 문화유산 보호 노력은 충분한가?
주제2 세계 유산 등재 제도는 문화 다양성에 기여하는가?
주제1 세계 유산 등재를 위한 국가 간 경쟁은 문화유산의 본질적 가치를 훼손하는가?

사회와 문화

과목 정보	교과군	공통 과목	선택 과목			평가 정보		수능
			일반 선택	진로 선택	융합 선택	성취도	상대평가	
	사회	–	○	–	–	5단계	5등급	×

1 ▸ 교과 성격

'사회와 문화' 과목은 개인이 다양한 관점과 문화를 가진 타인과 지속적으로 상호 작용하며 살아가는 사회적 존재이자, 사회 구조의 영향을 받으면서도 사회 변화를 이끄는 주체임을 인식하고, 민주시민으로서 사회에 참여하는 역량을 기르기 위해 개설되었다.

이 과목은 학생들이 사회현상에 관심을 갖고 적극적으로 참여할 수 있도록 사회학과 문화 인류학의 기본 개념·이론·관점을 제시하며, 사회 과학적 탐구 활동을 통해 자료를 수집·분석·의사 결정하는 과정을 경험하게 한다. 또한 협력적 의사소통을 통해 다양한 관점과 문화를 존중하는 태도를 함양하도록 구성되었다.

학생들은 사회현상 연구 방법 및 자료 수집 방법을 익히고 과학적 탐구를 수행하며 지식을 구성한다. 더불어 다양한 관점과 이론을 비교·평가하고, 현대 사회의 다양한 변동과 불평등 양상을 분석해 대응책을 마련한다. 마지막으로 문화 다양성과 사회적 소수자에 대한 이해·공감을 바탕으로 차이를 존중하고 공존을 지향하는 사회를 이룩하기 위한 대안을 모색한다.

> **TIP** 중학교 '사회'를 통해 익힌 사회에 관한 지식과 '통합사회'의 학습 내용을 한층 더 확장하고 심화하여 고등학교 진로 선택 과목인 '정치', '법과 사회', '경제', '국제 관계의 이해' 및 융합 선택 과목인 '사회문제 탐구', '금융과 경제생활'과 연계 교과임.

2 ▸ 교과 목표

- 사회현상에 대한 연구 계획을 설계하고 수행하는 과정에서 자료를 수집하고 분석하며, 수집한 정보를 비판적으로 평가하고 의사 결정에 능동적으로 활용할 수 있다.
- 사회현상을 바라보는 다양한 관점을 이해하고, 관점의 차이에 대한 존중을 바탕으로 의사소통할 수 있다.
- 세계시민으로서 상대주의적 관점에서 문화의 차이를 이해하고 문화 다양성을 존중하는 태도를 가진다.
- 사회문제, 사회 불평등 및 차별, 사회 변동 등 공동체가 직면하고 있는 다양한 과제에 적극적으로 관심을 갖고 능동적으로 참여하는 태도를 가진다.

3 ▸ 교과 핵심 키워드

# 가치 중립	# 갈등론	# 개방적 태도	# 객관적 태도	# 관료제
# 기능론	# 낙인 이론	# 다문화 시회	# 대중문화	# 내항 문화
# 리비스주의	# 면접법	# 문화 다양성	# 문화 변동	# 문화 산업론
# 문화주의	# 문헌 연구법	# 미디어 효과 이론	# 빈곤	# 사회 계층 구조
# 사회 계층 구조의 유형	# 사회 구조	# 사회 명목론	# 사회 변동	# 사회 복지 제도
	# 사회 불평등 현상	# 사회 실재론	# 사회 운동	# 사회 이동
# 사회 조직	# 사회 집단	# 사회 통제	# 사회학적 상상력	# 사회현상
# 사회화	# 상대적 빈곤	# 상대주의적 태도	# 생산적 복지	# 성찰적 태도
# 세계화	# 세대 문화	# 실험법	# 아노미 이론	# 양적 연구
# 연구 윤리	# 의제 설정 이론	# 일탈 행동	# 저출산·고령화	# 절대적 빈곤
# 정보 사회	# 직관적 통찰	# 질문지법	# 질적 연구	# 차별적 교제 이론
# 참여 관찰법	# 취향 문화론	# 침묵의 나선 이론	# 프레이밍 이론	# 하위문화

핵심 아이디어
• 사회현상은 다양한 관점을 통해 이해할 수 있다.
• 사회현상은 다양한 방법을 통해 연구할 수 있고, 탐구를 수행할 때에는 과학적 절차와 연구 윤리를 준수해야 한다.
• 개인은 사회 구조의 영향을 받는 존재인 동시에 사회 구조에 영향을 미치는 존재이다.
• 사회 변동은 여러 요인의 영향을 받으며 다양한 양상으로 나타난다.
• 대중문화는 다양한 관점에서 분석될 수 있으며, 현대 사회에서 미디어는 문화의 생산과 공유에 영향을 미친다.
• 문화는 여러 요인의 영향을 받으며 지속적으로 변동하며 문화 다양성에 대한 긍정적 태도가 필요하다.
• 현대 사회에서는 다양한 불평등과 차별 현상이 나타나고 있다.
• 현대 사회는 인간다운 생활을 보장하고 삶의 질 향상을 위한 복지 국가를 지향한다.

범주		내용 요소
지식·이해	사회현상의 이해와 탐구	• 사회현상의 특징, 사회학적 상상력, 사회현상을 이해하는 관점 • 양적 연구 방법과 질적 연구 방법의 특징 및 연구 절차 • 다양한 자료 수집 방법 • 사회현상의 탐구, 연구자의 가치 중립과 연구 윤리
	사회 구조와 사회 변동	• 사회 구조와 사회화, 사회화에 대한 관점 • 사회 집단과 사회 조직의 유형 및 변화 • 일탈 행동과 일탈 이론, 사회 통제의 유형 • 사회 변동 요인과 현대 사회의 변동 양상, 사회 운동의 유형과 특징
	일상 문화와 문화 변동	• 대중문화를 바라보는 관점 • 미디어 효과 이론, 미디어 메시지의 분석과 생산 • 주류 문화와 하위문화, 이주민 문화에 대한 관점, 다문화 사회와 문화 다양성 • 문화 변동의 다양한 요인과 양상, 문화의 세계화
	사회 불평등과 사회 복지	• 사회 불평등 현상을 이해하는 관점, 사회 이동과 사회 계층 구조의 유형 및 특징 • 다양한 사회 불평등 양상과 해결 방안 • 복지 국가의 발전 과정, 사회 복지 제도의 유형과 특징, 현대 사회의 복지 관련 쟁점
과정·기능		• 다양한 이론과 관점의 특징 비교하기 • 다양한 방법을 활용하여 사회현상의 탐구에 필요한 자료 수집하기 • 다양한 출처에서 수집한 자료를 비판적으로 분석하기 • 다양한 견해와 입장을 비판적으로 평가하기 • 수집한 자료와 정보를 토대로 타당한 결론 도출하기
가치·태도		• 자신과 다른 입장에 대한 존중 • 인류 보편적 가치와 우리 사회의 기본 가치 존중 • 문화 다양성에 대한 긍정적 태도 • 사회적 소수자의 입장에 대한 공감과 존중 • 사회문제 해결을 위해 적극적으로 참여하는 태도

I 사회현상의 이해와 탐구

01 [12사문01-01] 사회현상의 탐구를 위해 사회현상의 특징에 대한 이해와 사회학적 상상력이 필요함을 인식하고, 사회현상에 대한 다양한 관점을 비교한다.

관련 학과
· 사회학과
· 언론정보학과
· 지리학과
· 행정학과

\# 사회현상 \# 사회학적 상상력 \# 기능론 \# 갈등론 \# 상징적 상호 작용론

교과 세특 탐구 주제

주제1 사회현상과 자연현상의 특징 비교 분석

주제2 거시적 관점과 미시적 관점의 차이 비교 분석

주제3 기능론과 갈등론의 입장에서 학교와 입시 제도 탐구

주제4 기든스의 사회학적 상상력의 작동 원리 및 필요성 탐구

■ 함께 보면 좋은 도서

《도시 보는 사회학》 김신혁, 계단, 2025.
《세상 멋져 보이는 것들의 사회학》 오찬호, 북트리거, 2024.
《사회학의 핵심 개념들》 앤서니 기든스 외(김봉석 역), 동녘, 2022.

GUIDE 사회현상을 이해할 때는 사회학적 상상력에 기초하여 역사적 맥락이나 구조적 요인을 함께 고려하여 새로운 해석을 시도하며 탐구한다.

연계 활동 탐구 주제

독서

《도시 보는 사회학》 김신혁, 계단, 2025.
이 책은 마르크스, 베버, 뒤르켐 등 고전 사회학자들의 통찰을 바탕으로, 신도시의 자살, 강남 교회의 부동산화, 지옥철 문제와 같은 우리 주변의 현상을 개인의 불행이 아닌 시스템의 문제로 분석한다. 이를 통해 독자는 개인의 삶과 사회 전체를 연결하는 사회학적 상상력을 기르게 된다.

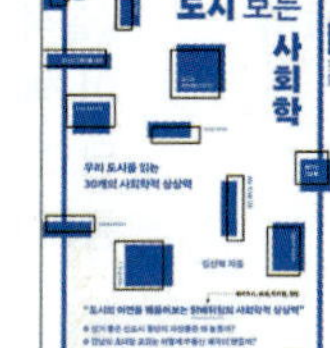

주제1 젠트리피케이션 현상의 사회 구조적 원인 탐구

주제2 청년 세대의 '포기' 현상의 개인적·사회적 원인 탐구

주제3 도시 재생과 특정 지역에 모이는 '힙스터' 문화의 연관성 탐구

논문

〈메타버스 이용자의 자아 정체성 인식에 관한 연구: 상징적 상호 작용 이론 관점〉 이지혜 외, 2022.
이 논문에서 메타버스 이용자들은 메타버스에서 자아 정체성을 형성하고 있었고, 그 유형은 '이상향의 나'와 '현실의 나', '제3의 인물' 유형으로 구분할 수 있었다. 메타버스를 자기 표현과 인상 관리의 '무대'로 활용하며, 아바타와 비언어적 소통의 용이성이 자아 정체성 표현에 긍정적인 영향을 준다고 답했다.

논문 바로가기

주제1 메타버스 플랫폼 아바타의 외형 분석

주제2 나와 친구들의 '메타버스 자아' 유형 분석

주제3 거시적·미시적 관점에서 메타버스 속 유행 분석

토론

주제1 젠트리피케이션 현상은 불가피한 변화인가, 구조적 불평등의 산물인가?

주제2 청년 세대의 'N포 현상'은 개인의 선택인가, 사회 구조적 원인의 결과인가?

주제3 사회현상 연구에서 거시적 관점과 미시적 관점 중 더 타당한 설명을 제공하는 것은 무엇인가?

02

[12사문01-02] 사회현상에 대한 양적 연구 방법과 질적 연구 방법의 특징 및 연구 절차를 비교하고, 각 연구 방법을 활용한 연구 사례를 분석한다.

양적 연구 방법 # 질적 연구 방법 # 개념의 조작적 정의 # 직관적 통찰

관련 학과
- 사회학과
- 역사학과
- 윤리학과
- 지리학과

교과 세특 탐구 주제

주제1 사회현상에 대한 양적 연구 활용 사례 탐구
주제2 사회현상에 대한 질적 연구 활용 사례 탐구
주제3 양적 연구 방법과 질적 연구 방법의 절차 비교 분석
주제4 양적 연구 방법과 질적 연구 방법의 융합 사례 탐구

■ 함께 보면 좋은 도서

《통계 모르고 뉴스 볼 수 있어?》 구정화, 다른, 2022.
《인공지능을 활용한 사회 과학 연구 방법》 김태용, 학지사, 2024.
《질적 연구자 좌충우돌기》 한국문화사회학회, 한울아카데미, 2018.

GUIDE 양적 연구와 질적 연구의 연구 절차와 특징을 비교하고, 연구 주제에 따라 적합한 연구 방식이 다를 수 있음을 이해한다.

연계 활동 탐구 주제

독서 《질적 연구자 좌충우돌기》 한국문화사회학회, 한울아카데미, 2018.
이 책은 질적 연구의 이론과 현장 간의 괴리를 극복하기 위해 실제 연구자들이 겪은 좌충우돌 경험을 생생하게 담고 있다. 노숙자, 청소년 등 사회적 약자의 목소리를 통해 보편적인 사회적 진실을 드러내며, 독자들은 이를 통해 나와 사회의 관계를 성찰하게 된다.

주제1 질적 연구의 특징과 실천적 어려움 조사 분석
주제2 청소년 사이에 유행하는 언어와 그 유래에 관한 질적 연구
주제3 학교 내에서 발생하는 집단 따돌림이나 갈등에 대한 질적 연구

논문 〈다수의 변수 간 영향 관계를 확인하는 (한)국어 교육의 양적 연구에 대한 제언〉 정계룡, 2024.
이 논문은 상관관계와 인과 관계를 혼동하는 양적 연구의 문제점을 지적한다. 복잡한 통계 모형을 사용하는 양적 연구들이 변수 간 인과적 타당성을 확보하지 못하는 경우가 많다며, 연구 결과를 바탕으로 다수의 변수 대신 단일 변수의 영향력을 탐구하는 것이 더 타당하다고 제안한다.

주제1 핸드폰 사용 시간과 수면 부족과의 관계 탐구
주제2 '성적'과 '행복'의 연관성(상관관계 vs 인과 관계) 탐구
주제3 청소년의 SNS 사용 시간과 자아 존중감의 연관성 탐구

토론 **주제1** 사회현상 연구에서 '개념의 조작적 정의'를 엄격히 설정하는 것이 필수적인가?
주제2 사회현상 연구에서 복잡한 통계 모형의 사용은 연구의 신뢰성에 어떤 영향을 주는가?
주제3 양적 연구와 질적 연구 중 실제 사회 정책 수립에 더 효과적인 연구 방법은 무엇인가?

03

[12사문01-03] 사회현상에 대한 다양한 자료 수집 방법의 특징을 비교하고, 각 자료 수집 방법을 활용한 연구 사례를 분석한다.

관련 학과
· 문화인류학과
· 문헌정보학과
· 사회학과
· 역사학과

\# 문헌 연구법 \# 질문지법 \# 실험법 \# 면접법 \# 참여 관찰법

교과 세특 탐구 주제

주제1 문헌 연구법을 활용한 연구 사례 탐구
주제2 면접법과 참여 관찰법의 특징 비교 분석
주제3 실험법의 장단점 및 연구 윤리 문제 탐구
주제4 질문지 작성 시 유의 사항 및 표본 추출의 중요성 탐구

■ 함께 보면 좋은 도서

《내 맘대로 요리하는 설문 조사》 유기종, 행일미디어, 2023.
《초보 연구자를 위한 질적 자료 분석 가이드》 한유리, 박영스토리, 2018.
《서태평양의 항해자들》 브로니슬라프 말리노프스키(최협 역), 민속원, 2024.

GUIDE 사회현상 연구에서 자료 수집 방법은 연구 목적·대상, 시간·비용, 자료의 신뢰성 등을 고려해 선택한다.

연계 활동 탐구 주제

독서

《서태평양의 항해자들》 브로니슬라프 말리노프스키(최협 역), 민속원, 2024.
이 책은 참여 관찰을 통한 장기간의 현지 조사를 기반으로 한 최초의 인류학 보고서이다. 저자는 다른 사회를 이해하기 위해 그들의 삶에 직접 몰입하고 관찰하는 것이 중요함을 역설하며, 그의 치밀하고 풍부한 현지 조사 기록은 전무후무하다는 평가를 받는다.

주제1 청소년의 'PC방 문화' 심층 탐구
주제2 우리 학교의 '점심시간 문화' 참여 관찰 탐구
주제3 유명 맛집이나 신제품을 사기 위해 줄 서는 사람들의 심리 분석

논문

〈장애 형제를 둔 비장애 형제자매의 경험과 지원 요구에 대한 질적 연구 메타 분석〉 송명성 외, 2025.
이 연구는 2007년부터 2024년까지의 질적 연구 12편을 메타 분석하여 장애 형제를 둔 비장애 형제자매의 경험을 탐구한다. 논문은 가족의 정서적 지원과 사회적 관계가 긍정적 특성 발달에 영향을 미친다고 강조하며, 이들을 위한 맞춤형 지원 방안을 제안한다.

논문 바로가기

주제1 청소년의 장애에 관한 인식 탐구
주제2 우리 지역의 장애인 편의 시설 현황 탐구
주제3 우리 가족의 '역할 분담'과 스트레스 간 연관성 심층 분석

토론

주제1 질문지법은 응답자의 편견 개입 우려에도 객관적 자료를 얻는 데 가장 효과적인가?
주제2 실험 대상자에게 사전 동의를 얻지 않은 사회 실험의 윤리적 문제를 해결하는 방안은?
주제3 사회현상 연구에서 객관적 자료가 더 중요한가, 연구자의 직접적 경험이 더 가치 있는가?

04 [12사문01-04] 사회현상의 탐구에서 발생하는 연구자의 가치 개입 및 연구 윤리 관련 쟁점을 토론하고, 연구 윤리를 준수하며 사회현상에 대한 탐구를 수행한다.

관련 학과
- 문화인류학과
- 빅데이터학과
- 심리학과
- 윤리학과

\# 객관적 태도 \# 개방적 태도 \# 성찰적 태도 \# 상대주의적 태도 \# 가치 중립 \# 연구 윤리

교과 세특 탐구 주제

주제1 사회현상 탐구자가 지켜야 할 윤리 강령 제작하기

주제2 사회현상 탐구에서 객관적 태도와 개방적 태도의 비교

주제3 사회현상 탐구 과정에서 타인의 저작물 활용 시 유의점 탐구

주제4 사회현상 탐구에서 연구자의 가치 중립과 가치 개입 구분 사례 탐구

GUIDE 연구자의 가치 개입과 가치 중립이 모두 필요한 이유를 탐구하고, 연구의 각 단계에서 이를 구분하여 적용한다.

■ 함께 보면 좋은 도서

《행동 과학 연구 방법》 김초복, 학지사, 2024.

《청소년을 위한 사회문제 탐구 에세이》 구정화, 해냄, 2024.

《인간 대상 연구 윤리》 데이비드 레스닉(이선주 역), 학지사메디컬, 2024.

연계 활동 탐구 주제

독서 《청소년을 위한 사회문제 탐구 에세이》 구정화, 해냄, 2024.

이 책은 청소년들이 사회현상에서 스스로 질문을 만들고 해결 방안을 찾아 탐구 보고서를 작성하는 법을 담은 실용적인 안내서다. 사회학적 상상력, 양적·질적 연구 등 사회 과학 연구의 기본 개념부터 주제 선정, 자료 조사 방법, 통계 분석까지 탐구의 전 과정을 구체적으로 제시한다.

주제1 통계의 가치 중립성에 대한 비판적 탐구

주제2 표절과 인용의 차이 및 관련 연구 윤리 탐구

주제3 인터뷰 과정에서 개인 정보 보호의 중요성과 보호 방안 탐구

논문 〈ChatGPT와 연구 윤리〉 손화철, 2023.

이 논문은 생성형 인공지능(AI)인 ChatGPT를 활용할 때 고려해야 할 연구 윤리 문제를 탐구한다. 저자는 표절, 저자 표기 등 기존 윤리 원칙들을 ChatGPT의 작동 방식과 연결하여 검토하고 ChatGPT의 사용이 연구자 공동체에 미칠 영향과 연구자의 사회적 책임에 대해서도 고민해야 한다고 본다.

논문 바로가기

주제1 온라인상 '가짜 뉴스'의 현황 및 그 영향 분석

주제2 ChatGPT가 쓴 일기와 내가 쓴 일기의 비교 분석

주제3 청소년의 '생성형 인공지능 사용'에 대한 인식 조사

토론 **주제1** 사회현상 탐구에서 개인 정보 보호는 연구 자유보다 더 중요한 가치인가?

주제2 사회현상 탐구에서 연구자의 가치 중립은 가능한가, 가치 개입이 불가피한가?

주제3 청소년의 인공지능 사용은 학습 기회를 넓히는가, 의존성과 윤리적 문제를 키우는가?

II 사회 구조와 사회 변동

01 [12사문02-01] 사회 구조와 개인의 관계에 대한 이해를 바탕으로 개인의 사회화 과정, 사회화 기관 및 유형을 설명하고, 사회화에 대한 서로 다른 이론적 관점을 비교한다.

관련 학과
- 사회학과
- 언론정보학과
- 철학과
- 행정학과

\# 사회 구조 \# 사회 실재론 \# 사회 명목론 \# 사회화 \# 사회화 기관

교과 세특 탐구 주제

주제1 사회화 기관의 종류 및 특성 탐구
주제2 사회 실재론과 사회 명목론 입장에서 '취향'의 본질 탐구
주제3 가정의 사회화 기능이 기본 생활 습관 형성에 미치는 영향 탐구
주제4 서로 다른 사회에서 자란 쌍둥이의 가치관 비교를 통한 사회화 과정 분석

GUIDE 주요 사회화 기관이 어떤 역할을 하는지 구체적 사례와 함께 분석하며, 사회화에 대한 서로 다른 관점을 균형 있게 비교한다.

■ **함께 보면 좋은 도서**
《탈사회의 사회학》 김문조 외, 한울아카데미, 2022.
《나와 너의 사회 과학》 우석훈, 김영사, 2011.
《파리 대왕》 윌리엄 골딩(이덕형 역), 문예출판사, 2024.

연계 활동 탐구 주제

독서

《나와 너의 사회 과학》 우석훈, 김영사, 2011.
이 책은 사회학적 사고 방식으로 세상을 읽는 새로운 시각을 제공한다. 과학주의와 해석주의, 개인과 구조 등 사회학의 핵심 개념들을 일상적인 사례와 연결하며 우리가 속한 사회의 작동 원리를 명쾌하게 설명한다. 독자들은 개인의 선택이 사회 구조와 어떻게 얽혀 있는지 통찰하게 된다.

주제1 '우리 반 문화'의 존재 여부와 사회의 실재성 탐구
주제2 사회화 기관으로서 미디어가 가치관과 취향에 미치는 영향 탐구
주제3 우리 학교의 숨겨진 사회 구조(성적, 인기, 역할 등)가 학교생활 만족도에 미치는 영향 탐구

논문

〈학교 교육의 사회화에 관한 비판적 논고 −배움학을 중심으로−〉 최항석, 2016.
이 논문은 학교 교육의 사회화 기능에 대해 비판적 시각으로 배움 중심의 대안을 모색한다. 학교는 사회화보다는 오히려 특정 사회적, 경제적, 문화적 계급을 재생산하는 도구로 사용되어 왔다고 보며, 학교 교육은 개인의 배움 본능을 실현하며, 능동적인 성장을 돕는 방향이어야 한다고 강조한다.

논문 바로가기

주제1 교사의 '기대'와 학생의 '성적'의 관계성 탐구
주제2 학교 교육과정이 계급 재생산에 미치는 영향 탐구
주제3 교과서 속 '이상적인 인간상' 분석 및 학생에게 미치는 영향 탐구

토론

주제1 사회 구조와 개인의 선택 중 우리의 삶에 더 많은 영향을 미치는 것은 무엇인가?
주제2 청소년에게 가장 영향을 미치는 사회화 기관은 가정, 학교, 또래 집단, 대중 매체 중 무엇인가?
주제3 사회화 기관으로서 미디어는 청소년의 가치관 형성에 긍정적 영향을 주는가, 부정적 영향을 주는가?

02

[12사문02-02] 사회 집단 및 사회 조직의 유형과 변화 양상에 대한 이해를 바탕으로 사회 집단 및 사회 조직이 개인의 사회생활과 사회적 관계에 미치는 영향을 설명한다.

사회 집단 # 사회 조직 # 자발적 결사체 # 관료제

교과 세특 탐구 주제

주제1 '나'의 소속 집단과 집단 유형 분류에 관한 탐구

주제2 현대 사회에서 자발적 결사체 증가의 원인 탐구

주제3 관료제에서 팀제로의 전환 배경 및 그 효과 탐구

주제4 공식 조직과 비공식 조직의 사례 조사 및 특성 비교 탐구

■ 함께 보면 좋은 도서

《조직 문화 통찰》 김성준, 클라우드나인, 2019.

《사회 안의 조직, 조직 안의 사회》 한준, 다산출판사, 2022.

《서로가 아니라면 우리가 누구에게》 린 시걸(정소영 역), 니케북스, 2025.

GUIDE 사회 집단 및 사회 조직을 분류하는 데 중점을 두기보다 다양한 사회 집단 및 사회 조직이 복합적으로 개인의 삶에 영향을 미침을 이해한다.

연계 활동 탐구 주제

독서

《사회 안의 조직, 조직 안의 사회》 한준, 다산출판사, 2022.
이 책은 다양한 조직을 분석하고 소개하는 입문서로, 조직을 사회적 관계와 구조가 얽힌 복합적 실체로 이해하게 돕는다. 독자들은 경험적 연구 사례들을 통해 조직 내에서 발생하는 문제들의 사회적 맥락을 파악하고, 조직과 개인이 어떻게 상호 작용하며 사회를 형성해 나가는지 통찰을 얻게 될 것이다.

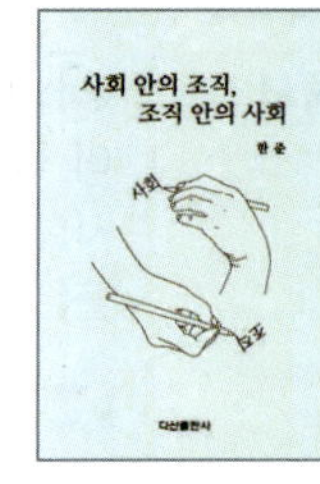

주제1 우리 반의 조직 유형 분석 및 운영 방식 탐구

주제2 내가 속한 비공식 조직 탐색 및 공식 조직의 특성과 비교 분석

주제3 교내 자발적 결사체에 가입한 학생들의 가입 동기 및 활동 방식 조사

논문

〈조직 문화가 조직 구조와 조직 성과에 미치는 영향 –네트워크 조직의 매개 효과를 중심으로–〉 이환성, 2014.
이 논문은 춘천시 공무원을 대상으로 네트워크 조직과 조직 문화, 조직 성과의 관계를 분석한다. 지방 공공 조직은 수직적 계층 구조에서 벗어나 외부 지향적 조직 문화를 통해 네트워크 조직으로 변화해야 공공 서비스의 질을 높일 수 있다고 제언한다.

논문 바로가기

주제1 우리 학급의 의사 결정 방식 탐구

주제2 온라인 게임에서 리더십이 승패에 미치는 영향 탐구

주제3 교사의 리더십 유형과 수업 참여도에 미치는 영향 탐구

토론

주제1 다수결과 합의제 중 더 민주적인 의사 결정 방식은 무엇인가?

주제2 자발적 결사체의 확산은 개인의 사회적 자유를 강화하는가, 사회적 갈등을 심화하는가?

주제3 공식 조직과 비공식 조직의 갈등을 줄이고 협력을 강화하기 위한 현실적인 방안은 무엇인가?

03

[12사문02−03] 일탈 행동의 발생 요인이나 특성을 설명하는 다양한 일탈 이론을 비교하고, 일탈 행동에 대한 사회 통제의 유형과 사회 통제의 필요성 및 문제점을 분석한다.

관련 학과
· 경찰행정학과
· 법학과
· 사회학과
· 심리학과

일탈 행동 # 아노미 이론 # 낙인 이론 # 차별적 교제 이론 # 사회 통제

교과 세특 탐구 주제

주제1 일탈의 상대성을 보여 주는 사례 조사 및 탐구

주제2 일탈 이론을 적용하여 '나'의 일탈 행동 경험 분석

주제3 학교에서 이루어지는 사회 통제 유형과 그 효과성 탐구

주제4 일탈 행동에 대한 사회 통제의 필요성과 문제점에 대한 비판적 분석

■ 함께 보면 좋은 도서

《다시 쓰는 자살론》 김명희, 그린비, 2025.
《이상한 정상가족》 김희경, 동아시아, 2022.
《나는 왜 소년범을 변호했을까》 김광민, 인물과사상사, 2023.

GUIDE 일탈 행동을 설명하는 다양한 이론 각각이 강조하는 발생 요인과 특성을 실제 사례와 연결해 탐구한다.

연계 활동 탐구 주제

독서 《다시 쓰는 자살론》 김명희, 그린비, 2025.
이 책은 뒤르켐의 사회학적 통찰을 바탕으로 자살을 사회적 불평등과 권력 구조가 만들어 낸 집단적 일탈로 재규정한다. 특히 '숙명론적 자살' 개념을 복원하여 과도한 통제와 구조적 폭력이 어떻게 극단적인 일탈을 낳는지 분석해 자살이 사회적 병폐의 결과이며, 사회적 과제임을 강조한다.

주제1 SNS 속 '완벽한 삶'의 개인적·사회적 영향 탐구

주제2 학교폭력 등 청소년 일탈의 사회 구조적 요인 탐구

주제3 학교 규율의 엄격성 정도와 학생들의 일탈 행동 간 상관관계 탐구

논문 〈가족 및 학교 사회적 자본이 청소년 온라인·오프라인 비행 변화에 미치는 영향〉 전혜숙 외, 2018.
이 논문은 한국 청소년의 온라인 및 오프라인 비행 변화 양상을 분석한다. 가족과 학교의 사회적 자본이 청소년 비행에 유의미한 영향을 미치며, 부모 애착, 학업 압력, 친구 관계 등이 비행의 초기치와 변화율에 영향을 준다며 청소년 비행을 예방하기 위한 사회 복지적 실천 방안을 제안한다.

논문 바로가기

주제1 학교 규칙이 친구 관계에 미치는 영향 탐구

주제2 부모와의 애착 관계와 행복감의 연관성 탐구

주제3 온라인 비행(사이버 폭력 등)의 증가 요인과 해결 방안 탐구

토론 **주제1** 청소년의 일탈 행동은 개인적 선택인가, 사회 구조적 요인의 영향인가?

주제2 학생들의 일탈 행동을 줄이는데 학교 규율 등 사회적 통제를 강화하는 것이 효과적인가?

주제3 '낙인 이론'은 소수자를 보호하는 시각을 제공하는가, 오히려 사회적 편견을 강화하는가?

04

[12사문02-04] 사회 변동이 다양한 요인의 복합적인 상호 작용의 산물이라는 점을 설명하고, 현대 사회의 변동 과정에서 나타나는 다양한 사회 운동의 유형과 특징을 탐구한다.

\# 사회 변동　\# 정보 사회　\# 세계화　\# 저출산·고령화　\# 사회 운동

관련 학과
· 문헌정보학과
· 사회복지학과
· 역사학과
· 환경공학과

교과 세특 탐구 주제

주제1 코로나19 팬데믹 이후 학교생활의 변화 모습 탐구

주제2 인공지능 등 기술 발전이 미래 사회에 미칠 영향 탐구

주제3 보수적 사회 운동과 복고적 사회 운동의 비교 및 사례 탐구

주제4 19세기 영국에서 전개된 러다이트 운동의 원인과 영향 탐구

■ 함께 보면 좋은 도서

《맹신자들》 에릭 호퍼(이민아 역), 궁리출판, 2024.
《플랫폼 사회가 온다》 이재열 외, 한울아카데미, 2021.
《치유 산업에서 길을 찾다》 김재수, 매일경제신문사, 2024.

GUIDE 현대 사회 변동의 양상과 사회 운동에 관한 자료를 다양한 매체를 활용하여 수집하고, 이를 활용해 사회 운동의 유형과 특징을 정리한다.

연계 활동 탐구 주제

독서　《맹신자들》 에릭 호퍼(이민아 역), 궁리출판, 2024.

이 책은 종교, 민족주의, 정치 이념 등 다양한 경로로 발생한 대중 운동의 공통적 속성을 밝히며, 개인이 어떻게 자신의 정체성을 버리고 집단에 몰입하는 광신자가 되는지 그 과정을 파헤친다. 나치즘 같은 역사적 사례를 통해 맹신이 낳는 극단적 배타성과 폭력의 심리적 근원을 규명한다.

주제1 최근 우리나라에서 진행된 사회 운동 탐구

주제2 극우 콘텐츠의 대중화와 청소년에게 미치는 영향 탐구

주제3 사회의 경제적 불안정(청년 실업, 양극화)이 극우 세력의 성장에 미친 영향 탐구

논문　〈지능 정보 사회 노인층의 디지털 정보 격차와 과제〉 박노민, 2024.

이 논문은 노년층의 낮은 디지털 역량과 활용 수준을 지적하고, 이들이 겪는 사회·경제적 불평등을 완화해야 한다고 주장한다. 이를 위해 지능 정보 기술을 활용한 지능형 미디어 교육 서비스를 개발하고 온라인 채널을 통해 제공해야 함을 제안한다.

논문 바로가기

주제1 노년층의 '디지털 소외' 사례 탐구

주제2 키오스크의 긍정적·부정적 측면 및 해결 방안 탐구

주제3 디지털 정보 격차가 사회 운동에 미치는 영향 탐구

토론　**주제1** 극우 콘텐츠 확산을 막기 위해 표현의 자유를 제한하는 것이 정당한가?

주제2 온라인·디지털 수업의 확대는 교육의 평등성을 높이는가, 학습 격차를 심화하는가?

주제3 사회 운동은 사회 변화를 이끄는 긍정적 동력인가, 사회 불안을 증폭하는 요인인가?

III 일상 문화와 문화 변동

01

[12사문03–01] 대중문화에 대한 다양한 관점을 비교하고, 일상적으로 접하는 사례를 중심으로 대중문화가 개인과 사회에 미치는 영향을 토의한다.

관련 학과
· 언론정보학과
· 예술관련학과
· 사회학과
· 심리학과

\# 대중문화 \# 리비스주의 \# 문화 산업론 \# 문화주의 \# 취향 문화론

교과 세특 탐구 주제

주제1 매스 컬처와 파퓰러 컬처의 비교 탐구
주제2 대중문화의 성장으로 인한 긍정적·부정적 영향 탐구
주제3 문화주의와 취향 문화론의 관점에서 한류 현상 분석
주제4 리비스주의와 문화 산업론의 관점에서의 웹툰 유행 현상 분석

📖 함께 보면 좋은 도서
《콘텐츠 자본의 시대》 유승호, 따비, 2025.
《대중문화의 이해》 김창남, 한울아카데미, 2022.
《케이팝 씬의 순간들》 김윤하 외, 미래의창, 2024.

GUIDE 대중문화에 대한 여러 관점에 대한 이해를 바탕으로 사례를 통해 대중문화가 개인의 가치관과 사회 구조에 미치는 영향을 탐구한다.

연계 활동 탐구 주제

독서 《케이팝 씬의 순간들》 김윤하 외, 미래의창, 2024.
이 책은 케이팝을 통해 대중문화가 개인의 정체성과 사회 구조에 미치는 영향을 고찰한다. 단순한 음악적 트렌드를 넘어, 팬덤 문화의 진화, ESG 경영 도입, 다국적 멤버 구성 등 사회적 이슈들이 어떻게 대중문화에 반영되는지 조명해 케이팝이 사회적 영향력을 행사하는 문화적 흐름임을 보여 준다.

주제1 문화주의적 관점에서 본 K-POP 탐구
주제2 '인생 네 컷' 유행의 사회학적 의미 탐구
주제3 유행하는 밈(meme)의 상업적 활용 현황 탐구

논문 〈한류 4.0, 신(新)한류는 어떤 대중문화인가?: D. 닷슨의 대중문화 유형 분석을 중심으로〉 최현철, 2021.
이 논문은 신(新)한류(한류 4.0)의 대중문화적 특성을 규명한다. 저자는 도널드 닷슨(Donald Dodson)의 문화 유형 이론을 적용하여 신한류가 매스 컬처보다 파퓰러 컬처에 가깝고, 초국가적 문화로 성장할 가능성을 지니게 되었다며 팬덤 문화와 정부의 한류 정책이 나아가야 할 방향을 제시한다.

논문 바로가기

주제1 취향 문화론으로 본 유튜브 알고리즘 탐구
주제2 리비스주의 관점에서 아이돌 팬덤 문화 분석
주제3 매스 컬처와 파퓰러 컬처의 실제 사례 및 변화 과정 탐구

토론
주제1 K-POP 팬덤 문화는 자발적 산물인가, 문화 산업이 만들어 낸 결과인가?
주제2 한류 확산을 위한 정부의 정책적 개입은 문화·예술 분야의 자율성을 침해하는가?
주제3 대중문화의 세계적 확산 속에서 문화적 다양성과 정체성을 동시에 지키는 방안은 무엇인가?

02

미디어　# 침묵의 나선 이론　# 문화 배양 이론　# 프레이밍 이론　# 의제 설정 이론

관련 학과
- 국어국문학과
- 광고홍보학과
- 언론정보학과
- 정치학과

교과 세특 탐구 주제

주제1 현대 사회의 미디어 이용 변화와 특징 분석
주제2 미디어 리터러시의 중요성 및 역량 강화 방안 탐구
주제3 일상에서 자주 사용하는 미디어의 사례와 영향 분석
주제4 학교 문제 해결을 위한 대안적 메시지 활용 방안 탐구

GUIDE 미디어의 효과에 대한 이론의 관점을 바탕으로 미디어가 전달하는 메시지에 담긴 의도와 이면의 가치를 비판적으로 분석한다.

▣ 함께 보면 좋은 도서

《더블 스피크》 윌리엄 러츠(유강은 역), 교양인, 2025.
《죽도록 즐기기》 닐 포스트먼(홍윤선 역), 굿인포메이션, 2020.
《페이크와 팩트》 데이비드 로버트 그라임스(김보은 역), 디플롯, 2024.

연계 활동 탐구 주제

독서　《죽도록 즐기기》 닐 포스트먼(홍윤선 역), 굿인포메이션, 2020.
이 책은 현대 미디어 문명이 인간 삶과 사고를 어떻게 변화시키는지를 비판적으로 탐구한다. 저자는 텔레비전을 비롯한 매체가 사회적 담론을 오락으로 전락시키며, '죽도록 즐기기'만을 추구하는 문화 속에서 우리의 분별력과 비판적 사고가 서서히 소멸되고 있음을 지적한다.

주제1 의제 설정 이론으로 본 미디어의 역할 탐구
주제2 문화 배양 이론으로 본 학교폭력 소재 드라마의 문제점 탐구
주제3 유튜브 쇼츠나 틱톡 같은 짧은 동영상의 인기 원인과 개인적·사회적 영향 탐구

논문　〈청소년의 시민 미디어 리터러시가 정파적 가짜 뉴스에 대한 판단 행동에 미치는 영향〉 송미리, 2024.
이 논문에 따르면 미디어 리터러시 하위 역량 중 유해 미디어 배척 역량이 높을수록 가짜 뉴스 판단 능력이 향상되지만, 공적 참여 역량은 오히려 부정적인 영향을 미치는 것으로 나타났다. 이에 따라 청소년 특성에 맞는 맞춤형 미디어 교육의 필요성을 제안한다.

논문 바로가기

주제1 가짜 뉴스의 사례 조사 및 판별법 탐구
주제2 우리 학교 학생들의 '미디어 리터러시' 수준 탐구
주제3 가짜 뉴스의 주요 확산 경로 및 확산 방지 방안 탐구

토론　**주제1** 가짜 뉴스에 대한 규제 강화는 개인의 표현의 자유를 침해하는가?
　　　　주제2 뉴스의 프레이밍은 대중의 인식을 왜곡하는가, 이해를 돕는 장치인가?
　　　　주제3 드라마와 영화 속 학교폭력의 잦은 묘사는 사회문제를 해결하는 데 도움이 되는가?

03 [12사문03-03] 하위문화와 주류 문화의 관계에 대한 이해를 바탕으로 다문화 사회의 이주민 문화에 대한 서로 다른 관점을 비교하고, 이주민 문화가 갖는 의의에 기초하여 문화 다양성을 증진하기 위한 방안을 제시한다.

\# 하위문화 \# 대항 문화 \# 세대 문화 \# 이주민 문화 \# 문화 다양성

관련 학과
· 문화인류학과
· 아동가족학과
· 지역학과
· 한국어교육학과

교과 세특 탐구 주제

주제1 하위문화의 상대성과 주류 문화가 된 하위문화 사례 탐구

주제2 이주민 문화에 대한 용광로 이론과 샐러드 볼 이론 비교 분석

주제3 하위문화와 대항 문화의 사례 탐구 및 공통점과 차이점 비교 분석

주제4 우리 사회에 정착한 이주민 문화 사례와 이주민 문화가 문화 다양성에 미친 영향 탐구

▣ 함께 보면 좋은 도서

《기울어진 교실》 서부원, 내일을여는책, 2025.

《의례를 통한 저항》 스튜어트 홀(임영호 역), 컬처룩, 2024.

《나는 '보통'의 가족을 꿈꾸는 다문화 이주민입니다》 정종원 외, 노드, 2023.

연계 활동 탐구 주제

독서   《나는 '보통'의 가족을 꿈꾸는 다문화 이주민입니다》 정종원 외, 노드, 2023.
이 책은 한국 사회 속 소수자와 이주민의 삶을 조명하며 차별과 편견을 넘어선 새로운 '우리'의 가능성을 모색한다. 다문화 가정, 외국인 근로자 등 복지 사각 지대에 놓인 이웃들의 목소리를 담아내며 저자는 한국의 협소한 가족 개념을 확장하고, 이주민 문제가 사회 공동체의 과제임을 일깨운다.

주제1 우리 학교 내 하위문화 탐구

주제2 세대별 유행어로 본 세대별 가치관 탐구

주제3 다문화 가정 학생의 정체성 혼란 경험 및 해결 방안 탐구

논문   〈팬덤의 시대, 대중문화에서 정치까지〉 조일동, 2024.
이 논문은 2000년대 청소년기를 보내며 팬덤 문화와 실천을 내면화한 세대가 성인이 되어 한국 사회 전반에 개입하는 태도와 전략을 살핀다. 이들에게 팬덤은 정체성 준거이자 가치이므로 팬덤 문화를 내면화한 채 성인이 된 이들이 사회 변화를 요구할 때, 팬덤 실천 방식을 택하는 것은 자연스러운 전략이라고 설명한다.

논문 바로가기

주제1 주류 문화와 관련한 대항 문화의 역할 탐구

주제2 팬덤 문화와 실천을 내면화한 세대의 정치 참여 탐구

주제3 팬덤 문화의 성장 과정 및 주류 문화에 미친 영향 탐구

토론   **주제1** 하위문화는 주류 문화를 풍요롭게 하는가, 사회적 갈등을 증폭하는가?

주제2 다문화 사회에서 '용광로 이론'과 '샐러드 볼 이론' 중 어느 것이 바람직한가?

주제3 세대별 유행어는 세대 문화의 창의적 표현인가, 세대 간 단절을 심화하는가?

04

\# 문화 변동 \# 문화 접변 \# 문화 공존 \# 문화 동화 \# 문화 융합

관련 학과
- 고고학과
- 문화인류학과
- 사학과
- 지리학과

교과 세특 탐구 주제

주제1 발명과 발견으로 인한 문화 변동 사례 탐구

주제2 다른 문화와 접촉 과정에서 나타난 문화 변동 사례 탐구

주제3 문화의 세계화 과정에서 나타난 긍정적·부정적 영향 및 해결 방안 탐구

주제4 문화 접변 결과 나타난 문화 공존, 문화 동화, 문화 융합 사례 및 영향 탐구

GUIDE 문화 변동 과정에서 나타나는 사회적 문제와 세계화로 인한 쟁점을 구체적 사례와 연결하여 분석하며, 다양한 시각을 균형 있게 이해한다.

■ **함께 보면 좋은 도서**

《유럽을 알아야 세상이 보인다》 안계환, nobook, 2022.
《인터넷 때문에》 그레천 매컬러(강동혁 역), 어크로스, 2022.
《청소년을 위한 위대한 발명·발견》 박익수, 전파과학사, 2025.

연계 활동 탐구 주제

독서

《유럽을 알아야 세상이 보인다》 안계환, nobook, 2022.
이 책은 그리스 신화와 그리스도교 문화가 어떻게 서로 영향을 주고받으며 유럽 문명의 근간을 형성했는지 보여 준다. 문화 접변의 관점에서 그리스, 로마, 그리고 그리스도교의 흐름을 유기적으로 연결해 오늘날 우리가 접하는 유럽 문화의 진정한 의미를 이해하게 한다.

주제1 문화 접변의 관점에서 '한류의 팬덤 문화' 탐구

주제2 한국의 설화나 민속 신앙에 불교나 유교 문화가 영향을 미친 사례 탐구

주제3 르네상스 시대 예술 작품에 나타난 그리스 신화적 요소와 그리스도교적 요소 분석

논문

〈이주와 문화 융합: 독일의 되너 케밥〉 윤용선, 2024.
이 논문은 이주민의 음식으로 출발한 되너가 독일적 요소를 일부 수용함으로써 독일 음식으로 재탄생하는 과정을 스케치하고 되너가 튀르키예 이주민 공동체의 정체성 유지에 어떠한 기여를 했는가를 다룬다. 마지막 장에서는 되너를 통해 표현된 이주와 이주민에 대한 거부와 저항을 고찰한다.

주제1 먹방 등 K 콘텐츠의 문화 변동 영향 탐구

주제2 외국 음식 유입 및 확산의 문화적 의미 탐구

주제3 이주민의 음식을 주제로 한 문화 행사의 문화 교류적 영향 탐구

토론

주제1 전통문화의 변형은 시대에 맞는 창조적 수용인가, 본질의 훼손인가?

주제2 문화 변동 과정에서 나타나는 문화 지체 현상을 해결하는 합리적인 방안은 무엇인가?

주제3 다문화 사회에서 문화 동화는 바람직한 사회 통합 방식인가, 문화적 다양성의 상실인가?

IV 사회 불평등과 사회 복지

01
[12사문04-01] 사회 불평등 현상을 이해하는 서로 다른 관점을 비교하고, 사회 이동과 사회 계층 구조의 유형 및 특징을 분석한다.

관련 학과
- 법학과
- 사회복지학과
- 정치학과
- 행정학과

사회 불평등 현상 # 사회 이동 # 사회 이동의 유형 # 사회 계층 구조 # 사회 계층 구조의 유형

교과 세특 탐구 주제

주제1 사회 이동의 유형과 영향 탐구
주제2 우리나라 사회 계층 구조의 변화 양상 탐구
주제3 기능론적 관점에서 사회 불평등 현상의 원인과 영향 탐구
주제4 갈등론적 관점에서 사회 불평등 현상의 원인과 영향 탐구

📖 **함께 보면 좋은 도서**
《시험 능력주의》 김동춘, 창비, 2022.
《부르디외 읽기》 정선기, 세창미디어, 2024.
《아이들의 계급 투쟁》 브래디 미카코(노수경 역), 사계절, 2019.

GUIDE 사회 이동의 실제 사례와 계층 구조의 특징을 함께 분석하여 이론과 현실을 연결한다.

연계 활동 탐구 주제

독서

《부르디외 읽기》 정선기, 세창미디어, 2024.
이 책은 피에르 부르디외의 사상을 사회 계층의 관점에서 심도 있게 다룬다. 그는 다양한 종류의 자본(경제, 문화, 사회 등)을 통해 사회 계층이 어떻게 형성되고 재생산되는지 밝히고자 사회학을 활용했으며, 아비투스, 장 등의 개념을 통해 계층적 불평등이 고착화되는 사회적 기제를 해부한다.

주제1 아비투스 및 장의 의미와 적용 사례 탐구
주제2 사교육을 바탕으로 한 교육 불평등의 계층 재생산 과정 탐구
주제3 공공 체육 시설 또는 공원이 지역 주민의 건강에 미치는 영향 탐구

논문

〈사회 계층 상향 이동이 소득 불평등 인식에 미치는 영향: 사회 계층에 대한 본질주의 신념의 매개 역할 탐구〉 김영주, 2025.
이 논문은 사회 계층의 상승 이동 경험이 소득 불평등에 대한 개인의 주관적 인식에 미치는 영향을 분석한다. 부모보다 높은 지위로 이동한 사람들이 소득 불평등을 덜 심각하게 인식하는 경향이 있으며, 이러한 인식의 차이는 사회 계층이 바뀔 수 있다는 생각 때문이라고 주장한다.

논문 바로가기

주제1 사회 계층 구조의 유형 및 특징 탐구
주제2 우리나라의 계층 간 이동 가능성 탐구
주제3 다양한 사회 불평등 측정 지표의 변화 모습 탐구

토론

주제1 사회 불평등 문제 해결의 핵심은 '분배 정책'인가, '기회의 평등' 보장인가?
주제2 학교 교육은 사회적 평등을 실현하는 장치인가, 계급을 재생산하는 도구인가?
주제3 사회 계층화 현상은 능력 차이에서 비롯된 현상인가, 제도의 불공정이 만든 현상인가?

02

[12사문04-02] 현대 사회에서 나타나는 다양한 사회 불평등 양상을 분석하고, 차별받는 사람들의 입장에 대한 공감을 바탕으로 다양한 불평등 현상에 대한 해결 방안을 모색한다.

빈곤 # 절대적 빈곤 # 상대적 빈곤 # 성 불평등 # 사회적 소수자 차별

교과 세특 탐구 주제

주제1 학교 내 성 불평등 사례 탐구

주제2 절대적 빈곤과 상대적 빈곤의 비교 분석

주제3 웹툰이나 드라마 속 사회적 소수자 사례 탐구

주제4 불평등 현상의 해결 방안으로서 공간의 중요성 탐구

📖 함께 보면 좋은 도서

《기울어진 평등》 토마 피케티 외(장경덕 역), 와이즈베리, 2025.
《다정한 세계를 위한 공부》 니콜 칼리스(유라영 역), 유노책주, 2025.
《왜 우리는 차별과 혐오에 지배당하는가?》 이라영 외, 철수와영희, 2024.

연계 활동 탐구 주제

독서 《왜 우리는 차별과 혐오에 지배당하는가?》 이라영 외, 철수와영희, 2024.
이 책은 빈부 격차와 사회적 불안이 커지면서 소수자에게 불만을 전가하는 현상을 진단하고, 혐오가 사회적 폭력으로 이어지는 구조를 파헤친다. 저자들은 차별과 혐오의 대상이 언제든 바뀔 수 있다는 점을 지적하며, 인권의 원칙만이 사회적 불평등이 낳은 혐오를 극복할 수 있는 길임을 강조한다.

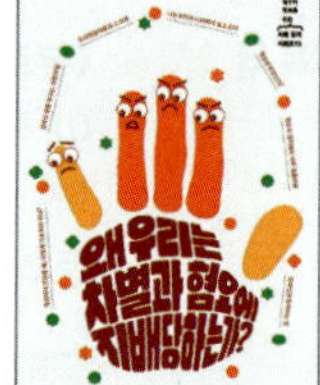

주제1 빈곤 원인에 대한 청소년의 인식 탐구

주제2 빈곤과 사회적 소수자 차별의 상관관계 탐구

주제3 사회적 소수자에 대한 혐오 표현과 차별 사례 탐구

논문 〈한국 사회 불평등과 격차 해소를 위한 정책 제안 연구〉 김성욱, 2022.
이 논문은 소득과 자산 불평등, 계층 이동성 둔화를 통해 한국 사회의 불평등을 분석한다. 한국 사회 불평등의 근본 원인을 '격차 확대에 따른 갈등과 불안'으로 진단하고, 소득 불안정성을 완화하는 정책의 필요성을 강조한다. 이를 통해 사회 불평등 문제에 대한 새로운 해결책을 제시한다.

논문 바로가기

주제1 사회 불평등 심화가 학생들의 심리에 미치는 영향 탐구

주제2 영화나 드라마 속 꿈을 이룬 인물들의 계층 이동 여부 및 유형 분석

주제3 우리 지역 아파트와 주택의 자산 가치 분석 및 그것이 개인의 삶에 미치는 영향 탐구

토론 **주제1** 빈곤 문제 해결의 핵심은 복지 확대에 있는가, 경제 성장에 있는가?

주제2 성별에 따른 임금 격차는 능력 차이에서 비롯된 것인가, 구조적 차별의 산물인가?

주제3 사회적 소수자에 대한 미디어 재현은 편견을 강화하는가, 이해를 넓히는 기회를 제공하는가?

03

[12사문04-03] 복지 국가의 발전 과정에 대한 이해를 바탕으로 사회 복지 제도의 유형과 특징을 비교하고, 현대 사회에서 나타나고 있는 사회 복지를 둘러싼 쟁점을 토론한다.

관련 학과
· 간호학과
· 공공정책학과
· 노인복지학과
· 통계학과

\# 사회 복지 제도 \# 생산적 복지 \# 보편적 복지 \# 선별적 복지

교과 세특 탐구 주제

주제1 복지 국가의 발전 과정 탐구

주제2 생산적 복지의 등장 배경 및 관련 제도 탐구

주제3 사회 보험과 공공 부조의 특징 분석 및 사례 탐구

주제4 보편적 복지와 선별적 복지의 등장 배경 및 장단점 비교 분석

■ 함께 보면 좋은 도서

《나는 멜버른의 케어러》 루아나, 메멘토, 2025.
《모두의 사회 모두의 디자인》 임세연, 진인진, 2025.
《내 집이 꼭 있어야 할까?》 서윤영, 철수와영희, 2025.

GUIDE 복지 국가의 발전 과정에서 나타난 여러 사회 복지 제도의 유형과 특징을 비교하고, 변화의 요인을 함께 탐구한다.

연계 활동 탐구 주제

독서

《모두의 사회 모두의 디자인》 임세연, 진인진, 2025.
이 책은 사회적 가치를 실현하는 실천적 도구로서 디자인의 역할을 재정의하며, 복지 시스템을 혁신하는 새로운 접근법을 제시한다. 기존의 하향식 정책 수립 방식이 아닌, 문제를 겪는 당사자가 직접 참여하여 해결책을 공동으로 설계하는 과정을 강조한다.

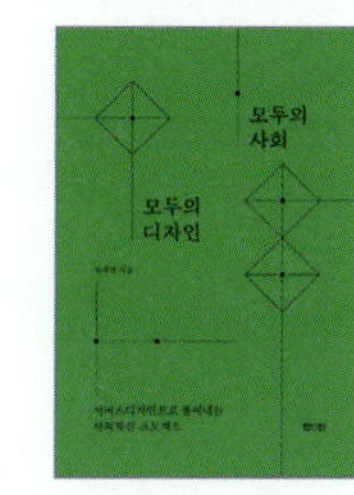

주제1 학교 내 복지 시설 현황 및 개선 방안 탐구

주제2 사회적 약자를 위한 배리어 프리 디자인 사례 탐구

주제3 우리 지역의 장애인 편의 시설 현황 및 개선 방안 탐구

논문

〈코로나19 팬데믹(pandemic)과 복지 국가의 정치 경제학: 위기 이후 복지 국가의 '길'들〉 윤홍식, 2020.
이 논문은 코로나19 팬데믹이 복지 국가에 미친 영향을 분석하고, 이후의 경로를 네 가지 시나리오로 제시한다. 위기 이전으로 복귀, 고용과 임금을 강조하는 전통적 복지 국가의 역할 복원, 민주주의에서 벗어난 새로운 복지 국가 출현, 새로운 분배 체계로서 새로운 복지 국가 등장을 주장한다.

주제1 포퓰리즘과 복지 국가의 관계 탐구

주제2 노동 시장에서 소외된 계층과 생산적 복지의 한계 탐구

주제3 코로나19 팬데믹 기간의 주요 사회 복지 정책 조사 및 분석

토론

주제1 우리 사회가 강화해야 할 복지 영역은 '고용과 임금 안정'인가, '보건·의료 안전망'인가?

주제2 선별적 복지의 낙인 문제를 줄이면서도 사회적 약자를 효과적으로 지원할 방법은 무엇인가?

주제3 청년 세대를 위한 주거 복지 정책의 핵심은 공공 임대 주택 확대인가, 주택 소유 기회 보장인가?

정치

과목▶정보	교과군	공통 과목	선택 과목			평가 정보		수능
			일반 선택	진로 선택	융합 선택	성취도	상대평가	
	사회	–	–	○	–	5단계	5등급	×

1 ▶ 교과 성격

'정치' 과목은 현대 민주주의 사회의 구성원으로서 필요한 시민 역량을 기르고, 일상 속 정치 활동에 적극적으로 참여하는 태도를 함양하기 위해 마련된 일반사회 계열의 진로 선택 과목이다. 이 과목을 통해 학생들은 민주주의에 대한 이해를 바탕으로 다양한 정치 현상을 분석하는 데 필요한 개념과 원리를 습득하며, 이를 일상에서 접하는 정치적 쟁점 해결에 활용할 수 있는 능력을 키운다.

학습 내용에는 민주주의의 기본 이념과 민주 정치의 운영 원리, 정당과 같은 정치 참여 주체, 선거 제도, 국가 권력 구조와 정부 형태, 국제 사회의 특징과 주요 국제 문제 등이 포함된다. 이를 통해 학생들은 민주주의 원리를 생활 속에서 실천하고, 다양한 방식으로 정치에 참여하며, 국제 문제 해결에도 능동적으로 기여할 수 있는 역량을 개발한다. 나아가 정치 학습 과정은 학생들이 정치과정에 주체적으로 참여하여 공동체 발전에 이바지하고, 세계시민으로서 국경을 넘어서는 문제 해결에 관심과 참여 의지를 가질 수 있도록 돕는다.

> **TIP** 중학교 '사회'를 통해 익힌 사회에 관한 지식과 '통합사회'의 학습 내용을 한층 더 확장하고 심화하여 고등학교 일반 선택 과목인 '사회와 문화', 진로 선택 과목인 '법과 사회', '경제', '국제 관계의 이해' 및 융합 선택 과목인 '사회문제 탐구', '금융과 경제생활'과 연계 교과임.

2 ▶ 교과 목표

- 어느 사회에서나 공동체 유지를 위해 정치가 필요함을 이해하고 정치 공동체의 운영 원리인 민주주의의 의미를 내면화하여 공동체의 의사 결정 과정에 필요한 다수결의 원칙을 비롯한 소수 의견 존중, 대화와 타협, 숙의와 토론 등의 태도를 갖춘다.
- 민주 정치의 본질은 주권자인 시민이 선거 등 다양한 방법으로 정치과정에 참여하는 것임을 이해하고, 권리와 의무를 지닌 시민으로서 정치적 의사 결정 과정에 자유와 공공선의 균형을 유지하며 참여하는 태도를 갖춘다.
- 민주 국가의 권력 분립의 원리에서 나타난 다양한 정부 형태와 우리나라 정부 형태의 특징을 비교하여 이해하고 각 정부 형태가 국가 권력 간의 견제와 균형의 원리를 바탕으로 민주 정치의 원리를 어떻게 실현하고자 노력하는지 평가하는 자세를 갖는다.
- 국제 관계에서 발생하는 갈등과 협력의 원천을 서로 다른 관점으로 설명하고 세계시민으로서 공동체 의식을 갖고 전 지구적 갈등을 해결하기 위해 적극적으로 참여하는 자세를 갖는다.

3 ▶ 교과 핵심 키워드

# 갈등 해결	# 공동체	# 관용	# 국가	# 국민 주권
# 국제기구	# 국제 문제	# 국제법	# 국제 사회	# 국제 연합
# 권력 분립	# 냉전	# 대의제	# 대통령제	# 미디어
# 민간 외교	# 민주주의	# 분쟁 요인	# 사법부	# 사회주의
# 선거	# 선거 제도	# 세계시민의 역할	# 수직적 권력 분립	# 수평적 권력 분립
# 시민	# 시민 단체	# 여론	# 유권자	# 의원 내각제
# 이익 집단	# 입법부	# 자유주의	# 정당	# 정치
# 정치과정	# 정치권력	# 정치사상	# 정치적 효능감	# 정치 참여
# 정부 형태	# 직접 민주주의	# 참여	# 탈냉전	# 평화적 해결 방안
# 피선거권자	# 한반도의 국제 관계	# 행정부	# 헌법	# 현실주의

<table>
<tr><td rowspan="9">핵심
아이디어</td></tr>
</table>

핵심 아이디어	• 정치는 사회 구성원 간의 이해관계의 충돌을 조정하고 공동체를 유지·발전시키는 기능을 수행한다. • 민주주의는 인류 역사에서 등장한 다양한 정치사상 중 근대 시민사회가 채택하고 발전시킨 정치 공동체의 운영 원리로 실제 삶에 적용될 수 있어야 한다. • 민주 정치의 본질은 시민이 정치 참여 주체로서 권리와 의무를 인식하고 정치과정에 참여하는 태도를 갖추는 것이다. • 시민은 현대 사회의 대의제 민주 정치를 작동시키는 가장 기본적 장치인 선거 제도를 비교·이해하여 실제 선거에 참여할 수 있는 역량을 함양해야 한다. • 민주 국가는 권력의 독점을 방지하고 민주주의를 구현하는 다양한 정부 형태를 채택하고 있다. • 우리나라의 정부 형태는 민주주의의 발전을 위해 도입한 다양한 제도와 특성들을 가지고 있다. • 현실주의와 자유주의는 국제 사회에서 발생하는 갈등과 협력을 서로 다른 관점으로 설명한다. • 다양한 국제 문제를 해결하기 위해서는 국제기구나 제도를 통한 노력과 더불어 세계시민으로서 갈등을 평화적으로 해결하려는 태도가 필요하다.

범주		내용 요소
지식·이해	시민 생활과 정치	• 정치의 필요성, 일상생활과 정치 • 다양한 민주주의의 모델 • 민주주의의 이념과 원리 • 민주 정치의 발전
	정치과정과 참여	• 민주시민의 권리와 의무 • 선거 • 정당과 민주 정치 • 미디어와 시민 참여
	민주 국가의 정부 형태	• 국가 권력의 구성 원리 • 대통령제와 의원 내각제 • 지방 자치 • 입법부, 행정부, 사법부 • 우리나라의 정부 형태
	국제 사회와 정치	• 국제 사회의 갈등과 협력, 현실주의, 자유주의 • 평화와 지속가능한 발전 • 국제 문제와 국제기구 • 전 지구적 문제와 세계시민의 역할
과정·기능		• 정치 문제와 관련된 사실과 가치를 구분하고, 가치 갈등 문제에 대한 의견의 근거를 수집하고 분석하기 • 일상생활의 정치적 문제와 사례를 수집·분석하여 해결 방안을 모색하기 • 정치 현상 탐구에 필요한 자료와 정보를 활용할 때 출처와 신뢰성을 확인하고 평가하기 • 민주적 정치과정의 핵심인 선거의 의미를 이해하고, 유권자의 권리와 책임을 인식하며 공동체의 의사 결정 과정에 참여하기 • 정치적 의사 결정을 위한 대안들을 비교 분석하고, 민주시민으로서 공동체의 문제 해결을 위해 적극적으로 참여하고 협업하기 • 다양한 정부 형태에서 나타나는 견제와 균형의 원리 사례를 탐색 및 분석하기 • 전 지구적 갈등의 원인을 설명하고, 이를 해결하기 위해 다양한 대안을 모색하기 • 국제 사회문제를 바라보는 다양한 관점을 구분하고, 이를 해결하기 위한 국제법과 국제기구의 역할을 분석하기
가치·태도		• 다양한 정치사상과 이념의 관점에서 여러 정치 주체의 선호와 결정에 대한 존중 • 다수결의 원리, 소수 의견 존중, 대화와 타협, 숙의와 토론 등 일상생활에서 민주주의 원리 실천 • 개인의 자유와 공공선의 균형에 대한 존중과 실천 • 권리와 의무를 지닌 정치 주체로서 공동체 의식을 갖고 다양한 관점에서 소통하며 정치과정에 참여하는 태도 • 유권자로서 미디어를 비판적으로 활용하는 태도 • 국가 권력의 독점을 막고 견제와 균형의 원리를 지키려는 국가기관의 활동에 관심을 가지고 존중하는 태도 • 국제 사회에서 발생하는 다양한 갈등을 평화적으로 해결하는 태도

I 시민 생활과 정치

01

[12정치01-01] 정치의 의미와 공동체 유지 발전에 정치가 필요한 이유를 이해하고, 일상생활에서 나타나는 정치의 사례를 찾아 분석한다.

정치 # 공동체 # 시민 # 갈등 # 참여

관련 학과
· 공공행정학과
· 법학과
· 신문방송학과
· 정치외교학과

정치

교과 세특 탐구 주제

주제1 학급 회의를 통한 의견 조율 과정 고찰
주제2 학교 축제 준비 과정에서 나타나는 정치적 갈등 사례 탐구
주제3 청소년의 일상생활에서 나타나는 정치 참여의 다양한 사례 고찰
주제4 시민 단체의 환경 운동 사례를 통해 정치가 공동체에 기여하는 방식 연구

GUIDE '정치'는 국회에서 이루어지는 것만이 아니라 우리의 삶과 가까이 있다는 것을 알고, 일상 속에서 정치의 사례를 찾아본다.

■ **함께 보면 좋은 도서**
《청소년을 위한 정치학 에세이》 설규주, 해냄, 2018.
《의외로 사람들이 잘 모르는 정치》 강원택, 북멘토, 2022.
《비통한 자들을 위한 정치학》 파커 J. 파머(김찬호 역), 글항아리, 2025.

연계 활동 탐구 주제

독서

《의외로 사람들이 잘 모르는 정치》 강원택, 북멘토, 2022.
이 책은 일반 대중이 오해하거나 잘 모르는 정치의 본질을 설명한다. 정치의 필요성, 민주주의의 의미 등 다양한 정치 현상들을 깊이 있게 다루면서도 정치를 단지 특정 정치인들의 행위로만 보는 것이 아니라, 우리 삶과 밀접한 관련이 있는 중요한 영역으로 이해하도록 한다.

주제1 정치의 필요성과 권력자가 정치권력의 정당성을 획득하는 방식 고찰
주제2 정치에 대한 부정적 인식과 한국 사회에서 시민의 '정치적 불신' 탐구
주제3 대중 영합주의(포퓰리즘)가 대중들의 어떤 본능을 자극하여 확산되는지에 대한 심층 연구

논문

《한국 정치에서 안보 포퓰리즘과 민주주의》 민병기, 2023.
이 논문은 한국 정치에서 안보가 어떻게 포퓰리즘의 도구로 사용되고, 이러한 현상이 민주주의에 어떤 영향을 미치는지 분석한다. 저자는 포퓰리즘을 혼란 상황에서 정치 행위자들이 위기감을 조성하며 대중의 참여를 유도하는 정치적 전략으로 정의하며 이를 바탕으로 민주주의 발전을 위한 방안을 제언한다.

논문 바로가기

주제1 신문 기사에 나타난 안보 포퓰리즘 사례와 그 특징 분석
주제2 안보 포퓰리즘이 대중의 정치적 태도에 미치는 영향 고찰
주제3 안보 포퓰리즘이 민주주의의 발전을 저해하는 구체적 요인에 대한 심층적 연구

토론

주제1 우리 반 학급 회의는 진정한 의미의 정치인가?
주제2 정당의 포퓰리즘 공약은 민주주의의 가치를 훼손하는가?
주제3 개인들의 다툼, 의견 충돌 같은 사적 영역의 갈등 해결도 정치적 행위인가?

02 [12정치01-02]

민주주의 이념을 이해하고, 이를 구현하기 위한 다양한 민주주의의 모델을 탐색한다.

\# 권위주의 \# 자유 민주주의 \# 참여 민수수의 \# 직접 민주주의 \# 간접 민주주의

교과 세특 탐구 주제

주제1 학급 회의는 어떤 민주주의 모델에 해당하는지에 관한 탐구

주제2 고대 아테네 민주주의와 현대 민주주의의 차이점 비교 분석

주제3 스웨덴의 참여 민주주의가 한국 사회에 적용 가능한지에 대한 고찰

주제4 현대 사회의 디지털 기술이 직접 민주주의 구현에 미치는 영향 분석

📖 함께 보면 좋은 도서

《혐오하는 민주주의》 박상훈, 후마니타스, 2023.
《민주주의의 발전과 위기》 임혁백, 김영사, 2021.
《어떻게 민주주의는 무너지는가》 스티븐 레비츠키 외(박세연 역), 어크로스, 2018.

GUIDE 직접 민주주의와 간접 민주주의 모델을 비롯하여, 참여 민주주의, 숙의 민주주의, 전자 민주주의 등 다양한 현대적 모델들을 함께 탐색한다.

연계 활동 탐구 주제

독서 《어떻게 민주주의는 무너지는가》 스티븐 레비츠키 외(박세연 역), 어크로스, 2018.
이 책은 현대 민주주의가 군사 쿠데타가 아닌 선거를 통해 합법적으로 선출된 권력에 의해 어떻게 무너지는지를 분석한다. 민주주의의 위기를 가져오는 핵심 원인으로 정치인들이 민주주의 규범을 위반하는 행태와 상호 관용, 자제와 같은 민주주의의 비공식적 규칙이 무너지는 현상에 주목한다.

주제1 우리나라 정치에서 민주주의 규범이 무너지는 사례 탐색

주제2 정치적 양극화가 민주주의 규범의 붕괴에 미치는 영향 연구

주제3 상호 관용의 원칙이 현대 정치에서 어떻게 무시되는지에 대한 고찰

논문 〈자유 민주주의의 위기와 민주주의의 두 가지 대안: 숙의 민주주의와 급진 민주주의 연구〉 이상환, 2022.
이 논문은 현대 자유 민주주의가 겪고 있는 위기를 진단하고, 그 대안으로서 숙의 민주주의와 급진 민주주의라는 두 가지 접근법을 연구한다. 숙의 민주주의가 이성적 토론을 통해 합의를 도출한다면, 급진 민주주의는 갈등과 차이를 정치의 본질로 보고 이를 다루는 데 초점을 맞춘다.

주제1 숙의 민주주의와 급진 민주주의의 특징 비교 분석

주제2 자유 민주주의 위기의 원인과 숙의 민주주의가 제시하는 대안 탐구

주제3 급진 민주주의 관점에서 바라본 사회적 갈등의 역할과 그 가능성 고찰

토론 **주제1** 학생회의 의사 결정 방식은 다수결이 가장 민주적인가?

주제2 시민 참여가 확대되면 오히려 정치적 혼란이 커지는 것인가?

주제3 민주주의의 근본 가치인 평등과 자유는 어떻게 하면 조화를 이룰 수 있는가?

정치

03 [12정치01-03] 민주 정치의 역사적 발전 과정을 이해하고, 현대 민주 정치의 다양한 사상적 배경을 비교·분석한다.

자유주의 # 공화주의 # 다원주의 # 공동체주의 # 사회 민주주의

관련 학과
· 법학과
· 사학과
· 사회학과
· 역사교육과

교과 세특 탐구 주제

주제1 고대 아테네 민주주의의 특징 연구

주제2 직접 민주주의와 간접 민주주의의 차이 분석

주제3 고전적 자유주의와 현대적 자유주의의 발전 과정 고찰

주제4 다원주의와 공동체주의 관점에서 한국 사회의 정치적 갈등 고찰

■ 함께 보면 좋은 도서

《군주론》 니콜로 마키아벨리(권혁 역), 돋을새김, 2025.

《자유에 관하여》 존 스튜어트 밀(김은미 역), 후마니타스, 2024.

《정의의 그늘 아래에서》 카트리나 포레스터(공민우 외 역), 후마니타스, 2025.

GUIDE 민주 정치의 사상적 배경을 탐색할 때, 사회 계약론 사상가들의 사상이 오늘날 민주주의에 어떤 영향을 미쳤는지를 중심으로 탐색한다.

연계 활동 탐구 주제

독서

《정의의 그늘 아래에서》 카트리나 포레스터(공민우 역), 후마니타스, 2025.

이 책은 존 롤스의 정의론의 탄생과 발전, 이론이 20세기 후반 서구 정치사상에 어떤 영향을 미쳤는지를 탐구한다. 롤스의 사상이 냉전 시대 자유주의의 위기 속에서 어떻게 재구성되었는지를 밝히고, 오늘날의 불평등 문제와 사회적 갈등을 이해하는 데 어떤 의미를 가지는지 고찰한다.

주제1 존 롤스 정의론의 핵심 개념 탐구

주제2 롤스의 정의론과 냉전 시대의 자유주의와의 관계 연구

주제3 '정의의 그늘'이라는 표현의 의미와 현대 정치 철학에 대한 시사점 고찰

논문

〈아테네 폴리스와 주민 자치〉 신용인, 2023.

이 논문은 고대 아테네 폴리스의 민주주의가 현대의 주민 자치와 어떻게 연관되는지를 탐구한다. 아테네의 직접 민주주의가 공동체의 자율적인 의사 결정 과정을 통해 발전했음을 설명하며, 이를 통해 오늘날의 주민 자치가 진정한 풀뿌리 민주주의를 실현하는 중요한 요소임을 강조한다.

논문 바로가기

주제1 아테네 직접 민주주의와 현대 대의제의 차이점 비교

주제2 아테네 폴리스가 현대 주민 자치에 주는 시사점 분석

주제3 아테네 민주주의의 한계와 현대 주민 자치 문제의 연결 고리 탐색

토론

주제1 현대 사회에 직접 민주주의 도입이 필요한가?

주제2 현대 대의 민주주의가 민주주의를 잘 실현하고 있는가?

주제3 공동체주의가 개인의 자유를 침해한다는 비판은 정당한가?

관련 학과
· 법학과
· 사학과
· 언론정보학과
· 정치외교학과

참여 # 숙의 # 관용 # 책임 # 공론장

교과 세특 탐구 주제

주제1 교내 자치 활동에서의 다수결 원리 적용 사례 탐색

주제2 교내 갈등 상황에서 민주적 의사 결정 원리를 적용한 사례 분석

주제3 온라인 커뮤니티의 의사 결정 과정에서 참여와 책임의 원리 발현 과정 탐색

주제4 학교 내 학생 인권 조례 제정 과정에서의 숙의 민주주의 원리 적용 방안 고찰

📖 **함께 보면 좋은 도서**

《민주주의 손자병법》 김병주 외, 메디치미디어, 2025.
《시민이 만드는 민주주의》 강원택, 박영사, 2018.
《10대가 꼭 알아야 할 세계의 민주주의》 이진, 이은북, 2025.

GUIDE '다수결의 원칙', '소수 의견 존중', '권력 분립' 등 민주주의 원리가 학급 회의, 동아리 활동, 학생회 운영과 같은 교내 활동에서 어떻게 적용되는지 살펴보도록 한다.

연계 활동 탐구 주제

독서 《10대가 꼭 알아야 할 세계의 민주주의》 이진, 이은북, 2025.
이 책은 우크라이나, 미얀마, 시리아 등 전 세계 곳곳에서 민주주의를 지키기 위해 노력하는 평범한 사람들의 이야기를 담았다. 민주주의가 완성된 이념이 아니라 끊임없이 변화하고 발전하는 것임을 강조하며, 민주주의를 직접 행동으로 실천할 수 있는 방법을 제시한다.

주제1 민주주의를 지키기 위한 시민들의 활동 사례 탐색

주제2 우크라이나 시민들의 저항과 미얀마의 민주화 운동 비교

주제3 민주주의가 위기에 처했을 때 시민들의 역할에 대한 심층 탐구

논문 〈학생회의 헌법적 근거에 대한 고찰: 숙의 민주주의와 민주시민 교육을 중심으로〉 김병민, 2025.
이 논문은 학생회의 헌법적 근거를 고찰하며, 학생회가 민주주의 사회의 축소판으로 기능해야 함을 주장한다. 특히 숙의 민주주의 원리를 적용하여 학생회의 의사 결정 과정이 토론과 합의를 통해 이루어져야 하며, 이를 통해 학생들이 민주시민으로 성장할 수 있는 중요한 교육의 장임을 강조한다.

논문 바로가기

주제1 학생회 회의 진행 과정에서 나타나는 숙의 민주주의 요소 탐색

주제2 학생회 활동을 통해 함양되는 민주시민 역량의 교육적 효과 분석

주제3 우리 학교 학생회의 의사 결정 과정이 민주주의 원리에 부합하는지 고찰

토론 **주제1** 학생회장 선거, 입후보 자격을 확대해야 하는가?

주제2 소수 의견을 보호하기 위해 다수결 원칙에 제한을 두어야 하는가?

주제3 온라인 투표를 전면 도입하는 것이 민주주의 발전에 도움이 되는가?

II 정치과정과 참여

01 [12정치02–01]
민주 국가의 정치과정을 분석하고, 시민이 정치과정에 참여해야 하는 이유를 탐색한다.

\# 정치과정 \# 정책 결정 \# 시민 참여 \# 정치적 효능감 \# 숙의 민주주의

관련 학과
- 광고홍보학과
- 미디어커뮤니케이션학과
- 심리학과
- 언론정보학과

교과 세특 탐구 주제

주제1 교내 학생회 정책 제안 과정의 문제점과 개선 방안 탐구

주제2 학교 내 갈등 해결을 위한 학생 참여의 효과성 사례 연구

주제3 공공 정책 결정 과정에서 나타나는 시민 참여의 유형과 한계 분석

주제4 숙의 민주주의 관점에서 시민 패널 제도의 효과와 개선 방안 고찰

▣ 함께 보면 좋은 도서
《누가 민주주의를 두려워하는가》 김민철, 창비, 2023.
《시민의 이야기에 답이 있다》 장용창 외, 시그니처, 2018.
《숙의 민주주의》 James S. Fishkin(박정원 역), 한국문화사, 2020.

GUIDE 정치과정과 시민 참여의 중요성을 스스로 깨닫도록, '우리 학교'의 규정이나 정책이 만들어지는 과정을 정치과정의 축소판으로 분석한다.

연계 활동 탐구 주제

독서 《누가 민주주의를 두려워하는가》 김민철, 창비, 2023.
이 책은 민주주의의 가치와 위기를 탐구하며, 민주주의가 소수 엘리트의 전유물이 아니라 시민들의 끊임없는 참여와 실천으로 유지되는 과정임을 강조한다. 특히 민주주의의 쇠퇴가 단순히 독재자의 등장 때문이 아니라, 시민들이 정치에 무관심해지고 책임을 회피할 때 시작된다고 경고한다.

주제1 시민의 정치 무관심이 민주주의에 미치는 영향 연구

주제2 민주주의를 위협하는 요인에 대한 역사적 사례 분석

주제3 민주주의를 지키는 힘으로서 시민 참여의 구체적 방안 탐구

논문 《청소년 참여 활동이 내적 정치 효능감과 정치 참여 의사에 미치는 영향》 유혜영, 2023.
청소년들이 토론, 캠페인 등 다양한 참여 활동을 경험할수록 자신의 의견이 사회에 영향을 미칠 수 있다는 믿음인 내적 정치 효능감이 높아지는 것으로 나타났다. 이 논문은 이러한 긍정적 경험은 향후 선거 참여, 시민 활동 등 적극적인 정치 참여 의사로 이어지는 중요한 요인임을 밝히고 있다.

논문 바로가기

주제1 학생회 참여 경험이 정치적 효능감에 미치는 영향 분석

주제2 청소년의 참여 활동이 미래 정치 참여 의사에 미치는 영향 고찰

주제3 미디어와 SNS가 청소년의 정치적 효능감 형성에 미치는 영향 비교

토론 **주제1** 학교 정책 결정 과정에 학생의 참여를 의무화해야 하는가?

주제2 정책 결정 과정에서 나타나는 시민 불복종은 정당화될 수 있는가?

주제3 민주주의 발전을 위해 언론의 자유와 책임 중 무엇을 우선해야 하는가?

02

정당 # 선거 # 정치 참여 # 여론 # 시민 불복종

관련 학과
- 공공행정학과
- 사회학과
- 신문방송학과
- 정치외교학과

교과 세특 탐구 주제

주제1 각 정당이 내세운 공약과 추구하는 이념 비교
주제2 대의 민주주의에서 정당의 역할 변화와 한계 분석
주제3 시민 불복종 운동이 정치에 미치는 영향과 정당의 역할 고찰
주제4 유권자(시민)들이 정당에 대한 지지와 반대를 표명하는 다양한 방식 탐색

■ **함께 보면 좋은 도서**

《정당론》 강원택, 박영사, 2022.
《벼랑 끝 민주주의를 경험한 나라》 강원택, 21세기북스, 2025.
《우리는 왜 서로를 미워하는가》 에즈라 클라인(황성연 역), 윌북, 2022.

GUIDE 정당의 역할과 정치 참여의 방법을 탐색하기 위해, 최근의 주요 선거(총선, 대선 등)에 초점을 맞춰 탐구한다.

연계 활동 탐구 주제

독서

《정당론》 강원택, 박영사, 2022.
이 책은 한국 정당 정치의 흐름과 특성을 심층적으로 분석하여, 정당의 기원과 발달 과정부터 정당 체계, 선거 제도와 정당의 관계, 정당 조직의 특성 등을 다룬다. 특히 한국의 정치적 갈등과 정당의 역할 변화를 비판적으로 고찰해 한국 정치의 현실을 이해하는 데 필요한 깊이 있는 시각을 제공한다.

주제1 정당의 역할과 실제 정치 상황 비교
주제2 한국 정당의 양극화 원인 분석과 해결 방안 탐구
주제3 다양한 정당 조직의 형태 비교와 한국 정당의 특징 고찰

논문

〈시민의 비선거적 정치 참여에 대한 영향 요인 분석〉 김태완, 2015.
이 논문은 시민들이 정당에 가입하거나 선거에 참여하는 것 외에, 서명 운동, 시위, 사회단체 활동 등 '비선거적' 정치 참여에 영향을 미치는 요인을 분석한다. 정치 참여 방식을 포괄적으로 다루며 시민들의 정치적 효능감, 신뢰, 사회적 유대감 등이 비선거적 참여에 어떻게 작용하는지를 규명한다.

논문 바로가기

주제1 청소년이 참여할 수 있는 비선거적 정치 활동 탐색
주제2 시민의 정치적 효능감과 비선거적 정치 참여의 관계 탐구
주제3 정당의 역할과 시민의 비선거적 정치 참여의 상호 관계 고찰

토론

주제1 청소년도 정당에 가입할 수 있어야 하는가?
주제2 대의 민주주의에서 정당의 역할은 축소되어야 하는가?
주제3 정당의 팬덤 현상은 민주주의 발전에 긍정적이라고 할 수 있는가?

03 [12정치02–03] 대의제에서 선거의 중요성과 선거 제도의 다양한 유형을 이해하고, 우리나라 선거 제도의 특징과 문제점을 분석한다.

관련 학과
- 법학과
- 사회학과
- 언론정보학과
- 정치외교학과

\# 선거 \# 대의제 \# 선거 제도 \# 선거구제 \# 비례 대표제

교과 세특 탐구 주제

주제1 다양한 선거 제도의 장단점 탐구

주제2 우리나라 선거 제도의 변화 과정 탐구

주제3 소선거구제와 비례 대표제의 장단점 비교 분석

주제4 한국의 선거 제도가 지역주의 정치에 미치는 영향 고찰

📖 **함께 보면 좋은 도서**

《선거 정치》 진영재, 연세대학교출판문화원, 2023.
《선거로 읽는 한국 현대사》 이임하, 철수와영희, 2017.
《민주주의는 완벽하지 않다고요?》 권재원, 우리학교, 2025.

GUIDE '가상 선거' 시뮬레이션을 통해 소선거구제, 중대선거구제, 비례 대표제 등을 직접 적용하고 그 결과를 비교한다.

연계 활동 탐구 주제

독서 《민주주의는 완벽하지 않다고요?》 권재원, 우리학교, 2025.
이 책은 민주주의에 대한 다양한 질문에 답하며 민주주의가 현실에서 어떻게 작동하는지 풀어낸다. '왜 민주주의는 완벽하지 않은가?'와 같은 질문부터 투표, 시민 참여 등 실제 정치 현상에 대한 비판적 시각을 제시해 더 나은 민주주의를 위해 시민으로서 어떤 역할을 해야 할지 고민하게 한다.

주제1 다수결 원칙의 장점과 한계 연구

주제2 직접 민주주의와 간접 민주주의 제도의 장단점 비교

주제3 우리나라 정당 정치의 문제점과 정치 참여 확대를 위한 방안 고찰

논문 〈국회의원 준연동형 비례 대표 선거 제도 개선 방안〉 박범종, 2022.
이 논문은 준연동형 비례 대표제가 가진 문제점을 분석하고, 그 개선 방안을 모색한다. 위성 정당 출현과 같은 제도의 부작용을 중심으로 준연동형 제도가 민의를 제대로 반영하지 못하는 한계를 지적하며 연동률 조정, 지역구 의석수와 비례 대표 의석수 비율의 재조정 등 문제 해결을 위한 다양한 방안을 제안한다.

논문 바로가기

주제1 준연동형 비례 대표제의 도입 목적 연구

주제2 현행 선거 제도의 문제점 해결을 위한 연동률 조정 방안 고찰

주제3 준연동형 비례 대표제와 병립형, 연동형 등 다양한 선거 제도 비교

토론 **주제1** 국회의원의 위성 정당 창당은 정당 민주주의에 부합하는가?

주제2 소수 정당의 원내 진출을 위해 비례 대표 의석을 확대해야 하는가?

주제3 사표 방지를 위해 소선거구제를 중선거구제로 바꾸는 것이 더 합리적인가?

04

[12정치02–04] 미디어를 통한 정치 참여 방법의 특징과 문제점을 분석하고, 유권자이자 피선거권자로서 미디어를 비판적으로 활용하는 태도를 지닌다.

\# 미디어 리터러시 \# 가짜 뉴스 \# 확증 편향 \# 디지털 민주주의 \# 알고리즘 정치

교과 세특 탐구 주제

주제1 온라인 커뮤니티의 정치적 토론 문화와 문제점 분석

주제2 소셜 미디어를 활용한 정치 참여 사례와 그 효과 탐구

주제3 가짜 뉴스의 확산 원인과 민주주의에 미치는 악영향 탐색

주제4 미디어 리터러시 교육의 필요성과 미디어의 비판적 활용 능력의 향상 방안 고찰

GUIDE 최근의 주요 정치적 이슈에 대한 기사, 유튜브 영상, SNS 게시물 등을 수집하고 분석한다. 각 미디어가 이슈를 어떻게 다루고 있는지, 어떤 편향성을 지니고 있는지 비판적으로 검토한다.

📖 함께 보면 좋은 도서

《디지털의 배신》 이광석, 인물과사상사, 2020.

《가짜 뉴스의 심리학》 박준석, 휴머니스트, 2021.

《생각에 관한 생각》 대니얼 카너먼(이창신 역), 김영사, 2018.

연계 활동 탐구 주제

독서 　《가짜 뉴스의 심리학》 박준석, 휴머니스트, 2021.

이 책은 가짜 뉴스가 왜 사회적 문제로 대두되는지 심리학적 관점에서 깊이 있게 파헤친다. 사람들이 허위 정보에 쉽게 현혹되는 인지적, 사회적 원인을 분석하고, 확산 과정에 숨겨진 인간 심리를 설명한다. 또한, 가짜 뉴스를 극복하기 위한 미디어 리터러시의 중요성을 강조한다.

주제1 가짜 뉴스의 탄생 요인과 사회에 미치는 영향 분석

주제2 미디어 리터러시 교육의 효과와 가짜 뉴스 대응 방안 탐색

주제3 소셜 미디어의 알고리즘이 가짜 뉴스 확산에 미치는 영향 고찰

논문 　〈미디어를 통한 정치 정보 습득의 부작용: 확증 편향과 비확증 편향을 중심으로〉 하상응, 2022.

이 논문은 미디어를 통한 정치 정보 습득이 유권자의 정치적 태도에 미치는 부정적 영향, 특히 확증 편향과 비확증 편향을 중심으로 분석한다. 미디어 이용이 확증 편향과 비확증 편향 두 가지 편향을 강화함으로써 정치적 양극화를 심화시키는 기제로 작용한다고 주장한다.

논문 바로가기

주제1 온라인 뉴스 댓글 문화에 나타난 확증 편향 분석

주제2 미디어 환경이 정치적 양극화를 심화시키는 과정 탐구

주제3 비확증 편향이 민주적 의사 결정에 미치는 부정적 영향 고찰

토론 　**주제1** 유튜브는 민주적 소통에 긍정적인가?

　　　주제2 정치인이 SNS를 통해 시민과 직접 소통하는 것이 옳은 정치 방식인가?

　　　주제3 알고리즘 추천 시스템이 유권자의 합리적 정치 판단을 방해하고 있는가?

III 민주 국가의 정부 형태

01

[12정치03–01] 정치권력의 의미와 특징을 이해하고, 근대 이후 국가 권력이 형성되는 원리를 이해한다.

관련 학과
· 법학과
· 사회학과
· 역사교육과
· 정치외교학과

\# 군주제 \# 공화제 \# 주권 \# 권력 분립 \# 사회 계약설

교과 세특 탐구 주제

주제1 국민 주권의 의미와 현대적 적용 사례 분석
주제2 공화정과 군주정의 차이점과 장단점의 비교 탐구
주제3 절대 왕정 국가와 근대 민주주의 국가의 권력 형성 원리 비교
주제4 로크와 루소의 사회 계약설 비교 분석 및 민주주의에 미친 영향 연구

▣ 함께 보면 좋은 도서
《**통치론**》 존 로크(강정인 역), 까치, 2022.
《**청소년 정치의 주인이 되어볼까**》 이효건, 사계절, 2020.
《**군주론**》 니콜로 마키아벨리(권혁 역), 돋을새김, 2025.

GUIDE 고대와 근대 사회의 정치권력을 비교하고, 권력의 정당성이 어떻게 변화해 왔는지 조사한다. 군주제, 왕권 신수설, 천부 인권 사상, 사회 계약설과 같은 개념들을 연결 지어 탐구한다.

연계 활동 탐구 주제

독서
《**통치론**》 존 로크(강정인 역), 까치, 2022.
이 책은 사회 계약설과 자연법 사상을 담고 있는 정치 철학의 고전이다. 인간이 자연 상태에서 가지고 있던 자연권(생명, 자유, 재산)을 보호하기 위해 국가가 형성되었으며, 정부의 권력은 국민의 동의에서 비롯된다는 원리를 주장한다. 이는 근대 민주주의와 입헌주의 발전에 큰 영향을 미쳤다.

주제1 통치론에 나타난 사회 계약의 의미 탐색
주제2 로크와 홉스의 사회 계약설을 비교하여 공통점과 차이점 분석
주제3 자연권 사상과 사회 계약설이 근대 입헌 민주주의 형성에 미친 영향 탐구

논문
〈정치권력의 상징적 생성과 실천 −미테랑(F. Mitterand) 대통령의 권력 연출 연구−〉 하상복, 2023.
이 논문은 미테랑 대통령의 재임 기간 동안 나타난 정치권력의 상징적 연출 방식을 분석한다. 미테랑이 건축, 예술, 국경일 행사 등을 활용하여 자신의 정치적 비전과 권위를 확립해 나간 과정을 다루며 지도자의 '권력 연출'이 국민의 정치적 정체성과 인식 형성에 미치는 영향을 논증한다.

논문 바로가기

주제1 미테랑 대통령이 사용한 권력의 상징 탐색
주제2 미디어 시대에 정치권력의 상징적 연출이 갖는 의미 고찰
주제3 권력 연출이 민주주의 국가에서 정치적 정당성을 확보하는 과정에 미친 영향 연구

토론
주제1 군주제 국가에서 시민의 권리는 어떻게 보장되는가?
주제2 사회 계약론의 핵심 주장들을 오늘날의 정부 구성 원리에 적용할 수 있는가?
주제3 정부 형태에 따른 권력 분립의 원리가 국민의 자유와 권리 보장에 어떻게 기여하는가?

02

[12정치03-02] 민주 국가의 정부 형태인 대통령제와 의원 내각제의 특징을 비교하여 이해하고, 우리나라 정부 형태의 특징을 헌법을 통해 분석한다.

대통령제 # 의원 내각제 # 권력 분립 # 국회 # 헌법

관련 학과
- 공공행정학과
- 법학과
- 사학과
- 정치외교학과

교과 세특 탐구 주제

주제1 대통령제와 의원 내각제의 특징 비교 연구
주제2 우리나라 헌법이 채택하고 있는 정부 형태 탐색
주제3 대한민국 헌법에 나타난 정부 형태의 특징을 통해 권력 분립 원리 고찰
주제4 대한민국 정부 형태를 대통령제에서 의원 내각제로 전환 시 예상되는 변화 탐구

■ 함께 보면 좋은 도서

《국가란 무엇인가》 유시민, 돌베개, 2017.
《헌법은 어떻게 국민을 지키는가: 헌법의 자리 2》 박한철 외 김영사, 2025.
《어떻게 극단적 소수가 다수를 지배하는가》 스티븐 레비츠키 외(박세연 역), 어크로스, 2024.

GUIDE 정부와 입법부 간의 갈등, 국무총리 임명 과정과 같은 실제 사례를 통해 교과서 속 이론이 현실 정치에서 어떻게 작동하는지 파악한다.

연계 활동 탐구 주제

독서

《국가란 무엇인가》 유시민, 돌베개, 2017.
이 책은 인류 역사 속 다양한 사상가들의 국가관을 조명하며, 국가의 본질과 역할에 대해 질문을 던진다. 플라톤부터 홉스, 루소, 마르크스, 그리고 자유주의 사상가들의 관점을 통해 국가가 어떻게 탄생하고 변화해 왔는지, 그리고 국민 개개인의 삶과 어떤 관계를 맺고 있는지 철학적으로 탐구한다.

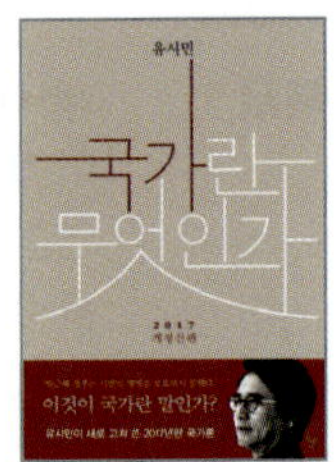

주제1 국가와 개인의 관계를 규정하는 다양한 관점 탐색
주제2 자유주의와 사회 민주주의 국가관의 차이 비교 연구
주제3 홉스와 루소의 사회 계약론을 중심으로 국가의 탄생 고찰

논문

〈헌법 개정에 있어서 의원 내각제와 대통령제에 관한 제도 분석〉 정영화, 2013.
저자는 두 정부 형태의 특징과 장단점을 제도적으로 고찰하고, 우리나라 현행 헌법이 지니는 대통령제와 의원 내각제적 요소의 혼합을 분석한다. 이를 통해 한국의 정부 형태가 갖는 문제점을 진단하고, 향후 헌법 개정 방향에 대한 학술적 논의의 기초 자료를 제공한다.

논문 바로가기

주제1 정부 형태 관련 헌법 개정 논의의 배경 분석
주제2 우리나라 정부 형태의 특징과 문제점에 관한 탐구
주제3 현행 정부 형태의 개편 필요성과 한국형 정부 형태의 바람직한 대안 탐구

토론

주제1 국가는 국민의 자유보다 공익을 우선해야 하는가?
주제2 대통령제는 의원 내각제보다 더 효율적인 정부 형태인가?
주제3 현행 헌법상 대통령의 권한이 너무 강력하여 축소할 필요가 있는가?

정치

03

[12정치03-03] 입법부, 행정부, 사법부의 역할을 이해하고, 이들 간의 상호 관계를 권력 분립의 원리에 기초하여 분석한다.

관련 학과
· 법학과
· 언론정보학과
· 정치학과
· 행정학과

\# 권력 분립의 원리 \# 입법부 \# 행정부 \# 사법부

교과 세특 탐구 주제

주제1 헌법재판소의 위헌 법률 심판 사례 탐구
주제2 기본권 보장 관점에서 권력 분립의 중요성 탐구
주제3 법률의 제·개정 과정에서 국회와 정부의 역할 탐구
주제4 탄핵 소추 과정에서 입법부, 행정부, 사법부의 역할 탐구

GUIDE 각 기관이 서로를 견제하고 균형을 이루는 원리를 이해하기 위해 관련 제도들이 어떻게 얽혀 있는지 여러 사례를 통해 학습한다.

▣ 함께 보면 좋은 도서
《헌법을 쓰는 시간》 김진한, 메디치미디어, 2025.
《10대에게 권하는 법학》 전제철, 글담출판, 2022.
《청소년을 위한 헌법 에세이》 정필운, 해냄, 2025.

연계 활동 탐구 주제

독서

《헌법을 쓰는 시간》 김진한, 메디치미디어, 2025.
이 책은 스스로 괴물로 변해 가는 권력의 속성을 지적하고, 이를 제어하기 위한 헌법적 원리를 탐구한다. 권력 분립을 포함한 여섯 가지 핵심 원리가 어떻게 권력의 남용을 막고 시민의 자유를 보장하는지 그 과정을 명확하게 그려 낸다. 특히 권력 분립이 현실에서 작동하는 방식을 구체적으로 제시한다.

주제1 헌법의 기본 원리 및 실현 사례 탐구
주제2 일상 속 권력의 사례와 제어 원리 탐구
주제3 4차 산업 혁명 시대의 새로운 권력 남용 위험성 및 견제 방안 탐구

논문

〈권력 분립 원리의 현대적 상황과 헌법적 대응〉 권건보, 2024.
이 논문은 권력 분립 원리의 새로운 방향성을 모색하며, 위기에 효율적 대응을 위한 권력의 통합적 결집과 동시에 결집된 권력이 시민의 자유를 억압하지 않도록 다시 분산되고자 하는 복원력을 함께 강조한다. 즉, 수직적 분권과 수평적 협치를 동시에 추구하는 새로운 권력 분립의 모델을 제시한다.

논문 바로가기

주제1 뉴스 속 '비상 사태' 대응 과정에서 정부의 역할 탐구
주제2 초고령 사회의 문제 해결을 위해 필요한 정부의 협치 방안 탐구
주제3 미래 사회 위기(기후 위기, 팬데믹 등) 대응을 위해 필요한 새로운 권력 분립 모델 탐구

토론

주제1 수직적 권력 분립과 수평적 권력 분립 중 무엇이 민주주의의 기본인가?
주제2 국회의 국정 감사권 및 각종 동의권 등은 행정부 견제에 실질적으로 기여하는가?
주제3 탄핵 제도는 권력 남용을 막는 효과적인 장치인가, 정치적 갈등을 증폭하는 도구인가?

04 [12정치03-04] 중앙 정부와의 관계 속에서 지방 자치의 의의를 이해하고, 우리나라 지방 자치의 현실과 과제를 탐구한다.

관련 학과
- 공공정책학과
- 도시·자치융합학과
- 정치학과
- 행정학과

교과 세특 탐구 주제

주제1 우리 지역의 지방 정부 예산 분석
주제2 지방 자치의 중요성과 현실적 어려움 탐구
주제3 지방 자치 활성화를 위한 주민 참여 사례 탐구
주제4 우리 지역 기초·광역 자치 단체의 구성 및 역할 탐구

▣ 함께 보면 좋은 도서
《뉴 로컬 컬처 키워드》 박우현 외, 북바이북, 2025.
《지역이 강해야 대한민국이 산다》 이병훈, 알에이치코리아, 2025.
《교실 밖의 정치학 우리가 만든 참여 예산》 강우창 외, 버니온더문, 2025.

연계 활동 탐구 주제

독서
《교실 밖의 정치학 우리가 만든 참여 예산》 강우창 외, 버니온더문, 2025.
이 책은 학생들이 직접 참여 예산 제도의 현장에 뛰어들어 민주주의의 실제 작동 방식을 탐구한 과정을 담고 있다. 세금 사용의 우선순위와 공공성의 의미를 고민하며, 갈등과 협상의 현실을 경험하게 하며, 참여 예산이라는 제도를 통해 민주주의가 시민의 삶 속에 어떻게 뿌리내리는지를 보여 준다.

주제1 학교 참여 예산 제안서 만들기
주제2 참여 예산을 둘러싼 주민 갈등 사례 탐구
주제3 우리나라와 다른 나라의 참여 예산 제도 비교 분석

논문
〈주민 참여 예산 제도의 제도적·절차적·행태적 한계 분석: 서울시 시민 참여 예산 사례를 중심으로〉 박진영 외, 2022.
이 논문은 서울시가 주민 참여 예산을 도입하고 확대하는 과정을 자유주의와 공동체주의의 관점에서 분석한다. 예산 과정에 내재된 제도적, 절차적, 행태적 제약 조건을 구분하여 구체적으로 분석하고, 향후 주민 참여 예산의 주도자들이 관료들과 조화를 이루며 운영할 방향성을 제시한다.

논문 바로가기

주제1 주민 참여 예산 제도의 절차 탐구
주제2 주민 참여 예산 사업 속 '정치 이념 및 가치' 분석
주제3 주민 참여 예산 사업의 성공 및 실패 사례 비교 탐구

토론
주제1 중앙 정부의 재정 지원은 지방 자치의 자율성을 훼손하는가, 보완하는가?
주제2 주민 참여 예산은 예산 낭비를 줄이는 효과적인 제도인가, 행정 비효율을 초래하는 제도인가?
주제3 디지털 기술(온라인 플랫폼 등)을 활용한 주민 참여 확대는 지방 자치의 질을 높일 수 있는가?

IV 국제 사회와 정치

01 [12정치04–01] 국제 사회의 특징과 변화 과정을 이해하고 국제 정치를 바라보는 관점을 비교하여 분석한다.

관련 학과
· 국제지역학과
· 군사학과
· 사이버국방학과
· 지리학과

\# 국제 사회 \# 냉전 \# 탈냉전 \# 현실주의 \# 자유주의

정치

교과 세특 탐구 주제

주제1 일상생활 속 국제 사회의 영향 탐구
주제2 주요 사건을 기준으로 한 국제 사회의 변화 과정 탐구
주제3 국제 사회를 바라보는 현실주의와 자유주의 관점 비교 분석
주제4 현실주의와 자유주의 관점에서의 무역 분쟁 원인 및 해결 방안 탐구

■ **함께 보면 좋은 도서**
《전쟁과 국제 정치》 이춘근, 북앤피플, 2024.
《십 대를 위한 정치 사전》 김지윤, 다림, 2022.
《미국의 배신과 흔들리는 세계》 김준형, 창비, 2025.

GUIDE 단순히 세력 균형이나 상호 의존 같은 이론적 관점에 머무르지 않고 실제 국제 분쟁이나 협력 사례를 통해 그 특징을 학습한다.

연계 활동 탐구 주제

독서 《십 대를 위한 정치 사전》 김지윤, 다림, 2022.
이 책은 민주주의 역사부터 현재의 국제 정세까지, 정치가 우리 삶에 얼마나 깊이 연결되어 있는지를 청소년의 눈높이에서 설명한다. 투표, 집회, 불매 운동 등 다양한 정치 활동의 의미를 살피며, 그들만의 리그로 여겨졌던 정치가 모두의 참여로 이루어지는 것임을 강조한다.

주제1 해외 청소년 정치 참여 사례 탐구
주제2 글로벌 불매 운동의 외교적·경제적 영향 탐구
주제3 현실주의와 자유주의 관점에서 미국의 이민 정책 변화 분석

논문 〈자유주의 국제 정치 이론에 대한 비판적 고찰: 자유주의 사상과의 연관성을 중심으로〉 김영호, 2009.
이 논문은 자유주의 국제 정치 이론의 등장과 발전 과정을 탐구한다. 로크와 칸트의 사상을 시작으로 윌슨의 이상주의와 그 한계, 이후 등장한 통합 이론, 민주 평화 이론 등 현대 자유주의 이론들을 검토하고, 자유주의의 한계 극복을 위해 현실주의를 결합한 '자유주의적 현실주의'가 필요하다고 주장한다.

논문 바로가기

주제1 국제 연맹과 국제 연합의 비교 분석
주제2 사례 분석을 바탕으로 한 국제 협약의 성공 조건 탐구
주제3 탈냉전 이후 국제 사회의 변화와 신냉전 시대에 대한 고찰

토론 **주제1** 냉전 체제 붕괴 이후 국제 사회는 더 평화롭다고 볼 수 있는가?
주제2 오늘날 한반도의 안보 전략은 현실주의와 자유주의 중 어느 쪽에 가까워야 하는가?
주제3 국제 협약의 성공을 위해 강대국의 리더십과 국가 간 평등한 합의 중 무엇이 더 중요한가?

02

[12정치04–02] 다양한 국제 문제의 원인을 분석하고, 이를 해결하기 위해 국가를 비롯한 여러 주체가 수행하는 활동을 분석한다.

관련 학과
· 국제관계학과
· 군사학과
· 언론정보학과
· 지리학과

국제 분제 # 국제기구 # 국제 연합 # 국제법

교과 세특 탐구 주제

주제1 국제법의 법원 및 한계 탐구
주제2 다양한 국제 문제의 종류 및 사례 탐구
주제3 국제 사회 속 UN의 주요 활동 및 역할 탐구
주제4 '국가'와 '비국가 행위자'의 차이점 및 국제 사회의 영향력 탐구

■ 함께 보면 좋은 도서
《국제기구 없으면 세계가 망할까?》 김미조, 다른, 2024.
《인류세, 엑소더스》 가이아 빈스(김명주 역), 곰출판, 2023.
《쓰레기의 세계사》 로만 쾨스터(김지현 역), 흐름출판, 2024.

GUIDE 국제 문제의 원인은 역사, 문화, 경제 등 복합적인 요인으로 얽혀 있다는 점을 바탕으로, 여러 주체의 해결 노력을 균형 있게 탐구한다.

연계 활동 탐구 주제

독서 《쓰레기의 세계사》 로만 쾨스터(김지현 역), 흐름출판, 2024.
이 책은 인류의 역사를 쓰레기의 관점에서 조명하며, 쓰레기가 어떻게 우리 삶과 도시를 형성했는지 보여 준다. 또한 쓰레기 산이나 쓰레기섬과 같은 전 지구적 문제들을 제시하며, 우리가 쓰레기 문제를 더 이상 외면할 수 없는 인류 공동의 문제로 인식하게 하고, 함께 해결해 나갈 실마리를 제공한다.

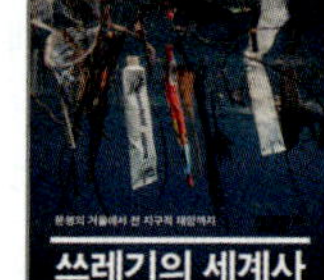

주제1 국가별 재활용 정책 비교 분석
주제2 쓰레기의 해외 수출 과정과 국제적 영향 탐구
주제3 플라스틱 등 일회용품 규제를 위한 국제적 노력 사례 탐구

논문 〈플라스틱으로 인한 해양 오염에 대한 대책 −국제법적·미국법적 대처와 그 시사점−〉 김성배, 2012.
이 논문은 쓰레기 섬 문제에 대한 국제 환경법적 해결책을 모색한다. 플라스틱 쓰레기 문제를 특정 국가의 노력만으로 해결할 수 없는 '공유지의 비극'으로 규정하고, 한미 FTA 환경 규정과 미국의 사례를 분석하여, 플라스틱 봉투 규제에 대한 한국의 정책이 야기할 수 있는 위험과 대안을 제시한다.

논문 바로가기

주제1 '공유지의 비극'의 의미와 사례 탐구
주제2 국제 사법 재판소의 주요 권한 및 한계 탐구
주제3 국제 환경 문제 해결 과정에서 국제법의 한계 탐구

토론
주제1 국제법은 강대국의 이해 관계 앞에서도 공정한 역할을 수행할 수 있는가?
주제2 국제 협정 속 환경 규제 조항은 우리 사회의 지속가능한 발전에 도움이 되는가?
주제3 쓰레기 수출 문제 해결을 위해 자국 내 규제 강화가 우선인가, 국제 협력이 우선인가?

03

[12정치04-03] 우리나라를 둘러싼 국제 관계를 이해하고, 외교적 관점에서 한반도를 둘러싼 국제 질서를 분석한다.

한반도의 국제 관계 # 외교적 해결 # 사법적 해결 # 민간 외교

관련 학과
- 국제정치학과
- 동아시아학과
- 정치외교학과
- 어문계열학과

정치

교과 세특 탐구 주제

주제1 외교관의 역할과 중요성 탐구

주제2 K-pop 등 소프트 파워의 국가 간 외교적 영향 탐구

주제3 한반도 주변 4대 강국의 특징 및 우리나라와의 관계 탐구

주제4 북한의 핵 실험에 대한 국제 사회의 반응 및 우리나라에 미치는 영향 탐구

GUIDE 우리나라를 둘러싼 국제 관계가 미국과 중국의 경쟁, 남북 관계 등 여러 요인으로 복잡하게 얽혀 있다는 인식을 바탕으로 탐구한다.

■ **함께 보면 좋은 도서**

《한반도 평화의 지정학》 신성호, 21세기북스, 2025.
《제2차 냉전 시대》 제이슨 솅커(김문주 역), 더페이지, 2025.
《조지 프리드먼의 전쟁의 미래》 조지 프리드먼(권재상 역), 김앤김북스, 2025.

연계 활동 탐구 주제

독서 《한반도 평화의 지정학》 신성호, 21세기북스, 2025.

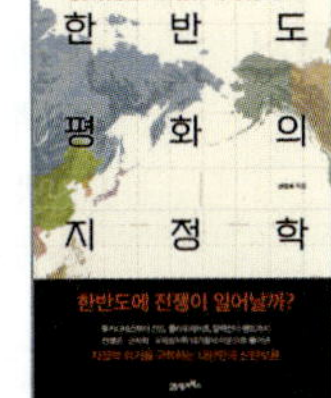

이 책은 투키디데스, 칸트 등 전쟁과 평화에 대한 고전적 이론들을 바탕으로 한반도의 안보 문제를 깊이 있게 분석한다. 한반도의 평화를 유지하고 지정학적 리스크를 강점으로 전환할 수 있는 실질적인 방안을 논의하며, 한국의 핵무장, 핵우산 등 첨예한 안보 현안에 대한 통찰을 제시한다.

주제1 외신 기사 속 한반도의 안보 문제 탐구

주제2 '투키디데스 함정' 이론을 적용한 미·중 간 긴장 관계 탐구

주제3 투키디데스와 칸트의 전쟁과 평화에 대한 주장 비교 분석

논문 《한반도 통일을 위한 외교 안보 전략》 김성한, 2023.

논문 바로가기

이 논문은 북한의 비핵화, 시장경제 수용, 인권 증진을 핵심 과제로 설정하고, 이를 위해 경제 제재와 외부 정보 유입을 통한 '밑으로부터의 압박'을 주장한다. 또한 통일 과정에서 주변국의 대응과 북한 급변 사태 가능성을 분석하고, 동맹국과 함께하는 전략을 통해 통일을 해야 한다고 강조한다.

주제1 한반도 통일 관련 뉴스 기사 분석

주제2 한반도 통일에 대한 주변국(미·중·일·러)의 입장 탐구

주제3 영화, 드라마 등을 통해 남한에 대한 정보를 접한 북한 주민들의 '밑으로부터의 압박' 사례 탐구

토론 **주제1** 소프트 파워는 군사력 못지않게 강력한 외교 수단이 될 수 있는가?

주제2 한국의 핵무장은 한반도 평화 유지에 기여하는가, 오히려 긴장을 심화시키는가?

주제3 한반도 통일은 '점진적 교류 확대'와 '급격한 체제 변화' 중 어느 방식을 지향해야 하는가?

04

[12정치04-04] 국제 사회에서 발생하는 다양한 갈등의 원인을 분석하고 세계시민으로서 갈등을 해결하는 자세를 갖는다.

관련 학과
· 민족학과
· 문화인류학과
· 역사학과
· 종교학과

\# 국제 사회 \# 종교 분쟁 \# 영토 분쟁 \# 평화적 해결 방안 \# 세계시민의 역할

교과 세특 탐구 주제

주제1 동아시아 지역의 영토 분쟁 사례 분석
주제2 지구촌 내 편견과 차별로 인한 갈등 사례 탐구
주제3 국제 사회의 갈등 해결 과정에서 세계시민의 역할 탐구
주제4 기후변화로 인해 발생한 환경 난민 문제의 국제적 영향 탐구

■ 함께 보면 좋은 도서

《세계의 분쟁과 평화》 조태호, 글라이더, 2022.
《국제 분쟁으로 보다, 세계사》 송영심, 풀빛, 2024.
《지구를 구하는 우리는 세계시민》 백용희 외, 맘에드림, 2022.

연계 활동 탐구 주제

독서 《국제 분쟁으로 보다, 세계사》 송영심, 풀빛, 2024.
이 책은 카슈미르 분쟁과 같은 13가지 주요 국제 분쟁들을 통해 세계사를 이해하는 새로운 시각을 제시한다. 이 책은 분쟁의 기원이 되는 역사적 맥락과 복잡한 이해관계들을 분석하며, 국제 정세의 흐름을 읽는 통찰을 제공한다. 또한 평화의 가치를 되새기고, 더 나은 미래를 함께 고민하도록 이끈다.

주제1 국제 분쟁의 건강권 위협 사례 탐구
주제2 국경 없는 의사회의 활동과 국제 평화의 관계 탐구
주제3 코로나19 팬데믹 해결을 위한 국제 협력 사례 탐구

논문 〈기후변화의 국제 정치 경제: 기후변화 레짐 내 환경-무역 갈등〉 이찬송 외, 2010.
이 논문은 유엔 기후변화 협약(UN FCCC)을 둘러싼 국제적 환경-무역 갈등을 분석한다. 논문은 기후 정책과 자유 무역 질서의 충돌을 막기 위한 통합 원칙이 마련되어야 한다고 주장한다. 또한, 한국 역시 적극적인 완화 노력을 해야 하며, 성숙한 시민사회의 성장이 필요하다고 강조한다.

논문 바로가기

주제1 유엔 기후변화 협약(UN FCCC)의 주요 내용 탐구
주제2 기후변화 대응을 둘러싼 국가별 입장 차이 분석
주제3 '환경-무역 갈등' 해결을 위한 시민사회의 역할 탐구

토론 **주제1** 국제 사회의 평화적 갈등 해결에 있어 군사적 개입은 불가피한 선택인가?
주제2 국제 사회는 분쟁 지역의 인권 문제에 개입해야 하는가? 주권을 존중해야 하는가?
주제3 팬데믹과 같은 전 지구적 위기에서 국제기구는 개별 국가의 권한을 제한할 수 있는가?

법과 사회

과목 ▶ 정보	교과군	공통 과목	선택 과목			평가 정보		수능
			일반 선택	진로 선택	융합 선택	성취도	상대평가	
	사회	–	–	○	–	5단계	5등급	×

1 ▶ 교과 성격

'법과 사회' 과목은 민주주의·법치주의·복지국가를 지향하는 우리 사회에서 법을 이해하고, 주체적인 사회 구성원으로서 민주시민의 역량을 기르기 위해 마련된 일반사회 영역의 진로 선택 과목이다. 이 과목은 학생들이 법과 관련된 다양한 진로를 탐색하는 데에도 도움을 준다.

수업에서는 개인이 태어나서부터 삶을 마칠 때까지 가족과 사회 속에서 경험하게 되는 여러 법률관계를 사적 자치의 원칙에 따라 해결하는 과정과, 권력 분립의 원리에 따른 국가기관의 구성·운영 방식을 다룬다. 또한 현대 사회에서 발생하는 법적 쟁점을 분석하고, 권리와 의무를 이해하여 다양한 문제 해결 방안을 모색하도록 구성되어 있다.

이를 통해 학생들은 일상 속 법률관계를 이해하고, 법적 분쟁이나 문제를 분석·판단하는 능력을 기르게 된다. 나아가 민주주의와 법치주의의 개념과 역할, 두 가치의 상호 작용을 탐구하고, 국가기관의 권한과 기능을 이해한다. 현대 국가가 개인 생활에 적극적으로 개입하게 된 배경과 그 한계를 사례를 통해 살펴보고, 사이버 공간에서 나타나는 법률관계의 특성과 적용 원리를 학습한다. 마지막으로, 법 제정과 적용 과정을 이해하여 사회적 문제 해결에 필요한 법적 역량을 발전시킨다.

> **TIP** 중학교 '사회'를 통해 익힌 사회에 관한 지식과 '통합사회'의 학습 내용을 한층 더 확장하고 심화하여 고등학교 일반 선택 과목인 '사회와 문화', 진로 선택 과목인 '정치', '경제', '국제 관계의 이해' 및 융합 선택 과목인 '사회문제 탐구', '금융과 경제생활'과 연계 교과임.

2 ▶ 교과 목표

- 개인과 개인 간의 법(률)관계에 적용되는 사법(私法)의 일반 원칙인 사적 자치의 원칙을 이해한다.
- 민주주의와 법치주의의 의미와 양자의 관계, 국가 운영 원리를 이해하고 민주적 법체계와 절차를 존중하는 태도를 가진다.
- 헌법의 의의와 기본권의 내용을 이해하고 일상생활 속에서 다양한 문제를 해결할 수 있는 비판적 사고력, 정보 활용 능력, 문제 해결력, 의사 결정력 등을 기른다.
- 사회생활에 있어서 건전한 시민 의식과 법적 사고력을 기르고 문제를 해결하기 위해 능동적으로 참여하는 자세를 갖는다.
- 법적 문제를 해결하는 데 필요한 법, 조약, 판례, 입법자료 등을 찾는 정보 활용 능력을 길러 개인과 사회가 당면한 문제를 법적으로 해결하려는 자세를 갖는다.

3 ▶ 교과 핵심 키워드

# 가족관계	# 계약	# 공론장	# 권력 분립의 원리	# 근로자의 권리
# 기본권 제한	# 납세 의무	# 노동법	# 독과점 규제	# 물권 관계
# 민주시민	# 민주주의	# 법	# 법적 문제	# 법치주의
# 사법부	# 사적 자치의 원칙	# 사회 보장	# 사회적 갈등 조절	# 사회적 논의
# 상속	# 소비자 보호	# 소유권	# 손해 배상	# 수신 의무
# 시민의 권리	# 신분 보장	# 임차권	# 입법부	# 재산권 존중의 원칙
# 재판 관할권	# 재판 청구권	# 저당권	# 저작권	# 정당방위
# 정보 자기 결정권	# 정보 인권	# 정치적 중립성	# 죄형 법정주의	# 지능 정보 사회
# 지적 재산권	# 채권 관계	# 청소년 보호법	# 청소년의 근로 계약	# 최저 생계비
# 최저 임금	# 출생	# 친권	# 침해와 구제	# 태아의 권리
# 통신 비밀	# 판례	# 플랫폼 노동	# 학교폭력	# 학교폭력 입법자료
# 학교폭력 해결 방안	# 행정부	# 헌법 소원	# 헌법의 기본 원리	# 현대적 법률관계
# 형벌	# 형법	# 형사 절차	# 혼인과 가족	# 혼인과 부부 관계

4 ▶ 내용 체계

<table>
<tr><td rowspan="2">핵심
아이디어</td><td>

• 개인 간 사적 자치에 의해 법(률)관계를 형성하고 분쟁을 해결한다.
• 국가를 만든 목적은 시민의 기본권을 보호하기 위한 것이고, 이러한 국가는 민주주의, 법치주의에 따라 구성·운영된다.
• 현대에는 복지 국가 기능을 수행하기 위하여 국가가 개인 생활에 개입하는 경우가 많으며, 이 경우 그 한계를 지켜야 한다.
• 학교생활에서 발생하는 문제 중 법으로 규율할 문제가 있고, 법의 규율로 권리와 의무로 구성되는 법(률)관계가 형성된다.

</td></tr>
</table>

범주		내용 요소
지식·이해	개인 생활과 법	• 혼인, 출생, 상속 • 부동산, 동산 • 계약, 불법행위 • 권리와 의무
	국가 생활과 법	• 민주주의, 법치주의 • 기본권 내용, 제한 요건, 한계 • 범죄의 성립 요건, 형벌의 종류, 형사 절차 • 법원, 헌법재판소 • 헌법의 기본 원리 • 형법, 죄형 법정주의
	사회생활과 법	• 근로자의 권리 • 경제법 • 지적 재산권 • 사회보장법 • 현대적 법(률)관계
	학교생활과 법	• 학생과 청소년의 법적 지위 • 법, 조약, 판례, 입법자료 • 학교폭력
과정·기능		• 일상생활에서 개인 간의 법(률)관계 파악하기 • 법, 조약, 판례, 입법자료 등 법과 관련된 자료 수집 방법 파악하기 • 현대 사회의 문제에 대한 기존의 법 개선 방안 탐색하기 • 학교생활에서 발생하는 다양한 법적 문제를 발견하고 분석하기 • 국가기관의 조직과 운영 원리 분석하기 • 사회현상에서 법적 쟁점에 대한 정보를 수집·분석하여 활용하기 • 법적 쟁점에 대해 법적 근거를 바탕으로 다양한 관점에서 의사소통하기 • 법적 쟁점이 있는 문제를 법적 근거를 바탕으로 해결하기 • 법적 분쟁을 체계적으로 분석·평가하기
가치·태도		• 민주주의와 법치주의의 기본 가치 내면화 • 법이 부여한 권리를 행사하고 의무를 이행하는 민주시민의 태도 • 민주적 법체계와 절차에 대한 존중 • 민주시민으로서 공동체의 발전에 대한 능동적 참여 • 법 개선 과정에 참여를 통한 민주시민의 자질 내면화 • 다양한 법적 관점에 따라 서로 다른 가치와 대안에 대한 관용적 태도

01

[12법사01-01] 가족관계와 관련된 기본적인 내용인 혼인, 출생, 상속 등을 이해하고, 이를 일상 생활의 사례에 적용한다.

관련 학과
- 경제학과
- 경찰행정학과
- 공공정책학과
- 문헌정보학과
- 법학과

\# 가족관계 \# 혼인 \# 출생 \# 상속 \# 친권 \# 친자 관계

교과 세특 탐구 주제

주제1 사실혼 관계와 법적 혼인 관계의 특징 및 차이점 비교

주제2 친양자 제도의 특징과 가족관계 형성에 미치는 영향 분석

주제3 가족 해체 상황(이혼, 별거 등)에서의 아동 권리 보호 방안 탐색

주제4 우리나라 혼인 제도의 역사적 변화 과정 및 혼인이 현대 사회에 갖는 의미 탐구

GUIDE 혼인과 부부 관계, 출산·입양으로 형성되는 부모와 자녀 관계(친자 관계, 친권) 등 일상생활의 사례에 초점을 두어 탐구한다.

📖 함께 보면 좋은 도서

《생활 속 법률 상식》 이준연, 한솜미디어, 2025.

《이혼해도 부모입니다》 임수희, 동녘, 2025.

《상속, 이혼, 소년 심판 그리고 법원》 김태형, 박영사, 2023.

연계 활동 탐구 주제

독서

《생활 속 법률 상식》 이준연, 한솜미디어, 2025.

이 책은 세상을 살아가면서 누구나 한 번쯤은 접할 수 있는 생활 법률 사례와 이에 대한 대처 방안을 담고 있다. 특히 Part 3, Part 4는 유언 및 상속, 혼인 및 부모와 자녀에 관련된 가족법으로 구성되어 있어 일상 속 마주하게 되는 문제들의 해답을 제공한다.

주제1 태아의 상속권 보장과 생명권의 관련성 탐색

주제2 디지털 자산(가상 화폐, SNS 계정 등)의 상속 시 법적 절차 분석

주제3 현행 양육비 지급 제도의 한계 및 양육비 미지급 문제 해결 방안 탐구

논문

〈가족 문화 변화와 유류분 제도 －헌재 2024. 4. 25. 선고 2020헌가4 등 결정을 중심으로－〉 이성진, 2024.

유류분 제도의 정당성과 적용 범위를 둘러싼 헌법적·입법적 쟁점을 다룬다. 공동 상속인의 균등 상속을 보장하는 기능은 인정되지만 유류분권자의 범위와 비율 설정에 대해서는 논란이 제기된다. 일률적 규정이 불합리한 결과를 초래할 수 있음을 지적하며 입법적 개선의 필요성을 제시한다.

논문 바로가기

주제1 가족 형태 변화에 따른 유류분 제도 개정의 필요성 탐색

주제2 독일, 일본 등 타국의 유류분 제도와 한국의 제도 비교 분석

주제3 상속 분쟁이 가족관계 및 사회적 갈등으로 이어지는 양상 탐구

토론

주제1 현대 사회에서 가족의 범위를 법률로 어디까지 규정하는 것이 타당한가?

주제2 상속 순위 제도는 현대 사회의 다양한 가족 형태를 충분히 반영하고 있는가?

주제3 사실혼 관계와 법률혼 관계 사이에 발생하는 법적 권리 차이는 감소해야 하는가?

02 [12법사01-02] 채권 관계와 관련된 기본적인 내용인 계약, 불법행위 등과 사적 자치를 이해하고, 이를 일상생활의 사례에 적용한다.

채권 관계 # 계약 # 불법행위 # 사적 자치의 원칙 # 손해배상

관련 학과
· 법학과
· 사회교육과
· 사회복지학과
· 사회학과
· 소비자학과

법과 사회

교과 세특 탐구 주제

주제1 우리나라와 독일 민법의 불법행위 책임 비교 분석
주제2 프랜차이즈 가맹 계약에서 나타나는 불공정 계약 조항 사례 탐색
주제3 환경 오염 손해배상 판례를 통해 살펴보는 불법행위 책임 범위 탐구
주제4 인공지능과 체결하는 전자 계약에서 발생할 수 있는 법적인 쟁점 분석

▣ 함께 보면 좋은 도서
《나를 지키는 민법》 장보은, 생각의힘, 2025.
《내 채무 좀 해결해 주세요》 양정수, 좋은땅, 2024.
《10대를 위한 깜찍한 민법》 서윤호 외, 다른, 2015.

GUIDE 계약, 불법행위 등 사적 자치와 관련된 개념들을 일상생활 속 사례에 적용하여 탐구한다.

연계 활동 탐구 주제

독서
《나를 지키는 민법》 장보은, 생각의힘, 2025.
이 책은 민법을 일상의 언어로 풀어내어 생활 속 갈등 해결과 권리 보호 방법을 제시한다. 계약의 자유, 소유권 등 민법의 핵심 개념을 다양한 사례와 함께 설명하고 신의 성실, 공서 양속과 같은 민법의 기본 원칙을 통해 권리와 의무에 대한 올바른 태도를 성찰하게 한다.

주제1 우리나라와 해외의 미성년자와의 계약 규정 비교 분석
주제2 SNS 속 허위 사실 유포 사례에서 나타나는 불법행위 책임 고찰
주제3 가족법 영역(혼인, 상속)에서 계약 자유의 원칙이 제한되는 사례 탐색

논문
〈공동 불법행위 손해배상액 산정과 가해자에 대한 피해자 과실 평가〉 성덕근 외, 2025.
민법 제760조 제1항의 공동 불법행위 책임 규정을 중심으로 다수 가해자에 대한 손해배상액 산정 과정에서 피해자 과실을 어떻게 평가할 것인지에 주목한다. '전체적 평가' 방식은 가해자별 과실 정도를 무시하지만 '개별적 평가' 방식은 과실을 따져 공정한 배상액 산정을 가능하게 한다.

주제1 온라인 집단 따돌림에서의 공동 불법행위 성립 여부 탐구
주제2 대법원 판례 속 공동 불법행위 연대 책임 제도의 특징 분석
주제3 공동 불법행위에서 피해자 보호를 위한 입법적 개선 방안 연구

토론
주제1 전자 상거래에서 청약 철회 시 환불 불가 규정은 정당한가?
주제2 학교폭력 가해자의 부모는 어디까지 손해배상 책임을 져야 하는가?
주제3 인공지능과 체결한 계약도 사람이 체결한 계약과 같은 법적 효력을 가져야 하는가?

03

[12법사01–03] 물권 관계와 관련된 기본적인 내용인 부동산·동산에 관한 권리의 기능과 특징, 권리와 의무로 구성되는 법(률)관계를 이해하고, 이를 일상생활의 사례에 적용하여 법적 문제를 해결한다.

\# 물권 관계 \# 소유권 \# 임차권 \# 저당권 \# 재산권 존중의 원칙

교과 세특 탐구 주제

주제1 재산권 존중의 원칙과 환경권·주거권의 충돌 사례 분석

주제2 부동산 소유권 분쟁 사례로 본 물권의 기능과 사회적 의미 분석

주제3 주택 소유권 이전 과정에서 발생할 수 있는 법적인 문제 탐색

주제4 저당권 설정이 금융 거래의 안전성 확보에 기여하는 방식 연구

▣ 함께 보면 좋은 도서

《대한민국에서 가장 쉽게 쓴 민법책》 오수현, 시원북스, 2023.
《부동산·형사 소송 변호사의 생활 법률 Q&A》 강민구, 박영사, 2023.
《생활 속 법률 상식 사전》 김계형 외, 길벗, 2019.

GUIDE 법률관계가 권리와 의무로 구성된다는 것을 이해하고 일상생활에서 일어나는 사례에 이를 적용하여 법적 문제를 탐구한다.

연계 활동 탐구 주제

독서 《대한민국에서 가장 쉽게 쓴 민법책》 오수현, 시원북스, 2023.

이 책은 민법 입문서로 민법을 단순히 조문 나열로 다루지 않고, 생활 속 사례와 비유를 통해 구조와 원리를 이해하도록 도와주어 독자 스스로 법적 논리를 세울 수 있도록 한다. 또한, 민법이 단순히 어려운 학문이 아니라 우리의 일상과 밀접하게 연결된 법이라는 점을 보여 주고 있다.

주제1 동산 소유권의 의미 및 반려동물의 법적 지위 고찰

주제2 가상 자산(코인, NFT 등)의 소유권 개념 적용 여부 탐색

주제3 전세 계약과 월세 계약의 차이를 통해 본 임차권의 법적 기능 분석

논문 〈주거권 강화와 개정 주택임대차보호법의 문제점과 개선 방안에 관한 소고〉 이근영, 2021.

인간다운 주거 생활을 보장하기 위해 주거권의 의미와 주택임대차보호법의 개선 방향을 다룬다. 대항력과 우선 변제권 보장 방식, 임대차 기간 연장, 계약 갱신 제도의 합리적 조정을 제안하고, 손해 배상 제도 등의 보완책을 제시해 주거 안정과 권리 균형을 위한 제도적 보완의 필요성을 강조한다.

논문 바로가기

주제1 '빌라 왕 사건'으로 본 임차권 보장 제도의 한계 및 개선 방안 탐구

주제2 주택 가격 상승이 전·월세 제도의 변화 및 세입자 권리에 미치는 영향 분석

주제3 현대 사회 청년 주거 불안 문제 해결을 위한 주택 임대차 제도 개선의 필요성 연구

토론 **주제1** 주택 시장 안정화에는 보편적 복지와 선별적 복지 중 어느 방식이 더 타당한가?

주제2 재산권 존중의 원칙과 공익을 위한 소유권 제한 중 무엇을 더 우선해야 하는가?

주제3 부동산 시장의 자유로운 경쟁과 정부의 규제 중 어느 쪽이 주거 안정에 더 기여하는가?

Ⅱ 국가 생활과 법

01 [12법사02-01] 민주주의와 법치주의의 발전 과정을 이해하고, 우리나라 권력 분립의 원리를 탐구한다.

\# 민주주의 \# 법치주의 \# 권력 분립의 원리 \# 입법부 \# 행정부 \# 사법부

관련 학과
· 공공정책학과
· 국제관계학과
· 사학과
· 정치학과
· 사회학과

교과 세특 탐구 주제

주제1 역사 속 민주주의와 법치주의의 발전 과정 탐색
주제2 우리나라 권력 분립 제도의 한계 분석 및 보완점 탐구
주제3 형식적 법치주의와 실질적 법치주의의 특징 및 사례 비교
주제4 우리나라 헌법 속에 구현된 권력 분립의 제도적 장치 분석

📖 **함께 보면 좋은 도서**
《민주주의의 발전과 위기》 임혁백, 김영사, 2021.
《최소한의 선의》 문유석, 문학동네, 2021.
《K-민주주의 다시보기》 김광민, 현암사, 2025.

GUIDE 민주주의와 법치주의의 상호 보완적 관계와 우리나라 권력 분립의 원리가 입법부, 사법부, 행정부 중심으로 어떻게 구현되어 있는지 탐구한다.

연계 활동 탐구 주제

독서 《민주주의의 발전과 위기》 임혁백, 김영사, 2021.
이 책은 기원전 5세기 고대 아테네에서 시작된 민주주의부터 수많은 변화를 거치며 발전한 오늘날의 민주주의까지, 민주주의의 위기와 변화를 설명한다. 민주주의의 역사적 발전 과정을 따라가면서 민주주의의 개념을 정확히 이해하고, 현대 사회에서 발생하고 있는 민주주의의 위기까지 성찰한다.

주제1 '헤테라키 민주주의' 개념과 기존 민주주의 모델의 차이점 분석
주제2 시민의 정치 참여 확대가 현대 사회의 민주주의에 미치는 영향 탐구
주제3 고대 아테네에서 현대 민주주의로 이어진 정치 제도의 변천 과정 탐색

논문 〈현대 대의 민주주의 한계에 대한 헌법적 고찰 −참여와 숙의 민주주의 보완을 중심으로−〉 신규하, 2025.
한국 대의 민주주의의 현황과 한계를 헌법적 관점에서 분석하며, 다수결 만능주의, 포퓰리즘 경향 등을 주요 문제로 지적한다. 이의 보완을 위해 정당 정치에 치우친 구조를 넘어 시민 참여와 숙의 민주주의 확대를 제시하고 다수결에 앞서 충분한 토론과 공론 과정을 거쳐야 함을 설명한다.

논문 바로가기

주제1 다수결 원리의 장단점과 대안적 의사 결정 방식 탐색
주제2 온라인 플랫폼을 활용한 숙의 민주주의 실현 가능성 분석
주제3 한국 정치 현실 속 대의 민주주의 한계 및 개선 방향 탐구

토론 **주제1** 대한민국 현행 헌법은 민주주의와 법치주의가 충분히 구현되어 있는가?
주제2 대의 민주주의의 한계를 보완하기 위해 숙의 민주주의를 제도화해야 하는가?
주제3 행정부 권한 강화는 효율적 국정 운영을 위해 필요한가, 권력 남용의 위험이 더 큰가?

[12법사02-02] 우리나라 헌법의 기본 원리와 기본권 내용을 이해하고, 기본권 제한의 요건과 한계를 탐구한다.

\# 우리 헌법의 기본 원리 \# 기본권 제한 \# 기본권 제한의 요건 \# 기본권 제한의 한계

관련 학과
· 교육학과
· 법학과
· 사학과
· 사회교육과
· 정책학과

교과 세특 탐구 주제

주제1 우리 학교의 학생 생활 규정 속 기본권 제한의 사례 및 정당성 분석
주제2 일상생활 속 기본권 제한 사례 중심으로 기본권 제한의 요건 및 한계 탐구
주제3 헌법재판소의 판례에 담긴 과잉 금지의 원칙 적용 사례 탐색
주제4 우리 헌법의 기본 원리가 민주주의 사회에서 구현되는 방식 연구

■ 함께 보면 좋은 도서
《헌법은 어떻게 국민을 지키는가: 헌법의 자리 2》 박한철 외, 김영사, 2025.
《일생에 한 번은 헌법을 읽어라》 이효원, 현대지성, 2024.
《우리에게는 헌법이 있다》 이효원, 21세기북스, 2020.

GUIDE 일상생활뿐만 아니라 판례에 담긴 기본권 제한 사례를 탐색하고, 기본권 제한의 요건과 한계에 관해 탐구한다.

연계 활동 탐구 주제

독서　《헌법은 어떻게 국민을 지키는가: 헌법의 자리 2》 박한철 외, 김영사, 2025.
이 책은 42개의 헌법 재판을 통해 헌법의 가치와 원칙을 설명한다. 문화 예술인 블랙리스트, 일본군 '위안부' 배상, 대통령 탄핵 사건 등 한국 사회의 중대 분수령이 된 판례를 통해 헌법이 국민의 기본권을 어떻게 보호하는지 보여 주며, 민주주의·법치주의·공화주의가 현실에서 어떻게 작동하는지 짚는다.

주제1 문화 예술인 블랙리스트 판례를 통한 표현의 자유 제한의 요건과 한계 분석
주제2 일본군 '위안부' 배상 청구권 사건을 통해 본 국가의 기본권 보호 의무 연구
주제3 대통령 탄핵 사건을 통해 살펴보는 우리 헌법의 기본 원리와 법치주의의 개념 탐구

논문　〈공개된 영역에서의 압수·수색에 대한 기본권 보호 −우리와 미국의 판례와 학설에 대한 종합적 분석을 중심으로−〉 강우예, 2025.
공개된 영역에서 이루어지는 정보 수집 활동의 적법성을 다루고 있다. 원칙적으로 공적 공간에서의 정보 수집은 침해성이 낮아 위법하지 않지만, 휴대 전화나 GPS 추적기와 같이 대량의 위치 정보를 활용하면 사생활의 비밀이 심각하게 침해될 수 있다는 점을 지적한다.

논문 바로가기

주제2 기본권 충돌 상황에서 헌법재판소 심판의 역할 및 기능 탐색
주제3 디지털 시대에 요구되는 새로운 기본권 제안 및 보장 방안 탐구
주제4 CCTV, 보안 카메라, 드론 등 공공장소에서의 정보 수집 허용 범위 분석

토론　**주제1** 기업의 경제적 자유와 공공복리 중 무엇을 우선해야 하는가?
　　　주제2 국가 재난 상황에서 이동의 자유 제한은 어디까지 허용될 수 있는가?
　　　주제3 국가 안보를 위한 통신 검열이 통신의 자유와 충돌할 때 정당한 제한의 범위는 무엇인가?

03

[12법사02-03] 형법의 의의와 기능을 죄형 법정주의를 중심으로 이해하고, 범죄의 성립 요건과 형벌의 종류, 형사 절차를 탐구한다.

죄형 법정주의　# 형법　# 범죄　# 형벌　# 형사 절차

관련 학과
· 언론정보학과
· 역사교육과
· 윤리교육과
· 정치외교학과
· 정책학과

교과 세특 탐구 주제

주제1 범죄 성립 요건과 실제 사례 분석
주제2 적법 절차의 원칙이 형사 재판에서 보장되는 구체적 장치 탐색
주제3 죄형 법정주의 원칙이 현대 사회에서 가지는 의미와 한계점 탐구
주제4 인권 보장을 위해 법치주의가 형사 절차에 구현되어 있는 방안 연구

▣ 함께 보면 좋은 도서

《베카리아의 범죄와 형벌》 체사레 베카리아(김용준 역), 이다북스, 2022.
《어떤 양형 이유》 박주영, 모로, 2023.
《판사, 검사, 변호사, 그들이 알려 주지 않는 형사 재판의 비밀》 노인수, 순눈, 2019.

GUIDE 인권 보장을 위해 법치주의가 형사 절차에 어떻게 구현되어 있는지를 중심으로 탐구한다.

연계 활동 탐구 주제

독서

《베카리아의 범죄와 형벌》 체사레 베카리아(김용준 역), 이다북스, 2022.
이 책은 근대 형법학의 기초를 세운 저서로 죄형 법정주의와 무죄 추정의 원칙을 비롯한 주요 법 원리를 제시하며 고문과 사형 같은 잔혹한 형벌을 비판한다. 형벌의 목적을 보복이 아닌 범죄 예방에 두어야 한다고 강조하며, 과도한 처벌은 정의와 공익에 어긋난다고 지적했다.

주제1 고문 제도의 역사적 배경 및 인권 침해적 요소 분석
주제2 사회 계약설에 따른 자유권 제한 및 국가 형벌권 행사의 정당성 탐구
주제3 범죄와 형벌에 대한 베카리아의 사상이 현대 사회에 가지는 의의 탐색

논문

〈범죄 피해자의 형사 절차 참여 강화 방안〉 김혁, 2023.
형사 절차에서 피해자의 참여권 보장의 미비를 비판적으로 분석한다. 피해자 변호사 제도의 부재, 제한적인 의견 진술권, 불충분한 정보권 등은 피해자의 권리 실현을 가로막는다며 피해자 권리 강화, 피해 회복 관점 반영 등 피해자 중심적 형사 절차로의 전환이 필수적이라고 주장한다.

논문 바로가기

주제1 우리나라의 현대사 속 형벌권 남용 사례 조사 및 한계점 분석
주제2 형사 절차에서 피해자의 권리를 보장하기 위한 제도적 장치 탐구
주제3 사회적 약자에게 형벌이 더 가혹하게 작용하고 있는 구조적 문제 고찰

토론

주제1 현대 사회에서 형벌은 보복과 예방 중 어떤 기능을 해야 하는가?
주제2 사형은 사회의 안전이나 질서 유지를 위해 반드시 필요한 형벌인가?
주제3 현대 사회에서 무죄 추정의 원칙과 죄형 법정주의가 제대로 작동하고 있는가?

04

[12법사02–04] 법원과 헌법재판소의 법적 문제 해결 과정을 탐구하고, 사법의 의미와 한계를 인식하여 입법론적 해결이 필요한 경우를 탐구한다.

법원 # 헌법재판소 # 법적 문제 해결 과정 # 사법 # 입법론적 해결

관련 학과
· 법학과
· 사학과
· 사회교육과
· 미디어커뮤니케이션학과
· 미디어학과

교과 세특 탐구 주제

주제1 법원과 헌법재판소의 권한 및 역할 비교 분석
주제2 사법권 독립의 개념 및 사법권 독립 보장을 위한 방안 탐색
주제3 사법부가 판결로 해결하지 못하고 있는 사회적 갈등 사례 탐구
주제4 신기술 등장으로 발생하는 법적 공백 문제 및 입법적 보완의 필요성 연구

■ 함께 보면 좋은 도서

《헌법재판소, 한국 현대사를 말하다》 이범준, 궁리, 2025.
《처음 만나는 헌법》 차병직, 창비, 2025.
《이것이 새입니까?》 아르노 네바슈(박재연 역), 바람북스, 2024.

GUIDE 법원과 헌법재판소의 역할에 대해 이해하고, 입법론적 해결 방법이 필요한 경우을 탐색한다.

연계 활동 탐구 주제

독서 《헌법재판소, 한국 현대사를 말하다》 이범준, 궁리, 2025.
이 책은 1988년 창립 이후 대한민국의 정치·사회적 변곡점에서 헌법재판소가 어떤 역할을 해 왔는지를 기록했다. 헌법재판소가 단순한 사법 기구를 넘어 사회적 갈등과 국가 정체성을 해석하는 존재임을 보여 준다. 또한 해외 헌법 재판 제도와 비교하며 한국 헌법재판소의 독자적 의의를 드러낸다.

주제1 대통령 탄핵 심판에서 드러난 헌법재판소의 권한 및 한계점 탐구
주제2 5·18 민주화 운동 관련 헌법 소원 사건을 통해 본 헌법 재판의 역사적 의미 고찰
주제3 수도 이전과 관련한 헌법재판소 판결이 국가 정체성에 미친 영향 분석

논문 〈정치 발전과 헌법재판소의 역할〉 정영석, 2024.
저자는 정치 제도의 문제를 국회가 개선하지 못할 때 헌법 재판이 대안이 될 수 있음을 강조한다. 특히 정당 등록 기준, 선거 제도 등을 판례와 함께 검토하여 헌법재판소의 판단 필요성을 제시하고 헌법재판소는 자유와 권리 보호, 권력 견제라는 본질적 기능을 수행해야 한다는 점을 강조한다.

주제1 국회 입법 과정의 민주적 정당성과 헌법 재판의 보완적 성격 연구
주제2 헌법 재판을 통한 정치생활의 규범화와 민주주의 심화 방안 탐색
주제3 헌법재판소 판례를 통해 본 광장 집회의 자유와 민주주의 발전 과정 탐구

토론
주제1 헌법재판소와 대법원 중 누가 최종적인 법 해석의 권위를 가져야 하는가?
주제2 사형제 합헌 결정은 시대 착오인가, 사회 안전을 위한 불가피한 선택인가?
주제3 헌법재판소의 결정에는 일관성과 시대 변화에 따른 유연성 중 무엇이 더 중요한가?

III 사회생활과 법

01 [12법사03-01]
법으로 보장되는 근로자의 권리를 이해하고, 이를 일상생활의 사례에 적용한다.

\# 노동법 \# 근로자의 권리 \# 청소년의 근로 계약 \# 직장 생활

관련 학과
- 경영학과
- 미디어커뮤니케이션학과
- 미디어학과
- 법학과
- 사학과

교과 세특 탐구 주제

주제1 청소년 아르바이트 계약에서 보장되는 근로자의 권리 분석
주제2 부당 노동 행위와 부당 해고의 특징 비교 및 구제 절차 탐색
주제3 정규직과 비정규직 근로자의 차별 문제에 대한 해결 방안 탐구
주제4 직장 내 괴롭힘 방지법이 근로자의 인권 보장에 미치는 효과 연구

▣ 함께 보면 좋은 도서

《일하는 사람들을 위한 쏙쏙 노동법》 박현웅, 푸른겨울, 2024.
《노동법이 묻고 사람이 답하다》 옥동진, 지혜와지식, 2025.
《열 가지 당부》 하종강 외, 창비, 2020.

GUIDE 청소년이 근로 계약을 맺었을 때 보호받을 수 있는 법적 권리에 초점을 두어 탐구한다.

연계 활동 탐구 주제

독서

《일하는 사람들을 위한 쏙쏙 노동법》 박현웅, 푸른겨울, 2024.
이 책은 직장인과 학생, 취업 준비생 등 일을 하는 모든 사람이 꼭 알아야 할 노동법의 핵심을 알기 쉽게 정리하였다. 근로 계약, 임금, 휴가, 산업 재해, 직장 내 괴롭힘 등 9개 분야의 질문과 답변으로 구성되어 실제 생활에서 부딪히는 문제들을 쉽게 해결할 수 있도록 돕는다.

주제1 직장 내 성희롱 사건 처리 절차와 피해자 보호 장치 분석
주제2 AI 면접을 활용한 채용 과정에서 나타나는 개인 정보 보호 문제 탐구
주제3 물류 센터 화재 사건을 통해 본 산업 재해의 실태 및 근로자 안전 보장 필요성 탐구

논문

〈청소년 노동 인권 실태와 개선 방안 연구〉 권일남 외, 2020.
청소년 아르바이트와 노동 관련 실태를 조사하여 노동 인권 보장의 현황과 실질적인 개선 방안을 제시한 연구이다. 청소년들의 노동 인권 의식은 높았으나 임금 체불, 근로 계약서 미작성, 안전 교육 부족 등 제도적·현실적 문제는 여전히 심각하게 드러났다.

논문 바로가기

주제1 연소 근로자의 노동 환경 개선을 위한 제도적 개선 방안 탐구
주제2 근로기준법 교육이 청소년 노동권 인식 향상에 미치는 영향 연구
주제3 청소년 노동자가 직면하는 임금 체불 사례 및 법적 구제 방법 분석

토론

주제1 노란봉투법은 헌법이 보장하는 노동 3권 실현에 기여할 것인가?
주제2 직장 내 괴롭힘 방지를 위한 법적 제재는 더 강화되어야 하는가?
주제3 주 4일제 도입은 우리 사회의 삶의 질 향상에 긍정적인 영향을 미치는가?

02

[12법사03-02] 인간다운 생활을 보장하려는 사회보장과 경쟁 및 소비자를 보호하기 위한 법적 근거를 탐구하고, 구체적인 사례에서 공공 쟁점을 찾아 토론한다.

\# 경제생활 \# 사회보장 \# 소비자 보호 \# 독과점 규제

교과 세특 탐구 주제

주제1 온라인 플랫폼 거래에서 발생하는 소비자 분쟁 사례 및 실태 분석

주제2 독과점 규제법이 소비자 권익 및 선택권 보장에 미치는 영향 탐색

주제3 독일의 의료 보험 제도 운영 방식 분석 및 한국에 주는 시사점 고찰

주제4 우리 사회의 복지 사각 지대 문제 해결을 위한 제도적 개선 방안 탐구

■ 함께 보면 좋은 도서

《복지의 원리》 양재진, 한겨레출판, 2025.

《사회 복지 어휘력 수업》 김연정 외, ㈜책글사람, 2025.

《베버리지 보고서》 윌리엄 베버리지(김윤태 외 역), 사회평론아카데미, 2022.

GUIDE 경제생활에서 발생하는 사회문제를 해결하기 위한 경제 관련 제도 및 법적 근거를 탐색하고, 공공 쟁점에 대해 토론한다.

연계 활동 탐구 주제

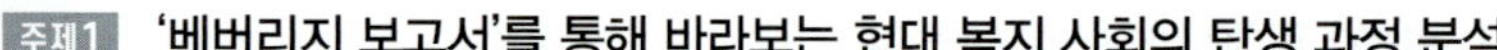

독서

《복지의 원리》 양재진, 한겨레출판, 2025.

이 책은 대한민국 복지의 현 주소와 앞으로의 방향을 제시한다. 주요 쟁점을 생활 밀착형 관점에서 풀어내며, 복지가 단순한 분배가 아닌 모두의 삶을 지탱하는 설계도임을 설명한다. 초저출산 상황에 대응할 수 있는 가족 정책 대안을 제시하며, 스웨덴 사례로 공보육과 소득 보장의 중요성을 강조한다.

주제1 '베버리지 보고서'를 통해 바라보는 현대 복지 사회의 탄생 과정 분석

주제2 노인 돌봄 복지 제도 개선 방안 고찰을 위한 한국과 덴마크의 사례 비교

주제3 현행 우리나라의 사회 보장 제도를 기반으로 한 노후 소득 보장 방안 탐색

논문

〈우리나라에서의 소비자법과 정책에 관한 고찰〉 손영화 외, 2022.

소비자법의 발전 과정과 현행 소비자 정책의 과제를 종합적으로 분석하며, 소비자보호법이 소비자를 단순한 보호 대상에서 시장경제의 주체로 파악하게 된 변화를 강조한다. 환경 친화적 소비, 개인 정보 보호 등 현대적 과제를 포함해 한국 소비자법이 가야 할 방향을 제시하고 있다.

논문 바로가기

주제1 한국 소비자법 속 소비자의 8대 권리 보장 현황과 한계점 분석

주제2 가짜 리뷰와 허위 광고로 인한 피해 사례와 법적 규제의 필요성 탐구

주제3 환경 친화적 소비의 의미 및 지속가능한 소비자 권리의 보장 방안 연구

토론

주제1 기본 소득 제도는 국가 경쟁력을 높이는가 오히려 재정 위기를 불러오는가?

주제2 개인 정보 보호와 소비자의 알 권리 보장 중 어떤 가치를 더 우선하여야 하는가?

주제3 고령화 사회에서 국민 연금 제도는 현행 유지와 근본적 개혁 중 어느 것이 필요한가?

법과 사회

03 [12법사03-03] 현대적 법(률)관계의 특징과 지적 재산권의 의미를 이해하고, 이와 관련된 일상 생활에서의 사례를 찾아보고 관련 쟁점을 토론한다.

지능 정보 사회 # 현대적 법률 관계 # 플랫폼 노동 # 지적 재산권

관련 학과
· 미디어학과
· 법학과
· 사회학과
· 언론정보학과
· 정보보호학과

교과 세특 탐구 주제

주제1 메타버스 공간에서 발생하는 지적 재산권 침해 사례 탐색

주제2 디지털 플랫폼 노동 환경에서 노동 3권 보장의 한계점 분석

주제3 카피라이트와 카피라이트의 대표 사례 및 권리 보호 방식 비교

주제4 플랫폼 노동자 보호법 제정의 필요성 및 관련 사회적 쟁점 고찰

▣ 함께 보면 좋은 도서

《보이지 않는 노동자들》 이승윤, 문학동네, 2024.

《이제는 알아야 할 저작권법》 정지우 외, 마름모, 2023.

《인공지능, 플랫폼, 노동의 미래》 이광석 외, 빨간소금, 2023.

GUIDE 지능 정보 사회의 현대적 법률관계에서 발생하는 쟁점에 초점을 두어 탐구한다.

연계 활동 탐구 주제

독서

《보이지 않는 노동자들》 이승윤, 문학동네, 2024.

이 책은 디지털 전환 시대에 등장한 새로운 불안정 노동의 현실을 정교하게 분석한다. 저자는 '액화 노동'이라는 새로운 틀을 제시해 전통적 노동 개념의 경계가 무너지는 현상을 설명하고, 현 제도의 한계를 날카롭게 진단하며 더 나아가 우리 사회의 복지와 노동 정책이 나아가야 할 방향을 모색한다.

주제1 온라인 플랫폼에서 발생하는 노동 착취 문제와 사회적 대응 방안 연구

주제2 대법원 판결을 통해 알아보는 플랫폼 노동자의 근로자성 인정 기준 분석

주제3 플랫폼 노동의 확산 실태 분석 및 플랫폼 노동자 보호 제도 개선 방안 고찰

논문

〈인공지능 관련 지식 재산권 연구 동향 분석〉 배성희 외, 2024.

인공지능 시대에 급증하는 지식 재산권 연구의 흐름을 체계적으로 분석한 연구이다. 주요 연구 주제는 '저작물과 저작권 보호', '특허와 알고리즘', '인공지능과 발명' 등임을 밝혔고, '저작권'과 '인공지능'이 핵심 키워드로 도출되었다. 최근에는 생성형 AI와 같은 새로운 기술 관련 연구도 늘고 있다.

논문 바로가기

주제1 AI 커버곡의 저작권법 적용 범위 관련 사회적 문제 분석

주제2 인공지능 발명 특허 등록 가능성 및 국제적 논의 동향 연구

주제3 디지털 창작물 저작권 보호의 필요성과 저작권 침해 사례 탐구

토론

주제1 인터넷 밈(Meme)과 패러디는 창작물인가, 저작권 침해인가?

주제2 인공지능이 만든 콘텐츠 및 특허에 대한 지적 재산권을 보호해야 하는가?

주제3 플랫폼 이용자가 리뷰를 통해 플랫폼 노동자를 평가하는 현재 방식은 공정한가?

IV 학교생활과 법

01 [12법사04–01] 학생과 청소년이 누릴 수 있는 권리와 의무를 이해하고, 이를 학교와 일상생활의 사례에 적용한다.

\# 학생과 청소년의 권리 \# 학생과 청소년의 의무 \# 학교 \# 일상생활

관련 학과
- 교육학과
- 법학과
- 아동복지학과
- 아동청소년학과
- 유아교육과

교과 세특 탐구 주제

주제1 청소년보호법 속 학생과 청소년의 권리 및 의무 탐색
주제2 학생과 청소년의 권리를 보호하고 있는 국내 법률 분석
주제3 청소년보호법 등에서 정의하고 있는 학생과 청소년의 의미 비교
주제4 청소년의 권리와 의무를 구현하기 위해 국가에 요구되는 역할 탐구

📖 함께 보면 좋은 도서
《바로 지금, 청소년 인권을 말하다》 청소년인권운동연대, 루아크, 2023.
《너의 권리를 주장해》 국제앰네스티 외, 창비, 2022.
《우리는 청소년―시민입니다》 박지연 외, 휴머니스트, 2022.

GUIDE 성인과 비교하여 학생과 청소년이 왜 특별한 보호와 제한을 받는지, 특별한 보호와 제한이 적절한지 비판적으로 탐구한다.

연계 활동 탐구 주제

독서 《바로 지금, 청소년 인권을 말하다》 청소년인권운동연대, 루아크, 2023.
이 책은 한국 사회에서 여전히 해결되지 못한 학생 인권, 성 교육, 경쟁 교육, 소년법 폐지 등 다양한 쟁점을 새로운 시선으로 조명한다. 차별과 편견이 어린이·청소년의 삶을 어떻게 옥죄는지를 드러내며, 청소년이 차별과 폭력에 당당히 맞설 수 있는 힘을 갖도록 하는 것이 저자들의 목표이다.

주제1 온라인 공간에서 청소년의 표현의 자유 및 규제의 정당성 고찰
주제2 청소년 인권 보장을 위한 학생 인권 조례 제정의 의의 및 한계점 탐구
주제3 유엔 아동 권리 협약(UNCRC)과 한국의 청소년 인권 보장 수준 비교 연구

논문 〈'학생 인권 보장에 관한 법률안'의 비판적 분석 ―'학교 구성원의 권리 보장에 관한 법률'을 대안으로―〉 박상준, 2024.
이 논문은 법률안이 학교와 학생의 범위를 좁게 정의해 어린이집 아동과 학교 밖 청소년을 배제하고, 학생 인권을 지나치게 구체적으로 규정해 교원의 교육권과 충돌할 수 있다고 지적한다. '학교 구성원의 권리 보장에 관한 법률'을 제안하며, 교권과 학생권이 상호 존중될 필요성을 강조한다.

논문 바로가기

주제1 우리나라의 학생 인권 조례와 외국의 학생 권리 보장 제도 비교 연구
주제2 학생의 인권과 교사의 생활 지도권이 충돌하는 사례 및 해결 방안 탐구
주제3 '학교 구성원의 권리 보장에 관한 법률'에서 정의하는 학교와 학생의 범위 고찰

토론 **주제1** 학교 안 학생 규제는 교육적 필요인가, 학생 인권 침해인가?
주제2 학생과 청소년은 청년인 시민과 비교해 더 특별한 보호와 제한을 받아야 하는가?
주제3 16세 미만의 청소년들에게도 정치 활동을 할 수 있는 권리가 보장되어야 하는가?

02

[12법사04-02] 학교폭력의 해결 과정을 살펴보며, 학교생활에서 발생하였거나 발생할 수 있는 법적 문제를 발견하고 그 해결 방안을 탐구한다.

관련 학과
· 공공정책학과
· 교육학과
· 경찰행정학과
· 법학과
· 아동복지학과

\# 학교폭력 \# 학교폭력의 해결 과정 \# 학교생활 \# 학교생활의 법적 문제

교과 세특 탐구 주제

주제1 학교생활에서 발생할 수 있는 법적 문제 및 해결 방안 탐구
주제2 학교폭력의 유형 및 학교폭력 문제에 대한 법적 해결 과정 탐색
주제3 우리 사회의 학교폭력 관련 법률 사례 및 한계점 분석
주제4 해외 학교폭력 예방 및 해결 제도와 한국 제도의 비교 연구

GUIDE 학교폭력을 해결하기 위한 민법, 형법, 행정법에서의 절차뿐만 아니라 학교 생활에서 나타날 수 있는 다양한 법적 문제와 해결 사례들을 탐구한다.

■ 함께 보면 좋은 도서
《학교폭력 해부 노트》 이수정 외, 테크빌교육, 2021.
《학교폭력, 교육을 만나다》 최희영 외, 지식프레임, 2025.
《애들 싸움이 어른 싸움 되는 학교폭력》 손영우, 좋은땅, 2025.

연계 활동 탐구 주제

독서 《학교폭력 해부 노트》 이수정 외, 테크빌교육, 2021.
이 책은 모두의 문제로서 학교 안팎의 폭력 문제를 분석하고 해결 방안을 제시한다. 학교 현장에서 학생과 마주한 경험, 범죄 심리학적 분석을 바탕으로 가정·학교·온라인에서 벌어지는 다양한 폭력 사례를 풀어내고 이를 예방하기 위해 사회와 법, 교육이 어떤 역할을 해야 하는지를 제안한다.

주제1 학교폭력 가해 학생에 대한 형사 처벌과 보호 처분의 효과 비교
주제2 학교생활 속 발생하는 법적 문제 탐색 및 사법적 해결 방안 탐구
주제3 스마트폰과 온라인 플랫폼의 발달이 학교폭력 양상에 미친 영향 분석

논문 〈학교폭력의 사법화 비판〉 조문주, 2025.
학교폭력 문제의 해결이 교육적 원리가 아닌 사법적 절차에 의해 좌우되는 현실을 비판한다. '학교폭력예방법'이 교육적 정체성을 훼손한다고 지적하며 중대한 범죄와 교육적 관용이 가능한 갈등을 구분해 학교폭력의 범위를 좁히고, 학생과 교사의 정체성을 회복하는 방향으로의 수정을 제안한다.

논문 바로가기

주제1 학생 인권과 교권의 조화를 위한 법·제도적 개선 방안 연구
주제2 학교 규칙 개정과 법적 규제가 학교폭력 예방에 미치는 효과 탐구
주제3 사법화된 학교폭력 처리 절차가 학교 교육 주체에 미치는 영향 분석

토론 **주제1** 학교폭력 예방을 위해서는 학교 내 CCTV 설치를 의무로 해야 하는가?
주제2 수업 중 스마트폰 사용의 법적 금지는 학습권 보장을 위한 정당한 제한인가?
주제3 학생의 교권 침해 행위에 대해 법적 처벌과 교육적 지도 중 무엇을 우선해야 하는가?

[12법사04-03] 법적 문제를 해결하는데 필요한 법, 조약, 판례, 입법자료 등을 찾아보고, 민주시민으로서 나와 사회가 당면한 사회적 논의에 참여하는 태도를 가진다.

\# 법 \# 조약 \# 판례 \# 입법자료 \# 민주시민

관련 학과
- 사회학과
- 정치외교학과
- 정책학과
- 철학과
- 행정학과

교과 세특 탐구 주제

주제1 법적 문제 해결을 위한 법조문, 판례, 입법자료의 특징 비교

주제2 사회문제의 법적 해결 방법에 관한 유용성 및 한계점 분석

주제3 지역사회의 공공 문제 해결을 위한 학생·청소년 참여 사례 탐색

주제4 사회적 갈등 조정 과정에서 공론장의 역할과 시민 참여의 중요성 탐구

GUIDE 법, 조약, 판례, 입법자료들을 통해 법적 문제를 해결할 수 있는 방법을 탐색하고, 사회적 논의에 참여할 수 있는 민주시민으로서의 역할에 대해 고찰한다.

■ 함께 보면 좋은 도서

《10대라면 반드시 알아야 할 법률 이야기》 박길홍, 팬덤북스, 2025.

《법 쫌 아는 10대》 김나영 외, 풀빛, 2024.

《10대와 통하는 법과 재판 이야기》 이지현, 철수와영희, 2021.

연계 활동 탐구 주제

독서

《10대라면 반드시 알아야 할 법률 이야기》 박길홍, 팬덤북스, 2025.

이 책은 청소년이 일상에서 마주치는 법적 상황을 쉽고 친근하게 설명해 주는 법률 안내서이다. 기본적인 법의 구조와 원리를 실제 사례와 판결문을 통해 알기 쉽게 풀어내며, 법이 변호사나 판사만의 전유물이 아니라 모두가 알아야 할 삶의 규칙임을 강조한다.

주제1 온라인 시민 청원 제도의 민주적 의의 및 한계점 분석

주제2 디지털 성범죄 대응 법률의 현황과 청소년 보호 강화 방안 고찰

주제3 사이버 명예 훼손 판례를 통해 본 표현의 자유와 인격권의 균형 탐구

논문

〈우리나라 민주시민 교육의 현황과 법적 근거〉 강재규, 2023.

이 논문은 민주시민 교육을 주권자로서 공동체에 참여하는 적극적 시민을 기르는 교육으로 정의한다. 한국의 민주시민 교육은 정권 성향에 따라 정책이 단절되는 등 지속가능성이 위협받고 있기 때문에 국가 차원의 법률 제정과 사회적 합의가 시급하다는 점을 강조한다.

논문 바로가기

주제1 민주시민 교육 조례 제정 현황 비교 및 지역별 차이 탐색

주제2 사회적 논의 과정에서 법이 가지는 유용성 및 한계점 분석

주제3 민주시민 교육이 학생의 사회 참여 태도 형성에 미치는 영향 탐구

토론

주제1 젠더 갈등 해결에 있어 법적 규제와 사회적 합의 중 무엇이 더 우선인가?

주제2 혐오 표현을 법으로 규제하는 것이 표현의 자유를 제한하는 결과를 가져오는가?

주제3 선거에서 의무 투표제를 법으로 도입하는 것은 민주주의를 강화할 수 있는가?

경제

과목 정보 ▶	교과군	공통 과목	선택 과목			평가 정보		수능
			일반 선택	진로 선택	융합 선택	성취도	상대평가	
	사회	—	—	○	—	5단계	5등급	×

1 ▶ 교과 성격

'경제' 과목은 일반사회 영역의 진로 선택 과목으로, 경제적 사고와 문제 해결 능력을 키우는 것을 목표로 한다. 학생들은 경제 지식과 합리적 사고, 책임 있는 가치관을 바탕으로 개인과 사회에서 바람직한 경제적 역할을 수행하는 민주시민으로 성장한다.

학습 과정에서는 이론과 현실, 사실과 가치, 내용과 방법을 학습자의 경험과 이해 수준에 맞춰 조화롭게 결합하여 균형 있는 경제 인식을 스스로 형성하도록 돕는다. 또한 경제 질서의 기본 원리와 경제 현상의 연관성을 실제 사례를 통해 이해하고, 변화하는 환경에서 정보를 분석·활용하여 문제를 해결하는 능력을 기른다. 이를 통해 학습자는 경제생활에 주도적으로 참여하고, 개인과 공동체의 조화로운 발전에 기여하는 태도를 함양한다.

> **TIP** 중학교 '사회'를 통해 익힌 사회에 관한 지식과 '통합사회'의 학습 내용을 한층 더 확장하고 심화하여 고등학교 일반 선택 과목인 '사회와 문화', 진로 선택 과목인 '정치', '법과 사회', '국제 관계의 이해' 및 융합 선택 과목인 '사회문제 탐구', '금융과 경제생활'과 연계 교과임.

2 ▶ 교과 목표

- 경제 현상에 대한 체계적인 지식을 활용하여 경제의 작동 원리를 이해하고, 경제 현상에 내재된 인과 관계를 설명하며, 미래의 경제 변동을 전망하여 창의적으로 대응할 수 있도록 한다.
- 국내외 경제 사회 정보를 수집, 분석, 평가하여 개인과 공공의 경제 문제 해결을 위한 합리적인 의사 결정에 활용하고, 능동적으로 사회에 참여할 수 있는 능력을 함양한다.
- 경제 주체로서 갖추어야 하는 가치 및 태도를 바탕으로 개인 생활과 국가 경제 발전에 이바지할 수 있도록 한다.

3 ▶ 교과 핵심 키워드

# 거시 경제 변수	# 경기 변동	# 경제 문제	# 경제 성장률	# 경제 안정화 정책
# 경제적 선택 행위	# 경제적 성과	# 경제적 유인	# 경제학의 분석 대상	# 계획경제
# 고용	# 공공재	# 교환과 무역	# 국내 총생산	# 국제 분업
# 국제 수지	# 금융 시장	# 노동 시장	# 다국적 기업	# 무역 원리
# 물가 상승률	# 부동산 시장	# 비교 우위	# 비용	# 상호 의존성
# 수요와 공급	# 순편익	# 시장 가격 기구	# 시장경제	# 시장경제의 기본 원리
# 시장과 공공 부문	# 시장 균형	# 시장 실패	# 실업률	
# 외환 시장	# 자원의 희소성	# 자유 무역	# 전통 경제	# 절대 우위
# 정부 실패	# 정부와 공공 부문	# 재정	# 재정 정책	# 조세
# 총공급	# 총수요	# 통화 정책	# 특화	# 편익
# 합리적 선택	# 한국의 경제 성장	# 환율	# 환율 변동	# 효율성과 형평성

4 ▶ 내용 체계

<table>
<tr><td rowspan="2">핵심
아이디어</td><td>

- 경제학은 인간의 경제생활을 분석하고 경제 문제의 해결 방법을 탐색하는데 기초가 된다.
- 인간은 편익과 비용을 고려하여 합리적으로 선택한다.
- 수요와 공급을 통해 시장에서 자원 배분이 효율적으로 이루어진다.
- 공공 부문이 조세, 공공재 등을 통해 시장에 의한 자원 배분에 개입한다.
- 경제 성장을 통해 삶의 질이 향상되며 이를 위한 정부 정책이 필요하다.
- 경기 변동의 안정화를 위해 정부는 재정 정책과 통화 정책을 활용한다.
- 개방된 국제 사회에서 각 국가는 무역을 통해 이득을 얻는다.
- 외환 시장에서 환율이 결정되며, 환율의 변동은 국가 경제와 경제 주체의 활동에 영향을 미친다.

</td></tr>
</table>

범주		내용 요소
지식·이해	경제학과 경제 문제	• 경제학과 경제의 기본 문제 • 합리적 선택 • 경제학적 사고방식
	미시 경제	• 시장의 수요와 공급 • 공공 부문의 조세와 공공재 • 자원 배분의 효율성과 형평성
	거시 경제	• 거시 경제 변수 • 경제 성장과 정책 • 경기 변동과 정책
	국제 경제	• 국제 거래와 무역 원리 • 무역 정책 • 외환 시장과 환율
과정·기능		• 탐구 또는 분석 대상이 되는 경제 현상 및 경제 문제 선정하기 • 경제 개념, 원리 등을 활용하여 경제 현상에 대한 탐구 및 분석 방법 파악하기 • 경제 현상 및 경제 문제의 탐구를 위한 분석 계획 수립하기 • 경제 현상 및 경제 문제 관련 분석 결과 해석하기 • 경제 현상 및 경제 문제 관련 분석 결과를 종합하여 추론하기 • 최적의 대안을 선택하기 • 분석 결과를 바탕으로 경제 문제의 원인 및 해결 방안 도출하기
가치·태도		• 합리적인 의사 결정 태도 • 타인의 가치 선호를 존중하는 태도 • 경제적 쟁점과 문제에 대해 관심을 갖고 숙고하는 자세 • 공동체 문제 해결을 위한 적극적인 참여 자세 • 다양한 관점을 가진 공동체 구성원들과 소통하는 태도 • 공공의 경제 문제 해결을 위해 타인과 협력하는 자세

I 경제학과 경제 문제

01

[12경제01-01] 인간 생활에서 자원의 희소성으로 인해 발생하는 경제 문제의 중요성을 인식하고, 경제학의 분석 대상과 성격을 이해한다.

관련 학과
· 경영학과
· 경제학과
· 광고홍보학과
· 마케팅학과
· 문헌정보학과

\# 자원의 희소성 \# 경제 문제 \# 경제학의 분석 대상 \# 경제적 선택행위

교과 세특 탐구 주제

주제1 역사적 과정에서 확장되는 경제학의 분석 대상 비교 연구
주제2 국가별 인구 구조의 변화가 경제 문제에 미치는 영향 탐구
주제3 자원의 희소성 개념을 적용하여 부동산 가격 상승 문제 탐색
주제4 공유 경제 서비스가 자원의 희소성 문제를 해결하는 방식 분석

◾ 함께 보면 좋은 도서
《한정판의 심리학》 민디 와인스타인(도지영 역), 미래의창, 2023.
《돈은 우리 삶을 어떻게 바꾸는가》 최성락, 월요일의꿈, 2026.
《장하준의 경제학 강의》 장하준(김희정 역), 부키, 2023.

GUIDE 자원의 희소성에 의해 나타나는 경제 문제와 다양한 경제적 선택행위를 중심으로 탐구한다.

연계 활동 탐구 주제

독서 《한정판의 심리학》 민디 와인스타인(도지영 역), 미래의창, 2023.
이 책은 '오픈 런', '품절 대란' 등 일상에서 흔히 접하는 희소성 마케팅 현상에 숨겨진 심리학적 원리를 파헤친다. 특히 '구매 기한, 공급량, 높은 수요'라는 세 가지 핵심 희소성 법칙을 중심으로 인간의 손실 회피 심리와 특별해지고 싶은 욕망이 어떻게 소비를 이끄는지 분석한다.

주제1 연령별 소비자 집단의 희소성 마케팅 반응 차이에 관한 비교 연구
주제2 명품 브랜드의 '오픈 런' 현상을 통해 본 희소성의 경제적 의미 분석
주제3 희소성 마케팅이 청소년 세대의 소비 심리 형성에 미치는 영향 탐구

논문 〈희소성 메시지 유형과 명품 인식이 구매 의도에 미치는 영향〉 홍서의 외, 2024.
희소성 메시지가 소비자의 구매 의도에 미치는 영향을 스니커즈라는 특정 제품군을 중심으로 탐구한다. 스니커즈를 명품으로 인식하지 않는 소비자에게는 공급 희소 메시지가 구매 의도를 낮추지만, 명품으로 인식하는 소비자에게는 메시지 유형에 관계없이 높은 구매 의사를 보인다고 설명한다.

논문 바로가기

주제1 SNS가 한정판 제품의 희소성에 대한 정보를 확산시키는 방식 분석
주제2 메타버스와 NFT 시대의 새로운 희소성 개념과 마케팅 활용 방안 연구
주제3 온라인 플랫폼에서의 희소성 메시지 조작 사례 및 소비자 보호 방안 탐색

토론 **주제1** '오픈 런'과 같은 희소성 기반의 소비 행태는 시장의 효율성을 저해하는가?
주제2 '한정판' 마케팅은 합리적 경제 행위인가, 충동적 소비를 유도하는 상술인가?
주제3 미래 사회의 소유 개념은 희소한 제품을 소유하는 것에서 경험하는 것으로 변화할 것인가?

02 [12경제01-02] 경제 문제를 해결하는 다양한 방식의 장단점을 비교하고, 시장경제의 기본 원리와 이를 뒷받침하는 제도를 파악한다.

관련 학과
· 경영학과
· 경제학과
· 문헌정보학과
· 미디어학과
· 법학과

전통 경제 # 계획경제 # 시장경제 # 시장경제의 기본 원리 # 시장 가격 기구

교과 세특 탐구 주제

주제1 한국 경제 체제에서 혼합 경제 체제 요소의 발전 과정 분석
주제2 전통 경제, 계획경제, 시장경제의 경제 문제 해결 방식 비교
주제3 세계 각국 경제 체제의 변천사 및 한국 경제 체제의 특징 탐색
주제3 시장경제에서 자유 경쟁이 시장 가격 기구에 미치는 영향 연구

📖 **함께 보면 좋은 도서**

《국부론》 애덤 스미스(이종인 역), 현대지성, 2024.
《경제학 천재들의 자본주의 워크숍》 울리케 헤르만(박종대 역), 갈라파고스, 2024.
《현명한 선택을 위한 가장 쉬운 경제학》 남시훈, 인물과사상사, 2023.

GUIDE 기본적인 경제 문제를 해결하는 방식으로써 전통 경제, 계획경제, 시장경제의 특징을 탐구한다.

연계 활동 탐구 주제

독서

《국부론》 애덤 스미스(이종인 역), 현대지성, 2024.
이 책은 노동의 생산성이 국부의 원천임을 주장하며, 인간의 이기심이 '보이지 않는 손'에 의해 사회 전체의 공동선으로 이어진다고 제시한다. 분업과 자유로운 시장 교환이 국가의 부를 증진시킨다고 보았으며, 시장경제의 기본 원리를 체계적으로 정립하여 자유주의 경제 체제의 근간을 마련했다.

주제1 애덤 스미스 시대와 현대 사회의 '국부'의 개념 비교 연구
주제2 '보이지 않는 손'이 해결하지 못하는 시장 실패 사례 분석
주제3 현대 사회에서 전문직과 비숙련 노동에 적용되는 분업의 효율성 고찰

논문

〈한국의 자유시장경제: 화폐 금융 시장적 고찰〉 주동헌, 2024.
한국은행의 통화 정책이 산업 정책 지원에서 시장 중심의 정책으로 변해 가는 과정을 사례로 들어, 시장 메커니즘만으로는 예측 불가능한 경제적 충격에 대응하는 데 한계가 있음을 주장한다. 한국 사회가 직면한 불균형 문제를 해결하려면 시장에 대한 유연한 접근이 필요하다고 제안한다.

논문 바로가기

주제1 경제학·정치학·법학의 시장경제에 대한 관점 비교 연구
주제2 한국 헌법 제119조에 나타난 한국형 시장경제의 특징 분석
주제3 시장경제 논리의 확산이 한국 사회에 초래한 불균형 현상 탐구

토론

주제1 현대 사회에 가장 적합한 혼합 경제 체제의 이상적인 형태는 무엇인가?
주제2 자원 배분 시스템이 붕괴된 위기 상황이 발생했을 때 정부의 역할은 무엇인가?
주제3 인공지능 개발 경쟁과 같은 첨단 기술 시장에서 '보이지 않는 손'은 여전히 유효한가?

관련 학과
· 경제학과
· 마케팅학과
· 문헌정보학과
· 미디어학과
· 심리학과

\# 경제적 유인 \# 편익 \# 비용 \# 순편익 \# 합리적 선택

교과 세특 탐구 주제

주제1 한계적 의사 결정의 의미와 일상생활 속 사례 탐색

주제2 비합리적 선택에 있어 타인의 영향과 심리적 요인 분석

주제3 긍정적 유인과 부정적 유인에 해당하는 현행 정책 탐구

주제4 '매몰 비용의 오류'를 범하게 되는 원인 및 해결 방안 연구

■ 함께 보면 좋은 도서

《결정력 수업》 캐스 R. 선스타인(신솔잎 역), 윌북, 2025.

《최소한의 행동경제학》 김나영, 가나출판사, 2025.

《현명한 선택을 위한 가장 쉬운 경제학》 남시훈, 인물과사상사, 2023.

GUIDE 합리적 선택에서는 한계 편익과 한계 비용이 일치함을 파악하고, 경제적 유인의 다양한 사례를 탐구한다.

연계 활동 탐구 주제

독서

《결정력 수업》 캐스 R. 선스타인(신솔잎 역), 윌북, 2025.

이 책은 일상의 복잡한 문제 속에서 합리적인 결정을 내리는 방법을 다룬다. '어떻게 결정할지 결정하는' 이차적 결정 전략을 제시하며, 인지 편향, 정보 과부하와 같은 다양한 함정에 빠지지 않도록 돕는다. 인공지능 알고리즘의 결정에 대한 논의를 제공하며, 자유로운 선택의 주체성을 강조한다.

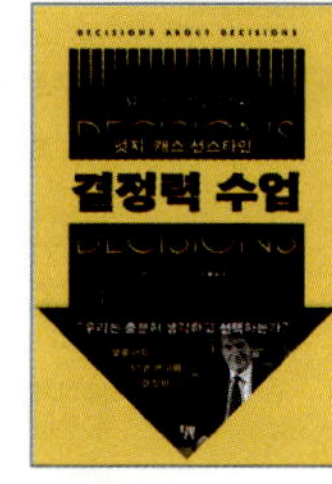

주제1 넛지가 합리적 선택을 방해하는 사례 및 소비자 보호 방안 연구

주제2 실생활 속 인지 편향 작용 과정과 합리적 선택을 위한 방법 탐구

주제3 행동경제학 이론을 공공 정책에 적용했을 때의 효과 및 한계 분석

논문

〈경제학의 경험론적 전환?: 행동경제학의 의의와 한계〉 홍태희, 2024.

행동경제학이 주류 경제학에 큰 영향을 미쳤음을 인정하지만, 통제된 실험의 한계로 인해 연구 결과를 일반화하기 어렵고, 거시 경제에 적용하는 데도 어려움이 있다고 지적한다. 즉 행동경제학은 주류 경제학의 '경험론적 전환'보다는 '경험론적 보완'에 가깝다고 평가한다.

논문 바로가기

주제1 이케아 효과와 소비 효과가 소비 행동에 미치는 영향 분석

주제2 넛지 전략을 공공 정책에 적용한 사례 분석 및 실효성 평가

주제3 행동경제학의 거시 경제 영역 적용에 어려움이 있는 이유 탐색

토론

주제1 성과급 제도는 노동자의 생산성을 높이는가, 과도한 경쟁을 유발하는가?

주제2 비만세의 도입은 비만을 줄일 수 있는 경제적 유인으로 작용할 수 있는가?

주제3 범칙금과 과태료 중 교통 법규 위반을 줄이는 데 더 효과적인 유인은 무엇인가?

II 미시 경제

01
[12경제02-01] 수요와 공급에 의한 시장 균형의 결정과 변동 원리를 파악하고, 이를 다양한 시장에 적용한다.

관련 학과
· 경제학과
· 미디어커뮤니케이션학과
· 미디어학과
· 법학과
· 부동산학과

수요와 공급 # 시장 균형 # 부동산 시장 # 노동 시장 # 금융 시장 # 상품 시장

경제

교과 세특 탐구 주제

주제1 일상생활 속 초과 공급 및 초과 수요 사례 분석
주제2 금융 시장에서 대출 금리가 결정되는 원리 탐구
주제3 부동산 시장에서 나타나는 시장 균형의 변동 원리 연구
주제4 전기차 구매 보조금 정책이 전기차 시장에 미치는 영향 탐색

■ 함께 보면 좋은 도서
《왜 좋은 일자리는 늘 부족한가》 이상헌, 생각의힘, 2025.
《시장과 가격 쫌 아는 10대》 석혜원, 풀빛, 2019.
《교양으로 배우는 금리》 다부치 나오야(박재영 역), 새로운제안, 2024.

GUIDE 상품 시장뿐만 아니라 노동 시장, 부동산 시장, 금융 시장에 적용되는 시장 균형의 결정 및 변동 원리를 중심으로 탐구한다.

연계 활동 탐구 주제

독서
《왜 좋은 일자리는 늘 부족한가》 이상헌, 생각의힘, 2025.
이 책은 실업, 임금, 노동 시간 등 다양한 일자리 문제에 대해 심층적으로 파고든다. 기술 변화와 이주 노동과 같은 쟁점들을 폭넓게 다루면서, 일자리의 사회적 가치와 인간의 존엄성을 회복해야 한다는 메시지를 전달한다. 이를 통해 좋은 일자리가 왜 부족한지에 대한 구조적 원인을 진단한다.

주제1 우리나라와 OECD 국가 간 임금 및 생산성의 차이 비교 연구
주제2 자동화와 디지털 혁신에 따른 일자리의 양극화 심화 현상 탐구
주제3 최저 임금 인상이 노동 시장의 수요와 공급 및 실업률에 미치는 영향 분석

논문
〈부동산 가격 결정 요인과 전망: 전북 지역 아파트를 중심으로〉 이슬기 외, 2025.
전북 지역 아파트 가격의 결정 요인을 분석한 결과 수요 규제 시에는 금리와 유동성이 공급 규제 시에는 지가 변동률과 재고 등 주택 공급 관련 지표가 중요한 요인으로 확인되었다. 수요와 공급 측면을 구분한 종합적인 정책 집행이 효과적이라는 시사점을 제공한다.

논문 바로가기

주제1 경기 변동 및 투자 심리와 주택 가격 간의 연관성 탐구
주제2 부동산 시장에서 발생하는 공급 측면의 불균형 해결 방안 탐색
주제3 전세 사기와 같은 사회적 이슈가 전세가 및 매매가에 미친 영향 분석

토론
주제1 임대료 상한제는 주택 공급을 위축하는가, 서민의 주거 안정을 보장하는가?
주제2 시장의 수요와 공급 원리를 따르는 것이 항상 소비자에게 합리적인 선택으로 이어지는가?
주제3 미래 사회에서 시장의 수요와 공급을 결정하는 변수 중 어떤 변수의 중요성이 커질 것인가?

02

[12경제02-02] 정부를 비롯한 공공 부문의 경제적 역할을 이해하고, 조세, 공공재 등과 같이 시장의 자원 배분에 개입하는 사례를 탐구한다.

\# 정부와 공공 부문 \# 조세 \# 공공재 \# 재정

관련 학과
· 경제학과
· 도시계획학과
· 법학과
· 부동산학과
· 회계학과

교과 세특 탐구 주제

주제1 중앙 정부의 2024년 분야별 세출 예산 현황 분석

주제2 공공재의 특성 및 공공재가 가지는 사회적 가치 탐색

주제3 재난 지원금 정책이 지역 경제에 미친 단기적 효과 연구

주제4 공정 거래 확립 사례를 통해 보는 심판자로서의 정부의 기능 탐구

■ 함께 보면 좋은 도서

《세금의 흑역사》 마이클 킨 외(홍석윤 역), 세종서적, 2022.

《드디어 만나는 경제학 수업》 앨프리드 밀 외(김선영 역), 현대지성, 2025.

《세상을 바꾼 엉뚱한 세금 이야기》 오무라 오지로(김지혜 역), 리드리드출판, 2022.

GUIDE 정부와 공공 부문의 역할 및 책임 있는 재정 운영 방안에 대해 고찰한다.

연계 활동 탐구 주제

독서 《세금의 흑역사》 마이클 킨 외(홍석윤 역), 세종서적, 2022.

이 책은 세금이 재정 확보 수단을 넘어 권력의 도구, 불평등의 조정자로서 작동해 온 역사를 보여 주며, 시민들이 세금에 어떻게 저항하고 대응했는지 추적한다. 또한 디지털세, 탄소세 등 미래의 새로운 세금들을 전망하며, 과거의 교훈이 현재와 미래의 조세 정책에 어떤 시사점을 주는지 통찰한다.

주제1 세금이 소득 재분배와 세수 확보에 미치는 영향 연구

주제2 아테네의 귀족 기부 문화와 근대의 소득세 도입 배경 비교 분석

주제3 직접세와 간접세의 형평성 고찰 및 이상적인 조세 제도 설계 방안 탐구

논문 〈소득과 물가가 공공재 관광지 수요에 미치는 영향〉 김민경 외, 2022.

소득과 물가(가격)가 공공재 관광지의 수요에 미치는 영향을 분석한 결과, 소득은 관광 수요에 부(−)의 영향을, 물가는 정(+)의 영향을 미친다고 설명한다. 소득이 증가하면 더 쾌적한 사유재를 선택하고, 물가가 오르면 상대적으로 저렴한 공공재 관광지를 선택하는 소비자의 행동 때문으로 해석한다.

논문 바로가기

주제1 유료 공공재 관광지와 무료 공공재 관광지의 수요 변동 요인 비교

주제2 공공재 관광지 혼잡 문제 분석 및 공공 부문에서의 해결 방안 탐구

주제3 공공재 관광지와 사유재 관광지의 특성이 관광객의 소비 행태에 미치는 영향 분석

토론 **주제1** 부유세 도입이 부의 재분배라는 목표를 달성할 수 있는가?

주제2 현대 사회에서 조세 제도의 공정성을 확보하기 위한 방안은 무엇인가?

주제3 인간의 일자리가 감소하는 미래에 로봇세 도입은 합리적인 세금 정책인가?

03
[12경제02–03] 시장 기능과 공공 부문의 활동을 비교하고, 자원 배분의 효율성과 형평성에 미치는 영향을 평가한다.

시장과 공공 부문 # 시장 실패 # 정부 실패 # 자원 배분의 효율성과 형평성

관련 학과
· 경제학과
· 교육학과
· 법학과
· 부동산학과
· 사학과

교과 세특 탐구 주제

주제1 자원 배분의 효율성과 형평성의 의미 및 관계 탐색
주제2 시장 실패와 정부 실패의 요인 및 구체적 사례 비교 연구
주제3 효율성 및 형평성 측면에서의 시장과 공공 부문의 역할 평가
주제4 일상 속 정보 불균형 시장에서의 정보 비대칭성 해결 방안 탐구

■ **함께 보면 좋은 도서**
《규제의 역설》 최성락, 페이퍼로드, 2020.
《경제학 콘서트 1》 팀 하포드(김명철 역), 웅진지식하우스, 2022.
《경제학 무작정 따라하기》 테이번 페팅거(김정수 역), 길벗, 2021.

GUIDE 시장 실패와 정부 실패 및 그에 따른 대책에 대해서 균형 있게 탐구한다.

연계 활동 탐구 주제

독서 《규제의 역설》 최성락, 페이퍼로드, 2020.
이 책은 프랑스 대혁명기의 우유 가격 규제부터 루마니아의 주택 정책, 2008년 금융 위기의 시발점이 된 미국의 대출 규제까지 전 세계의 황당하고 엉뚱한 정책들을 생생하게 다룬다. 저자는 실패가 예견된 규제가 왜 계속해서 시행되는지 그 원인을 파헤치고, 규제의 역설 현상 이해를 강조한다.

주제1 루마니아의 주택 정책을 바탕으로 성공적인 규제 정책의 조건 제안
주제2 생태계를 보호하기 위한 규제가 예상하지 못한 결과를 낳은 현상 탐구
주제3 프랑스 대혁명기 우유 가격 규제 사례를 중심으로 규제의 역설 현상 분석

논문 〈기업 교육 훈련의 시장 실패와 정부 개입의 효과 분석〉 최계원 외, 2023.
시장 실패는 기업의 교육 훈련 투자에 유의미한 영향을 주지 않지만, 정부의 교육 훈련 사업 참여는 기업의 교육 훈련 투자에 정(+)의 영향을 미침을 밝혀냈다. 이에 정부가 기업 교육 훈련 지원 체제를 개편하고, 취약 계층을 포괄하는 지원을 강화하며, 행정 부담을 완화해야 한다고 제안한다.

논문 바로가기

주제1 정부 지원 제도의 효율성을 높이기 위한 구체적 방안 제안
주제2 다양한 시장 실패가 기업의 교육 훈련 투자에 미치는 영향 고찰
주제3 정부의 교육 훈련 시장 개입이 정부 실패 양상을 보이는 이유 탐색

토론 **주제1** 전·월세 가격 안정을 위해 정부가 임대차 시장에 개입해야 하는가?
주제2 대형 플랫폼 기업에 대한 정부 규제는 정당한 조치인가, 정부 실패인가?
주제3 코로나19와 같은 위기 상황에서 정부의 재난 지원금 지급은 경기 회복에 도움이 되는가?

III 거시 경제

01 [12경제03–01]
여러 가지 거시 경제 변수를 탐색하고, 국가 경제 전반의 활동 수준을 파악한다.

\# 거시 경제 변수 \# 국내 총생산 \# 물가 상승률 \# 실업률

관련 학과
- 경제학과
- 미디어학과
- 법학과
- 금융학과
- 사회교육과

교과 세특 탐구 주제

주제1 우리나라 소비자 물가 지수의 장기적인 추이 탐색
주제2 인플레이션이 국민의 경제생활에 미치는 영향 탐구
주제3 국내 총생산의 한계 및 삶의 질을 반영한 지표 사례 분석
주제4 실업의 유형별 특징과 이를 해결하기 위한 정부의 실업 정책 연구

■ 함께 보면 좋은 도서

《경제 지표 알고 갑시다》 하이엠, 위너스북, 2025.
《읽으면 돈이 되는 끝장 경제 상식》 김형진, 한국경제신문, 2022.
《AI 시대에 살아남기 위한 능력은 무엇인가?》 타사카 히로시(강은미 역), 위즈플래닛, 2022.

GUIDE 국내 총생산, 물가 상승률, 실업률의 개념과 활용 사례를 중심으로 탐구한다.

연계 활동 탐구 주제

독서 《경제 지표 알고 갑시다》 하이엠, 위너스북, 2025.
이 책은 GDP, 금리, 환율, 물가 등 다양한 경제 지표를 통해 경제 흐름과 돈의 움직임을 파악하는 방법을 알려 준다. 특히 트럼프 행정부의 관세 정책과 같은 사례를 통해 하나의 정책이 글로벌 경제에 미치는 영향을 분석하며, 경제 지표가 위기와 기회를 예측하는 중요한 신호임을 강조한다.

주제1 거시 경제 변수를 고려한 미래 경제 흐름 예측 방안 탐구
주제2 국내 총생산(GDP)의 의미 고찰 및 경제 지표로서의 중요성 분석
주제3 소비자 물가 지수(CPI)와 생산자 물가 지수(PPI)의 구성 요소 비교

논문 〈청년 패널 데이터를 통해 본 한국과 일본의 청년 실업〉 윤성원, 2021.
2010년 이후 청년 실업 추이가 상반된 한국과 일본의 청년 패널 데이터를 비교 분석하고, 실업의 결정 요인을 파악한다. 직업 훈련은 양국 모두 효과가 있었지만, 일자리의 질 측면에서는 일본의 직업 훈련이 더 긍정적이며 이러한 차이가 직업 훈련 제도의 차이에서 비롯될 수 있다고 제언한다.

주제1 성별에 따른 실업의 사회적 및 정책적 원인 분석
주제2 한국과 일본의 노동 시장 구조의 유사성과 차이점 비교
주제3 일본의 사례에 비추어 보는 한국의 청년 실업 문제 해결 방안 제안

토론 **주제1** 물가 안정이 경제 성장보다 더 중요한 정책 목표가 되어야 하는가?
주제2 청년 실업 문제 해결을 위해 정부가 시장에 개입해야 하는가, 시장 자율에 맡겨야 하는가?
주제3 GDP 성장률이 낮더라도 물가와 실업이 안정적이면 경제가 성공적이라고 평가할 수 있는가?

02

[12경제03-02] 경제 성장의 의미와 요인을 이해하고, 한국 경제의 변화와 경제적 성과를 균형 있는 시각에서 평가한다.

 # 경제 성장 # 경제 성장률 # 한국의 경제 성장 과정 # 경제적 성과

관련 학과
- 경영학과
- 경제학과
- 교육학과
- 금융학과
- 법학과
- 통계학과

교과 세특 탐구 주제

주제1 경제 성장의 척도 및 경제 성장의 요인 분석
주제1 저출산·고령화가 한국 경제의 성장에 미치는 영향 탐색
주제1 세계 각국의 외국인 직접 투자를 유지하기 위한 정책 탐구
주제1 한국 사회의 성장 과정에 비추어 본 한국 경제의 과제 고찰

▣ 함께 보면 좋은 도서

《격변과 균형》 김용범, 창비, 2022.
《지속 불가능 대한민국》 박상인, 21세기북스, 2022.
《진짜 성장, 진짜 대한민국》 이한주 외, 다반, 2025.

GUIDE 한국 경제의 성장 과정, 한국 경제 성장의 성과와 과제를 균형 있는 시각에서 평가하고 탐구한다.

연계 활동 탐구 주제

독서

《격변과 균형》 김용범, 창비, 2022.
이 책은 코로나19 팬데믹을 경제·금융과 보건 위기가 결합된 복합 위기로 진단하며, 한국 경제가 나아갈 방향을 제시한다. 저자는 2008년 글로벌 금융 위기 이후의 변화와 팬데믹이 불러온 대격변을 설명하며, 사회 내외의 불확실성에 대응할 새로운 돌파구를 찾아야 한다고 역설한다.

주제1 재정 정책과 통화 정책의 역할 및 상호 보완적 관계 탐구
주제2 복합 위기가 한국 경제에 가져온 위험 및 기회의 창 분석
주제3 대규모 양적 완화가 팬데믹 이후의 경제 환경에 가져온 구조적 불안정성 고찰

논문

〈인공지능 산업 발전이 경제 성장에 미치는 효과 분석〉 이동진, 2024.
인공지능 산업의 발전이 우리나라 경제 성장에 미치는 효과를 분석한다. 특히, 정부 대상 AI 매출이 민간 기업이나 소비자 대상 매출보다 GDP 성장에 더 큰 효과를 미치는 것으로 나타나, AI 산업 확산을 위한 정부 정책의 성과가 유의미했다고 평가한다.

논문 바로가기

주제1 AI 산업 확산을 위한 정부 정책의 효과성 평가
주제2 AI 관련 특허 출원 건수가 GDP 성장에 미치는 영향 분석
주제3 IT 산업이 AI 기술을 활용하여 경제 성장에 기여하는 방식 탐구

토론

주제1 경제 성장률은 국가의 발전 정도를 평가하기에 충분한 지표인가?
주제2 한국 경제는 과거의 고도 성장 방식에서 벗어나 '질적 성장'으로 전환해야 하는가?
주제3 경제 성장을 위해 현재 세대가 겪는 부담은 미래 세대를 위한 불가피한 과정인가?

03

[12경제03-03] 경기 변동의 의미와 요인을 이해하고, 경기 안정화 방안으로 재정 정책과 통화 정책을 분석한다.

총수요 # 총공급 # 경기 변동 # 재정 정책 # 통화 정책 # 경제 안정화 정책

관련 학과
- 정책학과
- 철학과
- 통계학과
- 행정학과
- 회계학과

교과 세특 탐구 주제

주제1 경기의 의미와 경제 안정화 정책의 필요성 고찰
주제2 우리나라의 경기 변동 순환 국면과 최근 경제 동향 분석
주제3 총수요와 총공급의 변화가 국민 경제에 미치는 영향 탐구
주제4 경기 변동에 대처하기 위한 재정 정책과 통화 정책의 특징 비교

▣ 함께 보면 좋은 도서

《벤 버냉키의 21세기 통화 정책》 벤 S. 버냉키(김동규 역), 상상스퀘어, 2023.
《경제의 질문들》 김경곤, 북스톤, 2022.
《신 대공황》 제임스 리카즈(이정미 역), 알에이치코리아, 2021.

GUIDE 재정 정책, 통화 정책에 해당하는 경제 안정화 정책의 원리와 경제적 효과를 탐구한다.

연계 활동 탐구 주제

독서

《벤 버냉키의 21세기 통화 정책》 벤 S. 버냉키(김동규 역), 상상스퀘어, 2023.
이 책은 20세기 통화 정책의 역사를 되짚으며 인플레이션, 대공황, 글로벌 금융 위기 등 주요 경제 사건들을 상세히 다룬다. 특히 연방 준비 제도의 정책 결정 과정과 그 이면에 있는 정치적 역학 관계를 내부자의 시각에서 생생하게 풀어내며, 미래 통화 정책의 방향을 예측하는 데 도움을 준다.

주제1 연방 준비 제도의 정책 결정이 일반 가계에 미치는 영향 탐구
주제2 21세기 경제 위기에 대응하기 위한 통화 정책의 강화 방안 제안
주제3 암호 화폐의 등장이 통화 정책의 통제력에 던지는 도전 과제 연구

논문

〈한국의 경기 변동 회계: 주요 경기 침체 시기별 특징과 시사점〉 김현태 외, 2023.
경기 변동 회계라는 방법론을 활용해 한국 경제의 주요 경기 침체 시기별 특징을 비교 분석한다. 외환 위기와 글로벌 금융 위기에는 교역/생산 및 노동 웨지가 경기 하강을 주도한 반면, 카드사 사태와 코로나19 팬데믹 시기에는 효율성 및 노동 웨지가 주요 원인으로 나타났음을 설명한다.

논문 바로가기

주제1 경제 안정화 정책의 사례 및 경제적 효과 탐구
주제2 경기 변동에 대한 폐쇄 경제와 개방 경제 모형의 관점 비교 분석
주제3 코로나19 팬데믹 시기 정부의 적극적인 개입이 경기 침체에 미친 영향 분석

토론

주제1 중앙은행의 통화 정책은 물가 안정보다 경기 성장 촉진을 우선해야 하는가?
주제2 총공급 충격에 대응할 때 정부 개입은 불가피한가, 시장 자율에 맡겨야 하는가?
주제3 경제 위기 상황에서 경제 안정화 정책의 핵심은 확장적 재정 정책인가, 긴축적 통화 정책인가?

IV 국제 경제

01 [12경제04-01] 개방된 국제 사회에서 국제 거래를 파악하고, 국가 간 상호 의존성이 증대하고 있음을 이해한다.

\# 교환과 무역 \# 국제 거래 \# 국제 분업 \# 국가 간 상호 의존성 \# 다국적 기업

관련 학과
· 경제학과
· 교육학과
· 국제통상학과
· 무역학과
· 미디어학과

교과 세특 탐구 주제

주제1 교환과 무역의 의미 및 무역 발생의 이유 탐색
주제2 삼각 무역의 시작 배경과 노예 무역의 역사 고찰
주제3 국제 분업의 효과 및 우리나라의 수출입 의존도 분석
주제4 세계화로 인한 시장 개방과 규제 완화가 한국 경제에 미친 영향 탐구

■ 함께 보면 좋은 도서
《설탕 전쟁》 최광용, 한겨레출판, 2025.
《무역의 세계사》 윌리엄 번스타인(박홍경 역), 라이팅하우스, 2019.
《세계화의 종말과 새로운 시작》 마크 레빈슨(최준영 역), 페이지2북스, 2023.

GUIDE 재화, 서비스, 생산 요소 등의 국가 간 거래의 필요성과 국가 간 상호 의존성 증대로 인한 변화에 관해 탐구한다.

연계 활동 탐구 주제

독서 《설탕 전쟁》 최광용, 한겨레출판, 2025.
이 책은 설탕을 향한 인류의 욕망이 대항해 시대 이후 유럽 제국주의의 팽창과 아프리카 노예 무역을 촉발한 역사를 분석한다. 사탕수수 플랜테이션을 중심으로 한 식민지 착취의 비극과 노동, 문화, 정치 등 다양한 관점에서 설탕이 어떻게 세계를 바꾸었는지 흥미롭게 풀어낸다.

주제1 산업 발전을 통해 대중화된 설탕의 경제적 가치 고찰
주제2 설탕에 대한 인류의 욕망과 노예 무역 간의 관계 분석
주제3 사탕수수 플랜테이션을 중심으로 한 설탕 산업이 형성한 식민지 경제 구조 탐구

논문 〈다국적 기업과 해외 입지 선정: 과거와 현재, 그리고 미래〉 권순환 외, 2024.
다국적 기업의 해외 입지 선정 관련 연구 동향을 분석한다. 전통적인 경제학 관점(독점적 우위, 거래 비용) 외에 비시장 전략, 네트워크, 실물 옵션과 같은 새로운 주제들이 활발히 연구되고 있다. 특히 기업의 공급망 재편과 리쇼어링 결정에 대한 실무적 통찰력을 제공하는 데 연구의 의의가 있다.

주제1 현대 다국적 기업의 입지 선정에 적용되는 제품 수명 주기 이론 탐구
주제2 한국 기업의 해외 투자가 중국에서 미국으로 집중되는 현상의 원인 분석
주제3 현지 정부의 규제, 정치적 위험에 대응하기 위한 비시장 전략 활용 방안 연구

토론 **주제1** 국제 분업은 세계 불평등을 심화시키는 원인인가?
주제2 국가 간 경제적 상호 의존은 평화를 촉진하는가, 갈등을 증폭하는가?
주제3 농산물 시장 개방은 농업을 위협하는가, 장기적으로 농업 경쟁력을 강화하는가?

관련 학과
· 국제통상학과
· 무역학과
· 법학과
· 지리학과
· 지리교육과

\# 무역 원리 \#비교 우위 \# 절대 우위 \# 자유 무역 \# 보호 무역 \# 특화

교과 세특 탐구 주제

주제1 관세 장벽과 비관세 장벽의 개념 및 사례 분석

주제2 자유 무역 정책과 보호 무역 정책의 효과 탐구

주제3 제품 수명 주기 이론 및 기술 격차 이론의 특징 비교

주제4 미국과 중국의 무역 전쟁 원인 및 국제 사회에 미치는 영향 연구

■ 함께 보면 좋은 도서

《관세 이야기》 김성재, 매일경제신문사, 2025.
《자유 무역이라는 환상》 로버트 라이트하이저(이현정 역), 마르코폴로, 2024.
《국제 거래와 환율 쫌 아는 10대》 석혜원, 풀빛 2019.

GUIDE 비교 우위에 따른 특화와 교역의 이득을 중점적으로 분석하고, 무역 정책의 경제적 효과에 관해 탐구한다.

연계 활동 탐구 주제

독서

《관세 이야기》 김성재, 매일경제신문사, 2025.
이 책은 관세가 단순한 세금이 아니라 한 나라의 경제와 세계 경제의 흐름을 결정하는 중요한 변수임을 강조한다. 관세가 보호 무역과 자유 무역의 갈림길에서 한 역할과 물가 상승과 같은 파급 효과를 일으키는 과정을 설명하고, 트럼프 행정부의 관세 정책에 따른 한국 경제의 대응 전략을 제언한다.

주제1 관세가 다양한 거시 경제 변수에 미치는 영향 고찰

주제2 미·중 관세 전쟁의 본질 및 관세 전쟁의 역사적 배경 탐구

주제3 미국의 관세 정책 변화에 따른 한국 수출 기업의 생존 전략 연구

논문

〈자유 무역 협정에 대한 비관세 장벽의 효과에 관한 실증 연구: 한국의 자유 무역 협정과 체결 대상국의 수입 규제 조치에 대하여〉 오대혁, 2021.
한국이 자유 무역 협정(FTA)을 체결했음에도 불구하고, 상대국의 비관세 장벽(NTB)이 오히려 강화되어 자유 무역 협정의 수출 증대 효과를 상쇄하는 현상을 분석한다. 특히, 미국, 중국, 베트남 사례를 중심으로 반덤핑 관세, 상계 관세, 긴급 수입 제한 조치와 같은 비관세 장벽이 영향을 미쳤음을 보여 준다.

논문 바로가기

주제1 우리나라의 비관세 장벽에 대한 효과적 대응 방안 탐색

주제2 철강, 섬유, 전기 전자 등 산업별 비관세 장벽의 영향력 분석

주제3 중소 기업이 비관세 장벽에 더 취약한 이유 및 정부의 지원 정책 제안

토론

주제1 보호 무역은 불공정 무역 관행을 바로잡기 위한 불가피한 선택인가?

주제2 절대 우위보다 비교 우위가 국제 무역에서 더 중요한 기준이 되는가?

주제3 비교 우위 이론은 오늘날 21세기 글로벌 경제에서도 여전히 유효한가?

03 [12경제04–03] 외환 시장에서 환율의 결정 원리를 이해하고, 환율 변동이 국가 경제와 개인의 경제생활에 미치는 영향을 탐구한다.

관련 학과
· 국제경영학과
· 국제통상학과
· 무역학과
· 법학과
· 사학과

외환 시장　# 환율　# 환율 변동　# 국제 수지

교과 세특 탐구 주제

주제1 외환 거래의 종류 및 외환 시장의 기능 탐색
주제2 금리와 환율의 관계 및 일본의 제로 금리 정책 분석
주제3 국제 수지의 유형 및 경상 수지와 금융 수지의 관계 연구
주제4 환율의 변동이 개인 생활 및 국가 경제에 미치는 영향 탐구

GUIDE 환율의 결정 원리에 대한 이해를 바탕으로 환율 변동이 국가 경제와 개인의 경제생활에 미치는 영향을 연결하여 분석한다.

▣ 함께 보면 좋은 도서
《세상 친절한 환율 수업》 노영우 외, 미래의창, 2024.
《환율의 대전환》 오건영, 포레스트북스, 2025.
《한국 경제 대전환》 최용식, 알에이치코리아, 2025.

연계 활동 탐구 주제

독서　《세상 친절한 환율 수업》 노영우 외, 미래의창, 2024.
이 책은 급변하는 외환 시장 속에서 환율이 개인의 일상부터 세계 경제의 흐름까지 어떻게 영향을 미치는지 쉽게 풀어낸다. 환율을 집합성, 상대성, 모호성 측면에서 분석하며, 특히 미국 달러의 패권과 이에 도전하는 중국 등 각국의 환율 정책을 다루며, 한국 경제에 미치는 영향을 심층적으로 분석한다.

주제1 암호 화폐의 등장에 따른 환율 시스템의 변화 예측
주제2 인플레이션이 환율 변동에 미치는 영향 및 경제적 파급 효과 분석
주제3 환율 제도의 역사적 변천 과정 및 불가와 환율의 이중적 관계 고찰

논문　《한국의 국제 수지 제약 성장에 관한 연구: 수입 유발형 수출 구조를 중심으로》 박원익 외, 2023.
한국 경제의 수출 주도 성장 전략을 국제 수지 제약 성장 모형을 통해 분석한다. 특히, 한국 경제의 특징인 수입 유발형 수출 구조를 반영한 확장 모형을 제시하고, 이 구조가 장기 경제 성장률에 미치는 영향을 실증적으로 분석한다. 또한 수입 유발 효과를 낮추는 정책의 필요성을 제안한다.

논문 바로가기

주제1 규모의 경제를 실현하기 위한 중견 기업 육성 방안 제안
주제2 한국의 수출 주도 성장 전략의 긍정적 효과 및 부정적 결과 탐색
주제3 국제 수지 균형이라는 제약이 국가의 장기 성장에 미치는 영향 분석

토론　**주제1** 환율은 시장의 자율적 조정에 맡기는 것이 가장 최선인가?
주제2 외환 시장에서 정부 개입은 시장 안정화를 위해서 필요한가?
주제3 환율 안정은 선진국과 개발도상국에 모두 동일한 의미를 가지는가?

국제 관계의 이해

과목 정보	교과군	공통 과목	선택 과목			평가 정보		수능
			일반 선택	진로 선택	융합 선택	성취도	상대평가	
	사회	–	–	○	–	5단계	5등급	×

1 ▶ 교과 성격

'국제 관계의 이해' 과목은 국가 경계를 넘어 생활하는 학생들이 세계시민으로서 갖추어야 할 시각과 태도를 기르기 위해 마련된 일반사회 영역의 진로 선택 과목이다. 학생들은 국제 관계의 역사적 변화와 이를 이해하는 다양한 시각, 그리고 국제 사회에 참여하는 여러 주체들의 역할을 학습한다.

수업에서는 오늘날 국제 사회가 직면한 주요 문제를 다룬다. 예를 들어 국가 간 경제·사회적 불평등, 평화와 안전 보장과 같은 주제를 실제 사례와 사회과학적 자료를 바탕으로 분석한다. 또한 이러한 문제 해결을 위해 외교와 국제법이 수행하는 기능과 역할을 탐구하며, 국제 현안을 한국 사회의 사례와 연결해 균형 있는 판단력을 키운다.

학습 과정에서 학생들은 국제적 이슈가 일상과 긴밀히 연관되어 있음을 인식하게 된다. 더불어 자료를 수집·분석하여 문제 해결 방안을 계획하고 실행하며, 그 결과를 성찰적으로 평가하는 능력과 태도를 함양한다.

> **TIP** 중학교 '사회'를 통해 익힌 사회에 관한 지식과 '통합사회'의 학습 내용을 한층 더 확장하고 심화하여 고등학교 일반 선택 과목인 '사회와 문화', 진로 선택 과목인 '정치', '법과 사회', '경제' 및 융합 선택 과목인 '사회문제 탐구', '금융과 경제생활'과 연계 교과임.

2 ▶ 교과 목표

- 근대 국민 국가 형성기부터 갈등과 협력의 역동적인 과정을 통해 오늘날 국제 관계가 만들어졌음을 이해하고, 국제 관계에서 발생하는 갈등은 국제 사회의 노력으로 해결할 수 있다는 태도를 갖춘다.
- 국가 간 발전의 격차는 잠재적인 국제 분쟁의 원인임을 인식하고, 모든 인류가 기본적인 삶을 영위할 수 있도록 세계시민이 각자의 역할을 실천하는 자세를 지닌다.
- 전쟁과 테러, 개인의 삶에 대한 감시와 통제 등 인간의 평화로운 삶과 안전을 위협하는 요인들을 해결하기 위해서는 국가와 국제기구의 노력과 더불어 세계시민사회의 연대가 중요함을 인식한다.
- 국제 관계에서 발생하는 분쟁을 평화적으로 해결하기 위한 외교와 국제법의 중요성을 인식하고, 국가와 지역 기구, 국제 사회의 입장을 다각적으로 분석하는 습관을 기른다.

3 ▶ 교과 핵심 키워드

# 갈등 상황	# 감시와 통제	# 공적 개발 원조	# 공정 무역	# 구성주의
# 국가 간 불평등	# 국제 관계	# 국제 관계의 변천	# 국제 관습법	# 국제기구
# 국제법	# 국제 분쟁	# 국제 사법 재판소	# 국제 사회의 공동 번영	# 국제 사회의 상생
# 군사적 대립	# 근대 국민 국가	# 다국적 기업		# 다양한 행위 주체
# 동남아시아 국가 연합	# 문화 갈등	# 부의 편중 문제	# 북미 자유무역협정	# 분단
	# 분쟁 해결 수단	# 사법적 판단	# 세계 대전	# 세력균형
# 외교	# 우리나라의 발전 과정	# 우리나라의 역할	# 우리나라의 위상	# 유럽 연합
# 자유주의		# 적극적 평화	# 전쟁	# 조약
# 지역 통합	# 집단 안보	# 테러	# 팬데믹	# 평화와 안전의 상황
# 한반도의 평화와 안전	# 현실주의			

4 ▶ 내용 체계

<table>
<tr><td rowspan="2">핵심
아이디어</td><td>
• 근대 이후 형성된 국가 간의 관계는 전쟁과 평화의 역사를 거쳐 오늘날에 이르렀다.
• 국제 관계의 다양한 행위 주체들은 인류가 직면한 문제들을 해결하기 위해 노력한다.
• 국가 간 발전의 격차는 갈등의 원인이 된다.
• 국제 사회의 구성원들은 발전의 혜택을 함께 누릴 수 있도록 노력해야 한다.
• 20세기에 전쟁과 냉전을 겪은 국제 사회는 21세기에 테러와 같은 새로운 안보의 위협을 극복해야 한다.
• 국가와 개인의 안전과 건강을 위협하는 다양한 요인들을 제거하기 위해서는 세계시민의 연대와 행동이 필요하다.
• 외교와 국제법을 통해 국제 분쟁을 해결해야 한다.
• 국제 문제의 해결을 위해서는 개별 국가로부터 지역 기구, 국제 사회에 이르기까지 다각적인 접근이 필요하다.
</td></tr>
</table>

범주		내용 요소	
지식·이해	국제 관계의 특징	• 국제 관계의 변천 • 국제 사회의 행위 주체	• 국제 사회를 바라보는 관점
	균형 발전과 상생	• 국가 간 불평등 • 공적 개발 원조	• 공정 무역 • 우리나라의 위상과 역할
	평화와 안전의 보장	• 전쟁과 테러 • 감시와 통제	• 팬데믹과 보건 • 한반도의 평화
	국제 분쟁의 해결	• 외교와 국제법 • 지역 통합, 지역 기구	• 국제법의 법원(法源) • 우리나라가 가입한 조약과 지역 기구
과정·기능		• 국제 관계의 다양한 모습(협력, 경쟁, 갈등, 갈등 해결)을 미디어를 통해 탐색하기 • 우리나라를 둘러싼 다양한 국제 관계에 대해 여러 가지 입장 분석하기 • 선정된 국제 사회의 이슈 관련 탐구를 위한 가설 설정하기 • 가설 검증을 위해 필요한 자료 수집 및 분석하기 • 국제 관계에 대한 다양한 관점을 비교하고, 민주적 절차와 방법을 활용하여 합의 도출하기 • 자신의 의견이나 주장이 세계시민으로서 지켜야 할 책무에 벗어나지 않는지 점검하기 • 세계시민으로서 국제 문제 해결을 위해 적극적으로 참여하고 협력하기	
가치·태도		• 국제 갈등의 원인에 따른 다양한 해결 방안에 대한 평가 • 국제 문제에 대처하는 각 나라의 입장 존중 및 공동 노력에의 참여 • 우리나라와 국제 사회의 공동 번영을 위해 다양한 의견을 능동적으로 조율하는 태도 함양 • 상생, 평화라는 이슈에서 우리나라와 국제 사회의 협력 • 세계시민으로서의 역할에 대한 공감과 국제 문제 해결을 위한 연대	

I 국제 관계의 특징

01 [12국관01-01]
근대 이후 국제 관계의 형성과 변화 과정을 파악한다.

\# 근대 국민 국가 \# 국제 관계 \# 국제 관계의 변천 \# 세계 대전

관련 학과
· 경제학과
· 경영학과
· 국제경영학과
· 국제학과
· 법학과

교과 세특 탐구 주제

주제1 근대 국민 국가 형성의 역사적 배경 고찰
주제2 세계 대전 이후 형성된 오늘날 국제 관계의 특징 탐색
주제3 제1차 세계 대전이 국제 연맹 창설에 미친 역사적 의의 탐구
주제4 오늘날 국제 관계에서 세계화가 국가 주권에 미친 영향 연구

▣ 함께 보면 좋은 도서
《21세기 국제 질서 맥락으로 이해하기》 정하늘, 국제법질서연구소, 2023.
《전쟁과 국제 정치》 이춘근, 북앤피플, 2024.
《21세기 국제 정치와 투키디데스》 로버트 D. 카플란(이재규 역), 김앤김북스, 2019.

GUIDE 20세기 두 차례 세계 대전 이후 형성된 오늘날 국제 관계의 특징을 중심으로 탐구한다.

연계 활동 탐구 주제

독서

《21세기 국제 질서 맥락으로 이해하기》 정하늘, 국제법질서연구소, 2023.
이 책은 냉전 이후 미국 중심 자유주의 국제 질서의 형성과 붕괴 과정을 풀어낸다. 21세기에 부상한 중국의 도전이 현행 국제 질서에 가져온 변화, 미·중 패권 경쟁의 본질을 경제, 기술, 안보 등 다양한 측면에서 조명한다. 특히, 우크라이나 전쟁 등 현재의 국제 뉴스를 과거의 역사적 사건과 연결한다.

주제1 동서 냉전하에서 국제 사회의 안보, 경제, 이념 경쟁의 전개 과정 탐구
주제2 동서 냉전 종식 이후 21세기 미·중 패권 경쟁 시대로 전환되는 원인 분석
주제3 인도, 중동 등 다양한 지역 패권국 부상 및 다극화된 국제 질서의 형성 과정 연구

논문

〈한일 관계와 신시대 동북아 국제 관계 발전 과제〉 강웅구, 2023.
한국과 일본의 관계 개선 시도 과정에서 양국 관계의 회복에 걸림돌이 되는 역사, 경제, 안보 갈등을 다룬다. 이러한 갈등이 한반도와 동북아 전체의 신냉전 체제 형세를 강화할 수 있으며, 한국이 동북아에서 균형 잡힌 중립 외교를 통해 독립성과 형평성을 유지해야 한다고 제언한다.

주제1 신냉전 체제가 동북아시아의 평화 및 안보에 미치는 영향 탐구
주제2 역사적, 경제적, 안보적 측면에서의 한일 관계 갈등 문제 분석
주제3 동북아시아에서 한국에게 요구되는 균형 있는 중립 외교의 필요성 연구

토론

주제1 탈냉전 시대의 국제 관계는 과거보다 안정적인가?
주제2 냉전 이후 미국 중심의 단극 체제는 국제적 안정을 가져왔는가?
주제3 21세기 국제 관계의 특징은 여전히 국민 국가 중심인가, 초국가적 협력 중심인가?

02

[12국관01–02] 국제 사회를 이해하는 주요 관점인 현실주의와 자유주의를 중심으로 구체적인 국제 관계의 사례를 분석하고, 대안적 관점들을 탐색한다.

\# 현실주의 \# 자유주의 \# 집단 안보 \# 세력 균형 \# 구성주의

교과 세특 탐구 주제

주제1 집단 안보 체제의 성립 과정과 한계점 분석

주제2 구성주의 시각에서 바라보는 국제기구의 역할 탐구

주제3 현실주의 관점에서 냉전 시기 미·소 대립에 관한 고찰

주제4 국가 간 갈등과 평화에 대한 현실주의와 자유주의 관점 비교

▣ 함께 보면 좋은 도서

《우리는 미국을 모른다》 김동현, 부키, 2023.
《지리로 보는 세계 정세》 아이만 라쉬단 윙(정상천 역), 산지니, 2021.
《미국 외교의 거대한 환상》 존 J. 미어샤이머(이춘근 역), 김앤김북스, 2020.

GUIDE 현실주의와 자유주의 관점이 국가 간 갈등과 평화에 접근하는 방식에 대해 탐구한다. 또한, 구성주의 등의 대안적 관점을 구체적인 국제 관계 사례에 적용한다.

연계 활동 탐구 주제

독서 《우리는 미국을 모른다》 김동현, 부키, 2023.
이 책은 펜타곤 출입 기자의 시선으로 달라진 미국의 외교·안보 전략과 대한민국의 미래를 통찰한다. 저자는 미국이 동맹국에 막대한 군사 부담금 분담을 요구하는 배경에 대해 심층적으로 분석하고, 신냉전 패권 경쟁 시대에서 미국, 중국, 러시아 등 강대국들의 군사 전략을 다루고 있다.

주제1 미국이 동맹국에 요구하는 역할 고찰 및 한국의 대응 전략 제안

주제2 미국과 중국의 군사 전략 비교 및 한반도 안보에 미치는 영향 탐구

주제3 미·중 패권 경쟁이라는 새로운 국제 질서 속 한미 동맹 성격의 변화 연구

논문 〈구성주의 국제 정치 사상가들에 대한 비판적 고찰〉 김일수 외, 2024.
1990년대 이후 국제 관계 이론의 주요 패러다임으로 부상한 구성주의를 비판적으로 고찰한다. 구성주의 주요 사상가들의 주장을 심층적으로 분석하여 국제 관계가 단순히 물질적 힘이나 이익이 아닌 사회적 규범, 정체성, 가치에 의해 형성된다는 구성주의의 핵심을 설명한다.

주제1 국가 간 적대 관계가 협력 관계로 변화하는 과정 분석

주제2 현실주의와 구성주의 시각에서 동아시아 영토 분쟁 탐구

주제3 군사력 등 물질적 힘에 부여된 사회적 의미가 형성하는 안보 딜레마 연구

토론 **주제1** 국제 관계에서 국가 이익 추구와 국제 협력 중 어느 쪽이 더 지속가능한가?

주제2 한반도의 평화 유지에 있어 집단 안보 체제가 현실적인 대안이 될 수 있는가?

주제3 현실주의 관점과 구성주의 관점 중 오늘날 국제 분쟁을 더 잘 설명하는 관점은 무엇인가?

03

[12국관01-03] 국제 문제를 해결하기 위한 다양한 행위 주체의 활동을 탐색하고, 그 성과와 문제점에 대하여 토론한다.

\# 개인 \# 다국적 기업 \# 국가 \# 국제기구 \# 다양한 행위 주체

관련 학과
· 경영학과
· 국제경영학과
· 국제통상학과
· 국제학과
· 법학과

교과 세특 탐구 주제

주제1 개인·국가·국제기구가 함께 참여한 성공적인 국제 협력 사례 탐색

주제2 국제 사회에서 국제기구가 국가 간 협력 강화에 기여한 역할 탐구

주제3 국제 문제 해결 과정에서 행위 주체 간 협력이 실패하는 원인 분석

주제4 다국적 기업의 친환경 경영 전략 및 국제 환경 문제 해결 기여도 연구

GUIDE 국제 문제에 대해 개인, 다국적 기업, 국가, 국제기구 등 개별 행위 주체가 실천할 수 있는 행동이나 취할 수 있는 태도를 분석한다.

▣ 함께 보면 좋은 도서

《국제기구 없으면 세계가 망할까?》 김미조, 다른, 2024.
《글로벌 거대 기업에 숨겨진 이야기》 윤석천, 내일을여는책, 2024.
《유엔을 말하다》 장 지글러(이현웅 역), 갈라파고스, 2018.

연계 활동 탐구 주제

독서 《국제기구 없으면 세계가 망할까?》 김미조, 다른, 2024.
이 책은 정치·경제, 환경·과학, 사회·문화 등 다양한 분야의 국제기구를 통해 국제 이슈를 쉽게 풀어낸다. 국제기구의 역할을 비판적 시각으로 평가하며 브렉시트, 코로나19 팬데믹, 후쿠시마 오염수 방류와 같은 현안들을 국제기구의 맥락에서 이해하도록 하여 세계시민으로서의 가치를 성찰한다.

주제1 세계 보건 기구(WHO)의 코로나19 팬데믹 대응 과정에 대한 평가

주제2 브렉시트 이후 유럽 연합(EU)의 경제적 통합이 가져온 이점 분석

주제3 지정학적 갈등 상황에서 자유 무역 질서를 보호하는 세계 무역 기구(WTO)의 역할 연구

논문 〈국제 분쟁에 대한 유엔 총회의 역할 탐색: 우크라이나 전쟁 사례〉 장혜영, 2022.
2022년 발발한 러시아-우크라이나 전쟁 사례를 통해 국제기구의 역할과 한계를 탐색한다. 특히 러시아의 거부권 행사로 유엔 차원의 강력한 대응이 어려웠던 상황을 조명한다. 이러한 사례를 통해 한계가 있지만, 국제기구는 분쟁 대응 역할을 다각화하는 중요한 역할을 한다는 시사점을 제시한다.

논문 바로가기

주제1 유엔의 역할에 대한 현실주의와 자유주의 관점 비교

주제2 국제기구가 가지는 강제력의 한계 및 국제기구의 개혁 방안 모색

주제3 유엔 안전 보장 이사회 상임 이사국의 거부권 행사가 국제 분쟁 대응에 미치는 영향 분석

토론 **주제1** 다국적 기업의 이윤 추구는 국제 사회의 공공 이익과 양립 가능한가?

주제2 개인의 소비 선택은 국제 사회의 문제 해결에 실질적으로 기여하는가?

주제3 국제기구의 제재 조치는 국가 주권의 침해인가, 공익을 위한 정당한 개입인가?

II 균형 발전과 상생

01 [12국관02-01]
국가 간 불평등의 원인을 파악하고, 이러한 불평등이 야기하는 갈등 상황을 분석한다.

\# 국가 간 불평등 \# 경제 발전의 차이 \# 부의 편중 문제 \# 갈등 상황

관련 학과
- 정치외교학과
- 지리교육과
- 지리학과
- 철학과
- 행정학과

교과 세특 탐구 주제

주제1 선진국과 개발도상국 간 갈등 양상의 사례 탐색
주제2 선진국과 개발도상국 간 경제 격차의 역사적 배경 탐구
주제3 국가 간 경제 발전의 차이 및 부의 편중 문제가 발생한 원인 분석
주제4 지속가능발전목표(SDGs)가 국가 간 경제 불평등 해소에 기여할 수 있는 방안 연구

■ **함께 보면 좋은 도서**
《부자 나라, 가난한 세계》 구정은 외, 북카라반, 2023.
《모두를 위한 우주는 없다》 최은정, 갈매나무, 2025.
《사다리 걷어차기》 장하준(김희정 역), 부키, 2020.

GUIDE 국가 간 경제 발전의 차이와 부의 편중 문제가 발생한 원인을 분석하고, 선진국과 개발도상국 간의 갈등 양상을 탐구한다.

연계 활동 탐구 주제

독서 《부자 나라, 가난한 세계》 구정은 외, 북카라반, 2023.
이 책은 세계의 불평등 문제를 다각적으로 분석하며, 가난한 나라가 가난한 이유를 과거 역사와 현재의 구조적 문제에서 찾는다. 냉전 시대의 정치적 원조나 비효율적 지원과 같은 원조의 한계를 비판적으로 살피고 경제 성장을 이룬 한국, 보츠와나 등의 사례를 통해 개발 원조의 효과를 논하고 있다.

주제1 개발도상국의 사례로 보는 기후 재난과 빈곤 간의 관계 연구
주제2 세계 불평등을 심화시키는 원인 및 빈곤이 지속되는 구조적 이유 고찰
주제3 미디어에서 다루는 국가 간 불평등 문제가 대중의 인식에 미치는 영향 분석

논문 〈OECD 주요 국가들의 빈곤율과 사회 복지 지출〉 최은영 외, 2018.
2013년 OECD 자료를 활용하여 아동과 노인을 대상으로 한 빈곤율을 비교하고, 복지 지출과의 관계를 조사하였다. 한국은 OECD 평균보다 사회 복지 지출 규모가 낮고, 노인 빈곤율이 약 50%로 매우 높다. 이에 사회 복지 지출 확대와 노인 일자리 사업 등 맞춤형 복지 정책 강화를 제언한다.

논문 바로가기

주제1 OECD 국가별 빈곤율과 사회 복지 지출 간 상관관계 분석
주제2 OECD 국가별 복지 제도 비교 및 한국 복지 제도의 개선 방안 제안
주제3 사회 복지 지출 규모로 보는 한국의 노인 빈곤율이 OECD 평균보다 높은 이유 탐구

토론 **주제1** 선진국은 개발도상국보다 기후 위기에 대해 더 큰 책임을 져야 하는가?
주제2 선진국과 개발도상국 간 갈등의 핵심 원인은 경제적 요인인가, 정치적 요인인가?
주제3 국제기구(UN, IMF, WTO)는 국가 간 불평등 해소에 실질적으로 기여하고 있는가?

02

[12국관02–02] 공정 무역과 공적 개발 원조 등 국제 사회의 상생을 위한 노력을 조사하고, 다양한 행위 주체의 협력 방안을 탐색한다.

관련 학과
· 국제경영학과
· 무역학과
· 법학과
· 사학과
· 사회학과

공정 무역 # 공적 개발 원조 # 국가 간 불균형 발전 #국제 사회의 상생

교과 세특 탐구 주제

주제1 개발도상국의 식량 안보 문제와 공정 무역의 연관성 분석
주제2 지속가능발전목표(SDGs) 달성을 위한 국제 사회의 협력 방안 연구
주제3 아프리카 사례를 중심으로 한 공적 개발 원조의 성과와 한계 고찰
주제4 국가 간 불균형 발전이 초래한 문제를 해결하기 위한 국제기구의 노력 탐구

GUIDE 국가 간 불균형 발전이 초래한 문제를 해결하기 위해 필요한 다양한 국제 사회 행위 주체의 협력 방안을 중심으로 탐구한다.

■ **함께 보면 좋은 도서**

《사회 선생님이 들려주는 공정 무역 이야기》 전국사회교사모임, 살림출판사, 2017.
《윤리적 소비에서 공정 무역 마을 운동으로》 김선화 외, iN, 2021.
《흑설탕이 아니라 마스코바도》 엄은희, 따비, 2018.

연계 활동 탐구 주제

독서   《사회 선생님이 들려주는 공정 무역 이야기》 전국사회교사모임, 살림출판사, 2017.
이 책은 공정 무역을 통해 국가 간 빈부 격차와 세계 경제의 구조적 문제를 이해하도록 돕는다. 빈곤이 단순히 식량 부족이 아니라 불균형한 사회 구조에서 비롯됨을 강조하고, 공정 무역이 생산자에게 더 나은 삶의 기회를 제공하고 소비자에게는 윤리적 소비를 실천할 수 있게 함을 밝힌다.

주제1 한국 청소년의 공정 무역 참여 실태와 인식 개선 방안 연구
주제2 NGO와 시민 단체가 추진하는 공정 무역 운동의 성과와 과제 분석
주제3 다국적 기업의 사회적 책임 활동이 공정 무역 확산에 기여하는 방식 탐구

논문   〈무역과 공적 개발 원조가 개발도상국의 경제 발전에 미치는 영향〉 박성배, 2022.
ODA는 수원국의 경제 성장에 유의미한 영향을 미치지 못하는 반면, 수출과 수입을 포함한 무역은 개발도상국의 경제 성장에 긍정적인 영향을 주었다. 이에 ODA 정책이 수원국 스스로 무역 시스템을 갖출 수 있도록 돕는 방향으로 개선되어야 한다고 제언한다.

논문 바로가기

주제1 수출 품목의 다양화가 개발도상국의 경제 성장에 미치는 영향 분석
주제2 한국의 ODA 정책이 개발도상국의 경제적 자립에 기여하기 위한 방안 연구
주제3 ODA 정책의 방향성 및 회원국의 원조 활동 조율을 위한 국제기구의 역할 탐구

토론   **주제1** 공정 무역은 개발도상국 농민들의 생활 개선에 실질적 영향을 주고 있는가?
주제2 다국적 기업이 개발도상국에 투자를 확대하는 것은 불평등 완화를 위한 것인가?
주제3 선진국의 공적 개발 원조는 상생을 위한 노력인가, 새로운 형태의 경제적 지배인가?

03

 국제 사회에서 우리나라의 위상을 파악하고, 국제 사회의 불평등 문제를 해결하기 위한 우리나라의 역할을 토론한다.

\# 우리나라의 위상 \# 우리나라의 역할 \# 우리나라의 발전 과정 \# 국제 사회의 공동 번영

관련 학과
- 교육학과
- 경제학과
- 경영학과
- 국제경영학과
- 법학과

교과 세특 탐구 주제

주제1 국제 무역 질서 속에서 한국의 경제적 위상 변화 연구

주제2 미래 국제 질서에서 한국이 담당해야 할 역할 및 비전 탐구

주제3 한국 전쟁 이후 국제 원조가 한국 경제 성장에 미친 영향 분석

주제4 한국의 개발 경험이 개발도상국의 경제 발전 전략에 주는 시사점 고찰

■ 함께 보면 좋은 도서

《대전환의 시대, 새로운 대한민국이 온다》 김준형, 크레타, 2022.

《신냉전에서 살아남기》 최용섭, 미지북스, 2022.

《다극 세계가 온다》 페페 에스코바(유강은 역), 돌베개, 2025.

GUIDE 해방 이후 최빈국에서 오늘날 선진국으로 성장한 우리나라의 발전 과정과 국제 사회 불평등 문제를 해결하기 위한 우리나라의 역할에 관해 탐구한다.

연계 활동 탐구 주제

독서

《대전환의 시대, 새로운 대한민국이 온다》 김준형, 크레타, 2022.
이 책은 팬데믹 이후의 복합적인 위기 상황을 대전환의 시대로 진단한다. 저자는 대한민국이 이미 국력과 국격 면에서 선진국의 위상을 확보했음을 강조하며, '약소국 콤플렉스'에서 벗어나야 한다고 주장한다. 특히 외교 혁명을 통해 유럽, 인도, 아세안 등과 연대하여 제3지대를 구축할 것을 제안한다.

주제1 미·중 갈등 속 외교 혁명을 추진해야 하는 이유 및 전략 제안

주제2 4차 산업의 핵심 분야에서 한국이 지닌 세계적인 경쟁력 분석

주제3 한국의 유럽, 인도, 아세안과 연대를 통한 제3지대 구축 방안 연구

논문

〈한국과 터키의 난민 수용 비교 연구: 중견국 외교를 중심으로〉 김원건 외, 2022.
난민 수용이 장기적으로 국가 이익과 연결될 수 있다는 가설하에 중견국의 역할을 한국과 터키의 사례로 분석한다. 한국은 난민법 제정 같은 제도적 발전을 통해 국제적 위상 제고를 목표로 난민을 수용했으나, 터키는 국경 개방 정책과 같은 실질적 수용을 통해 영향력 확대를 추구했다.

논문 바로가기

주제1 지리적·역사적 맥락에서 한국과 터키의 난민 정책 차이 비교

주제2 난민법 시행 이후의 국민 여론이 난민 정책에 미치는 영향 연구

주제3 한국이 중견국 외교 차원에서 난민 문제 해결에 기여할 수 있는 방안 탐구

토론

주제1 한국은 이주민·난민 문제 해결에 더 적극적으로 참여해야 하는가?

주제2 한국은 이미 선진국 반열에 올랐다고 볼 수 있는가, 여전히 도전 과제가 많은가?

주제3 국제 사회의 공동 번영을 위해 한국은 선진국으로서 더 많은 공적 개발 원조를 제공해야 하는가?

III 평화와 안전의 보장

01 [12국관03-01]
인류가 직면한 평화와 안전의 상황을 다각적으로 조사한다.

\# 전쟁 \# 테러 \# 팬데믹 \# 평화와 안전의 상황

관련 학과
· 미디어학과
· 법학과
· 사학과
· 사회교육과
· 사회학과

교과 세특 탐구 주제

주제1 국가 간 문화적 갈등이 국제 분쟁으로 이어지는 사례 탐색
주제2 테러리즘의 발생 원인과 국제 사회의 대응 방식 비교 분석
주제3 21세기 전쟁 양상의 변화가 국제 평화에 미치는 영향 탐구
주제4 식량 위기 등 국제 환경 문제가 안보 위협으로 이어지는 과정 연구

■ 함께 보면 좋은 도서
《우크라이나 전쟁과 신세계 질서》이해영, 사계절, 2023.
《평화의 눈으로 본 세계의 무력 분쟁》정주진, 철수와영희, 2023.
《전염병, 역사를 흔든다》마크 해리슨(이영석 역), 푸른역사, 2020.

GUIDE 전쟁과 테러, 팬데믹 등 현대 인류의 삶을 위협하는 물리적, 환경적, 문화적 요인들을 탐색한다.

연계 활동 탐구 주제

독서 《우크라이나 전쟁과 신세계 질서》이해영, 사계절, 2023.
이 책은 우크라이나 전쟁을 단순히 러시아와 우크라이나의 대립으로 보지 않고, 미국과 나토, 그리고 신냉전 구도 속에서 벌어지는 대리 전쟁으로 파악한다. 나토의 동진, 루소포비아, 경제 제재와 정보전 등 다양한 전쟁 양상을 짚으며 지정학적 대전환의 의미를 제시한다.

주제1 포스트 트루스(post-truth) 시대, 전쟁 보도에 관한 언론의 역할 고찰
수제2 우크라이니 전쟁에서 우크라이나와 러시아 시민사회가 수행한 역할 비교
주제3 다양한 수단이 동원된 하이브리드 전쟁이 국제 사회에 미친 파급 효과 분석

논문 〈COVID-19 팬데믹과 미중 패권 경쟁〉공민석, 2020.
팬데믹으로 인한 리더십의 상실, 세계화의 위기가 미중 갈등을 격화시키는 배경임을 설명한다. 특히, 팬데믹의 책임 공방이 무역·기술, 통화 금융, 군사 안보 등 다양한 영역의 갈등으로 번졌음과 팬데믹은 이러한 문제의 직접적 원인은 아니지만 잠재적 갈등을 악화시키고 패권 경쟁을 촉진하는 중요 변수가 되었다고 주장한다.

논문 바로가기

주제1 팬데믹 이후 탈세계화 현상에 대한 한국의 대응책 연구
주제2 미·중 기술 경쟁이 한국의 반도체 산업에 미치는 영향 분석
주제3 팬데믹이 가속화한 국가주의와 보호주의의 원인 및 결과 탐구

토론 **주제1** 사이버 보안 강화는 국가 간 군비 경쟁을 불러오고 있는가?
주제2 인공지능 무기 개발은 평화에 대한 위협인가, 안전 보장의 수단인가?
주제3 인류의 안전을 지키는 데 있어 군사력과 외교력 중 무엇이 더 중요한가?

02 [12국관03-02] 개인, 국가, 국제 사회의 평화와 안전을 위협하는 요인을 정치, 경제, 사회, 문화의 다양한 영역에 걸쳐 파악하고, 이를 해결하기 위한 실천 방안을 탐색한다.

관련 학과
· 문화인류학과
· 법학과
· 사학과
· 사회학과
· 지리학과

\# 실업 \# 착취 \# 감시와 통제 \# 문화 갈등 \# 적극적 평화

교과 세특 탐구 주제

주제1 국제 사회 문화 갈등의 배경 및 사회적 영향 분석

주제2 적극적 평화를 달성하기 위한 세계시민의 역할 탐색

주제3 개인의 안전한 삶을 지키기 위한 국제적 연대 방안 연구

주제4 정치, 경제, 사회, 문화 영역에서 안전한 삶을 위협하는 요인 탐구

GUIDE 전쟁 및 테러와 같은 직접적 폭력뿐만 아니라 실업, 착취, 감시와 통제, 문화 갈등 등의 폭력을 제거하여 적극적 평화를 달성하기 위한 방안에 관해 고민한다.

■ **함께 보면 좋은 도서**

《10대도 이해하는 전쟁과 평화 이야기》 라훈일, 청파랑, 2022.
《핵무기와 국제 정치 쫌 아는 10대》 김준형, 풀빛, 2020.
《정주진의 평화 특강》 정주진, 철수와영희, 2019.

연계 활동 탐구 주제

독서 《10대도 이해하는 전쟁과 평화 이야기》 라훈일, 청파랑, 2022.
이 책은 전쟁을 제대로 알아야 평화를 위한 해법을 찾을 수 있다는 취지 아래, 미국과 중국, 러시아, 중동, 동북아시아 등 세계 곳곳에서 벌어지는 10가지 주요 갈등을 소개한다. 특히 유엔의 역할과 한계를 지적하고 유럽연합(EU)의 사례를 통해 평화적 해결 방안을 모색하며, 분쟁에 대한 관심을 촉구한다.

주제1 중국·대만의 갈등이 동북아시아 안보에 미치는 영향 분석

주제2 국제법적 관점에서 미국·이라크 전쟁의 정당성에 대한 비판적 탐구

주제3 러시아·우크라이나 전쟁에서 핵무기의 역할 및 핵 비확산 체제의 필요성 고찰

논문 〈지속가능한 평화 실현의 과제 −일상적 평화와 평화 문화−〉 변종헌, 2025.
전쟁과 폭력의 부재를 넘어 인권, 번영, 정의 등을 포괄하는 적극적 평화와 그 지속가능성 실현 방안을 모색하며 '일상적 평화'의 중요성을 강조한다. 특히 외부 주도 방식의 '자유주의 평화'를 비판하며, 지역(로컬) 주체의 능동적인 참여와 '평화 문화'의 창출 및 확산을 핵심 과제로 제시한다.

논문 바로가기

주제1 소극적 평화와 적극적 평화의 개념적 차이 비교 분석

주제2 작은 평화의 사례 및 일상적 평화의 구체적 확산 방법 모색

주제3 인공지능 기술이 평화 구축 활동에 활용될 수 있는 방안 탐구

토론 **주제1** 민주적 통제 없는 평화를 진정한 평화라고 할 수 있는가?

주제2 핵무기 보유가 국제 평화를 지키는 억지력이 될 수 있는가?

주제3 감시 사회의 확산은 인류의 안전을 지키는가, 오히려 위협하는가?

03

[12국관03-03] 역동적인 국제 관계 속에서 우리나라가 당면한 평화와 안전의 문제를 파악하고, 평화와 안전을 도모할 수 있는 구체적인 방안에 대하여 토론한다.

분단 # 군사적 대립 # 한반도의 평화와 안전 # 북한

관련 학과
· 북한학과
· 정치외교학과
· 지리교육과
· 지리학과
· 철학과

교과 세특 탐구 주제

주제1 북한·미국 관계의 변화 과정 및 한반도 비핵화 정책 분석
주제2 국제 관계에서 살펴보는 우리나라의 평화 및 안전 문제 탐구
주제3 한반도의 평화와 안전을 증진시킬 수 있는 구체적 방안 탐구
주제4 북한에 대한 현실주의적 전략과 자유주의적 전략의 장단점 비교 분석

GUIDE 북한에 대해 취할 수 있는 현실주의적 전략과 자유주의적 전략을 분석하고, 한반도의 평화와 안전을 증진하는 데 더 효과적인 방안을 탐구한다.

■ **함께 보면 좋은 도서**
《한반도 전쟁 시나리오》 최윤식, 리더스북스, 2025.
《전쟁을 알아야 평화를 이룬다》 류제승, 지베르니, 2025.
《한반도 평화의 지정학》 신성호, 21세기북스, 2025.

연계 활동 탐구 주제

독서

《한반도 전쟁 시나리오》 최윤식, 리더스북스, 2025.
이 책은 한반도를 둘러싼 전쟁 발발 가능성을 분석하여 다가온 미래를 직시하게 한다. 불안정한 국제 정세 속에서 전쟁이 '절대 일어나지 않을 사건'이 아님을 강조하며 대만 전쟁으로 인한 도미노 효과, 북한의 내부 불안, 백두산 폭발, 국지전 기습, 사이버 공격 등 전쟁 발발 시나리오를 시뮬레이션한다.

주제1 인공지능 기술을 활용한 미래 전쟁의 가능성 및 위험성 탐구
주제2 북한의 핵전력에 대응하는 한국의 군사적 및 외교적 대비 태세 연구
주제3 백두산 화산 폭발이 북한 사회에 미치는 영향 및 전쟁과의 연관성 탐색

논문

《한반도 평화 협정과 한반도 영구 평화: 한반도 평화 협정 전문과 목표·이론·내용·과제의 축조 해설》 박명림, 2022.
한반도 정전 협정을 대체할 새로운 평화 협정안을 제시하고, 그 철학·목표·제도적 장치를 상세히 한다. 한반도의 정전 상태를 종식하고, 비핵화와 북미 관계 정상화를 동시에 실현하는 경로를 모색하며, 평화 지대 설치, 남북 공동·국제 조정 기구 운영 등을 제안해 항구적 평화를 제도화하는 방안을 탐구한다

논문 바로가기

주제1 한반도에서의 전후 인도적 문제에 대한 해결 방안 연구
주제2 한반도 평화 협정의 당사자 문제와 4자 회담의 필요성 고찰
주제3 한반도 비무장 지대(DMZ)의 '평화 지대' 전환 구체화 방안 탐구

토론

주제1 남북 간 문화·체육 교류가 실제로 평화 정착에 기여할 수 있는가?
주제2 한반도의 안정적 평화를 위해 유엔과 국제기구의 개입이 확대되어야 하는가?
주제3 남북 관계 개선을 위해서는 개성 공단과 금강산 관광 같은 경제 협력 재개가 필요한가?

IV 국제 분쟁의 해결

01 [12국관04-01]
국제 분쟁을 해결하기 위한 외교와 국제법의 필요성과 기능을 탐색한다.

\# 국제 분쟁 \# 외교 \# 국제법 \# 분쟁 해결 수단

관련 학과
- 지리교육과
- 지리학과
- 철학과
- 정책학과
- 행정학과

교과 세특 탐구 주제

주제1 남북한 군사적 긴장 완화 과정에서 국제법이 수행한 역할 분석

주제2 분쟁 해결 수단으로서 외교와 국제법의 기능에 대한 사례 탐구

주제3 국제 난민 문제에서 한국의 외교적 입장 및 국제법적 책임 탐구

주제4 국제 분쟁 해결에서 '힘의 외교'와 '법의 외교'의 장단점 비교 연구

■ 함께 보면 좋은 도서

《십 대를 위한 지리 교과서 속 세계 분쟁 이야기》 한병관 외, 팜파스, 2025.
《상식의 벽을 허무는 세계 읽기》 이재천(센서스튜디오), 북엔드, 2025.
《미중 관계 레볼루션》 이희옥 외, 한겨레출판, 2025.

GUIDE 국제 분쟁이 우리 나라에 미치는 영향을 중심으로 탐구한다.

연계 활동 탐구 주제

독서

《십 대를 위한 지리 교과서 속 세계 분쟁 이야기》 한병관 외, 팜파스, 2025.
이 책은 오늘날 이스라엘·팔레스타인 분쟁 등 국제 사회를 뒤흔드는 갈등을 지리적 관점에서 풀어낸다. 단순한 지형이나 위치 지식이 아니라, 민족·자원·역사·문화가 얽혀 분쟁을 낳는 과정을 생생히 보여 주고 나아가 분쟁의 이면을 살펴보며 통합적 사고력과 글로벌 시민 의식을 기를 수 있게 한다.

주제1 프랑스의 종교 갈등 및 이민자 분포의 지리적 특징 탐구

주제2 무역 분쟁의 발생 배경과 경제 지리적 요인의 연관성 분석

주제3 지리적 관점에서 쿠르드족이 겪는 분쟁의 원인 및 영토 문제 연구

논문

〈국제 분쟁 해결 수단으로서 싱가포르 조정 협약의 주요 쟁점〉 김용길, 2022.
국제 상사 분쟁에서 소송의 대안으로 부상한 조정 제도의 중요성을 강조하며, 특히 싱가포르 조정 협약이 국제적 집행력을 부여함으로써 조정 제도의 한계를 극복했다고 설명한다. 협약의 핵심 조항을 분석하고, 국내 정착을 위해 필요한 조정 기본법 제정과 제도 정비 과제를 제시한다.

논문 바로가기

주제1 국제 무역 분쟁에서의 조정 제도 활용 사례 탐색

주제2 국제 분쟁 해결을 위한 싱가포르 조정 협약과 뉴욕 협약 비교 분석

주제3 역사적 맥락에서 살펴보는 국제 분쟁 해결 제도의 변화 과정 탐구

토론

주제1 무역 분쟁에서 세계무역기구(WTO)의 분쟁 해결 기능은 여전히 유효한가?

주제2 우리나라는 국제 분쟁 해결에서 중재자 역할을 적극적으로 수행해야 하는가?

주제3 국제 분쟁 해결에서 외교적 협상과 국제법에 따른 판결 중 어느 방식이 더 효과적인가?

02 [12국관04-02]
국제법의 특징과 법원(法源)을 조사하고, 국제 사법 재판소의 역할과 한계를 파악한다.

\# 조약 \# 국제 관습법 \# 사법적 판단 \# 국제 사법 재판소

관련 학과
- 영어영문학과
- 정치외교학과
- 지리학과
- 철학과
- 행정학과

교과 세특 탐구 주제

주제1 국제 형사 재판소(ICC)의 기능 및 한국의 참여 필요성 고찰
주제2 기후변화 협약에서 한국의 외교적 역할과 국제법적 의무 탐색
주제3 국제 사법 재판소(ICJ) 판례를 통해 본 국제 분쟁 해결 방식 연구
주제4 사이버 안보 분쟁에서 국제법 적용 가능성과 한국의 대응 방안 탐구

■ 함께 보면 좋은 도서
《국제법을 바라보는 13가지 관점》 안드레아 비앙키(윤정은 외 역), 연암서가, 2024.
《헨리 키신저의 외교》 헨리 키신저(김성훈 역), 김앤김북스, 2023.
《101살 할아버지의 마지막 인사》 벤자민 페렌츠 외(조연주 역), 양철북, 2022.

GUIDE 실제 사례를 통해 국제 분쟁에 대한 사법적 판단을 담당하는 국제 사법 재판소의 역할과 한계를 분석한다.

연계 활동 탐구 주제

독서
《국제법을 바라보는 13가지 관점》 안드레아 비앙키(윤정은 외 역), 연암서가, 2024.
이 책은 국제법의 근간을 이루는 다양한 이론적 접근법을 소개한다. 국제법을 둘러싼 다양한 이론적 논쟁과 비판적 시각을 소개하며, 독자들이 법적 사고 방식의 다양성을 이해하고 분석적인 접근법을 기르도록 한다. 또한, 각 이론이 국제법의 실무와 연구에 미치는 영향을 고찰하는 기회를 제공한다.

주제1 제3세계식 접근법(TWAIL) 및 국제법의 역사적 논쟁 조명
주제2 조약 및 국제 관습법이 형성되는 과정 및 조약의 효율성 분석
주제3 국제법의 전통적 관점이 가지는 한계 및 현대 국제법의 변화 탐구

논문
〈ICJ 판결의 모호성과 국제 분쟁의 평화적 해결〉 문용일, 2024.
국제 사법 재판소(ICJ) 판결의 모호성이 국제 분쟁 해결에 미치는 영향을 분석한다. 논문에 따르면, 판결의 모호성은 당사국들의 준수를 유도하고 법리를 확립하지만 '해석 분쟁'을 야기할 수 있어 단기적으로 분쟁을 봉합하지만, 장기적으로는 ICJ의 권위를 약화시킬 위험이 있음을 지적한다.

논문 바로가기

주제1 국제 사법 재판소 판결의 모호성 개념 및 유형 탐구
주제2 영토 분쟁 해결을 위한 국제 사법 재판소의 역할 및 한계점 고찰
주제3 국제 사법 재판소 판결에 대한 부분적 이행과 불이행의 차이 분석

토론
주제1 국제 분쟁 해결에서 강대국의 거부권 행사는 국제법의 한계를 심화하는가?
주제2 국제법의 법원으로서 학설과 판례는 실제 분쟁 해결에서 영향력이 있는가?
주제3 국제 사법 재판소 판결의 이행을 강제할 수 있는 국제기구나 제도가 필요한가?

03 [12국관04-03] 국제 사회에서 다양한 지역 통합이 이루어지는 현상과 그 이유를 확인하고, 지역 기구의 구성원으로서 우리나라의 역할을 토론한다.

관련 학과
· 영어영문학과
· 사회학과
· 사회교육과
· 정치외교학과
· 지리학과

시역 통합　# 유럽 연합　# 북미 자유 무역 협정　# 동남아시아 국가 연합

교과 세특 탐구 주제

주제1 아프리카 연합(AU)의 설립 배경 및 지역 통합 성과 조사
주제2 아시아·태평양 경제 협력체(APEC)에서의 한국의 역할 탐구
주제3 유럽 연합(EU)의 통합 과정을 사례로 한 지역 통합의 의미 고찰
주제4 브렉시트(Brexit) 사례를 통한 지역 통합의 한계 및 문제점 분석

GUIDE 유럽 연합(EU), 북미 자유 무역 협정(NAFTA), 동남아시아 국가 연합(ASEAN) 등 다양한 지역 기구들이 만들어지는 이유를 알아본다.

▣ 함께 보면 좋은 도서

《우리는 어떻게 연결되어 있는가》 서승원, 트리펍, 2024.
《법으로 보는 유럽》 김봉철, HUINE, 2024.
《다가오는 유럽의 위기와 지정학》 조지 프리드먼(홍지수 역), 김앤김북스, 2020.

연계 활동 탐구 주제

독서 　《우리는 어떻게 연결되어 있는가》 서승원, 트리펍, 2024.
이 책은 동아시아 역내 국가 및 지역 기구들이 '전략적 파트너십'을 통해 어떻게 연결되어 있는지 분석한다. 한국, 중국, 일본과 아세안 간의 파트너십 사례를 중심으로 정치·안보, 경제, 사회·문화적 측면에서의 협력과 갈등을 조명하며, 동북아시아 국가들과 아세안 간의 관계는 긴밀해지고 있음을 강조한다.

주제1 한반도와 남중국해 문제에 대한 아세안의 입장 분석
주제2 동아시아의 지리적 인접성이 탈냉전 이후 연결성에 미치는 영향 탐색
주제3 동아시아 지역의 안정을 위한 아세안의 역할 및 한국의 외교 전략 탐구

논문 　〈한국의 아세안 연구(2001－2020) －리뷰와 제안〉 배기현, 2021.
2001년부터 2020년까지 20년간 국내에서 발표된 아세안(ASEAN) 연구의 경향을 종합적으로 검토한다. 정치·외교, 경제, 사회·문화 등 분야별로 연구 경향의 특징과 한계를 살펴보고 이 기간 동안 아세안 연구가 양적으로는 성장했지만, 특정 주제에 편중되고 학제적 연구가 부족하다고 지적한다.

논문 바로가기

주제1 한·아세안 FTA의 경제적 효과 및 무역 구조 변화 탐구
주제2 소국 외교 이론에 따른 아세안의 외교적 의미 심층 분석
주제3 아세안의 발전과 쇠퇴에 영향을 미치는 다양한 행위자들의 상호 작용 연구

토론 　**주제1** 지역 통합은 세계화의 심화인가, 지역화의 대두인가?
　　　주제2 한국은 지역 기구에서 '중견국'으로서의 역할을 충분히 하고 있는가?
　　　주제3 기후변화 대응을 위한 지역 협약은 국제 기후 협약보다 더 실효성이 있는가?

사회문제 탐구

과목 정보 ▶	교과군	공통 과목	선택 과목			평가 정보		수능
			일반 선택	진로 선택	융합 선택	성취도	상대평가	×
	사회	–	–	–	○	5단계	×	

1 ▶ 교과 성격

'사회문제 탐구' 과목은 현대 사회에서 발생하는 여러 사회문제를 탐구하고 해결 방안을 모색할 수 있는 능력을 함양하기 위해 개설된 일반사회 영역의 융합 선택 과목이다. 사회문제 탐구 과목은 사회문제의 의미와 특징, 사회문제에 대한 연구 방법의 이해를 기초로, 일상생활에서 접하는 사회문제와 사회의 변화로 인해 발생하는 다양한 사회문제에 대해 학생이 주도적으로 해결 방안을 탐구하며, 이 과정을 보고서로 작성하는 실천적인 탐구 활동을 제시하고 있다.

학생들은 사회문제 탐구 과목의 학습을 통해 자신이 속한 공동체에서 직면하는 다양한 사회문제가 일상생활 및 사회의 변화와 어떻게 서로 연관되어 있는지를 파악하며, 사회문제 해결을 위한 미래 지향적이고 과학적인 이론과 실천을 체계화할 수 있게 된다. 또한, 현대 사회의 다양한 사회문제의 실태를 분석하고 해결 방안을 모색하는 과정을 통해 사회문제의 특성을 파악하고, 민주시민의 자질을 함양할 수 있다.

> **TIP** 중학교 '사회'를 통해 익힌 사회에 관한 지식과 '통합사회'의 학습 내용을 한층 더 확장하고 심화하여 고등학교 일반 선택 과목인 '사회와 문화', 진로 선택 과목인 '정치', '법과 사회', '경제', '국제 관계의 이해' 및 융합 선택 과목인 '금융과 경제생활'과 연계 교과임.

2 ▶ 교과 목표

- 사회현상으로서 사회문제의 의미와 특징을 이해하며, 사회문제를 바라보는 다양한 관점의 특징을 비교함으로써 탐구력을 함양한다.
- 사회과학 연구 방법의 특징을 이해하고 다양한 자료 수집 방법에 따라 수집된 자료를 비판적으로 분석함으로써 탐구력과 비판적 사고력을 함양한다.
- 사회문제와 관련된 다양한 정보 및 자료를 수집·분석하고 이를 적용하여 해결 방안을 모색하는 과정을 통해 정보 활용 능력, 합리적 의사 결정력, 비판적 사고력을 기른다.
- 사회문제를 선정하여 그 원인과 해결책을 공동으로 탐구하고, 그 과정을 보고서로 발표함으로써 탐구력, 의사소통 및 협업 능력을 함양한다.
- 사회문제에 관심을 갖고 사회문제 해결을 위해 능동적으로 참여하는 태도를 가진다.

3 ▶ 교과 핵심 키워드

# AI 윤리	# 가족	# 가짜 뉴스	# 갈등론	# 개인 정보 침해
# 고령화	# 과학적 탐구	# 교육 문제	# 권리와 의무	# 다양한 관점
# 디지털 격차	# 로봇세	# 문헌 연구	# 미디어 리터러시	# 미디어 중독
# 비판적 사고	# 사이버 폭력	# 사회문제	# 사회문제 정의	# 사회문제 탐구
# 사회문제의 특징	# 사회 참여	# 사회적 합의	# 상징적 상호 작용론	# 성 불평등
# 성 역할 고정 관념	# 성차별	# 성 평등	# 심층 면담	# 양적 연구
# 연구 보고서	# 연구 윤리	# 연구 윤리 준수	# 유리 천장	# 윤리적 성찰
# 인공지능	# 인공지능 발전	# 인구 구조	# 일과 가정의 양립	# 일자리 변화
# 자료 분석	# 자료 수집	# 자료 수집 방법	# 저출산	# 정보 윤리
# 젠더 갈등	# 질적 연구	# 탐구 계획 수립	# 해결 방안	# 해석

4 ▸ 내용 체계

<table>
<tr><td rowspan="7">핵심
아이디어</td></tr>
</table>

핵심 아이디어	• 사회문제는 사회과학적 접근 방법을 통해 이해하고 그 해결 방안을 탐구하는 것이 필요하다. • 사회문제의 탐구 과정에서는 연구 윤리를 준수해야 한다. • 청소년은 일상에서 다양한 사회문제를 경험하며, 문제의 원인과 해결 방안은 다양하다. • 인구 구조의 변화, 과학기술 발전 등으로 인한 사회 변동으로 다양한 사회문제가 발생할 수 있으며, 여러 가지 차원에서 해결 방안이 논의된다. • 사회문제는 과학적인 탐구 절차에 따라 자료를 수집하고 분석하여 해결 방안을 모색하는 것이 필요하다. • 사회문제의 해결을 위해서는 구성원의 지속적인 관심과 참여가 필요하다.

범주		내용 요소
	사회문제의 이해와 탐구	• 사회문제의 의미와 특징 • 사회문제를 바라보는 관점 • 사회문제 탐구 방법 • 사회문제 탐구와 연구 윤리
지식·이해	일상생활과 사회문제	• 성 불평등 문제 • 미디어 이용 과정에서 나타나는 문제
	변화하는 세계와 사회문제	• 저출산·고령화 관련 사회문제 • 인공지능의 발전과 사회문제
	사회문제 사례 연구	• 사회문제 탐구 절차 • 사회문제 탐구 계획 수립 방법 • 다양한 자료 수집 및 분석 방법
과정·기능		• 여러 이론과 관점을 비교하기 • 사회문제의 현황을 조사하기 • 다양한 출처에서 찾은 자료와 정보의 타당성과 신뢰성 평가하기 • 수집한 자료와 정보를 논리적으로 분석하여 결론 도출하기 • 사회문제의 해결을 위한 합리적이고 창의적인 대안 제시하기 • 자신 및 상대방의 의견을 비판적으로 검토하고, 다양한 관점을 고려하여 의사소통하기 • 민주적 절차와 방법을 활용하여 사회문제의 해결 방안 도출하기
가치·태도		• 사회문제에 대한 서로 다른 관점 존중 • 다양성에 대한 긍정적 태도 • 연구 윤리 준수 • 자신의 입장에 대한 합리적 비판의 존중과 수용 • 사회적 소수자에 대한 공감과 배려 • 사회 구성원으로서 자신의 권리와 의무에 대한 인식과 실천

01 [12사탐01-01]
사회문제의 의미와 특징을 이해하고, 사회문제를 바라보는 주요 관점을 비교한다.

\# 기능론 \# 갈등론 \# 상징적 상호 작용론 \# 사회적 불평등 \# 사회적 규범

관련 학과
- 공공행정학과
- 경제학과
- 사회교육과
- 사회학과

교과 세특 탐구 주제

주제1 사회문제를 바라보는 기능론과 갈등론의 관점 비교 분석

주제2 코로나19 팬데믹으로 발생한 사회문제를 바라보는 관점 탐구

주제3 기능론과 갈등론의 관점에서 AI 발달로 인한 일자리 변화 비교 분석

주제4 혐오 표현을 사회문제로 바라보는 기능론, 갈등론, 상징적 상호 작용론 관점 탐색

GUIDE 어떤 관점이 '옳다' 또는 '틀리다'라고 판단하는 것이 아니라, 각 관점의 장단점을 이해하고, 하나의 문제를 다양한 측면에서 분석한다.

📖 함께 보면 좋은 도서
《팩트풀니스》 한스 로슬링 외(이창신 역), 김영사, 2024.
《사회학으로의 초대》 피터 L. 버거(김광기 역), 문예출판사 2023.
《왜 세계의 절반은 굶주리는가?》 장 지글러(유영미 역), 갈라파고스, 2016.

연계 활동 탐구 주제

독서
《팩트풀니스》 한스 로슬링 외(이창신 역), 김영사, 2024.
이 책은 세계를 바라보는 우리의 막연한 편견과 오해를 깨고, 데이터를 기반으로 객관적인 사실을 전달하고자 한다. 저자는 '간극 본능', '부정 본능', '공포 본능' 등 인간의 10가지 본능적 오류를 제시하고, 인류의 발전상을 보여 주는 객관적인 통계를 제시하여 세상이 실제로 얼마나 나아졌는지를 보여 준다.

주제1 인간의 비합리적 본능 10가지와 데이터 리터러시의 중요성 탐구

주제2 미디어에 나타난 사회문제 보도가 '부정 본능'에 미치는 영향 연구

주제3 한국 사회의 불평등에 대한 우리의 인식을 '간극 본능' 측면에서 고찰

논문
〈규범의 전환과 사회문제: 코로나를 중심으로〉 이장주, 2022.
이 논문은 코로나19 팬데믹이라는 특수한 상황에서 사회 규범이 어떻게 변화하고 이로 인해 새로운 사회문제가 발생하는지 분석한다. 사회적 거리 두기, 마스크 착용 의무화 등의 새로운 규범이 기존의 사회적 상호 작용 방식과 충돌하며 갈등과 불평등을 낳는 과정을 고찰한다.

논문 바로가기

주제1 마스크 착용이 사회적 상호 작용에 미친 영향 탐구

주제2 코로나19 기간 동안 강화된 규범들이 사회적 갈등에 미친 영향 분석

주제3 팬데믹 이후 변화된 비대면 규범들이 계층 간 불평등을 심화시킨 양상 탐색

토론 **주제1** 혐오 표현을 사회문제로 규정할 수 있는가?

주제2 학교 내 갈등을 기능론과 갈등론 중 어느 관점으로 해결해야 하는가?

주제3 감염병 확산 방지를 위한 규제가 개인의 자유를 침해하는 행위라고 할 수 있는가?

02

[12사탐01-02] 사회문제에 대한 과학적 탐구의 필요성을 설명하고, 사회문제 탐구를 위한 연구 방법과 다양한 자료 수집 방법의 특징을 비교한다.

관련 학과
- 문헌정보학과
- 사회교육과
- 사회학과
- 행정학과

\# 과학적 탐구 \# 양적 연구 \# 질적 연구 \# 실험법 \# 면접법 \# 자료 수집 방법

교과 세특 탐구 주제

주제1 사회문제에 대한 과학적 탐구의 필요성 탐구

주제2 양적 연구 방법과 질적 연구 방법의 특징 비교 분석

주제3 인구 감소 문제를 해결하기 위한 양적 연구 방법의 타당성 고찰

주제4 양적 자료와 질적 자료를 활용한 미디어 속 사회문제 재현 양상 분석

GUIDE 과학적 탐구에서 객관성 확보, 정확한 원인 파악, 효과적인 해결책 마련 등을 위해서는 구체적으로 조사하고 분석하는 것이 중요하다.

▣ 함께 보면 좋은 도서

《오픈 엑시트》 이철승, 문학과지성사, 2025.

《사회학적 상상력을 통해서 보는 사회학》 김은정, 박영사, 2024.

《빅 데이터가 만드는 세상》 빅토르 마이어 쇤버거 외(이지연 역), 21세기북스, 2013.

연계 활동 탐구 주제

독서

《사회학적 상상력을 통해서 보는 사회학》 김은정, 박영사, 2024.
이 책은 사회학적 상상력 개념을 중심으로 사회학의 핵심을 쉽게 풀어낸 입문서다. 개인적인 문제를 사회적 문제와 연결하여 이해하는 통찰력을 기르는 데 중점을 둔다. 실생활 속 다양한 사례들을 제시하며, 사회학이 우리의 삶과 동떨어진 학문이 아니라 일상을 깊이 있게 분석하는 도구임을 보여 준다.

주제1 사회학적 상상력으로 본 청소년 흡연 문제 탐구

주제2 청년 세대의 취업난과 사회 구조적 문제의 상관관계 연구

주제3 1인 가구 증가 현상의 원인 심층 탐색: 개인의 선택과 사회 구조의 영향을 중심으로

논문

〈'임무 지향적 혁신 정책'의 관점에서 본 사회문제 해결형 연구 개발 정책 –'제2차 과학기술 기반 사회문제 해결 종합 계획' 사례 분석–〉 송위진 외, 2019.
이 논문은 기존의 공급자 중심 연구 개발 방식에서 벗어나, 사회적 수요와 문제를 해결하는 것을 목표로 설정하고, 실제 정책 사례를 통해 이러한 정책의 성공을 위해 필요한 요소들을 논의한다. 특히 사회문제 해결을 위한 과학기술 정책의 방향성을 제안하는 데 중점을 둔다.

논문 바로가기

주제1 사회문제 해결을 위한 과학기술의 역할 탐색

주제2 사회문제 해결형 연구 개발 정책의 사례와 특징 탐구

주제3 임무 지향적 혁신 정책과 공급자 중심의 기존 연구 개발의 차이점 비교 분석

토론

주제1 사회문제를 해결하는 데 과학기술은 필수적인가?

주제2 사회문제 해결을 위한 연구는 정부 주도로 이루어져야 하는가?

주제3 '사회학적 상상력'을 발휘할 때, 사회문제 해결에 있어 과학기술의 잠재적 한계는 무엇인가?

03

[12사탐01-03] 다양한 자료 수집 방법을 적용한 실제 사례를 활용하여 수집된 자료를 분석하고 해석하는 방법을 설명한다.

사례 분석 # 통계 자료 # 설문지 조사 # 질적 사료 # 참여 관찰 # 문헌 연구

관련 학과
· 언론정보학과
· 사회학과
· 신문방송학과
· 통계학과

교과 세특 탐구 주제

주제1 설문 조사로 수집된 자료의 특징 분석
주제2 인터뷰 자료의 특성과 효과적인 활용 방법 탐색
주제3 특정 사회현상에 대한 설문 조사 자료와 심층 인터뷰 자료의 차이 고찰
주제4 청소년 스마트폰 과의존 문제에 대한 양적 자료와 질적 자료의 활용 사례 탐색

■ 함께 보면 좋은 도서
《선량한 차별주의자》 김지혜, 창비, 2024.
《괴짜 사회학》 수디르 벤카테시(김영선 역), 김영사, 2009.
《통계 속의 재미있는 세상 이야기》 구정화 외, 통계청, 2022.

GUIDE 수집한 통계 자료, 면담 기록, 관찰 일지 등을 단순히 나열하는 데 그치지 않고 자료를 보고 이를 해석하거나 또 다른 질문을 던지는 것이 중요하다.

연계 활동 탐구 주제

독서 《통계 속의 재미있는 세상 이야기》 구정화 외, 통계청, 2022.
이 책은 우리 주변의 다양한 사회현상을 통계로 쉽게 풀어낸다. 통계 자료가 우리의 일상과 어떻게 연결되어 있는지 보여 주며 인구, 가족, 소비, 경제, 환경 등 여러 분야의 데이터를 이야기로 전달한다. 통계를 읽는 법, 통계적 사고력을 기르는 방법을 제시하여, 숫자에 담긴 의미와 세상을 바라보는 시각을 키우는 데 도움을 준다.

주제1 인구 관련 통계 자료의 추이 조사 및 분석
주제2 환경 관련 통계가 시사하는 사회문제와 그 해결 방안 고찰
주제13 시대별 통계 자료의 비교 분석을 통한 사회 변화 양상 탐구

논문 〈학교 밖 청소년의 스마트폰 과의존에 대한 질적 사례 연구〉 전혜숙, 2023.
이 논문은 학교에 다니지 않는 청소년들의 스마트폰 과의존 문제의 심층적 탐구를 위해 질적 사례 연구 방법을 활용한다. 면담과 관찰을 통해 단순한 통계 자료로는 파악하기 힘든 개인적 경험, 감정, 사회적 관계 등을 분석하여, 스마트폰 과의존 문제의 복잡한 맥락을 이해하고 해결 방안을 모색한다.

논문 바로가기

주제1 학교 밖 청소년들의 스마트폰 의존 현황과 그 이유 탐색
주제2 스마트폰 과의존이 청소년의 삶에 미치는 영향에 대한 사례 연구
주제3 청소년의 스마트폰 과의존에 대한 양적 연구와 질적 연구의 차이 비교 분석

토론 **주제1** 스마트폰 과의존 문제 해결에 통계 자료는 필수적인가?
주제2 스마트폰 과의존 문제 해결에 질적 연구와 양적 연구 중 어떤 방법이 더 효과적인가?
주제3 청소년 스마트폰 과의존 문제 해결을 위한 예방 교육과 부모 중재는 어떤 방향이어야 하는가?

04

[12사탐01–04] 사회문제의 탐구 과정에서 요구되는 연구 윤리를 설명하고, 연구 윤리를 준수하며 사회문제를 탐구하는 태도를 가진다.

\# 연구 윤리 \# 개인 정보 보호 \# 익명성 보장 \# 조작 금지 \# 객관성 유지

관련 학과
· 문화콘텐츠학과
· 법학과
· 사회학과
· 정보보호학과

교과 세특 탐구 주제

주제1 사회문제 연구에서 연구 윤리의 필요성 탐색

주제2 표절과 자료 조작의 다양한 사례 조사 및 분석

주제3 온라인 자료를 활용한 탐구 활동에서 저작권 침해 문제 연구

주제4 청소년 대상 연구에서 연구 대상자 보호를 위한 연구 윤리 규정 분석

GUIDE 데이터를 임의로 조작하거나 일부만 발췌하여 결론을 왜곡하지 않고, 있는 그대로의 자료를 정직하게 분석하고 해석해야 한다.

▣ 함께 보면 좋은 도서

《AI는 양심이 없다》 김명주, 헤이북스, 2022.

《이제는 알아야 할 저작권법》 정지우 외, 마름모, 2023.

《나쁜 과학자들》 비키 오랜스키 위튼스타인(안희정 역), 다른, 2014.

연계 활동 탐구 주제

독서

《AI는 양심이 없다》 김명주, 헤이북스, 2022.
이 책은 인공지능(AI) 기술이 발전하면서 발생하는 윤리적 문제와 사회적 쟁점들을 다룬다. AI가 인간의 양심을 가질 수 없음을 전제로, 프라이버시 침해, 데이터 편향성, 알고리즘에 의한 차별 등의 문제를 구체적인 사례를 통해 설명하며, AI 시대에 요구되는 새로운 윤리 의식을 강조한다.

주제1 AI 기술이 우리 사회에 미치는 영향 탐색

주제2 AI 기술 발전 과정에서 요구되는 연구 윤리의 필요성 고찰

주제3 인공지능을 활용한 사회문제 탐구에서 발생할 수 있는 윤리적 딜레마 연구

논문

〈생성형 AI 활용 학술 연구의 연구 윤리 및 저작권 쟁점과 규범적 과제〉 김형호 외, 2025.
이 논문은 생성형 AI 기술을 활용한 학술 연구 과정에서 발생하는 연구 윤리 및 저작권 관련 쟁점들을 다룬다. 또한 AI 모델의 학습 데이터 저작권 문제와 AI가 생성한 결과물에 대한 저작권 귀속 문제 등 새로운 법적, 규범적 과제들을 제기하고 제도적 개선 방안 제시에 초점을 맞추고 있다.

논문 바로가기

주제1 AI를 활용한 논문 작성의 윤리적 문제 탐색

주제2 인공지능을 활용한 학술 연구에서 요구되는 새로운 연구 윤리 고찰

주제3 AI 기술의 발전이 학술 연구의 윤리적 기준과 규범에 미치는 영향 연구

토론

주제1 AI가 생성한 결과물에 저작권을 부여해야 하는가?

주제2 AI 활용 연구에서 개인 정보 보호는 어떻게 이루어져야 하는가?

주제3 AI 시대에 요구되는 새로운 연구 윤리 규범은 어떤 방향으로 나아가야 하는가?

Ⅱ 일상생활과 사회문제

01 [12사탐02–01] 일상생활에서 나타나는 성 불평등 문제의 실태를 조사하고, 원인과 해결 방안을 제시한다.

관련 학과
· 문화콘텐츠학과
· 미디어커뮤니케이션학과
· 법학과
· 사회학과

\# 성 불평등 \# 성 역할 고정 관념 \# 여성 혐오 \# 직장 내 성차별

교과 세특 탐구 주제

주제1 텔레비전 광고 속 성 역할에 대한 고정 관념 분석
주제2 일상적인 취미 활동에서 나타나는 성 불평등 사례 고찰
주제3 특정 직업군에서 나타나는 성별 임금 격차의 원인과 실태 연구
주제4 육아 휴직 및 돌봄 정책의 변화가 성 평등에 미친 영향에 대한 심층 분석

■ 함께 보면 좋은 도서
《82년생 김지영》 조남주, 민음사, 2016.
《나쁜 페미니스트》 록산 게이(노지양 역), 문학동네, 2022.
《우리는 모두 페미니스트가 되어야 합니다》 치마만다 응고지 아디치에(김명남 역), 창비, 2021.

GUIDE 성 불평등 문제 관련 조사를 진행할 때는 특정 성별이나 개인을 비난하는 방식이 아닌, 문제의 '구조'와 '현상'에 초점을 맞추고, 구체적 사례를 중심으로 서술하고 분석한다.

연계 활동 탐구 주제

독서 《나쁜 페미니스트》 록산 게이(노지양 역), 문학동네, 2022.
저자는 자신을 '나쁜 페미니스트'라 칭하며 완벽주의적 페미니즘을 거부한다. 그는 대중문화, 사회적 이슈 등 다양한 주제를 통해 현실 속 불평등을 비판하며, 페미니즘이 일상적 실천임을 강조한다. 누구나 자신의 방식으로 페미니스트가 될 수 있다는 메시지를 얻고, 젠더 문제를 새롭게 인식하게 한다.

주제1 록산 게이가 제시하는 '나쁜 페미니스트'의 의미 탐색
주제2 코미디, 드라마에 반복 등장하는 성차별 에피소드 사례 분석
주제3 '나쁜 페미니스트'의 관점을 통해 한국 사회의 젠더 갈등 탐구

논문 〈일상 속 성차별 경험이 20대 여성의 우울에 미치는 영향: 여성주의 정체성의 조절 효과〉 김솔 외, 2025.
이 논문은 20대 여성들이 일상생활에서 겪는 성차별 경험이 우울 증상에 미치는 영향에 대해 탐구한다. 연구 결과, 일상 속 성차별 경험이 우울에 유의미한 영향을 미치지만, 여성주의 정체성이 강할수록 성차별 경험이 우울에 미치는 부정적인 영향이 감소하는 조절 효과가 있는 것으로 나타났다.

논문 바로가기

주제1 성차별 경험이 우울감에 미치는 영향 탐색
주제2 20대 남성과 여성에 있어 일상 속 성차별 경험 비교 분석
주제3 20대 여성의 우울에 영향을 미치는 요인들의 복합 관계 심층 탐구

토론 **주제1** 학교 내 성 역할 고정 관념은 사라졌는가?
주제2 법과 제도가 노동 시장의 성 불평등을 해결할 수 있는가?
주제3 한국 사회의 젠더 갈등은 정치에 의해 혹은 미디어에 의해 과장·조작되었는가?

02 [12사탐02-02] 청소년의 미디어 이용 과정에서 나타나는 문제를 조사하고, 원인과 해결 방안을 제시한다.

관련 학과
· 미디어커뮤니케이션학과
· 미디어학부
· 상담심리학과
· 아동학과

미디어 리터러시 # 가짜 뉴스 # 사이버 폭력 # 디지털 격차 # 미디어 중독

교과 세특 탐구 주제

주제1 청소년의 미디어 과몰입 현상과 그 원인 탐색

주제2 청소년의 미디어 이용이 정서 발달에 미치는 영향 분석

주제3 미디어 이용이 청소년의 자아 정체성 형성과 사회적 관계에 미치는 영향 탐색

주제4 온라인 커뮤니티의 익명성이 청소년의 사회적 상호 작용과 윤리 의식에 미치는 영향 탐구

▣ 함께 보면 좋은 도서

《프리한 10대 미디어 프리》 강병철, 푸른들녘, 2023.

《인스타 브레인》 안데르스 한센(김아영 역), 동양북스, 2020.

《이상한 나라의 위험한 가짜 뉴스》 마우로 무나포(김지우 역), 우리학교, 2022.

GUIDE 청소년은 '사이버 폭력의 피해자'이면서 동시에 '새로운 정보를 얻는 학습자'일 수 있다. 문제의 양면성을 균형 있게 볼 수 있는 시각을 기르도록 한다.

연계 활동 탐구 주제

독서
《프리한 10대 미디어 프리》 강병철, 푸른들녘, 2023.
이 책은 십 대들이 미디어를 현명하게 활용하고 비판적으로 사고하는 힘을 길러 주는 안내서이다. 유튜브, 틱톡 등 미디어 플랫폼의 작동 원리부터 알고리즘의 숨겨진 힘, 온라인 혐오 표현, 가짜 뉴스 등 미디어 문제들을 풀어내고, 미디어 시대를 살아가는 십 대들에게 꼭 필요한 통찰을 제공한다.

주제1 십 대들이 즐겨 사용하는 숏폼 미디어의 종류와 특징 조사

주제2 미디어 속 인플루언서의 삶과 현실 속 청소년의 자아상과의 차이점 비교

주제3 미디어 리터러시 교육이 청소년의 허위 정보 및 가짜 뉴스 분별력에 미치는 효과 연구

논문
《청소년의 온라인 미디어 사용과 폭력성의 관계: 폭력 및 혐오 표현 노출과 미디어 리터러시 교육의 조절된 매개 효과를 중심으로》 이장근 외, 2025.
이 논문은 청소년의 온라인 미디어 사용이 폭력성으로 이어지는 과정에서 폭력적, 혐오적 표현 노출의 역할을 분석한다. 청소년이 온라인 미디어에서 폭력적, 혐오적 표현에 많이 노출될수록 폭력성이 높아지지만, 미디어 리터러시 교육이 조절 효과를 가진다는 점을 밝힌다.

논문 바로가기

주제1 미디어 리터러시 교육의 중요성에 대한 사례 중심 탐색

주제2 청소년의 온라인 혐오 표현 노출이 폭력성으로 이어지는 과정 고찰

주제3 미디어 리터러시 교육의 유형별 효과와 온라인 폭력성 감소의 상호 연관성 탐구

토론
주제1 청소년의 미디어 과몰입은 개인의 문제인가?

주제2 미디어 리터러시 교육은 청소년의 온라인 윤리 의식 향상에 효과적인가?

주제3 유튜브나 틱톡의 알고리즘 추천 시스템은 청소년의 미디어 이용에 있어 자율성을 침해하는가?

III 변화하는 세계와 사회문제

01 [12사탐03–01] 저출산·고령화로 인해 발생하는 다양한 사회문제의 실태를 조사하고, 해결 방안을 제시한다.

관련 학과
· 가족아동복지학과
· 경제학과
· 공공행정학과
· 사회복지학과

\# 저출산 \# 고령화 \# 생산 가능 인구 감소 \# 세대 갈등 \# 사회 복지 문제

교과 세특 탐구 주제

주제1 저출산이 교육 현장에 미치는 영향과 해결책 연구
주제2 지역사회의 고령화 문제 실태 조사 및 해결 방안 탐색
주제3 청년 세대의 결혼과 출산에 대한 인식 변화와 사회적 원인 분석
주제4 저출산·고령화 문제 해결을 위한 다양한 정책의 실효성 비교 및 미래 방향 고찰

GUIDE 사회적 인식 개선을 위한 캠페인, 세대 간 교류를 위한 프로그램, 지역사회의 역할을 강화하는 아이디어 등 다양한 창의적 해결 방안과 해결책의 기대 효과와 한계까지 함께 제시하는 것이 좋다.

■ 함께 보면 좋은 도서
《인구 대역전》 찰스 굿하트 외(백우진 역), 생각의힘, 2021.
《초고령 사회 일본에서 길을 찾다》 김웅철, 페이퍼로드, 2017.
《인구 감소 사회는 위험하다는 착각》 우치다 타츠루 외(김영주 역), 위즈덤하우스, 2019.

연계 활동 탐구 주제

독서 《인구 대역전》 찰스 굿하트 외(백우진 역), 생각의힘, 2021.
이 책은 저출산·고령화로 인해 수십 년간 이어져 온 경제적 흐름이 완전히 뒤바뀔 것이라고 주장한다. 세계 경제가 인구 구조 변화로 생산성 저하, 인플레이션 심화, 금리 상승 등 새로운 문제에 직면할 것이라고 경고하며, 우리가 맞이할 경제적 변화에 대한 통찰을 제공한다.

주제1 저출산과 고령화가 노동력에 미치는 영향 탐색
주제2 저출산·고령화로 인한 경제 패러다임 변화가 금융 시장에 미치는 영향 탐구
주제3 인구 대역전 시대에 대응하기 위한 한국 사회의 정책적 과제와 해결 방안 모색

논문 〈저출산·고령화 문제와 사회 통합을 위한 법·정책 제언〉 한광수, 2024.
이 논문은 한국 사회의 저출산·고령화 문제가 심화되면서 세대 간 불평등과 갈등이 커지고 있음에 주목한다. 인구 구조 변화가 초래하는 다양한 사회문제를 해결하고, 지속가능한 사회 통합을 이루기 위한 법적, 정책적 방안을 모색한다.

논문 바로가기

주제1 노인 부양에 대한 세대별 인식의 차이 탐색
주제2 세대 간 갈등을 해결하기 위한 복지 정책의 사례 분석
주제3 저출산·고령화가 사회 통합에 미치는 부정적 영향을 법·제도적 관점에서 고찰

토론 **주제1** 인구 감소를 막기 위한 출산 장려 정책은 효과적인가?
주제2 저출산 문제 해결을 위해 청년 세대의 부담을 늘리는 것이 정당한가?
주제3 인구 감소로 인한 지방 소멸 문제, 정부의 지원만으로 해결 가능한가?

02 [12사탐03-02] 인공지능 발전 과정에서 나타날 수 있는 다양한 사회문제를 탐색하고, 대응 방안을 제시한다.

인공지능 # 4차 산업 혁명 # 노동력 대체 # 디지털 윤리 # 개인 정보 침해

관련 학과
· 데이터사이언스학과
· 법학과
· 윤리교육과
· 인공지능학과

교과 세특 탐구 주제

주제1 인공지능 기술 발전이 일자리에 미치는 영향 탐색
주제2 인공지능 딥페이크 기술이 초래하는 사회적 위험성 연구
주제3 인공지능 알고리즘이 야기하는 차별과 편향의 문제 고찰
주제4 인공지능 시대에 필요한 디지털 리터러시 교육 방안 탐구

■ 함께 보면 좋은 도서
《어느 날 미래가 도착했다》 우숙영, 창비, 2025.
《더 커밍 웨이브》 무스타파 술레이만(이정미 역), 한스미디어, 2024.
《마침내 특이점이 시작된다》 레이 커즈와일(이충호 역), 비즈니스북스, 2025.

GUIDE 추상적 주제보다는 구체적인 주제를 선정하는 것이 바람직하다. 뉴스나 미디어에서 쉽게 접할 수 있는 사례를 찾아 이를 중심으로 탐구한다.

연계 활동 탐구 주제

독서 《마침내 특이점이 시작된다》 레이 커즈와일(이충호 역), 비즈니스북스, 2025.
이 책은 인공지능 기술 발전의 정점인 특이점(Singularity)을 예측한다. 그는 인공지능이 인간 지능을 뛰어넘고, 기술 발전 속도가 기하급수적으로 빨라지는 시점을 과학적 근거를 바탕으로 논증하며, 인간의 삶과 사회 구조가 근본적으로 변화할 것이라며 낙관주의자의 입장에서 그 가능성을 탐색한다.

주제1 AI가 인간의 지능을 뛰어넘는 특이점 탐색
주제2 인간과 인공지능이 결합하는 미래에 발생할 수 있는 윤리적 문제 고찰
주제3 특이점 이후의 사회에 대한 과학적 예측과 공상 과학적 상상력 비교 탐구

논문 〈인공지능(AI) 시대의 도래와 법 제도의 방향에 관한 논의 −독일의 인공지능 정책을 중심으로〉 송기복, 2020.
이 논문은 인공지능 기술의 급격한 발전이 초래하는 다양한 사회·윤리적 문제에 주목하며, 법적, 정책적 대응 방안을 독일 사례를 중심으로 분석한다. 독일이 인공지능을 '디지털 주권'의 핵심 요소로 인식하고, 기술 개발과 함께 책임 있는 AI 사용을 위한 규범을 마련하는 과정을 다룬다.

논문 바로가기

주제1 AI 개발과 활용에 대한 독일의 정책 방향 탐색
주제2 AI 책임 소재에 대한 독일의 법적 접근과 우리나라의 논의 비교 분석
주제3 독일 AI 정책이 보여 주는 개인 정보 보호와 프라이버시 침해 문제에 대한 대응 양상 연구

토론 **주제1** AI 챗봇의 윤리적 문제, 어떻게 해결해야 할까?
주제2 AI로 인한 개인 정보 침해 문제, 기술 발전보다 더 중요한 문제인가?
주제3 인공지능 알고리즘의 편향성이 가져오는 사회적 불평등은 어떻게 해결해야 하는가?

IV 사회문제 사례 연구

01 [12사탐04-01] 일상생활에서 경험하는 사회문제 중 하나를 선정하여 해당 문제에 대한 다양한 관점을 비교하고, 이를 바탕으로 문제 해결을 위한 탐구 계획을 수립한다.

문제 선정 # 탐구 계획 # 다양한 관점 # 이론적 배경 # 연구 주제 설정

관련 학과
· 광고홍보학과
· 미디어학부
· 사회학과
· 언론정보학과

교과 세특 탐구 주제

주제1 학교 급식 잔반 문제의 원인에 대한 다각적 분석
주제2 디지털 소외 현상에 대한 세대별 관점의 차이 연구
주제3 교내 쓰레기 무단 투기 문제의 원인과 해결 방안 탐색
주제4 학교폭력 문제를 둘러싼 교육적, 법률적 관점의 차이 비교 분석

▣ 함께 보면 좋은 도서
《학교폭력, 법이 다스리다》 이희관, 행인출판사, 2025.
《디지털 디바이드》 얀 반 다이크(심재웅 역), 유재 2022.
《왜 세계의 절반은 굶주리는가?》 장 지글러(유영미 역), 갈라파고스, 2016.

GUIDE 선정한 문제를 다양한 이해관계자의 시각에서 분석한다. 예를 들어, '흡연 문제'를 탐구할 때, 다양한 사회적 요인을 함께 고려한다.

연계 활동 탐구 주제

독서 《왜 세계의 절반은 굶주리는가?》 장 지글러(유영미 역), 갈라파고스, 2016.
이 책은 현대 사회의 빈곤과 기아 문제를 비판하며 그 원인과 해결 방안을 제시한다. 굶주림이 자연재해가 아니라 구조적인 문제와 신자유주의적 세계화 등에 의해 만들어진 문제로 다국적 기업과 금융 시장의 탐욕이 기아를 심화시킨다고 주장하며, 독자들이 행동에 나설 것을 촉구한다.

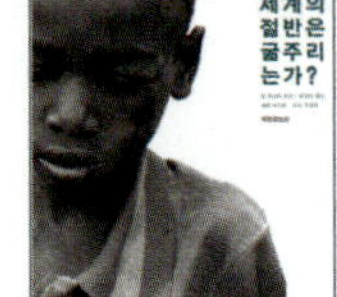

주제1 세계 기아 문제 해결을 위한 개인적 실천 방안 탐색
주제2 다국적 기업의 이윤 추구가 기아 문제에 미치는 영향 분석
주제3 식량 주권 개념을 중심으로 기아 문제 해결을 위한 국제적 협력 방안 탐색

논문 〈세계적 분배 정의의 문제: 분배 정의를 통한 빈곤 문제 해결의 가능성〉 박의연, 2014.
이 논문은 빈곤 문제를 불평등한 분배 구조에서 비롯된 정의의 문제로 규정하며 분배 정의를 통한 해결 가능성을 모색한다. 롤스의 차등의 원칙과 세계 정부론을 바탕으로 국제적 차원에서 자원 재분배를 위한 제도적 장치의 필요성과 국제 협력과 구조적 변화를 통한 빈곤 해결을 강조한다.

논문 바로가기

주제1 기부 활동이 빈곤 해결에 미치는 효과 분석
주제2 롤스의 정의론과 빈곤 문제 해결의 연관성 탐색
주제3 롤스의 세계 정부론을 기반으로 국제적 분배 정의 실현 가능성 고찰

토론 **주제1** 현대 사회에서 개인의 문제는 사회문제라고 할 수 있는가?
주제2 기능론과 갈등론 관점에서 본 청년 실업 문제의 해결 방안의 차이는 무엇인가?
주제3 디지털 성범죄 문제의 해결에서 거시적 관점과 미시적 관점의 통합적 접근은 효과적인가?

02

[12사탐04-02] 탐구 계획에 적합한 자료 수집 방법을 적용하여 자신이 선정한 사회문제에 관한 자료를 수집한다.

자료 수집 # 연구 방법 적용 # 설문 조사 # 면담 # 참여 관찰

관련 학과
· 광고홍보학과
· 교육학과
· 사회학과
· 심리학과

교과 세특 탐구 주제

주제1 설문 조사를 통한 우리 학교 학생들의 점심 메뉴 선호도 연구
주제2 면담을 통한 스마트폰 과의존 현상에 대한 십 대들의 인식 분석
주제3 학교 주변 CCTV 설치 여부를 통해 청소년 비행 예방 효과 고찰
주제4 면담과 통계 자료를 활용한 노인들의 디지털 정보 격차 문제 탐구

■ 함께 보면 좋은 도서
《납작한 말들》 오찬호, 어크로스, 2025.
《나는 왜 쇼츠를 멈추지 못할까》 김아미, 창비, 2025.
《누가 젠더를 두려워하랴》 주디스 버틀러(윤조원 역), 문학동네, 2025.

GUIDE 다양한 자료 수집 방법을 사용하며, 탐구 주제에 적합한 방법을 선택하고, 여러 방법을 병행하여 자료의 신뢰성과 객관성을 높일 수 있다.

연계 활동 탐구 주제

독서
《납작한 말들》 오찬호, 어크로스, 2025.
이 책은 현대 사회에서 혐오와 차별을 부추기는 '납작한 말들'에 주목하며, 우리가 사용하는 언어 속에 숨겨진 폭력성을 파헤친다. '노력충', '맘충', '급식충' 같은 단어들이 어떻게 특정 집단을 혐오의 대상으로 만드는지 분석하고, 언어 사용이 가져오는 사회적 문제들을 비판적으로 고찰한다.

주제1 '노력충', '급식충' 같은 신조어의 등장 배경 탐색
주제2 온라인 커뮤니티에서 사용되는 혐오 표현 사례 연구
주제3 '납작한 말들'이 사회적 갈등과 소수자 혐오를 심화하는 과정 고찰

논문
《미디어상의 혐오 표현과 해결 방안으로서의 대응 표현 연구: 교양 교육에서의 활용 방안을 중심으로》 최유숙, 2021.
이 논문은 미디어에 나타나는 혐오 표현의 문제점을 다루고, 이를 해결하기 위한 교육적 방안으로 '대응 표현(counter-speech)'의 중요성을 강조한다. 미디어 속 혐오 표현 사례를 분석하고, 단순히 혐오 표현 규제를 넘어 능동적으로 혐오에 맞서는 대응 표현을 교육하는 것이 효과적임을 주장한다.

논문 바로가기

주제1 SNS에서 혐오 표현에 대한 공감과 비판의 댓글 탐색
주제2 드라마나 영화 속 인물의 혐오 발언에 대한 시청자 반응 분석
주제3 미디어상의 혐오 표현이 청소년의 언어 생활에 미치는 영향 고찰

토론
주제1 스마트폰 사용 제한이 학생들의 디지털 중독을 해결할 수 있는가?
주제2 '맘충' 같은 혐오 표현의 사용은 개인의 문제인가, 사회의 문제인가?
주제3 노인들의 디지털 정보 격차 해소를 위해 미디어가 어떤 역할을 해야 하는가?

03 [12사탐04-03]

수집한 자료에 대한 분석과 해석을 토대로 사회문제에 대한 해결 방안을 제시한다.

\# 자료 분석 \# 통계석 해석 \# 해결 방안 제시 \# 대안 모색 \# 정책 제안

교과 세특 탐구 주제

주제1 설문 조사를 통한 교내 스마트폰 사용 규칙의 효과 분석
주제2 통계 자료로 살펴본 학교 주변 청소년 유해 환경 개선 방안 탐구
주제3 저출산 문제 해결을 위한 정책적 접근과 문화적 접근의 통합 방안 연구

GUIDE 수집한 자료의 출처를 명확히 밝히고, 그 신뢰성을 평가하도록 한다. 단순 자료의 수집을 넘어 정보를 비판적으로 분석하는 능력을 함양할 수 있다.

■ 함께 보면 좋은 도서

《어떤 동사의 멸종》 한승태, 시대의창, 2024.
《사회학: 비판적 시선》 정태석 외, 한울, 2023.
《왜 우리는 불평등을 감수하는가?》 지그문트 바우만(안규남 역), 동녘, 2019.

연계 활동 탐구 주제

독서 《어떤 동사의 멸종》 한승태, 시대의창, 2024.
이 책은 한국 사회에서 점차 사라져 가는 '동사들'에 주목하며, 언어의 변화를 통해 우리 삶의 변화를 깊이 있게 성찰한다. '다물다', '부비다'와 같이 일상에서 사용 빈도가 줄어든 동사들을 통해 우리의 관계 맺기 방식, 노동의 의미, 그리고 사회적 가치관이 어떻게 변해 왔는지 섬세하게 포착한다.

주제1 일상생활에서 사용 빈도가 줄어든 동사 연구
주제2 젊은 세대가 사용하는 신조어와 기성 세대의 언어 습관 분석
주제3 언어의 변화가 사회적 관계와 공동체 문화에 미치는 영향 고찰

논문 〈신조어를 활용한 사회적 현상 아카이빙 방안 연구〉 김환 외, 2017.
이 논문은 신조어가 그 시대의 사회적 현상과 사람들의 인식을 반영한다는 데에 주목한다. 특정 시기 신조어들을 수집하고 분류하여 분석함으로써, 청년 실업, 젠더 갈등, 세대 차이 등 우리 사회의 다양한 문제들을 포착하고, 신조어들을 수집하고 보존하는 '아카이빙(archiving)'의 필요를 강조한다.

논문 바로가기

주제1 10대와 20대의 신조어 사용 실태 비교 분석
주제2 SNS에서 유행하는 '밈(meme)'에 담긴 사회적 의미 탐구
주제3 신조어에 담긴 혐오 표현이 사회 갈등을 심화하는 과정 고찰

토론 **주제1** 청소년 비행 문제의 해결을 위해서는 법적 규제가 우선되어야 하는가?
주제2 '혼밥'과 '욜로' 같은 신조어가 개인주의적 삶을 부추긴다고 할 수 있는가?
주제3 사라지는 언어를 보존하기 위한 정책적 노력이 사회문제를 해결할 수 있는가?

04

[12사탐04-04] 자신의 사회문제 탐구 과정과 결과를 연구 보고서로 작성하여 발표하고, 사회문제 해결을 위한 참여는 사회 구성원으로서의 권리이자 의무라는 점을 인식하며 해결 방안을 적극적으로 실천한다.

\# 연구 보고서 \# 발표 \# 사회적 참여 \# 책임 의식 \# 실천 방안

관련 학과
· 광고홍보학과
· 사회학과
· 언론정보학과
· 신문방송학과

교과 세특 탐구 주제

주제1 일회용 컵 사용을 줄이기 위한 캠페인 방법 탐색

주제2 학교 주변 길거리 흡연 문제 해결을 위한 방안 분석

주제3 플라스틱 컵 사용 규제 정책에 대한 교사와 학생의 인식 비교

주제4 청소년의 사이버 괴롭힘 문제 해결을 위한 예방 교육 프로그램의 효과 고찰

▣ 함께 보면 좋은 도서

《이 장면, 나만 불편한가요?》 태지원, 자음과모음, 2021.

《지구를 위한다는 착각》 마이클 셸런버거(노정태 역), 부키, 2021.

《나는 선량한 기후 파괴자입니다》 토마스 브루더만(추미란 역), 동녘, 2024.

GUIDE 보고서의 결론 부분에 탐구 활동을 통해 무엇을 느끼고 배웠는지, 그리고 어떤 새로운 시각을 갖게 되었는지에 대한 '성찰' 내용을 포함한다.

연계 활동 탐구 주제

독서

《나는 선량한 기후 파괴자입니다》 토마스 브루더만(추미란 역), 동녘, 2024.

이 책은 일상에서 무심코 환경을 파괴하는 행동을 하는 우리 모두의 모순적인 모습을 '선량한 기후 파괴자'라는 개념으로 파헤친다. 대중교통 이용, 중고 거래, 채식 등 친환경적이라고 여겨지는 행동조차도 기후 위기를 가속화할 수 있음을 지적하며, 사회 시스템 변화와 정책적 대안이 필요함을 역설한다.

주제1 친환경 제품 구매 경험에 대한 설문 조사 탐색

주제2 '제로 웨이스트 챌린지'와 같은 캠페인 활동의 한계 고찰

주제3 기후 위기 해결을 위한 개인의 행동과 사회 시스템의 역할 비교

논문

〈기후 위기 대응 환경 정책과 환경 거버넌스 정합성 제고를 위한 발전 방향〉 문태훈 외, 2022.

이 논문은 기후 위기 해결을 위해 정부, 기업, 시민 사회 등 다양한 이해 관계자들이 협력하는 거버넌스 체계의 중요성을 강조한다. 현행 거버넌스의 한계점을 진단하고, 정책과 거버넌스의 일치성을 높일 구체적인 발전 방안을 제시함으로써 구조적이고 협력적인 접근이 필요함을 역설한다.

논문 바로가기

주제1 설문 조사로 학교 내 다회용기 사용 정책의 효과 연구

주제2 교내 에너지 절약 캠페인과 학생의 기후 행동 참여율 간 관계 분석

주제3 기후 위기 해결을 위한 정부 정책과 시민 참여의 연계 방안 고찰

토론

주제1 학교 내 텀블러 사용 의무화는 기후 위기 해결에 도움이 되는가?

주제2 기후 위기 문제 해결을 위해 소비를 멈추는 것이 가장 효과적인가?

주제3 환경 정책과 거버넌스의 불일치 문제를 해결하기 위해 시민 사회는 어떤 역할을 해야 하는가?

금융과 경제생활

과목 ▶ 정보	교과군	공통 과목	선택 과목			평가 정보		수능
			일반 선택	진로 선택	융합 선택	성취도	상대평가	
	사회	—	—	—	○	5단계	×	×

1 ▶ 교과 성격

'금융과 경제생활'은 학생들이 급변하는 디지털 금융 환경 속에서 평생 안정적인 금융 복지(financial wellbeing)를 누릴 수 있도록 돕는 일반사회 영역의 융합 선택 과목이다. 이 과목은 금융 기초 지식, 합리적인 재무 의사 결정 능력, 건전한 재무 습관과 태도를 함양하는 것을 목표로 한다. 학생들은 이를 통해 자산을 효율적으로 관리하고, 경제적으로 건전한 시민으로 살아갈 역량을 키우게 된다.

수업에서는 안전한 금융 거래, 금융 사기 예방, 수입·지출 관리, 저축과 투자 원리, 신용 관리 및 위험 대응 등 실생활과 밀접한 주제를 다룬다. 학습 과정은 개인과 가계의 실제 경험과 연결되어, 금융과 관련한 바람직한 가치관과 태도를 기르도록 구성된다. 이를 통해 학생들은 신뢰할 수 있는 정보를 바탕으로 합리적인 금융 판단을 내릴 수 있는 능력을 개발한다.

또한, 학생들은 자신의 금융 관련 문제를 발견하고, 자료를 조사·분석하여 해결 방안을 계획하고 실행하는 경험을 쌓는다. 나아가 그 결과를 되돌아보며 개선점을 찾는 반성적 사고를 함양하는 데 중점을 둔다.

> **TIP** 중학교 '사회'를 통해 익힌 사회에 관한 지식과 '통합사회'의 학습 내용을 한층 더 확장하고 심화하여 고등학교 일반 선택 과목인 '사회와 문화', 진로 선택 과목인 '정치', '법과 사회', '경제', '국제 관계의 이해' 및 융합 선택 과목인 '사회문제 탐구'와 연계 교과임.

2 ▶ 교과 목표

- 디지털 금융 환경 속에서 안전한 금융 거래를 하는 데 필요한 지식과 태도를 갖추고 금융 사기를 예방하며 금융 소비자를 보호하기 위한 제도나 절차 등에 대한 지식을 갖춤으로써 스스로를 보호하고 건전한 금융 질서의 형성에 기여한다.
- 수입과 지출의 의미를 이해하고 효과적으로 수입과 지출을 관리할 수 있도록 예산을 수립하고 지속적으로 점검하는 습관을 기른다.
- 저축과 금융 투자의 차이에 대한 이해를 바탕으로 자신의 재무 목표에 맞게 저축 및 금융 투자 상품을 선택하며, 투자에 따른 위험을 인식하고 자기 책임하에 투자하는 자세를 가진다.
- 건전하게 신용을 사용하려는 태도를 가지며, 위험 관리 방법으로서의 보험의 역할을 이해하고, 고령 사회에서 연금의 중요성에 대해 인식한다.

3 ▶ 교과 핵심 키워드

# 금리	# 금융 거래	# 금융 분쟁 조정	# 금융 사기	# 금융 상품
# 금융 생활	# 금융 소비자	# 금융 소비자 보호	# 금융소비자보호법	# 금융 약관
# 금융 정보	# 노후 설계	# 단기/장기 계획	# 디지털 금융	# 보험
# 분산 투자	# 비소비 지출	# 소득	# 소득원	# 소비
# 수익	# 수입	# 신용	# 신용 관리	# 신용 등급
# 신용 점수	# 연금	# 예금자 보호 제도	# 예산	# 예산 관리
# 온라인 플랫폼	# 위험	# 위험 관리	# 이자	# 자기 책임
# 저축	# 주식	# 지불 수단	# 지출	# 지출 계획
# 지출 습관	# 채권	# 처분 가능 소득	# 투자	# 투자 상품
# 투자자 보호 제도	# 펀드	# 핀테크	# 합리적 금융 의사 결정	# 합리적 소비

4 ▶ 내용 체계

<table>
<tr><td rowspan="2">핵심
아이디어</td><td>• 행복하고 안전한 금융 생활을 실천하기 위해 디지털 금융 환경과 금융 서비스의 특징에 대한 이해가 필요하다.
• 안정된 금융 복지를 향유하기 위해 수입과 지출에 영향을 미치는 요인을 파악하고 균형 있는 예산 관리가 필요하다.
• 저축과 투자의 장단점에 대한 이해는 장단기 효율적인 자산 배분에 기여한다.
• 책임감 있는 신용 사용과 보험 및 연금을 활용한 위험과 노후 대비는 안정적인 경제생활에 기여한다.</td></tr>
</table>

범주		내용 요소
지식·이해	행복하고 안전한 금융 생활	• 금융과 금융 생활 • 디지털 금융 환경과 금융 서비스 • 금융 소비자 보호 • 금융 의사 결정 • 금융 사기 예방 및 구제 • 금융 거래와 계약
	수입과 지출	• 수입과 소득 • 지출과 소비 • 합리적 소비 • 소득 결정 요인 • 지불 수단 • 예산과 예산 관리
	저축과 투자	• 저축의 경제적 의의 • 저축에 영향을 주는 요인(이자, 세금, 물가 등) • 예금자 보호 제도 • 금융 투자 상품(주식, 채권, 펀드) • 투자에 따른 위험과 자기 책임의 원칙 • 투자자 보호 제도
	신용과 위험 관리	• 신용과 책임 • 신용 회복 지원 제도 • 보험의 원리 • 신용 관리 • 일상생활 속 위험 • 고령 사회와 연금
과정·기능		• 관심 있는 금융 관련 주제(문제)에 대한 탐구 질문 개발하기 • 금융 관련 주제(문제) 탐구를 위해 필요한 자료 수집하기 • 다양한 출처에서 찾은 자료와 금융 정보의 타당도와 신뢰도 확인하기 • 수집된 자료와 금융 정보를 해석하기 • 저축과 투자 선택에 대해 비용–편익 분석하기 • 금융 투자 상품의 유형을 분류하고 금융 상품별 특징 조사하기 • 자신의 신용을 효과적으로 관리할 수 있는 방안을 탐색하기
가치·태도		• 금융 문제 해결을 위한 자신의 입장 선택 및 타인과 소통·협력 • 장·단기의 관점을 조화롭게 고려한 금융 의사 결정 실천 • 바람직한 금융 질서 형성에 필요한 건전한 투자 태도 형성 • 자기 책임의 원칙에 따라 책임감 있는 금융 생활 실천 • 선택에 따른 결과를 예측하며 선택에 필요한 자신의 가치 선호 정립 • 금융 생활에 필요한 디지털 기술의 안전하고 윤리적인 사용 • 공동체의 일원으로서 사회에 미칠 영향력을 고려한 책임감 있는 금융 의사 결정 실천

I 행복하고 안전한 금융 생활

01 [12금융01-01] 행복하고 안전한 금융 생활에 필요한 금융 정보를 탐색하고 평가하며, 단기와 장기의 관점을 고려하여 합리적인 금융 의사 결정을 한다.

관련 학과
· 경영학과
· 경제학과
· 금융보험학과
· 금융학과

합리적 금융 의사 결정 # 금융 정보 # 금융 상품 # 단기 계획 # 장기 계획

교과 세특 탐구 주제

주제1 '나'의 금융 습관 점검 및 개선 방안 탐색

주제2 10년 후의 '나'를 상상하며 재무 목표 수립 및 분석

주제3 미래의 경제적 독립을 위한 단기 및 장기 금융 목표 수립 및 분석

주제4 인플레이션과 이자율 변동이 개인의 금융 의사 결정에 미치는 영향 고찰

■ 함께 보면 좋은 도서

《돈의 속성》 김승호, 스노우폭스북스, 2020.
《나의 첫 금융 공부》 이완배, 북트리거, 2025.
《10대에게 권하는 경제학》 오형규, 글담출판, 2020.

GUIDE 단기 목표로 '새로운 노트북 구입', 장기 목표로 '대학 등록금 마련' 등 구체적인 목표를 정하고, 필요한 금액과 기간을 설정하면 도움이 된다.

연계 활동 탐구 주제

독서 《10대에게 권하는 경제학》 오형규, 글담출판, 2020.
이 책은 경제학을 처음 접하는 10대들의 눈높이에 맞춰 쓰인 경제 교양서다. 딱딱하고 어려운 경제 이론 대신 환율, 금리, 인플레이션 등 일상생활과 밀접한 경제 현상을 쉽고 재미있게 풀어낸다. 저자는 단순한 개념 설명에 그치지 않고, 경제학의 기본 원리가 우리 사회와 역사에 어떻게 적용되는지 보여 준다.

주제1 인플레이션이 우리 용돈에 미치는 영향 탐색

주제2 기회비용과 매몰 비용 개념을 적용한 합리적 의사 결정 과정 고찰

주제3 수요와 공급의 법칙이 가격에 미치는 영향에 대한 사례 중심 분석

논문 〈우리나라 고등학생의 금융 교육 효과에 대한 연구〉 홍수희, 2024.
이 논문은 우리나라 고등학생을 대상으로 한 금융 교육의 효과를 실증적으로 분석한다. 금융 교육을 받은 학생 집단과 그렇지 않은 집단의 금융 지식, 태도, 행동을 비교해 금융 교육이 학생들의 금융 역량에 미치는 영향을 검증한다. 실천적 역량 강화에 초점을 두어야 한다는 시사점을 제공한다.

논문 바로가기

주제1 학교 금융 교육이 용돈 관리에 미치는 영향 연구

주제2 효과적인 금융 교육을 위한 학교와 가정 연계 방안 분석

주제3 금융 교육을 받은 학생과 받지 않은 학생의 소비 행태 비교

토론 **주제1** 빚을 내서라도 명품을 사는 것이 합리적인 소비인가?

주제2 기성 세대의 투자 방식과 MZ 세대의 투자 방식은 어떤 차이가 있는가?

주제3 단기적 만족을 위한 소비와 장기적 목표를 위한 투자는 어떻게 균형을 이뤄야 하는가?

02 [12금융01-02] 디지털 금융 환경에서 나타난 금융 서비스의 변화된 특징을 이해하고 디지털 금융 서비스를 효과적으로 이용한다.

디지털 금융 # 핀테크 # 온라인 플랫폼 # 모바일 결제 # 비대면 금융

교과 세특 탐구 주제

주제1 QR 코드 간편 결제 시스템의 장단점 탐색

주제2 인공지능(AI) 챗봇의 금융 서비스 활용 사례 탐색

주제3 디지털 금융 서비스와 전통적 금융 서비스의 차이점 비교

주제4 디지털 금융 혁신이 금융 취약 계층에 미치는 영향 및 포용 금융 발전 방안 탐구

GUIDE 디지털 금융 서비스는 온라인 및 모바일 환경에서 제공하는 페이(Pay) 서비스, 인터넷 은행, 모바일 앱을 통한 거래 등이다. 이는 대부분 핀테크에 기반한다.

📖 함께 보면 좋은 도서

《스테이블 코인 디지털 금융의 미래》 박예신, 더난출판사, 2023.
《화폐의 미래》 에스와르 S. 프라사드(이영래 역), 김영사, 2023.
《핀테크와 블록체인의 미래》 김선미 외, 북오션, 2024.

연계 활동 탐구 주제

독서

《핀테크와 블록체인의 미래》 김선미 외, 북오션, 2024.
이 책은 금융 산업의 핵심 기술인 핀테크와 블록체인을 심도 있게 다룬다. 단순히 기술적 원리 설명에 그치지 않고, 금융 서비스의 미래, 데이터의 중요성, 새로운 금융 환경에서 요구되는 역량에 대해 폭넓게 다루어 급변하는 금융 기술 환경에서 미래를 준비하는 사람들에게 지식과 통찰력을 제공한다.

주제1 모바일 간편 결제 서비스의 종류와 특징 탐색

주제2 금융 서비스에서 인공지능(AI)과 빅 데이터의 활용 사례 분석

주제3 핀테크와 블록체인 기술이 가져올 미래 금융 시장의 형태 탐구

논문

〈디지털 통화 시대의 도래와 금융 기관의 미래의 금융 인프라 대응〉 황정훈, 2023.
이 논문은 중앙은행 디지털 통화(CBDC)의 도입이 금융 인프라에 미치는 영향과 이에 대한 금융 기관의 대응 방안을 연구한다. 저자는 디지털 결제 시스템의 확산 속에서 CBDC가 가져올 변화를 분석하고, 은행들이 새로운 금융 환경에 적응하려면 어떤 투자를 해야 하는지 방향을 제안한다.

논문 바로가기

주제1 현금 없는 사회의 장단점 탐색

주제2 중앙은행 디지털 화폐(CBDC) 도입이 은행에 미치는 영향 분석

주제3 금융 시스템의 디지털 전환 과정에서 발생하는 개인 정보 보호의 문제 고찰

토론

주제1 은행 지점 방문 없이 금융 생활을 하는 것이 안전한가?

주제2 중앙은행 디지털 화폐(CBDC) 도입이 개인의 금융 자유를 침해하는가?

주제3 핀테크 발전으로 인한 금융 소외 계층 문제에 어떻게 대처해야 하는가?

03

[12금융01–03] 안전한 금융 거래를 위한 계약(약관)의 중요성을 인식하고, 금융 사기 예방과 피해 구제를 위해 마련된 주요 금융 소비자 보호 제도를 탐구한다.

관련 학과
· 금융공학과
· 소비자학과
· 정보보호학과
· 정보통신공학과

\# 금융 약관 \# 금융 사기 \# 금융 소비자 보호 \# 금융 분쟁 조정 \# 금융소비자보호법

교과 세특 탐구 주제

주제1 청소년 대상 보이스 피싱 피해 사례 탐색
주제2 온라인 금융 거래 시 개인 정보 보호의 중요성 연구
주제3 금융 사기의 유형 분석과 예방 및 피해 구제 절차 분석
주제4 '금융소비자보호법'이 디지털 금융 환경에 미치는 영향 탐구

GUIDE 금융 소비자 보호 제도는 불공정 거래로부터 소비자를 보호하기 위한 법적 장치로, 금융 상품 판매 시 금융 회사가 준수해야 하는 '6대 판매 원칙'을 명문화하고 있다.

■ 함께 보면 좋은 도서

《금융 소비자 보호》 안수현 외, 한국금융연수원, 2025.
《악마의 유혹, 검은 돈과 금융 사기》 이철환, 새빛, 2024.
《달러는 왜 비트코인을 싫어하는가》 사이페딘 아모스(위대선 역), 터닝포인트, 2018.

연계 활동 탐구 주제

독서

《악마의 유혹, 검은 돈과 금융 사기》 이철환, 새빛, 2024.
이 책은 보이스 피싱, 불법 다단계, 유사 투자 사기 등 다양한 금융 사기 사례를 통해 그 실체와 심각성을 알린다. 사기범들이 피해자의 심리를 어떻게 파고드는지 분석하고 금융 사기로부터 자신을 보호하기 위해 꼭 알아야 할 금융 지식과 사기를 당했을 때 대처하는 방법까지 구체적으로 제시한다.

주제1 금융 사기의 주요 유형을 중심으로 한 피해 사례 분석
주제2 금융 사기 피해를 막을 수 있는 금융 소비자 보호 제도 탐색
주제3 금융 사기 예방을 위한 개인의 책임과 사회적 제도의 역할 비교

논문

〈최근의 보이스 피싱 범죄 수법 변화에 따른 대응 방안〉 박찬걸, 2024.
이 논문은 최근 급변하는 보이스 피싱 범죄 수법을 분석하고, 효과적 대응 방안을 제시한다. 과거의 단순한 전화 사기에서 진화하여 인공지능(AI), 딥페이크, 스미싱 등 첨단 기술을 활용하는 최신 보이스 피싱 유형들을 설명하고 법 제도적 개선, 금융 기관의 방어 시스템 강화 등 대응책을 제안한다.

논문 바로가기

주제1 딥페이크 기술이 보이스 피싱에 미치는 영향 연구
주제2 금융 기관의 보이스 피싱 예방 시스템 정리 및 효과 분석
주제3 보이스 피싱 예방을 위한 법 제도적 개선 방안과 개인의 노력 탐색

토론

주제1 금융 상품 약관을 읽는 습관이 꼭 필요한가?
주제2 금융 사기를 예방하기 위한 개인의 책임은 어디까지인가?
주제3 '금융소비자보호법'이 디지털 금융 범죄를 예방하는 데 효과적인가?

II 수입과 지출

01 [12금융02-01]

소득이 수입의 주요 원천임을 이해하고 소득에 영향을 미치는 다양한 요인을 탐구한다.

\# 소득 \# 수입 \# 근로 소득 \# 자신 소득 \# 총소득 \# 처분 가능 소득 \# 소득 영향 요인

교과 세특 탐구 주제

주제1 개인 간 소득의 차이가 발생하는 이유 분석

주제2 학력과 전공이 개인의 소득에 미치는 영향 탐구

주제3 경제 성장률이 국민 전체의 소득에 미치는 영향 분석

주제4 인공지능(AI)과 로봇 기술 발전이 미래 직업과 소득에 미치는 영향 고찰

■ 함께 보면 좋은 도서

《소득 혁명》 브라이언 페이지(김정혜 역), 서삼독, 2024.
《부자의 그릇》 이즈미 마사토(김윤수 역), 다산북스, 2024.
《자본주의 사용 설명서》 정지은 외, 가나출판사, 2014.

GUIDE '미래 희망 직업'을 선정하고, 그 직업에서 더 높은 소득을 얻기 위해 필요한 역량이나 준비 과정을 조사하면 도움이 된다. 소득은 여러 요인에 의해 복합적으로 결정된다.

연계 활동 탐구 주제

독서

《소득 혁명》 브라이언 페이지(김정혜 역), 서삼독, 2024.
이 책은 기술 발전이 가져올 미래 소득 구조의 변화를 심층적으로 다룬다. 인공지능과 자동화가 직업을 대체하면서 전통적 소득 개념이 사라지고, '소득 혁명'이라는 새로운 시대를 예측한다. 기본 소득, 보편적 자본 소득 등 미래 사회의 소득 불평등 문제에 대응할 수 있는 정책적 대안을 제시한다.

주제1 인공지능이 미래 소득에 미치는 영향 연구

주제2 기본 소득 제도와 소득 불균형 문제 해결 간 상관관계 분석

주제3 미래 소득의 원천이 되는 보편적 자본 소득의 의미와 실현 가능성 탐구

논문

〈한국의 생애 소득 불평등 원인에 대한 분석〉 김지운, 2020.
이 논문은 한국 사회의 생애 소득 불평등의 원인을 분석한다. 소득 불평등은 개인의 능력이나 노력보다 학력, 부모의 소득, 직업의 안정성과 같은 사회 경제적 요인들에 의해 결정된다며 소득 불평등 문제를 해결하기 위한 정책적 논의에 근거를 제공하며, 공정한 사회 구조의 필요성을 강조한다.

논문 바로가기

주제1 소득 격차가 우리 사회에 미치는 영향 탐색

주제2 부모의 소득이 자녀의 학업 성취에 미치는 영향 분석

주제3 초기 소득의 차이가 평생 소득 불평등으로 이어지는 과정 고찰

토론

주제1 미래에는 모든 소득이 기본 소득으로 통일되는가?

주제2 학력이 개인의 소득 수준을 결정하는 가장 중요한 요인인가?

주제3 소득 불평등을 해결하기 위해 개인의 노력과 사회적 제도는 어떻게 조화를 이루어야 하는가?

02

[12금융02–02] 소비 지출과 비소비 지출을 구분하고 지출에 영향을 미치는 요인을 파악하여 합리적인 소비를 실천한다.

소비 지출 # 비소비 지출 # 지불 수단 # 지불 방법 # 지출 관리 # 합리적 소비

관련 학과
· 광고홍보학과
· 금융학과
· 소비자학과
· 정보통계학과

교과 세특 탐구 주제

주제1 충동 구매를 하게 되는 심리적 요인 탐색
주제2 청소년의 소비 행동에 광고가 미치는 영향 연구
주제3 청소년의 소비 지출과 비소비 지출의 특징 분석
주제4 기회비용 개념을 적용하여 합리적 소비 의사 결정 과정 탐구

▣ 함께 보면 좋은 도서
《어떻게 살 것인가》 유시민, 생각의길, 2013.
《착한 소비는 없다》 최원형, 자연과생태, 2020.
《돈의 심리학》 모건 하우절(이지연 역), 인플루엔셜, 2023.

GUIDE 소비 지출은 개인의 욕구 충족을 위해 소비하는 비용으로, 선택적으로 사용한다. 비소비 지출은 저축, 세금, 보험료 등 의무적으로 지출하는 비용이다.

연계 활동 탐구 주제

독서
《돈의 심리학》 모건 하우절(이지연 역), 인플루엔셜, 2023.
이 책은 금융과 관련된 사람들의 심리적 오류와 비합리적 행동을 파헤친다. 사람들의 감정과 생각, 심리적 편향이 금융 의사 결정에 얼마나 큰 영향을 미치는지 보여 주며 부자가 되기 위한 기술적인 방법보다는, 돈에 대한 올바른 태도를 갖추는 것이 훨씬 중요하다고 강조한다.

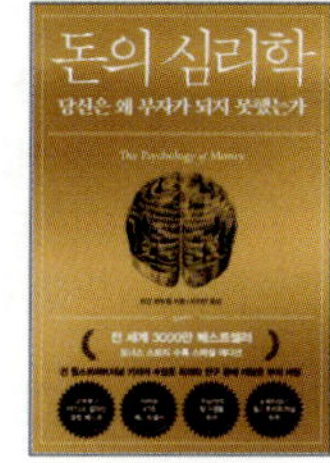

주제1 '내'가 충동적으로 물건을 소비하는 이유 탐구
주제2 돈에 대한 올바른 태도가 부자가 되는 데 미치는 영향 분석
주제3 타인의 투자나 소비 행동 모방 심리에 대한 행동경제학 관점에서의 고찰

논문
〈윤리적 소비는 합리적 선택의 일환일 수 있는가?〉 이의원 외, 2020.
이 논문은 윤리적 소비가 사실은 합리적 선택의 한 형태일 수 있음을 주장한다. 소비자들이 가격이나 품질만 고려하는 것이 아니라 사회적 가치나 개인적 신념을 소비 결정에 반영하며, 소비자가 얻는 효용에는 사회적 만족감이나 심리적 만족감 같은 비경제적 요소도 포함된다고 분석한다.

논문 바로가기

주제1 윤리적 소비의 뜻과 우리 반 학생들의 실천 사례 탐색
주제2 윤리적 소비가 기업과 사회에 미치는 긍정적 효과 분석
주제3 가치 소비를 추구하는 MZ 세대의 소비 패턴에 대한 사례 중심 탐구

토론
주제1 유행에 따라 물건을 사는 것은 비합리적인 소비인가?
주제2 광고를 통해 얻는 정보는 합리적 소비에 도움이 되는가?
주제3 MZ 세대의 '가치 소비'는 충동 구매의 또 다른 형태인가?

03 [12금융02-03]

예산의 의미와 예산 관리 방법을 이해하고 자신의 금융 생활에서 예산을 수립·점검·평가한다.

\# 예신 관리 \# 예산 수립 \# 예산 섬검 \# 예산 평가

교과 세특 탐구 주제

주제1 용돈을 효율적으로 관리하기 위한 예산 수립 방법 탐색

주제2 디지털 가계부 앱이 예산 수립과 관리에 미치는 영향 분석

주제3 청소년의 용돈 관리가 미래의 경제적 자립에 미치는 영향 고찰

■ 함께 보면 좋은 도서

《돈 공부는 처음이라》 김종봉 외, 다산북스, 2023.

《AI와 슬기로운 금융 생활》 송민택, 커뮤니케이션북스, 2025.

《부자 아빠가 없는 너에게》 스칼릿 코크런(이재득 역), 웅진지식하우스, 2023.

연계 활동 탐구 주제

독서

《부자 아빠가 없는 너에게》 스칼릿 코크런(이재득 역), 웅진지식하우스, 2023.

이 책은 막연한 부에 대한 환상 대신, 현실적인 재무 목표를 설정하고 이를 달성하기 위한 구체적인 방법을 제시한다. 단순히 저축이나 투자 상품을 소개하는 것을 넘어, 예산 관리, 부채 관리, 신용 관리 등 건전한 금융 습관을 형성하는 데 필수적인 내용들을 알기 쉽게 설명한다.

주제1 용돈 관리를 위한 가계부 작성법 연구

주제2 경제적 자립을 위해 필요한 금융 습관 고찰

주제3 경제적 목표 달성을 위한 소비, 저축, 투자의 중요성 비교

논문

〈청소년의 합리적인 금융 행태에 영향을 주는 요인〉 정영선 외, 2013.

이 논문은 청소년의 합리적인 금융 행태에 영향을 미치는 요인들을 분석한다. 금융 지식, 금융 교육 경험, 부모의 금융 태도, 용돈 관리 방식 등이 청소년의 저축, 소비, 예산 수립 행동에 미치는 영향을 밝힌다. 특히 부모와의 대화, 용돈 관리 경험이 청소년의 금융 행태에 긍정적인 영향을 준다는 점을 강조한다.

논문 바로가기

주제1 용돈 관리 방식이 청소년의 소비 습관에 미치는 영향 탐색

주제2 금융 교육을 받은 학생과 받지 않은 학생의 저축 행태 비교

주제3 미디어가 청소년의 금융 의사 결정에 미치는 영향에 대한 고찰

토론

주제1 부모의 용돈 관리 방식이 자녀의 금융 습관을 좌우하는가?

주제2 금융 지식의 습득만으로도 합리적인 소비 생활이 가능한가?

주제3 미래의 금융 환경 변화에 맞춰 현재의 금융 교육은 어떻게 개선되어야 하는가?

III 저축과 투자

01 [12금융03–01] 저축의 경제적 의의와 다양한 저축 상품의 특징을 이해하고 저축에 영향을 미치는 요인을 탐구한다.

관련 학과
· 경제학과
· 금융학과
· 응용통계학과
· 정보통계학과

\# 저축 \# 저축 상품 \# 이자 \# 금리 \# 인플레이션

교과 세특 탐구 주제

주제1 은행의 예금과 적금 상품의 차이점 탐색
주제2 저금리 시대에도 저축이 필요한 이유 탐구
주제3 물가 상승이 개인의 저축에 미치는 영향 분석
주제4 경제 상황(금리, 물가 등)이 개인의 저축에 미치는 영향 탐구

📖 함께 보면 좋은 도서

《돈의 감각》 이명로, 비즈니스북스, 2019.
《마법의 돈 굴리기》 김성일, 에이지21, 2017.
《저축은 답답하지만 투자는 무서운 당신에게》 서대리, 알에이치코리아, 2023.

GUIDE 저축에 영향을 미치는 여러 요인들이 복합적으로 작용하여 얼마나 저축할지, 어떤 방식으로 저축할지를 결정한다.

연계 활동 탐구 주제

독서 《돈의 감각》 이명로, 비즈니스북스, 2019.
이 책은 돈에 대한 감각을 키워 경제적 자유를 얻는 방법을 제시한다. 저자는 단순히 돈을 모으는 기술을 넘어, 돈에 대한 관점을 바꾸고 올바른 금융 습관을 형성하는 것이 중요하다고 강조한다. 그는 돈에 대한 '감각'을 기르는 방법을 제시하며, 독자들이 부를 창출하고 관리할 수 있도록 안내한다.

주제1 용돈 기입장 작성을 통해 '나'의 소비 패턴 탐색
주제2 경제적 자유를 얻기 위해 필요한 금융 습관 고찰
주제3 돈에 대한 태도가 재정 관리 능력에 미치는 영향 탐구

논문 〈금융 경험이 경제 지식에 미치는 영향에 관한 연구〉 조영석 외, 2010.
이 논문은 직접적인 금융 경험이 개인의 경제 지식 수준에 미치는 영향을 실증적으로 분석한다. 다양한 금융 활동에 참여해 본 경험이 있는 사람일수록 실질적인 경제 지식이 더 높다며, 청소년기의 용돈 관리, 저축과 같은 금융 경험이 미래의 역량을 키우는 데 중요하다는 점을 강조한다.

논문 바로가기

주제1 '내'가 알고 있는 경제 지식과 금융 경험 탐색
주제2 학교의 금융 교육과 가정의 용돈 교육이 경제 지식에 미치는 영향 비교
주제3 직접적인 금융 경험이 없는 학생들을 위한 효과적인 금융 교육 방법 고찰

토론 **주제1** 금융 상품에 대해 잘 모르는 학생도 투자를 해야 하는가?
주제2 고수익을 기대할 수 있는 투자는 항상 높은 위험을 동반하는가?
주제3 예금자 보호 제도가 은행의 부실을 막는 데 충분히 효과적인가?

02

[12금융03-02] 기본적인 금융 투자 상품의 종류와 특징을 이해하고 투자에 영향을 미치는 요인을 탐구한다.

투자 # 투자 상품 # 위험 # 수익률 # 분산 투자

관련 학과
- 금융경제학과
- 금융보험학과
- 금융투자학과
- 회계학과

교과 세특 탐구 주제

주제1 예금, 적금, 주식, 펀드의 특징 비교 분석

주제2 투자 상품의 특징 및 투자 시 고려해야 할 위험 요인 탐색

주제3 글로벌 경제 상황이 주식 시장에 미치는 영향에 대한 사례 분석

주제4 투자 상품 선택 시 고려해야 할 위험 요인과 기대 수익률 간의 상관관계 탐구

■ 함께 보면 좋은 도서

《오늘부터 머니 챌린지!》 김나영, 휴머니스트, 2025.
《처음 시작하는 돈 공부》 홍춘욱, 김영사, 2022.
《천 원으로 시작하는 10대들의 경제학》 김영옥, 다른, 2020.

GUIDE 다양한 금융 투자 상품의 특징을 조사하고, 각 상품이 가진 위험도와 예상 수익률을 비교해 보면 도움이 된다.

연계 활동 탐구 주제

독서

《천 원으로 시작하는 10대들의 경제학》 김영옥, 다른, 2020.
이 책은 청소년들이 일상에서 만나는 돈의 개념을 '천 원'이라는 최소 단위로 접근하여 쉽게 이해하도록 돕는다. 용돈 관리, 저축, 소비, 투자 등 기본적인 경제 활동의 원리를 예시와 함께 설명하며, 단순한 지식 전달을 넘어 올바른 경제 관념과 책임감 있는 금융 태도를 기르는 데 초점을 맞춘다.

주제1 10대에게 적합한 소액 투자 방법 연구

주제2 미래에 필요한 금융 지식과 경제적 자립의 중요성 고찰

주제3 저축과 투자의 비교 및 청소년에게 적합한 자산 관리 방법 탐구

논문

《현행 금융소비자보호법상 금융 상품의 설명 의무에 대한 소고》 고재종, 2021.
금융 상품 판매자의 '설명 의무'에 대해 고찰한다. 금융 소비자가 금융 상품의 핵심 정보를 이해하고 합리적인 의사 결정을 할 수 있도록 금융 회사가 제공해야 하는 설명의 범위와 방식에 대해 다룬다. 특히, 판매자의 설명이 불충분할 경우 발생하는 법적 책임을 분석하며 실효성 있는 설명 의무 이행을 위한 개선 방안을 제언한다.

논문 바로가기

주제1 금융 상품의 설명 의무 위반 사례 탐색

주제2 '금융소비자보호법'상 설명 의무의 의의와 필요성 연구

주제3 인공지능(AI) 시대에 금융 회사의 설명 의무 이행 방안 고찰

토론

주제1 주식 투자는 청소년에게 필요한 경험인가?

주제2 투자를 위한 AI 기술 활용은 윤리적으로 올바른 행위인가?

주제3 투자 상품의 복잡성이 증가하는 시대에 금융 교육은 어떻게 변화해야 하는가?

03

[12금융03-03] 저축과 투자의 장단점을 고려하여 자기 책임의 원칙에 따라 저축과 투자를 결정하며, 활용할 수 있는 예금자 보호 제도와 투자자 보호 제도를 탐색한다.

자기 책임의 원칙 # 예금자 보호 제도 # 투자자 보호 제도 # 안전성 # 수익성 # 유동성

관련 학과
- 경제금융학부
- 경제학과
- 보험계리학과
- 세무학과

교과 세특 탐구 주제

주제1 청소년 저축과 투자의 차이점 및 효율적인 저축 방법 탐색

주제2 예금자 보호 제도와 투자자 보호 제도의 개념과 필요성 탐색

주제3 안전성, 수익성, 유동성 측면에서 주식과 펀드 투자의 장단점 비교

주제4 예금자 보호 제도와 투자자 보호 제도의 사례 분석을 통한 금융 소비자 보호의 중요성 탐색

📖 **함께 보면 좋은 도서**

《최소한의 행동경제학》 김나영, 가나출판사, 2025.

《나의 첫 돈과 금융 수업》 문원준, 맘에드림, 2025.

《죽은 경제학자의 살아 있는 아이디어》 토드 부크홀츠(류현 역), 김영사, 2023.

GUIDE 예금자 보호 제도는 '원금 보장'이 핵심으로, 금융 기관이 파산하더라도 원금을 돌려준다.

연계 활동 탐구 주제

독서

《최소한의 행동경제학》 김나영, 가나출판사, 2025.
이 책은 인간이 항상 합리적으로 판단하지 않는다는 전제에서 출발하여, 인지 편향, 휴리스틱, 프레이밍 효과 등 다양한 행동경제학 이론이 우리의 의사 결정에 어떻게 영향을 미치는지 보여 준다. 또한, 이러한 심리적 함정을 극복하고 더 나은 경제적 선택을 할 수 있는 실질적인 방안을 제시한다.

주제1 넛지 이론을 활용한 일상 속 행동 변화 사례 탐색

주제2 손실 회피 심리가 소비자의 구매 결정에 미치는 영향 분석

주제3 행동경제학 이론을 적용한 금융 상품 및 정책 사례와 그 효과 고찰

논문

〈예금자 보호 제도의 현황과 개선 방안에 관한 연구〉 정다혜 외, 2023.
이 논문은 현행 예금자 보호 한도의 적정성을 다각도로 검토하고, 금융 시장의 디지털 전환과 금융 상품의 복잡성 증가에 따른 새로운 리스크를 진단한다. 또한, 부실 금융 기관의 조기 정상화를 위한 예금 보험 공사의 역할 강화와 금융 소비자 보호를 위한 정보 제공 및 교육의 중요성을 강조한다.

논문 바로가기

주제1 예금자 보호 제도의 개념과 보호 한도 탐색

주제2 해외 주요 국가의 예금자 보호 제도 비교 및 시사점 고찰

주제3 금융 위기 사례를 중심으로 예금자 보호 제도와 금융 시스템 안정 간 상관관계 분석

토론

주제1 예금자 보호 제도의 보호 한도를 상향해야 하는가?

주제2 투자자 보호를 위해 정부의 규제를 강화해야 하는가?

주제3 행동경제학 관점에서 투자자 교육을 의무화해야 하는가?

Ⅳ 신용과 위험 관리

01

[12금융04-01] 신용 사용의 결과를 고려한 책임감 있는 신용 관리 태도를 기르고, 신용에 영향을 미치는 요인을 파악하여 자신의 신용을 효과적으로 관리하는 방법을 탐구한다.

관련 학과
· 경제학과
· 경영학과
· 금융공학과
· 국제금융학과

개인 신용 평가 제도　# 신용 등급　# 신용 점수　# 신용 관리　# 금융 소비자 보호

교과 세특 탐구 주제

주제1 신용 카드와 체크 카드 사용의 장단점 비교
주제2 신용 관리의 중요성과 신용 점수 향상을 위한 실천 방안 탐색
주제3 신용 점수제 도입 이후 개인 신용 관리의 변화와 금융 소비자의 대응 방안 탐구
주제4 신용 점수제와 신용 등급제의 차이 및 각 제도가 개인 금융 생활에 미치는 영향 고찰

GUIDE 신용은 단순히 돈을 잘 갚는 능력을 넘어, 더 나은 조건으로 금융 서비스를 이용하고 재정적 어려움을 해결하는 데 핵심적인 역할을 한다.

☐ **함께 보면 좋은 도서**

《부자의 그릇》 이즈미 마사토(김윤수 역), 다산북스, 2024.
《청소년을 위한 돈이 되는 경제 교과서》 신동국, 처음북스, 2023.
《바빌론 부자들의 돈 버는 지혜》 조지 S. 클레이슨(이선주 역), 현대지성, 2024.

연계 활동 탐구 주제

독서　《청소년을 위한 돈이 되는 경제 교과서》 신동국, 처음북스, 2023.
이 책은 청소년들이 꼭 알아야 할 경제 지식을 체계적으로 담았다. 용돈 관리부터 신용, 투자, 세금, 보험 등 실생활과 밀접한 경제 개념을 흥미로운 사례와 도표를 활용해 쉽게 설명한다. 또한, 올바른 금융 습관을 형성하고 책임감 있는 경제 주체로 성장하는 데 필요한 실용적인 조언을 제공한다.

주제1 다양한 금융 상품의 특징과 활용법 탐구
주제2 합리적인 소비 활동이 개인의 신용에 미치는 긍정적 효과 탐색
주제3 글로벌 경제의 흐름 속에서 신용이 개인에게 미치는 영향 고찰

논문　〈청소년의 금융 이해력에 따른 잠재 집단 분류 및 특성 탐색〉 박상은, 2020.
이 논문은 청소년들의 금융 이해력 수준을 분석하고, 청소년 집단을 여러 유형의 '잠재 집단'으로 분류하여 각 집단의 금융 관련 특성을 탐색한다. 금융 태도와 행동까지 종합적으로 고려하여 청소년의 금융 이해력을 분석해 맞춤형 금융 교육 프로그램을 개발하는 데 필요한 기초 자료를 제공한다.

논문 바로가기

주제1 '나'와 우리반 학생들의 금융 이해력 탐색
주제2 청소년 금융 이해력 증진을 위한 교육 프로그램의 문제점 고찰
주제3 청소년의 금융 이해력을 바탕으로 효과적인 신용 관리 교육 방안 연구

토론　**주제1** 고등학생에게 신용 카드 발급을 허용해야 하는가?
주제2 학교에서의 금융 교육은 소비 습관 개선에 도움이 되는가?
주제3 신용 점수가 개인의 금융 활동을 지나치게 통제한다고 볼 수 있는가?

02

[12금융04-02] 위험 관리의 필요성과 위험 관리 방법으로서 보험의 원리를 이해하고, 주요 보험 상품의 특징을 비교한다.

관련 학과
· 금융공학과
· 금융보험학과
· 보험계리학과
· 응용통계학과

\# 위험 관리 \# 보험 \# 보험의 원리 \# 보험 상품 \# 금융 소비자 보호

교과 세특 탐구 주제

주제1 위험 관리 방법으로서 보험의 역할 탐색

주제2 생명 보험과 손해 보험의 특징 비교

주제3 보험의 원리인 대수의 법칙이 적용되는 과정에 대한 탐구

주제4 사회 보험과 민영 보험의 역할 비교와 각각의 사회적 필요성 고찰

■ **함께 보면 좋은 도서**

《돈의 속성》 김승호, 스노우폭스북스, 2020.

《반값 보험료 만들기》 장명훈, 황금부엉이, 2023.

《당신이 가입한 보험은 쓰레기다》 이희강, 틀니출판, 2023.

연계 활동 탐구 주제

독서

《반값 보험료 만들기》 장명훈, 황금부엉이, 2023.

이 책은 보험 설계사의 관점이 아닌 소비자의 입장에서 꼭 필요한 보장만 선택하고, 불필요한 특약과 과도한 보험료를 걸러 내는 노하우를 제공한다. 또한, 보험의 본질적인 원리를 이해하고 스스로 보험을 점검하여 자신에게 맞는 '반값 보험'을 만드는 구체적인 전략을 제시한다.

주제1 '반값 보험료'의 의미와 구체적 실현 방법 탐구

주제2 불필요한 보험 특약이 소비자에게 미치는 영향 탐색

주제3 보험료 절감 원리를 바탕으로 '나'에게 맞는 보험 포트폴리오 연구

논문

〈공·사보험 연계에 대한 법적 연구 -정보 교류를 위한 법 개정 방향을 중심으로〉 김소연, 2024.

이 논문은 공보험과 사보험 간의 정보 연계 필요성을 제기하고, 이를 위한 법적 기반 마련 방안을 연구한다. 현행 법 체계가 정보 교류를 원활하게 지원하지 못하는 문제점을 지적하며, 공공의 이익 증진과 효율적인 위험 관리를 위해 정보 공유 방식에 대한 법률적, 정책적 제언을 제시한다.

논문 바로가기

주제1 공보험과 사보험의 차이점 탐색

주제2 공보험과 사보험 간 정보 연계가 필요한 이유 분석

주제3 공보험과 사보험 간 정보 교류 시 발생할 수 있는 개인 정보 침해 문제 고찰

토론

주제1 보험사는 상품을 알기 쉽게 만들 의무가 있는가?

주제2 공보험과 중복 보장되는 사보험 상품을 허용해야 하는가?

주제3 보험은 도덕적 해이를 유발하여 사람들을 더 부주의하게 만드는가?

03

[12금융04-03] 고령 사회에서 노후 설계의 필요성을 이해하고, 연금의 종류와 특징을 파악하여 안정적인 노후 대비 계획을 설계한다.

\# 고령화 \# 노후 설계 \# 연금 \# 국민 연금 \# 재무 설계

교과 세특 탐구 주제

주제1 고령 사회의 특징과 노후 대비의 필요성 탐색

주제2 국민 연금과 퇴직 연금, 개인 연금 각각의 특징 비교

주제3 고령화와 저출산이 국민 연금 제도에 미치는 영향 연구

주제4 기대 수명 증가가 개인의 재무적 노후 설계에 미치는 영향 탐구

■ 함께 보면 좋은 도서

《마법의 연금 굴리기》 김성일, 에이지21, 2023.
《박곰희 연금 부자 수업》 박곰희, 인플루엔셜, 2025.
《나는 노후에 가난하지 않기로 결심했다》 서대리, 세이지, 2022.

연계 활동 탐구 주제

독서

《박곰희 연금 부자 수업》 박곰희, 인플루엔셜, 2025.
이 책은 국민 연금, 퇴직 연금, 개인 연금으로 이루어진 3층 연금 체계를 알기 쉽게 설명하고, 각 연금의 특징을 활용하여 안정적인 노후 자산을 만드는 구체적인 방법을 제시한다. 연금에 대한 막연한 불안감을 해소하고, 스스로 노후를 설계하여 '연금 부자'가 될 수 있도록 돕는 가이드를 담고 있다.

주제1 3층 연금 체계의 구조와 특징 분석

주제2 고령화 시대에 연금 외에 필요한 노후 준비 방안 고찰

주제3 안정적인 노후를 위한 연금 포트폴리오 구축 방안 연구

논문

〈세대 간 불평등 인식과 국민 연금·기초 연금 복지 태도 연구〉 남보영 외, 2024.
이 논문은 청년 세대를 중심으로 미래 세대가 짊어져야 할 부담이 커질수록 현행 연금 제도에 대한 지지도가 낮아지는 경향을 보인다며 연금에 대한 불신과 사회적 갈등이 지속가능한 연금 개혁을 가로막는 주요 요인임을 지적하며, 세대 간 합의의 중요성을 강조한다.

논문 바로가기

주제1 세대 간 불평등 인식이 연금에 미치는 영향 탐색

주제2 국민 연금과 기초 연금의 특징과 차이점 비교 분석

주제3 세대 간 연금 부담 완화를 위한 정부의 역할과 정책 탐구

토론

주제1 노후 준비는 개인의 책임인가, 사회의 책임인가?

주제2 미래 세대가 국민 연금 재정 부담을 지는 것은 정당한가?

주제3 연금 개혁을 위해 보험료 인상과 연금액 삭감 중 어떤 것을 우선해야 하는가?

현대사회와 윤리

과목 정보 ▶	교과군	공통 과목	선택 과목			평가 정보		수능
			일반 선택	진로 선택	융합 선택	성취도	상대평가	
	도덕	—	○	—	—	5단계	5등급	×

1 ▶ 교과 성격

'현대사회와 윤리' 과목은 오늘날 사회에서 나타나는 다양한 현상과 갈등을 윤리적 관점에서 바라보고, 이를 합리적으로 해결할 수 있는 도덕적 사고력과 성찰·실천 능력을 함양하는 것을 목표로 한다. 이 과정에서 동양과 서양의 윤리 사상과 사회이론을 토대로 현대의 윤리 문제를 분석하고, 그 해결 방안을 실제 생활과 연결하는 데 중점을 둔다.

학생들은 생명, 성과 가족, 생태, 과학기술, 정보와 미디어, 인공지능, 직업, 시민, 문화, 평화 등 여러 영역에서 발생하는 윤리적 쟁점을 실천윤리학의 관점에서 탐구한다. 이를 통해 일상 속에서 윤리적 사고와 성찰이 구체적인 행동으로 실현될 수 있도록 한다.

TIP 진로 선택 과목인 '윤리와 사상', '인문학과 윤리', 융합 선택 과목인 '윤리문제 탐구' 과목을 위한 기본적 소양과 문제 의식을 제공하는 역할을 하는 교과임.

2 ▶ 교과 목표

- 현대사회의 윤리 문제를 해결하기 위해 동·서양의 윤리 및 사회사상을 이해하여, 실천윤리의 관점에서 탐구하고 성찰할 수 있는 능력을 기른다.
- 생명의 가치와 삶의 소중함을 인식하고 생태 위기의 원인과 해결 방안을 탐구하여, 자연과 인간이 상생하는 책임 있는 윤리적 역량을 함양한다.
- 뉴미디어, 인공지능 등 과학기술의 연구와 성과에 대해 비판적으로 성찰하여, 윤리적으로 정당화가 가능한지를 탐구할 수 있는 역량을 함양한다.
- 사회 정의를 실현하기 위해 시민과 국가의 윤리 문제를 탐구함으로써, 민주시민이 갖추어야 할 시민 역량을 함양한다.
- 예술 및 의식주 생활, 경제생활의 윤리 문제를 성찰하고 다문화 사회의 갈등 해결 방안을 탐구하여, 다양한 가치를 존중하며 배려와 관용을 내면화한다.
- 사회갈등, 남북분단과 통일, 국제 분쟁 등의 문제를 탐구하여, 평화와 공존을 위한 보편적 가치와 태도를 내면화한다.

3 ▶ 교과 핵심 키워드

# 가족 윤리	# 개인선과 공동선	# 결혼	# 공공미술	# 공동체주의
# 공장식 축산	# 과시 소비	# 교정적 정의	# 국제 분쟁	# 기술윤리
# 노동의 가치	# 다문화 사회	# 다문화주의	# 대중문화의 순기능과 역기능	# 도덕주의
# 동서양의 자연관	# 동양 윤리사상	# 문화 상대주의		# 미디어 문해력
# 미디어 윤리	# 민주주의	# 보편 윤리	# 분배 정의	# 사랑과 성
# 사회 계약론	# 사회사상	# 사회적 갈등	# 사회 통합	# 서양 윤리사상
# 세계 시민주의	# 소통과 담론	# 실천윤리학	# 알고리즘 편향성	# 예술 지상주의
# 윤리 문제	# 윤리사상	# 윤리적 존재	# 윤리적 해결 방안	# 윤리학
# 응보적 정의	# 인간 중심주의	# 인공지능 윤리	# 자유주의	# 자유 지상주의
# 저작권 침해 문제	# 정보 격차	# 정보 윤리	# 종교 갈등	# 지구촌 공존
# 직업 윤리	# 책임 윤리	# 패스트 패션	# 환경윤리	# 효와 배려

4 ▸ 내용 체계

(1) 현대 생활과 윤리

핵심 아이디어	• 윤리적 삶을 추구하는 인간은 현대사회에서 발생하는 다양한 윤리 문제들을 해결하기 위해 실천윤리의 관점에서 윤리적 성찰과 탐구를 한다. • 현대사회에서 발생하는 다양한 윤리 문제들을 해결하기 위해서는 동·서양의 다양한 윤리 사상과 이론에 대한 탐구가 필요하다.

범주	내용 요소
지식·이해	1. 윤리적 인간은 현대사회의 윤리 문제를 어떻게 해결하고자 하는가? • 인간의 삶과 윤리의 관계　　• 실천윤리학과 다양한 윤리적 쟁점 2. 다양한 윤리 이론은 현대사회의 윤리 문제에 어떠한 지혜를 제시하는가? • 동양 윤리의 접근　　• 서양 윤리의 접근
과정·기능	• 윤리학 이해하기 • 윤리 문제에 적용하기 • 윤리적 관점에서 토론하고 실천 방안 제안하기
가치·태도	• 인, 자비, 무위를 실천하는 자세 • 자율성, 유용성, 덕성을 함양하려는 태도 • 자유, 공동선을 증진하려는 자세

(2) 생명윤리와 생태윤리

핵심 아이디어	• 동·서양의 사상가들은 삶과 죽음의 의미에 대해 깊이 성찰해 왔으며, 오늘날에는 생명 과학기술의 발달로 인해 생명윤리와 관련된 쟁점에 대한 이해가 중요하다. • 사랑은 인간과 인간 사이의 인격적인 교감을 가능하게 하는 매개이고, 성(性)은 자기 결정권이 존중되는 영역이며 나아가 사회·문화적 차원에서는 인격적 책임을 수반한다. • 사안을 바라보는 동·서양의 다양한 윤리적 관점이 있으며, 오늘날의 환경 문제를 해결하기 위해서는 환경 문제에 대한 성찰 및 미래 세대에 대한 책임의식과 생태 감수성이 필요하다.

범주	내용 요소
지식·이해	1. 출생과 죽음의 의미와 생명과 관련된 윤리적 쟁점은 무엇인가? • 출생 및 죽음의 의미와 삶의 가치　　• 출생 및 죽음과 관련된 윤리적 쟁점 2. 사랑과 성의 인격적 가치와 사회 • 문화적 의미는 무엇인가?　　• 사랑과 성의 관계　　• 결혼과 가족의 윤리 3. 미래 세대를 위해 인간과 자연의 관계를 어떻게 설정해야 하는가? • 자연을 바라보는 동·서양의 관점　　• 환경 문제에 대한 윤리적 쟁점
과정·기능	• 윤리적 관점에서 성찰하기 • 윤리이론을 통해 정당화하기 • 윤리적 실천 방안 제안하기
가치·태도	• 생명 존중과 사랑, 책임의 자세 • 효와 배려, 생태 감수성을 갖추고자 하는 태도

(3) 과학과 디지털 학습 환경 윤리

핵심 아이디어	• 현대에는 개인과 사회에 대한 과학기술의 영향력이 커짐에 따라 과학기술의 연구 윤리와 사회적 책임이 더욱 중요하다. • 정보사회에서 정보통신 기술의 발달로 인해 발생하는 다양한 윤리문제를 해결하기 위해서는 정보윤리뿐만 아니라 미디어 문해력을 바탕으로 한 미디어 윤리의 함양이 필요하다. • 인공지능의 연구와 활용에 대한 윤리적 탐구는 인공지능 기술로 인해 발생할 수 있는 윤리문제를 예방하고 인공지능 기술의 바람직한 활용을 도울 수 있다.

범주	내용 요소
지식·이해	1. 과학기술 연구의 학문적 자유와 사회 책임은 어디까지인가? • 과학기술의 가치 중립성 논쟁　　　• 과학기술의 사회적 책임 2. 정보윤리와 미디어 문해력의 필요성과 역할은 무엇인가? • 정보사회의 특징과 윤리적 쟁점들　　　• 뉴미디어 사회의 특징과 윤리적 쟁점들 3. 인간의 삶을 위한 윤리적 인공지능의 의미와 윤리적 쟁점은 무엇인가? • 인공지능과 인간의 관계　　　• 인공지능의 윤리적 쟁점
과정·기능	• 윤리적 관점에서 비판하기 • 윤리적 관점에서 정당화하기 • 윤리적 관점에서 실천 방안 제안하기
가치·태도	• 자유와 책임, 존중의 자세 • 존엄성과 자율, 유용성을 균형 있게 중시하는 태도

(4) 민주시민과 윤리

핵심 아이디어	• 직업윤리와 청렴의 윤리는 부패를 방지하여 공정한 사회를 만드는 원동력이 되며, 노동의 가치에 대한 존중은 정의로운 사회의 기초가 된다. • 민주 국가는 개인선과 공동선을 조화시키려는 시민의 노력으로 이루어지며, 시민의 정치 참여는 성숙한 민주주의로 나아가는 토대가 된다. • 분배정의는 사회적 이익과 부담을 공정하게 분배함으로써 실현되며, 교정적 정의는 국가가 법 집행을 통해 불법 행위나 부정의를 바로잡음으로써 실현된다.

범주	내용 요소
지식·이해	1. 직업인으로서 갖추어야 할 윤리의식과 노동은 왜 존중되어야 하는가? • 직업 생활의 의미　　　• 직업윤리와 노동에 대한 존중 2. 자유롭고 책임 있는 시민의 역할은 무엇이고, 사회참여는 어떻게 이루어지는가? • 시민과 국가의 관계　　　• 시민의 참여와 시민불복종 3. 정의로운 사회에서는 어떻게 공정함을 추구하고 부정의를 바로 잡는가? • 분배 정의의 의미와 윤리적 쟁점들　　　• 교정적 정의의 의미와 윤리적 쟁점들
과정·기능	• 윤리적 관점에서 설명하기 • 공정한 사회 건설 방안 제안하기 • 윤리적 실천 방안 제안하기
가치·태도	• 성실과 청렴, 존중의 자세 • 자유와 공동선, 정의를 추구하는 태도

(5) 문화와 경제생활의 윤리

핵심 아이디어	• 예술과 도덕의 관계를 이해하는 다양한 입장이 있으며, 대중문화와 관련된 윤리문제를 해결하기 위해 비판의식을 함양할 필요가 있다. • 의식주 생활과 경제생활에서 여러 윤리적 쟁점이 발생하며, 이를 해결하기 위해서는 윤리적 성찰이 요구된다. • 다문화 사회의 다양한 윤리 문제를 해결하려면 문화 다양성과 보편 윤리의 조화를 바탕으로 상호 존중과 관용의 자세를 가져야 한다.

범주	내용 요소
지식·이해	1. 미적 가치와 윤리적 가치는 조화를 이루어야 하는가? • 미적 가치와 윤리적 가치　　　　• 대중문화의 윤리 문제 2. 의식주 생활과 경제생활에 있어 윤리적 쟁점은 무엇인가? • 의식주 생활과 윤리　　　　• 경제생활에서 발생하는 윤리적 갈등 3. 문화 다양성은 보편윤리와 어떻게 조화를 이룰 수 있는가? • 문화 다양성과 존중　　　　• 다문화 윤리의 실천과 노력
과정·기능	• 윤리적 관점에서 성찰하기 • 윤리적 관점에서 비판하기 • 윤리적 실천 방안 제안하기
가치·태도	• 아름다움과 정직, 신뢰의 지향 • 관용과 다양성을 중시하는 태도

(6) 평화와 공존의 윤리

핵심 아이디어	• 사회의 다양한 갈등을 평화적으로 극복하고 진정한 사회통합을 이루기 위해서는 동·서양의 다양한 윤리 이론을 바탕으로 한 윤리적 소통과 담론이 필요하다. • 남북통일과 한반도 평화는 관련 쟁점에 대한 지속적인 탐구를 바탕으로 보편적인 윤리적 가치들을 지향하는 개인적·국가적 노력이 이루어질 때 실현될 수 있다. • 국제 정의는 지구촌의 다양한 문제들의 선행적 해결을 전제로, 구성원 모두가 인간다운 삶을 영위할 수 있도록 하는 개인, 국가, 국제 사회 차원의 제도적·윤리적 노력을 필요로 한다.

범주	내용 요소
지식·이해	1. 사회통합을 위한 소통과 담론의 윤리적 방안은 무엇인가? • 사회갈등과 사회통합　　　　• 소통과 담론의 윤리 2. 남북한의 분단 문제를 넘어 평화를 실현하기 위한 윤리적 가치는 무엇인가? • 통일 문제를 둘러싼 쟁점　　　　• 평화를 실현하기 위한 윤리적 가치 3. 세계시민으로서 국제 사회의 위기 극복을 위한 윤리적 노력은 무엇인가? • 국제 분쟁의 해결과 방안　　　　• 국제 사회에 대한 책임과 기여
과정·기능	• 윤리적 관점에서 토론하기 • 사회통합을 위한 방안 탐구하기 • 윤리적 실천 방안 제안하기
가치·태도	• 통합과 소통, 평화와 공존의 지향 • 인권과 정의, 책임을 중시하는 태도

I 현대 생활과 윤리

01 [12현윤01–01] 윤리학의 성격과 특징을 바탕으로 윤리적 존재로서의 인간 본성을 이해하고, 현대 사회의 다양한 윤리 문제를 탐구 및 토론할 수 있다.

\# 윤리학 \# 윤리적 존재 \# 윤리사상 \# 현대 사회의 다양한 윤리 문제

관련 학과
- 법학과
- 사회학과
- 윤리교육과
- 철학과

교과 세특 탐구 주제

주제1 인간의 본성과 윤리적 행위의 관계 탐구

주제2 윤리 판단 기준과 사회가 합의에 이르는 과정 탐색

주제3 실천윤리학의 의미와 실제 사회문제 적용 가능성 탐색

주제4 현대 사회의 기술·환경·생명 등 주요 윤리 문제 범주화와 적용 사례 분석

GUIDE 인간의 본성과 윤리적 행위의 관계는 성선설·성악설 같은 철학적 주장과 실제 사례를 연결해 검토해야 한다.

▣ 함께 보면 좋은 도서

《스피노자 윤리학 수업》 진태원, 그린비, 2022.

《실천윤리학》 피터 싱어(김성동 역), 연암서가, 2013.

《니코마코스 윤리학》 아리스토텔레스(박문재 역), 현대지성, 2022.

연계 활동 탐구 주제

독서

《스피노자 윤리학 수업》 진태원, 그린비, 2022.
이 책은 스피노자의 윤리학을 현대적인 관점에서 재해석한다. 스피노자의 철학을 단순히 이론으로만 설명하는 것이 아니라, 실제 삶에서 어떻게 적용할 수 있는지에 초점을 맞추고 있다. 인간의 정서와 욕망을 이해하고, 능동적인 삶의 태도를 갖추는 방법을 제시한다. 궁극적으로 인간의 자유와 행복에 이르는 길을 보여 준다. 스피노자 철학의 난해함을 넘어, 실천적인 삶의 지혜를 얻을 수 있도록 돕는다.

주제1 스피노자 철학에 나타난 능동적 삶의 태도 탐구

주제2 스피노자 윤리학을 통해 바라본 현대인의 자유와 행복 탐구

주제3 스피노자의 결정론적 세계관이 도덕적 책임에 미치는 영향 분석

논문

〈인공지능 윤리와 기업의 책임 있는 AI 활동〉 김지혜 외, 2024.
이 논문은 인공지능 기술의 발전과 함께 발생하는 다양한 윤리적 문제들을 다룬다. 인공지능이 사회에 미치는 영향력을 고려할 때, 기업의 책임 있는 인공지능 개발 및 활용이 중요하다는 점을 강조한다. 논문은 AI 윤리 원칙을 수립하고 실천하기 위한 기업의 역할과 책임, 그리고 구체적인 활동 방안을 제시한다. 이를 통해 AI 기술의 긍정적인 발전을 모색한다.

주제1 책임 있는 AI 개발이 기업 경쟁력에 미치는 영향 분석

주제2 AI 기술의 편향성 문제가 사회적 불평등에 미치는 영향 탐구

주제3 인공지능 윤리 실천을 위한 기업의 역할과 책임에 대한 탐구

토론

주제1 AI 윤리는 과학 기술의 혁신을 저해하는가?

주제2 AI가 대신 결정해도, 스피노자가 말한 자유를 인간이 지킬 수 있는가?

주제3 현대사회의 주요 윤리 문제 해결에서 실천윤리학이 직면하는 한계는 무엇인가?

02

[12현윤01-02] 동양 및 서양의 윤리사상, 사회사상의 접근을 비교 분석하고, 이를 현대 사회의
다양한 윤리 문제와 쟁점에 적용하여 윤리적 해결 방안을 도출할 수 있다.

관련 학과
· 사회학과
· 윤리교육과
· 인공지능학과
· 철학과

\# 동·서양의 윤리사상 \# 사회사상 \# 현대 사회의 윤리 문제 \# 윤리 문제의 해결 방안

교과 세특 탐구 주제

주제1 동양과 서양의 윤리사상에 나타난 책임 윤리 비교 분석

주제2 AI 발전에 따른 도덕성 탐구에 대한 도덕·과학적 접근 분석

주제3 현대 사회 환경 문제를 해결하기 위한 동서양 윤리사상 적용 탐구

주제4 칸트의 의무론적 관점에서 바라본 기업의 사회적 책임 문제 분석

GUIDE 기업의 사회적 책임은 칸트의 의무론을 기업의 배출 가스 조작, 플랫폼 노동자의 과로 문제, 공정 무역 실천 등의 실제 사례와 연결해 분석해야 한다.

■ 함께 보면 좋은 도서

《서양 윤리사상》 김상돈 외, 울력, 2024.

《동양 윤리사상의 이해》 김상래, 이담북스, 2018.

《도덕적 시민의 눈으로 세상 읽기》 전국도덕교사모임 외, 해냄에듀, 2024.

연계 활동 탐구 주제

독서

《도덕적 시민의 눈으로 세상 읽기》 전국도덕교사모임 외, 해냄에듀, 2024.
이 책은 현대 사회의 다양한 윤리적 쟁점들을 깊이 있게 탐구한다. 도덕적 시민으로서 세상의 문제들을 어떻게
바라보고 해결해야 하는지에 대한 실천적 방법을 제시한다. 인공지능, 환경 문제, 사회 정의 등 복잡한 문제들을
다양한 윤리적 관점에서 분석하며, 독자들이 주체적인 판단을 내릴 수 있도록 돕는다. 이 책을 통해 비판적 사
고 능력을 함양하고, 더 나은 사회를 만들기 위한 실천 방안을 모색할 수 있다.

주제1 현대 환경 문제에 대한 도덕적 책임과 실천적 방안 분석

주제2 인공지능 윤리 문제 해결을 위한 시민적 책임과 역할 탐구

주제3 사회적 소수자 문제 해결을 위한 윤리적 관점과 실천 방인 담구

논문

〈한국 근현대에서 서양 윤리사상과 실학의 만남〉 권인호, 2008.
이 논문은 한국 근현대 시기에 서양의 윤리사상이 도입되면서 실학사상과 만나는 과정을 분석한다. 서양의 실
용주의적 사고방식과 근대적 가치관이 실학의 개혁적 정신과 어떻게 상호 작용을 했는지 탐구한다. 이를 통해
한국 윤리사상에 미친 영향을 고찰하며, 한국 사회의 근대화 과정에서 윤리적 가치관의 형성을 조명한다.

논문 바로가기

주제1 서양의 근대적 가치관이 한국의 전통 윤리에 미친 영향 분석

주제2 정약용의 경세치용과 서양 실용주의 윤리사상의 공통점 비교

주제3 실학과 서양 윤리사상이 한국 사회의 근대화 과정에 미친 영향 분석

토론

주제1 AI 윤리 규제는 기술 발전보다 우선시되는가?

주제2 동서양 윤리사상 중 현대 환경 문제 해결에 더 적합한 것은 무엇인가?

주제3 실학사상은 현대 한국 사회의 윤리적 문제 해결에 기여할 수 있는가?

II 생명윤리와 생태윤리

01

[12현윤02–01] 삶과 죽음을 동·서양 윤리의 입장에서 성찰하고, 현대 사회에서 발생하는 생명 윤리 문제를 다양한 윤리적 관점에서 설명할 수 있다.

관련 학과
- 사회학과
- 윤리교육과
- 의생명공학과
- 철학과

\# 삶과 죽음 \# 생명의 존엄성 \# 생명윤리 \# 생명 연장 기술의 윤리적 한계

교과 세특 탐구 주제

주제1 출생 및 죽음과 관련된 윤리적 쟁점 탐구
주제2 인공지능 및 로봇 돌봄이 생명 존엄성에 미치는 영향 분석
주제3 생명 연장 기술의 윤리적 한계와 품위 있는 죽음의 기준 탐구
주제4 인공 수정·대리모·유전자 편집이 출생의 의미에 미치는 영향 분석

GUIDE 인공지능이나 로봇 돌봄 문제는 기술의 편리함과 생명 존엄성의 충돌을 함께 고려해야 하고, 생명 연장 기술이나 인공 수정·유전자 편집은 긍정적·부정적 영향을 균형 있게 비교해야 한다.

▣ 함께 보면 좋은 도서

《생명 의료 윤리》 피터 싱어(윤김지영 역), 동녘, 2023.
《생명은 소중한가?》 강희경 외, 인문과교양, 2025.
《유전자를 조작해 난치병을 고칠 수 있다고?》 신인철, 비룡소, 2025.

연계 활동 탐구 주제

독서
《생명 의료 윤리》 피터 싱어 외(윤김지영 역), 동녘, 2023.
이 책은 현대 의료와 생명과학에서 제기되는 핵심 쟁점을 심도 있게 탐구한 저서이다. 안락사, 장기 이식, 유전자 조작, 생명 연장 기술 등의 사례를 중심으로 생명의 존엄성과 인간의 도덕적 책임을 다각도로 논의하며, 그 과정에서 공리주의, 의무론, 덕 윤리 등 다양한 윤리 이론을 적용해 논리적 근거를 제시한다. 이러한 철학적 논증은 주제를 비판적으로 성찰하여 생명윤리를 이해하도록 돕는다.

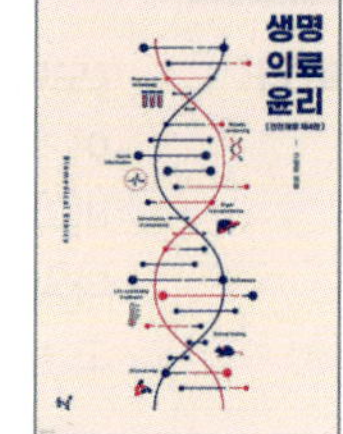

주제1 장기 기증 제도의 윤리적 한계와 개선 조건 탐구
주제2 말기 환자 돌봄에서 존엄사의 사회적 수용 조건 탐구
주제3 유전자 치료와 질병 예방 기술이 인간관계와 사회 구조에 미치는 영향 분석

논문
〈크리스퍼와 생명 윤리〉 송승현, 2021.
이 논문은 크리스퍼 유전자 편집 기술의 가능성과 한계를 윤리와 법의 관점에서 검토하며 인간 존엄성과 생명권이 기술 발전 속에서 어떻게 보호되어야 하는지를 논증한다. 체세포와 생식 세포 편집의 차이를 구분하고 허용 범위를 제시하며 남용과 불평등의 위험을 경고하고 공적 규제와 사회적 합의의 필요성을 강조한다. 이를 통해 생명 기술이 공동체의 책임과 제도적 통제 속에서 운영되어야 함을 밝힌다.

주제1 크리스퍼의 윤리적 허용 범위 분석
주제2 생명윤리법의 규제 한계와 역할 고찰
주제3 유전자 치료 기술이 인간 존엄성 인식에 미치는 영향 탐구

토론
주제1 장기 이식과 유전자 치료의 발전이 인간 존엄성을 향상시킬 수 있는가?
주제2 품위 있는 죽음을 보장하기 위해 존엄사 제도를 확대하는 것이 사회적으로 바람직한가?
주제3 제한된 의료 자원 상황에서 존엄사·장기 이식·유전자 치료의 우선순위는 어떻게 정해야 하는가?

02

[12현윤02-02] 사랑과 성에 관한 다양한 입장과 성차별의 윤리적 문제를 이해하고, 현대 사회의 결혼 및 가족 문제를 윤리적 관점에서 탐구할 수 있다.

관련 학과
- 사회복지학과
- 사회학과
- 심리학과
- 아동가족학과

\# 사랑과 성　\# 가족의 가치　\# 가족 구조　\# 결혼 제도　\# 가족 윤리　\# 효와 배려

교과 세특 탐구 주제

주제1 현대 사회 가족의 가치와 가족 윤리 탐구

주제2 사랑과 성의 가치와 사회·문화적 의미 분석

주제3 결혼 제도의 변화와 가족 구조의 윤리적 함의 탐구

주제4 효(孝)와 배려를 바탕으로 한 가족 윤리의 현대적 적용 분석

▣ 함께 보면 좋은 도서

《가족의 이해》 전보영 외, 교문사, 2022.

《가족입니까》 김해원 외, 바람의아이들, 2010.

《사랑의 기술》 에리히 프롬(황문수 역), 문예출판사, 2019.

GUIDE 사랑과 성 문제는 개인적 가치관과 사회·문화적 맥락이 상호 작용한다는 점에 주목해야 한다.

연계 활동 탐구 주제

독서

《사랑의 기술》 에리히 프롬(황문수 역), 문예출판사, 2019.
이 책은 사랑을 단순한 감정이 아니라 배우고 연습해야 하는 삶의 기술로 설명한다. 사랑의 본질은 배려, 책임, 존중, 이해라는 네 요소를 바탕으로 성숙한 인격적 관계를 형성하는 데 있다. 저자는 개인적 사랑뿐 아니라 형제애, 자기애, 신에 대한 사랑 등 다양한 형태를 폭넓게 다룬다. 또한 사랑을 능동적이고 의식적인 실천으로 바라보며 사회적 연대와 공동체 의식의 중요성을 강조한다.

주제1 사랑의 형태와 공동체 의식의 상관관계 탐구

주제2 사랑의 네 요소가 인격적 관계 형성에 미치는 영향 탐구

주제3 현대 사회에서 사랑을 기술로 배운다는 관점의 필요성 분석

논문

〈부부 가족 상담자의 윤리 의식에 관한 초점 집단 연구: 윤리적 갈등과 대처 행동을 중심으로〉 이미영 외, 2025.
이 논문은 부부·가족 상담자가 상담 과정에서 경험하는 윤리적 갈등과 대처 행동을 분석하여 전문직 윤리의 실제 작동 방식을 밝힌다. 상담 현장에서 나타나는 가치 충돌과 책임 문제를 중심으로 상담자의 윤리 의식이 내담자 보호와 상담의 신뢰성에 미치는 영향을 살펴보고, 책임 있는 전문적 판단의 중요성을 제시한다. 이를 통해 상담자의 윤리적 역량이 가족 상담의 질을 높이는 핵심임을 보여 준다.

주제1 상담 과정에서 발생하는 윤리적 갈등과 대처 방식 탐구

주제2 가족 상담에서 상담자의 윤리적 판단이 중요한 이유 분석

주제3 전문직 윤리 의식이 가족 상담의 신뢰성과 공정성에 미치는 영향 분석

토론

주제1 사랑은 배워야 할 윤리적 능력인가?

주제2 에리히 프롬의 '사랑은 기술이다'라는 관점은 오늘날에도 설득력이 있는가?

주제3 사랑과 성의 관계에 대한 칸트의 윤리적 관점은 현대 사회에서도 타당한가?

03 [12현윤02-03] 자연을 바라보는 동·서양의 관점을 비교·설명할 수 있으며 오늘날 환경 문제의 사례와 심각성을 조사하고, 이에 대한 윤리적 해결 방안을 제시할 수 있다.

동·서양의 자연관 # 현대의 환경 문제 # 기후변화의 윤리적 쟁점 # 기후 정의

관련 학과
· 사회학과
· 윤리교육과
· 행정학과
· 환경공학과

교과 세특 탐구 주제

주제1 동양과 서양의 자연관과 철학적 배경 비교
주제2 기후변화의 윤리적 쟁점과 기후 정의 실현을 위한 제언
주제3 환경 문제 해결을 위한 윤리적 접근 방식과 정책 사례 분석
주제4 동양과 서양의 자연관 비교를 통한 현대 환경 문제의 윤리적 해결 방안 탐구

■ 함께 보면 좋은 도서
《찬란한 멸종》 이정모, 다산북스, 2024.
《미래를 위한 환경철학》 김완구 외, 연암서가, 2023.
《우리가 말하지 않는 지구》 김가람, 알에이치코리아, 2025.

GUIDE 현대 환경 문제의 윤리적 해결 방안은 동·서양 자연관의 철학적 차이를 살펴보고, 이를 구체적 정책 사례와 연결해 제시해야 한다.

연계 활동 탐구 주제

독서

《찬란한 멸종》 이정모, 다산북스, 2024.
이 책은 지질학적 시간 속에서 멸종의 역사와 원인을 살펴보며 현재 진행 중인 여섯 번째 대멸종과 과거와의 차이점을 설명한다. 저자는 산업화 이후 인간 활동이 기후변화와 서식지 파괴, 오염 등 복합 요인으로 생물 다양성 붕괴를 가속화한 과정을 분석한다. 이를 통해 멸종이 단순한 종의 소멸이 아니라 인류 생존과 직결된 문제임을 드러내며, 선택의 기로에서 어떤 행동을 취해야 하는지 성찰하게 한다.

주제1 멸종 위기종 보호 정책의 국제적 협력 모델 비교
주제2 산업화 이후 인간 활동이 생물 다양성 감소에 미친 영향 분석
주제3 서식지 파괴와 생태계 붕괴가 인류 생존에 미치는 사회적 파급 효과 탐구

논문

〈환경 윤리, 환경 실용주의 그리고 환경 정의〉 김상득, 2025.
이 논문은 환경 윤리에서 환경 정의로의 철학적 전환 과정을 비판적으로 분석한다. 기존 환경 윤리가 형이상학적 논의에 치중해 실천적 해결에 한계를 보였음을 지적하며, 환경 실용주의가 환경 정의론의 출현에 중요한 계기가 되었음을 밝힌다. 특히 환경 인종주의와 환경 형평성 운동의 발전 과정과 사회적 약자와 미래 세대의 환경권 보장 문제를 고찰하며 환경 문제 해결을 위한 실천적 틀을 제시한다.

논문 바로가기

주제1 환경 실용주의가 환경 정의론 형성에 미친 영향 분석
주제2 사회적 약자와 미래 세대의 환경권 보장 방안 연구
주제3 환경 인종주의와 환경 형평성 운동의 철학적 의의 탐구

토론

주제1 환경 문제 해결에서 동양의 자연관이 효과적인 해법을 제공할 수 있는가?
주제2 환경 정책 설계에서 경제적 효율성보다 분배적 형평성을 중시하는 것이 타당한가?
주제3 미래 세대의 환경권 보장을 위해 현 세대의 경제 성장을 제한하는 것이 정당한가?

III 과학과 디지털 학습 환경 윤리

01

[12현윤03–01] 과학기술 연구에 대한 다양한 관점을 조사하여 비교·설명할 수 있으며 이를 과학기술의 사회적 책임 문제에 적용하여 비판 또는 정당화할 수 있다.

과학기술의 발달 # 과학기술의 사회적 책임 # 과학기술의 가치 중립성

관련 학과
· 사회학과
· 윤리교육과
· 인공지능학과
· 행정학과

교과 세특 탐구 주제

주제1 과학기술 연구의 학문적 자유와 사회적 책임 탐구
주제2 과학기술의 가치 중립성 논쟁과 사회적 영향 분석
주제3 과학기술의 사회적 책임과 정책적 규제 방안 연구
주제4 과학기술 발전이 사회 구조 변화에 미치는 영향 분석

▣ 함께 보면 좋은 도서

《AGI의 시대》 한상기, 한빛미디어, 2024.
《이것이 기술윤리다》 스벤 뉘홀름(윤준식 외 역), 그린비, 2025.
《과학기술 문명에 대한 성찰》 김수정 외, 경희대학교출판문화원(경희대학교출판부), 2022.

GUIDE 과학기술의 가치 중립성 논쟁에서 베버의 가치 중립성 입장과 야스퍼스와 하이데거의 관점을 함께 검토해야 한다.

연계 활동 탐구 주제

독서

《이것이 기술윤리다》 스벤 뉘홀름(윤준식 외 역), 그린비, 2025.
이 책은 인공지능, 빅 데이터, 생명 공학 등 현대 기술이 우리 사회와 개인의 삶에 미치는 영향을 철학적 관점에서 분석한다. 저자는 기술이 단순한 도구를 넘어 사회 구조와 가치 체계에 변화를 일으키는 주체임을 강조한다. 기술 발전 과정에서 발생하는 윤리적 쟁점과 사회적 책임을 체계적으로 정리하며, 실제 사례를 통해 선택이 가져올 장단점과 딜레마를 구체적으로 보여 준다.

주제1 자율 주행차 윤리적 딜레마의 실제 적용 가능성 탐구
주제2 인공지능 의사 결정의 책임 주체와 윤리적 정당성 검토
주제3 빅 데이터 활용과 개인 정보 보호의 균형에 대한 조건 탐구

논문

〈『중용』의 생태윤리와 지속가능한 에너지 기술 개발의 방향 –윤리적 상상력과 과학적 탐구의 융합 교육〉 윤민향 외, 2025.
이 논문은 유교 경전 『중용』의 균형과 조화 원리를 생태윤리 관점에서 해석한다. 저자는 지속가능한 에너지 기술 개발이 단순한 혁신을 넘어 인류와 자연의 조화를 지향해야 함을 강조한다. 이를 위해 윤리적 상상력과 과학적 탐구를 결합한 교육 방안을 제시하며, 재생 에너지와 친환경 기술의 다양한 사례를 통해 실천 가능성과 방향을 구체적으로 논의한다.

논문 바로가기

주제1 수소 에너지 개발에 따른 환경적·윤리적 과제 분석
주제2 중용의 성기성물(成己成物) 사상이 지속가능한 에너지 기술 개발에 주는 시사점 탐구
주제3 지속가능한 에너지 산업 정책과 유가(儒家)의 생태윤리 적용에 따른 현실 가능성 검토

토론

주제1 첨단 기술 개발에서 학문적 자유보다 사회적 책임이 우선되어야 하는가?
주제2 생명 공학 기술 발전이 인간 존엄성의 개념을 변화시키는 것이 바람직한가?
주제3 빅 데이터와 인공지능의 활용이 개인 정보 보호보다 중요한 가치가 될 수 있는가?

02 [12현윤03–02] 정보통신 기술과 뉴미디어의 발달에 따른 윤리 문제들을 제시할 수 있으며 이에 대한 해결 방안을 정보윤리와 미디어 윤리의 관점에서 제시할 수 있다.

정보 사회　# 뉴미디어　# 가짜 뉴스　# 개인 정보 보호　# 정보윤리　# 미디어 리터러시

교과 세특 탐구 주제

주제1 뉴미디어 환경에서의 가짜 뉴스 확산 원인과 대응 방법 분석

주제2 정보 사회에서의 개인 정보 보호와 사이버 보안 강화 방안 탐구

주제3 인공지능 알고리즘의 편향성과 사회적 불평등 심화 문제 분석

주제4 정보윤리와 미디어 문해력이 민주 사회 형성에 미치는 영향 연구

■ 함께 보면 좋은 도서

《AI, 글쓰기, 저작권》 정지우, 마름모, 2025.

《루치아노 플로리디, 정보 윤리학》 목광수, 커뮤니케이션북스, 2023.

《페이크와 팩트》 데이비드 로버트 그라임스(김보은 역), 디플롯, 2024.

GUIDE 가짜 뉴스 확산은 SNS와 알고리즘의 빠른 전파 구조와 함께 사실 검증의 중요성을 살펴야 한다.

연계 활동 탐구 주제

독서　《페이크와 팩트》 데이비드 로버트 그라임스(김보은 역), 디플롯, 2024.

이 책은 가짜 뉴스, 음모론, 과학적 허위 정보가 생성되고 확산되는 과정을 과학적·심리학적 관점에서 분석한다. 저자는 사람들이 잘못된 정보를 믿게 되는 심리적 이유와 이를 극복하기 위한 비판적 사고의 역할을 다양한 연구와 사례로 설명한다. 또한 SNS와 디지털 미디어 환경에서 허위 정보가 퍼지는 구조와 그 배경에 있는 사회·심리적 요인을 심층적으로 살피며, 이에 대응하는 구체적 전략을 제시한다.

주제1 허위 정보 확산의 주요 심리적 요인과 사회적 영향 분석

주제2 음모론에서의 신념 형성 과정과 비판적 사고력의 관계 탐구

주제3 디지털 미디어 시대의 효과적인 정보윤리 교육 강화 방안 연구

논문　〈인공지능 윤리 역량 신장을 위한 인공지능 윤리 딜레마 개발〉 김은경 외, 2023.

이 논문은 인공지능 기술 확산에 따라 '사람 중심의 인공지능 윤리 기준'에 기반한 윤리 딜레마를 개발한 연구이다. 인간 존엄성, 사회 공공선, 기술 합목적성 간의 가치 충돌을 주제로 개인 정보 보호, 가짜 뉴스, 일자리 대체 등 구체 사례를 포함하였다. 현직 교사와 AI 교육 전문가 검증을 바탕으로 딥페이크, 안면 인식 CCTV, 돌봄 로봇, AI 무기 등 최신 사례를 제시한다.

논문 바로가기

주제1 인공지능 무기 개발에 대한 국제 사회의 제한 논의 분석

주제2 개인 정보 보호와 사회 안전망 구축 간의 윤리적 균형 방안 탐구

주제3 딥페이크 기술 활용의 사회적 이익과 범죄 위험 간의 가치 판단 기준 분석

토론　**주제1** 개인 정보 보호보다 사회 안전망 강화를 우선하는 것이 타당한가?

주제2 허위 정보 확산을 줄이기 위해 표현의 자유를 제한하는 것이 정당한가?

주제3 딥페이크 기술 규제에서 사회적 이익보다 범죄 예방을 우선해야 하는가?

03

[12현윤03-03] 윤리적인 인공지능을 위하여 인간과 인공지능의 관계를 설명하고, 인공지능으로 인해 발생하는 윤리 문제의 해결 방안을 인공지능 윤리의 관점에서 제시할 수 있다.

관련 학과
- 법학과
- 사회학과
- 윤리교육과
- 인공지능학과

인공지능 # 인간과 인공지능의 관계 # 인공지능 개발의 윤리적 원칙 # 알고리즘의 편향성

교과 세특 탐구 주제

주제1 인공지능 개발에서 윤리적 원칙 수립과 적용 사례 탐구
주제2 인공지능이 인간의 삶에 미치는 영향과 윤리적 쟁점 탐구
주제3 사회적 의사 결정 과정에서의 알고리즘 편향 원인과 해결 방안 탐구
주제4 인간-인공지능 협업이 제조업 노동 구조와 고용 안정성에 미치는 변화 분석

■ 함께 보면 좋은 도서
《넥서스》 유발 하라리(김명주 역), 김영사, 2024.
《한 발짝 더, AI 세상으로》 최재운, 자음과 모음, 2025.
《질문으로 답을 찾는 인공지능 윤리 수업》 박형빈, 한언, 2025.

GUIDE 인공지능 개발의 윤리적 원칙은 공정성·책임성 같은 기준을 중심으로, 채용 AI 차별 방지나 의료 AI의 책임 소재 같은 사례와 연결해 검토해야 한다.

연계 활동 탐구 주제

독서 《넥서스》 유발 하라리(김명주 역), 김영사, 2024.
이 책은 석기 시대부터 인공지능 시대까지 인류의 정보 네트워크가 어떻게 형성되고 변화해 왔는지 탐구한다. 저자는 정보의 흐름이 권력, 사회 구조, 전쟁, 경제 체계에 미친 영향을 분석하며 AI 시대의 새로운 권력 구조를 조명한다. 인공지능이 가져올 편향, 통제, 정보 불평등 문제에 대한 통찰을 제공하며, AI 윤리 논의가 단순한 기술 문제가 아니라 인류 문명 전반의 과제임을 강조한다.

주제1 인공지능 편향이 민주주의 의사 결정 구조에 미치는 영향 탐구
주제2 인공지능 시대 정보 불평등이 개인의 일상생활에 미치는 영향 분석
주제3 역사 속 정보 통제 사례와 현대 인공지능 권력 구조의 유사성 분석

논문 〈인공지능과 허위 조작 정보에 관한 연구〉 최종선, 2023.
이 논문은 인공지능 기술이 허위 조작 정보의 생성과 확산에 미치는 영향을 분석한다. 딥러닝 기반 생성 기술이 허위 정보 제작을 자동화하며 유통 속도를 가속화하는 과정을 설명하고, 민주주의의 기반, 사회적 신뢰, 개인 권리 보호가 위협받는 문제를 검토한다. 이에 따라 기술적 차단, 법·제도 정비, 이용자 미디어 리터러시 교육 등을 제시하며, 정보의 진위 검증과 사회적 책임의 중요성을 강조한다.

논문 바로가기

주제1 딥페이크와 생성형 AI가 민주주의에 미치는 영향 분석
주제2 인공지능 기반 허위 정보 생성 기술의 사회적 위험성과 법적 쟁점 탐구
주제3 허위 정보 확산 방지를 위한 기술적 대응과 이용자 교육 효과 사례 조사

토론 **주제1** AI 규범을 인간 사회의 보편 윤리 기준으로 그대로 적용하는 것이 타당한가?
주제2 인공지능 알고리즘 편향을 줄이기 위해 국가가 개입하는 것이 표현의 자유를 침해하는가?
주제3 인공지능이 생산·유통하는 허위 조작 정보를 규제하는 법률은 기술 발전을 저해하게 되는가?

IV 민주시민과 윤리

01 [12현윤04-01] 직업의 의의와 다양한 직업군에 따른 직업윤리를 제시할 수 있으며 공동체 발전을 위한 청렴한 삶과 노동의 가치에 대한 사회적 존중의 필요성을 설명할 수 있다.

관련 학과
- 경영학과
- 사회학과
- 윤리교육과
- 행정학과

\# 노동의 의미 \# 직업윤리 \# 기업의 사회적 책임 \# 기업의 윤리적 경영

교과 세특 탐구 주제

주제1 노동 존중 문화 확산의 사회적 필요성 탐구

주제2 4차 산업 혁명 시대 직업윤리 변화 양상 연구

주제3 기업의 사회적 책임 수행을 위한 직업윤리 분석

주제4 희망 직업군의 직무 특성과 직업윤리 간의 연관성 분석

GUIDE 4차 산업 혁명 시대의 직업윤리는 원격근무·플랫폼 노동·AI 자동화 같은 변화 속에서 나타나는 새로운 책임과 태도의 변화를 살펴야 한다.

▣ 함께 보면 좋은 도서

《우리의 선택 지구의 내일》 김찬민, 클레버니스, 2024.
《예비 직업인을 위한 직업과 윤리》 김숙복 외, 양성원(강철원), 2024.
《파타고니아 인사이드》 이본 쉬나드 외(이영래 역), 라이팅하우스, 2024.

연계 활동 탐구 주제

독서 《파타고니아 인사이드》 이본 쉬나드 외(이영래 역), 라이팅하우스, 2024.
이 책은 세계적인 친환경 기업 파타고니아의 창업자와 경영자가 전하는 기업 운영 철학과 경험을 담았다. 저자들은 환경 보호와 사회적 책임을 핵심 가치로 삼아 환경 발자국 감소, 공정 무역, 재활용과 수선 문화 등 지속가능한 실천을 이어 간다. 또한 직원 참여와 자율성을 존중하는 조직 문화를 통해 성과와 신뢰를 이끌며, 직업윤리와 기업윤리의 현실 적용과 가능성을 보여 준다.

주제1 지속가능 경영 실천 사례와 직업윤리의 상관관계 분석

주제2 지속가능한 생산 방식과 소비자 선택 간의 관계성 분석

주제3 친환경 기업 문화가 조직 신뢰 형성에 미치는 영향 연구

논문 〈대학생의 직업윤리 의식 함양 멘토링 프로그램〉 이원봉, 2023.
이 논문은 대학생의 직업윤리 의식 향상을 위한 멘토링 프로그램을 개발하는 것을 목적으로 한다. 린트의 도덕 판단 역량 검사(MCT)와 콘스탄츠 딜레마 토론법(KMDD)을 기반으로, 직업윤리의 개념과 필요성과 대학생의 특성을 분석하였다. 이를 토대로 집단 중심의 멘토링 방안을 제시하며, 취업 준비 과정에서 학생들의 윤리적 판단 능력과 책임 의식을 강화할 수 있음을 보여 준다.

논문 바로가기

주제1 직업윤리 교육이 취업 준비 과정에 미치는 영향 분석

주제2 직업윤리 의식 함양이 진로 역량 강화에 미치는 의의 탐구

주제3 딜레마 토론 활동이 직업윤리 의식 함양에 주는 효과 연구

토론 **주제1** 진로 역량 강화를 위해 직업윤리보다 직무 전문성이 더 우선해야 하는가?

주제2 지속가능 경영과 사회적 책임 실천이 기업 경쟁력과 구성원 윤리 의식을 강화할 수 있는가?

주제3 4차 산업 혁명 시대의 기술 혁신이 직업윤리의 기준과 실천 방식을 근본적으로 변화시키는가?

02 [12현윤04-02] 개인선과 공동선의 조화가 필요한 이유를 설명할 수 있으며, 시민의 정치참여 필요성과 시민불복종의 조건 및 정당성을 제시할 수 있다.

\# 개인선과 공동선 \# 시민의 정치참여 \# 시민불복종의 조건 \# 시민불복종의 정당성

관련 학과
· 법학과
· 정치외교학과
· 철학과
· 행정학과

교과 세특 탐구 주제

주제1 시민불복종의 조건과 정당성에 대한 철학적 탐구
주제2 민주주의 발전을 위한 시민의 정치참여 방식 연구
주제3 자유주의와 공동체주의 관점에서 본 바람직한 시민성 비교
주제4 부당한 권력에 대한 시민 저항의 역사적 사례와 의의 분석

■ 함께 보면 좋은 도서
《사회 계약론》 장 자크 루소(김영욱 역), 후마니타스, 2022.
《아리스토텔레스 정치학》 아리스토텔레스(박문재 역), 현대지성, 2024.
《월든·시민 불복종》 헨리 데이비드 소로(이종인 역), 현대지성, 2021.

GUIDE 시민불복종은 정당화 조건과 평화적 수단을 중심으로 검토해야 하고, 자유주의와 공동체주의의 시민성 논의는 개인선과 공동선의 조화를 균형 있게 다뤄야 한다.

연계 활동 탐구 주제

독서 《사회 계약론》 장 자크 루소(김영욱 역), 후마니타스, 2022.
이 책은 개인의 자유와 공동체의 조화를 이루기 위한 정치 공동체의 원리를 탐구한 루소의 대표작으로, 모든 시민이 동등한 주권자로 참여하는 사회 계약을 통해 자유와 평등을 실현할 수 있다고 설명한다. 그는 '일반의지' 개념을 중심으로 공동선이 개인선과 충돌하지 않도록 하는 정치 구조를 설계하고, 부당한 권력에 대한 저항과 정치참여의 정당성을 제시하며 성숙한 시민의 역할을 성찰하게 한다.

주제1 사회 계약설에 근거한 시민의 정치참여 필요성 탐구
주제2 일반의지 개념을 통한 개인선과 공동선 조화 원리 분석
주제3 부당한 권력에 대한 저항권의 철학적 정당성 및 사례 탐구

논문 〈시민 참여의 기술 정치학: 인공지능 생명·인권 지표 구상〉 이광석, 2024.
이 논문은 인공지능 기술이 민주주의와 시민 권리에 미치는 영향을 기술 정치학 관점에서 분석하고, 시민사회 주도의 대응 방안을 제시한다. 저자는 정부와 빅테크 중심의 AI 정책이 초래할 수 있는 인권 침해와 공동선 훼손 가능성을 비판적으로 진단한다. 이를 바탕으로 시민 참여와 인권 보호를 결합한 'AI 인권 지표' 모델을 구상하여 제안하고, 국제 규범과 시민사회 개입 사례를 검토한다.

논문 바로가기

주제1 인공지능 시대에 필요한 시민의 책임 있는 참여 방식 탐구
주제2 인공지능 발전과 인권 보호의 조화 방안 탐색 및 사례 조사
주제3 인공지능 기술 정치학 관점에서 본 시민 참여와 민주주의 보호 전략

토론 **주제1** 공동선을 위해 개인의 자유를 제한하는 것이 정당한가?
주제2 부당한 권력에 맞선 시민 저항은 법적 절차를 거치지 않아도 정당한가?
주제3 현대 민주주의에서 사회 계약설이 제시하는 정치참여 방식은 어떻게 재해석되어야 하는가?

03 [12현윤04-03] 공정한 분배를 이루기 위한 정책을 분배 정의 이론을 통해 비판 또는 정당화할 수 있으며, 사형 제도와 형벌을 교정적 정의의 관점에서 비판 또는 정당화할 수 있다.

사회적 불평등 # 롤스의 정의론 # 분배 정의 # 교정적 정의 # 응보적 정의

관련 학과
- 경제학과
- 법학과
- 사회복지학과
- 행정학과

교과 세특 탐구 주제

주제1 사회적 불평등 완화를 위한 분배 정의 이론 비교 분석
주제2 롤스의 정의론에 따른 사회적 약자 지원 중심 복지 정책의 공정성 평가
주제3 형벌 제도의 목적과 기능에 대한 교정적 정의 및 응보적 정의 비교 분석
주제4 형사 사법 체계 내 범죄 피해자 지원 제도의 교정적 정의 관점 적용 가능성 탐구

▣ 함께 보면 좋은 도서

《존 롤스 정의론》 황경식, 쌤앤파커스, 2018.
《정의란 무엇인가》 마이클 샌델(김명철 역), 와이즈베리, 2014.
《정의론과 대화하기》 목광수, 텍스트CUBE, 2021.

GUIDE 분배 정의는 사회적 불평등 완화를 목표로 한 다양한 이론의 특징과 한계를 비교해야 한다.

연계 활동 탐구 주제

독서

《정의란 무엇인가》 마이클 샌델(김명철 역), 와이즈베리, 2014.
이 책은 현대 사회의 다양한 정의 이론을 대중적으로 설명하며, 복지·형벌·정치 제도에 대한 공정성 논의를 폭넓게 다룬다. 롤스의 정의론, 노직의 자유 지상주의, 공리주의, 아리스토텔레스의 분배 정의 등 주요 사상을 비교해 각각의 장단점을 제시한다. 저자는 현실 정치·사회 이슈와 연결해 정의 개념의 적용 가능성을 탐구하며, 다양한 정의 이론이 사회 정책과 법 제도에서 어떻게 작동하는지를 이해하게 한다.

주제1 롤스와 노직의 정의론 비교를 통한 복지 정책의 정당성 검토
주제2 공리주의와 분배 정의 관점에서 본 사회적 약자 지원 정책 평가
주제3 현실 정치 제도에서 정의 이론이 충돌한 사례(세금·의료 보험 등)와 조정 방안 분석

논문

〈분배 정의론이란 무엇인가? -자유주의 분배 정의론의 쉬운 이해와 통괄적 연구를 위한 틀〉 김동일, 2014.
이 논문은 자유주의 분배 정의론을 이해할 수 있는 틀을 제시한다. 저자는 '왜 분배해야 하는가, 무엇을 분배할 것인가, 어떻게 분배할 것인가'라는 세 가지 질문을 통해 평등론적 자유주의, 자유 지상주의, 공리주의, 공동체주의, 마르크스주의 등의 주요 입장을 비교하고 차이점을 분석한다. 이를 통해 분배 정의론의 핵심 구조와 각 이론을 명확히 이해하고 탐구할 수 있는 틀을 제공한다.

주제1 자유주의 분배 정의론의 세 가지 핵심 질문에 따른 이론별 분배 원리 분석
주제2 롤스의 평등론적 자유주의와 노직의 자유 지상주의의 분배 정의 기준 비교
주제3 현대 사회의 불평등 문제와 분배 정의 탐구(소득 격차, 교육 기회의 불평등 등)

토론

주제1 부유세 도입이 사회적 불평등 완화와 분배 정의 실현에 효과적인가?
주제2 형벌 제도의 타당성을 검토할 때 응보주의와 공리주의 중 무엇을 우선하여야 하는가?
주제3 세금·의료 보험·복지 정책 설계에서 정의론 간 충돌을 조정할 수 있는 보편적 원리가 존재하는가?

V 문화와 경제생활의 윤리

01

[12현윤05-01] 미적 가치와 윤리적 가치를 예술과 도덕의 관계 차원에서 설명할 수 있으며 현대의 대중문화의 순기능과 역기능을 윤리적 관점에서 이해하고 성찰할 수 있다.

관련 학과
- 고고미술사학과
- 문화콘텐츠학과
- 미디어커뮤니케이션학과
- 철학과

\# 미적 가치 \# 윤리적 가치 \# 예술과 도덕의 관계 \# 대중문화의 순기능 \# 대중문화의 역기능

교과 세특 탐구 주제

주제1 현대 대중문화 발전 양상과 순기능·역기능 탐구
주제2 예술 작품의 표현 자유와 사회적 책임의 관계 분석
주제3 대중문화의 상업화가 예술적 가치 형성에 미치는 영향 탐구
주제4 대중문화 속 미적 가치와 윤리적 가치의 조화 가능성과 사례 분석

▣ 함께 보면 좋은 도서

《K-콘텐츠로 보는 현대 사회》 박현민, 우주북스, 2024.
《예술이란 무엇인가》 레프 톨스토이(이강은 역), 바다출판사, 2023.
《교육과 예술 교육과 도덕》 루돌프 슈타이너(김미숙 외 역), 한국인지학출판사, 2023.

GUIDE 대중문화 속 미적 가치와 윤리적 가치의 관계는 예술의 자율성과 도덕적 책임을 비교하고, 동서양 철학자의 시각을 함께 검토해야 한다.

연계 활동 탐구 주제

독서

《예술이란 무엇인가》 레프 톨스토이(이강은 역), 바다출판사, 2023.
이 책은 예술과 도덕의 관계를 철학적으로 분석한 고전이다. 저자는 예술을 사람들의 감정을 공유하며 도덕적 성장을 이끄는 행위로 정의한다. 작품의 진정성과 사회적 책임을 강조하고, 예술이 공동체와 인간 삶에 미치는 긍정적 영향과 한계를 균형 있게 조명한다. 또한 예술의 도덕적 기준이 현대 문화와 어떻게 연결되는지를 사유하며, 미적 가치와 윤리적 가치의 조화를 성찰하게 한다.

주제1 톨스토이가 정의한 예술의 본질과 목적에 대한 탐구
주제2 예술과 도덕의 관계에 대한 톨스토이의 입장과 예술 지상주의의 비교 탐구
주제3 톨스토이의 예술 정의가 현대 대중문화의 윤리적 기준에 미치는 영향 탐구

논문

〈예술과 도덕의 관계에 대한 칸트의 입장 -폴 가이어와 헨리 앨리슨의 해석을 중심으로-〉 이두연, 2022.
이 논문은 칸트의 '미는 도덕성의 상징'이라는 개념을 폴 가이어와 헨리 앨리슨의 해석을 통해 재검토하여 예술의 자율성과 도덕적 의미가 어떻게 양립하는지를 분석한다. 상상력과 지성의 자유로운 유희, 상징, 미적 이념 개념을 중심으로 도덕주의와 심미주의를 넘어서는 절충적 관점을 제시하고, 이를 《생활과 윤리》 교과서의 예술과 대중문화 윤리 단원을 해석하는 이론적 기준으로서의 의의를 밝힌다.

주제1 예술과 도덕의 관계 이해 탐구
주제2 대중문화에서 표현의 자유와 윤리적 책임의 충돌 분석
주제3 미적 가치와 윤리적 가치의 긴장이 예술 평가 기준 형성에 미치는 의미 고찰

토론

주제1 대중문화의 상업화는 예술의 미적·윤리적 가치 조화를 방해하는가?
주제2 도덕주의가 현대 대중문화의 윤리적 기준 수립에 실질적으로 기여하는가?
주제3 예술 작품의 표현 자유를 보장하면서 대중문화의 역기능을 최소화할 기준은 무엇인가?

02

[12현윤05-02] 의식주 생활과 관련된 윤리 문제와 경제생활에서 발생하는 도덕적 선과 이윤 추구 사이의 갈등 및 소비문화의 문제점을 윤리적 관점에서 비판할 수 있다.

관련 학과
- 경제학과
- 경영학과
- 소비자학과
- 환경공학과

\# 경제생활과 윤리 문제　\# 도덕적 선과 이윤 추구　\# 소비문화의 문제점　\# 과시 소비

교과 세특 탐구 주제

주제1 의식주 생활 영역별 윤리 문제 사례 탐구

주제2 패스트 패션 소비문화가 환경과 노동권에 미치는 영향 분석

주제3 기업의 이윤 추구와 사회적 책임 이행 간의 갈등 사례 분석

주제4 SNS 기반 과시 소비가 청년층 경제생활과 윤리 의식에 미치는 영향 분석

■ 함께 보면 좋은 도서

《돼지 복지》 윤진현, 한겨레출판, 2024.

《저소비 생활》 가제노타미(정지영 역), 알에이치코리아, 2025.

《옷을 사지 않기로 했습니다》 이소연, 돌고래, 2023.

GUIDE SNS 과시 소비는 청년층의 브랜드·이미지 중심 소비로 인한 경제적 부담과 가치관 변화를 함께 살펴봐야 한다.

연계 활동 탐구 주제

독서　《옷을 사지 않기로 했습니다》 이소연, 돌고래, 2023.

이 책은 저자가 1년간 옷을 사지 않고 생활하며 실천한 제로웨이스트 의생활 경험을 담았다. 저자는 패스트 패션이 초래하는 환경 오염, 자원 낭비, 노동권 침해 문제를 다양한 사례와 통계로 제시한다. 이를 바탕으로 재사용·수선·공유 등 지속가능한 패션 실천 방법을 구체적으로 제안하며, 소비 습관의 변화가 기후위기 대응과 윤리적 소비의 확산 및 실천으로 이어질 수 있음을 강조한다.

주제1 지속가능한 패션 실천 방법과 사회적 확산 가능성 연구

주제2 패스트 패션 산업이 국가 간 환경·노동권 격차 심화에 미치는 영향 분석

주제3 의류 소비 절제가 패션 유행 변화와 탄소 감축 노력에 기여한 사례 분석

논문　〈인스타그램과 현실 공간에서의 과시 소비 행동 비교 연구〉 이수진 외, 2020.

이 논문은 인스타그램과 오프라인 환경에서 소비자가 보이는 과시 소비 행동의 차이를 분석한다. 연구는 물질재와 경험재 소비, 자기애와 물질주의 성향이 과시 소비에 미치는 영향을 비교한다. 인스타그램에서는 경험재 과시와 자기 표현 성향, 오프라인에서는 물질재 중심의 과시 소비 형태를 제시하며, 디지털 환경 변화가 소비자의 과시 행태와 소비문화 전반에 미치는 영향을 밝힌다.

주제1 SNS 환경과 오프라인 환경에서 과시 소비 품목과 동기 차이 비교

주제2 자기애와 물질주의 성향이 과시 소비 행동에 미치는 환경별 영향 탐구

주제3 경험재 과시와 물질재 과시가 소비자 정체성 형성 과정에 미치는 영향 비교 연구

토론　**주제1** 공장식 축산을 제한하는 것이 환경 보호와 식량 안보 측면에서 타당한 선택인가?

주제2 음식물 쓰레기 감축을 위해 국가가 개인의 소비·구매 행태를 규제하는 것이 정당한가?

주제3 SNS가 소비문화의 윤리적 변화를 이끄는 긍정적 매개체로 기능할 수 있는 방법은 무엇인가?

03

[12현윤05-03] 다문화 이론을 통해 문화의 다양성을 존중해야 할 필요성을 인식하고 종교 갈등, 이주민 차별 등과 같은 다문화 관련 문제의 해결 방안을 제시할 수 있다.

관련 학과
- 국제관계학과
- 문화인류학과
- 사회복지학과
- 사회학과

\# 다문화 사회 \# 문화의 다양성 \# 보편 윤리 \# 문화 상대주의 \# 다문화 관련 문제

교과 세특 탐구 주제

주제1 다문화 사회에 대한 윤리적 관점 이론 조사

주제2 국내외 종교 갈등 해결을 위한 다문화 이론 적용 탐구

주제3 보편 윤리와 문화 상대주의의 조화 가능성에 관한 국제 사례 탐구

주제4 포퍼의 열린 사회 이론을 적용한 문화 다양성 존중 교육의 사회 통합 방안 탐구

GUIDE 포퍼의 열린 사회 이론은 다문화 교육이나 사회 통합 프로그램에서 활용 가능성을 탐구해야 한다.

▣ 함께 보면 좋은 도서

《이상한 정상가족》 김희경, 동아시아, 2022.

《문화의 수수께끼를 풀다》 찰스 킹(문희경 역), 교양인, 2024.

《문학으로 다문화 사회 읽기》 김영순 외, 연두(yeondoo), 2025.

연계 활동 탐구 주제

독서
《문화의 수수께끼를 풀다》 찰스 킹(문희경 역), 교양인, 2024.
이 책은 문화 상대주의가 형성되고 확산되는 과정을 인류학자의 삶과 연구를 통해 보여 준다. 저자는 제국주의, 인종 차별, 문화 충돌의 역사 속에서 문화 다양성 존중의 필요성과 사회적 갈등 해소, 인권 증진에 기여한 사례를 제시한다. 이를 바탕으로 문화 상대주의가 다문화 사회와 국제 관계의 윤리 기준 형성에 미친 영향을 탐구하며, 보편 윤리와 문화 상대주의의 조화 가능성에 대해 성찰하게 한다.

주제1 문화 상대주의 관점에서 본 의례와 관습 차이의 사회적 의미 탐구

주제2 문화 충돌 사례를 통한 문화 상대주의 적용의 한계와 해결 방안 탐구

주제3 주요 인류힉자 연구 사례를 통힌 문화 상대주의 적용의 힌계와 보완 방안 탐구

논문
〈다문화 사회 진입에 따른 우리 사회의 대응 정책 연구 −[이웃집 찰스] 속 이주민 차별 양상 분석을 통해−〉 김민수 외, 2025.
이 논문은 TV 프로그램 〈이웃집 찰스〉 속 이주민 사례를 분석하여 다문화 사회에서 나타나는 차별 양상과 그 원인을 탐구한다. 연구는 방송 내용에 나타난 언어, 직업, 문화적 고정 관념 등 차별 표현을 질적으로 분석한다. 저자는 이러한 차별이 구조적·문화적 요인에서 비롯된다고 지적하며, 다문화 사회에서의 상호 존중과 포용을 확산하기 위한 교육과 정책적 실천적 방안을 모색한다.

논문 바로가기

주제1 문화적 고정 관념이 다문화 사회에서 사회 통합에 미치는 영향 탐구

주제2 다문화를 배경으로 한 TV 프로그램에서 나타난 다문화 차별 양상 조사

주제3 다문화 인식 개선과 사회 통합을 위한 방송 콘텐츠 제작 가이드라인 연구

토론
주제1 문화 상대주의는 다문화 사회의 갈등 해결에 효과적인 접근법인가?

주제2 종교 갈등 해결에 큉의 세계 윤리 원칙을 적용하는 것이 효과적인가?

주제3 보편 윤리와 문화 상대주의가 실제 사회에서 조화를 이루는 방법은 무엇인가?

Ⅵ 평화와 공존의 윤리

01

[12현윤06—01] 다양한 사회적 갈등의 양상을 제시하고 동·서양의 윤리 이론을 바탕으로 사회 통합을 위한 방안을 제안할 수 있으며, 바람직한 소통과 담론을 실천할 수 있다.

\# 사회적 갈등 \# 시민 참여 \# 사회 통합 \# 동·서양의 윤리사상 \# 하버마스 \# 담론 윤리

관련 학과
· 미디어커뮤니케이션학과
· 사회학과
· 정치외교학과
· 행정학과

교과 세특 탐구 주제

주제1 현대 사회의 주요 사회 갈등 양상 분석
주제2 사회 통합 실현을 위한 바람직한 소통과 담론의 필요성 탐구
주제3 하버마스 담론 윤리에 기반한 사회 갈등 해결과 사회 통합 방안 탐구
주제4 동·서양의 윤리사상에 기반한 소통과 담론 윤리 실현을 위한 SNS 활용 방안 연구

■ 함께 보면 좋은 도서
《내면 소통》 김주환, 인플루엔셜, 2023.
《갈등과 소통》 김영임 외, 지식의 날개(방송대출판문화원), 2020.
《하버마스와 우리》 필리프 펠슈(정창호 역), 세창출판사, 2025.

GUIDE 소통과 담론 윤리 실현을 위한 SNS 활용 방안은 공자·칸트·하버마스 등 동서양 윤리사상의 핵심 개념을 바탕으로, 익명성·혐오 표현·가짜 뉴스 문제를 해결하는 사례와 디지털 시민성 교육 방안을 함께 검토해야 한다.

연계 활동 탐구 주제

독서

《하버마스와 우리》 필리프 펠슈(정창호 역), 세창출판사, 2025.
이 책은 하버마스의 담론 윤리를 중심으로 현대 사회의 갈등과 소통 문제를 분석한다. 저자는 정치, 문화, 미디어 등 다양한 영역에서 담론 윤리를 바탕으로 상호 이해와 합의를 도출하는 방법을 구체화한다. 디지털 시대의 공론장 변화와 새로운 소통 방식을 탐구하며, 바람직한 소통과 담론이 사회적 갈등 해결과 평화로운 공존에 어떻게 기여할 수 있는지를 보여 준다.

주제1 하버마스 담론 윤리의 핵심 개념과 원리 탐구
주제2 디지털 시대 공론장 변화와 담론 윤리 적용 가능성 탐구
주제3 시민 참여와 사회 통합을 위한 바람직한 의사 소통 모형 연구

논문

〈언론에 나타난 메타버스의 사회적 담론 변화 분석: 메타버스에 대한 기대와 우려, 사회적 함의를 중심으로〉
정용복 외, 2025.
이 논문에서 저자는 메타버스에 대한 긍정적 기대와 부정적 우려를 범주화하여 사회적 함의를 도출한다. 기술 발전의 영향을 여러 각도로 제시하며, 미디어 담론이 메타버스의 의미를 구성하고 여론 형성에 영향을 미치는 과정을 설명한다. 또한 새로운 디지털 환경에서 바람직한 소통과 담론의 방향성을 모색할 수 있음을 제안한다.

논문 바로가기

주제1 메타버스 공론장에서 나타나는 담론 윤리 적용 가능성 탐구
주제2 메타버스와 현실 사회의 상호 작용에서 지켜야 할 윤리 탐구
주제3 디지털 기술 발전이 사회적 통합과 갈등에 미치는 영향 분석

토론

주제1 디지털 시대 공론장의 발전을 위한 담론 윤리는 어떤 방향으로 발전해야 하는가?
주제2 사회 갈등 해결에 효과적인 동서양 사상에서 나타난 소통과 담론 윤리는 무엇인가?
주제3 시민 참여의 확대가 사회 갈등이 아닌, 사회 통합에 기여하기 위한 방안은 무엇인가?

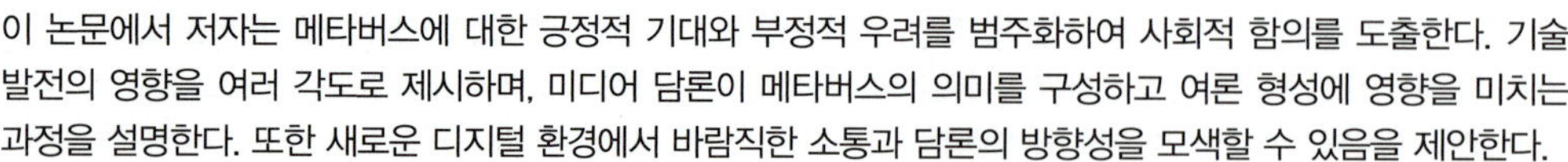

02

[12현윤06–02] 한반도의 통일과 평화에 관한 쟁점을 객관적으로 이해하고, 보편적인 윤리적 가치를 바탕으로 남북한의 화해를 위한 개인적·국가적 노력을 구체적으로 제시할 수 있다.

 # 남북한 화해 # 평화 실현 # 북한 인권 문제 # 통일의 비용과 편익 # 국제 사회의 역할과 과제

관련 학과
- 경제학과
- 국제관계학과
- 사회학과
- 정치외교학과

교과 세특 탐구 주제

주제1 남북한 화해와 평화 실현을 위한 윤리적 가치 탐구
주제2 남북통일이 가져올 비용과 편익에 대한 윤리적 분석
주제3 북한 주민의 인권 문제에 대한 한국 사회의 역할 탐구
주제4 한반도 평화 정착을 위한 국제 사회의 역할과 과제 탐구

■ 함께 보면 좋은 도서
《한반도 스케치화》 정일영 외, 책마루, 2021.
《통일과 평화, 그리고 북한》 진희관 외, 박영사, 2024.
《10대와 통하는 평화 통일 이야기》 정주진, 철수와영희, 2019.

GUIDE 통일의 비용과 편익은 경제적 요인뿐 아니라 세대·지역 간 형평성과 윤리적 정당성까지 함께 고려해야 한다.

연계 활동 탐구 주제

독서

《통일과 평화, 그리고 북한》 진희관 외, 박영사, 2024.
이 책은 한반도의 통일과 평화에 대해 심층적으로 다룬다. 북한의 현실을 객관적으로 분석하고, 통일에 대한 다양한 쟁점들을 폭넓게 고찰한다. 단순히 통일의 당위성을 주장하는 것을 넘어, 평화적인 통일을 위한 구체적이고 현실적인 방안을 모색한다. 통일 비용과 편익 문제, 북한 주민 인권 문제 등 복잡한 이슈들을 윤리적 관점에서 제시하며, 통일에 대한 균형 잡힌 시각을 갖게 한다.

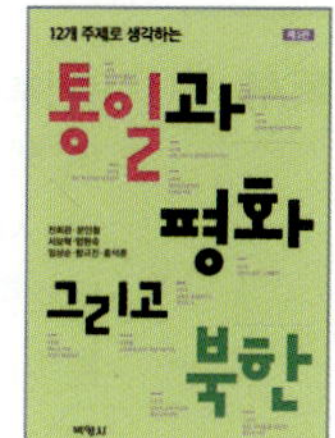

주제1 통일 과정에서 발생하는 인권 문제 해결 방안 분석
주제2 북한 주민 인권 문제에 대한 국제 사회의 책임과 역할 탐구
주제3 통일 비용과 편익에 대한 윤리적 딜레마와 해결 방안 탐구

논문

〈한반도 통일의 정치·경제적 효과와 지역 발전〉 박범종, 2016.
이 논문은 한반도 통일이 가져올 정치적, 경제적 효과를 다양한 각도로 분석한다. 남북한 경제 통합으로 인한 시너지 효과와 통일 한국의 국제적 위상 변화를 구체적으로 예측한다. 통일이 지역 발전에 미치는 영향을 중점적으로 살펴보며, 특히 접경 지역의 성장 가능성과 발전 전략을 심층적으로 다룬다. 이를 통해 통일이 한반도 전체의 지속가능한 발전에 기여할 수 있는 실질적 방안을 제시한다.

논문 바로가기

주제1 통일 한국의 미래 경제 발전 가능성에 대한 탐구
주제2 한반도 통일의 정치적, 경제적 효과와 지역 발전 분석
주제3 통일 비용과 편익을 고려한 지속가능한 발전 방안 탐구

토론

주제1 남북한 경제 통합이 지역 불균형을 완화할 수 있는가? 그 방안은 무엇인가?
주제2 통일 과정에서 발생하는 인권 문제 해결을 경제 발전보다 우선하여야 하는가?
주제3 통일 비용 부담에 대한 윤리적 책임은 어느 세대와 집단에게 더 부과해야 하는가?

03 [12현윤06-03] 국제사회의 윤리 문제를 국제 정의의 관점에서 비판적으로 설명하고, 국제사회에 대한 책임과 기여를 윤리적 관점에서 정당화하고 실천 방안을 제시할 수 있다.

국제 분쟁 # 빈곤 문제 # 기후위기 # 기후변화의 책임 # 세계 시민주의

관련 학과
- 국제관계학과
- 사회학과
- 정치외교학과
- 환경공학과

교과 세특 탐구 주제

주제1 국제 분쟁의 원인과 윤리적 문제에 대한 사례 분석
주제2 국제 분쟁 해결을 위한 세계 시민주의적 접근과 대안 제시
주제3 국제 정의 관점에서 본 글로벌 빈곤 문제 해결 방안 탐구
주제4 선진국의 기후변화 책임이 개발도상국에 미치는 책임과 영향 분석

GUIDE 국제 분쟁을 분석할 때는 군사적·경제적 이해관계와 함께 인권 침해 같은 윤리적 쟁점을 고려해야 하며, 세계 시민주의적 접근은 국가 이익을 넘어선 보편적 연대와 책임 의식을 중심으로 탐구해야 한다.

▣ 함께 보면 좋은 도서

《기후 난민》 권승문, 드레북스, 2025.
《국제 분쟁으로 보다, 세계사》 송영심, 풀빛, 2024.
《기후위기, 무엇이 문제일까》 오애리 외, 북카라반, 2023.

연계 활동 탐구 주제

독서 《기후위기, 무엇이 문제일까》 오애리 외, 북카라반, 2023.
이 책은 기후위기가 왜 심각한 문제인지 다양한 관점에서 설명한다. 단순히 환경 문제로만 접근하는 것이 아니라, 사회, 경제, 윤리적 문제와 어떻게 연결되는지 탐구한다. 기후변화의 원인과 결과를 과학적으로 분석하고, 탄소중립 사회로 나아가기 위한 구체적인 실천 방안을 제시한다. 독자들은 이 책을 통해 기후위기에 대한 올바른 이해를 바탕으로 책임 있는 시민으로서의 역할을 고민하게 된다.

주제1 기후위기 문제 해결을 위한 국제 사회의 역할 탐구
주제2 기후변화에 대한 선진국과 개발도상국의 책임 비교 분석
주제3 탄소중립 사회 실현을 위한 시민들의 윤리적 실천 방안 탐구

논문 〈경제적 세계화와 빈곤 문제〉 김준현, 2005.
이 논문은 경제적 세계화가 빈곤 문제에 미치는 영향을 종합적으로 분석한다. 세계화가 빈곤을 심화하거나 완화하는 양면적인 측면을 균형 있게 다룬다. 특히 개발도상국이 겪는 구조적 경제 불평등과 사회적 격차 문제를 심층적으로 고찰한다. 또한 빈곤 문제 해결을 위한 국제 사회의 역할과 지속가능한 정책적 대안을 폭넓게 제시한다.

논문 바로가기

주제1 세계화가 빈곤 문제에 미치는 영향에 대한 탐구
주제2 세계화 시대의 빈곤 문제 해결을 위한 정책적 대안 탐구
주제3 경제적 불평등 심화에 대한 세계 시민주의적 관점의 해법 탐구

토론 **주제1** 세계 시민주의적 관점에서 난민 수용은 인류의 의무인가?
주제2 세계 시민주의적 관점이 국제 분쟁 해결에 실질적으로 기여할 수 있는가?
주제3 선진국의 기후변화 책임이 개발도상국 지원 의무와 해외 원조로 이어져야 하는가?

윤리와 사상

과목 정보 ▶	교과군	공통 과목	선택 과목			평가 정보		수능
			일반 선택	진로 선택	융합 선택	성취도	상대평가	
	도덕	–	–	○	–	5단계	5등급	×

1 ▶ 교과 성격

'윤리와 사상'은 학습자의 삶에서 직면할 수 있는 윤리적 물음을 중심으로 한국 및 동·서양의 윤리사상과 사회사상의 주요 이론과 의미를 체계적으로 학습함으로써 윤리적 탐구와 성찰 및 문제 해결 능력을 기르기 위한 과목이다.

한국과 동서양의 윤리·사회 사상을 배우며 다양한 윤리적 시각을 이해하고 이를 바탕으로 개인의 삶과 사회를 분석·성찰하여, 윤리적 문제를 스스로 해결할 수 있는 역량을 기른다. 또한, 각 사상 속에 담긴 지혜와 통찰을 폭넓게 탐구하고 비판적으로 살펴봄으로써, 미래 사회가 요구하는 열린 태도와 다양한 사상의 조화를 추구하는 융합적·창의적 사고력을 함양하는 학습 경험을 제공한다.

TIP 중학교 '도덕'을 통해 익힌 도덕적 지식과 실천의 연계 능력과 '통합사회'의 학습 내용을 한층 더 확장하고 심화하여 윤리사상과 사회사상에 대한 체계적인 이해와 탐구 기회를 제공하는 교과임.

2 ▶ 교과 목표

- 한국 및 동·서양의 다양한 윤리사상의 특성과 역할을 인식하고, 윤리적 물음을 중심으로 윤리적 사유 내용과 사고방식을 성찰한다.
- 인간의 삶과 여러 사회사상 간의 관계를 종합적으로 파악하고, 사회적 삶의 의미와 바람직한 사회를 위한 노력에 대해 탐구한다.

3 ▶ 교과 핵심 키워드

# 결과론	# 경(敬) 사상	# 공리주의	# 공(空) 사상	# 공자
# 공적 삶	# 공화주의	# 국가 정당성	# 국가의 역할	# 대의 민주주의
# 덕 윤리	# 도덕 감정	# 도덕적 수양	# 도덕 판단에 대한 과학적 접근	# 동양의 국가관
# 맹자	# 무아 사상	# 무위자연		# 보편 윤리
# 배려 윤리	# 부동심	# 불교	# 사단칠정론	# 사랑의 윤리
# 사성제	# 선·교 통합 사상	# 성기호설	# 성선설	# 성악설
# 성즉리	# 소요유	# 순자	# 시민과 공동체	# 시민의 자유와 권리
# 실용주의	# 실존주의	# 심성론	# 심의 민주주의	# 연기 사상
# 영혼의 조화	# 원효	# 유무상생	# 윤리적 실천	# 의무론
# 의천	# 이기론	# 일심 사상	# 자본주의	# 자비
# 자연법 윤리	# 자유주의	# 장자	# 정치참여	# 제물론
# 주희	# 지눌	# 지행합일	# 참여 민주주의	# 쾌락주의
# 평정심	# 프로테스탄티즘	# 한국불교 사상	# 행복	# 화쟁 사상

4 ▶ 내용 체계

(1) 동양 윤리사상

핵심 아이디어	• 인간관과 세계관은 도덕의 실현 방식과 삶의 모습에 영향을 미친다. • 윤리에 대한 이해와 실천은 마음의 평안과 사회적 평화를 위한 방법을 탐구하는 데 필요하다.

범주	내용 요소
지식·이해	1. 도덕적 질서를 어떻게 세울 수 있는가? • 인륜 도덕과 마음의 회복 • 제도적 규범의 확립 • 사물의 이치 규명과 주체의 도덕성 회복 2. 진정한 평화와 영원한 자유와 평등은 어떻게 실현될 수 있는가? • 다투지 않음과 자연 그대로의 삶 • 분별을 잊음과 자유롭게 노니는 삶 3. 인간의 괴로움은 어떻게 극복될 수 있는가? • 상호 의존적인 세계와 실체가 없는 존재 • 깨달음을 향한 수행과 자비의 실천
과정·기능	• 사상의 관점 비교·고찰하기 • 사상의 현실적 의의 파악하기 • 삶의 의미와 지향 성찰하기 • 수양 방법 실천하기
가치·태도	• 인간애와 규범 존중 • 자연 존중과 평등 의식 • 존재의 고통에 대한 이해와 공감 • 개방적 수용과 균형적 태도

(2) 한국 윤리사상

핵심 아이디어	• 윤리사상의 창조적 발전을 위해서는 대립적인 사상들의 관계와 현실적 의의를 파악해야 한다. • 일상에서의 꾸준한 도덕적 수행은 도덕적 삶을 구현하는 중요한 방법이다.

범주	내용 요소
지식·이해	1. 사상적 차이는 어떻게 해소되고 조화될 수 있는가? • 다양성의 조화와 화쟁 사상 • 선과 교의 통합 노력 2. 도덕적 감정은 어떠한 방식으로 발현되는가? • 순수한 도덕 본성의 발현 • 일상적 감정의 도덕적 조절 3. 도덕적 실천은 어떻게 가능한가? • 내적 깨어있음과 외적 실천 • 마음의 생동성과 활동적 이치 • 본성의 확충과 마음의 주체성
과정·기능	• 사상들 간의 관계 파악하기 • 사상의 현실적 의의 평가하기 • 윤리적 실천 방법 제안하기 • 일상의 감정을 도덕적으로 조절하기
가치·태도	• 주체적인 수용과 종합 • 탈권위적 자세와 창의적 문제 해결 태도 • 윤리적 실천 성향

(3) 서양 윤리사상

<table>
<tr><td rowspan="2">핵심
아이디어</td><td>• 윤리적 삶과 진정한 행복은 보편 윤리를 지향하는 다양한 윤리적 방법과 노력을 통해 가능하다.</td></tr>
<tr><td>• 윤리적 삶의 실현에는 행위의 옳고 그름의 기준과 인간 및 도덕성에 관한 다양한 탐구가 필요하디.</td></tr>
</table>

범주	내용 요소	
지식·이해	1. 윤리적 삶에 대한 서양의 물음은 어떻게 시작되었는가?	
	• 상대주의와 보편 윤리	• 영혼의 조화와 성품의 탁월성
	2. 진정한 행복은 어떻게 달성할 수 있는가?	
	• 쾌락의 추구와 평정심	• 금욕과 부동심
	3. 신앙과 윤리는 어떤 관계가 있는가?	
	• 그리스도교와 사랑의 윤리	• 자연법 윤리와 프로테스탄티즘 윤리
	4. 행위의 옳고 그름을 판단하는 기준은 무엇인가?	
	• 의무론과 선의지	• 결과론과 공리
	5. 윤리적 삶의 근거는 무엇인가?	
	• 주체적 결단과 문제 해결의 유용성	• 도덕의 기원과 판단에 대한 과학적 설명
	• 책임·배려와 윤리적 삶	
과정·기능	• 보편적 관점 채택하기	• 진정한 행복에 대한 실천적 방법 모색하기
	• 윤리적 관점 정당화하기	• 윤리적 삶의 의미와 지향 모색하기
가치·태도	• 윤리적 물음에 관한 탐구와 성찰	• 윤리적 삶에 대한 실천 성향

(4) 사회사상

<table>
<tr><td rowspan="2">핵심
아이디어</td><td>• 국가는 정당성을 확보하기 위해 국가로서의 역할을 충실히 이행해야 하며, 시민은 사적 삶과 공동선의 조화를 위해 노력해야 한다.</td></tr>
<tr><td>• 민주주의의 이상 구현과 자본주의의 윤리적 성숙을 위해서는 시민의 적극적인 노력이 필요하다.</td></tr>
</table>

범주	내용 요소	
지식·이해	1. 국가는 어떻게 정당화될 수 있는가?	
	• 동·서양의 국가관	• 국가의 역할과 정당성
	2. 시민은 어떤 존재이어야 하는가?	
	• 시민적 자유와 사적 삶	• 시민적 덕성과 공동선
	3. 민주주의의 이상은 어떻게 실현될 수 있는가?	
	• 민주주의의 지향과 대의민주주의	• 참여와 심의를 통한 민주주의 구현
	4. 자본주의는 어떻게 개선되어야 하는가?	
	• 자본주의의 원리와 현실	• 자본주의의 윤리적 개선과 대안
과정·기능	• 사상의 관점 비교·고찰하기	• 사상의 현실적 의의와 개선 방향 탐구하기
	• 사상의 이상 구현을 위한 실천 방법 모색하기	비판적이고 체계적인 관점 형성하기
가치·태도	• 개방적 수용과 균형적 태도	• 자발적 참여와 민주적 태도

I 동양 윤리사상

01

[12윤사01-01] 공자 사상에 바탕하여 맹자와 순자, 주희와 왕수인의 인성론을 비교하고, 인간 본성의 입장에 따른 윤리적 삶의 목표 및 방법론의 차이와 그 의의를 파악할 수 있다.

관련 학과
· 윤리교육과
· 정치외교학과
· 철학과
· 행정학과

\# 공자 \# 맹자 \# 순자 \# 주희 \# 왕수인 \# 인성론 \# 양지 \# 치양지 \# 성즉리 \# 심즉리

교과 세특 탐구 주제

주제1 공자의 인(仁) 사상과 도덕적 질서 회복 방안 탐구
주제2 맹자의 성선설과 순자의 성악설 비교를 통한 인간 본성 이해
주제3 양지 회복과 치양지 실천을 통한 현대 도덕적 삶의 적용 방안 연구
주제4 주희의 성즉리와 왕수인의 심즉리 비교를 통한 도덕적 자기 수양 방법 탐구

■ 함께 보면 좋은 도서
《순자》 배기호, EBS BOOKS, 2022.
《논어》 공자(소준섭 역), 현대지성, 2018.
《제자백가, 인생 불변의 지혜》 옥현주, 유노책주, 2024.

GUIDE 양지 회복과 치양지 실천은 단순히 '도덕적 자기 수양'에 머무르지 않고, 현대 사회의 탐구 문제(예 인간관계, 시민 윤리) 속에서 어떻게 실천할 수 있는지 사례와 연결해 고민해야 한다.

연계 활동 탐구 주제

독서
《순자》 배기호, EBS BOOKS, 2022.
이 책은 순자의 성악설을 중심으로 인간 본성에 대한 현실주의적 관점을 제시한다. 저자는 예와 제도의 힘으로 사회 질서를 확립하려 한 순자의 철학을 설명한다. 정치와 사회사상 영역에서 순자가 제시한 부국강병론과 예치 사상을 현대적 맥락과 연결해 이해할 수 있도록 돕는다. 또한 성선설과 대비되는 성악설의 의의와 제도적 규범 확립의 철학적 배경을 탐구하게 한다.

주제1 순자의 부국강병론이 현실 정치에 주는 시사점 탐구
주제2 예치 사상이 사회 질서와 정치 제도 확립에 미친 영향 분석
주제3 성악설과 예치의 상호 관계에 따른 윤리적 삶의 조건 탐구

논문
〈공자(孔子)의 도덕적 인간에 관한 연구〉 이철주, 2021.
이 논문은 공자의 도덕적 인간상에 대한 철학적 의미를 탐구한다. 저자는 인(仁)과 예(禮)를 중심으로 공자가 추구한 이상적 인간의 모습을 분석하며, 도덕적 삶의 핵심이 자기 수양과 사회적 조화를 이루는 데 있음을 밝힌다. 또한 도덕적 인간이 국가와 사회 질서 유지에 어떤 역할을 하는지를 구체적으로 제시하고, 도덕적 인간상은 개인의 내적 수양과 외적 관계를 포괄하는 실천적 목표임을 밝힌다.

논문 바로가기

주제1 공자가 제시한 도덕적 인간상의 의미 탐구
주제2 예(禮)를 통한 사회 질서 확립과 도덕적 인간의 역할 분석
주제3 도덕적 인간상의 내적 수양과 외적 실천의 조화에 대한 연구

토론
주제1 인간의 본성은 본래 선한가, 악한가, 상황에 따라 달라질 수 있는가?
주제2 도덕적 인간은 내적 성찰과 사회 질서 확립 중 어느 것에 더 비중을 두어야 하는가?
주제3 주희의 성즉리와 왕수인의 심즉리는 도덕적 자기완성을 달성하는 방법에서 어떤 차이가 있는가?

02

[12윤사01–02] 노자의 유무상생·무위자연 사상과 장자의 소요유·제물론의 의의를 이해하고, 서로 다른 것 간의 어울림을 통한 진정한 평화에 대해 성찰할 수 있다.

\# 노자 \# 장자 \# 유무상생 \# 무위자연 \# 소요유 \# 제물론

관련 학과
- 사회학과
- 윤리교육과
- 정치외교학과
- 철학과

교과 세특 탐구 주제

주제1 노장사상에서 제시하는 자연스러운 삶의 의미 탐구
주제2 장자의 제물론에 나타난 평등관과 진정한 자유의 의미 고찰
주제3 노자의 무위자연 사상과 인위의 대비를 통한 윤리적 삶의 의미 탐구
주제4 노자의 유무상생과 장자의 소요유 사상 비교를 통한 평화로운 삶의 길 모색

■ 함께 보면 좋은 도서

《도덕경》 노자(소준섭 역), 현대지성, 2019.
《장자》 장자(김원중 역), 휴머니스트, 2023.
《삶의 실력, 장자》 최진석, 위즈덤하우스, 2025.

GUIDE 무위자연을 피동적 태도로 오해하지 말고, 자연의 질서에 맞는 적극적 실천이라는 점을 분명히 해야 한다.

연계 활동 탐구 주제

독서

《도덕경》 노자(소준섭 역), 현대지성, 2019.
이 책은 노자의 《도덕경》을 완역한 판본으로, 무위자연과 유무상생의 사상을 현대 독자에게 전달한다. 노자가 말한 자연에 따른 삶과 인위의 부작용을 대비시켜 설명하며, 다투지 않음과 조화를 통한 삶의 지혜를 보여 준다. 관계적 사고의 중요성과 개인의 삶과 사회 질서가 자연스럽게 유지되는 방법을 통해 자연스러운 삶의 의미를 이해하고 오늘날 윤리적 삶에 적용할 수 있는 통찰을 제공한다.

주제1 무위자연이 제시하는 다투지 않는 삶의 윤리적 가치 분석
주제2 유무상생과 무위자연 사상의 현대 사회 환경 윤리 적용 가능성 탐구
주제3 유무상생 사상의 존재·비존재 상호 의존성에 대한 현대 사회적 시사점 탐구

논문

〈인위(유위)의 정치에 대한 노자의 비판〉 이재권, 2024.
이 논문은 노자가 비판한 인위적 정치의 문제점을 분석한다. 노자는 당시 사회 혼란 속에서 유가의 예치와 법가의 법치가 개인의 자유를 억압하는 방식으로 작동했음을 지적한다. 또한 무위에 기반한 자연스러운 통치를 제시하며, 백성의 자유와 자율성을 보장하는 정치를 이상으로 보았다. 이러한 사상은 오늘날 정치와 사회문제를 성찰하는 데 시사점을 제공한다.

주제1 노자가 인위적 정치(유위 정치)를 비판한 철학적 근거 탐구
주제2 노자의 정치 비판을 현대 사회의 권력 남용 문제에 적용한 탐구
주제3 유가의 예치와 법가의 법치에 대한 노자의 비판과 윤리적 함의 분석

토론

주제1 유무상생의 상호 의존성은 오늘날 인간과 자연의 관계에 어떤 교훈을 주는가?
주제2 장자의 제물론은 현대 사회의 차별과 불평등 문제 해결에 어떻게 기여할 수 있는가?
주제3 노장사상의 자연관이 환경 문제 해결과 지속가능한 삶의 모색에 어떤 시사점을 제공하는가?

03 [12윤사01-03]

불교의 사성제와 자비를 이해하고, 괴로움을 극복하는 방법을 실천할 수 있다.

\# 불교 \# 연기 \# 사성제 \# 자비 \# 무아(無我) 사상 \# 공(空) 사상

관련 학과
- 심리학과
- 윤리교육과
- 종교학과
- 철학과

교과 세특 탐구 주제

주제1 불교의 사성제가 제시하는 괴로움의 원인과 극복 방법 탐구
주제2 자비 실천이 개인과 사회의 괴로움 극복에 미치는 영향 연구
주제3 불교의 깨달음 수행이 현대인의 삶의 치유에 주는 의의 탐구
주제4 불교의 무아(無我)와 공(空) 사상이 보여 주는 상호 의존적 세계 탐구

■ 함께 보면 좋은 도서

《이제서야 이해되는 불교》 원영, 불광출판사, 2023.
《틱낫한 인터빙》 틱낫한(허우성 외 역), 불광출판사, 2024.
《붓다의 가르침》 왈뽈라 라훌라(이형두 역), 맑은소리맑은나라, 2025.

GUIDE 자비 실천을 탐구할 때는 선행이 아니라, 고통을 줄이고 관계를 회복하는 구체적 방식(예 갈등 중재, 사회적 약자 보호)으로 살펴봐야 한다.

연계 활동 탐구 주제

독서 《붓다의 가르침》 왈뽈라 라훌라(이형두 역), 맑은소리맑은나라, 2025.

이 책은 불교의 핵심 교리인 사성제, 무아, 연기, 자비를 현대적 시각으로 해설한다. 저자는 인간이 겪는 괴로움의 원인을 집착과 무지에서 찾고, 이를 극복하기 위한 실천적 방법을 제시한다. 특히 자비와 지혜의 조화를 강조하고, 개인의 깨달음이 사회적 평화로 이어질 수 있음을 설명하며, 불교의 수행이 단순한 종교적 신앙을 넘어 삶의 치유와 자유의 길임을 보여 준다.

주제1 불교의 수행과 심리적 치유 및 마음챙김 실천의 연관성 분석
주제2 연기 사상에 따른 인간과 자연, 사회의 상호 의존적 관계 탐구
주제3 집착과 무지를 괴로움의 원인으로 본 불교적 관점의 현대적 의의 탐구

논문 〈분노의 극복 가능성 −현대 심리학과 초기 불교의 관점 차이를 중심으로〉 박정아, 2024.

이 논문은 인간의 보편적 정서인 분노를 극복하는 방법을 현대 심리학과 초기 불교의 관점을 통해 비교한다. 현대 심리학은 인지와 행동 조절을 통해 분노를 관리하고, 초기 불교는 수행과 자비를 통해 분노를 극복할 수 있다고 설명한다. 저자는 분노 극복이 개인의 심리적 평안과 사회적 관계 회복에 필수임을 강조하며, 불교 사상과 심리학적 접근이 상호 보완적으로 활용될 수 있음을 보여 준다.

주제1 초기 불교가 제시한 분노 극복의 수행 방법과 의의 탐구
주제2 자비 실천이 분노 극복과 인간관계 회복에 미치는 영향 연구
주제3 불교의 분노 극복 사상과 현대 심리학의 분노 조절 방법의 상호 보완적 가능성 탐구

토론 **주제1** 불교의 괴로움 극복 방법이 현대인의 심리적 고통 해결에 어떤 시사점을 주는가?
주제2 무아와 연기 사상은 인간관계의 단절과 갈등을 해결하는 데 어떤 도움을 줄 수 있는가?
주제3 자비 실천은 개인의 마음 치유와 더불어 사회적 갈등과 분노 극복에 어떤 역할을 할 수 있는가?

01 [12윤사02-01] 원효의 화쟁사상, 의천과 지눌의 선·교 통합 사상이 불교의 대립을 어떻게 화해시켰는지 탐구하고, 한국불교의 특성과 통합정신의 중요성을 파악할 수 있다.

관련 학과
- 종교학과
- 불교문화콘텐츠전공
- 불교학전공
- 철학과

원효　# 화쟁사상　# 일심사상　# 의천　# 지눌　# 선·교 통합　# 한국불교의 특성

교과 세특 탐구 주제

주제1 의천과 지눌의 선·교 통합 사상의 의의 탐구

주제2 원효의 화쟁사상과 한국불교의 통합적 특징 탐구

주제3 한국불교 사상의 회통적 성격과 다원주의 사회의 조화 원리 탐구

주제4 화쟁과 선·교 통합 사상이 현대 사회의 갈등 해결에 주는 시사점 탐구

GUIDE 현대 사회 문제의 시사점을 다룰 때는 종교 갈등 조정, 다문화 사회 통합, 남북 화해 논의 같은 사례와 연결하여, 통합 정신의 실제적 의미를 검토해야 한다.

▣ 함께 보면 좋은 도서

《지눌의 선禪 사상》 길희성, 동연출판사, 2021.

《원효의 발견》 남동신, 사회평론아카데미, 2022.

《이이화의 이야기 한국불교사》 이이화, 불광출판사, 2018.

연계 활동 탐구 주제

독서　《이이화의 이야기 한국불교사》 이이화, 불광출판사, 2018.

이 책은 한국불교의 전개 과정을 역사적 맥락 속에서 서술한 교양서이다. 저자는 원효, 의천, 지눌 등 대표 사상가들의 사상을 시대 상황과 사회적 변화 속에서 분석한다. 또한 한국불교가 지닌 회통적 전통과 통합정신을 중점적으로 조명하여, 종교적 사유가 사회와 문화 속에서 어떤 역할을 했는지 드러낸다. 이를 통해 한국불교사의 특징과 철학적 의미를 종합적으로 파악할 수 있도록 안내한다.

> **주제1** 의천과 지눌의 선·교 통합 사상이 한국불교사 전개에 끼친 영향 분석
>
> **주제2** 원효의 화쟁사상이 불교 내부 대립을 해소한 방식과 그 철학적 의의 탐구
>
> **주제3** 한국불교의 회통적 전통이 사회적 갈등 해결과 공존 사회 형성에 주는 의의 탐구

논문　〈화쟁과 한마음 사상: 원효의 갈등 해소법과 소통의 철학〉 이종성, 2025.

논문 바로가기

이 논문은 원효의 화쟁사상과 일심사상을 중심으로 불교 내부의 교리적 갈등을 어떻게 해소했는지 탐구한다. 원효는 서로 다른 견해의 장점을 취하여 하나로 아우르는 화쟁과 일심사상을 통해 다양한 교설을 통합할 수 있는 사유 구조를 마련하였다. 저자는 이러한 사유가 교리적 통합을 넘어, 소통과 화해의 철학으로 확장될 수 있으며 현대 사회의 갈등 해결에도 적용 가능함을 강조한다.

> **주제1** 원효의 화쟁사상이 보여 주는 갈등 해소의 방법 탐구
>
> **주제2** 원효의 일심사상이 교리 통합에 가지는 철학적 의의 분석
>
> **주제3** 화쟁과 일심사상의 소통 철학을 통해 본 현대 사회 갈등 해결 방안 탐구

토론　**주제1** 원효와 의천·지눌의 사상은 불교 내부 대립을 어떻게 해소했는가?

> **주제2** 한국불교의 회통 전통은 현대 공존 사회 형성에 어떤 의의를 갖는가?
>
> **주제3** 화쟁과 선·교 통합 정신은 현대 사회의 갈등 해결에 어떤 역할을 할 수 있는가?

02

[12윤사02–02] 도덕 감정의 발현 과정에 대한 퇴계와 율곡의 주장을 그 이유와 함께 비교·고찰하고, 일상의 감정을 도덕적으로 조절하는 방법을 제시할 수 있다.

이황 # 퇴계 사상 # 이이 # 율곡 사상 # 사단·칠정 논쟁 # 도덕 감정 # 일상적 감정

관련 학과
· 교육학과
· 심리학과
· 윤리교육과
· 철학과

교과 세특 탐구 주제

주제1 퇴계와 율곡의 도덕 감정 발현 과정 비교

주제2 사단(도덕 감정)과 칠정(일상적 감정)의 차이 분석

주제3 SNS 감정 표현 문화와 도덕적 감정 발현의 의미 탐구

주제4 퇴계·율곡의 사단·칠정 논쟁을 통한 도덕 감정 발현 원리의 차이 탐구

📖 함께 보면 좋은 도서

《이황》 퇴계 이황(이봉규 편저), 창비, 2024.
《경연일기》 율곡 이이(유성선 외 역), arte(아르테), 2023.
《사단칠정을 논하다》 기대승 외(임헌규 역), 책세상, 2023.

GUIDE 사단·칠정 논쟁을 다룰 때는 퇴계·율곡의 관점 차이와 함께 도덕 감정의 본질을 찾으려 한 공통된 문제의식도 이해해야 한다.

연계 활동 탐구 주제

독서

《경연일기》 율곡 이이(유성선 외 역), arte(아르테), 2023.
이 책은 율곡 이이가 선조와 나눈 경연을 번역하여, 그의 사상을 쉽게 접할 수 있도록 정리한 저작이다. 정치와 교육 현장에서 이루어진 논의 속에서 율곡은 도덕 감정의 발현과 수양 과정을 설명하며, 감정을 절제하고 도덕적으로 조절하는 방법을 현실적이고 실천적인 시각에서 제시한다. 이를 바탕으로 퇴계와의 사단·칠정 논쟁과 연결되는 율곡 사상의 실제 맥락을 이해하게 한다.

주제1 율곡 이이가 《경연일기》에서 제시한 도덕 감정 수양 방법의 특징 탐구

주제2 율곡의 도덕 감정 수양론이 현대 사회의 감정 관리에 주는 의의 탐구

주제3 《경연일기》에 나타난 군주 교육 사례를 통해 본 도덕적 감성 수양의 사회적 의미 분석

논문

〈성리학의 '감성' 개념에 대한 고찰〉 최복희, 2020.
이 논문은 성리학에서의 '감성' 개념을 고찰하며, 마음이 세계와 관계 맺는 과정을 분석한다. 주희는 마음의 수양을 '경(敬)'을 통해 통합하려 했고, 퇴계 이황은 도덕적 본성이 능동적으로 발현되는 측면을 강조하였다. 율곡 이이는 마음의 발현을 외부 자극에 따른 '기(氣)의 작용'으로 파악하며 현실적이고 경험적인 이해를 제시했다. 이는 도덕 감정의 발현과 조절을 탐구하는 철학적 근거를 제공한다.

논문 바로가기

주제1 성리학적 도덕 감정론에서 본 '본성'과 '기질'의 조율 방식 분석

주제2 성리학에서 '감성'이 도덕 감정 발현과 수양을 규정하는 원리 탐구

주제3 성리학의 감성 개념이 현대 사회의 감정 윤리 논의에 주는 시사점 연구

토론

주제1 도덕 감정 수양에 있어 이황과 이이의 차이점은 무엇인가?

주제2 도덕 감정의 발현을 둘러싼 퇴계 이황과 율곡 이이의 입장 중 어느 쪽이 더 타당한가?

주제3 율곡의 도덕 감정 수양 원리는 개인의 감정 관리와 공적 책임 의식에 어떻게 적용되는가?

03

관련 학과
- 교육학과
- 윤리교육과
- 철학과
- 한국학과

\# 조식 \# 경(敬) 사상 \# 정제두 \# 지행합일 \# 양명학 \# 정약용 \# 성기호설 \# 실학

교과 세특 탐구 주제

주제1 남명 조식의 '경(敬)' 사상과 도덕적 실천 방식 탐구
주제2 하곡 정제두의 지행합일 사상과 도덕적 실천 원리 분석
주제3 다산 정약용의 성기호설(性嗜好說)과 윤리적 실천 방안 고찰
주제4 지행합일 전통이 현대 사회의 윤리적 실천에 갖는 의의 연구

■ 함께 보면 좋은 도서
《다산철학과 교육》 서명석, 공동체, 2020.
《하곡 정제두의 양명학》 최재목, 지식과교양, 2017.
《남명 조식과의 대화》 김영기, 대영문화사(임춘환), 2021.

GUIDE 다산의 성기호설은 인간 본성이 기호로 드러난다는 점과, 이를 올바른 방향으로 이끌기 위한 신독(愼獨)의 실천과 연결해 보아야 한다.

연계 활동 탐구 주제

독서
《다산철학과 교육》 서명석, 공동체, 2020.
이 책은 다산 정약용의 철학 사상을 교육적 관점에서 재조명한 저술이다. 저자는 다산이 강조한 본성 확충과 경세치용의 사상을 통해, 도덕적 앎과 실천이 어떻게 연결될 수 있는지를 탐구한다. 특히 다산은 인간이 지닌 선한 본성을 확충함으로써 윤리적 삶을 영위할 수 있다고 보았으며, 이는 교육을 통한 자기 수양과 사회적 실천으로 구현됨을 조망한다.

주제1 다산 철학에서 앎과 함의 조화를 이루는 교육적 방법 고찰
주제2 다산 정약용의 본성 확충론이 제시하는 도덕적 실천 원리 연구
주제3 다산 사상의 경세치용 정신과 윤리적 실천의 사회적 의미 분석

논문
〈하곡 정제두의 지각과 양지〉 박현정, 2022.
이 논문은 하곡 정제두가 양명학의 핵심 개념인 '양지'를 어떻게 이해했는지 분석한 연구이다. 하곡은 양지를 인간 본성 속에 내재한 도덕적 앎으로 보았으며, 이를 구체적으로 발현시키는 작용을 '지각'으로 설명한다. 저자는 하곡이 지각과 양지의 관계를 통해 지행합일을 철학적으로 뒷받침함을 밝히며, 그의 사상이 도덕적 앎과 실천의 통일을 지향한 한국 양명학의 특징을 보여 준다고 평가한다.

주제1 하곡 정제두의 양지론이 제시하는 도덕적 앎과 실천의 관계 탐구
주제2 지각 개념을 통해 본 하곡 정제두의 지행합일 사상의 철학적 의의 분석
주제3 하곡 정제두의 양명학에 기반한 현대인의 도덕 실천과 자기 수양 방안 연구

토론
주제1 도덕적 앎과 실천의 통일을 지향한 남명과 하곡 사상의 철학적 의의는 무엇인가?
주제2 지행합일 전통은 오늘날 개인의 자기 수양과 사회적 책임 실천에 어떤 의미를 갖는가?
주제3 다산 정약용의 도덕 수양 사상은 현대인의 자기 수양과 사회적 실천에 어떤 의미를 갖는가?

III 서양 윤리사상

01

[12윤사03–01] 서양 윤리사상의 출발점에서 나타난 보편윤리, 영혼의 조화, 성품의 탁월성의 특징을 파악하고, 덕과 행복의 관계에 대하여 성찰할 수 있다.

관련 학과
- 교육학과
- 사회학과
- 윤리교육과
- 철학과

#소크라테스 #보편윤리 #플라톤 #영혼의 조화 #아리스토텔레스 #성품의 탁월성

교과 세특 탐구 주제

- **주제1** 소피스트와 소크라테스의 윤리관 비교
- **주제2** 플라톤의 정의 개념과 이상 국가 사상 탐구
- **주제3** 보편윤리의 철학적 의미와 현대적 의의 탐구
- **주제4** 아리스토텔레스의 덕 윤리와 성품의 탁월성과 행복에 관한 연구

GUIDE 아리스토텔레스의 덕 윤리를 다룰 때는 성품의 탁월성과 행복의 관계를 개인의 도덕적 성장과 공동체적 삶 모두와 연결해 이해해야 한다.

■ 함께 보면 좋은 도서

《플라톤 국가》 플라톤(박문재 역), 현대지성, 2023.
《아리스토텔레스의 니코마코스 윤리학》 유재민, EBS BOOKS, 2021.
《소크라테스의 변명·크리톤·파이돈·향연》 소크라테스 외(박문재 역), 현대지성, 2019.

연계 활동 탐구 주제

독서 《아리스토텔레스의 니코마코스 윤리학》 유재민, EBS BOOKS, 2021.

이 책은 아리스토텔레스의 《니코마코스 윤리학》을 학생들이 이해하기 쉽게 안내한다. 아리스토텔레스는 행복을 인간 삶의 궁극적 목적으로 보고, 욕망을 절제하고 성품을 다듬는 과정을 통해 덕을 실현할 수 있다고 설명한다. 또한 '중용'의 원리를 통해 균형 잡힌 삶을 살아가는 자세를 강조하며, 욕망에 대처하는 태도가 곧 개인의 품성과 행복에 직결된다는 점을 다양한 사례와 함께 드러낸다.

- **주제1** 욕망 절제와 성품 수양이 행복에 미치는 영향 분석
- **주제2** 덕 윤리와 의무 윤리에서의 행복의 의미와 효과에 대한 고찰
- **주제3** 아리스토텔레스의 중용이 청소년의 생활 습관에 수는 영향 탐구

논문 〈『니코마코스 윤리학』을 통해 본 아리스토텔레스 덕 윤리의 성격과 의의〉 노영란, 2023.

이 논문은 아리스토텔레스의 덕 윤리의 핵심 개념과 의미를 고찰한다. 그는 행복을 인간 삶의 최고선으로 규정하며, 이를 성품의 탁월성과 중용의 실천 속에서 찾을 수 있음을 밝힌다. 덕은 습관과 실천적 지혜를 통해 구체적 상황에서 발휘되며, 행복은 성찰적·관조적 활동에서 완성된다고 설명한다. 이를 통해 저자는 아리스토텔레스 윤리학의 현대 도덕 교육과 윤리 담론에서의 의의를 강조한다.

- **주제1** 실천적 삶과 관조적 삶의 비교를 통한 행복 분석
- **주제2** '아크라시아'를 통해 본 인간의 도덕적 책임 가능성 탐구
- **주제3** 아리스토텔레스 덕 윤리에서 '습관'과 '실천적 지혜'의 상호 작용 고찰

토론
- **주제1** 정의로운 삶의 기준은 플라톤의 조화로운 질서인가, 아리스토텔레스의 덕의 실천인가?
- **주제2** 윤리적 삶은 보편적 진리를 따르는 것인가, 상황과 문화에 따라 달라질 수 있는 것인가?
- **주제3** 행복은 이성적 성찰(관조적 삶)과 현실 속 습관과 실천(중용적 삶) 중 어디에 더 가까운가?

\# 에피쿠로스 학파 \# 쾌락주의 \# 평정심 \# 스토아 학파 \# 금욕주의 \# 부동심 \# 행복관

관련 학과
- 교육학과
- 사회학과
- 윤리교육과
- 철학과

교과 세특 탐구 주제

주제1 서양 고대 철학의 쾌락주의와 금욕주의의 행복관 비교 탐구
주제2 에피쿠로스 학파의 쾌락의 역설에 대한 고찰과 아타락시아 탐구
주제3 스토아 학파의 금욕주의와 부동심의 현대 사회 적용에 있어 윤리적 의미 고찰
주제4 에피쿠로스의 쾌락 추구와 평정심이 진정한 행복 실현에 미치는 영향 분석

■ 함께 보면 좋은 도서
《미니멀리즘적 쾌락주의》 제이한, 리프레시, 2025.
《에피쿠로스 쾌락》 에피쿠로스(박문재 역), 현대지성, 2022.
《세네카의 행복론》 루키우스 안나이우스 세네카(천병희 역), 숲, 2024.

GUIDE 행복 실현은 개인적 평정심과 함께 공동체적 책임을 포함한 윤리적 실천 방안으로 검토해야 한다.

연계 활동 탐구 주제

독서
《에피쿠로스 쾌락》 에피쿠로스(박문재 역), 현대지성, 2022.
이 책은 에피쿠로스의 원전 8편을 제시하여 쾌락주의 철학의 본질을 직접 보여 준다. 에피쿠로스는 쾌락을 단순한 감각적 즐거움이 아닌 고통의 부재와 마음의 평정, 즉 아타락시아에서 찾는다. 또한 육체적 고통과 정신적 불안을 구분하며, 진정한 행복은 이성적 성찰과 절제 속에 있음을 드러낸다. 이러한 에피쿠로스 철학은 오늘날 삶의 태도와 윤리적 실천에 주는 의미를 성찰하게 된다.

주제1 불필요한 욕망 절제가 정신적 평정과 행복에 미치는 영향 연구
주제2 육체적 고통과 정신적 불안의 해소에 대한 에피쿠로스 행복관 분석
주제3 욕망 절제와 소박한 삶의 지향이 현대 사회의 행복 추구 방식에 주는 의미 고찰

논문
〈스토아 학파 윤리사상의 이해〉 엄성우, 2023.
이 논문은 스토아 학파의 윤리사상을 체계적으로 분석하며, 금욕과 부동심의 의의를 탐구한다. 스토아 학파는 욕망 절제와 감정의 흔들림 없는 평정심을 통해 개인적 행복을 실현할 수 있음을 강조한다. 저자는 이러한 윤리적 기초 위에서, 인간의 이성이 곧 자연법이며 모든 인류가 하나의 공동체임을 밝힌다. 또한 개인적 수양과 공동체적 실천을 바탕으로 행복의 윤리적 길을 모색하게 한다.

논문 바로가기

주제1 욕망 절제와 부동심 실천이 개인 행복에 미치는 영향 탐구
주제2 개인적 수양에서 공동체적 실천으로 확장되는 스토아 윤리의 특징 탐구
주제3 스토아 학파의 자연법 사상이 후대 세계 시민주의로 해석된 철학적 의미 고찰

토론
주제1 에피쿠로스의 쾌락 추구는 진정한 행복을 보장할 수 있는가?
주제2 불필요한 욕망 절제의 기준은 무엇이며, 그것이 행복 실현에 어떤 의미를 갖는가?
주제3 스토아 학파의 세계 시민주의는 현대적 의미의 세계 시민주의와 어떤 차이가 있는가?

03

[12윤사03–03] 그리스도교의 사랑의 윤리로서의 특징을 파악하고, 자연법 윤리 및 프로테스탄티즘 윤리에 나타난 신앙과 윤리의 관계를 성찰할 수 있다.

관련 학과
- 신학과
- 윤리교육과
- 종교학과
- 철학과

그리스도교 # 사랑의 윤리 # 아퀴나스 # 자연법 윤리 # 아우구스티누스 # 프로테스탄티즘

교과 세특 탐구 주제

주제1 그리스도교 사랑의 윤리 특징 분석

주제2 아퀴나스의 자연법 윤리와 신앙과 이성의 관계 탐구

주제3 플라톤 철학의 수용이 아우구스티누스 윤리 사상에 미친 영향 탐구

주제4 종교 개혁 사상과 프로테스탄티즘 윤리가 근대 서구 사회에 미친 영향 탐구

▣ 함께 보면 좋은 도서

《토마스 아퀴나스》 박승찬, arte(아르테), 2024.
《아우구스티누스에게 삶의 길을 묻다》 박승찬, 가톨릭출판사, 2021.
《프로테스탄트 윤리와 자본주의 정신》 막스 베버(박문재 역), 현대지성, 2018.

GUIDE 아퀴나스의 자연법 윤리를 탐구할 때는 자연법이 신의 영원한 법에서 비롯되지만, 인간 이성이 그것을 인식하고 도덕 규범으로 실천할 수 있다는 점을 포함해야 한다.

연계 활동 탐구 주제

독서

《토마스 아퀴나스》 박승찬, arte(아르테), 2024.
이 책은 토마스 아퀴나스가 신앙과 이성의 조화를 어떻게 실현했는지를 스콜라 철학의 정점에서 보여 주는 교양서이다. 저자는 아퀴나스가 아리스토텔레스 철학을 수용하면서도 그리스도교 신앙을 합리적으로 해석한 과정을 설명한다. 또한 자연법 사상과 덕 윤리 체계를 통해 도덕과 신앙이 조화의 관계임을 제시하며, 현대 사회와 윤리 문제 속에서도 아퀴나스의 통찰이 유효함을 강조한다.

주제1 아퀴나스의 자연법 윤리가 현대 사회의 인권·법 윤리에 끼친 영향 분석

주제2 스콜라 철학의 완성자로서 아퀴나스의 윤리 사상이 서양 윤리 전통에 남긴 의의 탐구

주제3 아퀴나스의 신앙과 이성 조화 사상이 현대 과학 및 종교 갈등 해결에 주는 시사점 탐구

논문

〈그리스도교와 자본주의: 인간의 삶을 위한 교회의 선택〉 최형묵, 2016.
이 논문은 프로테스탄티즘 윤리와 자본주의 정신의 관계를 분석한 연구이다. 저자는 성서와 교부 전통, 아퀴나스의 자연법 윤리에서 출발해 루터와 칼뱅 사상을 거쳐 근대 자본주의의 토대를 추적한다. 또한 막스 베버의 통찰을 바탕으로 프로테스탄티즘 윤리가 근대 경제생활 규범의 변화를 이끈 과정을 설명하며, 오늘날 종교의 뿌리를 상실한 종교화된 자본주의 현실을 비판적으로 진단한다.

논문 바로가기

주제1 종교 개혁 사상이 자본주의 경제관 형성에 미친 영향 분석

주제2 프로테스탄티즘 윤리와 근대 서구 사회 경제 질서의 관계 탐구

주제3 현대 자본주의 비판 속에서 기독교 윤리가 제시할 수 있는 대안 탐구

토론

주제1 다원적 현대 사회에서 아퀴나스의 자연법은 보편적 윤리 기준으로 작동할 수 있는가?

주제2 극단적 종교 갈등 상황에서 교리적 한계를 넘어 윤리적 보편성으로 갈등을 해소할 수 있는가?

주제3 프로테스탄티즘 윤리가 근대 서구 사회의 경제 질서 형성에 긍정적 기여를 했다고 볼 수 있는가?

관련 학과
· 교육학과
· 사회학과
· 윤리교육과
· 철학과

\# 칸트 \# 의무론 \# 선의지 \# 도덕 법칙 \# 공리주의 \# 결과론 \# 도덕적 행위의 근거

교과 세특 탐구 주제

주제1 칸트의 의무론과 공리주의 결과론의 비교 탐구

주제2 환경 문제에서 동기와 결과의 우선성 논쟁 고찰

주제3 선의지 개념이 윤리적 행위 정당화에 주는 철학적 의미 분석

주제4 현대 사회 문제에 의무론과 결과론을 적용한 윤리적 정당화 연구(의료 윤리를 중심으로)

GUIDE 환경 문제와 의료 윤리를 의무론과 결과론에 적용할 때는 생태 보존과 경제적 손실의 선택, 연명 치료 중단에서 환자의 권리와 사회적 효용 간의 충돌 등을 분석해야 한다.

■ **함께 보면 좋은 도서**

《칸트의 실천 이성 비판》 박정하, EBS BOOKS, 2023.
《공리주의》 존 스튜어트 밀(이종인 역), 현대지성, 2020.
《원전으로 이해하는 칸트 윤리학》 박찬구, 세창출판사, 2023.

연계 활동 탐구 주제

독서 《원전으로 이해하는 칸트 윤리학》 박찬구, 세창출판사, 2023.

이 책은 칸트 윤리학의 원전을 해설하며 도덕 철학의 구조와 의미를 체계적으로 제시한다. 《실천 이성 비판》과 《도덕 형이상학 기초》를 중심으로 의무론적 윤리학의 핵심 개념인 선의지, 정언 명령, 도덕 법칙 등을 원전의 맥락에서 충실하게 분석한다. 또한 의무론과 결과론의 대비를 통해 옳고 그름을 판단하는 철학적 근거를 분명히 보여 주며, 윤리학이 도덕적 행위의 근거를 탐구하는 학문임을 제시한다.

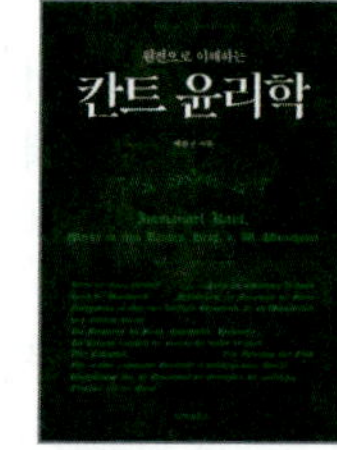

주제1 칸트 윤리학에서의 도덕 철학의 구조와 의미 분석

주제2 칸트 사상에서 선의지, 정언 명령, 도덕 법칙의 개념 분석

주제3 의무론과 결과론의 비교를 통해 옳고 그름의 철학적 근거 탐구

논문 〈J. S. 밀의 공리주의와 자유주의〉 류지한, 2023.

이 논문은 밀의 공리주의와 자유주의의 관계를 심층적으로 분석한다. 공리주의가 다수의 행복을 강조하는 결과론적 윤리학임에도 불구하고, 밀은 개인의 권리와 자유를 존중해야 전체 행복이 보장된다고 보았다. 이는 밀의 사상이 자유주의적 가치와 결합한 윤리학적 체계임을 보여 주며, 결과론의 한계를 보완한 옳고 그름의 기준에 대한 현대적 의의를 제시한다.

주제1 공리주의와 자유주의의 관계 탐구

주제2 다수의 행복과 개인의 권리 보장을 조화시키는 윤리적 대안 탐구

주제3 밀의 자유주의적 공리주의가 옳고 그름 판단 기준에 주는 현대적 의의 고찰

토론 **주제1** 옳고 그름 판단의 기준으로 의무론과 결과론 중 무엇이 더 타당한가?

주제2 밀의 자유주의적 공리주의가 다수의 행복과 개인의 권리를 조화롭게 보장할 수 있는가?

주제3 현대 사회의 윤리 문제(환경 문제, 인공지능 윤리, 생명권 문제 등)에서 의무론과 결과론은 어떤 대안을 제시하는가?

05

[12윤사03–05] 실존주의와 실용주의, 도덕의 기원과 판단에 관한 과학적 탐구를 비판적으로 평가하고, 책임·배려 윤리에 대한 이해를 바탕으로 윤리적 삶의 의미와 지향을 설정할 수 있다.

실존주의 # 실용주의 # 도덕의 기원 # 책임 윤리 # 배려 윤리 # 윤리적 삶

관련 학과
- 사회학과
- 심리학과
- 윤리교육과
- 철학과

교과 세특 탐구 주제

주제1 배려 윤리의 기본 개념과 특징 조사
주제2 공동체적 관계 속에서 책임·배려 윤리가 갖는 의의 탐구
주제3 실존주의 사상가들의 주체적 결단과 윤리적 삶에 대한 탐구
주제4 실용주의의 문제 해결 지향성과 현대 윤리 문제 적용에 대한 비판적 분석

■ 함께 보면 좋은 도서
《신경 윤리 입문》 이인영 외, 정독, 2023.
《진화한 마음》 전중환, 휴머니스트, 2019.
《인간의 본질》 로저 스크루턴(노정태 역), 21세기북스, 2023.

GUIDE 배려 윤리를 탐구할 때는 길리건과 나딩스의 관점을 참고해 구체적 관계 속에서 책임과 배려가 어떻게 작동하는지에 주목해야 한다.

연계 활동 탐구 주제

독서

《인간의 본질》 로저 스크루턴(노정태 역), 21세기북스, 2023.
이 책은 현대 과학이 주목하지 못한 인간의 본성과 도덕의 기원을 철학적 관점에서 탐구한다. 저자는 인간의 본질을 단순히 생물학적 진화의 산물이 아니라 이성과 문화, 도덕성의 총체적 산물로 파악한다. 특히 과학적 환원주의가 간과하는 자유 의지와 책임의 문제를 제기하며, 인간 이해에는 철학적 성찰이 반드시 필요함을 강조한다. 이를 통해 인간 본질에 대한 과학과 철학의 상호 보완적 이해 가능성을 제시한다.

주제1 인간 도덕성의 선천성과 후천성에 대한 탐구
주제2 과학적 환원주의와 철학적 인간 이해의 상호 보완 필요성 분석
주제3 자유 의지와 책임 개념에 대한 과학적 설명의 가능성과 한계 탐구

논문

〈배려 교육을 통한 윤리적 관계 정립〉 김민영 외, 2022.
이 논문은 사회 위기 상황에서 드러나는 차별과 불평등 문제를 출발점으로 배려 윤리의 의의를 탐구한다. 길리건과 나딩스의 논의를 중심으로, 기존 합리성 중심 윤리의 한계를 비판하며 관계적 접근의 필요성을 강조한다. 배려 교육을 통해 자연적 배려가 윤리적 배려로 확장되는 과정과 배려하는 자와 배려받는 자의 관계를 타자 중심적으로 재정립하며 공동체적 윤리의 가능성을 제시한다.

논문 바로가기

주제1 배려 윤리의 의미와 길리건·나딩스 사상 비교
주제2 사회 위기 상황에서 배려 윤리가 공동체 회복에 기여할 수 있는 가능성 탐구
주제3 배려 윤리와 합리성 중심 윤리의 비교를 통한 윤리적 삶의 대안적 가능성 탐구

토론

주제1 도덕성은 선천적 본성인가, 후천적 학습의 결과인가?
주제2 공동체적 인간관계에서 합리성 중심 윤리와 배려 윤리 중 더 설득력 있는 관점은 무엇인가?
주제3 윤리 문제 해결에서 과학적 설명(신경 윤리·진화 심리학)이 철학적 성찰보다 더 설득력이 있는가?

IV 사회사상

01 [12윤사04-01] 동·서양의 다양한 국가관을 비교·고찰하고, 오늘날의 관점에서 국가의 역할과 정당성에 대한 체계적인 시각을 형성할 수 있다.

관련 학과
- 사회학과
- 정치외교학과
- 윤리교육과
- 행정학과

\# 동·서양의 국가관 \# 국가의 기원 \# 국가의 역할 \# 국가의 역할과 개인의 삶

교과 세특 탐구 주제

주제1 서양 윤리사상에 나타난 국가관 탐구

주제2 동양의 유가와 법가 사상에 나타난 국가관의 특징 비교

주제3 현대 국가의 역할과 정당성에 대한 동·서양 윤리 사상 비교

주제4 현대 사회에서 국가의 역할이 개인의 삶에 미치는 영향 탐구

GUIDE 국가의 역할이 개인 삶에 미치는 영향을 탐구할 때는 조세·복지·자유 보장 등 구체적 정책 사례를 통해 분석해야 한다.

▣ 함께 보면 좋은 도서

《위험한 국가의 위대한 민주주의》 윤비, 생각정원, 2025.

《국가의 역할》 장하준(이종태 역), 쿠키, 2006.

《시민 권력은 어떻게 세상을 바꾸는가》 존 레스타키스(박대진 역), 착한책가게, 2022.

연계 활동 탐구 주제

독서

《국가의 역할》 장하준(이종태 역), 쿠키, 2006.

이 책은 국가가 경제 발전과 사회 변화에 어떤 역할을 하는지 다룬다. 저자는 자유 시장경제를 옹호하는 주장에 반박하며, 역사적 사례를 통해 국가의 적극적인 개입이 경제 성장에 필수적이었음을 보여 준다. 단순히 시장의 실패를 보완하는 역할을 넘어, 시장을 만들고 규제하는 국가의 능동적인 역할을 강조한다. 이를 바탕으로 국가의 역할에 대해 비판적이고 다층적인 시각을 갖게 한다.

주제1 국가의 시장 개입이 경제 성장에 미치는 영향 탐구

주제2 자유 시장경제론과 국가 개입론의 국가 역할 비교 분석

주제3 국가 개입이 개인의 자유와 경제적 불평등에 미치는 영향 탐구

논문

〈세계화, 정보화, 그리고 국가의 역할: 변화와 지속성〉 이동윤, 2020.

이 논문은 세계화와 정보화가 국가의 기능과 역할을 어떻게 변화시키는지, 그리고 변화 속에서 국가의 지속적 역할이 왜 강조되는지를 고찰한다. 국제 사회와 정보 네트워크 확대에 따른 초국가 현상의 증가와 국가 주권 및 국경의 유동성을 함께 살피며, 세계화의 긍정적·부정적인 양면을 검토한다. 이를 통해 국제 관계 변화 속에서 국가 역할의 변화와 지속성을 다각적으로 논의한다.

주제1 정보화가 현대 국가의 역할과 기능에 미치는 영향

주제2 세계화와 정보화가 국가 주권의 약화에 미치는 영향 분석

주제3 세계화·정보화 속에서 국가 역할의 변화와 지속성에 대한 비판적 고찰

토론

주제1 국가의 정당성은 개인의 자유 보장과 공동체적 역할 중 어디에 근거해야 하는가?

주제2 세계화와 정보화 속에서 국가의 역할은 축소되는가, 새로운 기능으로 재편되는가?

주제3 경제 성장과 불평등 문제 해결을 위해 국가의 시장 개입은 정당화될 수 있는가?

02

[12윤사04-02] 시민의 자유와 권리, 공적 삶과 정치참여에 대한 자유주의와 공화주의의 관점을 비교·고찰하고, 시민과 공동체의 바람직한 관계를 모색할 수 있다.

관련 학과
- 사회학과
- 윤리교육과
- 정치외교학과
- 행정학과

\# 시민의 권리와 의무 \# 공적 삶과 정치참여 \# 자유주의 \# 공화주의 \# 시민과 공동체의 관계

교과 세특 탐구 주제

주제1 시민의 정치참여에 대한 자유주의와 공화주의 관점

주제2 현대 사회에서 바람직한 시민의 정치참여에 대한 탐구

주제3 자유주의와 공화주의가 현대 시민사회에 미치는 영향 분석

주제4 시민의 권리와 의무에 대한 자유주의와 공화주의 관점 비교

GUIDE 시민의 권리와 의무는 자유주의가 권리 보장을, 공화주의가 의무와 공적 삶을 중시한다는 차이를 중심으로, 정치적 무관심·사회적 불평등·공동체 신뢰 약화 문제 해결과 연결해 검토해야 한다.

▣ 함께 보면 좋은 도서

《**공화주의**》 모리치오 비롤리(김경희 역), 인간사랑, 2006.

《**지속가능한 세상을 위한 시민권 이야기**》 하승우, 이상북스, 2022.

《**당신이 모르는 민주주의**》 마이클 샌델(이경식 역), 와이즈베리, 2023.

연계 활동 탐구 주제

독서

《**당신이 모르는 민주주의**》 마이클 샌델(이경식 역), 와이즈베리, 2023.
이 책은 현대 민주주의의 위기를 진단하고, 그 근본 원인을 탐구한다. 샌델은 민주주의가 단순히 다수결의 원칙을 넘어, 시민들 간의 공동선에 대한 논의와 참여를 통해 이루어져야 한다고 강조한다. 그는 정치참여의 중요성과 시민적 덕성이 어떻게 민주주의를 회복시킬 수 있는지를 구체적으로 제시하며, 민주주의에 대한 깊이 있고 심화된 성찰을 가능하게 한다.

주제1 민주주의 위기 극복을 위한 시민의 역할 탐구

주제2 마이클 샌델의 '공동선' 개념이 현대 민주주의에 미치는 영향 분석

주제3 자유주의와 공화주의의 관점에서 본 민주주의 위기 극복 방안 비교

논문

《**청소년 정치참여 활성화 방안 탐색을 위한 질적 연구: 청소년 정치참여 경험을 중심으로**》 박지숙 외, 2024.
이 논문은 청소년의 정치참여 경험을 중심으로 활성화 방안을 탐색하는 질적 연구이다. 청소년들이 겪는 정치참여의 과정과 그 의미, 그리고 참여 과정에서 마주하는 다양한 장애물을 심층적으로 분석한다. 이를 통해 청소년의 정치참여를 저해하는 사회·제도적 요인을 종합적으로 파악하고, 실질적이며 효과적인 참여를 끌어낼 수 있는 구체적이면서도 지속가능한 방안을 제시한다.

논문 바로가기

주제1 청소년 정치참여 저조 현상의 원인 탐구

주제2 청소년 정치참여 경험의 기반 협력적 공동체 모델 탐구

주제3 디지털 환경에서 청소년 정치참여의 가능성과 한계 분석

토론

주제1 민주 사회에서 개인의 자유보다 공동체 전체의 이익이 우선인가?

주제2 현대 사회에서 청소년 세대의 정치참여가 민주주의 신뢰 회복에 기여할 수 있는가?

주제3 민주주의 위기 극복에 자유주의적 제도 개선과 공화주의적 시민 참여 중 무엇이 더 효과적인가?

03

[12윤사04-03] 근대 대의민주주의의 대안으로 등장한 참여민주주의와 심의민주주의의 장단점을 분석하고, 민주주의의 이상을 구현하기 위한 실천 방법을 제시할 수 있다.

대의민주주의 # 참여민주주의 # 심의민주주의 # 민주주의의 이상과 실천 방법

관련 학과
· 사회학과
· 윤리교육과
· 정치외교학과
· 행정학과

교과 세특 탐구 주제

주제1 대의민주주의와 참여민주주의의 특징과 한계 비교
주제2 참여민주주의의 장단점과 이상적 실현을 위한 방안 탐구
주제3 정보 불균형이 심의민주주의를 왜곡하는 문제와 해결 방안 탐구
주제4 참여민주주의와 심의민주주의의 장단점 및 실천 방안 비교 분석

GUIDE 참여민주주의의 장단점을 검토할 때는 시민 참여 확대가 정치적 무관심을 줄이는 효과와 동시에, 포퓰리즘 위험을 키울 수 있다는 점을 함께 고려해야 한다.

■ 함께 보면 좋은 도서

《청소년을 위한 정치학 에세이》 설규주, 해냄, 2018.
《청소년을 위한 민주주의 여행》 유영근, 웅진지식하우스, 2019.
《어떻게 극단적 소수가 다수를 지배하는가》 스티븐 레비츠키 외(박세연 역), 어크로스, 2024.

연계 활동 탐구 주제

독서

《어떻게 극단적 소수가 다수를 지배하는가》 스티븐 레비츠키 외(박세연 역), 어크로스, 2024.
이 책은 극단적인 소수 집단이 어떻게 민주주의 사회에서 다수를 지배하는 권력을 획득하게 되는지를 심층적으로 분석한다. 소수의 정치적 극단주의자들이 사용하는 전략과 전술을 구체적이고 생생한 사례를 통해 설명한다. 특히 정치적 양극화와 제도적 약점을 교묘하게 활용하는 과정을 깊이 있게 다룬다. 궁극적으로 민주주의의 위기를 극복하기 위한 실천적 통찰과 방향성을 제공한다.

주제1 정치적 양극화가 민주주의에 미치는 부정적 영향 분석
주제2 민주주의 위기 극복을 위한 시민의 역할과 제도적 방안 탐구
주제3 심의민주주의가 극단적 소수 지배를 견제할 수 있는 대안에 대한 탐구

논문

〈한국 청소년들의 민주주의 태도: 서울 지역 고등학생들을 중심으로〉 신영호 외, 2025.
이 논문은 서울 지역 고등학생들의 민주주의에 대한 태도와 인식을 분석한다. 민주주의에 대한 이해 수준, 시민 참여 의식, 정치 효능감 등 다양한 측면을 체계적으로 측정한다. 연구 결과는 청소년들의 민주주의에 대한 전반적인 이해와 수용 정도를 보여 주며, 미래 시민으로서의 정치참여 가능성과 잠재력을 예측하게 한다. 이를 통해 학교 현장에서의 민주주의 교육 방향성과 개선 방안을 제시한다.

논문 바로가기

주제1 청소년의 정치참여가 민주주의에 미치는 영향 분석
주제2 청소년의 민주주의 태도가 미래 정치참여에 미치는 영향 분석
주제3 한국 청소년의 민주주의 인식 수준과 미래 시민으로서의 역할 탐구

토론

주제1 청소년의 정치참여가 민주주의 위기를 극복할 수 있는가?
주제2 민주주의 위기는 시민에 책임이 있는가, 극단적 소수에 책임이 있는가?
주제3 민주주의 위기를 극복하는 데에 참여민주주의가 대의제보다 효과적인가?

04

[12윤사04–04] 자본주의의 현실적 기여와 한계에 대해 조사·분석하고, 동·서양의 사회사상적 측면에서 자본주의의 개선 방향에 관해 탐구할 수 있다.

자본주의의 의미　# 자본주의의 기여와 한계　# 자본주의의 개선 방향

관련 학과
- 경제학과
- 사회학과
- 윤리교육과
- 행정학과

교과 세특 탐구 주제

주제1 자본주의의 현실적 기여와 한계에 대한 조사
주제2 자본주의가 개인의 삶에 미치는 긍정적·부정적 영향 탐구
주제3 자본주의 심화가 초래한 사회적 불평등 문제의 윤리적 해법 탐구
주제4 자본주의의 한계 극복을 위한 동·서양 사회사상의 개선 방향 탐구

GUIDE 자본주의 한계 극복을 위한 동서양 사상적 개선 방향을 탐구할 때는 맹자의 민본 사상·정약용의 민생 중시 전통과 마르크스·롤스의 정의론을 참고해 대안을 모색해야 한다.

▣ 함께 보면 좋은 도서

《자본주의》 EBS 자본주의 제작팀, 가나출판사, 2013.
《지리로 다시 읽는 자본주의 세계사》 이동민, 갈매나무, 2025.
《무엇이 자본주의를 망가뜨렸나》 루치르 샤르마(김태훈 역), 한국경제신문, 2025.

연계 활동 탐구 주제

독서

《지리로 다시 읽는 자본주의 세계사》 이동민, 갈매나무, 2025.
이 책은 지리적 관점에서 자본주의의 역사를 새롭게 해석한다. 인류의 삶과 문명을 형성해 온 다양한 지리적 요인이 자본주의의 탄생과 전개에 어떤 영향을 미쳤는지 심층적으로 분석한다. 해상 무역로와 자원 확보 경쟁 같은 지리적 조건이 세계의 부와 권력을 어떻게 재편했는지를 생생하게 보여 준다. 이를 통해 자본주의의 역사를 보다 입체적이고 깊이 있게 이해할 수 있다.

주제1 지리적 요인이 세계의 부와 권력을 재편한 과정 탐구
주제2 지리적 요인에 따른 자본주의의 불평등 문제의 윤리적 해법 탐구
주제3 자원 확보 경쟁이 세계의 부와 권력을 재편한 과정의 윤리적 분석

논문

〈현대 자본주의의 위기와 재구조화: 세계화·정보화 자본주의의 등장 과정〉 윤상우, 2014.
이 논문은 현대 자본주의가 겪고 있는 위기의 원인을 다각도로 분석하고, 그에 따른 재구조화 과정을 심층적으로 탐구한다. 특히 세계화와 정보화가 자본주의를 근본적으로 변화시키는 핵심 동력으로 작용했음을 명확히 밝힌다. 금융 자본의 지배와 디지털 경제의 등장이 위기를 심화시키는 동시에 자본주의를 새로운 형태로 재편하고 있음을 구체적으로 보여 준다.

논문 바로가기

주제1 세계화가 현대 자본주의의 위기에 미치는 영향 분석
주제2 정보화가 자본주의의 변화와 위기에 미치는 영향 탐구
주제3 세계화·정보화 자본주의의 등장과 특징에 대한 윤리적 분석

토론

주제1 자본주의가 초래한 불평등 해소는 국가, 시장, 개인 중 누구의 책임인가?
주제2 자본주의 사회의 빈부 격차는 필연적인가, 그렇지 않다면 어떤 대안이 가능한가?
주제3 자유주의 경제사상의 한계를 극복하는 데 효과적인 동양 윤리 사상은 무엇인가?

인문학과 윤리

과목 ▶ 정보	교과군	공통 과목	선택 과목			평가 정보		수능
			일반 선택	진로 선택	융합 선택	성취도	상대평가	
	도덕	–	–	○	–	5단계	5등급	×

1 ▶ 교과 성격

'인문학과 윤리'는 고전의 탐구와 성찰을 통해 학생들의 인문학적 소양, 인성, 포용성과 시민성을 기르는 과목이다. 다양한 고전을 접하며 인간의 몸과 마음, 감정에 대한 이해를 넓히고, 우정·사랑·배려·자유·평등·책임·정의 등 인간관계와 사회생활에 필요한 가치를 탐구한다. 아울러 의사소통 능력과 관점 수용, 디지털 시민성을 함양하며, 직업생활과 자연과의 관계 속에서 소유와 존재, 지속가능한 삶, 상생의 원칙 등을 모색한다.

'인문학과 윤리' 과목은 동서양의 주요 윤리사상을 담은 고전을 심화 학습하며, 이를 바탕으로 학생들이 생활 속에서 마주할 수 있는 다양한 주제를 탐구·성찰하도록 이끈다. 이를 통해 자기 이해와 주도성, 비판적 사고, 배려심, 도덕적 감수성, 협력적 소통, 공동체 의식을 기르는 것을 목표로 한다. 더 나아가 학생들이 일상에서 도덕적 문제를 분석하고 내면의 윤리를 성찰하며 실천하는 역동적 경험을 쌓을 수 있도록 한다.

> **TIP** 중학교 '도덕'을 통해 익힌 도덕적 지식과 실천의 연계 능력과 '통합사회'를 통해 학습한 지식을 심화·발달시키고, 고등학교 일반 선택 과목인 '현대 사회와 윤리' 및 융합 선택 과목인 '윤리문제 탐구'와 연계 교과임.

2 ▶ 교과 목표

- 도덕적 주체로서 몸과 마음을 다스리는 방법을 체득하고, 내 삶의 의미를 발견한다.
- 삶의 상호성을 인식하고, 자유와 평등의 의미를 이해하여 정의의 원칙을 탐구한다.
- 관점의 다양성을 포용하고, 가상 세계에서의 올바른 자세에 대해 고민한다.
- 자아실현과 직업생활의 관계를 탐색하고, 인간과 자연의 상생 방법을 모색하며, 종교에 대한 바람직한 관점을 수립한다.

3 ▶ 교과 핵심 키워드

# 가상 세계	# 건강한 관계 맺기	# 격몽요결	# 고통과 쾌락의 근원과 양상	# 금강경
# 기후위기	# 꾸란	# 니코마코스 윤리학		# 다수의 전제
# 도덕적 주체	# 도덕적 평등	# 목민심서	# 몸과 마음의 관찰	# 무위자연
# 상호적 인간관계	# 생태 감수성	# 성과 속	# 세계윤리 구상	# 소요유
# 수심결	# 숫타니파타	# 스노 크래시	# 신약	# 실존주의
# 아타락시아	# 에피쿠로스 학파	# 연기 사상	# 우정	# 윤리적 성찰
# 윤리형이상학 정초	# 의무	# 인	# 자기 성찰	# 자비
# 자아실현	# 자아 정체성	# 자유와 책임	# 정언명령	# 정의론
# 정의의 원칙	# 존중과 상호성	# 주체적 삶	# 지속가능한 삶	# 직업 윤리
# 침묵의 봄	# 코스모스	# 평정심	# 현실 세계	# 화학 물질 남용

4 ▶ 내용 체계

(1) 성찰 대상으로서 나

핵심 아이디어	• 심신의 통합성을 이해하기 위해서는 몸과 마음의 관계를 관찰해야 한다. • 삶의 주체인 자신을 존중하기 위해서는 내면에 대한 윤리적 성찰이 요구된다.

범주	내용 요소
지식·이해	1. 나의 몸과 마음을 어떻게 이해해야 할까? • 몸과 마음에 대한 관찰 • 몸과 마음의 통합성 2. 고통과 쾌락은 어디에서 비롯될까? • 삶의 주체로서의 나 • 고통과 쾌락을 대하는 자세
과정·기능	• 『격몽요결』을 통해 몸과 마음의 관계 탐구하기 • 『쾌락』을 통해 자기 수용 능력 확립하기
가치·태도	• 자신을 이해하고 존중하는 태도 • 고통과 쾌락에 지혜롭게 대처하는 자세

(2) 타인과 관계 맺기

핵심 아이디어	• 다양한 관계 속에서 살아가는 인간에게는 삶의 상호성을 성찰하는 자세가 필요하다. • 관계 속에서 오는 행복은 진정한 우정과 참된 사랑의 실천을 통해 구현된다.

범주	내용 요소
지식·이해	1. '관계 속의 나'로 살아간다는 말의 의미는 무엇일까? • 관계 맺기의 어려움 • 상호성을 만끽하는 삶 2. 진정한 우정과 참된 사랑에는 어떤 노력이 필요할까? • 의미 있는 타자로서의 친구 • 사랑과 배려의 삶
과정·기능	• 『금강경』을 통해 '관계 속의 나'의 의미 성찰하기 • 『논어』를 통해 존재와 삶의 관계적 양상 자각하기
가치·태도	• 타인에 대한 존중과 관심 • 진정한 우정과 참된 사랑의 관계 형성 노력

(3) 자유와 평등

| 핵심
아이디어 | • 책임 있는 삶을 살기 위해서는 자유와 평등의 의미와 근거를 알아야 한다.
• 정의롭고 민주적인 사회를 만들기 위해서는 실질적 기회균등이 보장되어야 한다. |

범주	내용 요소
지식·이해	1. 우리는 자유롭고 평등한 존재일까? • 자유와 평등의 의미와 근거 • 책임 있는 삶의 자세 2. 능력에 따른 불평등은 정당한 것일까? • 능력에 따른 분배와 한계 • 자유롭고 평등한 삶을 위한 정의의 원칙
과정·기능	• 『장자』를 통해 자유와 평등의 의미 탐구하기 • 『정의론』을 통해 정의로운 사회의 조건 제시하기
가치·태도	• 자유인으로서 책임 있는 삶의 자세 • 인간을 자유롭고 평등한 존재로 대우하는 태도

(4) 다양성과 포용성

| 핵심
아이디어 | • 의견의 다양성이 발생하는 원인을 알고, 민주적인 방식으로 의견들을 포용해야 한다.
• 가상 세계와 현실 세계의 삶은 상호적임을 인식하여, 통합적으로 자아를 성찰할 필요가 있다. |

범주	내용 요소
지식·이해	1. 서로 다른 의견을 어떻게 포용할 수 있을까? • 다양한 의견의 발생 원인 • 민주주의 사회와 포용성 2. 가상 세계와 현실 세계의 구분은 가능할까? • 가상 세계와 현실 세계의 상호성 • 가상 세계에서의 태도
과정·기능	• 『자유론』을 통해 다양한 의견 포용하기 • 『스노 크래시』를 통해 가상 세계 탐색하기
가치·태도	• 다양한 의견을 민주적인 방식으로 포용하는 자세 • 가상 세계에서 자신과 타인을 존중하는 태도

(5) 공존과 지속가능성

핵심 아이디어	• 자아실현과 직업생활의 관계를 이해하여, 소유와 존재를 조화롭게 추구하는 자세가 요구된다. • 기후위기 시대에 직면한 현대인에게는 지속가능한 삶을 위한 실천이 필요하다.

범주	내용 요소
지식·이해	1. 삶의 방식으로서 소유와 존재란 무엇일까? • 자아실현과 직업 생활 • 나와 타인의 조화로운 이익 추구 2. 인간과 자연이 어떻게 상생할 수 있을까? • 기후위기와 지속가능한 삶 • 상생을 위한 실천원칙
과정·기능	• 『목민심서』를 통해 현대인의 삶의 방식 성찰하기 • 『침묵의 봄』을 통해 기후위기 문제의 근본 원인 탐구하기
가치·태도	• 나와 타인의 이익 및 물질과 정신을 조화롭게 추구하는 자세 • 생태 감수성과 친환경적 생활 태도

(6) 삶의 의미에 대한 물음

핵심 아이디어	• 불안한 현대 사회에서 종교를 이해하는 올바른 관점이 요구된다. • 유한한 인생을 사는 인간은 의미 있는 삶을 살아가려고 노력해야 한다.

범주	내용 요소
지식·이해	1. 종교는 우리 삶에 윤리적 기준을 제시할 수 있을까? • 불안한 현대 사회와 불완전한 인간 • 종교와 윤리적 기준의 관계 2. 유한한 인생에서 나는 어떤 삶을 살 수 있을까? • 인생의 유한성 자각 • 삶의 의미를 찾는 과정과 방법
과정·기능	• 『신약』·『꾸란』을 통해 종교에 대한 균형 잡힌 관점 모색하기 • 『수심결』을 통해 삶의 의미 발견하기
가치·태도	• 종교와 윤리의 올바른 관계 정립 • 내 삶이 지향하는 가치와 목적을 탐구하고 성찰하는 자세

I 성찰 대상으로서 나

01 [12인윤01-01] 내 몸과 마음의 관계를 탐구하고, 심신의 통합성을 자각하여 도덕적 주체로서 자신을 이해하고 존중할 수 있다.

몸과 마음의 관계 # 심신의 통합성 # 도덕적 주체 # 도덕적 삶 # 『격몽요결』 # 수양론

관련 학과
· 교육학과
· 윤리교육과
· 천문우주학과
· 철학과

교과 세특 탐구 주제

주제1 『격몽요결』을 통한 몸과 마음의 올바른 생활 습관 탐구

주제2 『코스모스』를 통한 인간 존재와 자연 속 조화 성찰 탐구

주제3 『격몽요결』과 『코스모스』를 통해 본 도덕적 인간상과 과학적 인간상 비교

주제4 『격몽요결』의 수양과 『코스모스』의 우주 질서를 연결한 도덕적 삶의 의미 탐구

▣ 함께 보면 좋은 도서

《격몽요결》 율곡 이이(이민수 역), 을유문화사, 2022.
《마음의 발달》 다니엘 시겔(김보연 외 역), 하나의학사, 2022.
《코스모스》 칼 에드워드 세이건(홍승수 역), 사이언스북스, 2006.

GUIDE 『격몽요결』의 수양과 『코스모스』의 질서는 절제·실천 같은 덕목과 질서·균형·상호 의존성 원리를 함께 고려해 도덕적 삶의 방향을 검토해야 한다.

연계 활동 탐구 주제

독서

《격몽요결》 율곡 이이(이민수 역), 을유문화사, 2022.
이 책은 율곡 이이가 청소년과 학문을 시작하는 이들을 위해 집필한 생활 수양 지침서이다. 이이는 올바른 마음가짐과 생활 습관을 강조하며, 도덕적 주체로 성장하기 위한 방법을 제시한다. 또한 몸과 마음의 조화를 이루는 성의·경·신독 같은 수양 덕목을 통해 자기 성찰의 중요성을 일깨운다. 일상의 습관과 태도를 돌아보며 도덕적 삶의 의미를 되새기고, 삶을 성찰하는 데 도움을 주는 고전이다.

주제1 올바른 생활 습관이 도덕적 주체 형성에 미치는 영향 탐구

주제2 심신 수양을 통한 개인 윤리와 사회적 책임의 상관관계 탐구

주제3 성의·경·신독의 수양 덕목이 자기 성찰 과정에 주는 의미 분석

논문

〈맹자 심신관계론의 윤리학적 의미와 그 교육적 활용에 관한 연구〉 배병대, 2024.
이 논문은 맹자의 심신관계론을 현대 윤리학의 시각에서 재조명한 연구이다. 맹자는 호연지기와 천형 개념을 통해 몸과 마음이 하나로 이어진 도덕적 생명을 강조하였다. 저자는 존재와 당위의 일치라는 윤리학적 의미를 도출하며, 도덕 교육의 내면화, 체험 학습, 주체성 강화, 통합적 접근이라는 활용 방안을 제시한다. 또한 맹자의 심신관계론의 도덕 교육적 의의를 규명한다.

논문 바로가기

주제1 맹자의 호연지기를 통한 심신 수양 방법 탐구

주제2 천형 이론이 보여 주는 도덕성의 신체적 표현과 윤리학적 의미 분석

주제3 심신 통합 사상이 청소년 인성 교육에서 가지는 의의와 적용 가능성 고찰

토론

주제1 생활 습관을 통한 심신 수양이 사회적 책임과 도덕적 삶으로 이어질 수 있는가?

주제2 심신 수양과 자연 성찰, 사회 제도와 경험 중 도덕적 성숙에 더 큰 영향을 주는 것은 무엇인가?

주제3 다음 세대에게 건강한 지구 환경을 물려 주는 책임 의식을 심신 수양과 연결해 강화할 수 있는가?

02

 삶의 주체인 나에 대한 성찰을 바탕으로 고통과 쾌락의 근원 및 양상을 탐구하여, 고통과 쾌락에 지혜롭게 대처하는 자세를 갖출 수 있다.

관련 학과
· 윤리교육과
· 종교문화콘텐츠학과
· 사회심리학과
· 철학과

자아 성찰　# 고통과 쾌락　# 아타락시아　# 에피쿠로스 학파　# 평정심　#『숫타니파타』

교과 세특 탐구 주제

주제1 『숫타니파타』와 에피쿠로스의 삶의 지혜 비교
주제2 쾌락과 고통의 균형을 통한 행복한 삶 탐구
주제3 욕망 절제가 개인과 공동체 행복에 미치는 영향 탐구
주제4 고통 없는 평정심(아타락시아)이 윤리적 삶에 주는 의미 분석

GUIDE 욕망 절제는 개인의 내적 평화와 공동체적 조화에 미치는 영향을 강조하고, 소비문화나 경쟁 사회 같은 사례와 연결해 분석해야 한다.

▣ 함께 보면 좋은 도서
《숫타니파타 마음공부》 김성옥, 유노책주, 2025.
《도파민네이션》 애나 렘키(김두완 역), 흐름출판, 2022.
《에피쿠로스의 네 가지 처방》 존 셀라스(신소희 역), 복복서가, 2022.

연계 활동 탐구 주제

독서

《숫타니파타 마음공부》 김성옥, 유노책주, 2025.
이 책은 불교 경전인 『숫타니파타』를 바탕으로 복잡한 마음의 근원을 살피고 고통을 줄이는 지혜를 전한다. 저자는 일상 속에서 일어나는 불안, 집착, 욕망의 문제를 사례와 함께 풀어내며 마음 다스림의 길을 제시한다. 특히 쾌락의 추구가 가져오는 괴로움과 이를 벗어나는 삶의 태도에 대한 불교적 관점을 강조한다. 이를 통해 고통과 쾌락의 본질을 성찰하며 지혜롭게 대처하는 자세를 배우게 된다.

주제1 숫타니파타의 지혜가 제시하는 마음 다스림 방법 분석
주제2 불교의 무소유 사상이 현대인의 고통과 쾌락 극복에 주는 의미 고찰
주제3 에피쿠로스의 쾌락관과 숫타니파타의 지혜가 제시하는 균형 있는 삶 탐구

논문

〈에피쿠로스의 욕망과 쾌락: 인간 중심의 윤리〉 이진남, 2012.
이 논문은 에피쿠로스 철학의 욕망과 쾌락을 인간 중심 윤리의 관점에서 재해석한 연구이다. 저자는 에피쿠로스가 욕망을 자연적·필요한 것과 불필요한 것으로 구분해 참된 쾌락을 강조했음을 밝힌다. 이를 통해 단순한 쾌락 추구가 아닌 절제와 성찰을 통한 삶의 균형을 정당화한다. 또한 욕망 절제가 고통을 줄이고 도덕적 삶을 가능하게 하는 윤리적 근거를 제시한다.

논문 바로가기

주제1 에피쿠로스의 욕망 구분이 현대인의 삶에 주는 의미 고찰
주제2 에피쿠로스 철학의 욕망 절제가 자기 성찰과 삶의 태도 형성에 주는 의미 탐구
주제3 쾌락을 고통의 부재로 보는 에피쿠로스의 관점이 인간 존재의 주체성 형성에 미치는 영향 탐구

토론

주제1 현대 자본주의 사회에서 불교의 무소유 사상은 어떤 의의를 가지는가?
주제2 불필요한 욕망을 절제하고 고통을 피하는 삶은 진정한 행복으로 이어질 수 있는가?
주제3 에피쿠로스의 '고통 없는 쾌락'은 현대 사회의 과잉 욕망 문제 극복에 어떤 의미가 있는가?

II 타인과 관계 맺기

01 [12인윤02-01] 관계 속에서 살아가는 나에 대한 성찰을 통해 상호성을 만끽하는 삶을 모색하고 실천할 수 있다.

관련 학과
· 교육학과
· 윤리교육과
· 종교학과
· 철학과

#『금강경』 # 건강한 관계 #『정의론』 # 정의의 두 원칙 # 인간관계 고찰

교과 세특 탐구 주제

주제1 『금강경』이 제시하는 관계 맺기의 의미와 생활 속 적용 탐구
주제2 『정의론』의 정의의 원칙이 인간관계 형성에 미치는 영향 탐구
주제3 『금강경』과 『정의론』이 제시하는 상호성 기반 인간관계의 고찰
주제4 사회적 갈등과 이해 차이에 대한 『금강경』과 『정의론』의 철학적 대응 분석

□ 함께 보면 좋은 도서
《금강경, 깨달음과 마주하다》 탄호 스님, 북랩, 2025.
《이제서야 이해되는 금강경》 원영, 불광출판사, 2025.
《롤스의 『정의론』 입문》 F. 러벳(김요한 역), 서광사, 2013.

GUIDE 『금강경』의 자비와 『정의론』의 합리적 합의라는 해법을 대조하여, 현실 사회의 갈등 해결 방식과 연결해 분석해야 한다.

연계 활동 탐구 주제

독서 《금강경, 깨달음과 마주하다》 탄호 스님, 북랩, 2025.
이 책은 부처님과 수보리의 문답을 따라 금강경의 가르침을 전개한다. 법의 덧없음과 자아 집착을 비추는 무상·무아를 토대로 집착의 뿌리를 설명한다. 존재가 연기의 원리를 통해 관계와 세계의 연결성을 드러내며, 분별과 상(相)을 비우는 수행을 통해 지혜와 자비가 어떻게 나타나는지를 설명한다. 이를 통해 일체의 집착을 떠난 보살의 행을 기준으로 삶과 관계를 바라보는 금강경의 철학을 제시한다.

주제1 무아 사상에 기초한 관계 맺기의 철학적 의의 탐구
주제2 『금강경』에 나타난 집착에서 벗어나는 삶의 의미 탐구
주제3 연기 사상을 통한 인간과 세계의 상호 의존적 구조 분석

논문 《롤스의 정의론과 교육: 민주주의적 평등을 중심으로》 목광수, 2020.
이 논문은 롤스의 정의론을 교육적 맥락에서 해석하며, 민주주의적 평등의 실현 방안을 모색한 연구이다. 롤스의 '정의의 두 원칙'을 교육 현장에 적용하여 학교 공동체가 공정성과 상호 존중을 실천하는 공간이 되어야 함을 강조한다. 또한 민주주의적 평등과 자율적 시민성을 기르는 교육을 기반으로, 교육은 경쟁보다 상호 존중과 협력을 바탕으로 정의로운 관계를 형성하는 과정이 되어야 함을 제시한다.

논문 바로가기

주제1 학교 규칙과 포상 제도에 나타난 정의의 원칙 탐구
주제2 롤스의 정의론에 근거한 학교 공동체 내 민주주의적 평등 실현 방안 탐구
주제3 평등한 자유의 원칙과 차등의 원칙이 교육 현장에서 공정성과 참여를 구현하는 방식 분석

토론 **주제1** 연기 사상과 정의의 원리는 사회적 불평등 해결에서 각각 어떤 대안을 제시하는가?
주제2 집착을 버리는 삶이 현대 사회의 소비문화 속 정의로운 삶 실천에 어떤 의미를 주는가?
주제3 보살의 이타적 실천에 의거해 자신의 노력과 성과를 타인과 사회를 위해 나누는 것이 당연한가?

02

[12인윤02-02] 우정과 사랑의 의미를 탐구하고, 행복한 삶의 기반인 진정한 우정과 참된 사랑의 관계를 형성하기 위해 노력할 수 있다.

\# 우정과 사랑 \# 행복한 삶 \# 진정한 우정 \# 참된 사랑 \# 『논어』 \# 『니코마코스 윤리학』

교과 세특 탐구 주제

주제1 『논어』에 나타난 우정의 덕목 탐구

주제2 인간관계의 근본이 되는 참된 사랑의 의미와 실천 방법 탐구

주제3 『니코마코스 윤리학』에 제시된 사랑 개념의 현대적 적용 분석

주제4 개인주의 사회에서 진정한 우정과 참된 사랑을 실현하기 위한 방법 탐구

GUIDE 『니코마코스 윤리학』의 세 가지 우정을 구분하고, '덕의 우정'이 현대 사회에서 참된 사랑과 어떻게 연결될 수 있는지 분석해야 한다.

📖 함께 보면 좋은 도서

《몽테뉴 수상록》 미셸 몽테뉴(손우성 역), 문예출판사, 2025.
《초역 논어》 야스토미 아유무(고운기 역), 레디투다이브, 2024.
《자유로부터의 도피》 에리히 프롬(김석희 역), 휴머니스트, 2020.

연계 활동 탐구 주제

독서

《초역 논어》 야스토미 아유무(고운기 역), 레디투다이브, 2024.
이 책은 『논어』를 현대인의 눈높이에 맞게 새롭게 풀어낸 번역 교양서이다. 전통 주석의 난해함을 덜고 일상과 연결된 설명을 통해 인(仁), 예(禮), 충(忠), 서(恕) 같은 공자의 핵심 사상을 친근하게 전달한다. 2,500년 전 고전이 오늘날 인간관계와 삶의 태도에 적용될 수 있음을 보여 주며, 철학적 깊이를 잃지 않고 관계와 행복을 중심으로 한 철학적 성찰을 제시한다.

주제1 공자의 인(仁) 사상이 현대적 인간관계 형성에 미치는 영향 분석

주제2 『논어』가 제시하는 관계 윤리가 행복한 삶의 조건에 미치는 의의 비교

주제3 『초역 논어』가 제시하는 자기 수양의 방법과 더불어 사는 삶에의 적용 탐구

논문

〈아리스토텔레스의 우정론: 『니코마코스 윤리학』 8, 9권을 중심으로〉 장미성, 2022.
이 논문은 아리스토텔레스의 『니코마코스 윤리학』 중 우정을 다룬 8, 9권을 중심으로 심층 분석한다. 우정의 세 유형인 쾌락적 우정, 유용적 우정, 덕에 기초한 우정을 구분하여 각각의 특징과 한계를 설명한다. 또한 덕에 기초한 참된 우정이 인간 행복과 공동체적 삶의 조건임을 강조한다. 아리스토텔레스가 제시한 우정의 철학적 의미를 현대적 맥락에서 재검토하며 인간관계의 본질적 가치를 조명한다.

주제1 아리스토텔레스의 우정론에서 덕에 기초한 참된 우정의 의미 탐구

주제2 쾌락·유용·덕의 세 가지 우정 유형이 인간관계에 주는 시사점 분석

주제3 아리스토텔레스의 참된 우정 개념과 현대 사회의 인간관계 위기 극복 방안 고찰

토론

주제1 공자의 인(仁) 사상이 현대 사회 인간관계 형성에서 가지는 의미는 무엇인가?

주제2 공자의 관계 윤리에 비추어 우정이 법과 규범과 충돌할 때, 어떤 선택이 바람직한가?

주제3 공자의 『논어』에 기초해 디지털 사회의 인간관계 회복을 위한 구체적 방법은 무엇인가?

III 자유와 평등

01 [12인윤03–01] 동·서양에서 바라보는 자유와 평등의 의미와 근거를 알고, 자유롭고 평등한 사람의 모습을 탐구하여 책임 있는 삶의 자세를 추구할 수 있다.

관련 학과
· 사회학과
· 윤리교육과
· 철학과
· 행정학과

\# 자유 \# 평등 \# 책임 있는 삶 \# 장자 \# 소요유 \# 제물론 \# 칸트 \# 『윤리형이상학 정초』

교과 세특 탐구 주제

주제1 장자 사상에 나타난 자유의 의미 탐구

주제2 장자와 칸트 철학의 자유 개념 비교 탐구

주제3 칸트의 『윤리형이상학 정초』에 근거한 도덕적 평등 개념 분석

주제4 장자의 자유와 칸트의 평등 개념에 기반한 자유와 평등이 구현된 삶 고찰

GUIDE 장자의 자유와 칸트의 평등은 개인의 자율성과 타인 존중의 조화를 통해 책임 있는 삶의 방향을 제시한다는 점을 검토해야 한다.

■ **함께 보면 좋은 도서**
《강신주의 장자 수업 1, 2》 강신주, EBS BOOKS, 2023.
《윤리형이상학 정초》 임마누엘 칸트(백종현 역), 아카넷, 2018.
《레몽 아롱의 자유와 평등》 레몽 아롱(이대희 역), 에코리브르, 2023.

연계 활동 탐구 주제

독서 《강신주의 장자 수업 1, 2》 강신주, EBS BOOKS, 2023.
이 책은 쓸모 과잉 시대에 "쓸모 없음의 철학"이라는 해방적 메시지를 전한다. 경쟁과 효용에 얽매인 삶에서 자존과 자유를 회복하는 길을 제시하며, 장자의 다양한 이야기를 통해 타자와 문맥을 중시하는 철학적 시선을 현실의 삶 속으로 불러온다. 나아가 장자 사상의 해방적 힘을 현대 사회에 적용하는 방식을 모색하며, 자유로운 존재로 살아가는 철학적 태도가 무엇인지를 드러낸다.

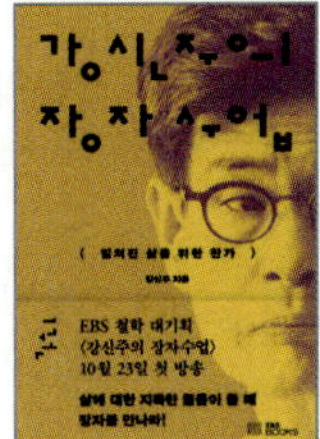

주제1 장자의 주요 비유와 이야기에 드러난 자유관 탐구

주제2 장자 사상의 해방적 힘이 현대 경쟁 과잉 사회에 주는 시사점 고찰

주제3 장자 사상에 기반한 '무용지용(쓸모 없음의 쓸모)'이 자유로운 삶에 주는 영향 분석

논문 〈칸트에서 선의지와 자유의 문제〉 백종현, 2014.
이 논문은 칸트의 자유를 자율로 규정하고 평등과 존엄의 근거를 자율성에서 찾으며 자유가 책임을 전제로 성립함을 논증한다. 자유 의지를 자기 입법과 자기 강제로 해석해 임의성과 구분하고, 도덕 법칙에 따르는 선택이 인간의 존엄을 보장한다는 점을 밝힌다. 또한 자유와 평등의 긴장을 분석하여 모두를 동등한 인격으로 대하는 원리를 제시하고, 윤리 교육과 시민 윤리의 이론적 토대를 제공한다.

논문 바로가기

주제1 자유와 책임의 관계 탐구

주제2 칸트에서 자유를 자율로 규정하는 이유 분석

주제3 자유가 인간의 존엄과 평등의 근거가 되는 구조 분석

토론 **주제1** 인간의 존엄성 실현을 위해 자유와 평등이 보장되어야 하는 이유는 무엇인가?

주제2 장자 사상의 자유에 대한 사유는 입시 경쟁 사회에 어떤 성찰적 의미를 던지는가?

주제3 자유롭고 평등한 삶을 위해 개인의 수양과 사회적 제도 개선 중 무엇이 더 우선되어야 하는가?

02 [12인윤03–02] 불평등이 발생하는 원인 및 실질적 기회균등을 구현하기 위한 조건을 탐구하여, 자유롭고 평등한 삶을 위한 정의의 원칙을 도출할 수 있다.

관련 학과
- 교육학과
- 사회복지학과
- 사회학과
- 행정학과

\# 정의의 원칙 \# 도덕적 평등 \# 기회균등 \# 자유와 평등의 조화 \# 롤스 \# 『정의론』

교과 세특 탐구 주제

주제1 롤스의 『정의론』에서 제시한 정의의 원칙 탐구

주제2 순자의 사상과 현대 사회의 기회균등 실현 가능성 탐구

주제3 자유와 평등의 조화를 이루기 위한 사회 제도의 역할 분석

주제4 원초적 입장과 무지의 베일이 실질적 기회균등 구현에 갖는 철학적 의미 탐구

GUIDE 원초적 입장과 무지의 베일은 이해관계가 차단된 상황에서 도출되는 정의의 원칙(자유의 평등, 차등의 원칙)을 중심으로 분석하며, 실질적 기회균등 실현에 주는 철학적 의미를 검토해야 한다.

▣ 함께 보면 좋은 도서

《순자》 순자, 을유문화사, 2008.

《정의론》 김유찬, 에코리브르, 2025.

《한국 사회에서 공정이란 무엇인가》 김범수, 아카넷, 2022.

연계 활동 탐구 주제

독서
《정의론》 김유찬, 에코리브르, 2025.
이 책은 자유주의 내부의 주요 정의 이론을 종합적으로 다룬 연구서이다. 롤스의 원초적 입장과 두 원칙을 중심으로 자유와 평등의 조화 방식을 설명한다. 또한 노직의 권리론, 드워킨의 자원 평등, 센의 역량 접근을 대조하여 차이를 드러낸다. 각 이론이 불평등을 허용하는 조건과 기회균등을 구현하는 방식을 제시하며, 자유주의 정의 이론의 다양성과 한계를 균형 있게 분석한다.

주제1 롤스의 차등 원칙과 사회적 불평등이 허용되는 조건 분석

주제2 자유주의 정의 이론이 보여 주는 다양성과 이론적 한계에 대한 종합적 분석

주제3 노직의 소유 권리론과 롤스의 정의 원칙이 제시하는 분배 정의의 정당성 비교

논문
〈사회 정의론에 기반한 사회 복지 철학 이론의 탐색: 롤스와 샌델 비교〉 유태한, 2019.
이 논문은 사회 정의론을 토대로 사회 복지 철학 이론을 분석한 연구이다. 롤스의 의무론적 정의관과 샌델의 공동체주의적 정의관을 대비하여 복지 국가의 철학적 기반을 분석한다. 또한 한국 사회에서 사회 복지 제도의 정당성을 확보하기 위한 규범적 기준을 모색한다. 이를 바탕으로 사회 복지 담론의 의의를 도출하여 복지 국가 완성을 위해 필요한 사회적 합의와 철학적 정당성을 강조한다.

논문 바로가기

주제1 롤스의 의무론적 정의관과 사회 복지 제도의 정당성 탐구

주제2 자유롭고 평등한 삶을 위한 복지 국가 완성과 사회 정의론적 합의 조건 탐구

주제3 샌델의 공동체주의와 실질적 기회균등 구현을 위한 사회적 연대의 의의 고찰

토론
주제1 순자의 사상을 적용한 정의로운 사회는 어떻게 구현될 수 있는가?

주제2 자유와 평등을 보장하기 위해 경쟁 완화와 능력 차이 인정 중 무엇이 더 바람직한가?

주제3 실질적 기회균등 보장을 위해서 자유주의 정의론과 공동체주의 중 어떤 관점이 더 적합한가?

IV 다양성과 포용성

01
[12인윤04–01] 서로 다른 의견들이 발생하고 충돌하는 양상과 이유를 파악하고, 민주적인 방식으로 다양한 의견을 포용하는 방법과 절차를 모색하여 실천할 수 있다.

관련 학과
- 교육학과
- 미디어커뮤니케이션학과
- 사회학과
- 신문방송학과

\# 밀 \# 『자유론』 \# 해악의 원칙 \# 『논어』 \# 화이부동 \# 다양한 의견 수용

교과 세특 탐구 주제

주제1 밀의 『자유론』에 나타난 해악 원칙 탐구
주제2 『논어』의 화이부동 사상에 기반한 다양한 의견 수용 방식 탐구
주제3 민주주의 사회에서 다양한 의견 충돌의 원인과 해결 절차 탐구
주제4 밀의 『자유론』의 자유 원리와 『논어』의 화이부동 사상을 적용한 민주적 포용 방식 탐구

📖 함께 보면 좋은 도서
《자유론》 존 스튜어트 밀(이현숙 역), 올리버, 2023.
《비통한 자들을 위한 정치학》 파커 J. 파머(김찬호 역), 글항아리, 2025.
《공론장의 새로운 구조 변동》 위르겐 하버마스(한승완 역), 세창출판사, 2024.

GUIDE 민주주의 사회의 의견 충돌은 이해관계·가치관 차이·제도적 한계 등에서 비롯되며, 토론·합의·다수결 절차가 어떤 역할을 하는지 검토해야 한다.

연계 활동 탐구 주제

독서
《자유론》 존 스튜어트 밀(이현숙 역), 올리버, 2023.
이 책은 개인의 자유와 사회적 권력의 한계를 다룬 고전이다. 밀은 표현의 자유와 사상의 다양성이 사회 발전의 필수 조건임을 강조한다. 또한 다수의 전제가 소수 의견을 억압할 때 발생하는 위험성을 경고한다. 그는 자유가 타인에게 피해를 주지 않는 한 보장되며, 개인은 자유를 책임 있게 사용해야 한다고 제시한다. 『자유론』은 민주주의 사회에서 다양한 의견을 포용하는 원리를 보여 주는 대표적인 저술이다.

주제1 밀의 『자유론』에 나타난 표현의 자유 탐구
주제2 다수의 전제 상황에서 소수 의견 보호가 민주주의 유지에 필요한 철학적 근거 분석
주제3 민주주의 발전에서 사상의 다양성이 공론장과 사회적 합의 형성에 미치는 역할 탐구

논문
〈존 스튜어트 밀의 위해의 원리와 중독〉 김은미 외, 2024.
이 논문은 밀의 『자유론』에 제시된 위해의 원리와 유용성의 원리를 중독 문제에 적용하여 사회적 간섭의 정당성을 고찰한다. 저자들은 중독이 단순히 개인의 기호적 선택이 아니라 사회적 병리 현상으로 인식되는 현실을 분석한다. 자유주의와 온정적 간섭주의 입장을 비교하면서, 중독 행위가 타인에게 위해를 끼칠 가능성이 있을 때 자발적 통제 또는 사회적 개입이 정당화될 수 있음을 논증한다.

주제1 현대 사회 중독 문제 해결에 대한 철학적 기준 정리
주제2 자기 통제와 자발적 선택의 중요성에 대한 밀의 관점 탐구
주제3 중독 문제에 적용된 밀의 위해의 원리와 유용성의 원리 분석

토론
주제1 표현의 자유는 해악 원칙만으로 충분히 제한될 수 있는가?
주제2 알고리즘이 형성한 여론은 민주적 공론장으로 인정될 수 있는가?
주제3 다양한 의견의 충돌 속에서 소수 의견 보호가 다수결 원칙보다 중요한 가치가 되는가?

02

[12인윤04-02] 가상 세계와 현실 세계의 같고 다른 점이 무엇인지 탐구하고, 가상 세계에서도 자신과 타인을 존중하는 자세를 갖출 수 있다.

『스노 크래시』 # 『장자』 # 호접몽 # 가상과 현실 # 자아 정체성 # 디지털 시민성

교과 세특 탐구 주제

주제1 『스노 크래시』에 나타난 가상 세계와 현실 세계의 상호성 탐구

주제2 『장자』의 호접몽 사유와 『스노 크래시』의 가상 세계 인식 비교

주제3 가상 세계와 현실 세계의 경계 모호성이 자아 정체성에 미치는 영향 분석

주제4 가상 세계와 현실 세계의 통합적 관점이 디지털 시민성 형성에 주는 의미 분석

■ 함께 보면 좋은 도서

《메타버스의 유령》 곽재식 외, &(앤드), 2023.
《스노 크래시1, 2》 닐 스티븐슨(남명성 역), 문학세계사, 2021.
《우리는 가상 세계로 간다》 허먼 나룰라(정수영 역), 흐름출판, 2023.

GUIDE 통합적 관점은 가상과 현실을 상호 보완적 관계로 이해하며, 디지털 시민성의 핵심 요소(존중·책임·윤리적 태도)를 실천 방안과 연결해 검토해야 한다.

연계 활동 탐구 주제

독서

《스노 크래시1, 2》 닐 스티븐슨(남명성 역), 문학세계사, 2021.
이 책은 미래 사회에서 가상 세계 메타버스와 현실의 경계가 무너지는 과정을 생생하게 묘사한다. 특히, 메타버스 속 계층 차별과 권력 독점 구조는 현실 세계의 경제적·정치적 불평등을 날카롭게 비춘다. 주인공 히로와 Y.T.의 대조적 서사는 자유와 통제, 저항과 순응의 문제를 극적으로 보여 준다. 이를 바탕으로 가상 세계에서의 태도가 현실 속 시민적 덕목 형성과 직결됨을 성찰하게 한다.

주제1 정보 기술 기반 권력 독점과 사회적 불평등 관계 분석

주제2 메타버스와 현실의 경계 무너짐 현상의 문화적 의미 분석

주제3 가상 세계 권력 독점이 현실 사회의 불평등 구조에 미치는 영향 탐구

논문

〈메타버스 이용자의 현실 세계 사회 자본과 실재감이 메타버스 사회 자본에 미치는 영향: 몰입의 매개 효과〉 채정화 외, 2025.
메타버스 이용자의 현실 세계 사회 자본이 가상 세계에서의 사회 자본 형성에 미치는 영향을 분석한다. 자아 실재감과 물리적 실재감이 현실과 가상에서의 관계 경험을 매개하며, 몰입 정도를 사회적 연결의 질을 강화하는 요인으로 제시하고, 가상 세계의 인간관계가 현실 세계와 연결되어 있으며, 몰입이 그 관계의 핵심 변수임을 밝힌다.

논문 바로가기

주제1 몰입이 메타버스 내 사회적 관계의 질에 미치는 영향 분석

주제2 자아 실재감과 물리적 실재감이 인간관계 경험에 주는 의미 탐구

주제3 현실 세계 사회 자본이 메타버스 사회 자본 형성에 미치는 영향 분석

토론

주제1 온라인에서의 정체성 표현은 현실 정체성 형성에 도움을 주는가?

주제2 메타버스에서 경험하는 실재감과 몰입이 현실 인간관계 형성에 긍정적 영향을 주는가?

주제3 가상 세계 권력 독점은 현실 사회의 불평등을 심화시키는가, 새로운 기회를 창출하는가?

공존과 지속가능성

01

[12인윤05-01] 자아실현과 직업생활의 상호성을 이해하고, 삶의 방식으로서 소유와 존재의 의미를 탐구하여 나와 타인의 이익을 조화롭게 추구하는 삶의 태도를 함양할 수 있다.

관련 학과
· 교육학과
· 윤리교육과
· 철학과
· 행정학과

정약용 # 『목민심서』 # 청렴한 삶 # 에리히 프롬 # 자아실현 # 직업 윤리

교과 세특 탐구 주제

주제1 『목민심서』에 나타난 청렴한 삶이 직업생활에 주는 의미 탐구

주제2 나와 타인의 이익 조화가 바람직한 삶의 자세에 주는 의의 고찰

주제3 정약용의 공직관과 프롬의 존재 중심 삶이 제시하는 자아실현의 가치 탐구

주제4 『목민심서』의 공직관과 프롬의 '삶을 사랑하는 태도'가 제시하는 바람직한 자아실현 방식 탐구

📖 함께 보면 좋은 도서

《정선 목민심서》 정약용(다산연구회 편역), 창비, 2025.
《사회학적 상상력을 통해서 보는 사회학》 김은정, 박영사, 2024.
《우리는 여전히 삶을 사랑하는가》 에리히 프롬(장혜경 역), 김영사, 2022.

GUIDE 정약용의 청렴과 공적 책임은 직업생활의 자아실현과 연결되며, 프롬의 존재 중심 삶은 소유 중심 가치관을 넘어 자아실현의 본질적 가치를 드러낸다는 점을 함께 분석해야 한다.

연계 활동 탐구 주제

독서

《정선 목민심서》 정약용(다산연구회 편역), 창비, 2025.
이 책은 공직자가 갖추어야 할 청렴과 책임, 백성을 위한 배려를 구체적으로 제시한 윤리적 지침서이다. 청렴·절약·애민과 같은 덕목이 직업생활에서 어떻게 구현될 수 있는지를 실제 사례 중심으로 담고 있다. 특히, 부정부패의 폐해와 탐욕을 경계하며, 공직자가 지켜야 할 바람직한 직업 윤리를 강조한다. 자아실현과 직업생활의 관계, 그리고 나와 타인의 조화를 탐구하는 데 활용할 수 있는 실용적인 고전이다.

주제1 절약과 검소한 삶이 소유와 존재의 조화에 주는 교훈 탐구

주제2 목민관의 백성을 위한 배려가 자아실현과 사회적 책임에 미치는 영향

주제3 공공성의 가치가 현대 사회의 지속가능한 직업 윤리에 주는 의의 탐구

논문

〈한국 의료계의 권위주의적 매커니즘에 대한 분석과 생명 의료 윤리 교육 –에리히 프롬의 입장을 중심으로–〉 정창록, 2014.
이 논문은 의료 현장에서 나타나는 권위주의와 소외 현상을 소유 중심적 태도의 결과로 설명하고, 존재 중심적 관계 회복의 필요성을 제시한다. 특히 의사와 환자 관계에서 존중과 상호성이 결여될 때 발생하는 문제를 지적하며, 직업적 자아실현과 직업 윤리의 균형을 강조한다. 이를 통해 물질주의와 개인주의가 강화된 현실을 비판하고, 생명 의료 윤리 교육의 대안을 제안한다.

논문 바로가기

주제1 프롬의 존재 중심 관점이 생명 의료 윤리 교육에 주는 의의 탐구

주제2 소유 중심 태도와 존재 중심 삶이 의료 윤리에 주는 의미 분석

주제3 환자-의사 관계에서 존중과 상호성이 직업 윤리에 주는 가치 탐구

토론

주제1 공직자는 직업적 손해를 감수하더라도 직업 윤리를 지켜야 하는가?

주제2 소유 중심의 태도보다 존재 중심의 삶이 직업 윤리에 더 적합한가?

주제3 환자의 알 권리와 의사의 전문적 판단 중 어느 것이 우선되어야 하는가?

관련 학과
· 대기과학과
· 윤리교육과
· 철학과
· 환경공학과

기후위기 # 생태 감수성 # 친환경적 생활 # 노자 # 무위자연 # 지속가능한 삶

교과 세특 탐구 주제

주제1 화학 물질 남용이 생태계와 자연환경에 미치는 영향 분석

주제2 기후위기 대응을 위한 친환경적 생활 태도의 필요성 탐구

주제3 『침묵의 봄』과 노자의 자연관에 나타난 인간과 자연의 상생 원리 탐구

주제4 노자의 사상을 중심으로 한 기후위기 성찰이 지속가능한 삶에 주는 의미 탐구

GUIDE 노자의 무위자연과 소박·절제의 덕목을 기후위기 성찰에 적용해, 소비 절제·자원 순환·생태 균형 같은 생활 원칙을 제시하며 지속가능한 삶의 방향을 검토해야 한다.

■ **함께 보면 좋은 도서**

《기후로 다시 읽는 세계사》 이동민, 갈매나무, 2023.

《**침묵의 봄**》 레이첼 카슨(김은령 역), 에코리브르, 2024.

《**최종 경고: 6도의 멸종**》 마크 라이너스(김아림 역), 세종서적, 2022.

연계 활동 탐구 주제

독서

《침묵의 봄》 레이첼 카슨(김은령 역), 에코리브르, 2024.
이 책은 살충제와 화학 물질 남용이 생태계와 인간의 삶을 어떻게 위협하는지를 고발한 환경 고전이다. 인간의 무책임한 개발이 초래할 결과를 경고하며, 생태계의 파괴가 인간의 건강과 사회 전체의 지속가능성을 흔드는 심각한 윤리적 사안임을 강조한다. 인간과 자연이 상생해야 한다는 원칙을 깨닫게 하고, 자연의 유기적 질서를 존중하는 삶으로 성찰을 촉구하는 책이다.

주제1 『침묵의 봄』에 나타난 환경 파괴의 메커니즘 탐구

주제2 자연의 유기적 관계망이 인간 삶의 방향에 주는 성찰적 의미 탐구

주제3 『침묵의 봄』의 환경 비판이 현대 사회의 지속가능한 발전 논의에 주는 의의 탐구

논문

〈생태적 삶을 위한 노자 덕론의 탐구〉 이윤주, 2014.
이 논문은 노자의 덕론을 생태적 삶의 원리로 재해석하여 기후위기 시대에 적용할 수 있는 실천적 가치를 탐구한다. 노자가 강조한 자비, 검소, 겸허의 덕목은 인간 욕망을 절제하고 자연과의 조화를 이루는 삶의 태도로 연결된다. 또한 무위자연의 사상은 인위적 개발과 소비 지향적 생활 방식의 한계를 비판하는 철학적 근거이며, 지속가능한 삶을 위한 철학적 기초와 윤리적 실천 동기를 제공한다.

논문 바로가기

주제1 노자 덕론이 환경윤리와 생태 감수성 형성에 주는 의의 탐구

주제2 노자의 덕목이 제시하는 기후위기 시대의 생태적 삶의 방식 탐구

주제3 자비와 검소, 겸허의 덕목이 지속가능한 삶의 방식에 주는 가치 탐구

토론

주제1 현대 사회에서 노자의 자연관이 지속가능한 삶의 대안이 될 수 있는가?

주제2 『침묵의 봄』이 제기한 환경 위기의 경고가 여전히 현재 사회에서도 유효한가?

주제3 환경을 위해 화학 물질을 금지해야 하는가, 지속가능한 활용 방식이 가능한가?

VI 삶의 의미에 대한 물음

01

[12인윤06-01] 인간의 불완전성에 대한 성찰을 바탕으로 불안한 현대사회를 살아가는 데 있어 종교의 역할과 가치를 탐구하여, 종교에 대한 바람직한 관점을 정립할 수 있다.

인간의 불완전성 # 종교의 역할과 가치 # 『세계윤리 구상』 # 『꾸란』 # 『신약』

관련 학과
· 신학과
· 윤리교육과
· 종교학과
· 철학과

교과 세특 탐구 주제

주제1 『꾸란』이 제시하는 사회 정의와 공동체 윤리 연구

주제2 『세계윤리 구상』에 나타난 종교의 윤리적 기준 탐구

주제3 『신약』에 나타난 인간의 불완전성과 구원의 의미 탐구

주제4 현대인의 불안을 극복하는 데 있어 종교의 영향 탐구

■ 함께 보면 좋은 도서

《신약 수업》 김호경 저, 뜰힘, 2025.
《세계윤리 구상》 한스 퀑, 분도출판사, 2001.
《하나님의 마지막 성서 꾸란》 김은수, 아연출판부, 2024.

GUIDE 종교가 개인의 불안을 완화하고 공동체적 연대를 강화하는 기능을 어떻게 수행하는지 분석하며, 이를 바탕으로 종교에 대한 바람직한 관점을 정립해야 한다.

연계 활동 탐구 주제

독서

《신약 수업》 김호경 저, 뜰힘, 2025.
이 책은 신약 성경의 핵심 주제를 믿음, 소망, 사랑이라는 눈으로 풀어내어 오늘날의 삶과 연결한다. 저자는 신약의 메시지를 단순한 교리 암송이 아니라 삶 속에서 경험하고 해석하는 과정으로 제시한다. 특히 예수와 초대 교회의 이야기를 통해 인간의 불완전성과 구원의 의미를 성찰하도록 이끈다. 이를 통해 현대인의 불안 속에서도 희망과 공동체적 사랑을 실현할 수 있는 가능성을 보여 준다.

주제1 『신약 수업』에 나타난 믿음, 소망, 사랑의 윤리적 가치 탐구

주제2 종교가 제시하는 구원의 메시지에 대한 신약과 꾸란 비교 탐구

주제3 인간의 불완전성과 구원 개념에 대한 『신약 수업』의 신학적 해석 연구

논문

〈"구상"으로서의 세계윤리 Weltethos als 〉Projekt《(1996)〉 이영덕, 2014.
이 논문은 『세계윤리 구상』을 분석하며, 인류 공존을 위한 보편적 윤리 기준의 가능성을 탐구한다. 저자는 세계 평화가 종교 간 평화 없이는 불가능하다는 퀑의 명제를 중심으로 논지를 전개한다. 각 종교의 교리 차이를 넘어 공통된 윤리 원칙을 모색하는 "세계윤리 프로젝트"의 의의를 고찰한다. 이를 통해 세계윤리를 현대 사회에서 종교가 수행할 수 있는 포용과 대화의 실천적 모델로 제시한다.

주제1 세계윤리를 통해 본 종교적 포용성의 가치 탐구

주제2 세계윤리 프로젝트의 보편적 윤리 기준과 의의 고찰

주제3 세계윤리 구상에 나타난 종교 간 상호 이해와 소통 방안 탐구

토론

주제1 종교 간 대화는 문화적 갈등을 줄이는 데 실제로 효과적인가?

주제2 종교적 구원 개념은 사회적 정의 실현과 조화를 이룰 수 있는가?

주제3 종교가 제시하는 윤리적 기준은 보편적 가치로 인정될 수 있는가?

02 [12인윤06-02] 인생의 유한성을 자각하고, 자아에 대한 성찰 및 다양한 가치 탐색을 통하여 내 삶의 의미를 묻고 답을 찾아가는 도덕적 주체로서 살아갈 수 있다.

관련 학과
- 유학·동양학과
- 윤리교육괴
- 종교학과
- 철학과

『수심결』 # 인생의 유한성 # 자아 성찰 # 지눌 # 사르트르 # 도덕적 주체 # 자유와 책임

교과 세특 탐구 주제

주제1 『수심결』을 통해 본 바람직한 삶의 태도 탐구

주제2 지눌과 사르트르의 자기 성찰 개념 비교 탐구

주제3 지눌과 사르트르 사상에 기반한 주체적 삶과 시사점 도출

주제4 『실존주의는 휴머니즘이다』에 나타난 자유와 책임의 가치 탐구

GUIDE 지눌의 수행적 성찰(깨달음을 통한 자기완성)과 사르트르의 실존적 성찰(자유와 선택의 책임)을 대비해, 두 성찰 방식이 삶의 의미 형성에 주는 차이를 검토해야 한다.

▣ 함께 보면 좋은 도서

《수심결》 보조국사 지눌스님(우득스님 역), 뷰티풀마인드, 2023.
《차라투스트라, 그에게 삶의 의미를 묻다》 박찬국, 세창출판사, 2020.
《실존주의는 휴머니즘이다》 장 폴 사르트르(박정태 역), 이학사, 2008.

연계 활동 탐구 주제

독서 《수심결》 보조국사 지눌스님(우득스님 역), 뷰티풀마인드, 2023.
이 책은 고려 시대 보조국사 지눌이 집필한 『수심결』의 번역본으로, 마음을 닦는 방법을 설명하며, 불안과 번뇌를 극복하는 길을 안내한다. 또한 염불·간경·좌선·염관과 같은 수행을 통해 일상 속에서 마음을 지키는 길을 강조한다. 수행의 목적은 본래 마음을 깨닫고 흔들리지 않는 지혜를 얻는 데 있으며, 삶을 올바르게 살아가기 위해 필요한 마음가짐과 수행의 태도를 제시한다.

주제1 『수심결』을 통해 본 자기 성찰의 현대적 적용 탐구

주제2 『수심결』에 나타난 마음공부의 단계와 번뇌 극복 방식 연구

주제3 『수심결』에 나타난 염불·간경·좌선·염관 수행의 윤리적 의미 탐구

논문 〈사르트르의 실존주의와 윤리의 문제〉 김남준, 2023.
이 논문은 사르트르 철학에서 자유와 책임의 문제를 현대 사회와 연결해 분석하며, 인간을 선택과 책임의 주체로 규정하는 관점을 중심으로 논의를 전개한다. 자유를 본질이 아니라 자기 형성의 과정으로 설명하고, 물질주의와 경쟁 중심 가치관이 책임 의식을 약화시키는 구조를 비판하며, 책임 있는 선택이 사회적 신뢰와 공동체 윤리 회복의 조건임을 제시한다.

주제1 자유와 책임이 인간 삶에 주는 의미 탐구

주제2 물질주의와 경쟁 중심 사회에 대한 사르트르의 비판적 해석 연구

주제3 사회적 신뢰와 공동체 윤리 회복을 위한 도덕적 주체 형성 과정 분석

토론 **주제1** 『수심결』에서 제시하는 자기 성찰 방식은 현대인의 삶에 어떤 가치를 지니는가?

주제2 전통적 수행 방법과 실존 철학은 자아의 성찰 과정에서 각각 어떤 의의를 가지는가?

주제3 '자유는 곧 책임'이라는 사르트르의 명제가 오늘날 개인의 삶에 어떤 의미를 가지는가?

윤리문제 탐구

과목 ▶ 정보	교과군	공통 과목	선택 과목			평가 정보		수능
			일반 선택	진로 선택	융합 선택	성취도	상대평가	
	도덕	−	−	−	○	5단계	×	×

1 ▶ 교과 성격

'윤리문제 탐구'는 미래 사회로 변화하는 과정에서 나타나는 다양한 현상을 윤리적 시각으로 분석하고, 그 해결 방안을 합리적으로 모색하는 학습을 통해 윤리적 성찰과 탐구 능력을 기르는 과목이다. 이러한 배움을 바탕으로, 일상 속에서 올바르고 선한 행동을 실천할 수 있는 윤리적 역량을 함양하는 것을 목표로 한다.

동·서양 윤리 이론, 사회사상, 도덕 심리학의 연구를 토대로 민주시민, 디지털·인공지능, 생태전환과 관련된 윤리 쟁점을 실제 사례 중심으로 탐구할 수 있도록 한다. 가치분석, 가치갈등, 콜버그 딜레마 토론, 역할놀이 등 학습자 중심의 교수·학습 방법을 활용해 학생이 스스로 탐구와 성찰, 실천적 태도를 기를 수 있도록 한다. 특히 학생이 주도적으로 윤리문제를 발굴하고 과제를 수행하는 과정에 중점을 두어, 자신의 삶과 진로와 연결해 깊이 있는 성찰과 탐구가 이루어지도록 한다.

> **TIP** 중학교 '도덕'과 고등학교 공통 과목인 '통합사회', 고등학교 일반 선택 과목인 '현대 사회와 윤리', 진로 선택 과목인 '윤리와 사상', '인문학과 윤리'와 이론적 토대를 함께하는 교과임.

2 ▶ 교과 목표

- 자신의 진로와 관련된 윤리문제를 선정하여 탐구하고 그 결과를 발표함으로써 의사소통능력, 융합적 문제탐구능력, 실천 의지 등을 함양한다.
- 행복과 윤리, 사생활 보호, 사회적 차별 표현, 지구촌 난민 등의 문제를 탐구하여 윤리적 해결 방안을 모색한다.
- 디지털과 인공지능 기술의 적용에 따른 윤리적 딜레마를 탐구하여 바람직한 활용 방안을 모색한다.
- 동물 복지에 대한 논쟁, 기후위기 문제를 윤리적 관점에서 탐구하여 생태적 삶을 위한 실천 방안을 모색한다.

3 ▶ 교과 핵심 키워드

# 가짜 뉴스	# 가치 갈등	# 가치 분석	# 공감 이론	# 공리주의
# 공인	# 기업의 사회적 책임	# 기후위기	# 기후위기 대응	# 난민 문제
# 뇌과학	# 뇌-기계 인터페이스	# 대리모 산업	# 도덕 발달	# 도덕 추론
# 디지털 정보 격차		# 동물 복지	# 동물세	# 동물 실험
# 딜레마 토론	# 메타버스	# 반려동물	# 발달 단계	# 배려 윤리
# 배타적 민족주의	# 빅 데이터와 알고리즘 편향성	# 사실문제	# 사생활 보호	# 사생활 침해
# 사회적 약자		# 사회적 차별	# 세계 시민주의	# 식량 위기
# 실천 윤리	# 언론 윤리	# 역량 접근법	# 연구 윤리	# 유기 동물
# 윤리문제	# 윤리문제 탐구	# 윤리적 규제	# 윤리적 기준	# 윤리적 딜레마
# 윤리적 삶	# 윤리적 성찰	# 윤리적 책임	# 인공지능 윤리	# 인공지능의 윤리적 활용
# 정서적 공감	# 정체성	# 책임 윤리	# 탄소중립	
# 탐구 계획 수립	# 편견과 차별	# 표현의 자유	# 행복	# 환대의 윤리

4 ▶ 내용 체계

(1) 윤리문제 탐구의 이해

핵심 아이디어	• 윤리문제는 사실문제와 달리 규범적 가치 판단을 필요로 하며, 규범적 가치 판단의 기준은 다양하다. • 서로 존중하고 조화롭게 살아가기 위해 윤리문제 탐구가 필요하며, 이를 위해 다양한 탐구 방법을 활용할 수 있다.

범주	내용 요소
지식·이해	1. 윤리문제는 무엇이며, 윤리문제 해결에 필요한 기준은 무엇인가? • 윤리문제의 의미　　　　　　　• 규범적 가치 판단 기준의 다양성 2. 윤리문제를 탐구하는 방법은 무엇인가? • 윤리문제 탐구의 의미와 중요성　　• 윤리문제 탐구 방법
과정·기능	• 윤리문제의 의미를 이해하고 다양한 가치 판단 기준 분석하기 • 윤리문제 탐구의 중요성을 정당화하고 탐구 방법 이해하기
가치·태도	• 공동체의 윤리문제에 대한 관심 • 다양한 가치 판단 기준에 대한 개방적 수용과 균형 있는 태도

(2) 시민의 삶과 윤리적 탐구

핵심 아이디어	• 진정한 행복은 윤리적 삶과 밀접하게 연관된다. • 사생활 보호와 공익 간에 갈등이 발생하지만 조화가 필요하다. • 사회적 차별 표현 문제에 대한 윤리적 해결이 필요하다. • 다양한 이유로 발생하는 난민 문제를 해결하기 위해 세계시민으로서의 자세가 요구된다.

범주	내용 요소
지식·이해	1. 신성한 행복이란 무엇이며, 윤리적으로 살수록 행복한가? • 행복의 의미와 뇌과학적 설명　　　• 윤리적 삶과 행복의 관계 2. 사생활 보호와 공익 사이의 갈등을 어떻게 해결할 것인가? • 사생활 보호와 공익 사이의 갈등　　• 사생활 보호와 공익 사이의 조화 방안 3. 사회적 차별 표현 문제를 어떻게 해결할 것인가? • 사회적 차별 표현을 바라보는 다양한 관점　　• 사회적 차별 표현 문제의 해결 방안 4. 난민 문제를 어떻게 해결할 것인가? • 배타적 민족주의의 확산과 난민 문제　　• 난민 문제의 해결 방안
과정·기능	• 행복한 삶을 위한 윤리의 필요성 정당화하기 • 사생활 보호와 공익 간의 갈등 사례를 탐색하고 해결 방안 제시하기 • 사회적 차별 표현 사례를 조사하고 해결 방안 모색하기 • 난민 문제 사례를 조사하고 해결 방안 토론하기
가치·태도	• 윤리적 삶을 통해 행복을 추구하는 자세　　• 사익과 공익의 조화를 이루려는 태도 • 인권에 대한 존중과 관용　　　　　　• 지구촌 문제에 대한 관심과 참여

(3) 인공지능 시대의 삶과 윤리적 탐구

핵심 아이디어	• 실제처럼 다양한 활동을 할 수 있는 메타버스에 대한 윤리적 고찰이 필요하다. • 빅 데이터와 알고리즘의 편향성 문제를 해결하려면 사회적 책임성과 공정성을 확보해야 한다. • 인공지능 활용의 윤리적 딜레마를 극복하기 위한 윤리적 성찰이 요구된다.

범주	내용 요소
지식·이해	1. 메타버스는 유토피아인가? 디스토피아인가? • 메타버스의 특징에 대한 윤리적 탐색 • 메타버스에서의 윤리문제 해결 방안 2. 빅 데이터와 알고리즘의 윤리문제를 어떻게 해결할 것인가? • 빅 데이터와 알고리즘의 편향성 문제 • 사회적 책임과 공정성의 확보 방안 3. 인공지능 관련 윤리문제를 어떻게 해결할 것인가? • 인공지능 활용의 윤리적 딜레마 • 인공지능의 바람직한 활용 방안
과정·기능	• 메타버스에 관한 다양한 관점 분석하기 • 빅 데이터와 알고리즘 관련 문제 사례 탐구하기 • 인공지능 활용의 윤리적 딜레마를 토론하고 바람직한 지침 개발하기
가치·태도	• 메타버스에서의 윤리문제에 대한 민감성 • 사회적 책임과 공정성 추구 • 인공지능 관련 윤리문제 해결을 위한 협력과 참여

(4) 생태적 삶과 윤리적 탐구

핵심 아이디어	• 인간과 동물의 관계에서 발생하는 다양한 윤리문제를 해결하기 위한 노력이 요구된다. • 기후변화에 따른 삶의 위기를 극복하기 위한 윤리적 탐구가 필요하다.

범주	내용 요소
지식·이해	1. 인간과 동물이 조화롭게 살 수 있는 방안은 무엇인가? • 반려동물 관련 윤리문제와 해결 • 동물 복지를 둘러싼 논쟁과 성찰 2. 기후변화에 따른 위기에 어떻게 대처할 것인가? • 기후위기와 인류의 책임 • 에너지 전환과 탄소중립을 둘러싼 논쟁과 실천
과정·기능	• 인간과 동물의 조화로운 관계 형성 방안 탐구하기 • 기후위기의 원인 분석하고 극복 방안 탐색하기
가치·태도	• 동물의 생명에 대한 감수성 • 기후위기에 대한 민감성과 극복을 위한 연대와 참여

(5) 윤리문제 탐구의 적용

핵심 아이디어	• 진로와 관련된 윤리문제를 선정하고 자기주도적으로 탐구 계획을 수립하는 것이 필요하다. • 윤리문제 탐구와 발표 활동을 통해 윤리문제 해결에 대한 실천의지를 함양할 필요가 있다.

범주	내용 요소
지식·이해	1. 어떤 윤리문제를 어떻게 탐구할 것인가? • 진로와 연계한 윤리문제 선정 • 윤리문제 탐구 계획 수립 2. 윤리문제 탐구 결과를 어떻게 정리하여 발표할 것인가? • 윤리문제 탐구 활동 • 탐구 결과의 정리와 발표
과정·기능	• 윤리문제 선정하고 탐구 계획 수립하기 • 윤리문제 탐구하고 결과 발표하기
가치·태도	• 자기주도적 탐구 자세 • 윤리문제를 해결하려는 의지

I 윤리문제 탐구의 이해

01

[12윤탐01-01] 삶에서 경험하는 문제를 사실문제와 윤리문제로 구분할 수 있고, 윤리문제에 대한 규범적 가치판단의 기준이 다양함을 이해할 수 있다.

관련 학과
- 미디어커뮤니케이션학과
- 사회학과
- 윤리교육과
- 철학과

\# 사실문제 \# 윤리문제 \# 규범적 가치판단 기준 \# 의무론 \# 결과론 \# 덕 윤리 \# 배려 윤리

교과 세특 탐구 주제

주제1 사실문제와 윤리문제의 구분 기준 탐구

주제2 과학적 사실만으로 윤리문제를 해결할 수 없는 이유 탐구

주제3 사회적 규범과 개인적 신념이 충돌할 때 윤리적 가치판단이 수행하는 역할 탐구

주제4 규범적 가치판단 기준의 다양성과 적용 방식 분석(의무론·결과론·덕 윤리·배려 윤리 중심)

GUIDE 과학적 사실만으로는 윤리문제를 해결할 수 없음을 보여 주기 위해, 기술적 설명과 도덕적 판단의 차이를 인식하고 환경·생명윤리 사례와 연결해야 한다.

함께 보면 좋은 도서

《별것 아닌 선의》 이소영, 어크로스, 2021.

《미혼녀의 출산과 도덕 판단》 남궁달화, 북랩, 2023.

《이렇게 살아가도 괜찮은가》 피터 싱어(노승영 역), 시대의창, 2023.

연계 활동 탐구 주제

독서 《이렇게 살아가도 괜찮은가》 피터 싱어(노승영 역), 시대의창, 2023.

이 책은 이기적인 사회에서 개인이 어떻게 윤리적으로 살아갈 수 있는지를 공리주의적 관점에서 탐구한다. 피터 싱어는 고통을 줄이고 행복을 증진하는 선택이 도덕적으로 옳다는 기준을 제시한다. 또한 빈곤, 환경 파괴, 생명윤리 등 구체적 문제들을 통해 윤리적 책임을 요구하는 상황을 분석하며, 공동체와 인류 전체를 고려하는 실천윤리의 필요성을 강조한다.

주제1 공리주의적 가치판단 기준의 특징과 한계 분석

주제2 현대 사회문제에서 실천윤리가 수행하는 역할 분석

주제3 개인의 이익과 공동체의 책임이 충돌할 때 윤리적 선택의 기준 탐구

논문 〈가짜 뉴스의 윤리학적 의미와 도덕 교육적 처방〉 황영 외, 2025.

이 논문은 가짜 뉴스 현상을 단순한 정보 왜곡이 아닌 윤리적 문제로 규정한다. 저자는 사람들이 정보를 접할 때 자동적으로 신념화하는 과정에서 발생하는 오류를 분석한다. 이를 통해 가짜 뉴스가 민주적 공론장을 왜곡시키는 윤리적 위험을 드러낸다. 또한 '윤리적 가설' 개념을 제안하여 학생들이 자신의 신념을 임시적 설명으로 검토할 수 있도록 하는 교육적 방안을 제시한다.

논문 바로가기

주제1 윤리적 가설 개념을 활용한 비판적 사고 훈련 탐구

주제2 가짜 뉴스의 윤리학적 의미와 도덕 교육적 처방 연구

주제3 가짜 뉴스에 대한 신념화 과정과 윤리적 판단의 한계 탐구

토론 **주제1** 사실문제와 윤리문제를 구분해야 하는 이유는 무엇인가?

주제2 윤리적 딜레마의 발생 원인과 이를 해결하기 위한 기준은 무엇인가?

주제3 가짜 뉴스의 신념화를 막고 사회적 피해를 줄이기 위한 윤리적·제도적 대안은 무엇인가?

02 [12윤탐01-02]
윤리문제 탐구의 의미를 파악하고, 윤리문제 탐구의 다양한 방법들을 이해할 수 있다.

관련 학과
· 간호학과
· 심리학과
· 윤리교육과
· 철학과

윤리문제 탐구 # 가치 분석 기법 # 가치 갈등 사례 # 윤리문제 해결 기준과 방법

교과 세특 탐구 주제

주제1 호프만의 공감 이론을 바탕으로 한 도덕 이야기 활용 탐구
주제2 윤리문제 가치 분석 기법을 통한 윤리적 의사 결정 과정 탐구
주제3 콜버그 딜레마 토론을 통한 윤리문제 해결 기준의 발달 단계 분석
주제4 가치 갈등 사례를 통한 윤리문제 해결 방법 탐구(생명 존중과 자기 결정권의 갈등)

▣ 함께 보면 좋은 도서
《도덕 발달과 실재》 존 깁스(정창우 외 역), 교육과학사, 2023.
《누구를 구할 것인가?》 토머스 캐스카트(노승영 역), 문학동네, 2014.
《누구 먼저 살려야 할까?》 제이콥 M. 애펠(김정아 역), 한빛비즈, 2021.

GUIDE 가치 분석 기법은 환경 보호와 경제 발전 갈등 같은 사례에 적용해 대안을 비교하며 가치의 우선순위를 도출해야 한다.

연계 활동 탐구 주제

독서

《도덕 발달과 실재》 존 깁스(정창우 외 역), 교육과학사, 2023.
이 책은 콜버그, 호프만, 하이트 등 주요 학자들의 도덕 발달 이론을 종합적으로 다룬다. 저자는 도덕적 추론, 정서적 공감, 사회적 맥락을 함께 고려하며 발달 과정을 분석한다. 또한 도덕 딜레마 토론, 공감 교육, 가치 분석 등 다양한 윤리문제 탐구 방법을 교육적 차원에서 구체적으로 제시한다. 도덕 발달 이론과 실제 교육 현장을 연결하는 통합적 관점을 제공하는 책이다.

주제1 도덕적 추론과 정서적 공감의 상호 작용 탐구
수제2 골버그의 도덕 발달 이론과 단계별 윤리 판단 탐구
주제3 아동·청소년 발달 단계별 윤리문제 해결 방식 분석

논문

〈간호사가 경험한 도덕적 고뇌에 관한 통합적 문헌 고찰: 국내 문헌을 중심으로〉 박보현 외, 2016.
이 논문은 간호사가 임상 현장에서 경험하는 도덕적 고뇌를 다룬 국내 문헌들을 고찰한다. 도덕적 고뇌란 옳은 행동을 알고 있으나 제도적·조직적 제약으로 인해 실천하지 못하는 상황을 의미한다. 연구는 환자의 자율성과 생명 존중의 갈등, 불합리한 조직 구조 등에서 발생하는 고뇌의 원인을 분석한다. 이를 통해 의료 현장에서 윤리적 딜레마를 이해하고 해결 방안의 중요성을 강조한다.

논문 바로가기

주제1 임상 현장에서 간호사가 경험하는 도덕적 고뇌의 원인 분석
주제2 의료 현장에서 도덕적 고뇌를 완화하기 위한 윤리적 대안 모색
주제3 환자의 자율성과 생명 존중이 충돌할 때 나타나는 윤리적 딜레마 탐구

토론
주제1 환자의 자율성과 생명 존중이 충돌할 때 의료 현장에서 어떤 선택이 더 정당한가?
주제2 도덕적 추론과 정서적 공감이 윤리문제 해결 과정에서 충돌할 때 무엇을 우선해야 하는가?
주제3 아동·청소년의 발달 단계에 따라 동일한 윤리문제를 해결하는 방식은 어떻게 달라져야 하는가?

시민의 삶과 윤리적 탐구

01 [12윤탐02-01] 행복의 의미와 행복에 대한 뇌과학의 연구 성과를 조사하고, 윤리적 삶과 행복의 관계를 탐구할 수 있다.

관련 학과
· 심리학과
· 윤리교육과
· 의예과
· 철학과

행복의 의미 # 행복의 조건 # 뇌과학의 연구 성과 # 윤리적 삶과 행복의 관계

교과 세특 탐구 주제

주제1 행복의 의미와 뇌과학 연구 성과 탐구
주제2 진정한 행복을 위한 윤리적 가치와 태도 탐구
주제3 윤리적 삶과 행복한 삶의 상관관계의 철학적 분석
주제4 뇌과학 연구 성과가 제시하는 행복 조건의 윤리적 시사점 탐구

GUIDE 윤리적 삶과 행복한 삶의 관계는 아리스토텔레스의 덕 윤리와 칸트의 도덕 의무론을 참고해, 윤리적 삶이 행복의 조건이 되는 이유를 분석해야 한다.

□ 함께 보면 좋은 도서
《행복은 뇌 안에》 장동선 외, 글항아리, 2023.
《뇌는 윤리적인가》 마이클 S. 가자니가(김효은 역), 바다출판사, 2023.
《행복의 공식, 최대한 쉽게 설명해 드립니다》 슈테판 클라인(김영옥 역), 이화북스, 2020.

연계 활동 탐구 주제

독서 《행복의 공식, 최대한 쉽게 설명해 드립니다》 슈테판 클라인(김영옥 역), 이화북스, 2020.
이 책은 행복을 철학, 심리학, 사회학, 뇌과학을 종합해 탐구하는 교양서이다. 저자는 행복을 단순한 쾌락이 아닌 의미 있는 삶과 연결하여 설명한다. 다양한 연구 성과와 철학적 논의를 통합하여 행복의 조건을 분석하고, 행복이 개인의 감정이 아니라 사회적 맥락 속에서 형성된다는 점을 강조한다. 또한 행복은 배워야 하며 다양한 경험과 선택 속에서 길러질 수 있다는 결론을 제시한다.

주제1 쾌락적 행복과 의미 있는 행복의 비교 분석
주제2 과학적 연구 성과와 철학적 논의가 제시하는 행복 조건의 차이 분석
주제3 사회적 맥락 속에서 형성되는 행복의 의미와 개인적 행복의 긴장 관계 탐구

논문 〈뇌과학에 기반한 마음챙김의 도덕 교육적 가치〉 유종영, 2020.
이 논문은 뇌과학 관점에서 마음챙김의 도덕 교육적 가치를 심층적으로 분석한다. 저자는 마음챙김이 단순한 명상적 기법이 아니라 뇌과학·신경과학 연구 성과와 연결될 때 교육적 신뢰성을 확보할 수 있다고 본다. 마음챙김은 정서 조절, 공감과 연민, 도덕적 내적 동기 강화에 기여하며, 도덕 교육을 과학적 근거와 연결하는 새로운 교육적 가능성을 보여 준다.

주제1 뇌가소성을 통한 마음챙김 훈련의 교육적 의미 탐구
주제2 공감과 연민을 강화하는 마음챙김의 도덕 교육적 가치 분석
주제3 마음챙김이 정서 조절과 도덕적 판단에 미치는 뇌과학적 효과 탐구

토론 **주제1** 뇌과학적 연구 성과로 윤리적 삶의 타당성을 증명할 수 있는가?
주제2 행복은 쾌락적 만족보다 의미 있는 삶을 추구할 때 더 정당화되는가?
주제3 뇌과학이 제시하는 행복 조건이 윤리적 가치와 충돌할 때, 어떤 기준이 더 우선되는가?

02

[12윤탐02-02] 사생활 존중과 공익 사이의 갈등 사례를 조사하고, 이를 해결할 수 있는 방안을 제시할 수 있다.

사생활 보호와 공익의 조화 # 디지털 시대 빅 데이터 활용 # 사생활 침해의 윤리적 쟁점

관련 학과
· 법학과
· 미디어커뮤니케이션학과
· 사회학과
· 정보보호학과

교과 세특 탐구 주제

주제1 사생활 보호와 공익의 조화 방안 탐구
주제2 언론 자유와 개인 명예권의 충돌 사례 비교
주제3 개인 정보 보호와 국가 안보 간의 갈등 사례 분석
주제4 디지털 시대 빅 데이터 활용과 사생활 침해의 윤리적 쟁점 탐구

함께 보면 좋은 도서
《언론술사》 박은주 외, 미디어샘, 2021.
《AI와 미디어 윤리》 박선미, 커뮤니케이션북스, 2025.
《디지털 프라이버시》 김상현, 커뮤니케이션북스, 2022.

GUIDE 언론 자유와 개인 명예권의 충돌은 공익적 보도와 사적 명예 보호의 경계 설정을 중심으로, 언론의 책임과 한계를 비판적으로 검토해야 한다.

연계 활동 탐구 주제

독서

《언론술사》 박은주 외, 미디어샘, 2021.
이 책은 언론이 권력을 감시하고 사회적 공익을 실현하는 과정에서 발생하는 명예 훼손, 초상권, 사생활 침해 문제를 다룬다. PD, 변호사, 정치철학자가 각각의 전문 영역에서 언론과 사생활권의 충돌을 분석한다. 특히, 언론 자유와 개인 권리의 균형을 모색하며, 실제 판례와 사례를 통해 현실적 쟁점을 보여 준다. 이를 바탕으로 언론의 책임 기준을 정리하며 그 적용 방향을 제시한다.

주제1 언론의 공익적 기능 수행에 대한 탐구
주제2 언론의 감시 기능이 민주주의에 기여하는 방식 연구
주제3 명예 훼손과 초상권 판례를 통해 언론의 책임과 한계 탐구

논문

〈초연결 사회에서 개인정보자기결정권과 데이터권〉 김성진 외, 2023.
이 논문은 초연결 사회에서 개인정보자기결정권과 데이터권의 개념을 정리하고 두 권리가 충돌하는 구조를 분석한다. 프라이버시가 사적 영역 보호에서 자기 정보에 대한 통제로 전환되었음을 설명하며, 우리나라 개인정보보호법과 유럽 연합 일반 개인 정보 보호 규정을 비교해 개인 정보 보호와 데이터 활용의 조정 가능성을 검토한다. 이를 통해 두 권리가 조화될 수 있는 법적 조정 기준을 탐구한다.

논문 바로가기

주제1 개인정보자기결정권과 데이터권의 관계 탐구
주제2 개인정보자기결정권 강화가 데이터 활용에 미치는 영향 분석
주제3 개인정보자기결정권과 데이터권이 충돌할 때 이익형량이 적용되는 법적 구조 탐구

토론

주제1 언론의 자유 보장이 개인의 명예권 침해보다 더 중요한 가치인가?
주제2 공익 실현을 위해 개인의 사생활 보호가 어느 정도까지 제한될 수 있는가?
주제3 개인정보자기결정권 강화가 공공 데이터 활용을 저해하는 것을 정당화할 수 있는가?

03

[12윤탐02–03] 사회적 차별 표현 사례를 조사하고, 이를 바라보는 다양한 관점을 이해하여 윤리적 해결 방안을 제시할 수 있다.

사회적 차별 표현 # 성차별 # 장애인 차별 # 외국인 노동자 차별 # 연령 차별 # 혐오 표현

관련 학과
- 법학과
- 사회복지학과
- 사회학과
- 윤리교육과

교과 세특 탐구 주제

주제1 온라인 혐오 표현의 사회적 영향 탐구

주제2 사회적 차별 표현과 표현의 자유의 경계 분석

주제3 사회적 차별 표현 문제의 윤리적 해결 방안 탐구

주제4 사회적 차별 표현에 대한 인권 관점과 법적 규제 비교

GUIDE 사회적 차별 표현 (성차별, 장애인 차별, 외국인 노동자 차별, 연령 차별, 혐오 표현 등)의 윤리적 해결 방안은 교육·법 제도·사회 인식 개선 같은 다층적 접근을 통해, 각 방식의 효과와 한계를 분석해야 한다.

▣ 함께 보면 좋은 도서

《차별하지 않는다는 착각》 홍성수, 어크로스, 2025.
《안녕하세요, 한국의 노동자들》 윤지영, 클, 2025.
《골목에서 배우는 인권》 정석 외, 철수와영희, 2025.

연계 활동 탐구 주제

독서

《골목에서 배우는 인권》 정석 외, 철수와영희, 2025.
이 책은 일상의 공간인 골목을 출발점으로 인권 현실을 살펴본다. 여성, 이주민, 난민, 장애인 등 사회적 약자가 직면하는 차별과 배제의 상황을 보여 준다. 또한 도시 공간, 교육, 문화 속에서 드러나는 편견과 혐오의 구조를 분석하며 인권의 시각을 확장한다. 서로 다른 존재가 공존하는 사회를 만들기 위한 소통과 공감의 방식을 탐색하며, 보편적 인권 가치가 일상에서 구현되어야 함을 강조한다.

주제1 여성·이주민·장애인에 대한 차별 사례 분석

주제2 도시 공간 속에서 나타나는 혐오 표현과 사회적 배제 구조 분석

주제3 교육과 문화 영역에서 드러나는 편견이 청소년 인권 형성에 끼치는 효과 탐구

논문

〈한국어 교재에 나타난 사회적 차별 요소에 관한 연구: 『이주 노동자를 위한 아자!아자! 한국어 1, 2』를 중심으로〉 신정명, 2023.
이 논문은 『이주 노동자를 위한 아자!아자! 한국어 1, 2』 교재 속 표현과 내용이 이주 노동자를 재현하는 방식을 분석하여 사회적 차별 요소를 밝힌다. 인물 설정과 역할 분담, 언어 사용 방식이 고정된 이미지와 위계적 관계를 강화할 수 있음을 지적하며, 교육 자료가 인권 감수성을 반영해야 할 윤리적 책임을 가진다는 점을 제시한다.

주제1 한국어 교재에 나타난 이주 노동자 표현의 특징 탐구

주제2 한국어 교재 속 인물 설정과 역할 분담이 차별적으로 작동하는 방식 분석

주제3 한국어 교재의 재현 방식이 이주 노동자를 고정된 이미지로 만드는 구조 탐구

토론

주제1 사회적 차별 문제 해결에서 자유보다 평등의 가치를 우선하는 것이 바람직한가?

주제2 일상적 표현이 상대 문화에서는 차별로 받아들여진 경우 문화의 차이로 인정해야 하는가?

주제3 사회적 차별 문제에서 윤리적 해결 방안의 의미는 무엇이며, 어떤 가치를 실현해야 하는가?

04

[12윤탐02–04] 배타적 민족주의의 확산과 난민 문제를 탐구하고, 이를 해결할 수 있는 방안을 제시할 수 있다.

배타적 민족주의 # 난민 수용 문제 # 국제 난민 협약 # 인권 보장

관련 학과
- 국제관계학과
- 법학과
- 사회복지학과
- 정치외교학과

교과 세특 탐구 주제

주제1 난민 수용 반대 논리와 찬성 논리의 정당성 비교
주제2 난민 수용 시 고려해야 할 인권적 가치와 사회적 책임 고찰
주제3 국제 난민 협약의 기본 원칙이 인권 보장을 정당화하는 근거 탐구
주제4 배타적 민족주의가 난민 수용 여론 형성에 미친 영향 탐구

▣ 함께 보면 좋은 도서
《빛과 멜로디》 조해진, 문학동네, 2024.
《예멘 난민 제주》 모하메드 외, 온샘, 2022.
《난민, 난민화되는 삶》 김기남 외, 갈무리, 2020.

GUIDE 배타적 민족주의가 난민 수용 여론에 미친 영향은 제주 예멘 난민 사례의 언론 보도, 여론 조사, 정치 담론을 통해 살펴보고, 사회적 편견과 갈등의 양상을 분석해야 한다.

연계 활동 탐구 주제

독서

《예멘 난민 제주》 모하메드 외, 온샘, 2022.
이 책은 2018년 제주에 들어온 예멘 난민 당사자가 일기 형식으로 자신의 경험을 기록한 것이다. 한국 사회의 반응과 언론 보도, 청와대 국민 청원, 지역사회의 반응이 함께 수록되어 당시 분위기를 보여 준다. 난민의 시선에서 묘사된 일상적 경험은 제도적 장벽과 사회적 시선의 양면을 구체적으로 드러내며, 한국 사회 속 난민 문제를 사실적으로 보여 준다.

주제1 난민 당사자의 기록을 통해 본 문화 적응 과정 탐구
주제2 한국 사회의 여론과 언론 보도가 난민 문제를 다룬 방식 탐구
주제3 데리다의 환대 개념을 통해 본 한국 사회의 난민 수용 방식 분석

논문

〈데리다의 환대의 윤리에 대한 법철학적 성찰〉 정채연 외, 2020.
이 논문은 환대의 윤리를 난민 수용, 이주, 타자 보호와 같은 사회문제와 연결해 법철학적으로 탐구한 연구이다. 무조건적 환대의 요구가 법과 제도 속에서 실현될 수 없는 한계를 지적하며, 조건적 환대를 제도적 현실에서 불가피한 방식으로 설명한다. 환대의 윤리를 법과 사회 제도의 문제로 확장해 논의하면서, 데리다의 환대 윤리가 법철학적으로 갖는 의의와 한계를 함께 드러낸다.

논문 바로가기

주제1 조건적 환대가 갖는 제도적 불가피성 분석
주제2 무조건적 환대가 법과 제도 속에서 갖는 한계에 대한 탐구
주제3 데리다의 환대 윤리가 현대 난민 수용과 이주 문제에 주는 시사점 고찰

토론

주제1 난민 수용은 국가의 이익보다 인도적 가치가 우선되어야 하는가?
주제2 난민 수용이 가져올 수 있는 사회적·윤리적 긍정 효과와 잠재적 부정 효과는 무엇인가?
주제3 세계 시민주의 관점에서 난민 수용은 국가의 선택이 아니라 반드시 수행해야 할 의무인가?

인공지능 시대의 삶과 윤리적 탐구

01

[12윤탐03–01] 메타버스의 특징을 윤리적 관점에서 탐색하고, 메타버스에서 발생할 수 있는 윤리문제의 해결 방안을 제시할 수 있다.

관련 학과
· 법학과
· 미디어커뮤니케이션학과
· 사회학과
· 정보보호학과

\# 메타버스 \# 메디비스 속 인간관계 및 소통 방식 \# 메타버스의 확산과 윤리문제

교과 세특 탐구 주제

주제1 메타버스 기반 인간관계 및 소통 방식에 대한 영향 분석
주제2 메타버스 공간에서 개인 정보 보호와 사생활 침해 문제 탐구
주제3 메타버스 확산이 인간의 정체성과 자아 표현 방식에 미치는 영향 탐구
주제4 메타버스에서 개인의 자유와 윤리적 규제의 조화를 위한 제도적 방안 탐구

GUIDE 메타버스 속 인간관계와 소통 방식은 익명성과 가상 공간 특성이 관계를 확대하거나 왜곡하는 양상을 보여 주며, 긍정적·부정적 사례를 함께 검토해야 한다.

▣ 함께 보면 좋은 도서

《데이톨로지》 김성태, 이른비, 2022.
《생성형 AI가 바꾸는 메타버스의 미래》 정지훈, 김영사, 2023.
《메타버스 모든 것의 혁명》 매튜 볼(송이루 역), 다산북스, 2023.

연계 활동 탐구 주제

독서
《메타버스 모든 것의 혁명》 매튜 볼(송이루 역), 다산북스, 2023.
이 책은 메타버스의 개념과 발전 과정을 체계적으로 설명하며, 기술적·산업적 기반을 상세히 다룬다. 게임, 금융, 교육, 소통 등 다양한 분야에서 메타버스가 가져올 사회적 변화를 분석한다. 더불어 개인 정보, 정체성, 규제와 같은 윤리적 문제까지 포괄적으로 탐구하여 균형 잡힌 시각을 제시한다. 메타버스를 이해하고 미래 사회의 변화를 전망하는 종합적 안내서이다.

주제1 메타버스 경제 성장 현상과 제도적 대안 탐구
주제2 메타버스 기술 인프라 격차로 인한 사회적 불평등 문제 탐구
주제3 메타버스 산업 확산이 인간관계와 소통 방식에 미친 영향 분석

논문
〈메타버스 위험에 관한 인식 연구〉 김길래, 2025.
이 논문은 메타버스에서 발생할 수 있는 다양한 위험 요인의 식별을 위해, 뉴스 기사 빅 데이터를 토픽 모델링으로 분류하여 건강 위험, 자산 손실 위험, 정보 보안 위험의 세 범주를 도출하였다. 또한 이용자들이 위험을 인식하면서도 수용하려는 태도 및 인식과 실제 위험 간 차이를 보여 준다. 이를 바탕으로 이용자 맞춤형 보호 정책과 위험 커뮤니케이션 전략에 대한 구체적 대안을 제시한다.

논문 바로가기

주제1 메타버스 위험 요인에 대한 이용자 인식과 실제 위험 간의 차이 분석
주제2 청소년 건강 위험과 아바타 정체성 혼란에 대한 사회적 대응 방안 연구
주제3 메타버스에서 발생한 자산 손실·사기 사례 분석과 경제적 신뢰에 끼친 영향 탐구

토론
주제1 메타버스가 사회적 소통 방식을 심화·확장하는가, 아니면 왜곡·약화시키는가?
주제2 메타버스 산업 발전을 위한 자유로운 시장 운영이 우선인가, 제도적 규제가 우선인가?
주제3 청소년의 안전한 메타버스 활용을 위해 정부와 기업은 어떤 제도와 대책을 마련해야 하는가?

02

[12윤탐03–02] 빅 데이터와 알고리즘의 편향성으로 인한 윤리문제를 인식하고 사회적 책임과 공정성의 관점에서 해결 방안을 탐구할 수 있다.

빅 데이터와 알고리즘 편향성 # 빅 데이터 활용과 사회적 책임 # 알고리즘 의사 결정의 공정성

관련 학과
- 법학과
- 사회학과
- 인공지능학과
- 컴퓨터공학과

교과 세특 탐구 주제

주제1 빅 데이터 알고리즘 편향성 사례 탐구
주제2 빅 데이터 활용 과정에서 기업과 정부의 사회적 책임 고찰
주제3 추천 알고리즘이 청소년의 가치관 형성에 미치는 영향 분석
주제4 알고리즘 의사 결정의 공정성 확보를 위한 과학적·윤리적 접근 탐구

■ 함께 보면 좋은 도서
《AI는 차별을 인간에게서 배운다》 고학수, 21세기북스, 2022.
《무자비한 알고리즘》 카타리나 츠바이크(유영미 역), 니케북스, 2021.
《알고리즘이 지배한다는 착각》 데이비드 섬프터(전대호 역), 해나무, 2022.

GUIDE 추천 알고리즘의 영향은 청소년이 접하는 SNS·영상 플랫폼 사례를 중심으로, 여론 형성·정체성·가치관에 미치는 긍정적·부정적 효과를 균형 있게 살펴야 한다.

연계 활동 탐구 주제

독서

《알고리즘이 지배한다는 착각》 데이비드 섬프터(전대호 역), 해나무, 2022.
이 책은 빅 데이터와 알고리즘이 세상을 지배한다는 믿음이 환상임을 수학적 근거로 검증한다. 선거, 여론 조사, SNS 추천 등을 분석하며 알고리즘이 작동하는 방식과 한계를 설명한다. 또한 알고리즘이 사회적 편향과 불평등을 강화할 수 있는 구조를 비판하고 인간의 책임과 제도적 개입의 필요성을 강조한다. 빅 데이터와 알고리즘을 비판적으로 성찰하며 공정성과 사회적 책임의 방향을 모색한다.

주제1 빅 데이터 활용과 사회적 책임의 조화 방안 고찰
주제2 SNS·여론 조작 사례에서 드러난 알고리즘 편향성 분석
주제3 데이터 활용 과정에서 발생하는 불평등 문제와 윤리적 해결 방안 탐구

논문

〈인간 편향성과 인공지능의 교차〉 박도현, 2022.
이 논문은 인공지능이 인간 사회에 내재한 편향성과 차별을 재생산할 수 있다는 점을 출발점으로 삼는다. AI 규제가 필요하다는 주장과 기존 법제만으로 충분하다는 반론을 비교하며, 인공지능의 편향을 완화하거나 사회적 편익을 창출할 가능성도 검토한다. 이를 통해 인간의 편향성과 인공지능의 관계를 규정하고, 인공지능 편향성을 복합적으로 이해할 수 있는 틀을 제시한다.

주제1 인공지능 규제 거버넌스의 필요성과 한계 탐구
주제2 인공지능이 사회적 편향을 완화할 수 있는 가능성 탐색
주제3 인간 사회의 차별 구조를 반영하는 인공지능 편향성 분석

토론

주제1 인공지능이 공정성과 책임성을 증진하는 도구가 될 수 있는가?
주제2 알고리즘 편향 문제 해결을 위해 새로운 AI 규제가 필요한가, 기존 법제로도 충분한가?
주제3 과학기술 발전을 저해하지 않고 알고리즘의 편향성을 최소화하기 위한 방안은 무엇인가?

03

\# 인공지능　\# 개인 정보 누출　\# 인공지능 활용과 윤리적 딜레마　\# 인공시능 윤리 교육

관련 학과
- 법학과
- 인공지능학과
- 윤리교육과
- 컴퓨터공학과

교과 세특 탐구 주제

주제1 인공지능 활용의 윤리적 딜레마 사례 탐구

주제2 교육 현장에서 인공지능 활용과 개인 정보 노출의 윤리적 딜레마

주제3 법률 인공지능의 활용 확대와 법적 규제의 한계가 빚는 딜레마 탐구

주제4 인공지능 맞춤형 학습이 학습 격차 해소에 미치는 영향의 비판적 고찰

GUIDE 인공지능 딜레마 사례는 자율 주행차의 선택, 채용 AI의 차별, 의료 진단 AI의 책임 소재처럼 가치 충돌이 뚜렷한 사례를 중심으로 분석해야 한다.

■ **함께 보면 좋은 도서**

《인공지능 윤리하다 2》 변순용, 어문학사, 2025.
《박태웅의 AI 강의 2025》 박태웅, 한빛비즈, 2024.
《도덕적인 AI》 월터 시넛 암스트롱 외(박초월 역), 김영사, 2025.

연계 활동 탐구 주제

독서　《도덕적인 AI》 월터 시넛 암스트롱 외(박초월 역), 김영사, 2025.
이 책은 딥페이크, 로봇 의사, 알고리즘 편향 등 인공지능이 야기하는 윤리적 쟁점을 일곱 가지 질문으로 제시한다. 인간의 편익과 기술 발전 사이에서 발생하는 딜레마를 탐구하고, AI 통제 문제와 책임 주체의 불분명성, 사회적 가치 훼손 가능성을 다층적으로 분석한다. 이를 바탕으로 인공지능 활용의 윤리적 딜레마를 비판적으로 성찰하며, 바람직한 활용 방향을 모색한다.

주제1 로봇 의사 활용에서 환자 안전과 의료 책임의 균형 고찰

주제2 알고리즘 편향성이 공정성과 사회적 신뢰에 미치는 영향 분석

주제3 딥페이크 기술이 표현의 자유와 진실 보장 사이에서 제기하는 윤리적 딜레마 탐구

논문　〈인공지능 딜레마, 철학 교육에서 다루기〉 홍예리, 2024.
이 논문은 인공지능이 만들어 내는 윤리적 딜레마를 철학 교육에서 어떻게 다루어야 하는지를 탐구한다. 자율 주행차, 의료 인공지능, 딥페이크와 같은 사례를 통해 가치 충돌 구조를 분석하고, 책임·공정성·존엄성의 관점에서 사고하도록 돕는 교육적 접근의 필요성을 제시한다. 또한 윤리적 판단 과정을 구조화하여 토의와 탐구 활동이 실제 수업에서 효과적으로 이루어질 수 있는 방향을 제안한다.

논문 바로가기

주제1 인공지능이 만든 선택 상황의 특징 탐구

주제2 딥페이크 기술이 진실성과 인격권에 미치는 영향 분석

주제3 인공지능 활용에서 책임 주체 설정이 갖는 윤리적 쟁점과 판단 기준 탐구

토론　**주제1** 인공지능 예술 활동은 인간의 창작 개념과 어떻게 공존할 수 있는가?

주제2 의료 인공지능 진단 오류 발생 시 책임은 의사에게만 귀속되어야 하는가?

주제3 공인의 딥페이크 활용은 풍자의 수단으로 인정되는가? 인격권 침해로 규제해야 하는가?

IV 생태적 삶과 윤리적 탐구

01 [12윤탐04-01] 반려동물과 관련한 윤리문제, 동물 복지를 둘러싼 논쟁 등을 윤리적 관점에서 탐구하여 생명에 대한 감수성을 길러 책임 있게 행동할 수 있다.

반려동물 # 동물 복지 # 생명 감수성 # 동물 실험 # 인간과 동물의 관계 # 윤리문제 탐구

관련 학과
- 동물자원학과
- 법학과
- 사회복지학과
- 윤리교육과

교과 세특 탐구 주제

주제1 반려동물 유기 문제 해결을 위한 윤리적 책임 탐구

주제2 축산업과 동물 복지 향상 요구가 충돌하는 사회적 쟁점 탐구

주제3 동물 학대 금지와 동물 실험 필요성 사이의 윤리적 갈등 분석

주제4 반려동물 산업 성장 이면에 나타나는 유기 동물과 사회적 갈등 문제 탐색

■ 함께 보면 좋은 도서

《동물 윤리 대논쟁》 최훈, 사월의책, 2019.
《작은 생명은 없다》 알렉시스 플레밍(강미소 역), 언제나북스, 2023.
《짐을 끄는 짐승들》 수나우라 테일러(이마즈 유리 외 역), 오월의봄, 2020.

GUIDE 반려동물 유기 문제는 사육자의 개인적 책임뿐 아니라 입양 제도, 보호소 운영, 법적 규제 같은 사회적 장치와 연결해 살펴야 한다.

연계 활동 탐구 주제

독서

《작은 생명은 없다》 알렉시스 플레밍(강미소 역), 언제나북스, 2023.
이 책은 세계 최초 유기 동물 호스피스를 운영한 저자의 경험을 기록한다. 저자는 유기 동물들이 맞이하는 마지막 순간을 존엄과 사랑으로 지켜 내는 과정을 보여 준다. 사회가 버린 동물을 끝까지 돌보는 사례를 통해 생명 감수성과 책임의 의미를 드러낸다. 또한 동물권, 돌봄, 죽음의 존엄에 대한 성찰과 인간과 동물의 관계에서 지켜야 할 가치를 제시한다.

주제1 유기 동물 호스피스 사례를 통해 본 동물권 보장의 의미 탐구

주제2 반려동물 유기 문제의 원인과 보호소 제도의 윤리적 한계 탐구

주제3 존엄한 죽음을 위한 돌봄 실천이 인간-동물 관계에 주는 윤리적 의의 고찰

논문

〈동물에 대한 사유의 전개와 가능성 -짐승에서 비인간 동물까지〉 남승원, 2021.
이 논문은 인간과 동물의 관계가 역사 속에서 전개된 과정을 철학 및 사회적 사유의 흐름 속에서 정리한다. 싱어, 레건, 데리다, 해러웨이 등 주요 사상가의 견해를 바탕으로 종 차별주의, 비인간 동물 개념, 반려 종 선언 등을 통해 동물을 권리 주체로 인정하는 철학적 근거를 제시한다. 또한 공장식 축산, 동물 실험, 학대 문제와 연결해 인간 사회 구조와 윤리적 범주의 확장을 요구한다.

주제1 인간 중심적 시각이 동물을 바라보는 방식에 남긴 한계 탐구

주제2 해러웨이의 '반려 종' 개념이 제시하는 인간-동물 관계의 새로운 가능성 탐구

주제3 테일러의 '비장애 중심주의' 비판을 통해 본 동물과 인간의 상호 의존적 관계 고찰

토론

주제1 반려동물 관리와 유기 문제 해결을 위한 동물세 도입이 정당한가?

주제2 동물 복지의 정당성은 공리주의와 권리론 중 어느 관점이 더 타당한가?

주제3 생명 공학의 발전 과정에서 안전성 확보와 윤리적 원칙 준수 중 무엇이 더 중요한가?

02 [12윤탐04-02] 기후위기를 인류의 책임이라는 측면에서 분석하고, 에너지 전환과 탄소중립을 둘러싼 다양한 입장에 대해 토론하여 기후위기 극복 방안을 제시할 수 있다.

기후변화 # 에너지 전환 # 탄소중립 # 기후위기 대응

관련 학과
- 사회복지학과
- 사회학과
- 윤리교육과
- 환경공학과

교과 세특 탐구 주제

주제1 기후위기 대응 정책의 윤리적 정당성 분석

주제2 에너지 전환과 탄소중립의 도덕적 책임 고찰

주제3 기후변화로 인한 식량 위기와 전 지구적 불평등 심화

주제4 탄소중립 실천 과정에서 나타나는 사회적 형평성 문제 탐구

GUIDE 탄소중립 실천의 형평성은 세대 간(현 세대·미래 세대)과 계층 간(부유층·저소득층) 차이를 함께 고려해, 정의로운 전환의 필요성을 분석해야 한다.

▤ 함께 보면 좋은 도서

《식량 위기 대한민국》 남재작, 웨일북, 2022.

《2도가 오르기 전에》 남성현 저, 애플북스, 2021.

《폭염 살인》 제프 구델(왕수민 역), 웅진지식하우스, 2024.

연계 활동 탐구 주제

독서

《폭염 살인》 제프 구델(왕수민 역), 웅진지식하우스, 2024.
이 책은 폭염이 인간의 삶을 위협하는 치명적 재난임을 보여 준다. 저자는 폭염 사례를 통해 노동, 주거, 보건, 도시 불평등에 미치는 영향을 분석한다. 또한 기후위기로 인한 사회적 불평등으로 가장 취약한 사람들이 큰 피해를 입는 구조를 드러낸다. 이를 바탕으로 도시 설계, 에너지 전환, 국제적 협력이 폭염 대응의 핵심임을 강조하며, 폭염이 과학 및 사회적 책임의 차원에서도 대응이 필요함을 강조한다.

주제1 폭염이 사회적 불평등을 심화시키는 요인 분석

주제2 폭염이 노동 환경과 근로자의 건강에 미치는 영향 분석

주제3 폭염으로 인한 주거 불평등과 사회적 취약 계층의 대응 방안 고찰

논문

〈기후 취약 계층 보호를 위한 탄소중립기본법의 개선 방안〉 박한나, 2025.
이 논문은 기후위기를 단순한 환경 문제가 아니라 생명과 존엄, 정의의 문제로 규정하고, 기후변화의 피해가 사회 경제적 조건에 따라 불평등하게 나타난다는 점에 주목한다. 기후위기가 취약 계층에 더 큰 부담을 지운다는 구조를 분석하며, 책임과 형평성, 정의의 원리를 중심으로 기후 정책이 갖추어야 할 윤리적 기준과 사회적 연대의 필요성까지 함께 제시한다.

논문 바로가기

주제1 기후위기와 사회적 불평등의 관계 탐구

주제2 기후 정책의 책임성과 형평성에 대한 윤리적 기준 탐구

주제3 기후변화 피해가 사람들마다 다르게 나타나는 이유 탐구

토론

주제1 인공지능 시대 전력 소비 증가 속에서 신재생 에너지의 확대가 타당한가?

주제2 에너지 전환과 탄소중립 실천에서 경제적 이익보다 도덕적 책임이 우선되어야 하는가?

주제3 탄소중립 실천 과정에서 형평성을 위해서는 선택적 복지와 보편적 복지 중 어느 쪽이 더 타당한가?

Ⅴ 윤리문제 탐구의 적용

01 [12윤탐05–01] 자신이 희망하는 진로에서 발생할 수 있는 윤리문제를 선정하고 탐구 계획을 수립할 수 있다.

\# 진로 탐구 \# 윤리문제 선정 \# 탐구 계획 수립

관련 학과
- 법학과
- 사회학과
- 윤리교육과
- 인공지능학과

교과 세특 탐구 주제

주제1 기업의 개인 정보 유출과 사회적 책임 탐구
주제2 디지털 정보 격차가 사회적 불평등에 미치는 영향 분석
주제3 뇌–기계 인터페이스 등 첨단 의공학 기술의 윤리적 한계 고찰
주제4 가명 정보 활용이 개인 정보 보호와 데이터 활용 사이에서 가지는 의미 분석

▣ 함께 보면 좋은 도서
《뉴럴 링크》 임창환, 동아시아, 2024.
《인공지능 시대 윤리적 쟁점들》 정원섭, 소명출판, 2025.
《AI 윤리와 뇌신경 과학 그리고 교육》 박형빈, 어문학사, 2024.

GUIDE 디지털 정보 격차는 접근성 차이가 교육·노동·소득 불평등으로 이어지는 사례를 통해 탐구하고, 이를 해소할 공공 정책과 국제 협력 방안을 함께 검토해야 한다.

연계 활동 탐구 주제

독서

《인공지능 시대 윤리적 쟁점들》 정원섭, 소명출판, 2025.
이 책은 인공지능의 발전이 가져온 다양한 윤리 문제를 종합적으로 다룬다. 개인 정보 보호, 알고리즘 편향, 저작권, 정보 격차 등 핵심 쟁점을 구체적 사례와 함께 분석한다. 또한 인공지능 활용 과정에서 발생하는 사회적 책임과 규범적 기준을 체계적으로 제시한다. 이를 바탕으로 인공지능 시대의 윤리적 쟁점을 균형 있게 이해하고, 인간과 사회가 나아가야 할 책임 있는 방향을 제시하는 안내서이다.

주제1 인공지능 감정 모사의 윤리적 정당성 탐구
주제2 인공지능 윤리 규범의 국제적 합의 가능성과 한계 고찰
주제3 인공지능 의사 결정 과정에서 '책임 주체' 규정의 윤리적 기준 탐구

논문

《SK텔레콤 데이터 유출 사건 전후 대중의 보안 염려: LDA 토픽 모델링 분석》 이은곤, 2025.
이 논문은 통신사에서 발생한 대규모 개인 정보 유출 사건을 계기로, 사고 전후 대중의 보안 문제 인식을 분석한다. 사고 이전에는 암호 화폐, 보안 솔루션 등 다양한 보안 주제가 논의되었으나, 사고 이후에는 피해 최소화와 대응 조치 관련 단어가 집중적으로 나타났다. 개인 정보 유출 사건에 대한 대중의 보안 염려와 기업 대응의 중요성을 실증적으로 보여 주는 연구이다.

논문 바로가기

주제1 개인 정보 유출 사건 이후 대중의 대응 행동 유형 분석
주제2 기업의 초기 대응 방식이 사회적 신뢰 회복에 미치는 영향 고찰
주제3 보안 위협 확산에 대응하기 위한 국제 규범과 제도적 협력의 필요성 탐구

토론

주제1 뇌-기계 인터페이스 기술은 의료적 필요성에 따라 제한적으로 허용해야 하는가?
주제2 인공지능이 인간 노동을 대체하는 과정에서 일자리 창출보다 상실의 영향이 더 큰가?
주제3 디지털 정보 격차 해소에서 국가의 주도적 개입이 타당한가, 민간과 개인의 역할이 더 중요한가?

관련 학과
· 사회복지학과
· 사회학과
· 윤리교육과
· 행정학과

\# 윤리문제 탐구 \# 탐구 경과 정리 \# 탐구 결과 발표 및 공유

교과 세특 탐구 주제

주제1 대중문화 속 표절 문제 탐구 결과를 카드 뉴스로 발표하기

주제2 대리모 산업의 윤리적 쟁점 탐구 결과를 영상으로 제작하여 발표하기

주제3 과학기술 발전과 책임 윤리 관점에서 양성평등 문제 탐구 결과 발표하기

주제4 연구 윤리 위배 사례 분석을 통해 학문 발전에 미치는 영향 탐구 결과 발표하기

GUIDE 대리모 산업의 윤리 쟁점은 생명윤리·권리·사회적 관점에서 전개하며, 국내외 법제와 판례를 보완 자료로 제시해 탐구의 구체성을 높여야 한다.

▣ 함께 보면 좋은 도서

《도덕성: 논제 10가지》 김태훈, 글로벌콘텐츠, 2023.

《기근 풍요 도덕》 피터 싱어(정환희 역), 필로소픽, 2024.

《토대 역량과 사회 정의》 존 알렉산더(유성상 외 역), 살림터, 2025.

연계 활동 탐구 주제

독서 《토대 역량과 사회 정의》 존 알렉산더(유성상 외 역), 살림터, 2025.
이 책은 누스바움과 센의 '역량 접근법'을 바탕으로, 개인이 인간다운 삶을 살기 위해 필요한 조건들을 제시한다. 저자는 역량이 사회적 구조와 제도의 보장 속에서 실현되어야 함을 강조한다. 빈곤, 불평등, 차별 문제를 해결하기 위한 새로운 사회 정의 모델을 모색하며, 정의로운 사회란 모든 사람이 잠재적 역량을 실질적으로 발휘할 수 있도록 기반을 마련하는 사회임을 제시한다.

주제1 공정한 사회를 위한 역량 기반 교육의 가능성 탐구

주제2 역량 접근법이 제시하는 사회 정의의 철학적 의의 분석

주제3 사회 불평등 해소를 위한 역량 기반 정책의 효과 탐구

논문 〈빅 데이터 연구 윤리의 학습과 교육에 관한 연구 -『2022 개정 도덕과 교육과정』을 중심으로-〉 김병연 외, 2024.
이 논문은 빅 데이터 활용이 확산되는 사회에서 기존 연구 윤리(위조, 변조, 표절)를 넘어서는 새로운 윤리적 쟁점이 등장했음을 강조한다. 빅 데이터 연구 윤리는 데이터 수집, 처리, 분석, 활용, 폐기에 이르는 전 과정에서 개인 정보 침해, 알고리즘 편향, 차별, 투명성 부족 등을 포괄한다. 또한 빅 데이터 시대에 필요한 윤리적 성찰 능력을 기를 수 있도록 다양한 교육적 방안을 제시한다.

논문 바로가기

주제1 데이터 생애 주기 단계별 윤리문제 분석

주제2 빅 데이터 연구 윤리의 주요 쟁점과 도덕 교육적 적용 방안 탐구

주제3 개인 정보 보호와 알고리즘 편향 문제를 통한 빅 데이터 연구 윤리 필요성 분석

토론 **주제1** 과학기술 발전 과정에서 사회적 신뢰를 지키기 위해 윤리적 성찰이 필요한가?

주제2 개인의 능력과 기회를 기준으로 한 '역량 접근법'은 사회 정의의 정당한 기준인가?

주제3 대리모 산업은 인간의 존엄을 침해하는가, 새로운 가족 형성 방식으로 수용될 수 있는가?

이 책을 집필하신 선생님들

한승배 양평 청운고등학교

강서희 안양문화고등학교

김지수 청주 청원고등학교

노정희 경기 한솔고등학교

배수연 용인 고림고등학교

이미선 구리 수택고등학교

하 희 안양서중학교

사회 교과 세특 정복

1판 1쇄	2026년 3월 1일
지은이	한승배 강서희 김지수 노정희 배수연 이미선 하희
펴낸이	김남인
펴낸곳	씨마스21
편집	강민아 구경임 성시용 박영지
디자인	조윤주
마케팅	김진주
출판등록	제 2021–000079호(2020년 11월 24일)
주소	서울특별시 강서구 강서로 33가길 78 5층
내용 문의	02–2268–1597
팩스	02–2278–6702
홈페이지	cmassedumall.com
이메일	cmass@cmass21.co.kr

ISBN	979–11–995600–4–8